THIS IS
ITALIA

THIS IS
ITALIA

초판 1쇄 발행 2010년 1월 4일
개정 16판 1쇄 발행 2025년 12월 1일

지은이 전혜진, 윤도영, 박기남

발행인 박성아
편집 김현신
디자인 & 지도 일러스트 the Cube
경영 기획·제작 총괄 홍사여리
마케팅·영업 총괄 유양현

펴낸 곳 테라(TERRA)
주소 03925 서울시 마포구 월드컵북로 400, 서울경제진흥원 2층(상암동)
전화 02 332 6976
팩스 02 332 6978
이메일 terra@terrabooks.co.kr
인스타그램 terrabooks
등록 제2009-000244호
ISBN 979-11-92767-39-0 13980
값 22,000원

• 이 책에 실린 모든 글과 사진을 무단으로 복사·복제하는 것은 저작권자의 권리를 침해하는 것입니다.
• 잘못된 책은 구입하신 서점에서 바꾸어 드립니다.

ⓒ 2026 전혜진 윤도영 박기남
Printed in Korea

330 **피렌체**
342 **SECTION A** 두오모 주변
358 **SECTION B** 우피치 미술관 주변
388 **OPTION A** 피에솔레
393 **OPTION B** 피사
402 **OPTION C** 시에나
416 **SECRET CITY** 산 지미냐노
418 **OPTION D** 발도르차
428 **OPTION E** 친퀘테레
440 **SECRET CITY** 포르토피노
444 **OPTION F** 볼로냐

458 **밀라노**
471 **SECTION A** 두오모 & 미술관 탐방
496 **OPTION A** 코모 호수
504 **OPTION B** 베로나
517 **OPTION C** 시르미오네
524 **OPTION D** 베르가모

532 **베네치아**
552 **SECTION A** 산 마르코 광장 주변
568 **SECTION B** 미술관 투어
588 **OPTION A** 부라노·무라노·리도
596 **OPTION B** 돌로미티

618 **바리**
626 **OPTION A** 폴리냐노 아 마레
634 **OPTION B** 알베로벨로
641 **OPTION C** 마테라
652 **OPTION D** 레체
664 **SECRET CITY** 오스투니

668 **INDEX**

About <This is ITALIA>

- **알쏭달쏭한 이탈리아 여행의 궁금증을 한번에 해결해줄 FAQ**
  여행자가 정말 궁금한 질문만 앞부분에 따로 모은 FAQ가 여행자의 궁금증을 한 번에 해소해드립니다.

- **반드시 읽어야 할 여행준비편**
  여행자들이 꼭 알아야 할 핵심 내용만 모아서 간결하면서도 분명하게 설명했습니다(예: '유스호스텔증 발급받지 말자', '유레일패스 사지 말자' 등).

- **계획 1도 없이 떠나도 좋아! 완벽한 추천 일정**
  이 책에 소개된 5개의 이탈리아 베스트 코스와 도시별 추천 일정은 장소별 평균 소요 시간은 물론, 이동시간까지 꼼꼼히 계산된 것입니다. 어디부터 어떻게 가야할 지 감이 오지 않는 초보 여행자들에게 자신있게 권합니다.

- **더 이상의 방황은 없다! 한눈에 쏙 들어오는 친절한 교통 정보**
  교통 정보는 이 책에서 가장 심혈을 기울인 부분 중 하나입니다. 여행자가 가장 많이 이용하는 교통수단을 알기 쉬운 도표와 사진 위주로 보여줍니다. 또한 기차는 어느 방향으로 나가야 하는지, 지하철 출구, 원어로 된 행선지 안내판까지 세심하게 기록했습니다.

- **이탈리아 가이드북의 끝판왕! 안심되는 현지 실용 정보**
  각종 공항과 기차역, 버스 터미널의 부대시설은 물론 화장실, 코인 라커, 관광 안내소, 슈퍼마켓, 통신사 대리점의 위치까지 사진과 함께 자세히 소개해 여행자의 시간을 최대한 아껴드립니다.

- **아는 만큼 보인다! 재밌고 풍부한 읽을거리**
  명소에 관한 재밌고 풍부한 이야깃거리를 곳곳에 실어 '읽는 즐거움'을 더했습니다. 비행기나 기차로 이동할 때, 숙소 등 언제 어디서든 가볍게 펼쳐보세요.

- **유럽 여행서 중 최고! 지도 앱보다 강력한 상세 지도**
  지도 앱에서 잘 보이지 않는 작은 길 하나까지도 놓치지 않고 정확하게 만든 <디스 이즈 이탈리아>의 상세 지도는 유럽 여행서 중 최고임을 자부합니다.

- **꾹 눌러 담은 이탈리아의 '찐' 맛집 대방출**
  세계인이 인정한 이탈리아의 식문화를 제대로 느낄 수 있도록, 이탈리아의 맛집과 음식 문화를 낱낱이 파헤쳐 소개했습니다.

일러두기

- 요금, 운영시간, 스케줄, 교통 등의 정보는 시즌과 요일, 현지 사정에 따라 달라질 수 있습니다. 방문 전 공식 홈페이지나 현지에서 한 번 더 확인하기 바랍니다.

- 교통 및 도보 소요 시간은 대략적인 기준으로, 실제 소요 시간은 현지 상황에 따라 달라질 수 있습니다.

- 이탈리아의 주요 명소는 예약 없이 입장하지 못하는 경우가 많습니다. 청소년이나 어린이 등 무료입장 대상자라도 예약이 필요한 곳이 있으니, 방문 전 해당 명소의 홈페이지를 반드시 확인하기 바랍니다.

- 요금 표기 중 '예약비'는 온라인 예약 수수료를, '예약 필수'는 온라인 예약이 반드시 필요한 곳임을 의미합니다. '예약 필수' 명소는 현장에서 입장권을 구매할 수 없습니다. 간혹 예약 잔여분을 매표소에서 판매하기도 하지만, 미리 예약하는 것이 가장 안전합니다.

- 외래어 표기는 국립국어원의 외래어 표기법을 따르되, 널리 사용되는 지명·인명·관광지명·상호·상품명 등은 관용 표기를 병용해 독자의 이해와 검색 편의를 높였습니다.

- 이탈리아는 만 나이를 사용합니다. 이 책의 나이 표기는 모두 만 나이 기준입니다.

- 이 책에서 ⓖ 는 온라인 지도 서비스인 구글맵(google.co.kr/maps)의 검색 키워드를 의미합니다. 구글맵에서 장소를 찾을 때는 해당 장소의 현지어명과 도시명을 함께 입력하면 쉽게 검색할 수 있습니다. 이 책에서는 한글로 검색되는 곳은 한글로, 그렇지 않은 곳은 구글맵에서 제공하는 플러스 코드(Plus Code)로 표기했습니다. 플러스 코드는 'WF2M+98 로마'처럼 알파벳(대소문자 구분 없음)과 숫자, '+' 기호, 도시명으로 구성됩니다. 현재 위치한 도시에서 검색할 경우 도시명은 생략해도 됩니다.

- 구글맵 검색 시 대소문자는 구분되지 않으며, à, è/é/ê, ì/í/î, ò/ó, ù/ú/û 등의 발음 부호는 각각 a, e, i, o, u로 입력해도 검색이 가능합니다.

- 이 책에서 Ⓜ 기호는 맵북(별책 부록)을 의미합니다.

- 이탈리아의 날짜 표기는 일/월/년 순서로 작성됩니다. 예를 들어 2026년 8월 15일은 15/08/2026 또는 15 Aug 2026으로 표기합니다.

- 이탈리아는 건물의 층수를 셀 때 0층부터 시작합니다. 즉, 우리나라의 1층은 이탈리아의 0층, 2층은 1층에 해당합니다. 이 책에서는 독자의 편의를 위해 우리나라식으로 표기했습니다.

- 이탈리아에서는 기차역, 버스 정류장, 차내 등 사람이 많이 모이는 곳에서 불심검문이 이루어질 수 있습니다. 신분증을 소지하지 않은 경우 벌금이 부과될 수 있으니, 여권을 항상 지참하기 바랍니다.

로마

'모든 길은 로마로 통한다', '로마는 하루 아침에 이루어지지 않았다' 같은 명언과 숱한 이야기를 품은 도시. 장중한 고대 유적을 음미하면서 역사의 흔적을 찾아보자.

밀라노

세계 패션의 중심지이자 이탈리아 최대의 경제·금융·산업 도시. 13~16세기 레오나르도 다 빈치, 브라만테 같은 천재들을 등용해 르네상스를 주도한 문화·예술의 도시로도 알려졌다.

나폴리

물감을 풀어놓은 듯 새파란 지중해가 눈앞에 펼쳐지는 항구 도시. 우리에게도 잘 알려진 <산타 루치아>의 배경이 되는 산타 루치아 항이 노을에 조금씩 물드는 모습은 평생 기억에 남을 명장면이다.

베네치아

177개의 운하와 400여 개의 다리로 지탱되고 있는 '물의 도시'. 9~15세기에는 동·서양 문명의 합류점으로서 지중해를 장악했고 오늘날에는 세계적인 관광도시로 발돋움하며 <오 솔레미오>의 노랫가락을 들려준다.

피렌체

미켈란젤로와 레오나르도 다빈치 등 르네상스의 대가들이 빠짐없이 거쳐간 도시. 수많은 소설과 영화의 단골 배경으로 손꼽히는 도시이기도 하다.

돌로미티

마법 같은 풍경의 이탈리아 알프스. 천혜의 자연, 화려한 산맥과 맑은 호수가 기다린다. 평생 기억에 남을 멋진 여행이 이루어지는 곳이다.

바리

풀리아주의 예쁜 소도시들로 향하는 거점이 되는 항구 도시. 이탈리아에서도 아름답기로 손꼽히는 해안 풍경부터 오랜 역사를 담은 독특한 마을과 다채로운 맛의 향연까지. 풀리아의 매력에 푹 빠진 여행자가 많다.

이탈리아의 행정구역

이탈리아의 행정구역은 20개의 주(Regione), 107개의 도(Province) 또는 대도시(Città Metropolitane), 7904개의 코무네(Comune, 주민 자치 공동체) 3단계로 구성돼 있다. 이 중 주는 우리나라의 도에 해당하는 행정구역이며, 수도 로마는 라치오(Lazio)주의 주도이기도 하다. 부츠 모양의 긴 반도 국가인 이탈리아는 남북 간 기온 차가 크고 지역색이 뚜렷하다. 산업화가 일찍 진행돼 경제적으로 부유한 북부와 농업 중심의 남부는 분위기가 확연히 달라, 그 차이를 비교해보는 것도 이탈리아 여행의 묘미다.

01

로마 콜로세오~팔라티노 언덕~포로 로마노

2000년 전 유럽 대륙을 지배한 로마제국의 영광을 상징하는 콜로세오, 그 역사가 시작된 팔라티노 언덕, 정치·경제·문화의 중심이었던 포로 로마노를 둘러보면 유럽의 뿌리가 보인다.

02 신의 나라, 예술의 성전 **바티칸**
전 세계 가톨릭의 중심 바티칸시국, 교황이 미사를 집전하는 산 피에트로 대성당, 시스티나 소성당의 천장화와 '최후의 심판'이 남아 있는 바티칸 박물관이 있다.

03 슬로 시티의 발상지 **오르비에토**
해발고도 약 300m의 움브리아주 바위산 위에 건설돼 유럽에서 가장 극적인 도시로 손꼽히는 중세도시. '슬로 푸드' 힐링 음식과 '오르비에토 클라시코' 화이트와인을 맛볼 수 있다.

폼페이 <small>화산이 삼킨 고대 도시</small> 04

화산재에 묻힌 도시 폼페이. 마차 전용 도로와 수세식 화장실, 헬스 시설을 갖춘 사우나 시설까지…. 18세기의 본격적인 발굴로 드러난 폼페이의 모습은 2000년 전의 도시라고는 믿기 어려울 만큼 현대적이다.

카프리 <small>코발트 블루빛 바다</small> 05

코발트 블루빛 바다와 푸른 동굴로 대표되는 카프리의 절경은 그야말로 죽기 전에 꼭 한 번은 봐야 할 장면으로 꼽을 수 있을 만큼 환상적이다.

아말피 해안 <small>지중해의 절경</small> 06

깎아지른 듯한 절벽과 지중해를 향해 층층이 늘어선 중세풍 집들이 절경을 이루는 해안 도시. 유네스코 세계문화유산으로 지정된 그림 같은 아름다움을 사진에 담아보자.

07 피렌체 두오모

이곳에 오르면 사랑이 이루어진다는 전설로 유명한 '연인들의 성지'. 그리운 이가 기다리고 있을 것만 같은 기대를 품게 하는 곳.

피사 피사의 사탑
08
금방이라도 쓰러질 듯한 탑. 높이가 60m나 되며 갈릴레이가 자유낙하 실험을 했다고 전해지는 곳이다. 탑 앞은 이 기이한 모습을 직접 보기 위해 찾아온 전 세계 여행자들로 일 년 내내 붐빈다.

시에나 캄포 광장
09
판타지 영화 속 한 장면 같은 중세도시. 13세기 캄포 광장과 이를 중심으로 형성된 빛바랜 오렌지빛 건축물들이 절묘한 도시 풍광을 빚어낸다.

10 발도르차 드라이빙

토스카나 남부의 넓은 계곡에 끝없이 펼쳐진 평원과 구릉지대.
그림처럼 늘어선 사이프러스 나무들이 긴 드라이브를 설레는 시간으로 만들어준다.

하이킹 **친퀘테레** 11

해안 절벽에 아담하게 자리 잡은 5개의 마을, 친퀘테레. 마을을 이어주는 하이킹 코스를 따라 걸으며 이탈리아의 숨은 보석들을 두 눈 가득 담아보자.

브라운 성 **포르토피노** 12

19세기 말부터 유럽 귀족들이 남몰래 찾던 매혹적인 지중해의 은신처. 할리우드 스타들이 한여름 밤의 꿈을 즐기던 성채의 테라스에서 내려다보는 항구의 풍경은 그 어떤 것과도 비교 불가다.

구시가 회랑 **볼로냐** 13

붉은 기둥이 끝없이 이어지는 '세계에서 가장 긴 회랑의 도시'. 높이 솟은 수십 개의 탑만큼이나 중세 대학의 탄생지이자 이탈리아 최고의 미식 도시라는 자부심이 하늘을 찌른다.

14 밀라노 두오모

고딕 양식으로 지은 성당 중 세계에서 가장 큰 밀라노 두오모. 135개의 첨탑과 3159개의 조각상이 하늘을 향해 뻗은 모습이 장관이다. 밀라노의 역사를 고스란히 담은 대표 건축물.

15 베로나 오페라 축제

매년 6~9월 베로나의 아레나 극장에서는 '베로나 오페라 축제'가 열린다. 전 세계 정상급 배우들이 출연하는 수준 높은 공연이 이어지기 때문에 오페라 애호가라면 놓치기 아까운 기회다.

16 시르미오네 구시가

괴테, 릴케 등 당대의 문호들이 낙원이라 노래한 이탈리아 최고의 온천 휴양 도시.
푸른 호수에 둘러싸인 구시가 골목이 낭만적이다.

17 코모 호수 벨라조

세 갈래 호수가 만나는 '호수의 진주'. 레몬 향 스민 골목과 물가 산책로가 이어져 고요한 낭만이 흐른다. 해 질 무렵 분홍빛으로 물드는 호수는 오래도록 기억에 남는다.

18 베르가모 치타 알타

중세 성벽으로 둘러싸인 구시가 치타 알타는 언덕 위에서 천 년의 시간을 품고 있다. 베네치아 시대의 흔적이 남은 골목과 붉은 지붕 위로 푸니쿨라가 오르내리며 천 년의 풍경을 그린다.

19 부라노 운하길

운하를 따라 알록달록 귀여운 집들이 늘어선 어촌 마을. 화창한 날이면 작은 마을 전체가 야외 스튜디오로 변신하는 '인스타그래머블' 명소다. 가수 아이유의 뮤직비디오 배경으로도 등장했다.

베네치아 곤돌라

'물의 도시' 베네치아를 대표하는 독특한 교통수단. 연인과 함께 곤돌라를 타고 탄식의 다리를 지나면 사랑이 이루어진다는 낭만적인 전설이 내려온다.

20

21 돌로미티 트래킹
자연이 빚어낸 대성당, 돌로미티.
초보자부터 전문가까지 푹 빠져버릴 다양한 매력의 트래킹 코스 수백 개가 기다리고 있다.

22 알베로벨로 트룰리 마을
뾰족한 원뿔 돌지붕과 하얀 벽이 이어지는 모습이 동화 속 풍경 같다.
햇살에 반짝이는 석회집 사이를 걷다 보면 남이탈리아의 따뜻한 정취가 스며든다.

23 마테라 사씨 지구
2000년 전 모습을 연상케 하는 인류 최초의 마을이다. <패션 오브 크라이스트>부터 <007 노 타임 투 다이>까지 영화들의 단골 촬영지다.

24 폴리냐노 아 마레 라마 모나킬레 해변
절벽 틈새로 찰랑거리는 한없이 투명한 바다. 아찔한 낭떠러지에 줄지어 늘어선 하얀 집들이 절경이다.

25 레체 구시가
한때 '남부의 피렌체'라 불리며 번창했던 옛 도시. 독창적이고 화려한 '레체 바로크' 건축물과 로맨틱한 조명 아래 깨어나는 밤 풍경을 놓치지 말자.

이탈리아 여행은 언제 가는 것이 좋죠?

FAQ 01

◆ 가장 좋은 3~6월, 9~10월

봄과 가을에 해당하는 3~6월과 9~10월이 여행하기에 가장 좋은 시기다. 이 기간의 이탈리아는 날씨가 대체로 포근하고 비도 적게 오기 때문에 다니기 수월하다. 또한 이때는 도시별로 크고 작은 축제가 이어지고 항공권과 숙소를 구하는 데 여유가 있다는 장점도 있다.

◆ 여행자가 가장 많이 떠나는 7~8월

여행자가 가장 많이 떠나는 시기는 휴가와 여름방학이 있는 7~8월이다. 그러나 이 기간의 이탈리아는 우리나라의 여름만큼 더운데다 1년 중 항공료와 숙박비가 가장 비싸고 원하는 항공권을 구하는 것도 쉽지 않다. 또 이탈리아 역시 휴가철이라 현지인의 생활을 엿볼 기회가 적다는 점도 아쉽다. 그럼에도 현실적인 이유로 여행자가 가장 많이 몰리기 때문에 이 기간에 여행하려면 적어도 3개월 전부터 준비하는 것이 좋다.

◆ 이탈리아의 또 다른 매력을 찾아 떠나는 1~2월

최근에는 겨울 여행이 주는 한적함과 스키나 스노보드 같은 겨울 레포츠를 즐기기 위해 1~2월에 떠나는 여행자가 늘고 있다. 이 기간에는 여행자 수가 적기 때문에 박물관이나 유적지를 한가하게 관람할 수 있고 항공료와 숙박비도 저렴하지만 날씨가 춥고 비가 많이 오는 것이 단점이다. 또 비수기다 보니 박물관과 유적지의 문을 일찍 닫거나 보수하는 경우도 많다. 따라서 이 기간에 여행하려면 일정을 조금 여유 있게 짜는 것이 좋다.

★ **이탈리아의 세일 시즌**

매년 1~2월, 7~8월은 정기 세일 시즌이다. 이 때에는 명품 브랜드는 물론 아웃렛까지 세일에 참여한다. 세일 기간 초반에는 30%에서 시작해 막바지를 향해 가면서 할인폭이 커진다. 하지만 인기 아이템은 조기 품절될 확률이 높다. 특히 가방·지갑·액세서리를 구매하려면 서두르는 것이 좋다. 반면 사이즈가 크거나 작은 의류·구두·속옷은 세일 마지막까지 남아 있다. 체형이 작거나 큰 여행자는 세일 막바지를 노려보자.

★ **겨울철 베네치아 여행 시 침수 상황 반드시 확인하기**

118개의 인공섬으로 이뤄진 수상 도시 베네치아는 매년 10월~이듬해 3월 사이 비가 잦고 조수가 높아지는 '아쿠아 알타(높은 물)' 현상이 발생한다. 2020년 가동을 시작한 'MOSE' 방벽 시스템이 최대 3m 높이의 조수를 막아 대부분의 침수를 차단하지만 가동 빈도는 점차 늘고 있다. 방벽이 작동하지 않으면 임시 보행로가 설치되지만 장화 없이는 이동이 어렵다. 침수 시 상점과 식당이 문을 닫고 주요 관광지와 광장이 영향을 받을 수 있어 일정 조정도 염두에 두는 것이 좋다.

이탈리아의 봄, 바티칸 박물관

이탈리아의 여름, 포지타노

이탈리아의 가을, 아씨시

이탈리아의 겨울, 피렌체

FAQ 02

친구와 같이 가는데 다툼이 생기지는 않을까요? 경비는 어떻게 해야 하나요?

◆ **여행 중 다툼의 가장 큰 원인, 일정 문제**

아무리 친한 친구라도 많은 시간을 함께 지내다 보면 갈등이 생길 수 있다. 갈등의 가장 큰 원인은 일정과 경비 부분이다. 아무리 사전 조사를 통해 꼼꼼히 계획을 세웠더라도, 막상 여행하다 보면 사소한 입장 차이로 문제가 발생할 수 있다. 특히 일정을 짤 때 '쇼핑에 할애할 시간'까지 친구와 미리 상의하고 출발할 것. 만약 현지에서 일정 때문에 의견 차가 생기면 각자 자유 시간을 갖는 것도 좋은 방법이다.

◆ **경비에 관한 규칙은 확실히 정하고 떠나자.**

아무리 마음이 잘 맞는 친구와 여행을 간다고 하더라도 경비에 관한 부분은 조금 야박하다는 생각이 들 만큼 규칙을 명확하게 정해놓고 가야 한다. 그래야 현지에서 불필요한 마찰과 감정 싸움을 줄일 수 있다. 아래에 경비 사용에 대해 몇 가지 좋은 원칙들을 제시해보았으니 각자 상황에 맞게 적용해본다.

✚ **친구와 함께 여행할 때 지켜야 할 경비 사용의 원칙**

❶ 숙박비, 식사비, 입장료를 공동 경비로 정하고 예산을 계획한다.
❷ 경비 지출과 관리는 한 명이 담당한다.
❸ 계산은 그때그때 한다. '나중에 줄게'라는 말은 하지 않는다.
❹ 공동 경비와 개인 경비는 반드시 구분해서 쓴다.
❺ 매일 공동 가계부를 작성하고 돌아와서 전체를 정산해 서로 공유한다. 일정이 길면 일주일에 한 번은 정산해 남은 예산에 대한 계획을 세운다.

★ **밀라노-코르티나 2026 동계올림픽 여행 준비 가이드**

2026년 2월 6일부터 2월 22일까지 동계올림픽, 이어 3월 6일부터 3월 15일까지 패럴림픽이 밀라노와 코르티나 담페초에서 열린다. 이탈리아에서는 20년 만에 열리는 대회로, 밀라노의 현대적인 아이스아레나와 돌로미티 설원의 고산 리조트를 한 축제 안에서 경험할 수 있는 '도시와 자연이 공존하는 경기'로 기대를 모은다. 경기장은 북부 전역에 분산돼 있어 이동, 숙박, 교통, 티켓 등 사전 준비가 필수다. 참고로 '코르티나'는 '코르티나 담페초(Cortina d'Ampezzo)'의 약칭이다.

■ **티켓** 공식 티켓 플랫폼을 통해서만 구매할 수 있으며, 비공식 경로 이용은 위험하다. 인기 종목은 조기 매진되므로 판매 일정과 가격을 미리 확인하고 대부분 선착순 판매이므로 구매 시기를 놓치지 않도록 한다.
WEB tickets.milanocortina2026.org/en

■ **이동거리 & 일정 구성** 밀라노에서 코르티나까지는 차량 기준 약 6~7시간이 걸린다. 숙박지를 기준으로 가까운 경기장 일정을 묶어 관람하면 효율적이다.
예: 밀라노 숙박 → 밀라노·롬바르디아 빙상 종목 / 코르티나 담페초 숙박 → 알파인 스키·슬라이딩 종목

■ **숙박 & 교통** 개최 지역이 넓어 이동에 시간이 많이 걸린다. 산악 지역 숙소는 조기 마감되거나 가격이 급등할 수 있으므로 인근 소도시나 리조트를 대안으로 고려하는 것이 좋다. 날씨와 교통 상황에 따라 이동이 지연될 수 있으니 일정에는 여유를 두고, 대회 기간에는 공항·역·도심의 혼잡을 감안해 이동 계획을 넉넉히 세운다. 숙박은 가능한 한 빨리 예약하고 교통이 편리한 밀라노를 거점으로 삼는 것이 안정적이다.

■ **날씨 & 복장** 2월의 북부는 매우 춥고 눈이 자주 내린다. 방수·방풍 기능의 외투와 따뜻한 모자, 장갑, 목도리, 미끄럼 방지 신발을 준비하자.

FAQ 03

하루 예산은 어느 정도가 적당한가요?

◆ **1일 기준 200€ 정도,**
  민박 대신 호텔 이용 시 1인당 230~300€는 필요

1일 기준 200€면 아주 넉넉하다고는 할 수 없지만 여행을 즐기기에는 충분하다. 여기에는 한인 민박의 도미토리와 하루 한 끼 정도의 레스토랑 이용, 1일 교통비와 대표적인 명소 입장료가 포함된다. 도미토리 같은 공용 객실 대신 3성급 호텔에 머물고 싶다면 1일 기준 230~300€가 필요하다. 단, 밀라노와 베네치아는 호텔 숙박비가 비싼 편이므로 성수기가 아니라도 추가로 20~30€는 더 감안하는 것이 좋다.

◆ **전체 예산을 산출해보자.**

전체 예산 = 하루 예산 X 여행 일수 + 도시 간 이동 비용(기차·버스 요금, 저비용 항공료 등) + 특별 관람료와 야외 레포츠 이용 요금(오페라 관람, 곤돌라, 푸른 동굴 투어 등) + 쇼핑·비상금 + 왕복 항공권

✚ 여행 타입별 하루 예산표(1인 기준)

	알뜰형	호텔형	럭셔리형
숙박비	일평균 50~100€	일평균 80~130€	일평균 150€~
	민박, 호스텔 도미토리	3성급 호텔, 더블룸	4성급 이상 호텔, 더블룸
식사비	일평균 60~70€	일평균 80~100€	일평균 150~180€
	아침 민박 제공 점심 간편식 또는 런치 세트 저녁 레스토랑 단품 메뉴	아침 호텔 제공 점심 레스토랑 단품 메뉴 저녁 레스토랑 단품 메뉴	아침 호텔 제공 점심 레스토랑 세트 메뉴 저녁 레스토랑 코스 메뉴
입장료	일평균 50€		
	박물관·유적지 등 기본 입장료		
시내 교통비와 잡비	일평균 20€		
	대중교통 이용료, 간식비, 숙소에서 즐길 주류나 먹거리 등		
하루 예산	일평균 180~240€	230~300€	370€ 이상

*호텔은 더블룸을 기준으로 1인당 경비를 산출했으므로 싱글룸을 이용할 경우에는 위 숙박비의 1.5~2배 정도임을 감안해야 한다.

★ **숙박할 때는 관광세! 베네치아 당일치기 여행자는 본섬 입장료!**

이탈리아 주요 도시는 외국인 관광객에게 관광세(도시세)를 부과한다. 대부분 숙박비에 포함되며, 도시마다 부과 기간과 금액이 다르다 (p032 참고). 관광세는 인상되거나 적용 범위가 확대될 수 있으니 숙소 홈페이지나 예약 사이트에서 확인하는 것이 좋다.
베네치아를 4~7월 주말 및 공휴일 08:30~16:00에 방문하는 당일 여행자는 반드시 입장 예약을 해야 한다. 자세한 내용은 p535 참고.

FAQ 04

항공권은 언제, 어디서 구매하는 것이 좋을까요?

◆ 최소 1개월 전, 성수기에는 3~4개월 전부터 준비하자.

항공권은 마감이 다가올수록 대부분 비싼 좌석만 남기 때문에 가능한 한 빨리 구매해야 한다. 최소 1개월 전에는 예약하는 것이 좋고 성수기라면 적어도 3~4개월 전에는 구매해야 한다. 항공권은 온라인 여행사, 항공사 홈페이지, 오프라인 여행사를 통해 구매할 수 있다.

◆ 요금은 저렴하지만 서비스가 아쉬운 온라인 여행사

일반적으로 항공권은 오프라인 여행사보다는 온라인 여행사에서 구매하는 것이 저렴하다. 하지만 예약 변경이나 취소 시 고객 대응이 늦고 간혹 발생하는 예약 누락 등의 비상 상황에서 책임 있는 보상이 아쉽다는 점을 감안해야 한다. 대표적인 온라인 여행사로는 인터파크 투어(tour.interpark.com), 마이리얼트립(myrealtrip.com), 와이페이모어(whypaymore.co.kr), 투어비스(tourvis.com) 등이 있다. 여러 여행사의 정보를 취합해 제공하는 네이버 항공권(flight.naver.com)이나 스카이스캐너(skyscanner.com) 등에서 가격을 비교한 뒤 결정하는 것도 좋은 방법이다.

◆ 서비스는 좋지만 요금이 비싼 오프라인 여행사

출발일이 다가와도 항공권을 구하지 못했다면 오프라인 여행사를 찾아가 보자. 요금은 비싸지만 상대적으로 좌석을 구하기 쉽다. 오프라인 여행사의 또 다른 장점은 고객 서비스다. 담당자와 통화만 하면 업무가 처리되므로 편리하다. 대표적인 오프라인 여행사로는 하나투어(hanatour.com), 모두투어(modetour.com)가 있다. 업계 빅2에 해당하는 규모가 큰 여행사들이므로 신뢰할 만하다.

◆ 항공사의 특가 항공권을 이용하자.

이외에도 항공사에서 직접 판매하는 특가 항공권에도 관심을 가져보자. 특가 항공권은 항공사에서 자체적으로 저렴하게 판매하는 항공권으로, 시중보다 요금이 저렴하거나 높은 마일리지, 좌석 업그레이드 등 혜택이 많다. 단, 언제 시작할지 예측할 수 없으며, 조건이 좋은 항공권은 시작과 동시에 매진되기 때문에 평소 몇몇 항공사를 정해두고 수시로 모니터링할 필요가 있다.

◆ 할인·특가 항공권은 유효기간을 확인하자.

항공권을 구매할 때는 항공권의 유효기간을 반드시 확인해야 한다. 일반적으로 이코노미 좌석을 정상적으로 구매한 경우에 유효기간은 1년이지만 할인·특가 항공권의 유효기간은 6개월, 3개월, 1개월, 15일, 7일로 다양하다. 날짜 변경이나 경유지 선택 등이 불가능할 수 있고 항공권 요금에 맞먹는 수수료로 취소·환불 자체가 무의미한 경우도 있다. 그렇기 때문에 할인·특가 항공권을 예약할 때는 일정을 확정하고 구매하는 것이 좋다. 또한 마일리지 적립의 정도가 적거나 아예 안 되는 경우도 있다.

★
전자 항공권 e-티켓

e-티켓은 항공 여정과 결제 내역 등 승객 정보를 담은 전자 항공권 확인증이다. 이메일로 받거나 항공사 홈페이지·앱에서 발급받을 수 있다. e-티켓만으로는 탑승이 불가능하며, 출국 당일 공항 카운터나 셀프 체크인 기기에서 e-티켓 정보를 이용해 체크인 후 보딩패스(탑승권)를 발급받아야 한다. 이후 출국 절차에 따라 수속하면 된다.

온라인 체크인

출발 전 원하는 좌석을 선택하고 모바일 탑승권을 미리 발급받을 수 있는 서비스다. 국제선은 보통 출발 48시간 전부터 1시간 전까지 가능하다. 항공권 결제 후 항공사 홈페이지나 앱에서 예약 조회 후 '체크인'을 선택하면 된다(항공사별 명칭 상이). 위탁수하물은 공항의 셀프 백드롭(Bag-drop) 카운터에서 부치며, 모바일 탑승권의 QR코드를 이용해 바로 탑승할 수 있다. 단, 일부 부정기편이나 공동 운항편은 이용이 제한된다.

◆ 할인·특가 항공권은 취소·변경 수수료를 확인하자.

할인·특가 항공권은 일반 항공권보다 요금이 저렴하다는 장점이 있지만 예약 변경이 어렵고 취소 수수료가 높다는 단점이 있다. 심한 경우 예약 정보 기재 오류 등 단순 실수로 바로 취소해도 20~40%에 이르는 높은 수수료가 부과되기도 한다. 고객서비스 수준이 떨어지는 항공사는 취소·환불 과정 자체가 오래 걸리니 주의해야 한다.
따라서 항공권을 구매하기 전에 취소와 예약 변경 관련 규정을 꼼꼼히 살펴봐야 한다. 일정 변경 가능성이 있다면 요금이 조금 비싸더라도 예약 변경이 가능하고 취소 수수료가 저렴한 항공권을 구매한다.

◆ 유럽 현지에서 저비용 항공을 이용할 예정이라면?

유럽에서 저비용 항공을 이용할 때는 스카이스캐너(skyscanner.com), 카약(kayak.co.kr), 구글 플라이트(google.com/travel/flights) 같은 항공권 가격비교 사이트에서 여러 항공사의 요금을 비교하고 항공사를 결정한 후 해당 저비용 항공사 홈페이지에서 구매하는 것이 가장 저렴하다. 저비용 항공에 관한 자세한 정보는 p070을 참고하자.

★ 항공사 마일리지, 꼭 챙기자

마일리지는 비행 거리와 항공권 등급에 따라 적립되며, 일정 마일이 쌓이면 보너스 항공권, 좌석 승급, 쇼핑·호텔·렌터카 할인, 초과 수하물 요금 공제 등의 혜택을 받을 수 있다.

❶ **회원가입** 항공사 홈페이지나 앱에서 마일리지 회원으로 가입해 회원번호를 발급받는다.

❷ **적립 방법** 항공권 결제 시 회원번호를 입력하면 탑승 완료 후 자동 적립된다. 여행사를 통해 구매했다면 체크인 시 회원번호를 제시하거나 항공사 홈페이지·앱에서 직접 등록할 수 있다. 일부 항공사는 e-티켓이나 탑승권 제출을 요구하므로 보관해두는 것이 좋다.

❸ **적립 유의사항** 할인·특가 항공권은 적립이 제외되거나 등급별로 적립률이 다르다.

❹ **제휴 항공사** 동일한 동맹체 내 항공사 이용 시에도 마일리지 적립이 가능하다. 예를 들어 스카이팀의 에어프랑스를 이용해도 대한항공 마일리지로 적립할 수 있다. 단, 한 번 적립된 마일은 항공사 간 이동이나 전환이 불가하므로 발권 전 적립 프로그램을 반드시 확인해두자.

❺ **신용카드 적립** 제휴 신용카드를 이용하면 항공권 구매 외에도 일상 소비로 마일리지를 추가 적립할 수 있다.

스타얼라이언스 **WEB** staralliance.com
스카이팀 **WEB** skyteam.com

유럽연합 EES 2025년 10월 시행/ETIAS 2026년 말 도입 예정

2025년 10월 12일부터 EU 29개국에서 '디지털 입출국 시스템(EES·Entry/Exit System)'이 단계적으로 도입돼 2026년 4월 10일부터 전면 시행된다. 비EU 단기 방문자는 출입국 시 여권 도장 대신 지문과 안면 이미지를 등록하게 된다.

이어 2026년 말부터는 'EU 전자여행허가 시스템(ETIAS· European Travel Information and Authorisation System)'이 시행될 예정이다. 유럽 여행 전 온라인으로 신청서를 작성하고 개인정보와 보안 관련 문항에 답한 뒤 약 20€의 수수료를 납부해야 한다. 공식 시행 일정과 절차는 ETIAS 도입 수개월 전 공지될 예정이다.

셍겐 협약
Schengen Agreement

셍겐 협약은 유럽의 29개국 (2025년 11월 기준)이 국경 검문을 폐지해 자유로운 이동을 보장하는 제도다. 출국일 기준 지난 180일 중 최대 90일까지 무비자 체류가 가능하며, 한국을 포함한 비셍겐 국가 국민도 회원국 간 출입국 심사나 세관 절차 없이 자유롭게 이동할 수 있다. 단, 입국 시 출국 예정일로부터 3개월 이상 유효한 여권을 소지해야 하고 90일 초과 체류나 취업·학업 목적 방문에는 별도 허가가 필요하다.

FAQ 05

환전, 어디서 얼마나 해야 하죠? 요즘 해외여행에 특화된 체크카드가 대세라던데요, 어떤 카드를 신청할까요?

◆ 대부분 경비는 신용·체크카드로 결제 가능

여행 경비에서 큰 비중을 차지하는 숙박비와 장거리 교통비, 입장권 등은 대부분 카드를 이용해 사전 결제한다. 현지에서는 소규모 커피숍이나 거리 노점상, 간이음식점을 제외한 대부분의 식당과 상점에서 카드를 쓸 수 있다. 기차역, 관광지 등에 설치된 자동판매기를 이용하거나 대중교통 앱을 이용할 때도 카드가 편리하다. 따라서 현금은 시내 교통비, 간식비, 비상금 정도면 충분하다. 단, 카드 분실과 복제에 주의하고 결제할 때는 단말기 앞에서 전 과정을 지켜봐야 한다. 또한 유로화가 아닌 원화로 결제하면 원화결제서비스 수수료(DCC)로 사용 금액의 3~8%가 추가 청구되니 주의. 출국하기 전에 카드사에 '해외원화결제 차단 서비스'를 신청하자.

◆ 트래블카드를 발급받자

요즘은 현금 환전이 어색할 만큼 해외여행에 특화된 체크카드 사용이 대세다. '트래블카드 전쟁'이라는 말이 나올 정도로 해외 결제 시장을 노리는 금융사들의 경쟁이 뜨거운데, 대표주자인 트래블월렛과 하나은행 트래블로그를 비롯해 신한은행, KB국민은행 등에서 해외 여행자를 겨냥한 전용 카드를 속속 출시하고 있다.
트래블카드는 환전·인출·결제 수수료가 없고 그때그때 필요한 만큼만 현금을 찾으면 돼 현금 도난 및 분실 위험이 적다는 것이 가장 큰 매력이다. 지정 앱 또는 지정 통장에 유로화를 충전해 체크카드처럼 사용하며, 카드별로 'VISA' 또는 'Master' 마크가 있는 가맹점에서 결제하거나 ATM에서 현금을 인출할 수 있다.

◆ 현금 인출은 현지 ATM에서, 국내 환전은 거래 은행에서

간식비나 비상금 등 소소한 현금은 이탈리아 곳곳에 설치된 현금 인출기(Bancomat)에서 편리하게 인출할 수 있다. 인출 수수료가 무료인 트래블카드를 한도 내에서 사용하면 카드 수수료 걱정도 없다(현지 ATM 업체 수수료는 부과될 수 있다). 국내에서 미리 현금을 환전해 갈 경우에는 거래 은행 홈페이지나 앱에서 미리 환전 신청한 뒤 지정 은행 지점(인천국제공항 지점 포함)에서 찾는 것이 가장 유리하다.

★ **내 카드가 컨택리스 카드인지 확인!**

유럽에서는 카드를 카드 단말기에 꽂기 보다는 컨택리스 단말기에 터치하는 것만으로 결제가 진행되는 비접촉식 카드(Contactless Card)가 많이 사용된다. 해외에서 사용할 카드에 컨택리스 결제 마크가 있는지 확인하자. 로마·나폴리·피렌체·밀라노·베네치아·볼로냐 등 많은 도시의 지하철과 버스, 트램, 사철 등에는 컨택리스 결제 시스템이 도입돼 승차권이나 교통카드 없이 전용 단말기에 컨택리스 신용·체크카드를 터치하고 탑승할 수 있다.

상점, 식당이나 지하철 개찰구, 버스·트램 안 결제 단말기에 이런 마크가 있다면 컨택리스 카드를 사용할 수 있다는 뜻!

★ **컨택리스 카드로 교통 요금 결제 시 알아둘 점**

- 요금은 빠르면 이용 즉시, 늦으면 1~2주 후에 승인·청구되기 때문에 체크카드 사용자는 이용 후에도 계좌에 일정 금액의 유로화를 보유하고 있어야 한다. 카드의 유효성을 확인하기 위해 일부 요금이 먼저 결제되는 경우도 있다.
- 컨택리스 카드가 사후 청구된다는 점을 악용해 컨택리스 카드 사용자를 무임승차자로 간주하고 벌금을 부과하는 검표원이 종종 있다. 단말기가 고장 나거나 오류가 발생해 결제하지 못한 경우에도 꼼짝없이 벌금을 내야 한다. 따라서 기사가 카드 결제 과정을 지켜보지 않는 버스나 트램 등에서는 실물 티켓 또는 앱을 통한 디지털 티켓을 구매하는 것이 안전하다.
- 해외 결제 가능한 신용카드가 아이폰 또는 애플워치에 등록돼 있으면 별다른 추가 절차 없이 컨택리스 카드 단말기에 터치해 바로 교통카드로 사용할 수 있다.

◆ 환전·인출·결제 수수료 없는 체크카드

모든 은행이 해외에서 사용 가능한 체크카드를 발급하고 있다. 그중에서도 여행자가 가장 많이 찾는 카드는 환전·인출·결제 수수료가 없는 트래블카드다. 카드별로 다른 외화 환전 한도, 외화 결제 한도, ATM 인출 한도를 미리 확인하자. 세금 환급 등 충전식 체크카드를 사용할 수 없는 경우도 있으니 국제 브랜드가 다른 신용카드도 1~2개 챙겨가자.

➕ 이탈리아에서 쓰기 좋은 인기 체크카드(트래블카드) 비교

구분	트래블월렛	트래블로그/트래블Go	KB국민 트래블러스	신한 SOL 트래블
국제브랜드	Visa	Master, UnionPay/Visa	Master	Master
연동 앱	트래블월렛	하나머니	KB Pay	신한 SOL 뱅크
연결계좌	모든 은행	모든 은행	KB Pay 외화머니	신한은행 외화예금
환전 수수료	유로화 면제	유로화 면제	유로화 면제	유로화 면제
해외 가맹점 결제 수수료	면제	면제	면제	면제
해외 ATM 인출 수수료	월 US$500까지 무료, US$500 초과 시 이용 금액의 2%	면제	면제	면제
전월 실적 필요 여부	없음	없음	없음	없음

*해외 ATM 인출 수수료 면제 조건이라도 기기에 따라 현지 ATM 업체 수수료가 부과될 수 있다.
*이외에도 여러 은행이 수수료 할인과 캐시백 등 다양한 서비스를 제공하고 있으니 카드 발급 시 참고하자.

➕ 현금 인출기(Bancomat) 이용 방법 (이용 시 비밀번호 노출과 소매치기 주의!)

❶ 'VISA', 'Master' 등 자신의 카드와 동일한 마크가 있는 현금 인출기를 찾는다.
❷ 카드 투입구에 카드를 넣고 'PIN' 또는 'Identification Number (비밀번호)'를 입력한다. 6자리의 'PIN'을 요구하더라도 4자리를 입력한다. 만약 승인을 거절하면 끝에 '00'을 붙여 다시 시도해본다.
❸ 'Withdrawal(현금 인출 서비스)'을 선택한다.
 - 잔액 조회(Balance Inquiry) 시 수수료를 청구하는 체크카드도 있으니 발급받을 때 확인한다.
❹ 'Saving(예금 계좌 인출)'을 선택한다.
❺ 인출할 금액을 유로화 단위로 입력한다.
❻ 영수증 발급 여부를 선택한다.
❼ 거래가 끝나고 카드를 받으면 현금이 나온다.

빨간색 버튼은 '종료(Annulla)',
노란색 버튼은 '취소(Cancella)',
초록색 버튼은 'OK(Esegui)'를 의미한다.

트래블로그 체크카드 (마스터)
트래블월렛 체크카드(비자)

★ 체크·신용카드를 가져갈 때 꼭 확인하세요!

- 'VISA', 'Master' 등 국제브랜드 마크가 있는 해외 사용 카드인지 확인하자. ATM 기계 오류나 분실, 해외 가맹점에 따른 제한에 대비해 2가지 이상 다른 종류로 준비할 것.
- IC칩 카드라면 비밀번호 설정 여부를 확인하자. 단말기 결제 승인 시 6자리 비밀번호를 요구하면 설정한 비밀번호 4자리 뒤에 '00'을 추가로 입력한다.
- 카드 영문 이름과 뒷면 사인이 여권과 같은지 확인한다.
- 결제계좌의 통장 잔액, 결제일, 해외 사용 한도 등을 확인한다.
- 카드 분실 시에는 국내 카드사의 고객 센터로 전화해 분실 신고를 한다. 여행 후에는 카드 일시 정지나 '해외 결제분 지급 정지 신청'을 해 해외에서 카드 번호 도용이나 복제를 통한 피해를 방지한다. 카드를 분실하지 않았더라도 귀국 후 신청하는 것이 좋다.

FAQ 06

숙소는 언제까지 예약해야 할까요?
숙소 예약 시 고려해야 할 점이 있나요?

◆ 성수기는 물론 비수기에도 예약하는 것이 좋다.

출국일이 다가올수록 숙소를 구하기 어려워지고 숙박비도 평소보다 2~3배까지 치솟는다. 인기 숙소는 당연히 일찍 마감되고 성수기(6월 중순~9월 중순)나 축제 기간에는 출발 3~6개월 전부터 준비해야 원하는 조건의 숙소를 구할 수 있다. 열흘 이내의 짧은 여행이라면 일정 변경 가능성이 적으니 모든 숙소를 예약하고 떠나자. 장기 여행이거나 중간에 일정이 변경될 여지가 있다면 무료 취소가 가능한 숙소를 하루 단위로 예약해 손해 없이 변경·취소할 수 있도록 준비해둔다.

◆ 일찍 예약하고 오래 머물수록 숙박비가 저렴해진다.

숙박비도 항공료처럼 수요에 따라 급변한다. 항공권을 구매하고 대략적인 도시 간 이동 계획을 세웠다면 숙소부터 예약하자. 한곳에 오래 머물수록 숙박비가 저렴해지는 경향이 있으므로 큰 도시에 숙소를 잡고 주변 지역은 당일치기로 다녀오는 일정을 짜는 것이 좋다. 3~7박 이상만 예약을 받는 곳도 많으니 숙소 검색 시 숙박 일수를 바꿔가며 가격을 비교해보고 일정을 조정한다.

◆ 기차역과 가까운 곳에 정하자.

이동 시간을 최대한 줄이려면 숙소 위치가 특히 중요하다. 등급이나 시설은 좋지만 가격이 저렴한 숙소는 위치가 좋지 않을 수 있으니 신중히 선택하자. 이탈리아는 울퉁불퉁한 돌길이 많아서 캐리어를 끌고 걷기가 힘들고 숙소가 지하철역과 가깝다 하더라도 에스컬레이터나 엘리베이터를 찾기 어려운 역이 많아서 불편을 겪을 수 있다. 따라서 되도록 기차역 근처의 숙소를 정하는 것이 좋다.

◆ 체크인 시간과 부대시설, 주변 환경도 따져보자.

아파트먼트나 현지인 민박, 저렴한 소규모 호텔과 호스텔은 대부분 리셉션이 없거나 운영 시간이 한정적이라서 호텔보다 체크인 가능 시간이 짧고 체크인·아웃 전후에 짐 보관이 어려울 수 있으므로 체크인 시간을 숙소 측과 미리 조율해야 한다. 현지에서도 SMS나 숙소 예약 앱을 통해 연락을 주고받을 수 있도록 준비하자. 숙소 위치뿐 아니라 주변 동네 분위기나 관광지까지의 교통편, 편의시설 유무도 안전하고 편안한 여행을 위해 살펴야 할 중요한 요소다. 숙박 예약 대행 사이트와 구글맵의 리뷰를 잘 읽어보고 결정하자.

★ 관광세, 어디서 얼마나 낼까

이탈리아에선 외국인 관광객에게 숙박세 형태로 관광세(또는 도시세)를 1인 1박당 부과하고 있다. 에어비앤비를 통해 예약한 민박 역시 관광세를 내야 한다. 세액은 도시마다 숙박시설의 유형별·등급별로 다르다. 대개 숙박비와 별도로 현장에서 결제하며, 규모가 작은 호텔이나 민박 중에는 현금만 받는 곳이 많다. 관광세 금액과 기준은 인상·확대될 수 있으니 숙소 홈페이지나 숙박 예약 대행 사이트에서 확인한다.

- 로마 4~10€/9세 이하 면제/10박까지 부과
- 피렌체 3.50~8€/11세 이하 면제/7박까지 부과
- 밀라노 3.50~7€/숙소 유형에 따라 9세 또는 13세 이하 면제/14박까지 부과
- 베네치아 1~5€/시즌에 따라 변동/9세 이하 면제/10~16세 50% 감면/5박까지 부과(비숙박 관광객의 본섬 입장료는 별도 부과)

초보 여행자가 즐겨찾는 한인 민박

외국인 친구를 사귈 수 있는 호스텔

성수기 대도시의 3성급 호텔 1일 숙박비는 더블룸 기준 200€ 이상이다.

◆ 숙소까지 찾아가는 방법을 알아두자.

이탈리아의 숙소는 건물의 한 층 또는 일부 호실만 사용하는 곳이 많아서 건물 출입문이 잠겨 있는 경우가 종종 있다. 이럴 땐 초인종 옆에 적힌 입주자 목록에서 숙소 이름을 찾아 벨을 누르고 인터폰으로 예약 사실을 밝히면 문을 열어준다. 간판이 없는 곳도 많은데, 스마트폰 데이터 연결이 원활하지 않을 때를 대비해 숙소의 정확한 주소와 지도를 저장 또는 출력해 가는 것이 안전하다.

◆ 체크인 시스템을 확인하자.

팬데믹 이후 비대면 서비스와 비용 절감을 위해 온라인 셀프 체크인을 운영하는 숙소가 늘었다. 주로 리셉션이 없거나 운영 시간이 한정적인 소규모 호텔과 민박에서 시행 중인데, 체크인 가능 시간이나 호스트와 약속한 시각에 구애받지 않고 숙소 도착 일정을 자유롭게 조정할 수 있다는 게 장점이다. 하지만 여권 사진과 개인 정보를 일일이 등록해야 하므로 정보 유출의 우려가 있고 번거로울 수 있다. 또한 지정된 시간까지 등록하지 않으면 예약이 취소될 수 있으니 예약 전 체크인 시스템을 반드시 확인한다.

◆ 엘리베이터를 확인하자.

이탈리아에는 엘리베이터가 없는 숙소가 꽤 많다. 지상을 0층으로 치는 이탈리아에서는 2층이면 우리나라 3층에 해당하니 캐리어를 들고 올라가기에 버겁다. 따라서 예약 시 층수와 엘리베이터 유무를 꼭 체크하자. 오래된 건물의 구형 엘리베이터는 크기가 작고 수동으로 문을 여닫는 것도 많으며, 내린 후 반드시 문을 닫아야 다음 사람들이 이용할 수 있다.

◆ 초보 여행자에게는 현지인 민박 비추!

에어비앤비 등에서 예약 가능한 현지인 민박과 아파트먼트는 대부분 실제 거주 공간이 아닌 임대용 주택이라 현지 생활 경험과는 거리가 멀다. 또한 집주인과의 분쟁(기물 파손, 위생 문제, 범죄 등) 발생 시 본사의 적극적인 해결을 기대하기 어렵고 환불이나 취소 등의 절차가 신속하지 않다. 따라서 영어나 이탈리아어로 원활하게 의사소통할 수 있는 사람에게만 추천하며, 호스텔이나 호텔과 병행하여 이용하는 것을 권한다.

◆ 장단점이 명확한 한인 민박

일반 호텔보다 비슷하거나 저렴한 숙박비에 한식을 제공하고 한국인 친구도 사귈 수 있어 외국어에 능숙하지 않은 여행자에게 유용하다. 문의와 예약도 카카오톡이나 카페를 통해 할 수 있다. 하지만 정식 허가를 받은 숙소가 많지 않아 불미스러운 일에 휘말릴 수 있으니 주의하자. 예상과 전혀 다른 환경의 숙소에서 묵게 되거나 불법 숙박업소 단속으로 숙박비를 날리는 일이 심심찮게 발생한다.

◆ 가족 여행자에게는 레지던스형 호텔과 아파트먼트 추천

일반 호텔 객실보다 쾌적한 공간을 갖춘 레지던스형 호텔이나 아파트먼트는 가족 여행자들에게 적합하다. 침실, 거실, 주방으로 구분돼 있고 요리와 세탁이 가능해 집처럼 편하면서 경제적이다. 구시가지나 관광지와 거리가 먼 외곽 지역에 많아서 렌터카 여행자들에게 특히 추천할 만하다.

★ **호스텔은 로커용 자물쇠 필수!**

여러 명이 방을 함께 사용하는 도미토리형 숙소(호스텔)에 머물 때는 방을 1분만 비우더라도 귀중품을 개인 로커(사물함)에 넣고 자물쇠로 잠가두자. 로커 열쇠를 지급하지 않는 숙소도 있으니 개인용 자물쇠를 준비해 가면 좋다.

구형 엘리베이터

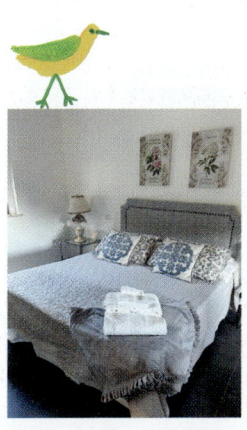

FAQ 07

유레일패스는 꼭 구매해야 하나요?

◆ **이탈리아만 여행한다면 구매할 필요가 없다.**

유레일패스 소지자는 이탈리아 국영철도회사(철도청)인 트렌이탈리아의 열차를 모두 무료로 탑승할 수 있지만 별도의 좌석 예약료(고속열차 10~13€, 인터시티 3€, 유로시티 10~20.90€)를 내야 한다. 좌석 예약료가 없는 기차는 완행열차인 레조날레(R) 등 일부에 불과하므로 대도시 사이를 이동할 땐 예약료가 필수다. 게다가 이탈리아 민영 고속열차 이탈로(italo)는 유레일패스로 이용할 수 없다. 특히 이탈리아는 기차 요금이 저렴한 편이고 특가 프로모션도 많아서 패스를 구매하면 오히려 손해일 수 있다. 패스를 이용한 좌석 예약 방법이 계속 바뀌고 예약이 불편하다는 점도 유레일패스의 단점으로 꼽힌다. 현지 매표소에서 예약할 경우 성수기에는 1~2시간씩 줄을 서는 경우도 있으니 패스 소지자는 레일플래너(Rail Planner) 앱 등을 통해 예약하는 방법을 숙지하자.

★
유레일패스 요금표
(유스 2등석 기준)

■ **유레일 이탈리아 패스**
1개월 내 3일 선택 146€
1개월 내 4일 선택 173€
1개월 내 5일 선택 197€
1개월 내 6일 선택 218€
1개월 내 8일 선택 258€

■ **유레일 글로벌 패스**
유럽 33개국에서 정해진 기간 동안(연속식) 또는 유효기간 내 원하는 날짜를 선택해 정해진 일수만큼(비연속식) 기차를 무제한 이용할 수 있다.

15일 연속사용 421€
22일 연속사용 519€
1개월 연속사용 616€
2개월 연속사용 732€
1개월 내 4일 선택 250€
1개월 내 5일 선택 282€
1개월 내 7일 선택 337€
2개월 내 10일 선택 395€
2개월 내 15일 선택 490€

*2025년 11월 기준, 정상 가격
유스: 12~27세
성인: 28~59세
경로: 60세 이상

유레일 코리아
WEB eurail.com/ko

우리나라에는 없는 객실형 컴파트먼트 좌석

트렌이탈리아의 고속열차(FR)

트렌이탈리아의 고속열차(FR)와 함께 이탈리아 고속열차의 양대산맥으로 불리는 이탈로는 유레일패스로 이용할 수 없다.

고속열차 이탈로의 스마트석 내부

✚ **유레일 이탈리아 패스 소지자와 일반 여행자의 교통 요금 비교**

로마(3일) → 피렌체(1일) → 아씨시(1일, 하루 코스) → 베네치아(1일) → 밀라노(2일) →귀국

구간	패스 이용자	일반 여행자
로마 → 피렌체 (편도, FR·italo·IC)	13€(예약비)	14.90~42.90€
피렌체 ⇆ 아씨시 (왕복, R)	0€	16.65€
피렌체 → 베네치아 (편도, FR·italo)	13€(예약비)	14.90~29.90€
베네치아 → 밀라노 (편도, FR·italo)	13€(예약비)	17.90~34.90€
유레일 이탈리아패스 구매 (유스, 2등석, 4일권)	173€	0€
총비용	212€	64.35~124.35€

*FR(Freccia)·italo 고속열차 / IC(Inter City) 급행열차 / R·RV(Regionale·Regionale Veloce) 완행열차

★
안전한 야간열차 이용법
야간열차 좌석은 침대형 좌석(Bed Compartment 또는 Couchette)과 일반 좌석으로 나뉜다. 침대형 좌석이 있는 차량은 승무원이 순찰을 다니며 객실 내부에서 문을 잠글 수 있어 비교적 안전하다. 특히 여성 여행자는 여성 전용 칸을 이용할 수 있으니 참고하자. 반면 예약 시 '2nd class seats only'로 표시된 일반 좌석은 요금은 저렴하지만 불편한 자세로 자야 하고, 잠든 사이 소매치기를 당할 위험이 있으므로 가능하면 피하는 것이 좋다.

기차는 모두 예약해야 하나요?
어떻게 예약하나요?

FAQ 08

◆ 지정석제로 운영되는 기차는 반드시 예약해야 한다.

중·장거리 이동에 효율적인 고속열차(FR, italo)와 인터시티(IC)는 예약이 필수다. 반대로 완행열차 레조날레(R, RV)는 자유석만 있으며, 사전 구매 할인이 없는 고정요금제이므로 출발 당일 현장에서 구매해도 된다.

◆ 성수기와 장거리 구간은 예약을 서두르자.

성수기에는 좌석이 매진될 수 있으므로 최대한 빨리 예약하는 것이 좋다. 또한 피렌체·밀라노·베네치아-로마, 로마-피사 등 인기 있는 구간이나 야간열차는 성수기가 아니더라도 서둘러 예약해 둔다. 특히 장거리 구간은 예약을 서두를수록 요금이 저렴해지니 빨리 예약하는 것이 유리하다. 반대로 로마-오르비에토, 밀라노-코모 호수 등 일정에 따라 변동 가능성이 있는 단거리 구간은 출발 당일 현장에서 구매한다.

◆ 온라인 예약은 트렌이탈리아나 이탈로 홈페이지·앱 이용

인터넷에서 기차를 예약하려면 이탈리아 철도청 트렌이탈리아(Trenitalia)나 민간 고속열차 사업자인 이탈로(italo) 홈페이지와 스마트폰 앱을 이용하면 된다(자세한 예약 방법은 <Planning My Travel 01 기차표 예약>(p064~069) 참고). 영어에 자신이 없다면 트렌이탈리아 판매처인 레일클릭 한국지사 홈페이지(italiatren.com/ko)나 이탈로 한국 공식 대리점 홈페이지(italo.bookingrails.com)를 이용하는 방법이 있다. 단, 발권 취소나 결제, 환불 방식 등에 차이가 있으니 관련 규정을 확인한다.

◆ 온라인 예약한 기차표 사용하기

트렌이탈리아와 이탈로 티켓은 온라인으로 예매하면 기차 출발 시각에 자동으로 개찰(체크인) 처리되므로 별도의 온라인 체크인이나 역 플랫폼의 개찰기 각인이 필요 없다. 두 철도 모두 앱에서 일정을 변경하거나 확인할 수 있으며, 트렌이탈리아는 예약 확인 이메일을 통해서도 동일한 관리가 가능하다. 자세한 내용은 p065 참고.

◆ 현지에서는 자동판매기나 홈페이지·앱 이용

현지에서는 기차역의 매표소와 자동판매기, 현지 여행사를 통해 예약할 수 있다. 자동판매기는 기차역에 여러 대가 준비돼 있어 대기 시간이 짧고 영어 화면을 지원하므로 소통의 불편함을 피할 수 있다. 기차역에 갈 수 없다면 철도 회사 홈페이지나 앱을 이용하자. 특히 앱 이용 시 예약 조회·변경·환불을 간편하게 할 수 있다.

앱에 저장된 트렌이탈리아 디지털 티켓

★ **기차표 온라인 예약 노하우**

요금이 비쌀수록 편안한 좌석과 더 좋은 서비스를 누릴 수 있지만 이탈리아는 도시 간 이동 시간이 길지 않아 경제적인 편을 택하는 것이 좋다. 할인율이 높을수록 변경이나 환불이 어려우므로 일정을 확정했다면 저렴한 특가 티켓을, 일정이 바뀔 가능성이 크다면 변경 수수료가 적은 티켓을 선택한다. 자세한 내용은 <Planning My Travel 01 기차표 예약>(p064~069)을 참고하자.

★ **기차 연착 & 파업 정보 확인**

이탈리아에서는 잦은 기차 연착과 결항, 파업으로 여행 일정에 차질이 생길 수 있다. 출발 전 기차편의 일정 변경이 있는지 확인하고 기차표 구매 시 등록한 이메일도 자주 체크한다.

■ **트렌잇!(Trenit!) 앱**
예약한 기차편의 연착, 결항, 파업 등 운행 현황을 실시간 알림으로 제공한다.

■ **이탈리아 교통부 홈페이지**
운송 부문 파업 일정이 정기적으로 업데이트된다.
WEB scioperi.mit.gov.it/mit2/public/scioperi

FAQ 09

예약 없이 보기 힘든 곳은 어디인가요?

◆ **현장 발권이 가능한 곳도 예약하고 가자**

이탈리아의 주요 명소는 대부분 정원과 시간 제한이 있어 입장 인원을 엄격히 관리한다. 콜로세움, 바티칸 박물관, 우피치 미술관 등 대표 관광지는 특히 혼잡해 온라인 예매가 조기 마감되거나, 현장 발권 시 몇 시간씩 기다리는 일이 흔하다. 이런 곳은 원하는 시간대가 빨리 마감되므로 서둘러 예약하는 것이 좋다. 무료입장 명소라도 소정의 수수료를 내고 입장 시각을 지정할 수 있다면 예약해 두는 편이 안전하다.

➕ **주요 명소 예약 바로가기**

콜로세오 입구가 보이지 않을 정도로 길게 늘어진 입장 대기줄

★ **그 외 예약하고 가면 좋은 곳**

- **폼페이 유적지** 성수기에는 대기 시간이 길다.
- **카프리행 고속선** 나폴리·소렌토 출발편은 주말·성수기에 매진이 잦다.
- **친퀘테레 사랑의 길** 개방 기간에는 현장 추가 요금이 있으며, 입장 대기줄이 길다.
- **베로나 오페라 축제** 성수기 좌석을 확보하려면 예약이 필요하다.
- **돌로미티 트레 치메 디 라바레도 앞 7km 구간** 차량 진입 시 날짜·시간·차량 정보를 사전 등록해야 한다.
- **돌로미티 브라이에스 호수** 7월 10일~9월 10일은 차량이 통제되며 주차·버스 예약제로 운영된다.

로마 콜로세움 p166	로마 바티칸 박물관 p192	산 피에트로 대성당 & 돔 p202
로마 판테온 p218	로마 보르게세 미술관 p241	피렌체 우피치 미술관 p359
피렌체 아카데미아 미술관 p353	피렌체 두오모 쿠폴라 p348	피사의 사탑 p396
밀라노 두오모(지붕 테라스) p473	밀라노 '최후의 만찬' p482	베네치아 산 마르코 대성당 (패스트트랙) p558

스마트폰 로밍과 심카드 중 어떤 게 낫죠?
유심(심카드)과 이심은 어떻게 다른가요?

FAQ 10

◆ 이탈리아에서 데이터 쓰는 법

현지에서 지도·교통·메신저를 이용하려면 데이터 연결은 필수다. 방법은 로밍, 이심(eSIM), 현지 심카드(유심) 3가지가 있다. 통화가 필요하면 로밍, 데이터만 쓰면 이심이나 현지 심카드가 경제적이다.

◆ 가장 간편한 데이터 로밍

국내 번호를 그대로 쓰고 싶거나 통화·문자를 자주 해야 한다면 로밍이 편하다. 앱이나 고객센터에서 즉시 가입 가능하며, 안정적이다. 단점은 요금이 비싸다는 점으로, 30일 3GB 2만 원대, 6GB 3만 원대 수준이다.

◆ 저렴하고 간단한 이심(eSIM)

칩을 교체할 필요 없이 QR코드만 등록하면 되는 디지털 심이다. 듀얼심 구성이 가능해 한국 번호와 병행 사용이 가능하다. 가격이 저렴하고 온라인으로 쉽게 구매할 수 있다. 아이폰은 XS 이상, 갤럭시는 Z4 이상 기종부터 지원된다.

◆ 현지 번호로 교체하는 심카드(SIM)

이탈리아 도착 후 교체해 쓰는 선불형 카드다. 윈드트레(Wind Tre), 팀(Tim) 등 주요 통신사 매장에서 여권을 제시하고 개통한다. 현지에서만 가능한 앱이나 서비스 이용 시 유용하지만 전화번호가 바뀌고 한국 번호는 쓸 수 없게 된다.

✚ 심카드 구매 팁

① 로마 테르미니역 등 시내 매장이 공항보다 저렴하다.
② 개통 전 매장에서 작동 확인 필수.
③ 데이터·사용일수·통화 포함 여부를 확인하고 본인 일정에 맞춰 선택.
④ 충전(Top-up) 가능한 심인지도 체크.

★ **멀티 어댑터, 챙겨가세요!**

이탈리아는 우리와는 다른 규격의 플러그를 사용한다. 영국과 프랑스 등도 이탈리아와 다르므로 멀티 어댑터를 챙겨가는 것이 좋다. 또 콘센트가 1~2개만 있는 숙소가 많기 때문에 멀티 콘센트도 함께 준비하면 좋다.

이탈리아 타입 / 프랑스 타입

독일 타입 / 영국 타입

스위스 타입

가장 인기 많은 통신사인 팀

윈드 트레

FAQ 11

여자 혼자 떠나는 여행, 정말 괜찮을까요?
소매치기가 많지 않나요?

◆ 이탈리아의 치안은 생각보다 안전하다.

이탈리아를 여자 혼자 여행하는 것은 위험하다고 생각하는 사람이 많다. 무질서하게 질주하는 오토바이와 거리의 부랑자들, 소매치기로 악명 높은 집시들 때문에 나쁜 이미지가 생긴 것이 아닐까 싶다. 하지만 치안 상황을 개선하고 불법 이민을 근절하기 위한 이탈리아 정부의 노력으로 대부분 관광지마다 경찰이 순찰을 돌면서 치안 상태가 예전보다 양호해졌다. 기본적인 주의는 필요하지만 막연한 불안감을 가질 필요는 없다.

다만 밤늦게 혼자 다니는 것은 피하는 게 좋다. 야경을 보거나 늦은 시각 숙소로 돌아갈 때는 가능하면 일행과 함께 이동하자. 또한 각종 캠페인 서명을 부탁하며 접근하는 사람도 주의해야 한다. 이탈리아를 포함한 유럽에서는 서명이 강력한 법적 효력을 갖기 때문에 가벼운 호의로 서명했다가 금전 요구를 받은 사례도 있다.

◆ 소지품 관리는 철저하게

소매치기는 예고 없이 찾아온다. 한순간의 방심으로 잃는 물건의 가치보다 심리적·시간적·경제적 손실이 훨씬 크다. 현금은 하루치 예상 경비만 소지하고 여권은 휴대하되 사본을 여러 장 만들어 분산 보관한다. 여분의 신용카드나 비상용 체크카드는 별도로 보관하고 숙소의 안전 금고나 잠금장치가 있는 캐리어를 활용한다. 이동 시에는 크로스백을 몸 앞으로 메고 지퍼를 자물쇠나 옷핀으로 잠그는 것이 안전하다. 역, 지하철, 시장 등 소매치기가 많은 장소에서는 가방을 손에 쥐고 주변을 살핀다.

✚ 휴대폰 분실 방지 5계명

❶ 사람이 붐비는 곳에서는 휴대폰을 꺼내지 않는다.
❷ 휴대폰을 뒷주머니에 넣지 않는다.
❸ 휴대폰을 식당 테이블 위에 두지 않는다.
❹ 폰 스트랩(크로스형·손목형)을 활용해 가방이나 몸에 고정한다.
❺ 잠금해제 암호를 설정하고 분실 시 즉시 통신사에 신고한다.

거리 어디서나 쉽게 볼 수 있는
이탈리아 경찰(Polizia)

★
공항에서 명품 분실 주의!
이탈리아 국제공항 출국장에서는 고가 면세품 도난 사례가 종종 발생한다. 주로 수하물이 항공기로 옮겨지기 전 엑스레이 검사대에서 발생하는 것으로 추정되며, 명확한 방지책은 없다. 따라서 고가품은 반드시 기내 휴대 수하물로 반입한다.

★
민박이나 호스텔 이용 시 주의!
여러 명이 함께 머무는 숙소에서는 현금, 노트북, 휴대전화, 카메라 등 귀중품을 철저히 관리한다. 외출할 때뿐 아니라 잠잘 때나 샤워 중에도 캐리어를 잠그고 지갑 등 주요 소지품은 항상 곁에 둔다.

✚ 이탈리아 도시별 위험 장소와 주의사항

도시	위험한 지역	주의해야 할 점
로마	테르미니역 주변, 트레비 분수, 스페인 광장, 지하철역 및 차량 안 등	관광지와 대중교통에서 소매치기가 잦다. 가방은 몸 앞으로 메고 사진 촬영이나 계산 시에는 손에서 떼지 않는다.
피렌체	중앙시장 주변의 좁은 골목	인파가 몰리는 시장과 골목에서는 2~3명이 한 팀으로 가방을 가리는 '분산형 소매치기'가 흔하다. 시비나 소란이 일어나면 가까이 가지 않는다.
베네치아	늦은 밤, 좁은 골목	골목이 복잡해 길을 잃기 쉽다. 야간에는 큰길을 이용하고 인적이 드문 지역은 피한다.
밀라노	두오모 광장, 밀라노 중앙역, 밤 골목	손가락에 색실을 묶거나 비둘기 사료를 억지로 쥐여주며 돈을 요구하는 경우가 있다. 낯선 사람은 처음부터 단호히 거절한다.
나폴리	역 주변, 항구, 역~항구 구간	남부 주요 도시 중 소매치기·절도 신고가 가장 많다. 여럿이 함께 이동하거나 택시를 이용한다. 단독 여행 시 늦은 귀가는 피한다.
포시타노	늦은 밤, 물리니 광장과 윗마을	오토바이 등을 이용한 장난이나 접근형 절도가 드물게 발생한다. 밤에는 혼자 다니지 않는다.
피사	역 주변, 버스 정류장 및 차량 안	분산형 소매치기가 흔하다. 낯선 접근은 피하고 가방을 손에 쥔다.
시에나	늦은 밤, 캄포 광장 주변	술집이 몰려 있어 취객이 많다. 밤에는 인적이 드문 골목을 피한다.
기타	전 지역 공통	계단·에스컬레이터 이용, 화장실·탈의실, 사진 촬영 시 특히 주의한다. 혼자 여행하는 여성에게 과도하게 친절을 베푸는 사람은 경계한다. 약을 탄 음료·손수건 등을 통한 '드링크 스파이킹(Drink-spiking)' 범죄 가능성에 주의한다. 낯선 제안은 단호히 거절한다. 로마·밀라노 등 대도시에서는 시위 발생 시 광장·주요 도로가 통제될 수 있으니 우회한다.

FAQ 12

유스호스텔증, 국제 학생증, 국제 교사증은 꼭 필요한가요?

◆ **이탈리아만 여행할 계획이라면 필요 없다.**

이탈리아 대부분의 호스텔을 유스호스텔증이 없어도 예약할 수 있으며, 할인 혜택도 크지 않다. 국제 학생증(ISEC, ISIS)과 국제 교사증(ITIC)도 바티칸 박물관(25세 이하 국제 학생증 소지자 12€ 할인) 외에는 주요 관광지에서 받는 혜택이 한정돼 있어 발급비 1만 9000원을 고려하면 발급받지 않는 게 더 경제적이다. 단, 프랑스·영국·독일 등 유럽의 다른 나라를 함께 여행할 계획이라면 ISIC 홈페이지(isic.org)를 방문해 나라별 혜택 정보를 확인한 후 고려해보자.

★ **국제 학생증·국제 교사증 발급처**
KISES 강남점 및 종로점
TEL 1688 9367
WEB isic.co.kr

FAQ 13

영어를 잘 못해서 걱정입니다. 괜찮을까요?

◆ **여행에서 영어는 '필수 사항'이 아닌 '선택 사항'**

영어를 잘하면 물론 좋겠지만 여행할 때 현지에서 영어를 써야 하는 경우는 의외로 적다. 영어가 필요한 경우는 입국 심사, 호텔, 식당, 상점, 관광 안내소, 기차역, 매표소 정도다. 하지만 이런 경우조차 목적이 분명하기 때문에 몇 가지 단어와 짧은 문장만으로도 충분히 의사소통이 가능하다. 그리고 현지인과의 의사소통은 영어 실력보다 자신감을 갖고 당당하게 이야기하는 자세가 무엇보다 중요하다. 공항에서 입국 심사를 받을 때도 관광을 목적으로 입국하는 여행자에게는 질문도 없이 여권만 확인하고 바로 입국을 허가해준다.

◆ **숙소, 식당, 기차역에서 영어가 필요할 때**

호텔에서는 미리 발급받은 숙박권(바우처)이나 예약 확인 메일을 출력해서 보여주면 된다. 요즘은 예약자 이름을 말하고 여권만 보여줘도 되는 호텔도 많다. 체크인 후 객실로 들어갈 때까지 'Reservation(예약)', 'Passport(여권)', 'Credit Card(신용카드)' 정도의 단어와 간단한 인사 외에는 특별한 영어가 필요하지 않다. 식당과 상점에서도 마찬가지다.

관광 안내소나 기차역에서는 조금 긴 의사소통이 필요할 수 있는데, 미리 필요한 내용을 구글 번역기나 파파고 앱에 기록해두고 보여주면 된다. 장소별로 필요한 기초 생활 영어와 이탈리아어는 별책부록(맵북) 참조.

신발은 어떤 것을 준비해야 할까요?
여행 중 빨래는 어떻게 하죠?

FAQ 14

◆ **운동화가 가장 좋지만 플랫 슈즈나 캐주얼화도 괜찮다.**

이탈리아를 비롯한 유럽의 길은 대부분 울퉁불퉁한 돌길이 많아 밑창이 푹신해야 하며, 장시간 걷기 때문에 통풍이 잘되는 소재의 운동화가 적합하다. 자신만의 스타일을 살리고 싶다면 스니커즈나 발의 피로가 적은 플랫 슈즈를 준비하자. 샌들이나 하이힐을 신을 계획이라면 반드시 여분의 신발을 챙길 것. 레스토랑에서는 스포츠 샌들류 대신 앞이 막힌 신발을 신는 게 현지 에티켓이다.

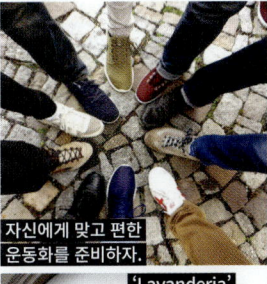
자신에게 맞고 편한 운동화를 준비하자.

◆ **민박에서는 세탁기, 호텔 및 호스텔에서는 빨래방 이용**

민박이나 아파트먼트 숙소는 세탁기를 자유롭게 이용할 수 있고 대부분의 호스텔은 자체 세탁 공간을 갖추고 있다. 호텔은 인근 빨래방(Lavanderia Self-service)을 이용하는 것이 편하다. 호텔 내 세탁 서비스는 한 벌 단위로 요금이 비싸므로 빨래방 이용이 경제적이다.

세탁에서 건조까지 약 2~3시간이 걸리며, 요금은 세탁 1회 5~10€, 건조는 별도다. 최근 빨래방은 세제가 자동 포함된 경우가 많지만 일부 구형 매장은 별도 구매가 필요하므로 소량의 가루세제나 시트형 세제를 챙기면 유용하다. 속옷이나 양말 등은 숙소 욕실에서 간단히 손빨래해도 된다.

'Lavanderia' 간판을 찾자.

★ **빨래방 - 코인 세탁기 이용 방법**

❶ 세탁 준비
세탁물을 넣기 전에 세제가 자동 투입되는 세탁기인지 확인한다. 요즘 빨래방은 대부분 세제가 포함돼 있어 별도로 구매하지 않아도 된다. 세제를 자동판매기에서 판매하는 곳은 세제가 투입될 세탁기 번호를 선택해 금액을 넣으면 자동으로 세제·섬유 유연제가 투입된다.

❷ 세탁기 선택 및 투입
세탁물을 세탁기 안에 넣고 문을 단단히 닫는다. 세제 자동 투입형이 아닐 경우 세탁기 윗부분의 투입구에 세제와 섬유 유연제를 넣는다.

❸ 요금 결제
세탁기 번호판에 이용 금액이 표시돼 있다. 화폐 투입기(또는 터치패널)에서 세탁기 번호를 선택하고 표시된 금액을 넣는다. 동전 외에도 카드나 QR 결제가 가능한 기계가 많다.

❹ 세탁 시작
물 온도(보통 30~40℃) 또는 섬유 종류별 세탁 코스를 선택한 후 'Start' 버튼을 누른다. 온도가 높을수록 세탁 시간이 길어지고 세척력도 강해지며, 낮을수록 옷감 손상이 적고 시간이 짧다. 세탁 코스는 브랜드마다 명칭이 조금 다르지만 기본적으로 면(Cotone/Cotton), 합성섬유(Sintetici/Synthetics), 울(Lana/Wool), 섬세 세탁(Delicati/Delicate), 란제리·속옷용 손세탁(Lingerie/Intimo/Hand wash), 급속 세탁(Rapido/Express) 등으로 구분된다. 표시창에 남은 시간이 표시된다.

❺ 건조기 사용
세탁이 끝나면 세탁물을 건조기로 옮긴다. 건조기 이용 방식은 세탁기와 동일하며, 온도(보통 50~70℃)와 시간을 선택해 'Start'를 누른다.

FAQ 15

세금 환급(Tax Refund), 어떻게 받아야 하나요?

◆ 세금 환급 절차 한눈에 보기

상점에서

- 이탈리아에서 구매한 경우 → 상품 구매(70€ 초과)
- 이탈리아 외 EU 국가에서 구매한 경우 → 상품 구매(각 나라별 기준 금액 이상)

공통: 세금 환급 서류 작성(여권 지참 필수)
- 현금, 신용카드 중 택일(현금은 서류당 수수료 3~11€ 공제함)
- 성명, 여권 번호, 주소, 신용카드 번호 기재

세관 방문, 세관 도장 날인
*구매한 물품을 보여달라는 경우가 많으니 물품 지참 필수

공항에서

신용카드 환급 신청 시
세금 환급 키오스크에 여권, 항공권, 세금 환급 서류의 바코드 등을 등록한다.
*세무서 확인 후 신용카드 회사에서 처리, 2일~3개월 소요

현금 환급 신청 시
글로벌 블루, 플래닛 택스 프리 등 세금 환급 대행사 창구에 서류를 내고 현금과 영수증을 받는다.

신용카드 환급 신청 시
세금 환급 대행사 창구에 서류를 접수한다. 경우에 따라 서류를 우편으로 보낸다.
*세무서 확인 후 신용카드 회사에서 처리, 1주일~3개월 소요

*세금 환급 처리와 창구의 위치, 오픈 시간은 공항마다 다르므로 마지막 출국하는 EU 공항 정보에 대해 미리 알아두자. 공항 내 세금 환급 대행사 창구의 오픈 시간과 항공편 시간을 고려해 현금 환급을 결정한다.

★ **시내에서 미리 환급받은 경우**

이탈리아 내에서 상품을 구매하고 미리 환급받았다면 반드시 출국 공항에 서류를 제출하고 확인받아야 한다. 기한 내 처리하지 않으면 환급받은 금액이 다시 신용카드로 청구되어 빠져나가니 주의! 세관에 들를 필요 없이 바로 환급 대행사 창구 또는 키오스크로 가서 처리하면 된다.

★ **세금 환급 대행 회사 정보**

글로벌 블루
WEB globalblue.com

플래닛 페이먼트
WEB planetpayment.com

택스프리(이페이)
WEB epaytaxfree.com

글로벌 블루 키오스크

◆ 이탈리아의 세금 환급 기준

비EU 거주자가 동일 상점에서 당일 구매한 금액이 70.01€ 이상이면 부가가치세(VAT) 환급 대상이 된다. 이탈리아의 부가세율은 22%이며, 실제 환급액은 상품 종류와 수수료 등에 따라 구매 금액의 약 12~15% 수준이다.

상점 앞 'Tax Free' 로고를 확인하자

◆ 상점에서 상품 구매 시 - 세금 환급 서류 작성

'TAX FREE' 표식이 있는 상점에서 기준 금액 이상 구매한 뒤 계산 시 여권을 제시하면 세금 환급 서류(Global Refund Cheque)를 발급받을 수 있다. 서류에는 성명, 여권 번호, 주소, 환급 방법(현금 또는 신용카드), 신용카드 번호(카드 환급 시)를 기입한다. 신용카드 명의와 서류상의 이름이 일치해야 하며, 서류에 바코드가 인쇄돼 있는지 확인한다. 계산 시 직원에게 세금 환급 서류와 전용 봉투를 반드시 함께 받는다.

◆ 마지막 EU 체류 국가에서 세금을 환급받자.

여러 EU 국가에서 쇼핑했다면 마지막 EU 체류 국가의 출국 시점에 한꺼번에 환급받는다. 스위스·영국 등 EU 비가입국에서는 해당 국가를 떠날 때 환급 절차를 진행한다.

◆ 로마·밀라노 공항에서 세금 환급받는 방법

❶ 세금 환급에 필요한 서류와 물건을 챙기자.

항공권(e-티켓), 여권, 세금 환급 서류, 구매 물품을 모두 챙긴다. 세관 직원이 실물을 확인하는 경우가 있으므로 구매 물품이 없거나 포장을 개봉하면 환급이 거절될 수 있다. 이름·여권 번호·신용카드 번호를 다시 확인하고 세금 환급 서류와 영수증은 사진으로 남겨 'Doc-ID'로 추적할 수 있도록 한다.

로마 공항(터미널3)의 세관

❷ 위탁 수하물로 부칠지 기내에 가지고 탈지 결정하자.

물품을 위탁 수하물에 넣는다면 짐을 부치기 전, 기내 반입 시에는 탑승 수속 후 출국 심사 전에 환급 절차를 밟는다. 출국 심사대를 통과하면 환급이 불가능하므로 주의한다.

로마 공항의 글로벌 블루 키오스크

❸ 세금 환급 대행사 또는 세관을 찾아가자.

이탈리아 내에서 구매한 상품은 대부분 세관 도장 없이 세금 환급 대행사(Global Blue, Planet Payment 등) 창구나 키오스크에서 전자 처리한다. 영수증이나 세금 환급 서류 상단에 표시된 로고와 같은 대행사를 찾아 이용하면 된다. 단, 일부 대행사는 세관 도장을 요구하며, 이 경우 'TAX REFUNDS' 또는 'CUSTOMS(DOGANE)' 표지판을 따라 세관으로 이동해 확인 절차를 밟는다. 도장을 받은 뒤에는 'Per Tutte le Altre Destinazioni' 표기 우체통 투입구에 서류를 넣는다.

밀라노 말펜사 공항의 12번 구역

❹ 세금 환급 대행사별로 접수하자.

대행사 창구에서 현금 환급 또는 신용카드 환급 중 선택한다. 현금 환급은 수수료를 제한 금액을 즉시 지급하며, 카드 환급은 세무 확인 후 약 1~2개월 내 신용카드 결제 계좌로 입금된다. 여러 대행사 창구(Global Blue, Planet Payment, TAX REFUND 등)에 접수해야 한다면 각각 줄을 서야 하므로 성수기에는 여유 있게 공항에 도착하자.

대행사별 접수처

★ **간편한 글로벌 블루 키오스크와 앱으로 실시간 확인!**

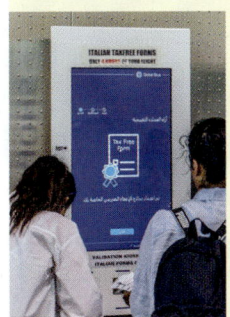

글로벌 블루(Global Blue) 신용카드 환급은 한국어 지원 키오스크로 빠르고 간편하게 처리할 수 있다. 탑승 4시간 전부터 이용 가능하다.

❶ 여권 스캔 → ❷ 환급 전표 확인 → ❸ 탑승권 입력 → ❹ 개인정보 확인 → ❺ 환급 카드 삽입 또는 컨택리스 카드 터치 → ❻ 전자 도장 발급

글로벌 블루 앱에 여권·신용카드 정보를 미리 등록해 두면 실시간으로 환급 진행 상태를 확인할 수 있다. 내 여권 정보로 신청한 세금 환급 내역과 환급 금액도 즉시 조회 가능하다.

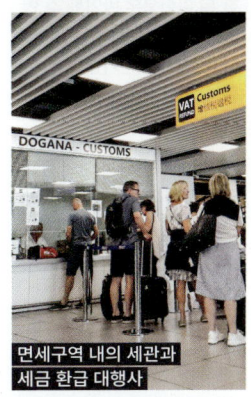

면세구역 내의 세관과 세금 환급 대행사

FAQ 16

경유 시, 면세점에서 구매한 화장품을 기내에 반입할 수 있나요?
면세점은 어떻게 이용하나요?
면세점 물건을 못 찾았을 때는 어떡하나요?

◆ 국제선 기내 수하물 규정

◆ 액체류 반입 기준
술·음료수·생수·향수·화장품(젤·크림형 포함), 치약·샴푸 등 세면용품, 고추장·김치 등 액체나 젤 형태의 음식물, 에어로졸 제품은 각 용기당 100mL 이하, 총합 1L 이하만 기내 반입이 가능하다. 모든 액체류는 투명 지퍼백(약 20×20cm) 1개에 담아 밀봉해야 하며, 1인당 1개만 허용된다.

◆ 라이터·배터리
라이터와 리튬 배터리는 수하물 위탁이 금지되며, 기내 반입만 가능하다. 라이터는 1인당 1개, 예비 리튬 배터리는 항공사 규정 범위 내에서만 허용된다(보통 100Wh 이하).

◆ 기내 반입 금지 품목
칼, 인화물질, 가스, 화학물질 등 위험물은 반입할 수 없다. 단, 둥근 날 버터 칼, 안전날 면도기, 전기면도기, 항공사 제공 기내식용 나이프는 예외적으로 허용된다.

◆ 반입이 허용되는 예외 품목
유아용 음식(분유, 이유식 등), 탑승 중 필요한 의약품(사용량만큼 용기에 덜어 1L 이하 지퍼백에 밀봉)

◆ 경유 시 액체류는 밀봉 포장 상태로만 기내 반입 가능

화장품·향수·주류 등 액체류는 테러 방지를 위한 국제 항공 보안 규정에 따라 액체류 반입이 엄격히 제한된다. 경유 항공편 이용 시 면세점에서 구입한 액체류는 밀봉 포장(STEB) 상태로만 기내 반입이 가능하며, 포장을 뜯거나 훼손하면 반입이 거부된다. 출발국 면세품은 경유지 보안 검색에서 압수될 수 있으므로 경유 공항의 면세점에서 필요한 물품을 구매하는 게 안전하다.

◆ 면세점 이용 구분

❶ 일반 면세점(시내·온라인 포함)
롯데·신라·신세계·현대백화점 면세점 등이 대표적이다. 결제 시 항공권과 여권이 필요하며, 구매 물품은 출국 당일 공항 면세 구역 안의 '면세품 인도장'에서 수령한다. 각 면세점은 할인 쿠폰, 카드사 포인트 적립, 한정 프로모션을 운영하므로 출국 전 온라인 예약 구매가 효율적이다.
면세품 인도장에서 예약 물품을 찾지 못했거나 분실된 경우 즉시 면세점 직원에게 신고한다. 인도장 인근 창구에서 상품 재조회 또는 환불 접수가 가능하다. 이미 출국 후라면 면세점 고객센터 또는 홈페이지에서 환불·재발송 절차를 진행할 수 있다.

❷ 공항 면세점
출국 심사 후 탑승 게이트 구역 내에서 이용 가능하다. 구매 즉시 물품을 받을 수 있어 환승 대기 시간 중 쇼핑에 적합하다. 결제 시 여권과 탑승권을 제시해야 한다.

❸ 기내 면세점
항공기 탑승 후 좌석에 비치된 카탈로그나 기내 엔터테인먼트 화면을 통해 주문하며, 결제 후 즉시 수령한다. 대부분의 항공사는 홈페이지 사전 주문 서비스(Pre-Order)도 제공한다.

❹ 인천공항 입국장 면세점
입국장 면세점은 귀국 시 도착층(1층, 수하물 수취 전 구역)에서 이용할 수 있다. 주류·담배·화장품·향수·식품 등 일부 품목만 판매하며, 출국 시 무거운 면세품을 들고 다니지 않아도 된다는 점이 장점이다. 입국장 면세점에서 구매한 물품은 기존 개인 면세 한도(800달러)에 포함되며, 주류는 400달러 이하, 2L 이하, 1병까지만 면세된다. 또한 입국장 면세품은 면세 한도에서 우선 공제되고 해외에서 구매한 물품과 합산해 두 금액의 합계가 한도를 초과하면 초과분에 세금이 부과된다.

FAQ 17

베네치아에 가서 곤돌라를 타고 싶은데, 많이 비싼가요?

◆ 배 한 척에 80~110€, 30분 정도 소요

베네치아 곤돌라는 시청이 정한 공인 요금제로 운영된다. 낮 시간은 30분 90€, 19:00 이후에는 35분 110€다. 최대 5명까지 탑승 가능하며, 인원수와 관계없이 배 한 척 단위로 계산된다. 곤돌리에르(뱃사공)가 직접 노래를 부르는 일은 드물고 일부는 요청을 꺼리기도 한다. 노래와 연주가 포함된 세레나데 곤돌라 투어는 전문 가수가 동승하는 별도 프로그램으로, 일반 요금보다 비싸고 예약이 필요하다.
곤돌라 선착장은 산 마르코 광장 일대, 리알토 다리, 산타 루치아역(페로비아) 등 도심 곳곳에 있다. 5명이 함께 타면 1인당 18~22€ 수준으로 이용할 수 있으며, 밤보다 색감과 시야가 살아나는 낮 시간대가 사진 촬영에 유리하다.

◆ 베네치아의 상징, 곤돌라

검은색 전통 목선 곤돌라는 중세 귀족의 교통수단에서 유래했다. 한 척을 완성하는 데 1년 이상 걸리며, 현재 약 400척만 남아 대부분 관광용으로 운항된다. 곤돌리에르는 영어·역사·문화 등 자격시험을 통과해야 면허를 취득할 수 있어 자부심이 높다. 잔잔한 물결 위를 미끄러지듯 나아가며 마주하는 베네치아의 풍경은 오랜 시간이 지나도 잊히지 않는다.

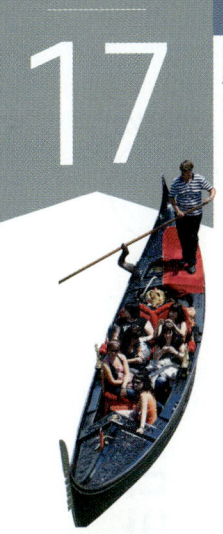

★ 세레나데 곤돌라 투어 예약
WEB www.gondola-rides-venice.com

이탈리아 추천 일정

BEST COURSE 1
6박 8일

이탈리아의 핵심만 쏙쏙!

이탈리아 4대 도시 코스

짧은 기간에 로마·피렌체·베네치아·밀라노 등 4대 주요 도시의 핵심만 둘러보는 코스로, 이탈리아를 처음 방문하거나 유럽 여행의 일부로 이탈리아를 찾는 여행자에게 적합하다. 단, 각 도시에서 머무르는 시간이 짧기 때문에 철저하게 계획을 세워 여행을 준비하고 효율적인 동선도 고려해 일정을 짜야 한다.

- 밀라노 Milano
- 베네치아 Venezia
- 피사 Pisa
- 피에솔레 Fiesole
- 피렌체 Firenze
- 시에나 Siena
- 로마 Roma

- 밀라노→베네치아: 기차(FR) 2시간 30분~
- 베네치아→피렌체: 기차(FR) 2시간 15분~
- 피사→피렌체: 기차 50분~1시간 30분
- 피렌체→피에솔레: 버스 20분
- 피렌체↔시에나: 버스 1시간 15분 또는 기차 1시간 30분
- 피렌체→로마: 기차(italo) 1시간 30분~

알찬 일정을 위해 1~3개월 전 미리 준비하세요

- **1일째** 콜로세오 입장권 예약
- **2일째** 바티칸 투어 또는 바티칸 박물관 입장권 예약
- **3일째** 로마-피렌체 구간 고속열차 예매
  피렌체 두오모 쿠폴라 입장권 예약
- **4일째** 더몰행 직행버스 예약
  우피치 미술관 입장권 예약
- **5일째** 피렌체-베네치아 구간 고속열차 예매
- **6일째** 베네치아-밀라노 구간 고속열차 예매
  '최후의 만찬' 예약
- **7일째** 밀라노 두오모 지붕 입장권 예약

1일 로마

오전 콜로세오와 포로 로마노, 진실의 입 등 로마의 대표적인 명소를 돌아보며 여행 온 기분 만끽하기

오후 나보나 광장과 판테온, 트레비 분수, 스페인 광장 등 로마의 낭만 명소 둘러보기

로마 숙박

2일 로마 / 바티칸 시국

종일 시스티나 예배당의 천장화, 피에타 등 이탈리아를 대표하는 명작들이 모여 있는 바티칸시국!

저녁 따스한 주황빛에 물든 로마 시내 야경 즐기기

로마 숙박

3일 로마 → 피렌체

오전 피에솔레·피사·시에나 등 피렌체 근교 도시로 출발!
*짐은 피렌체 숙소에 체크인하면서 맡기고 가볍게 출발하자.

오후 피렌체로 돌아와 사랑 고백을 부르는 연인들의 명소, 두오모 주변 둘러보기

피렌체 숙박

4일 피렌체

오전 명품 아웃렛의 메카, 더몰 다녀오기

오후 르네상스 걸작들이 있는 우피치 미술관 관람

저녁 미켈란젤로 언덕에서 피렌체의 야경 감상하기

피렌체 숙박

5일 피렌체 → 베네치아

오전 산 마르코 광장과 리알토 다리, 두칼레 궁전 등 베네치아 대표 명소 둘러보기

오후 알록달록 예쁜 포토 스폿! 부라노·무라노 섬 다녀오기

저녁 산 마르코 광장 주변에서 야경 즐기기

베네치아 숙박

6일 베네치아 → 밀라노

오전 아카데미아 미술관 등 전날 못 간 베네치아의 빠진 명소 돌아보기

오후 밀라노로 이동해 레오나르도 다빈치의 '최후의 만찬' 관람하기

밀라노 숙박

7일 밀라노 → 귀국

오전 두오모 주변을 돌아보고 쇼핑하기

귀국행 비행기 탑승

오후 *귀국 항공편이 베네치아 아웃이라면 밀라노와 베네치아의 순서를 바꾸어 여행한다.

BEST COURSE 2
9박 11일

이탈리아 4대 도시 + 아말피 해안 코스

깔끔하게 끝내는 이탈리아 일주!

이탈리아 남부의 아말피 해안부터 북쪽 관문인 밀라노까지 주요 도시를 둘러보는 코스. 이탈리아를 알차게 일주하는 뿌듯함을 느낄 수 있다. 아말피 해안은 로마에서 투어를 이용한다면 하루 만에 다녀올 수 있지만 그보다는 소렌토나 아말피 해안에서 숙박한 후 피렌체로 이동하는 코스를 추천한다.

밀라노 Milano
시르미오네 Sirmione
베로나 Verona
버스 + 기차(FR) 1시간 15분~
버스 1시간 30분~
기차(italo) 1시간 10분~
베네치아 Venezia
기차(FR·italo) 1시간 30분~
볼로냐 Bologna
기차(FR·italo) 37분~
피사 Pisa
기차 50분~
피렌체 Firenze
피에솔레 Fiesole
피렌체 → 버스 20분~ → 피에솔레
버스 1시간 15분~
기차 1시간 10분~
시에나 Siena
기차(italo) 3시간~
로마 Roma
기차(FR) 1시간 10분~ (나폴리 도착) + 도보 10분 + 사철 30분 (폼페이 도착)
나폴리 Napoli
사철 30분
폼페이 Pompei
사철 30분
소렌토 Sorrento
SITA 버스 50분~
포시타노 Positano
카프리 Capri
페리 20~30분

알찬 일정을 위해 1~3개월 전 미리 준비하세요

- **1일째** 콜로세오 입장권 예약
- **2일째** 바티칸 투어 또는 바티칸 박물관 입장권 예약
- **3일째** 로마-나폴리 구간 고속열차 예매
- **4일째** 나폴리-피렌체 구간 고속열차 예매
- **5일째** 피렌체 두오모 쿠폴라·우피치 미술관 입장권 예약
- **6일째** 피렌체-볼로냐-베네치아 구간 고속열차 예매
- **8일째** 베네치아-베로나 구간 고속열차 예매
- **9일째** 시르미오네-베네치아 구간 고속열차 예매 '최후의 만찬' 예약
- **10일째** 밀라노 두오모 지붕 입장권 예약

1일	**로마**		**6일**	**피렌체 → 볼로냐 → 베네치아**
오전	콜로세오와 포로 로마노, 진실의 입 등 로마의 대표적인 명소를 돌아보며 여행 온 기분 만끽하기		오전 오후	미식의 도시 볼로냐에서 이탈리아 음식 본격 탐방 후 베네치아로 이동! *볼로냐 대신 피사·시에나 등 피렌체 근교 도시를 둘러 봐도 좋다. *짐은 볼로냐역에 맡기고 돌아본다. 베네치아로 가는 길이라 이동이 효율적이다.
오후	나보나 광장과 판테온, 트레비 분수, 스페인 광장 등 로마의 낭만 명소 둘러보기			
로마 숙박			저녁	산 마르코 광장에서 야경 즐기기
			베네치아 숙박	

2일	**로마 / 바티칸 시국**		**7일**	**베네치아**
오전 오후	시스티나 예배당의 천장화, 피에타 등 이탈리아를 대표하는 명작들이 모여 있는 바티칸시국!		오전	산 마르코 광장과 리알토 다리, 두칼레 궁전 등 베네치아를 대표하는 명소 둘러보기
저녁	따스한 주황빛에 물든 로마 시내 야경 즐기기		오후	아카데미아 미술관 등을 관람하거나 부라노·무라노 섬 다녀오기
로마 숙박			베네치아 숙박	

3일	**로마 → 나폴리 → 폼페이 → 소렌토/포시타노**		**8일**	**베네치아 → 베로나 → 시르미오네**
오전	나폴리를 거쳐 화산재에 묻힌 고대 도시 폼페이 유적을 돌아보고 소렌토로 이동!		오전	<로미오와 줄리엣>의 도시 베로나. 소설 속 장소를 둘러본 후 시르미오네로 이동! *짐은 베로나 기차역에 맡기고 둘러보자.
오후	아말피 해안에서 가장 예쁜 마을 포시타노 다녀오기		오후	마리아 칼라스가 사랑한 온천 휴양지 시르미오네 에서 가르다 호수 바라보며 힐링하기
소렌토 숙박			시르미오네 숙박	

4일	**소렌토 → 카프리 → 소렌토 → 피렌체**		**9일**	**시르미오네 → 밀라노**
오전	코발트 블루빛 바다, 카프리 섬 다녀오기 *짐은 소렌토 호텔에 맡기고 출발하자.		오전	느긋하게 시르미오네 호숫가 산책
오후	소렌토의 여유로운 휴양지 분위기 즐기기		오후	밀라노로 이동해 레오나르도 다빈치의 '최후의 만찬' 관람하기
저녁	나폴리를 거쳐 피렌체로 이동		저녁	스포르체스코 성과 그 주변에서 야경 즐기기
피렌체 숙박			밀라노 숙박	

5일	**피렌체**		**10일**	**밀라노 → 귀국**
오전	명품 아웃렛의 메카, 더몰 다녀오기 미술 마니아라면 아웃렛 대신 우피치 미술관 관람		오전	두오모 주변을 돌아보고 쇼핑하기 귀국행 비행기 탑승
오후	사랑 고백을 부르는 연인들의 명소, 두오모 주변 둘러보기		오후	*귀국 항공편이 로마 출발이라면 이동 시간을 고려해 계획을 잘 세우자.
저녁	미켈란젤로 언덕에서 피렌체의 야경 감상하기			
피렌체 숙박				

BEST COURSE 3
8박 10일

이탈리아 소도시 여행 코스
작은 마을에서만 만날 수 있는 특별함!

이탈리아의 소소한 일상 속으로 들어가고 싶다면 구석구석 숨어 있는 소도시로 눈길을 돌려보자. 오랜 시간 도시국가들로 나뉘었던 이탈리아야말로 파도 파도 계속 나오는 예쁜 소도시들의 천국이다. 바로 이어지는 교통편 없이 몇 번이고 갈아탈 때가 많으니 편도 2시간 정도라면 대도시를 베이스캠프로 삼고 짐 없이 가뿐하게 다녀올 것. 오가다 남는 시간에는 놓치기 아쉬운 대도시 명소도 살짝 들를 수 있다.

알찬 일정을 위해 1~3개월 전 미리 준비하세요
- 3일째 로마-나폴리 구간 고속열차 예매
- 4일째 살레르노-피렌체 구간 고속열차 예매
- 5일째 피렌체 두오모 쿠폴라 입장권 예약
- 6일째 피렌체-볼로냐-밀라노 구간 고속열차 예매
- 7일째 밀라노-포르토피노, 친퀘테레-밀라노 구간 기차 예매
- 9일째 밀라노 두오모 지붕 입장권 예약

BEST COURSE 07

1일 로마
- **오전**: 콜로세오와 포로 로마노, 진실의 입 등 로마 대표 명소를 돌아보며 여행 온 기분 만끽하기
- **오후**: 산탄젤로 성에서 나보나 광장까지 이어지는 구시가 골목을 산책하며 진짜 로마인들의 일상 속으로!
- 로마 숙박

2일 로마 → 오르비에토 → 치비타 디 바뇨레죠 → 로마
- **오전**: 슬로 시티의 발상지 오르비에토의 골목 느긋하게 구경하기
- **오후**: 하늘과 닿은 작은 마을, 치비타 디 바뇨레죠 다녀오기
- 로마 숙박

또는

2일 로마 → 아씨시 → 로마
- **종일**: 성 프란체스코의 흔적을 따라 순례 여행하기
- 로마 숙박

3일 로마 → 나폴리/소렌토 → 포시타노
- **오전**: 나폴리와 소렌토를 거쳐 포시타노로 이동
- **오후**: 아말피 해안에서 가장 예쁜 마을 포시타노에서 호젓한 전망 산책로 탐방
- 포시타노 숙박

4일 포시타노 → 아말피/살레르노 → 피렌체
- **오전**: 중세의 해상왕국 아말피 마을 구경하기
- **오후**: 페리 타고 살레르노로 가서 피렌체로 이동
- **저녁**: 두오모와 시뇨리아 광장 야경 즐기기
- 피렌체 숙박

5일 피렌체 → 시에나 → 피렌체
- **오전**: 토스카나의 매력 속으로 풍덩, 시에나 or 산 지미냐노 다녀오기
- **오후**: 두오모 광장에서 베키오 다리 건너 미켈란젤로 언덕까지! 그림처럼 펼쳐지는 피렌체 풍경 감상하기 색다른 선셋 포인트, 소박한 시골 마을 피에솔레에 다녀와도 좋다.
- 피렌체 숙박

6일 피렌체 → 볼로냐 → 밀라노
- **오전**: 볼로냐로 이동해 에밀리아로마냐 전통 음식 맘껏 즐기기
  *짐은 볼로냐 중앙역에 맡기고 둘러본다.
- **오후**: 볼로냐 구시가에서 느긋한 오후를 보내고 밀라노로 이동!
- 밀라노 숙박

7일 밀라노 → 포르토피노 → 친퀘테레 → 밀라노
- **오전**: 동화처럼 사랑스러운 포르토피노 마을 구경하기
- **오후**: 친퀘테레의 5개 마을 중 끌리는 1~2곳 가보기
  *밀라노에 늦게 도착하니 중앙역 근처 숙소 예약 필수!
- 밀라노 숙박

8일 밀라노 → 시르미오네 → 베로나 → 밀라노
- **오전**: 마리아 칼라스가 사랑한 온천 휴양지 시르미오네 둘러본 후 베로나로 이동!
- **오후**: <로미오와 줄리엣>의 도시 베로나. 소설 속 장소 둘러보기
  *아침 일찍 서두르면 2곳 모두 하루 만에 다녀올 수 있다.
- 밀라노 숙박

9일 밀라노 → 귀국
- **오전**: 두오모 주변을 돌아보고 쇼핑하기
- **오후**: 귀국행 비행기 탑승

BEST COURSE 4
7박 9일

낭만 가득 허니문 코스

베네치아에서 친퀘테레까지!

달콤하고 나른한 신혼여행을 꿈꾸는 허니무너에게 추천하는 로맨틱 휴양 코스. 낭만의 대명사인 베네치아에서 시작해 이탈리아에서 가장 아름다운 호수와 해안가를 돌아본 후 밀라노에서 쇼핑을 즐기며 마무리한다.

알찬 일정을 위해 1~3개월 전 미리 준비하세요

- **2일째** 베네치아-베로나 구간 고속열차 예매
- **3일째** 베네치아-시르미오네 구간 고속열차 예매
  시르미오네 온천 스파 예약
- **4일째** 밀라노-시르미오네 구간 기차 예매
  포르토피노 스페셜 숙소 예약
- **5일째** 포르토피노-친퀘테레 구간 기차 예매
- **6일째** 친퀘테레-밀라노 구간 기차 예매
- **7일째** 밀라노 아웃렛 투어버스 예매
- **8일째** 밀라노 두오모 지붕 입장권 예약
  '최후의 만찬' 예약

1일	**베네치아**		**5일**	**시르미오네 → 친퀘테레**
오전	인생 포토 스폿! 알록달록 예쁜 부라노 섬과 무라노 섬 다녀오기		종일	친퀘테레로 이동 5개 마을 전체가 근사한 야외 스튜디오! 친퀘테레에서 인생샷 남기기
오후	리알토 다리에서 베네치아 풍경 감상하기. 산 마르코 광장의 붉은 노을도 놓칠 수 없는 볼거리!			*마나롤라의 환상적인 노을과 함께 하루 마무리하기
베네치아 숙박			친퀘테레 숙박	

2일	**베네치아 → 베로나 → 베네치아**		**6일**	**친퀘테레 → 밀라노 → 코모 호수 → 밀라노**
오전	아카데미아 미술관 등 전날 미처 둘러보지 못한 베네치아의 명소 방문하기		종일	밀라노로 이동해 코모 호수 다녀오기. 유유자적 유람선 타고 코모의 숨은 매력을 발견해보자.
오후	베로나 줄리엣의 집을 둘러보며 영원한 사랑을 약속하자.			
베네치아 숙박			밀라노 숙박	

3일	**베네치아 → 시르미오네**		**7일**	**밀라노**
오전	시르미오네로 이동해 가르다 호숫가 산책하기		오전 오후	아웃렛 투어버스 타고 여행 기념품 쇼핑하러 다녀오기
오후	이보다 더 한가로울 순 없다! 온천 스파에서 느긋한 휴식 즐기기		저녁	두오모의 야경을 바라보며 로맨틱 디너!
시르미오네 숙박			밀라노 숙박	

4일	**시르미오네 → 밀라노 → 포르토피노**		**8일**	**밀라노 → 귀국**
오전	밀라노를 거쳐 포르토피노로 이동		오전	레오나르도 다빈치의 '최후의 만찬'을 보고 두오모 주변 둘러보기
	포르토피노 항구 주변 마을 구경하기			
오후	*평생 잊지 못할 추억이 될 근사한 호텔에서 머물고 싶다면 포르토피노에서 하룻밤을 보내자.		오후	귀국행 비행기 탑승
포르토피노 숙박				

BEST COURSE 5
9박 11일

이탈리아 남부 지역 코스
아말피 해안에서 풀리아 지역까지!

당신의 특별한 두 번째 이탈리아 여행을 위해 이탈리아 남부 해안 마을을 구석구석 돌아보는 코스다. 일정의 절반은 마테라와 풀리아 지방을 둘러보고 나머지 절반은 소렌토, 카프리 섬, 포시타노 등 경치가 아름다운 아말피 해안을 둘러본다. 이탈리아 북부 지역을 여행한 경험이 있거나 남들은 잘 모르는 소도시를 먼저 발견하는 기쁨을 누리고 싶은 여행자에게 추천한다.

폼페이
↓ 사철 30분
소렌토
↓ 페리 20~30분
카프리
↓ 페리 40분 또는 페리를 타고 소렌토로 이동 후 SITA 버스 50분
포시타노
↓ 페리 20분 또는 SITA 버스 50분
아말피
↓ SITA 버스 25분
라벨로
↓ SITA 버스 25분
아말피
↓ SITA 버스 1시간 15분
살레르노

알찬 일정을 위해 1~3개월 전 미리 준비하세요
- 1일째 로마–마테라 구간 기차+연계버스 예매
- 6일째 레체–나폴리 구간 버스 예매
- 9일째 살레르노–로마 구간 고속열차 예매

BEST COURSE 07

1일 로마 → 마테라
오전 로마에서 마테라로 이동!
오후 구석기 시대에 형성된 인류 최초의 마을을 둘러보고 전망 포인트에서 근사한 노을과 야경 즐기기

마테라 숙박

2일 마테라 → 바리
오전 바위산 동굴 주거지와 깊은 협곡이 어우러진 마테라의 압도적인 풍경을 둘러본 후 바리로 이동!
오후 오랜 역사를 자랑하는 항구도시 바리의 구시가와 신시가 돌아보기

바리 숙박

3일 바리 근교
종일 폴리냐노 아 마레·알베로벨로 등 가까운 바리 근교 도시 다녀오기
*아침 일찍 서두르면 2곳 모두 하루 만에 다녀올 수 있다. 여름철에는 2곳을 연결하는 FSE 버스도 운행!

바리 숙박

4일 바리 → 레체
오전 '남부의 피렌체'라고도 불리는 17세기 바로크 도시의 진수, 레체로 출발!
오후 늦은 시간까지 골목 곳곳에 현지인들이 가득한 매혹적인 밤 문화를 만날 수 있다.

레체 숙박

5일 레체 근교
종일 '이탈리아의 산토리니'로 불리는 백색 마을 오스투니로 떠나는 당일치기 여행!

레체 숙박

6일 레체 → 나폴리 → 폼페이 → 소렌토
오전 오후 나폴리를 거쳐 화산재에 묻힌 도시 폼페이를 둘러본 후 사철을 타고 소렌토로 이동!
저녁 탁 트인 바다가 내려다보이는 전망대에서 소렌토의 밤 즐기기

소렌토 숙박

7일 소렌토 → 카프리
종일 코발트블루빛 하늘과 보석처럼 빛나는 바다를 지닌 카프리 섬으로!

카프리 숙박

8일 카프리 → 포시타노 → 아말피
종일 <내셔널 지오그래픽>이 선정한 '죽기 전에 꼭 가봐야 할 50곳' 중 낙원 부분에서 당당히 1위로 꼽힌 곳, '아말피 해안'

아말피 숙박

9일 아말피 → 살레르노 → 로마
오전 아말피 숙소에 짐을 맡기고 음악의 도시 라벨로 다녀오기. 라임 나무가 우거진 정원에서 바그너의 음악을 들을 수 있다.
오후 살레르노를 거쳐 로마로 출발!

로마 숙박

10일 로마 → 귀국
쇼핑 거리를 둘러보며 여행을 마무리하자.

- **바리** Bari
- 기차 23분~
- 지역철도(FAL) 1시간 5분~
- **폴리냐노 아 마레** Polignano a Mare
- 버스 1시간 5분~
- **알베로벨로** Alberobello
- **오스투니** Ostuni
- 기차 40분~
- 기차(R) 1시간 25분~
- **마테라** Matera
- **레체** Lecce

1일	로마
오전	콜로세오와 포로 로마노, 진실의 입 등 로마의 대표적인 명소를 돌아보며 여행 온 기분 만끽하기
오후	나보나 광장과 판테온, 트레비 분수, 스페인 광장 등 로마의 낭만 명소 둘러보기

로마 숙박

2일	로마 / 바티칸 시국
종일	시스티나 예배당의 천장화, 피에타 등 이탈리아를 대표하는 명작들이 모여 있는 바티칸시국!
저녁	따스한 주황빛에 물든 로마 시내 야경 즐기기

로마 숙박

3일	로마 → 피렌체
오전	피에솔레·피사 등 피렌체 근교 도시로 출발! *짐은 피렌체 숙소에 맡기고 가볍게 출발하자.
오후	피렌체로 돌아와 사랑 고백을 부르는 연인들의 명소, 두오모 주변 둘러보기

피렌체 숙박

4일	피렌체
오전	명품 아웃렛의 메카, 더몰 다녀오기
오후	르네상스 걸작들이 있는 우피치 미술관 관람
저녁	미켈란젤로 언덕에서 피렌체의 야경 감상하기

피렌체 숙박

5일	피렌체 → 산 지미냐노 → 시에나
오전	피렌체에서 렌터카 수령 후 탑의 도시 산 지미냐노 구석구석 체험하기
오후	시에나 도착 후 토스카나 가정식과 와인을 즐기고 도시 산책

시에나 숙박

6일	시에나 → 발도르차 → 시에나
오전 오후	목가적 풍경이 드넓게 펼쳐지는 발도르차 평원 드라이빙
저녁	시에나 캄포 광장 주변에서 야경 즐기기

시에나 숙박

7일	시에나 → 볼로냐 → 베네치아
오전	'뚱보들의 도시' 볼로냐에서 점심 식사 후
오후	마조레 광장과 두 개의 탑 감상

베네치아 숙박

8일	베네치아
오전	산 마르코 광장과 리알토 다리, 두칼레 궁전 등 베네치아 대표 명소 둘러보기
오후	알록달록 예쁜 포토 스폿! 부라노·무라노 섬 다녀오기
저녁	산 마르코 광장 주변에서 야경 즐기기

베네치아 숙박

9일	베네치아 → 돌로미티
오전	돌로미티로 출발! 코르티나 담페초에서 점심 식사
오후	트레 치메에서 웅장한 봉우리 세 개를 눈에 담기

도비아코 숙박

10일	돌로미티
오전	아침 일찍 아름다운 브라이에스 호수 산책 후 산타 막달레나 성당에서 인생샷 촬영하기
오후	알페 디 시우시의 경이로운 풍경 감상하며 트래킹하기

오르티세이 주변 숙박

11일	돌로미티
오전	'악마가 사랑한 풍경'으로 유명한 세체다에서 가벼운 하이킹 후 파소 셀라로!
오후	사스 포르도이-돌로미티 테라스 전망대에서 돌로미티 360° 뷰 감상 후 카레차 호수 한 바퀴
저녁	<로미오와 줄리엣>의 도시 베로나 도착. 브라 광장과 피에트라 다리에서 야경 감상하기

베로나 숙박

12일	베로나 → 시르미오네 → 밀라노
오전	<로미오와 줄리엣> 소설 속 장소를 둘러본 후 시르미오네로 이동!
오후	시르미오네에서 가르다 호수 바라보며 힐링하기
저녁	밀라노로 이동해 렌터카 반납 후 스포르체스코 성과 그 주변에서 야경 즐기기

밀라노 숙박

13일	밀라노 → 귀국
오전	레오나르도 다빈치의 '최후의 만찬' 관람 후 두오모 주변을 돌아보고 쇼핑하기
오후	귀국행 비행기 탑승 *귀국 항공편이 로마 출발이라면 이동 시간을 고려해 계획을 잘 세우자.

1일 로마
- **오전** 콜로세오 주변 명소
- **오후** 스페인 광장 주변 명소

로마 숙박

2일 로마 근교 도시
- **오전** 오르비에토 반나절 여행
- **오후** 치비타 디 바뇨레죠 다녀오기

로마 숙박

3일 로마 → 살레르노 → 아말피
- **오전** 살레르노 거쳐 아말피로 이동
- **오후** 아말피 & 라벨로 마을 구경

아말피 숙박

4일 카프리
- **종일** 카프리 섬 다녀오기

아말피 숙박

5일 아말피 → 포시타노 → 소렌토
- **오전** 포시타노 마을 구경
- **오후** 소렌토로 이동해 전망 즐기기

소렌토 숙박

6일 소렌토 → 폼페이 → 나폴리
- **오전** 폼페이 구경 후 나폴리로 이동
- **오후** 나폴리 항구 주변 명소

나폴리 숙박

7일 나폴리 → 마테라
- **오전** 마테라로 이동
- **오후** 마테라 마을 구경

마테라 숙박

8일 마테라 → 바리
- **오전** 바리로 이동
- **오후** 바리 항구와 구시가 구경

바리 숙박

9일 바리 근교
- **종일** 폴리냐노 아 마레·알베로벨로 등 당일 여행

바리 숙박

10일 레체
- **오전** 레체로 이동
- **오후** 레체 구시가 구경

레체 숙박

11일 레체 근교
- **오전** 오스투니 등 당일 여행
- **오후** 로마로 이동

로마 숙박

12일 로마
- **오전** 바티칸 시국 구경
- **오후** 로마 시내 야경 즐기기

로마 숙박

13일 로마 → 아씨시 → 피렌체
- **오전** 아씨시 반나절 여행
- **오후** 피렌체로 이동해 야경 감상

피렌체 숙박

14일 피렌체
- **오전** 근교 도시 또는 미술관 방문
- **오후** 두오모 주변 명소 구경

피렌체 숙박

15일 피렌체 → 볼로냐 → 베네치아
- **오전** 볼로냐로 이동해 반나절 여행
- **오후** 베네치아로 이동해 야경 즐기기

베네치아 숙박

16일 베네치아
- **오전** 산 마르코 광장 주변 명소
- **오후** 부라노·무라노 섬 다녀오기

베네치아 숙박

17일 베네치아 → 베로나 → 시르미오네
- **오전** 베로나 둘러보고 시르미오네로
- **오후** 시르미오네 호숫가 산책

시르미오네 숙박

18일 시르미오네 → 밀라노 → 친퀘테레
- **오전** 밀라노 거쳐 친퀘테레로 이동
- **오후** 5개 마을 중 골라서 구경

친퀘테레 숙박

19일 친퀘테레 → 포르토피노 → 밀라노
- **오전** 포르토피노로 이동해 항구 주변 구경
- **오후** 밀라노로 이동해 야경 감상

밀라노 숙박

20일 밀라노 → 귀국
- **오전** 최후의 만찬 보고 두오모 주변 구경
- **오후** 귀국행 비행기 탑승

마테라 지역철도(FAL) 1시간 25분~ ↓ **바리**

바리 기차 23분~ ↓ **폴리냐노 아 마레**

바리 버스 1시간 5분~ ↓ **알베로벨로**

레체 기차 40분~ ↓ **오스투니**

SPECIAL PAGE

이탈리아에 가기 전에 보면 좋은
영화 & 드라마 & 책

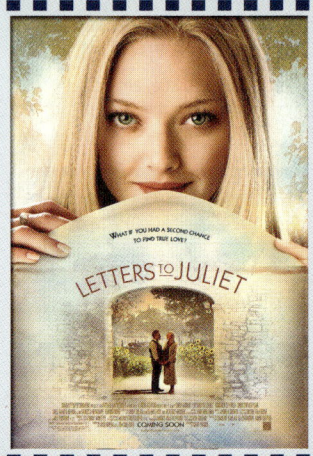

영화 루카(2020년)

감독 엔리코 카사로

두 명의 어린 바다 괴물이 육지로 올라와 겪는 모험과 우정을 그린 애니메이션. 산레모-제노바-라 스페치아에 이르는 이탈리아 리비에라 지역이 배경이다.

관련 명소 친퀘테레 외

영화/책 콜 미 바이 유어 네임

(2017년) 주연 티모시 샬라메, 아미 해머, 마이클 스툴바그

영화는 뛰어난 영상미를, 책은 멋진 문장을 선사한다. 영화 속 고고학 발굴현장인 시르미오네의 로마 유적과 주변 호수는 열성 팬들이 성지순례처럼 들르는 곳이다.

관련 명소 시르미오네 카톨루스 유적

영화 레터스 투 줄리엣

(2010년) 주연 어맨다 사이프리드, 크리스토퍼 이건

베로나와 시에나를 배경으로 한 로맨틱 코미디. 작가 지망생인 소피가 베로나에 있는 줄리엣의 집에서 러브레터를 발견하면서 벌어지는 에피소드가 아름다운 풍경과 함께 잔잔하게 펼쳐진다.

관련 명소 베로나 줄리엣의 집, 시에나 푸블리코 궁전 외

영화 / 책 먹고 기도하고 사랑하라

(책 2006년/영화 2010년) 주연 줄리아 로버츠

진정 원하는 삶을 찾아 나선 여성 저널리스트의 이야기. 그녀의 첫 번째 목적지는 맛의 나라 이탈리아였다. 줄리아 로버츠의 웃음을 되찾게 해준 식당들은 지금도 여전히 사랑받는다.

관련 명소 산테우스타키오 일 카페 외

영화 / 책 다빈치 코드(책 2003년/영화 2006년) 천사와 악마(책 2000년/영화 2009년)

주연 톰 행크스, 오드레 토투, 장 르노, 이완 맥그리거

기독교와 미술, '일루미나티'라는 비밀 조직 등을 소재로 한 미스터리 시리즈물. <다빈치 코드>는 레오나르도 다빈치의 그림에 대한 독특한 해석이 돋보이며, <천사와 악마>에서는 로마의 주요 명소를 빠짐없이 볼 수 있다.

관련 명소 밀라노와 로마 전역 외

드라마 로마(2005년)
주연 케빈 맥키드, 레이 스티븐슨, 린제이 던컨

시저와 옥타비아누스 시절의 로마를 배경으로 한 역사 드라마. 가상의 인물도 등장하지만 철저한 고증을 통해 신전, 가정집, 매음굴 등 당시 사회의 모습을 완벽하게 재현했다는 평가를 받고 있다.

관련 명소 로마 포로 로마노 외

영화 투스카니의 태양(2003년)
주연 다이안 레인, 린제이 던컨, 라울 보바

아름다운 자연에 둘러싸인 이탈리아의 한 마을에서 제2의 인생을 꿈꾸는 로맨틱 코미디. 투스카니의 코르토나와 아말피 해안의 포시타노가 배경으로 등장한다.

관련 명소 포시타노 해변 외

영화/책 냉정과 열정 사이
(책 1999년/영화 2001년)
작가 에쿠니 가오리/감독 나카에 이사무

이탈리아를 여행하기 전 꼭 봐야 할 작품. 피렌체의 아름다운 경치가 영화 곳곳에 담겨 있다.

관련 명소 피렌체 두오모 외

영화 글래디에이터(2000년)
주연 러셀 크로, 호아킨 피닉스

로마제국 시대 검투사의 삶을 배경으로 한다. 탄탄한 스토리와 더불어 콜로세오의 과거 모습을 완벽하게 재현해 냈다. 2024년에 속편을 개봉했다.

관련 명소 로마 콜로세오

영화/책 리플리(책 1955년/영화 1999년)
주연 맷 데이먼, 주드 로, 기네스 펠트로

'리플리 증후군'이라는 단어가 만들어질 정도로 인기를 끈 알랭 드롱 주연의 영화 <태양은 가득히>(1960)의 리메이크 버전이다. 로마와 베네치아, 나폴리의 이스키아 섬, 남쪽 끝의 시칠리아 섬까지 이탈리아의 아름다운 명소들이 등장한다.

관련 명소 나폴리 해변, 베네치아 산 마르코 광장, 로마 공화국 광장·스페인 광장·나보나 광장 외

영화 벤허(1959년)
(감독 윌리엄 와일러)

고전 중의 고전 영화로 유대인 귀족 벤허의 일생을 다뤘다. 서기 26년 로마제국 시대의 유대인 탄압, 기독교의 전파 등 역사적 사실, 시대상과 함께 대전차 경기장의 모습을 엿볼 수 있다.

관련 명소 로마 대전차 경기장

영화 로마의 휴일(1953년)
(주연 오드리 헵번, 그레고리 펙)

로맨틱 코미디 영화의 걸작. 신분을 숨긴 공주와 기자가 로마에서 달콤한 사랑에 빠지는 이야기를 담고 있다. 영화 속에 나오는 1953년 로마의 모습은 현재와 크게 다를바 없다.

관련 명소 로마 스페인 계단, 진실의 입, 콜로세오

D-DAY 일정표

체크	언제	무엇을 해야 할까	상세 내용
	-120	어디로 갈까? 얼마나 다녀올 수 있을까?	유럽 여행은 현지에서 보내는 일정이 최소 7일은 되어야 한다. 비싼 돈 들여 비행기에서 보내는 시간만 왕복 하루가 넘기 때문에 '찍고 돌아오는 식'이라면 본전 생각이 나고 너무 아쉽다. 학생이라면 방학을 이용하면 되겠지만 직장인이라면 휴가를 얼마 동안 낼 수 있는지 확인해보자.
	-115	어떻게 갈까?	여행의 목적, 기간, 여행자의 성격에 따라 알맞은 여행법을 고르는 것이 중요하다.
	-110	여권 만들기	여권 신청에서 발급까지 7~10일(토·일요일·공휴일 제외) 정도 소요된다. 관광 목적으로 3개월 이내 유럽에 머무를 거라면 비자는 필요하지 않다. *여권 유효기간이 6개월 미만이면 여권을 재발급받아야 한다.
	-105	체크카드 & 신용카드 발급받기	해외에서 사용할 수 있는 체크카드나 신용카드를 미리 준비하자. 컨택리스 기능 지원 여부는 반드시 확인할 것. *카드 뒷면의 영문 이름과 사인은 여권과 일치해야 한다. ▶ FAQ 05(p030)
	-100	항공권 구매하기	항공권 구매는 빠를수록 좋다. 일정에 맞춰 구매하는 것이 가장 좋겠지만 현실적으로 '구매할 수 있는 항공권'과 '여행 기간'에 따라 정해지기 때문에 항공권을 먼저 구매하고 그에 맞춰 일정을 정하는 것이 경비와 준비 시간을 줄일 수 있다. ▶ FAQ 04(p028)
	-95	여행 정보 수집하기	여행 안내서, 인터넷 동호회 등을 통해 여행 정보를 수집하자. 아는 만큼 보인다는 말은 여행에서도 마찬가지다. 처음에는 어려워 보여도 자꾸 보다 보면 전문가로 변해가는 자신을 발견하게 된다. ▶ Planning My Travel 05(p078)
	-85	동선 & 이동 방법 결정	가고 싶은 도시와 일정을 선택한 후 교통편을 결정해 동선을 만들어보자. 준비 단계 중 가장 재미있는 일이기도 하고 여행의 즐거움도 미리 느낄 수 있다. 대중교통은 지연되는 경우가 많으므로 이동 시간은 여유 있게 잡아야 일정이 어긋나지 않는다.
	-80	구체적인 예산 정하기	숙박과 식비, 교통비, 입장료를 고려해 예산을 계획하자. 물가 인상을 고려해 여행책에서 나온 금액의 5~10%를 추가로 생각하는 것이 좋다. ▶ FAQ 03(p027)
	-80	숙소 예약하기	도시별로 머물 숙소를 정하고 가능하다면 예약해두자. ▶ FAQ 06(p032)
	-70	명소 예약하기	콜로세오(로마), 두오모 쿠폴라와 우피치 미술관(피렌체), 최후의 만찬(밀라노), 가이드 투어 등 예약해야 할 곳들은 반드시 예약해두자. ▶ FAQ 09(p036)
	-60	저비용 항공 또는 기차 예약하기	저비용 항공권과 기차·장거리 버스 승차권의 경우 예약을 서두르면 저렴하게 구매할 수 있다. 동선이 확정된 구간은 최소 1개월 전에 예약하자. ▶ Planning My Travel 01~02(p064~071)
	-30	증명서 발급하기	국제 운전면허증, 국제 학생증, 유스호스텔 회원증 등 증명서를 발급받자. 단, 이탈리아에만 머무를 경우 국제 학생증과 유스호스텔 회원증은 굳이 필요하지 않다. ▶ FAQ 12(p040)
	-25	중간 점검	준비한 것들을 체크하고 앞으로 해야 할 일들을 머릿속에 그려보자.
	-20	여행 준비물 쇼핑	맵북(별책부록)에 수록된 '여행 준비물 체크 리스트'를 참고해 여행에 필요한 준비물을 구매하자. 짐이 무거울수록 기동성이 떨어지니 꼭 필요한 물건만 준비하자. 배송 기간을 포함해 미리 주문하는 것이 좋다.
	-10	면세점 쇼핑	여권과 항공권을 갖고 면세점을 방문하거나 온라인 면세점에서 구매한다. 물품은 출국 시 공항 내 면세품 인도장에서 수령할 수 있다. ▶ FAQ 16(p044)
	-7	환전과 여행자보험 가입하기	일반 창구보다 은행 스마트폰 앱을 이용한 사이버 환전이 더 유리하다. 주거래 은행에서 환전할 때 받을 수 있는 혜택이 있는지도 알아보자. ▶ FAQ 05(p030)
	-5	휴대폰 관련 정보 알아보기	데이터 요금과 로밍 요금 등을 꼼꼼히 따져보고 현지 심카드(SIM Card)를 구매할 것인지 이심(eSIM)을 구매할 것인지 로밍을 할 것인지 결정한다. ▶ FAQ 10(p037)
	-3	짐 싸기	여행 준비물 목록을 보며 빠트린 것이 없는지 살펴보자. 혹시 빠트린 것을 발견하더라도 너무 당황하지말고 차근차근 하나씩 준비하자.
	-1	최종 점검하기	D-DAY 일정표와 여행 준비물 목록을 마지막으로 살펴본다. 여권, 항공권, 신용카드 & 체크카드, 현금 등을 다시 한 번 확인한 후 설레는 마음을 차분히 가라앉히고 일찍 잠자리에 들자.

Planning My Travel 01

기차표 예약

◆ 이탈리아 철도청, 트렌이탈리아 Trenitalia

성수기나 인기 구간, 할인 요금은 조기 매진될 수 있으니 예매를 서두르는 것이 좋다. 출발 2~4개월 전부터 트렌이탈리아 홈페이지와 앱을 통해 구매할 수 있다. 예약 전 '회원가입(Register)'을 먼저 진행한다. '택스 코드 없음(I do not have a Tax Code)'을 선택하고 국적은 'COREA DEL SUD/South Korea'를 지정한 뒤 개인정보를 입력하고 이메일 인증을 마치면 회원가입이 완료된다. 이후 로그인은 인증 완료 후 메일로 발송된 아이디(USERNAME)를 사용하니 기억해두자. 신분증이 없거나 탑승자 정보가 다를 경우 벌금이 부과될 수 있으니 탑승 시 여권을 반드시 소지해야 한다.

♣ 트렌이탈리아 공식 앱으로 예매하기

*PC와 모바일 홈페이지 모두 예매 과정에 큰 차이가 없으니 아래 내용을 참고해 예매한다.

WEB trenitalia.com

❶ 로그인 후 첫 화면에서 돋보기 아이콘(Timetables and tickets)을 선택한다. 출발역과 도착역을 입력하면 자동으로 다음 화면으로 전환된다. 출발 일시와 인원 수를 입력한 뒤 'SEARCH'를 누른다. 역명은 반드시 이탈리아어로 입력해야 한다.
왕복 티켓을 검색하려면 날짜 위의 'RETURN'을, 직행만 보려면 'Direct Train Solutions'를 체크한다.

❷ 출발 시각 순으로 열차가 정렬된다. 출발역, 도착역, 소요 시간, 환승 횟수, 요금을 확인하고 원하는 열차를 선택한다.

❸-1 교환·환불·변경 가능 여부에 따라 등급이 나뉘며, 각 등급별 요금이 표시된다. 원하는 요금을 선택한다.

❸-2 좌석 예약이 필수인 기차의 경우 'SELECT SEATS'를 체크하면 좌석을 직접 지정할 수 있다. 단, 기차 종류와 좌석 등급에 따라 2~5€가 추가될 수 있다. 좌석 지정을 선택하지 않으면 자동으로 배정된다.

*원하는 항목을 선택한 뒤 'PROCEED'를 누르면 서비스 업그레이드 안내 팝업이 뜬다. 이때 수락 버튼을 누르면 요금이 추가되니 주의한다.

❹ 'SELECT SEATS'를 선택한 경우 차량과 좌석을 지정한다(대개 유료). 녹색은 선택 가능한 좌석, 회색은 매진된 좌석, 빨간색은 내가 선택한 좌석, 가로로 긴 회색은 테이블을 의미한다. 급행·고속열차는 테이블을 사이에 두고 마주 앉는 좌석이 많다. 열차 진행 방향이 표시되기도 하지만 역에 진입하거나 빠져나갈 때 자주 바뀌므로 신경 쓰지 않아도 된다. 좌석 선택을 마친 뒤 'PROCEED'를 누른다.

❺ 화면이 전환되면 이름, 성, 생년월일, 전화번호, 이메일 주소를 입력한다(로그인 상태라면 자동 입력됨). 할인 코드가 있다면 'ENTER DISCOUNT COUPON'을 눌러 입력한다. 하단의 유료 서비스 항목 해제를 확인한 뒤 'PROCEED'를 누른다.

★
트렌이탈리아의 각종 프로모션
트렌이탈리아 공식 홈페이지 메인 배너에는 다양한 프로모션이 수시로 안내된다. 할인폭이 큰 이벤트도 자주 열리므로 예약 전 꼭 확인해 보자. 단, 해당 정보는 언어를 이탈리아어(ITA)로 설정해야만 표시된다.

★
레조날레 기차표 이용법
이탈리아 전역의 도시와 작은 마을을 잇는 완행열차 레조날레(R, RV 등)는 온라인(웹사이트·앱)에서 날짜와 시간을 지정해 예매한다. 출발 전날 23:59까지 자유롭게 변경할 수 있으며, 당일에도 예약된 시각 전까지 수정이 가능하다. 예매 후에는 앱이나 확인 이메일에서 티켓 조회, 일정 변경, 환불까지 모두 처리할 수 있고, 종이 티켓처럼 개찰기에 각인할 필요 없이 검표 시 승무원에게 QR코드를 제시하면 된다. 인터넷 연결이 불안할 때를 대비해 QR코드 티켓을 미리 캡처해 두는 것이 안전하다.
반면, 역 창구나 자동발매기에서 구매한 티켓은 대부분 날짜만 지정되고 열차 시각은 자유로운 일반 승차권(자유석) 형태다. 탑승 전 반드시 개찰기에 넣어 날짜와 시각을 각인해야 한다.

❻ 결제 금액을 확인한 후 결제 방법을 선택한다. 신용카드나 페이팔 등에서 'Enable quick payment'를 체크하면 카드 정보가 저장돼 다음 결제 시 자동 입력된다. 애플페이·구글페이도 이용 가능. 약관 동의 후 'PROCEED'를 눌러 결제 정보를 입력하고 결제를 완료한다.

❼ 결제 후 트렌이탈리아 앱 홈 화면 하단의 'My Journey'에서 티켓을 확인·관리할 수 있다. 저장된 티켓을 선택하면 검표 시 제시할 QR코드와 열차 정보가 표시되며, 'MANAGE' 버튼으로 변경·환불·취소가 가능하다.
예약 확인 이메일의 'BARCODE' 또는 'MANAGE TICKET' 버튼을 통해서도 동일하게 이용할 수 있으며, 별도의 체크인 절차 없이 출발 시각에 자동으로 개찰(체크인)된다.

➕ 현지에서 자동판매기로 예매하기

피우미치노 국제공항에서 로마 테르미니역으로 가는 레오나르도 익스프레스 기차표를 구매하는 화면이다.

❶ 화면 하단의 영국 국기를 눌러 영어 화면으로 전환한 후 'ROMA TERMINI'를 선택한다. 리스트에 없는 곳으로 간다면 'OTHER DESTINATIONS'을 눌러 역 이름을 직접 입력한다.

* 상단 메뉴에서 녹색으로 표시되는 항목이 결제 가능 수단이다. 이 자동판매기는 신용·체크카드로만 티켓을 구매할 수 있다.

❷ 화면에 출발 시각 순으로 열차 편이 정렬된다. 'TRAINS'에서 'RV'가 레오나르도 익스프레스다. 원하는 시간에 출발하는 기차의 오른쪽에 있는 검은색 버튼을 누른다. 다음 시간대를 보고 싶으면 오른쪽 하단의 'NEXT SOLUTIONS'를 누른다.

* 로마 테르미니역에서 공항으로 가는 기차표를 구매할 때는 편도/왕복과 출발 시각을 선택하는 화면이 먼저 나온다.

* 레오나르도 익스프레스는 정가제로 요금이 하나만 나온다. 다른 지역 간 기차표는 좌석 선택 여부와 등급에 따라 여러 가지 요금이 제시된다.

❸ 기차 출발 시각과 요금을 확인한 후 오른쪽 하단의 'CONFIRM'을 누른다.

❹ 좌석 선택 화면이 나온다. 레오나르도 익스프레스는 전석 자유석이므로 금액과 시간만 확인 후 'FORWARD'를 눌러 다음 단계로 넘어간다.

* 일부 대도시 간 기차표를 구매할 때 'ENTER THE DATA MANUALLY' 항목이 있는 화면이 나온다면 해당 메뉴를 선택해 탑승자 정보(이름, 전화번호 등)를 입력해야 다음 단계로 넘어간다는 점도 알아두자.

❺ 최종 요금과 시간 등을 확인하고 변경할 것이 없다면 왼쪽 하단의 'Carrier's Conditions of Carriage(약관에 동의)'를 체크하고 'PURCHASE'를 누른다. '약관에 동의'를 체크하지 않고 그냥 넘어갔다면 다음 단계에 나오는 화면에서 'I ACCEPT'를 누른다.

❻ 사용 가능한 카드 종류를 확인한 후 결제를 진행한다. 카드 삽입식으로 결제 시 비밀번호(PIN)가 필요하므로 출국 전 비밀번호를 확인한다. 비밀번호가 6자리라면 마지막에 숫자 '00'을 입력한다. 결제 완료 후 기차표가 인쇄될 때까지 기다린다.

* 현금 결제가 가능한 기계는 투입 가능한 지폐와 동전의 종류, 'CASH(현금)', 'CARDS(체크카드·신용카드)' 선택 화면이 나온다. 컨택리스 카드를 사용할 수 있는 기계도 있으니 잘 살펴보자.

✚ 트렌이탈리아 요금별 조건

요금제	일정 변경	환불
베이스 Base	출발 전 무제한 무료 변경, 출발 후 1시간 이내 1회 무료 변경	출발 전 수수료 20%, 출발 후 불가 (10€ 이하는 환불 불가)
이코노미 Economy	출발 전 1회 가능	불가. 단, 'tiRimborso' 옵션 (이코노미 1€, 슈퍼 이코노미 2€) 구매 시 출발 2일 전까지 수수료 10% 공제 후 결제 수단으로 환불
슈퍼 이코노미 Super Economy	불가	
프레차데이스 Frecciadays (화·수·목·토요일 고속열차 특별 할인)	불가	불가. 단, 'tiRimborso' 옵션(2€) 구매 시 출발 2일 전까지 수수료 10% 공제 후 크레딧 적립(12개월간 유효)

✚ 트렌이탈리아 기차 종류

❶ FR-프레차로사 Frecciarossa / 프레차르젠토 Frecciargento / 프레차비앙카 Frecciabianca
트렌이탈리아가 운영하는 고속열차(Le Frecce). 프레차로사(300km/h) > 프레차르젠토(250km/h) > 프레차비앙카(200Km/h)의 순서로 빠르다. 좌석 예약 필수.

❷ IC-인터시티 Intercity
국내 도시를 연결하는 급행열차. 좌석 예약 필수.

❸ R-레조날레 Regionale / RV-레조날레 벨로체 Regionale Veloce
이탈리아 전역을 연결하는 완행열차. 속도가 느린 대신 요금이 저렴하고 특정 좌석 지정 없이 자유롭게 앉아 갈 수 있다. 2등석만 있다.

★ **고속열차 좌석 등급**
(요금이 비싼 순)
특실 Executive
1등실 비즈니스 1° Business
2등실 프리미엄 2° Premium
2등실 스탠다드 2° Standard

★ **역에서 기차표를 구매했다면 개찰 필수!**
매표소나 자동판매기에서 구매한 기차표는 기차를 탈 때마다 개찰기에 각인해야 한다. 구매한 곳에 따라 기차표의 형태가 다양하지만 어떤 기차표든 개찰기 투입구의 왼쪽으로 붙여 넣어 개시한 날짜와 시각이 제대로 찍혀 나오게 해야 한다. 얇아서 인식이 안 되는 영수증 형태의 티켓은 여러 번 시도해보자. 매표소가 문 닫는 시간에는 자동판매기에서 기차표를 구매한다(잔돈 부족 시 신용카드만 사용 가능).

고속열차

다양한 레조날레 기차

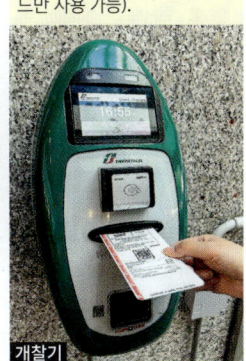
개찰기

★ **야간열차 이용 법**
야간열차의 좌석은 일반석, 쿠셋(Cuccette·간이침대), 침대칸(Sleeper)으로 구분된다. 이 중 쿠셋은 일반석보다 편하고 안전하며, 침대칸보다 요금이 저렴해 인기가 높다. 1~4인실로 구성돼 있으며, 2등석 4인실 쿠셋(Cuccette C4 Comfort)은 프로모션 요금으로 예약하면 일반석 수준의 요금으로 이용할 수 있다. 시트 2장과 베개, 간식, 물, 컴포트 키트(멀미봉투·귀마개·빗)가 제공된다. 객실은 여성 전용(Donna), 남성 전용(Uomo), 개인실(Intero)로 구분되며, 침대는 위층(Alto)과 아래층(Basso) 중 선택할 수 있다. 야간열차는 별도의 도착 안내 방송이 없으므로 도착 시각을 미리 확인해두고 내려야 한다.

2등석 4인실 쿠셋의 내부

이탈로
WEB italotreno.it

이탈로 프로모션 코드 받기

이탈로 홈페이지 첫 화면에서 이탈리아어(IT)로 언어를 설정하면 프로모션 코드를 확인할 수 있다. 영어 설정에서는 확인 불가! 이탈로 공식 페이스북과 트위터, 회원에게 발송하는 뉴스레터에서도 목요일 자정 무렵 프로모션 코드를 공개한다. 단, 프로모션에 따라 적용 노선과 할인 폭이 다르다. 인기 구간일수록 저렴한 가격대부터 빠르게 매진되므로 예약을 서두르자.

◆ 빠르고 편리한 고속열차, 이탈로 italo

민영 철도회사 이탈로가 운영하는 고속열차. 이탈리아 전역의 약 50개 주요 도시와 60개 이상 기차역을 연결한다. 최고 속도는 360km/h. 대도시 중심으로 노선 수는 적지만 시설과 서비스 수준이 높아 이용객 만족도가 높다. 여행자가 자주 이용하는 대표 구간은 베네치아~베로나~밀라노, 베네치아~피렌체~로마~나폴리~살레르노, 밀라노~피렌체~로마~바리 등. 유레일패스는 사용할 수 없으며, 좌석 예약은 필수다.

➕ 이탈로 좌석 등급

좌석 등급	좌석 배치	부가서비스
스마트 Smart	2X2열	전 등급 공통 서비스: 무료 Wi-Fi, 발 받침대, 전원 콘센트, 개인 테이블
프리마 Prima	2X1열	패스트트랙, 웰컴 드링크 & 스낵
클럽 이그제큐티브 Club Executive	2X1열	패스트트랙, 음료 & 베이커리 등, 라운지 무료 이용
살로토 Salotto	4인실 컴파트먼트	클럽과 동일

➕ 이탈로 요금별 조건

요금제	일정 변경	환불
플렉스 Flex	출발 3분 전까지 무제한 무료 변경	수수료 20%
이코노미 Economy	출발 3분 전까지 무제한, 수수료 20%+운임 차액 지급	수수료 50%
로코스트 Low Cost	출발 72시간 전까지, 수수료 60%+운임 차액 지급	불가
엑스트라 매직 eXtra MAGIC	일정 변경 불가	불가

페라리가 디자인한 고속열차, 이탈로
1인석이 있는 프리마 등급 / 스마트 등급

➕ 이탈로 홈페이지에서 예매하기

❶ 이탈로 홈페이지에 접속하자.
홈페이지(italotreno.it)에 접속해 영어 화면으로 전환한 후 오른쪽 상단의 'LOGIN' 버튼을 누른다.

❷ 회원가입 후 로그인하자.
❷-1 팝업창이 뜨면 'Iscriviti subito!'를 누른다.
❷-2 'Name(이름)', 'Surname(성)', 'Email(이메일)', 'Confirm email(이메일 확인)', 'Password(비밀번호)', 'Confirm password(비밀번호 확인)' 입력 후 'Continue' 클릭.
❷-3 생년월일(일·월·년도 순), 전화번호 등 개인정보를 입력한 뒤 하단의 'SIGNUP(회원가입)' 버튼을 누른다.

❷-1 팝업 창 / 회원가입하려면 클릭

❷-2 필수 항목 입력 / 작성 완료 후 클릭

❷-3 필수 항목 입력 / 작성 완료 후 클릭

❸ 원하는 기차 정보를 입력하자.
로그인 후 홈페이지 첫 화면에서 순서대로 출발역, 도착역, 출발일, 도착일(왕복일 경우), 인원수를 입력한 후 오른쪽의 'SEARCH'를 누른다. 프로모션 코드가 있다면 왼쪽 하단의 'Do you have a Promo Code?'를 눌러 입력한다.

❹ 원하는 기차를 선택하고 요금을 확인하자.
출발·도착 시각, 소요 시간, 요금 등을 확인한 후 원하는 기차 요금 옆의 'ˇ' 표시를 눌러 구매 가능한 좌석과 요금을 확인한다.

❺ 원하는 좌석 등급과 요금을 선택하자.
더 좋은 등급의 좌석을 더 저렴하게 판매하는 프로모션이 있는지 꼼꼼히 살펴보자. 좌석 등급과 요금을 선택한 후 'CONTINUE'를 누른다.

❻ 개인정보를 확인하자.
기차 운행 정보, 요금, 이름, 성, 이메일 주소, 전화번호, 회원 번호 등을 확인한 후 'CONTINUE'를 누른다.

❼ 결제를 진행하자.
❼-1 좌석이 자동으로 지정되어 나온다. 좌석을 바꾸려면 'Select seat'를 눌러 원하는 좌석으로 바꾼다. 좌석 등급에 따라 좌석을 선택할 수 있는 요금제가 다르게 적용된다.
❼-2 이후 신용카드나 페이팔 중 결제 방법을 선택하고 관련 정보 입력 후 'PURCHASE'를 누른다.

❽ 결제 완료 후 이메일을 확인하자.
등록한 이메일 주소로 PDF 티켓이 첨부된 메일을 보내준다. PDF 티켓을 출력하거나 스마트폰에 저장해서 가져간다. 티켓은 각인할 필요 없이 검표할 때 승무원에게 보여주면 된다.

✚ 앱으로 예매하기

이탈로 앱을 이용하면 더욱 편리하다. 예매와 결제, 일정 변경, 환불, 검표까지 모두 처리할 수 있다. 단, 인터넷 연결 상태에 따라 앱 이용이 어려울 수 있으니 만일에 대비해 이메일로 받은 PDF 티켓을 출력하거나 스마트폰에 저장해가자.

Planning My Travel 02

저비용 항공권 예약

저비용 항공은 출발일에 가까울수록 요금이 비싸지기 때문에 늦어도 한 달 전에는 예약해야 한다. 단, 저비용 항공권은 날짜 변경, 취소 등이 불가능하거나 항공권 가격과 비슷한 수준의 수수료가 부과되니 주의하자. 최근에는 스마트폰 앱으로 예약하면 온라인 체크인은 물론 모바일 티켓까지 발급하는 항공사도 많아졌다.

◆ 유럽의 대표적인 저비용 항공사

- 라이언에어 ryanair.com – 아일랜드를 기반으로 한 유럽 최대 규모의 저비용 항공사. 저렴한 요금을 무기로 내세우지만 도심에서 먼 공항에 취항하는 경우가 많으니 이를 염두에 두자.
- 이지젯 easyjet.com – 유럽 제2의 저비용 항공사. 취항 도시가 많고 메이저 공항을 주로 이용해 이용자가 많다.
- 부엘링 vueling.com – 스페인 바르셀로나를 거점으로 로마에도 허브 공항을 둔 저비용 항공사. 로마 피우미치노 공항에 취항해 특히 인기다.

라이언에어 / 이지젯 / 부엘링

◆ 저비용 항공사를 이용할 예정이라면

❶ 여행 일정을 모두 확정했다면 최대한 빨리 항공권을 구매하자.
프로모션 특가를 이용하면 기차 요금보다 저렴한 항공권을 구할 수 있다. 출발일에 가까울수록 요금이 비싸지므로 늦어도 한 달 전에는 예약하는 것이 좋다. 단, 특가 항공권은 날짜 변경, 취소 등이 불가능하거나 항공권 가격에 맞먹는 비싼 수수료가 부과되니 여행 스케줄이 모두 확정된 후 구매한다.

❷ 저비용 항공사는 모든 것이 돈이다!
저비용 항공사는 위탁 수하물, 좌석 선택, 기내식은 물론 담요와 슬리퍼, 물까지 모든 서비스를 유료로 제공한다. 특히 기내 수하물과 위탁 수하물의 크기와 개수, 무게를 철저하게 검사하므로 수하물 무게를 미리 가늠해서 초과되는 수하물 무게나 개수를 사전 결제하자. 공항에서 추가하면 훨씬 비싼 요금이 적용된다.

❸ 공항 위치와 시내까지 이동 시간을 고려하자.
항공권을 비교할 때 한 가지 더 고려해야 하는 것이 바로 도착 공항이다. 저비용 항공은 각 도시의 메인 공항이 아닌 근교의 소규모 공항을 이용하는 경우가 많기 때문에 이용 공항의 위치와 교통편도 꼼꼼히 살펴봐야 한다.

기내 반입용 수하물 부피 측정기

◆ 항공권 요금 비교하기

항공권은 전 세계 항공권 요금을 비교할 수 있는 가격 비교 사이트에서 정보를 검색한 후 해당 항공사 홈페이지에서 구매하는 것이 가장 저렴하다. 항공사 홈페이지에서 진행 중인 프로모션이 없는지 다시 한 번 확인하자.

✚ 항공권 요금 비교 예시

① 항공권 요금 비교 사이트에 접속한다. (예시 : 스카이스캐너 skyscanner.com)
② 출발지, 도착지, 가는 날, 오는 날, 좌석 등급 및 인원수 등을 선택한 후 '검색하기'를 누른다. 여행 기간이 확실히 결정된 게 아니라면 가는 날을 누른 뒤 달력 위에서 '한 달 전체'를 선택해 요금을 비교해 보는 것도 좋다.
③ 전 세계 항공사의 노선과 요금을 비교하는 화면이 나온다. 추천·최저가·최단 여행 시간 순으로 정렬 순서를 바꿀 수 있다. 원하는 노선을 고른 뒤 '선택하기'를 누른다.
④ 선택한 노선을 판매하는 사이트들을 확인할 수 있다. 오른쪽 '선택'을 누르면 해당 사이트로 연결된다.

★ **전 세계 항공권 요금 비교 사이트**
스카이스캐너
WEB skyscanner.co.kr
카약
WEB kayak.co.kr

◆ 온라인 체크인을 잊지 말자.

대부분 저비용 항공사들은 온라인 체크인이 필수다. 각 항공사가 정한 체크인 기한 안에 온라인 체크인을 하고 보딩 패스를 발급받지 않으면 추가 요금이 발생하거나 좌석이 취소될 수 있다. 체크인과 보딩 패스 발급은 스마트폰 앱을 이용하면 편리하다. 단, 노선과 이용 공항에 따라 온라인 체크인이 불가능한 곳도 있으니 이런 경우는 탑승 당일 체크인 카운터에서 수속을 밟는다.
라이언에어를 이용할 때는 온라인 체크인을 마친 후 체크인 카운터에서 비자 체크 도장을 받아야 한다. 공항 상황에 따라 생략하기도 하지만 원칙적으로는 보안 검사를 통과하기 전에 비자 체크 도장을 받아야 하니 티켓을 미리 출력해 공항에 여유 있게 도착하자.

★ **온라인 체크인 기한**
*좌석 미지정 시 기준
라이언에어 : 비행기 출발 시각 24시간~2시간 전(공항 카운터에서 추가 체크인 필요)
이지젯 : 비행기 출발 시각 30일~2시간 전
부엘링 : 비행기 출발 시각 7일~1시간 전

Planning My Travel 03

렌터카 예약

◆ 렌터카 이용 가능 연령

대개 21세 이상이고 유효한 국내 및 국제 운전면허증과 본인 명의 신용카드가 있다면 이용할 수 있다. 단, 24세 이하와 71세 이상의 운전자는 추가 요금이 적용될 수 있고 24세 이하는 면허 취득 후 1년 경과, 고급·대형 차종 제한 등의 조건이 붙는다.

◆ 렌터카 회사와 차량 선택 시 유의할 점

렌트사를 선택할 때는 유사시 신속한 지원을 받을 수 있는지, 질문이나 요청 사항이 있을 때 즉각 소통이 가능한지를 최우선으로 고려한다. 특히 여러 렌트사의 차량 가격 비교를 제공하는 중개 사이트를 이용할 경우 사이트에서 제시하는 보험·위약금·취소 조건 등이 렌트사의 실제 조건과 다를 수 있으니 꼼꼼히 검토한다. 혹시 모를 고장이나 사고를 염두에 두고 요금이 저렴한 곳보다 신뢰도가 높은 회사를 선택하는 것이 좋다.

❶ **차량 인수·반납 위치** 사무실 도착 후 렌터카 인수까지 1시간 이상 소요되는 걸로 일정을 잡고 움직이자. 특히 시내에서 인수할 경우 렌터카 사무실에서 차량 픽업 장소까지의 이동 거리를 확인한다.

❷ **전기차** 충전 방법에 적응할 시간이 부족하고 주차 시간을 길게 확보하기 어려워 완속보다는 급속 충전을 자주 하게 되는 점을 감안한다.

❸ **변속 기어** 유럽인은 수동 변속 기어를 많이 사용한다. 하지만 고도의 숙련자가 아니라면 수동 변속 차량보다 가격이 높더라도 자동 변속 차량을 빌리자.

❹ **트렁크 사이즈** 렌터카 웹 사이트 내 자동차 모델은 예시일 뿐 대부분 동급의 다른 차량을 빌려준다. 이때 트렁크 사이즈에 유의해야 하는데, 유럽 차량은 트렁크 폭이 좁은 편이라 SUV여도 28인치 캐리어 3개를 싣기 어려운 경우가 많다. 따라서 짐은 최대한 줄여서 가져가자.

❺ **카시트** 12세 이하 또는 키 150cm 이하의 어린이는 카시트 착용이 의무다. 주행 시에는 해당 자리의 에어백을 비활성화한다.

★ **렌터카 예약 사이트**

허츠 Hertz
WEB hertz.co.kr

에이비스 Avis
WEB avis.com

유로카 Eurocar
WEB eurocar.com

이탈리아 렌터카 가격 비교
WEB
렌털카닷컴 rentalcars.com/it/
놀레자레 noleggiare.it

★ **자동차 보험**

이탈리아의 렌터카 보험은 대개 대인·대물배상은 기본 렌트 비용에 포함하고 자기신체사고, 자기차량손해에 대해 선택할 수 있는 옵션으로 구성된다.

❶ **대인·대물배상 보험(LI, Liability Insurance)** 회사에 따라 제3자 책임보장보험(TPL, Third Party Liability)으로 표시하기도 한다.

❷ **자기차량손해 보상(CDW, Collision Damage Waiver)** 렌트한 차량의 파손에 대한 보험이다. 대부분 자기 부담금 조건이 뒤따르며, 자기 부담금을 낮출수록 보험료가 올라간다. CDW 완전 면책은 SC(Super Cover).

❸ **임차인 상해보험(PAI, Personal Accident Insurance)** 운전자 자기신체사고에 대한 보험. PI라고도 한다.

❹ **차량도난보험(TP, Theft Protection)** 차량 도난에 대비하는 보험.

❺ **긴급 출동 서비스(Roadside Service)** 우리나라 보험사의 긴급 출동 서비스와 유사한 서비스. 대개 옵션으로 제시되며, 회사마다 명칭이 다르고 제공하는 서비스 내역도 조금씩 다르다.

❻ **면책금(Deductible)** 한국에서 자기차량손해에 대한 자기 부담금과 비슷한 개념의 항목이다. 추가 비용을 지불하면 이를 없앨 수 있다.

◆ 차량 인수·반납 시 확인 사항

이탈리아에서는 렌터카 사기 피해가 종종 발생한다. 차량을 빌릴 땐 차량 내부와 외부 상태, 타이어 상태, 예비용 타이어 유무, 안전장치 등을 꼼꼼하게 확인하고 사진을 찍어두는 것이 좋다. 사진을 첨부한 이메일을 업체에 미리 보내면 더욱 확실하다.

❶ 연료 인수하는 차의 연료가 경유(Diesel)인지 휘발유(Petrol)인지 꼭 확인한다.

❷ 주유 캡 여는 방법이 차량마다 조금씩 다르니 미리 확인한다.

❸ 보조 장치 운전 보조 장치가 급격히 늘어나는 추세다. 오토파일럿, 크루즈, 카플레이 등 보조 장치 사용법을 미리 확인한다.

❹ 타이어와 휠 이탈리아에서는 도로변에 주차하다가 연석에 부딪혀 타이어가 상하는 경우가 많다. 조수석 쪽 타이어와 휠 상태를 체크해 상태가 나쁘면 다른 차를 빌려달라고 요청한다.

❺ 반납 절차 반드시 연료를 꽉 채운다(Pieno). 이를 어기면 높은 비용의 페널티가 발생할 수 있다. 연료를 채울 때는 반납 장소 10km 이내에서 주유하는 게 안전하다. 반납 영업소의 체크인 시간을 확인하고 늦지 않도록 주의한다.

◆ 도로 주행 시 주의 사항

이탈리아 경찰은 타 유럽 국가보다 교통 법규 단속이 느슨한 편이지만 이탈리아의 벌금은 상상 이상이다. 한국에서 운전할 때보다 교통 법규를 엄격히 지켜서 곤란한 일이 생기지 않도록 하자.

❶ 추월 반드시 왼쪽 차선에서 한다. 오른쪽 차선에서 추월하면 상대 차량이 놀란다. 추월 차선은 추월 시에만 진입한다.

❷ 차간 간격 뒤차가 바짝 붙더라도 당황하지 말고 평소 속도를 유지한다. 앞 차에 위협을 가하려는 의도가 아니라 이탈리아인들의 급한 운전 습관이라고 생각하면 마음이 편하다.

❸ 회전 교차로 교차로 내에 먼저 진입한 차가 우선이다. 먼저 진입한 3시 방향 이내의 차량이 교차로를 빠져나간 다음에 내가 진입할 수 있다.

❹ 비보호 좌회전 좌회전 신호등이 없는 십자 교차로가 많다. 직진 신호에서 비보호 좌회전한다.

❺ 우회전 신호등이 빨간색일 때 우회전하면 안 된다.

❻ 속도 제한 고속도로(Autostrada)는 130km/h, 국도는 60~80km/h, 마을은 진입 전 50km/h, 진입 후 30km/h다. 이탈리아 운전자들이 제한 속도를 무시하더라도 휩쓸리지 말고 규정을 준수하자.

내비게이션
기본적인 주행은 구글맵 내비게이션만으로도 충분하지만 제한 속도 감시 카메라나 ZTL 안내 등의 편의 정보를 위해 'Waze'(p078)를 사용하는 게 안전하다. 휴대폰을 자동차에 연결한다면 여벌의 USB 케이블을 챙기고 휴대폰 거치대도 가져가자.

텔레패스 Telepass
우리나라의 하이패스와 유사한 장치. 고속도로를 이용할 때 번거롭지 않고 편하게 다닐 수 있다. 렌터카 인수 시에 사무실에서 요청한다.

★ 알아두면 유용한 교통안전 표지판

운전자 차로에 통행 우선권이 있는 교차로 / 오른쪽에 통행 우선권이 있는 교차로

추월금지 / 맞은편 우선

자동차 통행금지 / 주차금지

고속도로 톨게이트 진입 장면. 텔레패스 탑재 차량만 오른쪽으로~

고속도로 휴게소

현금과 신용카드를 사용할 수 있는 무인 요금 정산기. 일부 기계는 컨택리스 카드도 OK!

◆ 고속도로 통행료 지급 방법

고속도로 통행료를 내는 방법은 텔레패스, 신용카드, 현금 3가지다. 텔레패스를 설정했다면 하이패스처럼 서행으로 통과한다. 텔레패스를 설정하지 않았다면 고속도로 요금소에 진입할 때 우리나라처럼 통행권을 뽑는다. 출구 요금소가 가까워지면 통행료 지불 방법에 따라 차선을 잘 선택해 진입한다. 현금이 가능한 차선 중에 사람 손이 없으면 무인, 그려져 있으면 유인 요금소지만, 사람이 없는 경우도 있다. 무인 요금 정산기에서 현금 결제 시엔 잔돈까지 준비해야 한다. 정산기가 고장 나 후진하는 차량이 종종 있으니 주의!

텔레패스 전용

신용카드 전용(대부분 무인)

신용카드·현금(대부분 무인)

신용카드·현금(무인)

신용카드·현금(대부분 유인)

현금만 가능(대부분 유인)

유료 주차장 표지판. 08:00~20:00에 유료, tariffe(요금): 1시간 2€/1일 8€

파킹 디스크가 필요한 주차장

망치 표시는 월~토요일에 유료, 십자가 표시는 일요일과 공휴일에 유료

파킹 디스크

◆ 주차하기

이탈리아의 주차 사정은 열악한 편이다. 시내 주차장은 대부분 유료이며, 숙소를 예약할 때 주차 관련 사항을 반드시 체크해야 한다. 숙소 자체 보유 주차장이 있다면 예약 및 주차비 여부, 주변의 공영 주차장을 이용한다면 주차비와 주차장의 위치, 혼잡도 등을 미리 확인한다.

❶ **주차장 구분** 파란색 실선 구역은 유료, 흰색 실선 구역은 무료다. 무료 주차는 보통 2시간 이내로 제한되기 때문에 제한 시간 내에 돌아와 재설정해야 계속 무료로 이용할 수 있다. 일요일·공휴일엔 대부분의 주차 구역이 무료다.

❷ **주차비 지급** 주차장에 도착한 시간을 30분 단위로 파킹 디스크에 표시해 대시보드에 올려둔다. 파킹 디스크는 보통 렌터카 회사에서 제공하지만 못 받았다면 마트나 주유소에서 구매할 수 있다. 유료 주차장의 경우 주차비 수납기를 찾아 원하는 주차 시간을 입력하고 주차비를 정산한 후 영수증을 받아 대시보드 위에 올려둔다. 영수증에 구매 시각이 찍혀 있지 않다면 파킹 디스크와 함께 영수증을 올려둔다. 큰 주차장이나 실내 주차장은 진입할 때 주차 티켓을 발급받은 후 나갈 때 무인 정산기를 통해 요금을 지불하는 시스템이 많이 도입됐다.

❸ **도난 방지** 차에서 내릴 때 귀중품은 반드시 휴대하고 짐은 트렁크에 넣어 외부에서 옷이나 짐이 보이지 않게 한다. 지하 주차장뿐 아니라 사람의 왕래가 잦은 노상 주차장에서도 도난 사고가 빈번하게 발생한다. 주차장 이용 전 구글맵에 등록된 리뷰를 잘 읽고 관리가 허술하거나 치안이 좋지 않은 곳은 피한다.

◆ 주유·충전하기

이탈리아는 셀프 주유(Fai da Te)가 일반적이다. 주유원이 있는 곳은 'Servieto'로 표시한다.

1 결제 방식 주유기에 결제 시스템이 설치돼 있지 않다면 주유를 마친 후 주유소 상점으로 들어가 주유기 번호를 말하고 결제한다. 고객이 직접 결제할 수 있는 시스템이라면 신용카드 투입 ➡ 예치금 선결제 ➡ 주유 ➡ 예치금 선결제 취소 ➡ 실제 주유 금액 결제의 순서로 이루어진다. 복잡해 보이지만 차분하게 진행하면 실수 없이 결제할 수 있다.

2 유종 선택 휘발유(E5)는 무연(Senza Piombo) 또는 고급 무연(Super Senza Piombo) 중에 고른다. 슈퍼(Super)는 고급 무연이다. 렌터카는 대개 무연 등급을 적용한다. 경유(B7)는 'Diesel' 혹은 'Gasolio'로 표시한다.

3 주유량 선택 대개 리터 단위로 선택할 수 있다. 연료통을 가득 채울 때는 주유량을 'Pieno'로 선택한다.

4 전기차 충전 충전선을 차에 싣고 다니므로 렌터카 인수 시 충전선 위치를 미리 확인한다. 대개 앱('Enel X Way' 등)을 통해 충전 요금을 지불하며, 한국에서 발행한 신용카드 등록이 잘 안될 때를 대비해 페이팔 계정을 만들어두자. 창문을 닫고 전원을 끈 상태에서 충전을 시작하며, 충전을 끝낼 땐 앱에서 먼저 충전을 '종료'하고 플러그를 뽑는다.

> 유럽 대부분 휘발유(Senza Piombo/Super)는 E5, 경유(디젤)은 B7으로 표시한다.

◆ 차량 통행 제한 구역, ZTL(Zona Traffico Limitato)

이탈리아에서 운전할 때 가장 신경 써야 할 부분이 바로 ZTL이다. 이탈리아는 고대 유적 보호와 공해 방지를 명목으로 도시마다 ZTL이라는 거주자 우선 구역을 설정하고 외부 차량 진입을 제한한다. 숙박객은 통행이 허용되지만 숙소에 미리 연락해 통행 허가를 받아야 한다(숙소에서 현지 경찰서에 연락해 자동차 번호를 등록해둔다). 일부 도시에서는 전기차에게 통행을 허가해주기도 한다.

대부분의 ZTL 구역은 입구에 CCTV가 설치돼 있어 위반 차량을 탐지해 벌금을 부과한다. 벌금은 대개 100~350€+행정 수수료다. 차량 통행 제한 시간은 24시간, 특정 요일, 특정 시간대 등 도시·마을마다 다르다. <u>여행자로서는 ZTL 표지판이 있는 도로에 아예 진입하지 않는 게 좋다.</u> 대도시는 기차역 주변을 제외한 대부분의 구시가와 관광지가 ZTL로 지정돼 있으므로 차를 숙소나 외곽에 주차하고 도보와 대중교통으로 다닌다.

> 10:30~24:00 (일요일 09:00~)에 통행을 제한하는 ZTL

ZTL 구역 표지판

Planning My Travel 04

◆ 숙소 예약

◆ 온라인 예약 대행 사이트 vs 숙소 홈페이지 직접 예약

각 숙소의 홈페이지에서 직접 예약하거나, 부킹닷컴, 아고다, 호텔스닷컴, 익스피디아 같은 숙박 예약 대행 사이트를 통해 예약할 수 있다. 예약 대행 사이트를 통하면 정상가 대비 할인된 가격으로 편리하게 예약할 수 있고 우수회원 추가 할인, 적립금 제공, 최저가 보상제 등의 서비스를 추가로 제공하기도 하니 숙소 홈페이지와 예약 대행 사이트에서 판매하는 상품을 꼼꼼히 비교한 후 이용하는 것이 좋다. 온라인 예약 대행 사이트에 내야 하는 수수료가 부담스러운 숙소에서는 홈페이지나 메일을 통한 직접 예약을 더 선호하며, 예약 대행 사이트보다 저렴한 가격을 제시하는 경우도 있다.

숙소를 예약할 때 가장 주의해야 할 점은 취소·변경 조건을 꼼꼼히 살펴보는 것이다. 숙소든 숙박 예약 대행 사이트든 상세 페이지와 예약 과정에서 취소·변경 마감일을 알려준다. 이를 무심히 넘기고 예약했다가 취소할 때 위약금을 물어야 하는 일이 종종 있으므로 꼭 취소·변경을 무료로 할 수 있는 마감일을 따져보고 예약을 확정하도록 한다.

한인 민박은 민박 예약 대행 사이트에서 예약하거나 카카오톡 또는 홈페이지를 통해 직접 문의하면 된다. 보통 예약문의 후 1박(또는 일정 전체)의 숙박비를 입금하면 예약이 완료된다. 단, 오버부킹, 예약 누락 등의 문제가 발생하지 않도록 출국 전 다시 한번 확인하고 원활한 체크인을 위해 숙소의 비상 연락 번호도 챙겨놓도록 하자.

◆ 여행자가 많이 이용하는 숙박 예약 대행 사이트

방문 국가의 숙소가 자주 이용하는 예약 플랫폼을 골라야 선택의 폭이 넓어진다. 지역별로 강세를 보이는 예약 사이트가 있는데, 이탈리아를 포함한 유럽은 부킹닷컴(Booking.com), 북미는 익스피디아(Expedia), 동남아는 아고다(Agoda)가 강세다. 공유 숙박 플랫폼 에어비앤비(Airbnb)를 통해 제공되던 현지인 민박과 아파트먼트도 요즘은 이런 숙박 예약 대행 사이트에서 구할 수 있다.

등록된 숙소 개수만큼이나 중요한 것은 현지에서 문제 발생 시 대처하는 고객지원시스템이다. 예약 누락이나 오버부킹, 객실 불만 등의 문제가 생겼을 경우 예약 사이트의 중재나 보상 절차가 원활한지 고객 후기를 통해 확인하도록 하자.

특히 모든 예약 대행 사이트는 수수료 없이 예약을 취소할 수 있는 기간이 있다. 이 기간을 넘기면 전액 또는 일부 금액이 결제되므로 꼼꼼히 확인하자. 무료 취소 기한을 놓쳐서 숙박비를 날리는 사람이 생각보다 많다. 할인 폭이 클수록 예약 즉시 결제가 이루어지고 환불이 불가하거나 무료 취소 가능 기간이 짧으니 주의하자.

★ 예약 확인 메일이 오지 않습니다. 어떻게 해야 하나요?

숙소 홈페이지를 통해 직접 예약한 경우에는 예약 확인 메일이 필요하다. 현지에서 숙소 예약에 문제가 있을 때 출력해 간 예약 확인 메일을 보여주면 되기 때문이다.

보통 1~2일 안에 메일이 오는데, 메일이 도착하지 않으면 먼저 '스팸 메일함'을 확인하자. 해외에서 발송되는 메일은 스팸으로 처리되는 경우가 있기 때문이다. 스팸 메일함에도 없다면 호텔에 예약 확인 메일을 요청한다. 숙소에 요청해도 예약 확인 메일이 오지 않으면 예약 요청 메일과 카드 승인 내역서를 출력해서 가져간다.

✚ 숙박 예약 대행 사이트에서 예약하기

❶ 실시간 객실 검색하기
도시명, 체크인 날짜, 체크 아웃 날짜, 인원수, 객실 수를 입력한 후 검색한다.

❷ 원하는 숙소 선택하기
검색 결과 페이지로 넘어가면 나오는 숙소 목록에서 위치, 평점, 예약 가능 객실, 금액, 무료 취소 마감일, 환불 가능 여부, 조식 포함 여부 등을 살펴보고 마음에 드는 숙소를 고른다. 지도 보기를 클릭하면 그 지역의 관광지나 교통 시설을 한눈에 확인할 수 있다.

❸ 예약하기
숙소 정보, 이용 후기, 교통편 등 상세 정보를 확인한 후 객실 수를 설정하고 예약한다. 이때 예약 조건과 금액을 꼼꼼히 확인한다.

❹ 결제하기
이메일 주소, 전화번호, 신용카드 정보를 입력하고 예약 조건과 이용 약관을 확인한 후 결제를 진행한다. 최종 결제할 때는 현지 통화인 '유로화'를 선택하는 것이 유리하다.

❺ 예약 확인증 출력 또는 저장하기
결제를 완료하면 이메일로 예약 확인증(바우처)을 보내준다. 체크인 날짜, 체크아웃 날짜, 무료 취소 마감일 등 상세 정보를 최종 확인한 뒤 출력하거나 스마트폰에 저장해둔다. 앱을 설치해 회원가입 후 예약하면 앱 내에 예약 확인증이 자동 저장돼 관리하기 편리하다.

❻ 호텔 체크인하기
숙소에 도착하면 예약자 이름을 말하고 투숙객 전원의 여권을 제시한 후 체크인한다. 4성급 이상의 호텔이나 아파트먼트, 현지인 민박 등은 보증금 즉, 디포짓(deposit)을 요청하기도 하는데, 본인 명의의 신용카드를 제시하면 된다. 보증금은 숙박비와 상관없이 손님이 투숙 중 유료 시설을 이용하고 대금을 지불하지 않거나 시설 파손 등에 대비해 받아두는 것이다. 체크아웃할 때 추가 시설 이용이 없거나 이용료를 지불하면 디포짓은 자동으로 소멸되니 걱정하지 말자.

★ **호스텔 예약하기**
호스텔은 온라인 예약 사이트를 이용하거나 호스텔에 직접 예약하면 된다. 대표적인 호스텔 예약 사이트는 호스텔월드와 공식유스호스텔그룹 하이호스텔이 있다.

호스텔월드
WEB hostelworld.com

하이호스텔
WEB hihostels.com

Planning My Travel 05

스마트한 여행을 위한 앱 & 웹사이트 가이드

여행 정보는 책과 인터넷을 통해 얻을 수 있다. 인터넷 커뮤니티나 SNS 채널에서는 최신 정보를 빠르게 확인할 수 있지만 개인의 관점이 다르고 부정확한 내용이 섞여 있을 수 있으므로 맹신하지 말자. 기본 정보는 먼저 여행서를 통해 파악하고, 세부 사항은 인터넷으로 보완하는 것이 좋다.

◆ 이탈리아 여행에 유용한 앱

● 구글맵 Google 지도 | google.com/maps
지도는 물론 길 찾기까지 한 번에 해결하는 앱 & 웹사이트. 단, 시내버스 등 대중교통 운행 시간은 현지 교통 상황에 따라 실제와 다를 수 있다.

● 구글 번역 Google 번역 | translate.google.co.kr
식당, 상점, 숙소, 택시 등을 이용할 때 유용하다. 음성 입력으로도 번역할 수 있다.

● 일메테오 iLMeteo | ilmeteo.it
이탈리아 날씨 예보 사이트 & 앱. 시간대별로 강수량, 온도, 바람의 세기, 습도 등 상세 날씨를 알려준다.

● 더포크 TheFork | thefork.com
최대 50%까지 할인받을 수 있는 레스토랑 예약 플랫폼. 원하는 지역의 레스토랑 검색 결과를 평점순, 인기순, 할인율순, 예약률순 등으로 볼 수 있다.

● 왓츠앱 Whats App
민박이나 B&B 등 개인 숙소와 연락할 때 편리한 메시지 앱이다. 모바일 데이터 서비스 이용 시에도 숙소나 현지 업체와 직접 통화할 수 있어 편리하다.

● 재외동포 365 민원포털 365민원포털 | consul.mofa.go.kr
재외국민을 위한 온라인 영사 민원 서비스. 여권 재발급, 재외공관 방문 예약, 재외국민 등록 등의 영사 민원을 처리해준다.

◆ 이탈리아 여행에 유용한 웹사이트

● 체크인유럽 cafe.naver.com/momsolleh
회원들의 활발한 참여와 검증을 거친 정보가 체계적으로 정리돼 있는 유럽 여행 전문 카페. 실제 여행자들의 후기와 팁이 다양하다.

● 유랑 cafe.naver.com/firenze
네이버 최대 규모의 유럽 여행 카페. 명소·호텔·식당 등 최신 정보와 여행자 후기를 폭넓게 확인할 수 있다.

● 유빙 cafe.naver.com/eurodriving
유럽 자동차 여행 카페 중 회원 수 1위. 자동차 여행에 특화돼 있으나 유럽 내 교통편과 일반 여행 정보도 풍부하게 공유된다.

렌터카 여행자에게 유용한 앱

■ 웨이즈 Waze

ZTL 구역을 피해 길을 안내하는 무료 내비게이션. 과속 단속 카메라 위치 정보를 비롯해 도로 공사, 사고 등의 실시간 교통상황을 사용자들과 공유할 수 있다. 한국어 음성도 지원한다.

■ 이지파크 EasyPark

스웨덴 기업이 운영하는 주차 앱. 주차 시간 등록부터 주차비 지급까지 한 번에 처리할 수 있다.

◆ 편리한 대중교통 이용을 위한 필수 앱

데이터를 사용할 수 있다면 현지 대중교통 앱으로 티켓을 구매하는 것이 가장 편리하다. 해외 결제 가능한 카드가 필요하며, 앱마다 이용 가능 지역이 다르다. 앱을 통한 티켓 구매는 현지에서 진행해야 오류가 없고, 버스·트램·지하철 등 시내교통은 티켓을 활성화(Activation)한 후부터 이용 시간이 계산되므로 탑승 직전에 활성화한다(비활성화 시 벌금 부과).

● **트렌이탈리아 Trenitalia | trenitalia.com**
이탈리아 국영 철도 트렌이탈리아의 모바일 앱으로, 승차권을 빠르게 구매하고 실시간 기차 운행 정보를 확인할 수 있다. QR코드 기반의 디지털 승차권이 발급된다.

● **이탈로 트레노 Italo Treno | italotreno.it**
이탈리아 민영 고속열차 이탈로의 출발·도착 시각과 요금 조회는 물론, 승차권을 예매할 수 있다.

● **트렌잇! Trenìt!**
이탈리아 철도 전용 앱. 트렌이탈리아와 이탈로의 시간표·요금을 한눈에 비교하고 플랫폼·지연 정보를 실시간으로 확인할 수 있어 도시 간 이동에 유용하다. 트렌잇 앱 내에서 예약은 불가하며, 트렌이탈리아 또는 이탈로 공식 사이트로 연결된다.

● **트레인라인 Trainline**
유럽 전역의 기차·버스 티켓을 한 번에 검색하고 결제할 수 있는 통합 예매 플랫폼. 해외 카드 결제가 간편하다. 단, 예약 수수료가 있다.

● **오미오 Omio | omio.com**
기차, 버스, 항공, 페리 등 다양한 교통편을 비교할 수 있다. 한국어 서비스를 제공한다. 예매도 가능하며, 결제한 티켓은 앱 속에 자동 저장돼 언제든 꺼내 볼 수 있다. 단, 예약 수수료가 높은 편이다.

● **무빗 Moovit**
버스, 지하철, 트램 등 대도시/광역권 대중교통의 실시간 도착·환승 정보를 제공한다. 경로 탐색과 운행 중단 알림이 강점이다.

● **무니고 MooneyGO**
로마·밀라노·베네치아·나폴리·카프리·베로나·볼로냐 등에서 대중교통 티켓 구매와 주차장 결제가 가능한 앱. 회원가입 후 구매하고 탑승 직전에 활성화한다.

● **드롭티켓 DropTicket**
로마 대중교통 티켓 구매 앱. 회원가입이 필요 없어서 편리하다.

● **카프리 ATC GO ATC GO**
카프리 섬에서 카프리-아나카프리 구간 등의 버스 티켓을 구매할 수 있다. 문자 인증으로 회원가입 후 사용 가능.

● **페리호퍼 Ferryhopper**
카프리·아말피·소렌토 등 아말피 해안 지역을 여행할 때 유용한 앱. 페리 운항 스케줄을 쉽게 확인하고 예약할 수 있다.

● **토스카나 대중교통 공식 앱 at Bus**
피렌체·피사·시에나·산 지미냐노 등의 시내·시외 대중교통 티켓을 구매할 수 있다.

● **밀라노 대중교통 공식 앱 ATM Milano**
지하철, 버스, 트램 등 밀라노의 대중교통 티켓을 구매할 수 있다.

● **아리바 마이페이 Arriva MyPay**
베로나-시르미오네-데센자노 델 가르델-브레시아 구간 등의 버스 티켓을 구매할 수 있다.

● **베네치아 대중교통(ACTV) 공식 앱 AVM Venezia Official App**
수상 버스, 시내버스, 트램 등 베네치아의 대중교통 티켓을 구매하고 경로 및 운행 시간을 확인할 수 있다. 신용카드 인증 후 사용 가능.

● **알토아디제모빌리타 altoadigemobilita**
돌로미티 서·중부를 포함한 알토 아디제 지역 대부분을 연결하는 남티롤교통의 버스, 기차 정보를 검색하고 티켓과 패스를 구매할 수 있다.

● **프리 나우 FREE NOW(mytaxi)**
BMW가 만든 택시 호출 앱. 유럽의 150개 도시에서 운영 중이며, 이탈리아에서는 로마와 밀라노, 나폴리에서 이용할 수 있다.

Planning My Travel 06

여행 준비물

최근 유럽 여행의 일정이 짧아지고 도시 간 이동이 잦아졌기 때문에 짐은 최대한 가볍게 해서 다니는 것이 좋다. 모든 것을 다 챙겨 가기보다 정말 필요한 것만 챙기고 나머지는 현지에서 필요할 때마다 구매하는 것이 현명하다. 놓치면 안 될 여행 준비물에는 어떤 것이 있는지 알아보고 차근차근 짐을 꾸려보자.

❶ 여권(복사본 챙길 것) ✓
❷ 충전기+보조배터리 ✓
❸ 세면도구 ✓
❹ 비상약 ✓
❺ 화장품 ✓

◆ 여행 준비물 체크 리스트

필수 준비물	내용	체크
여권	사진이 있는 부분을 복사해서 2~3장 따로 보관하고 여권용 사진도 몇 장 챙긴다.	
항공권	'e-티켓'을 출력해서 준비해 가고 비상용으로 이메일이나 스마트폰에도 저장해둔다.	
여행 경비	환전한 유로화, 국제 신용·체크카드 등을 빠짐없이 준비한다.	
각종 증명서	국제 운전면허증 & 국내 운전면허증, 여행자보험 증명서, 국제학생증 등	
보조 가방	캐리어는 숙소에 두고 명소를 돌아다닐 때는 작은 가방에 기타 소지품을 넣어 다니면 편리하다.	
휴대용 타포린백	돌아올 때 쇼핑으로 인해 1인당 수하물 허용 무게를 초과할 때 유용하다. 무게가 나갈 만한 물건을 타포린백에 옮겨 담은 후 비행기에 들고 탑승하면 된다.	
복대(전대) & 자물쇠	소매치기가 많은 이탈리아 여행의 필수품. 자물쇠는 넉넉히 준비하는 것이 좋다. 자물쇠가 부담스럽다면 옷핀을 여러 개 준비하자. 와이어도 있으면 좋다.	
의류팩 & 워시팩	옷과 세면도구를 깔끔하게 정리할 수 있다.	
세면도구	평소 쓰던 샴푸, 린스, 샤워젤, 비누, 치약 등을 필요한 만큼 챙긴다. 현지에서도 구매할 수 있다.	
겉옷 & 신발	여행을 떠나는 계절에 맞춰 옷과 신발을 고른다. 도보 이동이 많기 때문에 운동화가 좋지만 플랫슈즈나 캐주얼화도 괜찮다. 숙소나 해변에서 편하게 신을 만한 슬리퍼도 준비해 간다.	
속옷 & 양말	짧은 일정이라면 빨래가 필요 없을 정도로 넉넉히 챙긴다.	
화장품	자신에게 잘 맞는 제품으로 작은 용기에 담아서 가져간다.	
스마트폰 & 충전기	스마트폰이 손에서 떨어지지 않도록 고리를 달면 좋다. 가방에 연결할 수 있는 안전 체인도 유용하다.	
카메라	현지에서는 메모리 카드, 배터리 등 소모품이 비싼 편이므로 우리나라에서 넉넉히 준비해 간다.	
선글라스	강한 햇빛으로부터 눈을 보호해준다.	
자외선 차단제	햇빛이 강한 편이기 때문에 피부가 쉽게 그을린다.	
비상약품	감기약, 소화제, 진통제, 지사제, 반창고, 연고 등 기본적인 약품을 준비한다. 현지 약국에서도 구매할 수 있지만 의사소통이 힘들기 때문에 간단한 구급약은 준비해 간다.	
멀티 콘센트	현지보다 우리나라에 사는 것이 저렴하다.	
있으면 좋은 준비물	내용	체크
모자	햇빛을 막는 데 유용하다.	
수영복 & 방수팩	여름철 해변, 수영장, 액티비티 용으로 준비한다.	
우산 & 양산	우기(10~2월)는 물론 한여름에도 소나기 등이 올 수 있으니 우산을 꼭 챙겨 간다. 현지에서 파는 우산은 비싼 데다 품질이 나쁘다. 양산은 한 여름에 햇빛을 가리는 데 매우 유용하다.	
캐리어 커버	가방을 보호하고 절도를 방지하며, 수하물을 찾을 때도 쉽게 발견할 수 있다.	
생리용품	자신에게 맞는 제품을 가져가면 편하다.	
물티슈	작은 것으로 준비해 두자. 급하게 쓸 일이 생길 수 있다.	
에어캡	유리나 도자기 제품을 안전하게 포장하기 좋다.	

이탈리아
음식 & 쇼핑
탐구일기

Gourmet & Shopping

먹킷리스트!

이탈리아의 지역별 대표 음식

20개의 주(Regioni)로 이루어진 이탈리아는 지역마다 고유의 전통과 역사를 자랑하는 향토 음식들이 다채롭다. 그중 반드시 맛봐야 할 먹거리를 골라봤다.

롬바르디아 Lombardia
오소 부코(송아지 정강이 찜)
리소토
코톨레타 밀레네제
(송아지 고기 커틀릿)
폴렌타(옥수수죽)
파네토네(원통 모양의 부드러운 케이크)

토스카나 Toscana
피렌체식 티본스테이크
소 곱창 수프
곱창이나 포르케차를 넣은 샌드위치
카추코(해산물 스튜), 판차넬라(빵 샐러드)
밀레폴리에(밀푀유)
트러플 파스타 & 라사녜
스키아차타 파니니

라치오 Lazio
아티초크 찜과 튀김
스파게티 알라 카르보나라
피자 알 탈리오
(큼직한 사각 팬에 구워 잘라서 무게당 가격으로 파는 피자)
수플리(라사녜 크로켓), **마리토초**(크림빵)
카초 에 페페(로마식 파스타)
아마트리차타(매콤한 파스타)

캄파니아 Campania
피자 마르게리타, 해산물 스파게티
카프레세, 바바(럼을 넣은 설탕 시럽에 빵을 절인 디저트)
스폴랴텔라(치즈로 속을 채운 조개껍데기 모양의 크루아상)
리몬첼로 & 레몬 사탕

베네토 Veneto

오징어 먹물 스파게티와 리소토
새우 & 랍스터 스파게티
가리비 관자와 문어 샐러드
치케티(오픈 샌드위치) & 프로세코 와인
해산물 튀김
티라미수
스프리츠
벨리니

Trentino-Alto Adige
Friuli-Venezia Giulia
Veneto
· 베네치아 Venezia

· 볼로냐 Bologna
Emilia-Romagna

에밀리아 로마냐 Emilia-Romagna

볼로냐식 라구 파스타와 라사녜
파르마 프로슈토(파르마 지역 생햄)
토르텔로니 & 토르텔리니
모르타델라(볼로냐 특산 소시지)
파르미자노 레자노 치즈
발사미코 디 모데나(발사믹 식초)
람브루스코 와인

· 피렌체 Firenze
Toscana
Marche
Umbria
Lazio
Abruzzo
· 로마 Roma
Molise
Campania
· 나폴리 Napoli
Puglia
· 바리 Bari
Basilicata
Calabria

풀리아 Puglia

오레키에테
(동그랗고 오목한 조개 모양의 파스타)
부라타 치즈
문어 샐러드 & 문어 샌드위치
파스티초토(커스터드가 든 쇼트 브레드)

시칠리아 Sicilia

칸놀리(치즈로 속을 채운 원통 모양의 과자)
아란치니(튀긴 주먹밥)
바바 럼

· 팔레르모 Palermo
Sicilia

이탈리아 음식 탐구일기

GOURMET 1
CUCINA ITALIANA

아는 만큼 맛있다!

이탈리아 코스 요리

이탈리아의 식당 중에는 영어 메뉴판이 없는 곳이 많고, 같은 요리라도 식당마다 이름을 다르게 표기해 주문이 쉽지 않다. 아래의 기본 구성을 익혀두면 한결 자신 있게 주문할 수 있다.

이탈리아 코스 요리 입문자를 위한 기초 정보

1 코스 요리의 기본 구성
일반 식당의 코스 요리는 전채 요리, 제1요리, 제2요리, 디저트의 4단계로 나뉜다. 각 단계에서 한 가지씩 고르면 된다. 고급 레스토랑에서는 이보다 많은 5~9코스가 제공되기도 한다.

2 배 터지는 코스 요리
이탈리아에서 파스타는 제1요리에 해당한다. 따라서 식사량이 적은 여행자라면 메인 요리(제2요리)에 도달하기도 전에 배가 부를 수 있다. 단품 주문이 가능한 곳에서는 1인당 제1요리나 제2요리 중 한 가지를 선택하고, 2인이라면 안티파스토(전채 요리)나 샐러드 1개를 함께 주문하면 알맞다.

3 1인 1피자
피자는 코스 요리에 포함되지 않으며, 메뉴판에서도 별도 항목으로 분류돼 있다. 이탈리아에서는 1인 1피자가 기본이다.

풀코스 다이닝 순서

① **아페리티보 Aperitivo**(복수형 **Aperitivi**) 식전주. 올리브, 견과류, 치즈 등 간단한 안주와 함께 제공된다.

② **안티파스토 Antipasto**(복수형 **Antipasti**) 전채 요리. 식전에 입맛을 돋우는 요리로, 주로 해산물이나 채소를 간단히 조리해 낸다.

③ **주파 Zuppa**(복수형 주페 **Zuppe**) 수프

④ **프리모 피아토 Primo Piatto**(복수형 **Primi Piatti**) 제1요리. 파스타, 리소토 등 탄수화물 요리가 중심이다. 피자는 별도 메뉴로 분류된다.

⑤ **세콘도 피아토 Secondo Piatto**(복수형 **Secondi Piatti**) 제2요리. 육류 요리(Carne, 카르네)와 생선 요리(Pesce, 페셰)로 나뉜다.

⑥ **콘토르노 Contorno**(복수형 **Contorni**)·**인살라타 Insalata**(복수형 **Insalate**) 메인 요리에 곁들이는 채소 요리나 샐러드

⑦ **포르마조 에 프루타 Formaggio e Frutta**(복수형 **Formaggi e Frutti**) 치즈와 제철 과일. 식사 마지막에 메인 요리와 함께 즐긴다.

⑧ **돌체 Dolce**(복수형 **Dolci**) 디저트

⑨ **베반데 Bevande**·**카페 Caffè**·**비라 Birra**·**비노 Vino** 음료·커피·맥주·와인

*메뉴판에서는 대부분 복수형으로 표기된다.

이탈리아 식당의 종류

1 리스토란테 Ristorante
☐ 고급 음식점

풀코스 메뉴가 기본이며, 피자나 파스타만 주문하거나 한 음식을 여럿이서 나눠 먹는 것은 예의에 어긋난다. 가격이 높고 드레스 코드가 있는 곳도 있다. 식사는 보통 2시간가량 이어지며, 계산은 테이블에서 한다.

2 트라토리아 Trattoria
☐ 대중음식점

리스토란테보다 부담 없이 이용할 수 있는 곳으로, 이탈리아 가정식을 낸다. 간혹 리스토란테 수준의 격식과 가격을 갖춘 곳도 있다.

3 에노테카 Enoteca · 오스테리아 Osteria
☐ 와인 숍 & 바

에노테카는 와인숍과 와인바의 개념을 겸한 공간으로, 정통 안주와 와인을 함께 즐길 수 있다. 베네치아에서는 이를 바카리(Bacari)라 부른다. 오스테리아는 와인을 중심으로 간단한 음식을 곁들이는 바이자 소규모 식당에 가깝다.

★
이탈리아식 팁 문화
- **Coperto 코페르토** 자릿세. 식당마다 다르지만 일반적으로 1인당 2~5€. 자릿세를 받는 대신 빵을 무료로 제공하기도 하며, 간혹 빵값을 따로 청구하는 경우도 있다.
- **Servizio 세르비치오** 서비스 요금. 식당에 따라 음식값에 포함되기도 하고 10~15%를 별도로 내야 하는 경우도 있다. 고급 레스토랑일수록 별도 청구되는 경우가 많다.

4 타볼라 칼다 Tavola Calda
☐ 셀프서비스 간이식당

고기, 채소 요리, 파스타 등 이미 만들어 놓은 음식을 데워서 제공하는 곳이다. 테이크아웃이 매장에서 먹는 것보다 저렴하다.

5 피체리아 Pizzeria
☐ 피자 전문점

저렴하고 대중적인 외식 장소. 전문 피체리아에서는 1인 1판 단위로 주문하며, 양이 많아 보여도 도우가 얇아 비교적 부담 없이 즐길 수 있다. 조각 피자를 판매하는 곳은 주로 종일 영업하며, 무게나 조각당 가격으로 계산한다.

6 바(바르) Bar
☐ 일반 커피숍

일반 커피숍이자 이탈리아의 일상 문화 공간. 현지인이 가장 자주 찾는 곳으로, 출근길에 에스프레소 한 잔과 빵으로 아침을 해결하는 모습을 쉽게 볼 수 있다. 점심시간에는 간단한 파니노나 샌드위치를 곁들이기도 한다. 테이블 이용 시 자릿세를 내야 하며, 야외석은 추가 요금이 붙는 경우가 있다.

7 젤라테리아 Gelateria
☐ 젤라토 전문점

매장에서 직접 만든 수제 젤라토를 판매하며, 시내 곳곳에서 쉽게 찾을 수 있다. 이탈리아인의 미각에 맞춘 다양한 맛 조합이 있다.

코스별 대표 메뉴

맛있는 음식이 너무 많아서 행복한 고민에 빠지게 되는 이탈리아!
우리나라 여행자들이 '엄지 척' 하는 인기 메뉴를 모았다.

안티파스티 Antipasti
전채 요리

아페타티 미스티 Affettati Misti ★★
이탈리아 전통 햄, 소시지 모둠

프로슈토 에 멜로네 Prosciutto e Melone ★★★
생햄(Prosciutto Crudo)과 멜론. 햄의 짠맛과
멜론의 달콤한 맛이 잘 어울린다.

카르파초 Carpaccio ★★
얇게 썬 소고기 육회에 소스를
뿌리고 채소를 얹은 요리.
소고기 대신 문어나 관자,
생선회를 이용하기도 한다.

브루스케타 Bruschetta ★★
구운 빵에 올리브유를 바르고 토마토,
햄, 새우, 버섯 등
다양한 재료를 얹어 먹는다.

포르마지 디 부팔라 Formaggi di Bufala ★★★
촉촉한 버펄로 치즈와 신선한
토마토 또는 아보카도 등의
채소가 곁들여 나온다.

수플리 Suppli ★★
주먹밥 모양의 튀김 요리. 안에는
미트 소스로 익힌 쌀과 치즈가 들어 있다.

카프레세 Caprese ★★★
토마토와 생 모차렐라 치즈를 번갈아 놓고
발사믹 드레싱과 올리브오일, 바질 잎을 올린
'카프리 섬 스타일의 샐러드(Insalata di Capri)'.

안티파스토 미스토 디 마레
Antipasto Misto di Mare ★★

해산물 모둠 전채 요리. 각종 해산물에 올리브오일과 레몬을 첨가해 먹는다. 해산물 샐러드(Insalata di Mare)라고도 한다.

피오리 디 주카 Fiori di Zucca ★★★
치즈가 들어간 호박꽃튀김

살모네 아푸미카토
Salmone Affumicato ★★

훈제 연어. 우리나라 여행자들에게 가장 익숙한 전채 요리다.

크로스티니 Crostini ★★
오븐에 구운 빵을 작고 얇게 슬라이스해 다양한 토핑을 얹은 카나페

주페 Zuppe
수프

주파 디 치폴라
Zuppa di Cipolla ★★★
양파 수프

폴렌타 Polenta ★
옥수숫가루 죽

주파 디 파졸리
Zuppa di Fagioli ★
고소한 콩 수프

미네스트로네 Minestrone ★★
토마토 채소 수프

콘토르니·인살라테 Contorni·Insalate
채소와 샐러드

인살라타 미스타 Insalata Mista ★★
토마토를 곁들인 채소 샐러드

파타테 알 포르노 Patate al Forno ★★
구운 감자

스포르마토 디 베르두레 Sformato di Verdure ★
여러 종류의 채소를 섞어 찐 요리. 요리 질감이 부드럽고 양이 적당해서 먹기에 좋다.

🔔 파스타

프리미 피아티
Primi Piatti
제1요리

스파게티 알 포모도로 Spaghetti al Pomodoro ★
토마토소스 스파게티.
가장 기본적이고 저렴한 메뉴다.

스파게티 알라 카르보나라 Spaghetti alla Carbonara ★★★
관찰레(돼지 볼살로 만든 햄)나 판체타, 달걀, 치즈, 후추를 넣어 만든 파스타. 노른자가 익지 않도록 면을 살짝 식혀 섞는다. 크림을 넣는 우리나라식과 비교하면 수분이 훨씬 적고 짭조름하다.

카초 에 페페
Cacio e Pepe ★★
페코리노 치즈와 후추로만 맛을 낸 파스타.
로마를 상징하는 대표 파스타다.

스파게티 아이 프루티 디 마레/스파게티 알로 스콜리오
Spaghetti ai Frutti di Mare/Spaghetti allo Scoglio ★★★
토마토소스에 해산물을 듬뿍 얹은 스파게티

링귀니 알리(콘 글리) 스캄피
Linguine agli(con gli) Scampi ★★★
납작한 링귀니 면 위에
커다란 가시발새우(스캄피)를 얹은 스파게티

파스타 알 페스토 Pasta al Pesto ★★
볶은 바질 잎, 마늘, 파마산 치즈와 올리브오일을
갈아 만든 바질 페스토(Pesto alla Genovese)로 만드는
파스타. 칼로리가 적고 담백하다.

링귀니 알레 Linguine alle Vongole ★★★
조개 특유의 감칠맛과 탱글탱글한 링귀니 면발, 산뜻한 오일소스가 잘 어울리는 파스타. 스파게티 면을 사용하면 '스파게티 알레 봉골레(Spaghetti alle Vongole)'.

스파게티 콘 감베레티/감베리/감베로니
Spaghetti con Gamberetti/Gamberi/Gamberoni ★★★
작은/중간 크기/큰 새우 스파게티

부카티니 알라마트리차나
Bucatini all'Amatriciana ★★
토마토를 베이스로 판체타나 관찰레로 맛을 낸 아마트리차나 소스를 빨대 모양의 부카티니 면에 뿌린 다음 페코리노 치즈를 얹어 먹는다.

탈라텔레 알 라구 알라 볼로녜세
Tagliatelle al Ragu alla Bolognese ★★★
다진 소고기, 채소, 토마토, 와인 등을 천천히 끓여 만드는 걸쭉한 고기소스 파스타. 탈라텔레처럼 넓고 표면이 거친 면과 같이 먹어야 제맛이다.

펜네 알라라비아타 Penne all'Arrabbiata ★★
고추를 넣은 매콤한 토마토소스와 통통한 펜네가 절묘하게 어우러진다.

스파게티/리소토 알 네로 디 세피아
Spaghetti/Risotto al Nero di Seppia ★★
오징어 먹물 스파게티/리소토. 베네치아에서 반드시 먹어야 할 별미다.

■ 리소토 & 라사녜(라자냐) & 라비올리

라사녜 알라 볼로네세
Lasagne alla Bolognese ★★★

넓게 편 밀가루 반죽에 고기와 우유,
파마산 치즈를 얹어 감싼 후 오븐에 구운 요리

라비올리 Ravioli ★★★

소고기, 치즈, 달걀을 으깨어
넣은 이탈리아식 만두

라사냐 타르투포
Lasagna Tartufo ★★★

겹겹이 쌓인 라사녜 면에
더해진 베사멜소스와 치즈, 쫄깃한 버섯과
향긋한 트러플의 진한 풍미가 일품이다.

리소토 알라 밀라네세 Risotto alla Milanese ★

샤프란을 넣은 닭 육수에 쌀을 넣고 익혀
노란 빛깔을 띠는 밀라노식 리소토

카라멜레 디 파스타 프레스카 콘 페레 에 페코리노
Caramelle di Pasta Fresca con Pere e Pecorino ★

사탕처럼 생긴 이탈리아식 만두.
페코리노 치즈가 듬뿍 들어 있어 고소하다.

리소토 콘(알레) 카페산테 에 감브레리
Risotto con(alle) Capesante e Gamberi ★★★

가리비 관자와 붉은 새우를
곁들인 리소토

리소토 알라 밀라네세 콘 살시차
Risotto alla Milanese con Salsiccia ★

으깬 소시지를 넣은 리소토.
독특한 향과 맛이 난다.

알아두면 좋은 파스타 면 종류

이탈리아 파스타의 종류는 재료에 따라 150가지, 면의 길이와 모양에 따라 600가지가 넘을 정도로 다양하다. 주문 시 알아두면 편리한 대표적인 파스타 면들을 알아보자.

🔺 롱 파스타

스파게티 Spaghetti

푸실리 룽기 Fusilli Lunghi

부카티니 Bucatini

링귀네 Linguine

페투치네 Fettuccine

탈랴텔레 Tagliatelle

🔺 쇼트 파스타

푸실리 Fusilli

로티니 Rotini

리가토니 Rigatoni

펜네 Penne

파르팔레 Farfalle

로텔레 Rotelle

헷갈리는 해산물 용어 총정리
*메뉴판에 주로 쓰이는 대로 복수형으로 표기함

카페산테 Capesante
가리비

오스트리케 Ostriche
굴

몰루스키 Molluschi/봉골레 Vongole
대합/조개

폴피 Polpi/
피오브레 Piovre
문어

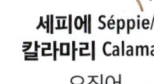
세피에 Séppie/
칼라마리 Calamari
오징어

감베레티 Gamberetti/
감베리 Gamberi/
감베로니 Gamberoni
작은/중간 크기/큰 새우
마찬콜레 Mazzancolle 흰새우
스캄피 Scampi 가시발새우
(노르웨이 랍스터)

사르디네 Sardine(단수 Sardina)
정어리

아추게 Acciughe/알리치 Alici
멸치 또는 앤초비

코체 Cozze/
미틸리 Mitili/
무스콜리 Muscoli
홍합

🛡 육류 요리

세콘디 피아티
Secondi Piatti
제2요리

비스테카 알라 피오렌티나
Bistecca alla Fiorentina ★★★

피렌체 전통 요리인 티본스테이크. T자 모양의 소의 허리뼈를 중심으로 한쪽에는 등심, 다른 한쪽에는 안심이 붙어 있어 2가지 부위를 맛볼 수 있다. 푸짐한 양에 놀라고 고소한 맛에 또 한 번 놀란다. 참고로 티본스테이크는 800g~1.2kg 이상(가게마다 다름) 주문해야 T자 모양이 나온다.

필레토 알라 토스카나
Filetto alla Toscana ★★

구운 스테이크를 자른 후 올리브 오일과 소스를 끼얹은 요리. 감자가 주로 곁들여 나온다.

비스테카 **Bistecca** ★★★
그릴에 구운 스테이크

오소 부코 **Osso Buco** ★★
송아지 정강이 찜 요리. 젤리 형태의 골수를 스푼으로 떠먹는다. 대개 리소토 알라 밀라네세가 곁들여 나온다.

폴로 알라 그릴랴
Pollo alla Griglia ★★
그릴에 구운 닭 요리

코톨레타 알라 밀라네세 **Cotoletta alla Milanese** ★★★
뼈째 구운 밀라노식 송아지 고기 커틀릿. 송아지의 갈비나 등뼈에 붙은 살을 얇게 펴서 두드린 후 빵가루를 입혀 버터에 굽는다.

🍴 생선 요리

페셰 스파다 알라 그릴랴(피아스트라)
Pesce Spada alla Griglia(Piastra) ★★
황새치(페셰 스파다)를 토막 내 요리한 생선 스테이크. 쫄깃한 식감이 의외의 맛을 선사하며, 각종 허브와 오렌지, 레몬 등이 토핑돼 풍미를 더한다. 황새치 대신 참치(Tonno, 톤노)를 사용하기도 한다.

프리토 미스토 디 페셰/ 프리토 디 마레
Fritto Misto di Pesce/ Fritto di Mare ★★★
생선, 오징어 등 해산물 튀김 모듬 요리

오라타 알라 그릴랴
Orata alla Griglia ★
도미 구이 요리

칼라마로 리피에노
Calamaro Ripieno ★★
오징어 안에 다양한 재료를 넣은 요리. 건포도, 오징어, 빵가루, 채소 등 다양한 재료를 갈아 넣는다. 고소하고 짭짤해 식전 빵과 곁들이면 간이 딱 맞는다.

코체(주파 디 코체)
Cozze(Zuppa di Cozze) ★★
백포도주로 요리한 홍합 요리

칼라마리 프리티
Calamari Fritti ★★★
동글동글한 오징어튀김. 한국에서 먹던 익숙한 맛이다.

아쿠아 파차 Acqua Pazza ★★
해산물을 올리브오일과 마늘로 볶고 토마토, 파슬리, 화이트 와인 등을 넣어 해수로 끓여 만드는 이탈리아식 생선찜. 비슷한 요리로는 초피노(Cioppino), 카추코(Cacciucco), 구아체토(Guazzetto)가 있다.

피자
Pizza

피자의 본고장에서
만나는 정통 피자

마르게리타 Margherita ★★★
주방장의 내공을 가늠할 수 있는 기본 피자.
가격도 저렴해서 여행자들이 가장 많이 찾는다.

프루티 디 마레
Frutti di Mare ★★★
홍합, 조개, 오징어 등 해산물이 들어간 피자. 비슷한
피자로는 '페스카토레(Pescatore, 해산물)'가 있다.
치즈를 올리지 않는 가게도 있다.

푼기 Funghi ★★
버섯을 올린 피자. 마르게리타 다음으로
우리나라 여행자들이 즐겨 먹는 피자다. 버섯은
여러 종류지만 주로 양송이 버섯을 쓴다.

칼초네 Calzone ★★
반달 모양의 피자. 얇은 반죽 위에 버섯과 햄,
올리브, 치즈를 얹고 반으로 접어 구워낸다.

마리나라 Marinara ★
마르게리타와 함께 나폴리를 대표하는 피자.
토핑이라고는 토마토소스에 오레가노, 마늘,
올리브오일이 전부인 전형적인 서민 음식으로,
토마토소스를 사용한 가장 오래된 스타일의
피자다.

멜란차네 Melanzane ★★★
토마토소스 위에 치즈와 가지를 얹어 구웠다.

판체로티 Panzerotti ★★
만두 형태의 튀김 피자

카프레세 Caprese ★★★
토마토와 모차렐라 치즈,
바질 잎을 곁들여낸 피자

카프리초사 Capricciosa ★★
'변덕스러운'이라는 뜻의 이름처럼
토마토, 훈제 햄, 올리브, 버섯,
모차렐라 치즈 등 제철 식재료를
푸짐하게 올린다.

콰트로 스타조니 Quattro Stagioni ★★
'사계'라는 뜻의 모둠 피자.
피자를 4등분해서 각기 다른 재료를
올리기 때문에 다양한 피자를
한번에 맛볼 수 있다.

로마나 Romana ★★
로마에서 시작된 피자로 둥근 모양의 피자는
도우가 얇고 크러스트가 크래커처럼 바삭하며,
주로 조각으로 잘라서 파는 네모난 모양의
피자는 포카차처럼 두껍다.
토핑을 자유롭게 선택할 수 있다.

★ 이름만 보고 주문했다가 실패하기 쉬운 피자

■ **콰트로 포르마지** Quattro Formaggi
4가지 치즈로 만든 피자. 이탈리아 전통 치즈를 정말 사랑하는 사람이 아니라면
한 조각 이상 먹기 힘들 정도로 짜니 신중하게 도전하자.

■ **나폴리타나** Napolitana
피자의 본고장 나폴리가 이름에 들어 있단 이유
로 기대하고 주문했다가 크게 실망하는 피자 중
하나다. '피자 나폴리타나'는 나폴리에서 시작된 모
든 피자를 뜻하지만 소금에 절인 생선인 앤초비를 처음 올린 곳이 나폴리다.
나폴리타나를 주문하면 앤초비가 올려져 나오는데, 비릿한 데다 짠맛이 강하다.

돌치
Dolci
디저트

티라미수 Tiramisu ★★★
커피에 적신 사보이아르디(레이디핑거 쿠키)와 마스카르포네 치즈 크림을 겹겹이 쌓은 후 코코아 파우더를 뿌린 전통 디저트. 냉장 보관해서 차게 먹어야 제맛!

토르타 초콜라토 콘 젤라토
Torta Cioccolato con Gelato ★★
초콜릿 케이크와 젤라토

론도 코코 에 초콜라타
Rondo Cocco e Cioccolata ★★
초콜릿이 바닐라 맛 젤라토를 감싸고 있는 디저트

피콜라 파스티체리아
Piccola Pasticceria ★
조각 케이크. 식당마다 다양한 맛과 모양으로 만들어낸다.

토르타 알라 프루타
Torta alla Frutta ★
여러 과일로 맛과 모양을 낸 파이

크로스타타 디 프라골리네
Crostata di Fragoline ★★★
새콤달콤한 산딸기 타르트

칸투치니 Cantuccini ★★
우리에게는 비스코티(Biscotti)로 잘 알려진 토스카나의 전통 디저트. 두 번 구워 바삭하다.

칸놀리(칸놀로) Cannoli(Cannolo) ★★★
속이 빈 튜브 모양 반죽을 튀겨 그 안에 치즈나 크림을 채워 넣은 시칠리아 전통 과자. 리코타 치즈에 단맛을 첨가하거나 커스터드 크림을 넣는다.

그라니타 Granita ★★★
딸기, 레몬, 라임 등의 과일에 설탕, 와인(샴페인), 얼음을 넣고 간 시칠리아식 슬러시

프라골라·프루타
Fragola·Frutta ★
딸기 또는 제철 과일

판나코타 Panna Cotta ★★
생크림에 설탕과 우유, 젤라틴을 넣어 만드는 달콤한 푸딩

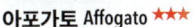

아포가토 Affogato ★★★
바닐라 아이스크림에 에스프레소나 리큐어, 홍차 등 다양한 음료를 부어 먹는 디저트

마리토초 Maritozzo ★★★
부드럽고 둥그런 브리오슈 안에 휘핑크림을 채워 넣은 로마의 전통 디저트. 복수형은 'Maritozzi'

코파 젤라토 Coppa Gelato ★
컵에 담아주는 젤라토. 테이크 아웃해서 콘으로 먹을 때보다 가격이 비싸다.

밀레폴리에 Millefoglie ★★★
커스터드 크림이 가득한 페이스트리 케이크. 프랑스 디저트인 밀푀유(Mille-Feuille)의 이탈리아식 버전이다.

베반데·카페·비라·비노
Bevande·Caffè·Birra·Vino
음료수·커피·맥주·와인

이탈리아에서는 술이나 음료, 커피 등을 바(Bar)에서 마실 경우 똑같은 것이라도 자리에 따라 값을 다르게 매기는 곳이 많다. 대개 서서 마시는 바 테이블, 실내 좌석, 거리의 테이블 순서로 가격이 비싸진다.

아콰 나투랄레(페트병)와 아콰 미네랄레(병). 각각 1/2L로, 500mL라고 표시하기도 한다.

아콰 나투랄레 Acqua Naturale
우리가 일반적으로 마시는 물. 1/4L, 1/2L, 1L 또는 병(1/2Bottiglia, 1Bottiglia) 단위로 판다.

아콰 미네랄레 Acqua Minerale
약탄산수. 레몬을 넣어 마시면 맛있다. 1/4L, 1/2L, 1L 또는 병(1/2Bottiglia, 1Bottiglia) 단위로 판다.

비라 Birra
맥주. 0.20L, 0.33L, 0.40L 등의 단위로 잔에 담아준다. 병 또는 캔 단위로 파는 곳에서는 맥주 브랜드가 적혀 있다.

비노 Vino
와인. 1잔 또는 1/4L, 1/2L, 1L 단위로 병에 담아 낸다.

카페 Caffè
커피. 고온·고압으로 빠르게 뽑아낸 에스프레소(Espresso)를 의미하기도 한다.

GOURMET 2
PANINO (PANINI)
이탈리아 길거리 음식의 꽃
파니노(파니니)

담백한 빵 사이에 치즈, 채소, 햄 등을 넣은 이탈리아식 샌드위치를 파니노(복수형은 파니니)라 한다. 우리나라에서는 그릴 팬에 살짝 눌러 따끈하게 먹는 '그릴 파니니'가 일반적이지만 이탈리아에서는 차갑게 먹는 파니노도 많다. 속재료는 육류와 생선은 물론 과일, 초콜릿, 아이스크림까지 다양하다.

별걸 다 넣는 샌드위치계 끝판왕

햄과 치즈는 물론, 인근 농가에서 생산한 신선한 제철 식재료를 활용해 지역마다 개성이 뚜렷하다. 성인 두 사람이 나눠 먹을 만큼 양이 넉넉하고 와인과 곁들여 즐길 수 있는 곳도 많다.

파니노 야무지게 주문하기

이탈리아 전통 햄 살루메와 소시지, 치즈, 채소, 소스를 입맛대로 골라 파니노를 만들거나 메뉴판의 추천 조합을 선택하면 된다. 생햄이나 숙성 치즈 향에 익숙하지 않다면 매콤한 살라미와 부드러운 생치즈 조합이 무난하다. 채소는 올리브유에 절인 선드라이드 토마토나 구운 가지가 잘 어울린다. 여기에 매운 소스나 크림을 기호에 맞게 더해 자신만의 인생 파니노를 완성해보자.

> ★ **파니노 & 피자에 자주 쓰이는 용어**
>
> **그라넬라 Granella** 거칠게 다진
> **살레 Sale** 소금
> **세키 Secchi(Secco)** 말린
> **스타조나토 Stagionato** 숙성한
> **아로스토 Arrosto** 구운
> **아푸미카타 Affumicata** 훈제한
> **크레마 Crema** 크림
> **프레스코 Fresco** 신선한, 냉장 보관된
> **페페 Pepe** 후추
> **피칸테/피칸티 Piccante/Piccanti** 매운

파니노 4대 빵

파니노(Panino)는 '빵'을 뜻하는 파네(pane)에 '작고 귀여운 것'을 의미하는 어미 이노(ino)가 붙은 말로, '작은 빵' '롤빵'을 뜻한다. 우유·달걀·버터를 넣지 않아 담백한 맛이 난다.

1 치아바타 Ciabatta
밀가루·물·이스트·소금·올리브오일만 넣어 만든 넓적한 빵. 반죽이 빠르게 부풀며 커다란 기포가 생겨 겉은 바삭하고 속은 쫄깃하다. '이탈리아의 국민 빵'으로 불릴 만큼 사랑받는다.

2 미케타 Michetta·로세타 Rosetta
반죽이 부풀어 속이 비어 있는 별(또는 장미) 모양의 빵. 단단한 껍질이 겉을 감싸 겉은 바삭하고 속은 부드럽다. 북부에서는 미케타, 중·남부에서는 로세타라 부른다.

3 포카차 Focaccia
밀가루·이스트·소금·허브 등을 넣어 구운 납작한 빵. 지역마다 맛과 모양이 다르지만 폭신하고 구수한 맛이 특징이다. 바삭하게 구워 토핑을 얹거나 반으로 갈라 속재료를 넣어 먹는다.

4 스키아차타 Schiacciata
토스카나식 포카차. 밀가루·물·이스트·소금·올리브오일로 반죽해 굽기 전 소금을 뿌리고 오일을 바른다. 바삭하고 고소하며 짭짤해 간식이나 사이드 디시로도 잘 어울린다.

알아두면 주문이 쉬워지는 파니노 & 피자 인기 재료

베르두라 Verdura — 채소

알리오 Aglio
마늘

치폴라 Cipolla
양파

멜란차나 Melanzana
가지

포모도리니 Pomodorini
방울 토마토

포모도로 Pomodoro
토마토

파타테 Patate
감자

스피나치 Spinaci
시금치

피스타키오 Pistacchio
피스타치오

카르초피 Carciofi
아티초크

루콜라 Rucola
로켓 샐러드

바실리코 Basilico
바질

타르투포 Tartufo
트러플

푼기 Funghi
버섯

포르치니 Porcini
포르치니 버섯

주키네 Zucchine
서양 호박

살루메 Salame
생햄 & 베이컨

고기를 염장, 자연 건조, 발효, 숙성시켜 만드는 생햄 & 베이컨. 살루메는 단수형이며, 복수형은 살루미(Salumi)다.

판체타 Pancetta ★★
돼지 뱃살(삼겹살)로 만드는 이탈리아식 베이컨. 흑후추를 뿌려 풍미가 진하고 느끼함이 덜하다.

브레사올라 Bresaola ★
지방이 거의 없는 소고기를 건조·숙성시킨 생햄. 짭짤하고 담백한 맛

프로슈토 Prosciutto ★★★
살루메의 대표격인 햄. 돼지 뒷다리 넓적살을 10~18개월 숙성시켜 만든다. 생햄(프로슈토 크루도)과 익힌 햄(프로슈토 코토)으로 나뉘며, 파르마와 산다니엘레가 대표 산지다.

스펙 Speck ★★★
훈제 프로슈토

살라미·살시차·소시지 Salami·Salsiccia·Sausage
소시지류

살라미는 다진 돼지고기에 매운 고추와 각종 향신료를 섞어 발효·건조·숙성시킨 비가열 건조 소시지다. 얇게 썰어 그대로 먹는 것이 일반적이며, 팬에 살짝 구워 안주로 곁들이기도 한다. 살시차는 고기와 지방, 향신료를 함께 갈아 천연 케이싱(소시지 껍질)에 넣은 뒤 조리 전 형태로 판매되는 이탈리아식 생소시지를 말한다. 굽거나 볶아 조리해 먹으며, 지방 함량이 높고 짠맛이 강한 편이다.

페퍼로니 Pepperoni ★★★
이탈리아 남부 지방에서 유래한 살라미를 미국식으로 변형한 것. 매운 살라미를 의미한다.

엔두야(은두자) Nduja ★
칼라브리아 특산의 매운 살라미. 잼처럼 부드럽게 발라 먹으며, 구운 빵에 리코타나 부라타 치즈와 함께 곁들이면 풍미가 깊다.

모르타델라 Mortadella ★★★
곱게 간 돼지고기에 지방·후추·피스타치오를 섞어 만든 굵은 소시지. 부드럽고 고소한 맛이 나며, 볼로냐 특산품으로 '볼로냐 소시지'라 불린다.

소프레사타 Soppressata ★
칼라브리아·바실리카타·캄파니아 등 남부 지방에서 즐겨 먹는 살라미. 지방이 많은 부위를 굵게 다져 향신료를 섞은 뒤 건조·숙성해 풍미가 강하다.

포르마지
Formaggi
치즈

파르미자노 레자노
Parmigiano-Reggiano ★★★

'파마산 치즈'로 불리는 에밀리아로마냐 파르마 지역의 특산품. 단단한 질감과 고소한 감칠맛으로 세계인의 사랑을 받는다.

★ 파르미자노 레자노 치즈 등급
숙성 기간에 따라 다음 4가지로 구분된다.
조바네(Giovane): 12~18개월 숙성
베키오(Vecchio): 18~24개월 숙성
스트라베키오(Stravecchio): 24~36개월 숙성
스트라베키오네(Stravecchione): 36개월 이상 숙성

고르곤졸라 Gorgonzola ★
이탈리아 대표 블루 치즈. 톡 쏘는 향과 짠맛이 특징으로, 크리미한 돌체(Dolce)와 톡 쏘는 맛이 강한 피칸테(Piccante) 2가지 타입이 있다.

폰티나 Fontina ★★
아오스타 계곡에서 무살균 우유로 만드는 반경성 치즈. 약 3개월 숙성하며, 열을 가하면 부드럽게 녹고 고소한 견과류 향이 난다.

탈레조 Taleggio ★
워시 타입의 반연질 치즈로, 은은한 단맛과 약한 신맛이 느껴진다. 숙성 기간이 길수록 감칠맛이 깊어진다.

리코타 Ricotta ★★★
치즈 제조 과정에서 남은 유청으로 만드는 생치즈. 지방이 적고 부드러워 디저트 재료로 자주 쓰인다.

부라타 Burrata ★★★
겉은 모차렐라, 속은 크림과 리코타가 섞인 공 모양의 생치즈. 자르면 부드러운 속이 흘러나온다.

페코리노 Pecorino ★★
양젖으로 만드는 경성 치즈. 꼬릿한 향과 짙은 짠맛이 난다. 로마나·토스카나·사르도 등 지역에 따라 맛이 다르다.

프로볼로네 Provolone ★★
모차렐라를 숙성시켜 만든 반경성 치즈. 열을 가하면 실처럼 늘어난다. 부드럽고 단맛이 나는 돌체(Dolce)와 진한 풍미의 피칸테(Piccante)로 나뉜다.

스카모르차 Scamorza ★★
모차렐라를 끈으로 묶어 숙성·건조시킨 눈사람 모양의 치즈. 탄력이 있고 풍미가 진하다.

모차렐라 Mozzarella ★★★
수분이 많고 쫀득한 생치즈. 물소 젖으로 만든 것은 '모차렐라 디 부팔라(Mozzarella di Bufala)', 우유로 만든 것은 '피오르 디 라테(Fior di Latte)'라 부른다.

스트라키노 Stracchino ★★
우유로 만드는 크림 타입의 부드러운 생치즈. 짧게 숙성해 산뜻한 신맛과 고소한 맛이 어우러진다.

GOURMET 3

VINO E SPRITZ

잠든 미각 세포를 깨우는 와인 & 스프리츠

이탈리아는 프랑스와 함께 세계 1~2위를 다투는 와인 생산 대국이다. 북부에서 남부까지 거의 모든 지역에서 와인을 생산하며, 지역마다 토양과 기후가 달라 향과 맛의 개성이 뚜렷하다. 이탈리아 대표 스파클링 와인인 프로세코(Prosecco)를 베이스로 한 스프리츠(Spritz)는 식전주 문화 '아페리티보(Aperitivo)'를 상징하는 칵테일이다. 특히 아페롤 스프리츠(Aperol Spritz)는 매년 4억 잔 이상 소비될 만큼 전 세계적으로 사랑받고 있다.

이탈리아에서 와인 쉽게 사는 방법

1 숙소에서 가까운 슈퍼마켓을 찾아가자
이탈리아의 슈퍼마켓은 우리나라의 웬만한 와인 전문점만큼 다양한 와인을 갖추고 있다. 3~20€대의 합리적인 가격대로 부담 없이 고를 수 있으며, 현지 브랜드와 IGT 등급 와인도 풍부하다.

2 와인 병목을 살펴보자
DOC 또는 DOCG 등급 와인의 병목에는 정부 보증띠(Fascetta)가 붙어 있다. 등급명·생산지·고유 번호가 인쇄돼 있으며, 와인의 종류와 생산 지역에 따라 색이 다르다. 일반적으로 DOCG는 금색·붉은빛 계열, DOC는 청록색 계열이 많다. 와인 초보자라면 이 보증띠가 붙은 제품을 선택하면 실패 확률이 적다.

3 그래도 고르기 어렵다면
화이트 와인은 오르비에토(Orvieto), 레드 와인은 키안티(Chianti)를 추천한다. 키안티는 DOCG 등급의 대표 레드 와인으로, 병목에 검은 수탉(Gallo Nero) 마크가 붙은 키안티 클라시코(Classico)는 특히 품질이 뛰어나다. 오르비에토는 이탈리아에서 가장 유명한 화이트 와인 중 하나로, 산뜻한 산미와 부드러운 과일 향이 특징이다.

이탈리아의 와인 등급

DOCG(개정 후 DOP)
(Denominazione di Origine Controllate e Garantita)
최상급 와인

DOC(개정 후 DOP)
(Denominazione di Origine Controllate)
상급 와인

IGT(개정 후 IGP)
(Indicazione Geografica Tipica)
중급 와인

VdT(개정 후 VINO)
(Vino da Tavola)
테이블 와인. 이탈리아 와인의 90%에 해당한다.

와인 라벨 보는 법

Rosso	레드
Bianco	화이트
Rosato	분홍빛(로제) 와인
Secco	드라이한
Dolce	스위트한
Spumante	강한 탄산
Frizzante	약한 탄산
Tenuta	지역
Cantina	와이너리
Annata 또는 **Vendemmia**	포도 수확 해(빈티지)

아이스 칵테일, 스프리츠 Spritz

이탈리아의 대표 아페리티보 칵테일. 최근에는 국내에서도 홈파티나 바 메뉴로 인기를 얻고 있다. 빅사이즈 와인 잔에 얼음을 깔고 프로세코(Prosecco), 붉은색 비터(Bitter), 소다수를 섞은 뒤 오렌지 슬라이스를 띄워 완성한다. 톡 쏘는 청량감과 허브 향, 쌉쌀한 뒷맛이 어우러진다. 이탈리아 전역의 바에서 쉽게 만날 수 있으며, 특히 베네치아에서는 얇은 빵 위에 해산물 등 간단한 재료를 올린 핑거푸드 '치케티'와 함께 즐긴다.

1 스프리츠 맛의 포인트, 비터

스프리츠는 19세기 오스트리아–헝가리 제국 지배하의 베네토 지방에서 유래했다. 와인이 강하다고 느낀 병사들이 물을 타 마시기 시작하면서 '스프리첸(spritzen, 물을 섞다)'이라는 독일어에서 이름이 비롯됐다. 이후 여기에 비터(쓴맛의 리큐어)가 더해지며 지금의 형태가 완성됐다. 여러 가지의 허브와 식물성 추출물, 과일 향을 배합한 캄파리(Campari)와 아페롤(Aperol)이 대표적이다. 캄파리는 쌉쌀하고 묵직한 맛, 아페롤은 달콤하고 부드러운 맛으로 구분된다.

2 레시피는 동네마다 가지각색!

국제바텐더협회(IBA) 공식 비율은 프로세코 3, 비터 2, 소다수 1(약 90ml : 60ml : 30ml)이다. 하지만 실제로는 지역과 바마다 취향이 달라, 아페롤 또는 캄파리·프로세코·소다수를 1:1:1 비율로 섞기도 한다. 오렌지 슬라이스 대신 올리브를 넣는 곳도 있다. 여러 조합을 시도해보고 취향에 맞는 나만의 스프리츠를 찾아보자.

와인과 스프리츠의 단짝 친구, 치케티 Cicchetti

베네치아의 전통 안주로, 식전주와 함께 먹는 소량의 전채 요리다. 올리브나 채소, 반으로 자른 달걀, 빵이나 폴렌타 위에 해산물이나 고기, 채소를 얹은 한입 크기의 오픈 샌드위치 형태로 제공된다. 스페인의 타파스나 핀초처럼 시간 구분 없이 전채나 간식으로 즐긴다. 바카리(Bàcari)나 오스테리아(Osteria)라 불리는 작은 바에서 와인이나 스프리츠와 함께 곁들이며, 가격은 1.50~3€ 정도다.

이탈리아 추천 와인 리스트

❶ 키안티 Chianti

이탈리아를 대표하는 레드 와인. 경쾌한 산미와 합리적인 가격으로 사랑받는다. 병목에 검은 수탉(Gallo Nero) 마크가 붙은 키안티 클라시코가 최상급이다.

지역 / 품종 토스카나(피렌체·시에나 일대) / 산조베제
등급 DOCG
당도 ●●○○○
특징 산미가 뚜렷하고 가벼운 질감
어울리는 음식 피자, 토마토 파스타, 숙성 치즈

❷ 브루넬로 디 몬탈치노 Brunello di Montalcino

토스카나의 명품 레드 와인. 같은 산지오베제지만 키안티보다 구조감이 강하고 숙성 잠재력이 높다. 빈티지와 생산자에 따라 가격 차가 크며, 최고급 와인 중 하나로 평가받는다.

지역 / 품종 토스카나(시에나 남쪽 몬탈치노) / 산조베제 그로소
등급 DOCG
당도 ●●○○○
특징 단단한 타닌과 깊은 향, 오렌지빛 루비 컬러
어울리는 음식 등심구이, 버섯 요리, 파르미자노 치즈

❸ 오르비에토 Orvieto

움브리아를 대표하는 화이트 와인으로, 교황청이 즐겨 마시던 전통의 와인이다. 우리나라에서는 '캄포그란데(Orvieto Classico)'가 널리 알려져 있다.

지역 / 품종 움브리아(오르비에토) / 그레케토, 베르델로 등
등급 DOC
당도 ●●○○○
특징 연한 황금빛, 은은한 산미와 균형감
어울리는 음식 샐러드, 해산물, 전채 요리

Rasena, Orvieto Classico Amabilb

❹ 프란차코르타 Franciacorta

롬바르디아 브레시아(Brescia) 지방에서 전통 방식(샹파뉴식)으로 만든 프리미엄 스파클링 와인. 이탈리아에서 샴페인에 가장 가까운 퀄리티로 평가받는다.

지역 / 품종 롬바르디아 / 샤르도네, 피노 네로, 피노 비앙코
등급 DOCG
당도 ●●●○○
특징 섬세한 기포와 균형 잡힌 산미
어울리는 음식 해산물, 샐러드, 치즈 플래터

★ **식당에서는 하우스 와인을 주문하자**

식당에서는 이것저것 고민할 필요 없이 하우스 와인을 주문하면 된다. 하우스 와인은 가볍게 한두 잔 마시고자 하는 손님을 위해 식당에서 항상 비치해놓는 와인으로 메뉴판에는 이탈리아어로 'Vino della Casa'라고 써 있다. 고기 요리에는 주로 레드 와인(Rosso)을, 해산물 요리에는 화이트 와인(Bianco)을 주문한다. 와인 양은 1잔(Bicchiere), 1/4L, 1/2L, 1L 단위로 판매하며, 1인당 1잔씩 또는 2인당 1/4L를 주문하면 적당하다.

★ **와인 가게용 간단 이탈리아어**

- 비앙코(Bianco): 화이트
- 로소(Rosso): 레드
- 로자토(Rosato): 로제
- 트란퀼로(Tranquillo): 일반 와인
- 프리찬테(Frizzante): 저압성 스파클링 와인
- 스푸만테(Spumante): 고압성 스파클링 와인
- 프로세코(Prosecco): 스프리츠의 베이스가 되는 와인
- 글레라(Glera): 프로세코를 만드는 청포도 품종
- 비노 다 타볼라(Vino Da Tavola): 테이블 와인
- 아이 리트로(Ai Litro): 리터당
- 보틸리에(Bottiglie): 보틀/병
- 비키에리(Bicchieri): 글라스/잔

⑤ 소아베 Soave

베네토의 대표 화이트 와인. 드라이한 스타일이 주류지만 달콤한 디저트 와인인 '레초토 디 소아베(Recioto di Soave)'도 유명하다.

지역 / 품종 베네토(베로나 근교) / 가르가네가, 트레비아노 디 소아베
등급 DOCG
당도 ●●●○○
특징 깔끔한 산미와 은은한 복숭아 향
어울리는 음식 가벼운 해산물 요리, 샐러드

Terre Arse

⑥ 마르살라 Marsala

시칠리아 서부 마르살라에서 생산되는 주정 강화 와인. 향이 강하고 단맛이 높아 요리용이나 디저트용으로 다양하게 쓰인다.

지역 / 품종 시칠리아(마르살라) / 그릴로, 카타라토, 인졸리아 등
등급 DOC
당도 ●●●●○
특징 풍부한 향과 단맛, 알코올 도수 높음
어울리는 음식 디저트, 소스 요리, 쿠키

⑦ 모스카토 Moscato

달콤한 향과 약한 발포성으로 사랑받는 디저트 와인. 모스카토 다스티(Moscato d'Asti)가 가장 유명하며, 판텔레리아 섬의 모스카토 디 판텔레리아도 고급 디저트 와인으로 꼽힌다.

지역 / 품종 피에몬테(아스티), 시칠리아(판텔레리아) / 모스카토
등급 DOCG·DOC
당도 ●●●●○
특징 낮은 도수, 복숭아·머스캣 향
어울리는 음식 케이크, 과일 디저트

Baglio di Pianetto, Ra'is

⑧ 바롤로 Barolo

피에몬테의 네비올로 품종으로 만든 '이탈리아 와인의 왕'. 최소 38개월(그중 18개월 이상 오크 숙성) 후에야 출하된다. 향이 복합하고 숙성 잠재력이 매우 높다.

지역 / 품종 피에몬테(쿠네오 일대) / 네비올로
등급 DOCG
당도 ●○○○○
특징 타닌, 높은 산도, 장기 숙성형
어울리는 음식 스테이크, 트러플 요리, 숙성 치즈

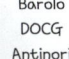
Barolo DOCG Antinori

⑨ 람브루스코 Lambrusco

에밀리아 로마냐의 대표 레드 스파클링 와인. 낮은 도수와 과실향, 부드러운 기포 덕분에 식전주나 디저트 와인으로 인기가 높다.

지역 / 품종 에밀리아 로마냐(모데나·파르마) / 람브루스코
등급 DOC
당도 드라이부터 스위트까지 다양
특징 딸기·체리 향, 은은한 탄산감
어울리는 음식 라자녜, 리소토, 프로슈토

Vigna Cà del Fiore Lambrusco Grasparossa di Castelvetro D.o.c.

GOURMET 4
GELATO

1일 1젤라토는 '국룰'

젤라토

이탈리아에서 시작된 젤라토는 과일과 견과류 등 천연 재료를 넣어 만든 수제 아이스크림이다. 특유의 쫀득한 식감과 깊고 풍성한 젤라토 맛은 역시 본토를 따라갈 수가 없다.

젤라토 Best 20

❶ 리소 Riso : 쌀
인기 No.1 젤라토. 쫀득함과 부드러움으로 취향 저격!

❷ 프라골라 Fragola : 딸기
새콤달콤한 딸기 맛이 제대로 느껴진다.

❸ 피스타키오 Pistachio :
피스타치오. 고소한 젤라토의 최강자!

❹ 앙구리아 Anguria : 수박
시원한 수박 맛 젤라토. 수박씨처럼 콕 박힌 것은 초콜릿이다.

❺ 크레마 Crema : 크림
마음까지 사르르 녹이는 부드러움

❻ 아마레나 Amarena :
체리와 우유
달콤한 체리와 부드러운 우유의 절묘한 만남

❼ 피오르 디 라테
Fior di Latte : 우유
담백하고 깔끔한 맛을 좋아한다면 놓칠 수 없다.

❽ 초콜라토 Ciocolatto :
초콜릿
에너지 충전엔 역시 진하고 달콤한 초콜릿이 정답!

❾ 아나나스 Ananas :
파인애플
여름에 인기! 상큼함이 폭발하는 젤라토

⓾ **티라미수 Tiramisu : 치즈·초콜릿**
젤라토로 완벽하게 변신한 티라미수

⓫ **크레마 리모네 Crema Limone : 레몬 크림**
레몬의 성지, 남부 해안도시들이 자랑하는 맛

⓬ **카페 Caffè : 커피**
이탈리아의 두 가지 자부심, 젤라토와 커피가 만났다.

⓭ **마넷 Manet : 피스타치오· 헤이즐넛 초콜릿**
고소함과 단짠단짠의 기막힌 조화

⓮ **망고 Mango : 망고**
달달한 열대과일과 쫀득한 젤라토는 찰떡궁합이다.

⓯ **요구르트 Yogurt : 플레인 요거트**
여성 여행자들에게 특히 사랑받는 요거트 맛 젤라토

⓰ **노촐라 Nocciola : 헤이즐넛**
깊고 고소한 헤이즐넛의 풍미가 고스란히 느껴진다.

⓱ **스트라차텔라 Stracciatella : 초코칩**
바삭바삭 씹히는 초코칩에 기분 업!

⓲ **바닐랴 Vaniglia : 바닐라**
정통 젤라토의 품격이란 이런 것!

⓳ **멜로네 Melone : 멜론**
멜론의 향과 부드러움을 품었다.

⓴ **판나코타 Panna Cotta : 크림·우유·젤라틴**
이탈리아어로 '요리한 크림'이란 뜻. 혀에 닿자마자 '순삭'

젤라토 주문 요령

'카사(Cassa)'라고 써 있는 계산대에서 사이즈와 콘(Cono) 또는 컵(Coppetta)을 선택해 계산한다. 사이즈는 상점마다 조금씩 다르지만 2가지 맛을 고를 수 있는 2.50~4€의 사이즈가 적당하다. 콘과 컵은 취향에 따라 고르면 되는데, 젤라토는 빨리 녹기 때문에 처음 먹는 여행자에게는 컵이 더 편리하다. 계산 후 젤라토 앞의 종업원에게 영수증을 보여주고 젤라토를 고르면 된다. 사람이 많으면 종업원은 눈이 마주친 손님부터 상대하기 때문에 따로 줄이 없다. 눈치껏 영수증을 내미는 방법밖에 없으니 참고하자.

GOURMET 5 CAFFÈ

카페 — 왜 커피는 이탈리아인가

에스프레소와 카푸치노의 발상지 이탈리아에서 커피 투어를 빼놓을 수 없다. 지중해의 햇살을 듬뿍 받은 노천카페에 앉아 세상에서 가장 맛있는 커피 한 잔을 즐겨보자. 참고로 이탈리아 사람들은 우유가 든 커피를 아침 식사 대용으로 생각하기 때문에 아침 식사 이후에 카페 라테나 카푸치노를 마시면 조금 의아하게 여긴다.

원두 맛이 제대로네, 에스프레소 Caffè Espresso

이탈리아에서 '카페(Caffè)'는 일반적으로 에스프레소를 뜻한다. 에스프레소는 머신을 이용해 뜨거운 물을 높은 압력으로 빠르게 추출(espresso)한 커피로, 한 잔을 내리는 데 약 20~30초가 걸린다. 진하고 강한 풍미가 특징이며, 드립 커피보다 카페인 함유량은 적다. 에스프레소 머신은 토리노 출신의 안젤로 모리온도가 1884년에 발명해 특허를 받았지만 그 기원은 훨씬 이전부터 진한 커피 원액을 즐겨 마시던 나폴리의 전통에서 비롯됐다.

1 그 유명한 에스프레소는 어디서 마시나요?

에스프레소 원조 국가답게 오늘날 이탈리아에서는 에스프레소가 하루 삼천만 잔 이상 소비되고 있다. 에스프레소 바는 이탈리아에서 가장 흔한 매장 형태로, 의자도 없는 작은 매장에서 커피를 주문한 뒤 선 채로 마시고 가게를 나가는 것이 이탈리아식 커피 문화다.

2 진한 쓴맛과 단맛, 그 사이 어딘가

에소프레소는 높은 압력을 가해 급속도로 추출한 만큼 산화가 빠르다. 세 모금 안에 모두 마시는 게 가장 이상적인 방법! 잘 뽑아낸 에스프레소에는 황금빛 크레마가 두껍게 생기는데, 보통 설탕을 넣었을 때 바로 가라앉지 않고 3초 이상 지탱해야 '훌륭한 에스프레소'라 할 수 있다. 현지인들은 설탕을 넣은 다음 젓지 않고 쓴맛부터 즐기다가 바닥의 설탕이 눅진히 녹은 에스프레소로 달콤함을 느끼며 마무리하기도 한다.

3 에스프레소 주문 요령

에스프레소 바에 들어서면 먼저 바리스타와 눈을 마주친 뒤 "본조르노(Buongiorno, 오전·오후 인사)" 또는 "부오나세라(Buonasera, 저녁 인사)"하고 인사를 건네고 바로 "운 까페, 뻬르 파보레(Un caffè, per favore, 에스프레소 한 잔 주세요)"라며 주문한다. 에스프레소를 다 마시면 "꽌또 꼬스따?(Quanto costa?, 얼마예요?)"라고 물어본 후 계산한다. 카운터가 따로 마련된 곳은 계산부터 하고 영수증을 바리스타에게 전달한다. 가게를 나설 땐 "그라치에(Grazie, 고마워요), 챠오, 챠오(Ciao ciao, 안녕~)"라고 인사한다.

★ 알아두면 주문이 쉬워지는 이탈리아어

솔로 Solo 7g의 가루로 30mL 정도를 추출한 에스프레소 싱글샷
도피오 Doppio 14g의 가루로 60mL를 추출한 더블샷
콘 카페 도피오 con caffè doppio 더블로 주세요
라테 Latte 우유
칼도 Caldo 뜨거운 / **프레도 Freddo** 차가운

부드럽고 고소해, 우유가 든 커피

1 우유는 조금, 우유 거품을 많이 넣으면
카푸치노 Cappuccino

진한 에스프레소와 부드러운 우유 거품이 어우러진 카푸치노는 에스프레소 다음으로 이탈리아에서 가장 인기 있는 커피다. 에스프레소, 스팀 우유, 우유 거품의 비율은 층 높이로 1:1:1, 양으로는 1:2:3 정도다. 카푸치노의 기준이 매우 엄격한 이탈리아에서는 다음과 같은 규정을 지켜 제조한다.

1. 에스프레소 에스프레소 25mL+스팀 우유 50mL+우유 거품 75mL를 도자기 잔에 담아 내야 한다.
2. 거품이 풍성해야 하고 단숨에 마실 수 있어야 한다.
3. 다 마신 컵 바닥에는 우유 자국이 남아 있어야 하고 우유와 커피가 완전히 섞여서 옅은 갈색이 되어서는 안 된다.
4. 마신 뒤 입에 콧수염 모양의 우유 거품 자국이 남아야 한다.

2 우유 거품보다 우유가 많으면
카페 라테 Caffè Latte

'거품이 없는 카푸치노'라고도 하며, 만드는 방법이 간단해 '카푸치노는 사 먹는 커피, 라테는 집에서 마시는 커피'로 구분하기도 한다. 에스프레소와 우유의 비율은 1:4 정도로 카푸치노보다 우유 함유량이 많아 연한 커피를 좋아하는 여행자에게 추천한다.

3 에스프레소에 우유 거품을 살짝만 얹으면
카페 마키아토 Caffè Macchiato

마키아토란 이탈리아어로 '점을 찍는다'는 뜻. 커피 위에 우유 거품을 흔적이 남을 정도로만 살짝 얹기 때문에 붙여진 이름이다.

4 우유 거품에 에스프레소로 갈색 점을 찍으면
라테 마키아토 Latte Macchiato

우유 거품을 먼저 따르고 에스프레소를 부어 흔적을 만든 커피. 하얀 우유 위에 갈색 점이 찍히게 된다.

카푸치노 / 라테 마키아토

이탈리아의 아침을 여는 빵, 브리오슈 & 코르네토

이탈리아인은 대개 코르네토(Cornetto: 작은 뿔이란 뜻)나 브리오슈(Brioche) 한 쪽과 카푸치노로 간단히 아침을 때운다. 브리오슈와 코르네토는 크루아상 모양과 비슷하지만 버터는 더 적게, 설탕은 더 많이 들어 부드럽다. 아무것도 넣지 않은 것(오리지널)부터 빵 위에 설탕(Zucchero)이나 슈거 파우더(Zucchero Sofficissimo)를 뿌린 것, 크림(Crema)을 넣은 것, 살구 잼(Marmellata)을 넣은 것, 누텔라를 넣은 것까지 종류가 다양한데, 피스타치오 크림빵이 가장 빨리 동난다.

그밖에 알아두면 좋은 이탈리아 커피의 종류

카페 콘 판나
Caffè con Panna

크림을 곁들인 커피. 보통 에스프레소 싱글샷이나 더블샷에 크림을 올린 것을 말한다. 간혹 크림을 따로 담아 내주는 경우도 있는데, 원하는 만큼 크림을 올려 마시면 된다.

카페 프레도
Caffè Freddo

이탈리아식 아이스커피. 아이스라고 해도 뜨거운 에스프레소에 얼음 2~3조각만 넣어주는 정도여서 커피를 받자마자 얼음은 다 녹고 미지근하다.

카페 아메리카노
Caffè Americano

에스프레소에 물을 넣어 얇게 만든 커피. 우리나라에서 마시는 아메리카노보다 커피 맛이 진한 편이다.

샤케라토
Shakerato

에스프레소에 얼음과 설탕을 넣고 충분히 흔들어 풍성한 거품을 만드는 아이스커피의 일종이다. 아이스 아메리카노 대용으로 좋다.

그라니타 디 카페
Granita di Caffè

커피 셔벗에 생크림을 얹는다.

카페 코레토
Caffè Corretto

에스프레소에 독한 식후주인 그라파(Grappa)나 삼부카(Sambuca), 브랜디를 부어주는 알코올성 커피

카페 데카페이나
Caffè Decaffeina

디카페인 커피

이탈리아 식당 갈라테오(Galateo, 에티켓)

1 드레스 코드
- 옷차림이 곧 그 사람의 품격이라고 생각하는 이탈리아에서는 옷을 잘 갖춰 입을수록 대우를 더 잘 받는 경향이 있다. 따라서 식당을 방문할 땐 최대한 깔끔하게 차려입는 게 좋다.

2 입구에서
- 식당 입구에서 직원이 맞이할 때까지 기다렸다가 인원이 몇 명인지 얘기하고 자리를 안내받는다.
- 음료만 마시는 손님과 식사하는 손님을 구분해 자리를 배정하는 식당이 많다. 빈자리가 있는데도 자리가 없다거나 서비스 시간이 아니라고 말한다면 테이블 구분을 까다롭게 하는 곳일 뿐 사람을 차별하는 것이 아니니 기분 나빠하지 말자.

3 주문할 때
- 스태프를 소리 내어 부르거나 손짓하지 말고 눈이 마주칠 때까지 기다린다. 손가락 튕기기는 금물!
- 이탈리아인들은 로컬 푸드를 좋아한다. 메뉴를 정했더라도 스태프에게 추천을 의뢰하자. 웬만한 스태프들은 손님과의 교감을 보람으로 생각한다.
- 식사 중에는 물과 와인만 곁들인다. 저녁 식사는 특히 그러하다. 우유나 소다, 주스는 아페리티보용이므로 식사에는 주문하지 않는다. 물론 커피는 맨 나중이다.
- 맥주나 콜라는 피자나 햄버거 가게에서 마시자.
- 카푸치노나 카페 라테는 아침에만 마신다.
- 주문받은 직원은 다시 나타나지 않는다. 음식을 가져다준 스태프가 그 테이블 담당이다.

4 주문 후
- 테이블 위에 팔꿈치를 올리지 않고 손을 테이블 아래에 두는 것도 삼가자. 손목과 팔꿈치 사이를 테이블 가장자리에 살짝 기대는 정도가 적당하다.
- 음식이 나오기까지 정말 오래 걸리니 주문한 음료를 마시며 느긋하게 기다리자. 이탈리아 사람들은 대화를 나누러 식당에 온다고 생각하는 경향이 있다. 너무 일찍 음식을 내오면 대화 시간이 줄어든다고 생각해 느긋하게 준비한다.

5 식사하기
- 이탈리아에서는 식사 예절상 씹는 소리를 내지 않으며, 면을 후루룩 소리 내며 먹지 않는다.
- 포크와 나이프는 바꿔 잡지 않는다. 오른손의 칼로 고기를 썰었다면 왼손의 포크로 집는다.
- 숟가락은 수프를 먹을 때만 사용한다.
- 숟가락은 수프를 먹을 때만 사용하며, 피스타를 먹을 때는 숟가락을 받침으로 쓰지 않고 포크만 이용해 면을 감는다.
- 스테이크든 파스타든 포크에 찍거나 감은 것은 한 번에 입에 넣는다.
- 소스를 빵에 찍어 먹는 것은 예의에 맞지만 접시를 닦듯이 먹는 것은 무례한 행동으로 여겨진다.
- 이탈리아인들은 피자에 파마산 치즈 가루(미국식 가공 치즈)를 뿌리지 않는다.
- 포크나 나이프를 떨어뜨렸다면 직접 줍지 말고 새 것으로 교체해 달라고 요청한다.
- 식사가 끝났다면 포크와 나이프를 접시 오른쪽 옆에 평행하게 두며, 포크 끝을 아래로 향하게 놓는다. 포크나 나이프를 접시 위에 걸치거나 좌우에 두면 식사가 끝나지 않았다는 의미다.

6 계산하기
- 계산은 테이블에서 한다. 계산서를 요청할 때는 "꼰또, 뻬르 파보레(Conto, per favore)"라고 말한다.
- 계산서를 받은 뒤에는 잠시 검토하는 시간이 주어지며, 결제를 서두를 필요는 없다.
- 신용카드로 결제할 때는 계산서 위에 카드를 올려두면 직원이 단말기를 가져온다. 컨택리스 결제가 일반적이며, IC칩 결제도 가능하다.

7 팁
- 팁은 의무가 아니다. 서비스에 대한 감사의 표시로 청구 금액을 반올림해 지폐 단위로 지불하면 충분하다. 예를 들어 계산서가 23€라면 25€를 내는 식이다. 동전은 남기지 않는다.
- 직원과 손님의 공간이 명확히 구분된 패스트푸드점이나 카페에서는 팁을 주지 않는다.

이탈리아 쇼핑 탐구일기

SHOPPING 1 SOUVENIR

이 맛에 쇼핑합니다

이탈리아 추천 기념품

쇼핑의 천국 이탈리아. 세계적인 명품 브랜드 외에도 가죽 제품, 유리, 실크 등 독특한 지역 특산품이 여행자의 눈길을 끈다. 도시별로 놓치지 말아야 할 쇼핑 리스트 대공개!

로마

이탈리아의 수도다운 화려한 쇼핑 거리, 각 도시를 대표하는 기념품 상점이 모여 있어 쇼핑을 즐기기에 좋다. 또한 외곽 지역에는 버버리, 페라가모 등이 입점한 명품 아웃렛도 있다. 밀라노나 피렌체의 아웃렛보다 교통이 불편하지만 규모는 결코 뒤지지 않는다. 또 커피로 유명한 타차도로나 산테우스타키오 일 카페 등에서 원두나 캡슐 구매도 추천한다.

명품 브랜드 본점 막스 마라(Max Mara), 불가리(Bvlgari), 펜디(Fendi)
아웃렛 디자이너 아웃렛 카스텔로마노(Designer Outlet Castelromano McArthurGlen) – 로마 근교의 명품 브랜드 아웃렛
기념품 바티칸시국의 성물. 그 외 명소 주변에는 각 도시를 대표하는 기념품 상점이 들어서 있다.

에스프레소의 나라답게 다양한 디자인의 모카 포트가 많다.

오르비에토

'슬로 시티'의 원조인 만큼 과일, 태양 등을 문양으로 장식한 패브릭 소품이나 나무로 만든 공예품 등 자연친화적인 기념품의 인기가 높다.

기념품 패브릭 소품, 나무 수공예품

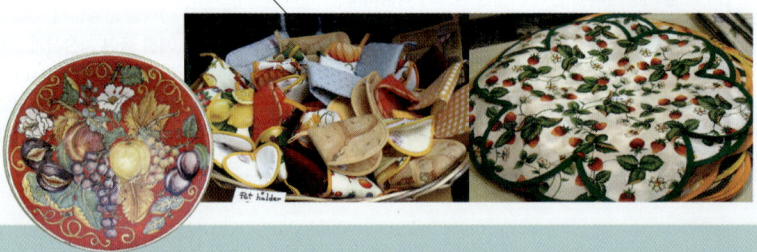

각종 패브릭 소품

아씨시

성 프란체스코가 태어난 도시로, 성물의 종류가 다양하다. 그 외 아기자기한 기념품도 많다.

기념품 성물, 인테리어 소품들

소렌토~카프리~아말피 해안 도시들

이탈리아의 대표적인 레몬 생산지. 레몬으로 만든 술 '리몬첼로'를 비롯해 레몬 사탕, 레몬 파이, 레몬 비누까지 다양한 레몬 관련 기념품들을 구매할 수 있다.

기념품 레몬 관련 상품, 알록달록한 도자기 제품 등

차갑게 마시는 리몬첼로

레몬 비누

피렌체

이탈리아의 쇼핑 천국. 명품, 가죽 제품, 종이 문구류 쇼핑은 피렌체에서 즐기자. 특히 근교의 아웃렛 매장은 제품이 다양하고 이탈리아에서 가장 저렴하기로 소문났다. 버스로 한번에 다녀올 수 있어 교통도 편리하다.

명품 브랜드 본점 구찌(Gucci), 살바토레 페라가모(Salvatore Ferragamo)
아웃렛 더몰(The Mall)
기념품 가죽 제품, 종이 문구류

마블링 종이로 만든 노트

더몰 아웃렛에서 가장 인기 많은 구찌 매장

친퀘테레

아말피 해안, 소렌토에 가지 않은 여행자는 이곳에서 레몬 제품을 구매하자.

기념품 레몬 관련 기념품

레몬 음료

피사

기념품 피사의 사탑 기념품

사탑을 재미있게 표현한 티셔츠들

밀라노

패션의 도시답게 이탈리아에서 가장 큰 쇼핑 거리와 백화점을 갖추고 있다. 근교 아웃렛에는 명품 브랜드 외에도 유아복, 스포츠 웨어 등 다양한 브랜드가 입점해 있어 온 가족이 함께 쇼핑을 즐기기에 좋다.

명품 브랜드 본점 프라다(Prada), 에트로(Etro), 조르지오 아르마니(Giorgio Armani), 미우미우(Miu Miu), 지아니 베르사체(Gianni Versace), 돌체앤가바나(Dolce & Gabbana)
아웃렛 세라발레 디자이너 아웃렛(Serravalle Designer Outlet) – 디자이너 제품이 많다.

축구 팬이라면 풋볼 팀에 들러보자.

미우미우 본점 | 프라다 본점

★ 브랜드별 추천 아웃렛
- 구찌, 프라다, 페라가모, 아르마니, 토즈, 펜디, 베르사체 → 피렌체 더몰(p386)
- 셀린느, 구찌, 버버리, 온 가족 쇼핑 → 밀라노 세라발레 디자이너 아웃렛(p489)
- 로마에만 머무를 경우 → 로마 디자이너 아웃렛 카스텔로마노(p227)
- 구찌, 프라다, 폴로 랄프로렌, 디젤 등 명품과 캐주얼 쇼핑을 동시에 → 베네치아 노벤타 아웃렛(p537)

★ 로마 피우미치노 공항 면세 구역 내 주요 브랜드 매장
터미널 3 구찌, 보테가 베네타, 막스 마라, 돌체앤가바나, 펜디, 몽클레르, 골든구스, 보기, 엠포리오 아르마니, 생로랑

터미널 1 구찌, 보테가 베네타, 막스 마라 위켄드, 돌체앤가바나, 몽클레르, 골든구스, 보기, 조지오 아르마니

베네치아

유리, 레이스, 가면 등 전통 수공예품이 화려한 색감의 기념품을 볼 수 있다.

기념품 유리 공예품(무라노), 레이스 공예품(부라노), 가면 공예품 등
아웃렛 노벤타 디 피아베 디자이너 아웃렛(Noventa di Piave Designer Outlet)

마도로스 모자와 곤돌라 모형 / 유리 공예품 / 카니발 가면

레이스 소품들 / 각종 유리 공예품

★
에르보리스테리아 Erboristeria
이탈리아에서는 천연 재료만을 사용해 만든 생활용품 판매점을 '에르보리스테리아'라고 한다. 주로 허브를 이용한 비누, 샴푸, 화장품 등 뷰티 제품을 판매하며, 간단한 피부 테스트를 해볼 수 있는 매장도 많다. 아토피성 피부에 좋은 저자극 올리브 비누(Sapone), 탈모 및 두피 케어 제품 등이 인기 제품. 참고로 이탈리아에서는 정부가 탈모를 '국민병'으로 지정하고 지원을 아끼지 않기 때문에 탈모 제품의 질이 뛰어난 편이다.

이탈리 Eataly
'더 잘 먹고 더 잘 살자(Eat Better Live Better)'는 모토로 이탈리아에서 오픈한 신개념 복합 음식문화 공간. 식품점과 레스토랑이 함께 있는 대형 푸드마켓이라고 생각하면 된다. 이탈리아에서 생산된 제철 식재재를 판매·요리하며, 특히 와인이나 치즈, 햄, 주방 도구에 관심이 많다면 다녀올 만하다. 곳곳에 포진한 셀프 레스토랑에서 뷔페처럼 골라 먹을 수 있어 다양한 입맛의 여행자들이 찾기에도 좋다. 우리나라(판교, 여의도)에서도 만날 수 있다.

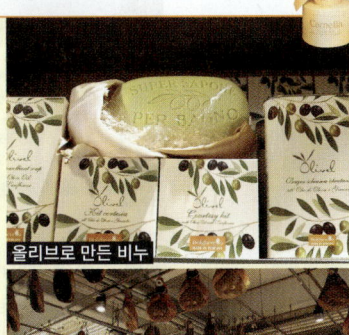

올리브로 만든 비누

SHOPPING 2 BEST ITEM

나만 없어! 저렴이 꿀템 베스트 13

단돈 만원이면 살 수 있는 알찬 기념품. 가격도 착하지만 부피도 작아서 선물용으로 제격이다.

청량함이 터지는 치약
마르비스 Marvis
1908년 피렌체에서 런칭해 '치약계의 샤넬'로 불리는 마성의 치약이다. 총 7가지 향 중 초록색-스트롱 민트 클래식이 가장 인기. 주로 약국에서 판매하며, 일부 슈퍼마켓에서도 만날 수 있다.

초콜릿 안에 에스프레소 한 잔
포켓 커피 Pocket Coffee
초콜릿을 깨물면 에스프레소 농축액이 가득 들어 있다. 쉽게 녹는 초콜릿의 특성상 겨울철 방문자들의 인기 선물템. 여름 한정 버전은 커피 농축액을 섞은 걸쭉한 초콜릿 소스를 플라스틱 케이스에 넣는다.

눈송이를 닮은 초콜릿
라파엘로 Raffaello
눈처럼 하얀 코코넛 가루로 덮인 페레로로쉐의 화이트 버전 제품. 넛츠 안에도 화이트초콜릿 크림이 잔뜩 들었다. 비주얼이 예뻐서 이탈리아에서도 선물용으로 인기인데, 우리나라에서는 오프라인 유통이 되지 않는다.

향긋한 장미수 토너
로버츠 로제 Roberts Rose
향기 좋은 장미수 토너. 가격도 저렴하고 피렌체 산타 마리아 노벨라 화장품의 장미수 토너와 비견할만한 성능까지 갖추고 있어 슈퍼마켓 할인 행사 때면 금세 동나고 만다.

이탈리아 국민 화장품
키코 Kiko
'이탈리아의 미샤'로 불리는 국민 코스메틱 브랜드. 발색력이 뛰어난 매니큐어와 립스틱이 초대박 히트의 비결이다. 립스틱은 세일을 자주 해 2€ 미만으로도 구매할 수 있다.

명품 방향제
밀레피오리 Millefiori
천연 재료로 만든 방향제로, 나무 스틱을 꽂아 쓰는 디퓨저와 향초가 인기다. 자동차용 디퓨저는 향은 물론 디자인도 빼어나 선물용으로 사랑받는다. 백화점이나 디자인 용품점에서 판매한다.

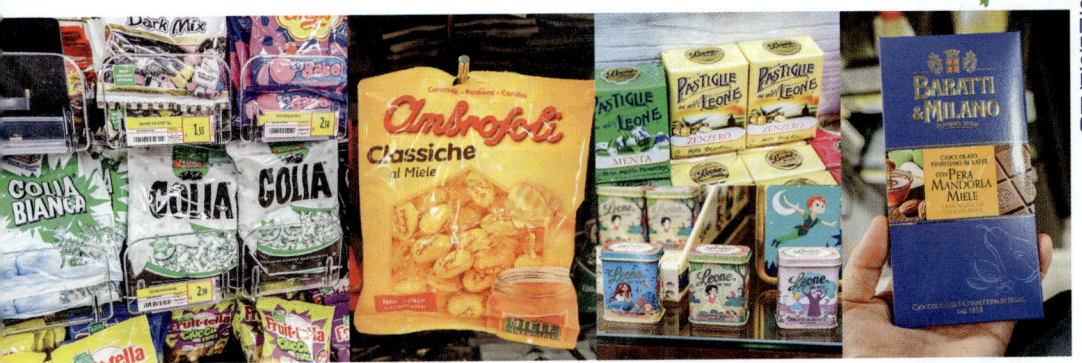

파바로티의 목캔디
골리아 Golia
파바로티가 공연 전에 챙겨 먹었다 해서 '파바로티 캔디'로도 불리는 약초 사탕. 시나몬, 감초, 페퍼민트, 아니스 등 목 건강에 좋은 허브가 가득 들었다.

달달한 꿀 사탕
암브로졸리 Ambrosoli
이탈리아 사람들의 최애 사탕. 천연 꿀이 23%나 함유돼 있다. 클래식 꿀맛(Classiche al Miele)이 제일 인기 있지만 고소한 맛을 좋아한다면 우유 꿀맛(Latte Miele)을 추천.

천연 재료로 만든 사탕
레오네 Leone
1857년부터 사보이 왕가에 납품했던 디저트 명가의 사탕. 천연 재료로 색을 내고 은은하게 단맛이 퍼지는 전통 스타일이다. 특히 앤티크한 디자인이 돋보이는 틴케이스 제품은 선물용으로 인기가 높다.

왕실의 초콜릿
바라티 & 밀라노 Baratti & Milano
사보이 왕가가 선택한 초콜릿. 1857년 토리노에서 시작한 초콜릿 브랜드다. 최근 우리나라에도 일부 들어오기 시작했는데, 가격을 비교해보면 쇼핑 욕구가 마구 올라간다.

천연 비누
네스티 단테 Nesti Dante
피렌체 메디치 가문의 비누 제조법으로 만든 천연 비누. 특히 유기농 재료만을 사용한 푸리시모(Il Purissimo) 비누는 무향 무취에 민감성 피부에 좋다. 백화점, 기념품 상점, 오거닉 제품만 취급하는 에르보리스테리아(Erboristeria) 등에서 판매한다.

트러플 소스 & 트러플 오일
살사 타르투포 Salsa Tartufo & 올리오 디 올리바 알 타르투포 Olio di Oliva al Tartufo
프랑스와 함께 송로버섯(트러플) 산지로 손꼽히는 이탈리아에는 송로버섯 가공식품이 다양하다. 간 송로버섯에 올리브오일과 각종 버섯을 추가한 꼬마 병 소스는 여행 중 휴대하기에도 좋다.

'요잘알'의 필수품
페페론치노 Peperoncino
요리를 좋아하는 이들에게 환영받는 말린 페페론치노 가루. 파스타를 만들어 먹거나 올리브유로 새우 요리 만들어 먹을 때 두루두루 사용하기 좋다. 들고 가기 편한 크기와 무게도 장점.

이탈리아의 슈퍼마켓에서는 5~7€면 든든하게 한 끼를 해결할 수 있고 식재료를 구경하는 재미도 쏠쏠하다. 파스타 면, 초콜릿, 오일, 커피 등 여행 기념품으로 그만인 것들이 넘쳐난다

쟁여라! 슈퍼마켓 추천 쇼핑 리스트

푸짐한 도시락 메뉴들

규모가 큰 슈퍼마켓에서는 다양한 조리 식품을 판매한다.

샐러드와 치킨은 물론 초밥을 판매하는 곳도 있다.

저렴하고 다양한 음료들

타바키(Tabacchi)나 바에서 물은 1€, 음료는 2€ 이상이므로 슈퍼마켓에서 넉넉히 구매해두자.

나투랄레
탄산이 없는 물. 우리가 평소에 마시는 물이다.

아쿠아 미네랄레
탄산수. 프리찬테(Frizzante)라고도 표시돼 있다.

환타 오리지널
오렌지 과즙을 12% 넣는 이탈리아 특제 환타. 방부제도 색소도 넣지 않는다.

아란차타
오렌지 과즙을 넣은 탄산음료

리모나타
레몬 과즙을 넣은 탄산음료

여행자의 비타민! 새콤달콤 과일들

먹기 간편한 조각 과일

당도 최고! 도넛 복숭아

체리 오렌지 토마토

슈퍼마켓, 어디에 있을까?

이탈리아의 관광 명소 주변에는 타바키(Tabacchi)라고 하는 담뱃가게가 우리나라의 편의점 기능을 대신하고 있다. 규모가 큰 슈퍼마켓은 역과 호텔 주변이나 시내 외곽 지역에 있다. 타바키에서도 간단한 먹을거리를 판매하지만 가격이 슈퍼마켓보다 2배 이상 비싸기 때문에 시간 날 때 슈퍼마켓에 들러 필요한 것을 미리 구매해두는 것이 좋다. 구글맵에서 'supermarket'보다는 'supermercato'로 검색할 때 더 많은 결과를 얻을 수 있다.

달콤한 군것질거리들

누텔라 과자류
헤이즐넛으로 만든 초콜릿 쨈,
누텔라가 비스킷 속에 듬뿍~

물리노 비앙코 피스타치오
담백하면서도 부드러운 식감으로
아침식사로도 손색없는 쇼트브레드

노비 노촐라토 잔두야 초콜릿
통째로 넣은 헤이즐넛이 오독오독
씹히는 피에몬테 지방의 명물

바치 초콜릿
헤이즐넛을 채운 다크초콜릿으로
유명한 이탈리아 초콜릿 1위 브랜드.
'바치(Baci, 키스)' 초콜릿이
기분 좋은 메시지가 적힌
종이에 싸여 있다.

안토니오 마테이 피스타치오 비스코티
SNS에서 난리 난 화제의 쿠키!
160년도 넘은 오리지널 레시피로 두
번 구워 만든다. 리나센테 등 고급
백화점에서 만날 수 있다.

시원한 맥주 한 잔이 생각날 때

페로니
1846년부터 생산된
이탈리아 맥주. 이탈
리아 라거 맥주 시장
에서 가장 많이 팔리
는 제품이다. 부드럽
고 순한 맛

페로니 나스트로 아추로
깔끔하고 청량한 맛이 매
력적인 이탈리아의 프리
미엄 필스너. 1960년대
부터 로마의 페로니 양조
장에서 생산됐다.

모레티
1859년 탄생한 해외
에서 가장 유명한 이
탈리아의 대표적인 페
일 라거. 톡 쏘는 청량
감이 일품이다. 피자와
어울리는 알싸한 맛

그 밖의 추천 기념품

일리 & 라바짜 커피
우리나라에서
인기 있는 이탈리아
커피 브랜드

파스타
크기도 모양도
가지각색!

안티파스토 디 베르두레
올리브, 피망, 오이 등
다양한 채소 절임이 있다.

이탈리안 치즈
유통기한은 치즈 종류와 숙성 기간에
따라 다르니 제품 라벨을 확인한다.
살균 표시가 있는 공장 밀봉 포장 경성
치즈는 5kg 미만까지 반입 가능하며,
세관신고와 검역이 필요하다.

올리브오일 & 트러플오일·소스
'Extra Vergine di Oliva'라고 적힌
프리미엄 오일을 고른다.
트러플(타르투포)이 들어간 각종
오일과 소스도 추천!

아는 만큼 보인다!
이탈리아 기초 지식 05

ABOUT ITALIA 05

About Italia 01
이탈리아 역사

이탈리아의 로마제국은 유럽 대륙을 지배하며 법률, 건축, 종교 등 유럽 문화의 뿌리를 형성했다. 이탈리아의 역사를 이해하고 나면 유럽의 역사를 이해하는 것은 조금은 수월하다. 아는 만큼 보인다는 사실을 잊지 말자.

#로마의 건국 이야기 (기원전 8세기~)

기원전 8세기 무렵 이탈리아 북부의 알바롱가라는 나라에서 반란이 일어나 누미토르 왕과 실비아 공주가 쫓겨났다. 쫓겨난 공주와 전쟁의 신 마르스 사이에서 태어난 쌍둥이 형제가 바로 로마의 시조 **로물루스와 레무스**다. 쌍둥이 형제는 왕가의 핏줄이 태어난 것을 염려한 반란군에 의해 태어나자마자 강가에 버려졌으나, 늑대의 젖을 먹고 성장해 반란군을 무찌르고 외할아버지의 왕위를 되찾아 주었다.

그 후 쌍둥이 형제는 남쪽으로 내려와 로마의 7개 언덕 위에 새로운 나라를 세우기로 결심했다. 두 형제는 서로 왕이 되고 싶어 했으나, 시합에서 이긴 로물루스가 왕이 됐고 그의 이름을 딴 '로마'라는 나라를 세웠다. 이때부터 공화정이 들어서기 전까지의 시대를 '로마의 왕정'이라고 한다.

로마, 비미날레 광장의 분수. 늑대의 젖을 먹고 있는 로물루스와 레무스

로마, 팔라티노 언덕의 로물루스 집

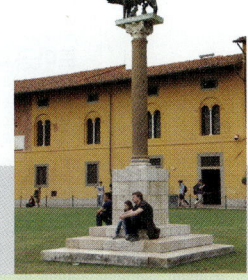
피사, 두오모 광장. 로물루스와 레무스 조각상

B.C. 8세기경 로물루스와 레무스가 늑대의 젖을 먹고 자람

초기 7왕조 시대
(B.C. 753~509년)

★ 로마의 언덕

늑대의 젖을 먹고 자란 로물루스가 3000여 년 전에 로마의 7개 언덕에 나라를 세웠다. 그후 로마인은 이 언덕들을 매우 신성한 곳으로 여겨, 이 지역에 아름다운 건축물을 짓거나 광장 또는 공원을 조성했다. 그 흔적은 지금까지 남아 중요한 유적지로 보존되고 있으며, 일부 언덕에는 대통령궁, 시청, 공원 등이 들어서서 현재 이탈리아 정치·문화의 상징이 됐다.

❶ 팔라티노 언덕 Monte Palatino
❷ 캄피돌리오 언덕 Monte Campidoglio
❸ 에스퀼리노 언덕 Monte Esquilino
❹ 퀴리날레 언덕 Monte Quirinale
❺ 비미날레 언덕 Monte Viminale
❻ 아벤티노 언덕 Monte Aventino
❼ 첼리오 언덕 Monte Celio

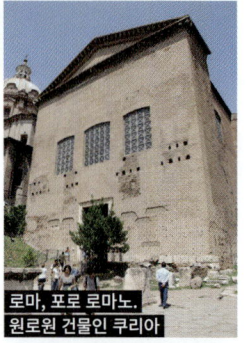

로마, 포로 로마노.
원로원 건물인 쿠리아

로마, 포로 로마노.
카이사르의 화장터

#로마의 공화정 시대 (기원전 6세기~27년)

왕정 시대의 말기 무렵, 루크레티아라는 한 귀부인이 왕의 아들에게 능욕당한 후 자살을 하는 사건이 발생했다. 이 소식이 알려지자 그렇지 않아도 당시 정치에 불만이 많던 로마 시민이 크게 분노해 반란을 일으켰다. 그 결과 왕이 쫓겨나고 2명의 집정관과 귀족으로 구성된 원로원, 평민으로 구성된 평민회가 이끄는 공화정 시대가 열리게 됐다.

그 후 작은 도시 국가였던 로마는 3차례에 걸친 포에니 전쟁을 거치면서 지중해의 패권을 장악하고 대제국으로 성장했다. 원로원이 중심이 된 로마의 공화정 체제는 대제국을 다스리기에는 비효율적이었고 갑작스러운 성장으로 빈부의 격차가 심해지자 평민의 불만은 점점 쌓였다. 이러한 어수선한 분위기를 수습한 것은 로마 최고의 장군이자 정치가인 카이사르였다. 카이사르는 쿠테타를 일으켜 권력을 잡은 후 민생을 안정시키고 대제국을 다스리기 위한 제도를 마련해 많은 시민의 지지를 얻어냈다.

그러나 카이사르는 반대파 귀족들에 의해 암살당했고 이 소식을 듣고 성난 시민들이 반란을 일으켜 카이사르의 후계자 옥타비아누스가 황제의 자리에 오르게 된다. 이로써 로마의 공화정 시대는 막을 내리고 제정 시대가 시작됐다.

로마공화정 시대 (B.C. 509~27년)	B.C. 264~146년 카르타고와 포에니 전쟁. 한니발(카르타고의 장군)의 대활약에도 불구하고 전쟁은 로마의 승리로 끝난다.	B.C. 133년 그라쿠스 형제의 개혁

암흑 시대 (6~11세기)	533년 비잔틴 제국 북아프리카와 이탈리아 지배	726년 성상 파괴령	793년 노르만족(바이킹)의 침입	800년 프랑크 왕국 카롤루스 대제, 서로마 황제 대관

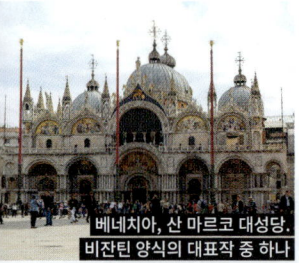

베네치아, 산 마르코 대성당.
비잔틴 양식의 대표작 중 하나

피사, 두오모.
로마네스크 양식의 대표작

#제국의 분열, 중세의 시작 (395년~)

황제 한 명이 통치하는 제국은 오래갈 수 없었다. 영토 확장이 멈추면서 성장이 둔화되자 나라는 혼란해졌다. 395년에 이르러 콘스탄티누스 대제가 수도를 비잔티움(현 이스탄불)으로 옮기고 제국을 동서로 나눠 2명의 황제와 2명의 부제가 제국을 다스리면서 서로마는 사실상 제국의 변방이 되었다. 지속적으로 세력이 약해지던 서로마는 476년에 멸망했다. 이후 이탈리아반도에는 북방 이민족들이 세운 작은 왕국들이 난립했으며, 독일 지역에서는 '신성로마제국'이라 자칭하는 세력도 생겼다.

이 시기는 이탈리아뿐만 아니라 유럽 전역이 게르만족·노르만족 등 이민족의 침입으로 큰 혼란을 겪었다. 문화재도 심하게 훼손되고 역사적 기록도 거의 찾기 힘들어 이 시기를 가리켜 '유럽 문화의 암흑기', 또는 로마제국과 르네상스 시대의 가운데라는 의미에서 '중세'라고 한다.

혼란스러운 사회 속에서 사람들은 더욱 종교에 의지할 수밖에 없었다. 그 결과 기독교가 전 유럽을 지배했고 그 열망이 십자군 전쟁으로 표출되었다. 영주와 기사를 중심으로 한 봉건 제도가 정착됐으며, 요새적인 성격의 로마네스크 양식도 나타났다.

#로마의 제정 시대 (기원전 27년~서기 476년)

카이사르의 후계자 옥타비아누스는 '아우구스투스(존엄한 자)'라는 칭호를 받고 로마의 첫 번째 황제가 됐다. 이후 로마는 아시아·아프리카·유럽에 걸친 대제국을 건설하고 약 200년 동안 전성기를 누렸는데, 이 기간을 '팍스 로마나(Pax Romana)'라고 한다.

넓은 제국을 효과적으로 다스리기 위해 로마는 정복한 지역의 다양한 문화를 흡수해 실용적인 문화를 발전시켰다. 어디에서나 보편적으로 통하는 법률을 만들고 수로를 정비했으며, 도로를 건설했다. 또한 시민에게 자부심을 심어주기 위해 개선문, 신전, 원형경기장 등의 공공 건축물도 지었다. 그뿐만 아니라 정복 지역 주민에게도 로마 시민권을 주고 정복지에도 이러한 공공 건축물을 지어 똑같은 혜택을 누릴 수 있도록 했다.

3세기 무렵에는 내전으로 일시적 위기가 찾아왔으나 콘스탄티누스 황제가 기독교를 공인해 제국의 정신적인 통일을 꾀했다. 기독교는 공인된 지 80년 후에 로마제국의 국교가 됐고 로마의 실용적인 문화와 함께 유럽 문화의 뿌리가 됐다.

폼페이(79년), 도시 모습을 그대로 간직하고 있다.

로마, 콜로세오(80년)

로마제정 시대 (B.C. 27~A.D. 476년) | 313년 밀라노 칙령 (기독교 공인) | 375년 게르만족의 이동 | 395년 동·서 분열 | 476년 서로마제국 멸망

도시국가의 형성 (11~13세기) | **르네상스 형성** (14~18세기) | 1517년 루터·칼뱅의 종교 개혁 운동

도시국가의 형성과 르네상스 (11~19세기)

십자군 전쟁은 실패에 실패를 거듭했지만 역설적으로 이탈리아의 상공업자들은 지중해 무역으로 부를 쌓을 수 있었다. 점점 세력이 커진 상공업자는 정치적인 자치권을 갖게 됐고 피렌체, 밀라노, 베네치아, 나폴리 같은 도시 국가들이 성장해 교황령과 대등한 세력을 겨루게 되었다.

도시 국가들은 영토나 경제뿐만 아니라 문화적으로도 치열하게 경쟁했고 덕분에 눈부신 문화 발전을 이루었다. 학자와 예술가는 신이 아닌 인간의 본성에 관심을 갖기 시작했고 중세 시대 때 파괴된 그리스와 로마 문화를 되살리기 위해 노력했다. 이때 이루한 문화적 업적을 사람들은 '르네상스'라고 한다.

르네상스 시대에는 교황도 예술을 후원해 성당 안팎을 화려하게 장식했다. 그러나 성당의 사치가 점점 심해지면서 부족한 돈을 마련하기 위해 '면죄부'를 돈을 받고 파는 지경에 이르렀다. 면죄부 판매를 반대해 일어난 것이 바로 루터·칼뱅의 종교 개혁 운동이며, 이로 인해 개신교가 탄생했다. 종교 개혁 운동과 이를 저지하려던 반종교 개혁 운동 사이의 첨예한 대립으로 유럽은 다시금 혼란에 빠졌고 이탈리아반도는 그 혼란의 전쟁터가 되었다. 영국, 프랑스, 스페인, 네덜란드 등이 신대륙과 아시아에 진출하고 오토만 제국이 중동을 휩쓰는 동안 이탈리아는 지중해 안에 갇혀 쇠락해 갔다.

로마, 바티칸 박물관. 미켈란젤로의 '최후의 심판'. 종교 개혁 운동으로 가톨릭과 개신교의 갈등이 첨예하던 시기에 그린 그림이다.

#통일 국가 수립과 그 이후 (19세기~)

19세기 무렵까지 이탈리아는 작은 도시 국가로 나누어져 있었으나 프랑스 혁명을 계기로 유럽 전역에 퍼진 민족주의 운동의 영향을 받아 이탈리아에서도 통일 운동이 시작됐다.
1859년 사르데냐 왕국의 비토리오 에마누엘레 2세가 이탈리아 북부를 통일했고 그 후 주세페 가리발디가 이탈리아 남부를 통일해 비토리오 에마누엘레 2세에게 바치면서 1861 이탈리아 왕국이 통일됐다.
이탈리아는 통일 후 꾸준히 성장해 제1차 세계 대전 때 연합국의 일원으로 참전해 승전국이 됐지만 별다른 소득 없이 물가와 실업률만 계속해서 치솟았다. 이러한 혼란의 시기에 등장한 무솔리니는 결속이라는 뜻의 '파쇼' 군대를 결성해 로마로 진군하여 비토리오 에마누엘레 3세에게서 총리직을 얻어냈다. 그후 무솔리니는 독일, 일본과 손잡고 제2차 세계대전을 일으켰으나 연합군에게 패해 처형됐고 국왕도 해외로 추방됐다. 왕가가 쫓겨난 후 1946년에 공화정이 수립되었고 수많은 선거를 거치면서 좌파·우파·포퓰리스트 등이 다양한 조합으로 연립 정부를 구성해 다방면에서의 전진을 꾀하고 있다.

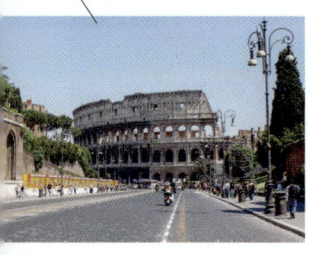

로마, 포리 임페리알리 거리. 무솔리니가 군사 퍼레이드를 위해 포리 임페리알리를 양분하며 건설했다.

| 도시국가의 몰락 (16~19세기) | 1861~1870년 이탈리아 통일 / 이탈리아 통일 국가 | 1922~1944년 파시즘 정권 수립 / 다양한 조합의 연립 정부시대 (1946년~) |

About Italia 02
이탈리아 건축

이탈리아에는 콜로세오, 산 피에트로 대성당 등 세계적으로 유명한 건축물이 많다. 그러다 보니 가이드 투어를 받거나 여행 가이드북을 읽다 보면 르네상스 양식, 고딕 양식 등 양식이라는 표현이 끊임없이 나온다. 이때 양식이란 한 시대의 건축물, 예술품이 지니는 독특한 성질이나 형식을 뜻한다. 그러나 그 용어가 어렵고 종류가 많다 보니 건축을 전공하지 않은 여행자에게는 생소하게 들릴 수밖에 없다. 게다가 이탈리아는 도시별로 지역색이 강하고 고딕-로마네스크, 비잔틴-고딕 등 혼합된 건축 양식이 많아 혼란스럽다. 그래서 이탈리아 여행에서 가장 자주 보게 될 6가지 건축 양식의 대표적인 특징을 간추려보았다.

#ROMAN EMPIRE
#위대한 로마 #아치 #기원전 27년~서기 4세기

로마 콜로세오. 수백 개의 아치로 장식돼 있다.

로마시대에는 인류 역사상 건축 기술에서 가장 위대한 발전을 이룩했는데, 이후에 생긴 모든 서양 건축물은 이때의 건축물을 모델로 하여 발전, 변형된 것이라 해도 틀린 말이 아니다. 이러한 로마시대 건축 양식의 가장 큰 특징은 '아치'다. 아치를 활용한 대표적인 건축물로는 콜로세오, 개선문, 수로교 등이 있다. 또한 로마인은 아치를 확장해 반구형 지붕(돔)을 지을 수 있었고 덕분에 '천사의 디자인'이라 불리는 판테온과 같은 건축물이 탄생했다.
한편 로마 시기에는 바실리카라고 하는 직사각형 모양의 공공 건축물도 지었는데, 이러한 건축 모양은 후에 성당 건축 양식의 기본이 됐다.

대표 건축물 로마 콜로세오, 코스탄티노 개선문, 포로 로마노, 황제의 포럼 등

로마 판테온. 돔 천장.

중세 시대 예술과 성당
기독교적인 가치관이 중세 유럽을 지배하고 있었다. 이민족의 침입이 수그러들자 유럽 곳곳에서는 수도원과 성당을 지었는데, 그 성당들은 금빛 찬란하거나(비잔틴), 요새처럼 생겼거나(로마네스크), 하늘을 찌르는 모양(고딕)이었다.

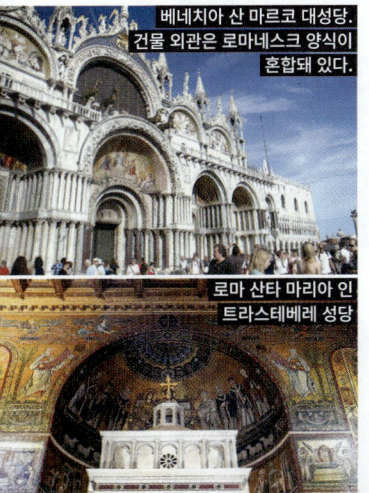

베네치아 산 마르코 대성당. 건물 외관은 로마네스크 양식이 혼합돼 있다.

로마 산타 마리아 인 트라스테베레 성당

#BYZANTINE
#비잔틴 #돔의 확장 #금빛 찬란한 모자이크 #6~15세기

로마가 동서로 분열되고 서로마는 이민족의 침입으로 476년 멸망했지만 동로마는 비잔틴 제국으로 1000년 동안 찬란한 문화를 꽃피웠다. 이 시기에 이탈리아는 비잔틴 제국의 영향 아래 있었기 때문에, 지금도 비잔틴 양식의 흔적이 곳곳에 남아 있다. 비잔틴 양식의 특징은 황금빛 모자이크다. 대표적인 건축물로는 베네치아의 산 마르코 대성당을 꼽을 수 있다. 성당 내부 벽면 전체를 황금, 대리석, 진주, 석류석, 자수정, 에메랄드와 같은 보석으로 화려하게 꾸몄다. 반면 외관은 평범한데, 로마의 바실리카 양식을 본떠 직사각형 구조를 기본으로 하고 한쪽 벽면에 움푹 파인 반원형 공간(앱스)을 만들어둔 것이 특징이다.

대표 건축물 베네치아 산 마르코 대성당/로마 산타 마리아 인 트라스테베레 성당 등

#ROMANESQUE
#로마네스크 #강력한 요새 #작은 창문 #십자가형 구조 #10~13세기

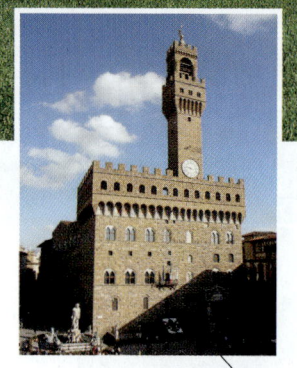

피렌체 베키오 궁전의 종탑

서로마 제국이 멸망한 뒤 유럽 전역은 오랜 기간 이민족의 침입에 시달렸다. 다행히 일부 중요한 예술품은 남았지만 많은 유산이 소실됐다. 11세기에 접어들어 사회가 안정되자 유럽 각지에서 건축이 다시 활기를 띠었고, 당시의 건축가들은 로마 시대의 양식을 되살리는 데 열중했다. 후대 평론가들은 이러한 양식을 '로마적'이라는 뜻에서 로마네스크라 부르게 됐다.

로마네스크 양식이 로마의 영향을 받은 흔적으로는 반아치 모양의 입구, 로마의 성당을 떠올리게 하는 기하학적인 문양, 바실리카의 구조를 응용한 십자가형 건축 구조 등을 꼽을 수 있다. 또한 이민족의 침입이 많은 시기다 보니 건축 벽면은 두껍게, 창문은 작게 지어서 요새처럼 보이는 것도 특징이다. 이탈리아의 로마네스크 양식은 고딕 양식, 비잔틴 양식과 섞여 지역마다 독특한 색깔을 띠고 있다.

대표 건축물 피사 두오모/피렌체 베키오 궁전의 종탑 등

#GOTHIC
#고딕 #더 높게 #더 밝게 #첨탑 #장미창 #13~16세기

고딕 양식은 중세 시대 프랑스를 비롯한 유럽 전반에서 유행한 양식으로 하늘에 닿고자 한 인간의 열망을 담고 있다. 대표적인 특징은 높은 첨탑과 대리석 조각상으로 장식한 외관, 장미창, 뾰족한 모양의 아치(첨두 아치), 스테인드글라스(색유리로 그림을 그려놓은 유리창)다. 고딕 양식은 건축사적 의미에서 굉장히 창의적인 양식이지만 이탈리아인은 고딕 양식을 좋아하지 않았다. 북유럽의 이민족이 로마의 것을 파괴하고 지은 것이 바로 고딕 양식의 건축물이었기 때문이다. 그래서 고딕이라는 용어도 16세기 이탈리아 평론가들에 의해 '야만적이다'라는 의미에서 지어졌다. 그럼에도 이탈리아에서도 첨탑과 첨두 아치와 같은 고딕 양식의 흔적을 곳곳에서 발견할 수 있다.

밀라노 두오모. 이탈리아 고딕 양식의 대표작. 화려한 스테인드글라스와 첨탑을 감상할 수 있다.

오르비에토의 두오모

대표 건축물 밀라노 두오모/베네치아 두칼레 궁전/오르비에토 두오모

#RENAISSANCE

#르네상스 #조화로운 아름다움 #균형미 #14~16세기

이탈리아에서 시작되어 전 유럽으로 퍼진 르네상스는 로마의 부활을 외치던 사회 전반에 걸친 문예 부흥 운동이었다. 이 시대에 유행한 르네상스 건축 양식의 특징은 크게 3가지로 정리되는데, '로마(Rome)', '이성(Reason)', '규칙성(Regularity)'이다. 예를 들면 로마시대의 판테온과 같은 신전을 연구해 커다란 돔형식의 지붕을 지었고 자극적인 아름다움보다는 균형미, 간결함, 감정의 절제를 추구했으며, 건축가들이 수학적인 비례를 규칙으로 만들어 이를 엄격히 준수했다.

대표 건축물 피렌체 두오모, 세례당, 산 로렌초 성당/로마 산 피에트로 인 몬토리오 성당 내 템피에토, 캄피돌리오 광장 등

피렌체 두오모의 돔

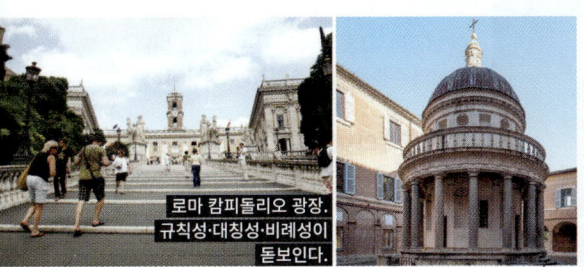
로마 캄피돌리오 광장. 규칙성·대칭성·비례성이 돋보인다.

로마 산 피에트로 인 몬토리오 성당. 산 피에트로 대성당의 모델이 됐다.

#BAROQUE

#바로크 #뒤틀림 #극적인 소용돌이 #17~18세기

바로크라는 이름은 '찌그러진 진주'라는 의미의 포르투갈어 '바로코(Barocco)'에서 유래했다. 르네상스 양식의 차가운 이성에 반대해 일어난 바로크 양식은 거대한 규모, 나선형 송곳처럼 뒤틀리고 물결치는 장식이 특징이다. 종교 개혁 이후 성직자들은 이러한 바로크 양식으로 성당을 더욱 화려하게 꾸며 기독교의 권위를 되찾고 신도의 신앙심을 고취시키고자 했다.

바로크 양식은 로마에서 시작해 유럽 전역으로 퍼져나갔다. 바티칸의 산 피에트로 광장과 트레비 분수를 비롯해 로마 곳곳에는 바로크 양식의 건축물과 분수, 조각이 남아 있다.

대표 건축물 바티칸 산 피에트로 광장, 산 피에트로 대성당의 발다키노/로마 트레비 분수, 나보나 광장 등

로마 트레비 분수. 후기 바로크 양식의 걸작이다.

바티칸 산 피에트로 성당과 산 피에트로 광장

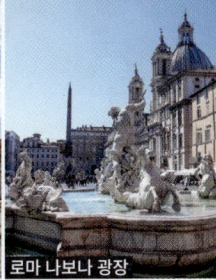
로마 나보나 광장

About Italia 03
이탈리아 예술

"이탈리아 미술의 역사를 이해하면 서양 미술사의 2/3를 이해한 것이나 다름없다."라는 말이 있을 정도로 이탈리아 미술은 방대하고 그만큼 역사가 깊다. 미술 역시 건축과 마찬가지로 다양한 양식으로 구분되지만 그 종류가 많고 구분이 모호해서 일반인이 그 차이를 구분하기는 쉽지 않다. 따라서 아래의 작품들을 보고 시대적 흐름을 이해해보자. 작품의 상세 설명은 작품이 속한 지역의 해당 페이지를 참고하면 된다.

#ANCIENT GREEK ART
#고대 그리스 시대 #엄숙하고 #절제된

'카피톨리노의 비너스' (기원전 4세기경)
- 로마, 카피톨리니 미술관

로마인은 그리스 시대 조각의 모작품을 많이 남겼다. 그중 하나로 목욕을 끝낸 비너스 여신의 수줍은 자태를 형상화했다. **p185**

'벨베데레의 아폴로' (기원전 4세기경)
- 로마, 바티칸 박물관

로마시대의 모작품. 궁술의 신, 아폴로가 활을 쏜 직후 날아가는 화살을 응시하는 모습을 형상화했다. **p196**

'카피톨리노의 비너스'   '벨베데레의 아폴로'

#HELLENISTIC ART
#헬레니즘 시대 #화려하고 #극적인

'라오콘 군상' (기원전 2세기경)
- 로마, 바티칸 박물관

로마시대의 모작품. 이길 수 없는 싸움을 하는 인간의 처절한 노력과 고통을 형상화했다. **p197**

'벨베데레의 토르소' (기원전 1세기경)
- 로마, 바티칸 박물관

머리와 팔, 다리가 없지만 그 자체로 완벽하다는 평을 듣는 작품. 미켈란젤로가 '최후의 심판'에서 예수의 몸을 그릴 때 이 작품을 참고했다. **p197**

#ROMAN EMPIRE~BYZANTINE
#로마시대부터 #비잔틴 # 모자이크 #앱스

표면이 매끄럽고 색채가 제한적이다.

알렉산더 대왕 부분의 확대 장면

'이수스 전투' (1세기경)
– 폼페이, 폼페이 유적지(진품은 나폴리 고고학 박물관)

로마시대에는 모자이크로 주택의 바닥과 벽을 장식했다. 주로 목욕 장면, 운동 경기 등 실생활이 주제가 됐고 불투명한 대리석 조각을 사용했다. **p279**

카타콤베 미술 (4세기경) – 로마, 도미틸라 카타콤베

기독교 박해 시절 신자들은 지하 무덤에서 은밀히 예배를 올렸다. 또한 신자들만 알아볼 수 있는 상징어로 벽과 천장에 예수의 영원과 구원을 의미하는 많은 벽화를 남겼다. **p213**

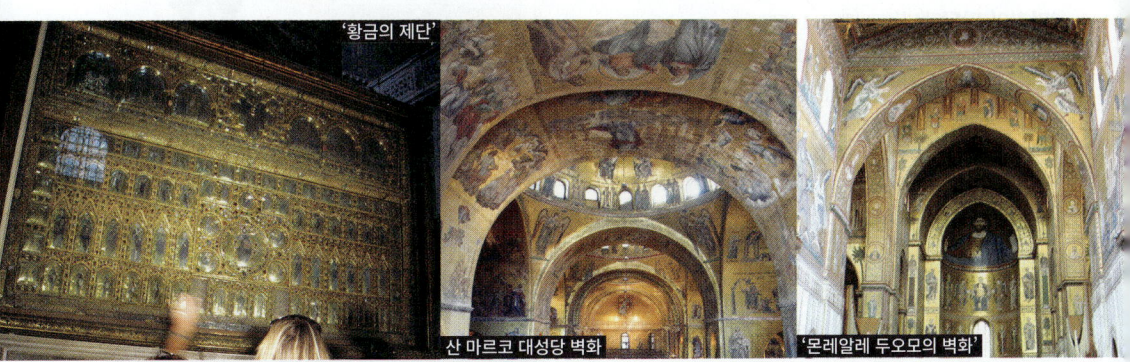

'황금의 제단'

산 마르코 대성당 벽화

'몬레알레 두오모의 벽화'

'황금의 제단' (10~14세기)
– 베네치아, 산 마르코 대성당

비잔틴 시대에는 황금빛 모자이크로 성당 벽면을 장식했다. 종교적인 장면이 주를 이루고 반짝이는 보석이나 유리 조각을 사용했다. **p558**

'몬레알레 두오모의 벽화' (12세기)
– 팔레르모, 몬레알레 두오모

시칠리아 곳곳에 남아 있는 아랍-노르만 양식의 대표작. 구약과 신약 이야기를 담은 황금빛 벽화는 기본적으로 비잔틴 양식을 따르고 있다.

#RENAISSANCE
#르네상스 #인물에 대한 #생생한 묘사 #원근법

'성 프란체스코의 일생'(조토, 1299)
— 아씨시, 산 프란체스코 성당
'서양 회화의 아버지'라 불리는 조토의 작품. 성 프란체스코의 일생을 그린 28개의 프레스코화다. **p267**

'마에스타'(두초, 1311)
— 시에나, 두오모 오페라 박물관
예수를 안고 있는 성모 마리아가 천사들에 둘러싸인 그림. 인물들의 내면을 섬세하게 묘사했다는 평을 받고 있다. **p411**

'선한 정부 악한 정부'(로렌체티, 1338~39)
— 시에나, 시립 박물관
시에나 화풍의 창시자 로렌체티의 그림. 당시 시에나의 모습을 선한 정부로 묘사했는데, 이를 통해 시에나가 가진 자부심이 대단했음을 엿볼 수 있다. **p408**

'삼위일체'(마사초, 1427)
— 피렌체, 산타 마리아 노벨라 성당
투시 원근법(선 원근법)으로 그린 최초의 회화. 그림 속 상단과 하단의 배경에 나오는 선을 연장하면 정확하게 하나의 소실점으로 이어진다. **p343**

'마리아 막달레나'(도나텔로, 1455)
— 피렌체, 두오모 오페라 박물관
예수의 유일한 여제자 마리아 막달레나. 예수가 죽은 뒤 사막에서 검소한 삶을 살던 시기의 모습을 형상화했다. **p352**

'라 프리마베라'(보티첼리, 1482)
— 피렌체, 우피치 미술관
이탈리아어로 봄을 뜻하는 그림. 피렌체의 문화·정치·경제 부활을 상징하며, 르네상스의 서막을 알리는 작품으로 꼽힌다. **p362**

'비너스의 탄생'(보티첼리, 1485)
— 피렌체, 우피치 미술관
미의 여신 비너스가 바다의 물거품에서 탄생하는 장면을 그린 그림. 르네상스 시대 최초의 누드화다. **p363**

'성 프란체스코의 일생'
'마에스타'
'선한 정부 악한 정부'
'삼위일체'
'마리아 막달레나'
'라 프리마베라'
'비너스의 탄생'

'최후의 만찬' (레오나르도 다빈치, 1498)
- 밀라노, 산타 마리아 델레 그라치에 성당
예수가 12제자 중 1명이 자신을 배반할 것이라고 이야기하는 순간을 그린 그림. 12제자의 심리와 성격을 가장 완벽하게 묘사한 작품으로 평가받는다. **p483**

'피에타' (미켈란젤로, 1499)
- 로마, 산 피에트로 대성당
미켈란젤로의 3대 조각상. 예수의 어머니 성모 마리아가 십자가에서 내려진 예수를 끌어안고 슬퍼하는 모습을 형상화했다. **p205**

'죽은 그리스도' (만테냐, 1483)
- 밀라노, 브레라 미술관
인체에 원근법을 도입한 최초의 그림. 예수를 전지전능한 신의 모습이 아닌, 지치고 병든 인간의 모습으로 묘사했다. **p481**

'마리아 막달레나'
(루카 시뇨렐리, 1504)
- 오르비에토, 오페라 델 두오모 박물관
예수의 유일한 여제자, 마리아 막달레나가 개종한 후의 모습을 그린 그림. '긴 머리카락'과 '향유 단지'는 그녀의 상징물이다. **p258**

'모세' (미켈란젤로, 1504)
- 로마, 산 피에트로 인 빈콜리 성당
미켈란젤로의 3대 조각상 중 하나. 모세가 십계명을 들고 막 일어서려는 순간을 생생하게 형상화했다. **p213**

'다비드' (미켈란젤로, 1503)
- 피렌체, 아카데미아 미술관
미켈란제로의 3대 조각상 중 하나. 5m가 넘는 대리석 조각상으로 매년 200만의 여행자가 '다비드'를 보기 위해 아카데미아 미술관을 찾는다. **p354**

'아테네 학당' (라파엘로, 1511)
- 로마, 바티칸 박물관
완벽한 원근법을 확립한 라파엘로의 작품. 신학, 철학, 수학, 예술 등 각 분야를 대표하는 54명의 학자가 그려져 있다. **p198**

'천지창조' (미켈란젤로, 1512)
- 로마, 바티칸 박물관
미켈란젤로를 당대 최고의 화가로 만들어준 작품. 하느님이 자연과 인류를 탄생시키는 9장면과 성경 속 인물 340여 명이 그려져 있다. **p200**

'신성한 사랑과 세속적인 사랑' (티치아노, 1514)
- 로마, 보르게세 미술관

티치아노에게 당대 최고의 화가라는 명성을 안겨다준 작품. 결혼 생활에는 육체와 정신적 사랑이 조화를 이루어야 한다는 주제를 담고 있다. **p242**

'의자의 성모' (라파엘로, 1514)
- 피렌체, 피티 궁전

성모 마리아와 아기 예수를 그린 그림. 안정된 구도와 부드러운 색감으로 같은 주제의 그림 중 가장 큰 위안을 주는 작품이다. **p371**

'성모 승천' (티치아노, 1518)
- 베네치아, 산타 마리아 글로리오사 데이 프라리 성당

색채의 마술사라 불리는 티치아노의 대표작. 강렬한 색채와 자연스러운 인물 묘사가 돋보인다. **p575**

'라 포르나리나' (라파엘로, 1519)
- 로마, 국립 고전 미술관 (바르베리니 궁전)

라파엘로의 연인을 그린 그림. 왼손에는 라파엘로의 이름을 새긴 팔찌가 그려져 있다. **p239**

'우르비노의 비너스' (티치아노, 1538)
- 피렌체, 우피치 미술관

여성의 아름다움을 가장 완벽하게 표현한 그림. 이후 많은 화가가 여성 누드를 그릴 때 참고했다. 대표적인 그림으로는 앵그르의 '대오달리스크'가 있다. **p364**

'최후의 심판' (미켈란젤로, 1541)
- 로마, 바티칸 박물관

예수가 혼란한 세상에서 선인을 구원하고 악인을 심판하는 장면을 그린 그림. 그림 속 성인들의 모습을 모두 벌거벗은 것으로 그려서 끊임없는 외설 논란에 시달렸다. **p199**

'천국' (틴토레토, 1594)
- 베네치아, 두칼레 궁전

세계에서 가장 큰 그림. 700여 명에 이르는 천사의 계보가 상세하게 묘사돼 있다. **p563**

#BAROQUE
#바로크 #웅장함 #화려함 #감성적 #극적

'성 바오로의 개종'(카라바조, 1601) **- 로마, 산타 마리아 델 포폴로 성당**
한줄기 빛으로 하느님의 은총을 표현한 작품. 그러나 작품 공개 당시 크고 상세한 말의 엉덩이와 마부 때문에 신성한 주제를 훼손했다는 거센 비난을 받았다. **p223**

'홀로페르네스의 목을 베는 유디트'(아르테미시아 젠틸레스키, 1620)
- 피렌체, 우피치 미술관
최초의 페미니스트 화가, 아르테미시아는 아버지 오라치오와 함께 바로크 시대를 대표하는 화가다. 조국을 구하기 위해 적장의 목을 베는 '유디트'를 능동적이고 강한 여인의 모습으로 그렸다. **p363**

성 마태오 연작(카라바조, 1599~1602) **- 로마, 산 루이지 데이 프란체시 성당**
복음서의 저자 성 마태오의 일생을 담은 그림 3편. 나란히 걸린 3개 연작 중에서 예수가 마태오를 지목한 순간을 그린 '성 마태오의 소명'이 가장 유명하다. **p217**

'페르세포네를 납치하는 하데스'(베르니니, 1622) **- 로마, 보르게세 미술관**
바로크 시대의 대표적인 건축가이자 조각가인 베르니니의 작품. 지하세계 신 하데스에게 납치된 대지 여신의 딸 페르세포네가 필사적으로 도망치는 찰나를 포착했다. **p243**

'교황 인노켄티우스 10세의 초상화'
(벨라스케스, 1650) **- 로마, 도리아 팜필리 미술관**
스페인의 천재 화가 '벨라스케스'의 작품. 교황의 성품과 권위를 잘 드러냈다. 미술사에서 가장 위대한 초상화 중 하나로 꼽힌다. **p181**

'예수의 이름으로 거둔 승리'(바치차, 1683)
- 로마, 제수 성당
강렬한 명암 대비와 그림 속 인물들이 천당의 틀을 부수고 나올 것 같은 생생한 묘사가 압권이다. **p181**

'페르세포네를 납치하는 하데스'

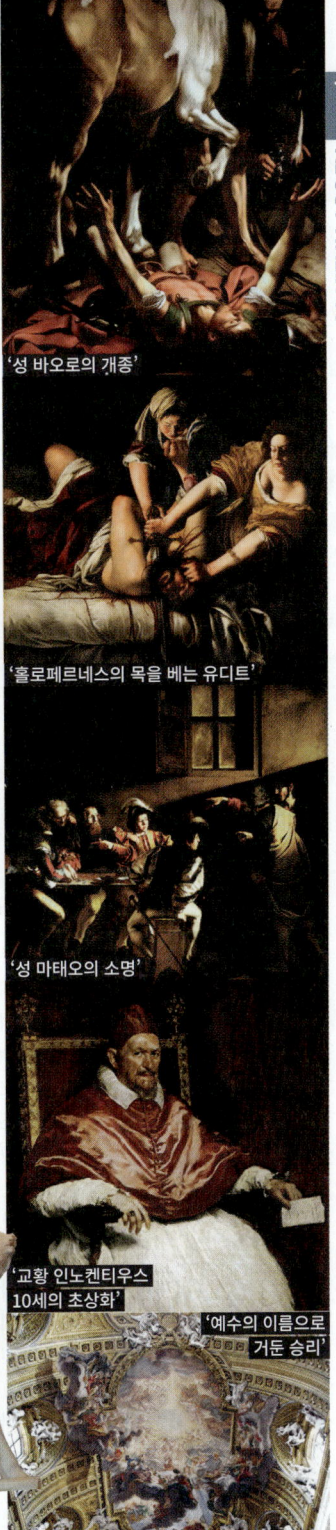
'성 바오로의 개종'
'홀로페르네스의 목을 베는 유디트'
'성 마태오의 소명'
'교황 인노켄티우스 10세의 초상화'
'예수의 이름으로 거둔 승리'

About Italia 04
이탈리아 국가 정보

정치·역사적으로 험난한 길을 걸어온 이탈리아는 1950년대 이후 엄청난 경제 발전을 이루었고 세계 8위의 경제 대국으로 성장했다. 현재 이탈리아는 서방 7개 선진국의 모임인 G7과 경제협력개발기구(OECD)의 가입국이다.

✚ 세계 8위의 경제 대국
(2025년 GDP 기준)

1	미국	USA
2	중국	CHINA
3	독일	GERMANY
4	인도	INDIA
5	일본	JAPAN
6	영국	BRITAIN
7	프랑스	FRANCE
8	**이탈리아**	**ITALY**
9	러시아	RUSSIA
10	캐나다	Canada
11	브라질	BRAZIL
12	스페인	SPAIN
13	**대한민국**	**SOUTH KOREA**
14	호주	AUSTRALIA
15	멕시코	MEXICO

*출처: 국제통화기금(IMF)

- 축구로 자국은 물론 세계 각국 축구 마니아들의 사랑을 한 몸에 받고 있다.
- 패션의 나라. 구찌, 프라다, 아르마니, 페라가모, D&G, 베르사체 등 수없이 많은 세계적인 명품 브랜드를 지닌 나라
- 전 세계 와인의 약 20%를 생산하는 와인 생산량 1위 나라
- 꿈의 스포츠카라는 페라리·람보르기니·마세라티를 만드는 수퍼카의 제조국
- 유네스코 세계문화유산을 가장 많이 보유한 세계 최고의 문화 강국
- 베로나 오페라 축제, 베니스 비엔날레와 영화제 등 현대 문화와 예술의 중심지

그.러.나.…

- 2010/2014 월드컵 16강에서 탈락, 2018/2022월드컵 본선 진출 실패
- 마피아의 어둠과 정부의 무관심이 뒤엉켜 사그라지는 나폴리, 범죄와 인권 문제가 여전히 짙은 그림자
- 부패인식지수 52위의 오명(180개국 중, 2024년 국제투명성기구 기준, 한국 40위·1위 덴마크)
- 정치적 혼란과 경제 성장 둔화로 EU의 위기를 상징하는 존재

ABOUT ITALIA 05

국가명	이탈리아 공화국(La Repubblica Italiana)	정치 제도	민주 공화제
수도	로마(Roma)	위치	유럽 중남부
면적	30만1277km² (남한의 3배)	기후	온화한 지중해성 기후 기후만 고려했을 때 여행 적기는 5~6월, 9~10월
시차	−8시간 서머타임(3월 마지막 일요일~10월 마지막 일요일) 기간에는 −7시간	인구	약 6000만 명
언어	이탈리아어	종교	가톨릭 85%
통화/환율	유로(Euro, EUR,€) 1€=약 1650원 (2025년 11월 매매기준율)	국가 번호	39
전압	220V, 50Hz(우리나라에서 사용하던 전기 제품을 그대로 사용할 수 있다)	콘센트	2개 핀. 단, 우리나라보다 핀 간격이 좁기 때문에 별도의 어댑터가 필요하다.
영업시간	**상점** 08:00~19:00 (소규모 상점은 일요일에 쉬는 곳이 많다.) **식당** 11:00~15:00, 19:00~22:00 (대도시는 자정이나 늦은 새벽까지) **은행** 월~금요일 08:30~13:30, 14:30~16:30 (지역 및 은행마다 조금씩 다름)	공식 국경일 & 공휴일	1월 1일 신년 1월 6일 주현절 4월 5·6일 부활절과 다음 월요일 ★ (2026년 기준) 4월 25일 해방 기념일 5월 1일 노동절 6월 2일 공화국선포일 6월 29일 성 베드로와 성 바오로 축일 8월 15일 성모 승천일 11월 1일 만성절 12월 8일 성모 수태일 12월 25일 성탄절 12월 26일 성 스테파노 축일 ★는 매년 날짜가 바뀜 *그 외 지역별로 추가 공휴일이 있다.

✚ 서울 vs 로마 물가 비교(2025년 11월 기준)

품목	우리나라(서울)	이탈리아(로마)
지하철 요금-1회권(현찰)	1650원	1.50€(약 2475원)
택시 기본 요금(서울 평일 낮기준)	4800원	4.50€(약 7425원)
맥도날드 빅맥 세트(맥밀)	9500원	10€(약 1만6500원)
담배(말보로 기준)	4500원	6€(약 9900원)
우유 1L(마트)	3000원	1.50€(약 2475원)
생수 1.5L(마트)	1750원	0.40€(약 660원)

*출처: numbeo.com, 환율 1650원 기준
*가격은 상점 및 상품에 따라 조금씩 다를 수 있음

About Italia 05
이탈리아 기후

이탈리아의 면적은 대한민국의 약 3배이며, 지형은 남북으로 길게 뻗은 모양이다.
남과 북의 기온의 차가 상당히 큰 편이고 위도상 위치가 우리나라와 비슷해서 계절도 닮은 형태를 보이지만
스위스와 국경을 접하고 있는 북서부 지역을 제외하고는 겨울에 영하로 떨어지는 일은 거의 없다.
한여름의 강한 햇살에 대비해 모자와 선글라스, 선크림은 필수다. 로마는 10~12월에 비가 비교적 많이
내리고 베네치아의 가을과 겨울은 비가 많이 와서 운하 수위가 상승하는 경우가 잦으니 우산과 장화를 준비하자.

*기온과 강우량·강우일은 1991~2022년 평균임 ● 평균 최고 온도 ● 평균 최저 온도 ▤ 평균 강우량

◆ **로마 월평균 기온과 강우량·강우일**

◆ **나폴리 월평균 기온과 강우량·강우일**

한여름에는 에메랄드빛 바다를 즐길 준비 필수!

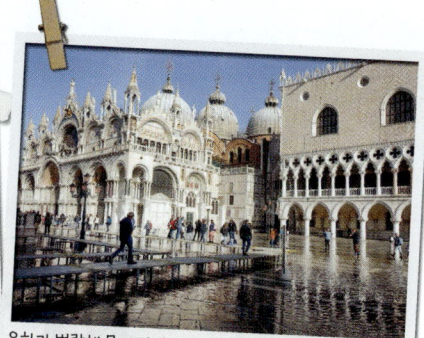
운하가 범람해 물에 잠긴 베네치아. 산 마르코 광장 주변으로 간이 다리가 놓이기도 한다.

◆ **밀라노 월평균 기온과 강우량·강우일**

◆ **베네치아 월평균 기온과 강우량·강우일**

ROMA

로마
(영어명 : 롬 ROME)

영화 〈로마의 휴일〉 속 낭만적인 로마 풍경은 지금도 현재진행형이다. 영화가 제작된 지 반세기가 지났지만 여전히 예전 그대로의 클래식한 자태를 뽐내며 전 세계 여행자의 발길을 머물게 한다.
2000년 전 건축·철학·법률·의학·언어에 이르기까지 유럽 문화의 기틀을 마련하며 유럽을 아우르던 거대 제국 로마. 콜로세오, 개선문, 포로 로마노, 판테온에 이르기까지, 영광의 순간을 품은 로마는 아직도 우리 곁에 생생하게 살아 숨 쉬고 있다.

¤ 주요 도시에서 로마까지 소요 시간

밀라노 Milano(C.le)
- 기차 3시간~ / FR·italo / 29.90€~ / 05:10~20:40 / 10분~1시간 간격

베네치아 Venezia(S.L)
- 기차 2시간~ / FR·italo·IC / 29.90€~ / 06:27~21:57 / 5~30분 간격
- 야간열차 6시간 34분~ / ICnotte 28.90€~ / 00:01 / 1일 1회

볼로냐 Bologna(C.le)
- 기차 4시간~ / FR·italo / 31.90€~ / 05:26~19:26 / 1일 23회
- 야간열차 8시간 30분 / ICnotte 27.90€~ / 22:05 / 1일 1회

피사 Pisa(C.le)
- 기차 2시간 20분~ / IC·FR 14.90€~ / 05:35~20:38 / 1일 17회

피렌체 Firenze(S.M.N)
- 기차 1시간 30분~ / FR·italo·IC·RV / 16.90€~ / 05:45~22:43 / 10분~1시간 간격

시에나 Siena
- 버스 2시간 45분~ / Itabus·Flix·Marino / 6~23€ / 05:15~20:30 / 1일 13회

오르비에토 Orvieto
- 기차 1시간~ / 9.80€~

아씨시 Assisi
- 기차 2시간~ / 13.90€~

나폴리 Napoli(C.le)
- 기차 1시간 10분~ / R·IC·FR·italo / 13.65€~ / 04:05~22:18 / 10분~1시간 간격

★ **로마 Roma**

- 기차는 성인 2등석, 직행, 인터넷 최저가 기준으로 미리 예매할수록 저렴하다.
- FR(Freccia)·italo 고속열차 / IC(Inter City) 급행열차 / R·RV(Regionale·Regionale Veloce) 완행열차 / ICnotte 야간열차
- 기차는 현지 상황에 따라, 버스는 요일과 계절에 따라 운행 시간이 유동적이다.

로마 피우미치노 국제공항
WEB adr.it

우리나라에서 로마 가기

우리나라의 여행자들은 대부분 대한항공·아시아나항공·티웨이항공 직항편이나 유럽·중동·중국을 경유하는 항공편을 이용해 로마로 들어간다. 프랑스, 영국, 스페인, 터키 등에서 로마로 바로 가는 저비용 항공을 이용하는 것도 좋은 방법이다.

1. 인천국제공항에서 로마까지

내가 탄 비행기, 어디에 내리나?

피우미치노 국제공항은 터미널 1(T1)과 터미널 3(T3)을 사용하고 있다. 두 터미널은 실내를 통해 도보 10분 정도면 이동 가능하다. 레오나르도 익스프레스 승강장까지 이어지는 구름다리도 중간에서 만나게 된다.

T1 라이언에어, 루프트한자, 부엘링, 스위스국제항공, 오스트리아항공, 에어로이탈리아, 에어유로파, 에어프랑스, 이베리아, 이지젯(일부), 핀에어, ITA(구 알리탈리아), KLM네덜란드항공, LOT폴란드항공 등

T3 대한항공, 아시아나항공, 티웨이항공, 싱가포르항공, 에미레이트항공, 에티하드항공, 영국항공, 이지젯(일부), 중국국제항공, 중국동방항공, 카타르항공, 캐세이퍼시픽, 타이항공, 터키항공 등

* 유럽 및 자국 출발 항공편 기준
* 현지 상황에 따라 변경 가능

인천국제공항에서 로마 피우미치노국제공항(FCO)까지 직항편은 13시간 30분~14시간, 경유편은 17시간 이상 걸린다. 대한항공이 주 3회, 티웨이항공과 아시아나항공이 주 4회 직항편을 운항한다(2025년 11월 기준). 경유편은 루프트한자, 에어프랑스, 핀에어, KLM네덜란드항공, 스위스국제항공, 에미레이트항공, 에티하드항공, 카타르항공, 터키항공 등 다양한 항공사가 운항한다. 경유 시 대기 시간이 길수록 체력 소모가 크므로, 경유지에서 숙박하지 않는 일정이라면 공항 대기시간이 4시간을 넘지 않도록 항공편을 선택하는 것이 좋다.

◆ 피우미치노 국제공항 Fiumicino Aeroporto(FCO)

레오나르도 다빈치(Leonardo da Vinci) 공항이라고도 하며, 로마 시내 중심에서 서쪽으로 약 32km 떨어져 있다. 밀라노 말펜사 공항과 함께 언제나 이용객이 많은 이탈리아의 대표 관문이다. 우리나라에서 출발한 대한항공과 티웨이항공, 아시아나항공은 터미널 3(T3)에 도착한다. 이들 항공사가 주로 사용하는 게이트(E31~44)에서는 메인 터미널 건물까지 셔틀 트레인 '피플무버'를 타고 한 정거장만 가면 된다.

터미널 3을 기준으로 입국 심사를 마친 후 수하물을 찾아 도착 로비로 나오면 오른쪽 2번 출구(Gate 2) 옆에 관광 안내소가 있다. 여기서 오른쪽으로 더 가면 심카드를 구매할 수 있는 TIM 매장과 환전소, 카페 등의 편의시설이 나온다. 단, 공항 환전소는 환율이 좋지 않고 심카드 역시 시내보다 비싸므로 급한 용무가 아니면 가급적 이용하지 않는 것이 좋다.

바리 Bari
- 기차
  4시간 10분
  FR·italo·IC
  20.90€~
  06:05~18:30/
  1일 7회

마테라 Matera
- 기차+버스
  6시간
  italo-연계버스(나폴리 환승),
  FR-연계버스(살레르노 환승)
  25.90€~
  06:30·10:30/
  1일 2회

레체 Lecce
- 야간열차
  6시간 10분
  ICnotte
  29.90€~
  일 23:55/
  주 1회
- 기차
  5시간 50분~
  FR 39.90€~
  06:07~17:07/
  1일 4회
- 야간열차
  8시간
  ICnotte 35.90€~
  일 22:15/
  주 1회

다빈치 조형물이 설치된 국제공항 내부

E31~44 게이트의 셔틀 트레인 탑승장

공항의 관광 안내소, 번호표를 뽑고 대기한다.

★ 자동출입국심사로 빠르게 입국!

전자 여권을 소지한 12세 이상의 대한민국 국민이라면 로마·밀라노·베네치아 공항에서 자동출입국심사(Automated Border Control, 'E-gates'로 표시됨)를 이용할 수 있다. 여권 스캔과 얼굴 촬영으로 빠르게 통과할 수 있어 대기 줄도 빨리 줄어든다.

자동출입국심사대 앞의 대기 줄은 빨리 줄어든다.

여권을 스캔하고 얼굴을 촬영하면 통과!

피우미치노 국제공항 구조도

2. 입국 심사

우리나라에서 출발한 직항편이나 솅겐협약국 외 국가를 경유한 항공편을 이용했다면 도착 후 입국 심사를 받는다. 솅겐협약국을 경유한 경우에는 경유 공항에서 이미 입국 심사를 거치므로 이탈리아 공항에서는 별도의 절차가 없다(단, 테러 등 안보상 위협이 발생할 때는 예외).

입국 심사는 대부분 여권과 얼굴, 지문정보 확인만으로 끝난다. 관광 목적으로 3개월 이내 체류할 경우 비자가 필요 없으며, 출입국 카드와 세관 신고서도 작성하지 않는다. 입국 심사 후 세관 검사를 하지만 자진 신고제이므로 신고할 물품이 없다면 그냥 통과하면 된다.

자동출입국심사는 왼쪽으로!

자동출입국심사 조건에 해당하지 않거나, 이용 불가능한 시간에는 'All Passports'를 따라간다.

입국 심사 후 수하물 찾는 곳 (Ritiro Bagagli) 표지판을 따라간다.

입국장 안의 기차표 자동판매기

★ 이탈리아 입국 시 면세 범위
(비 EU 회원국 출발·IATA 기준)

- **담배** 200개비(시가는 50개비, 담뱃잎 250g)/17세 이상만 가능
- **알코올** 22° 이상인 술은 1L, 22° 이하인 술·스파클링 와인·리큐어 와인은 2L, 일반 와인은 4L, 맥주는 16L/17세 이상만 가능
- **기타 물품 항공입국** 430€ (14세 이하는 150€)까지 면세
- **통화 신고 범위** 1만 유로를 초과할 경우(은행환어음과 수표 포함)

★ 공항에서 알아두면 편리한 이탈리아어(영어)

Uscita(Exit) 출구
Imbarchi(Gates) 탑승구
Arrivi(Arrivals) 도착
Partenze(Departures) 출발
Transiti(Transters) 환승
Immigrazione(immigration) 입국 심사
Ritiro Bagagli(Baggage Claim) 수하물 찾는 곳
Controllo Doganale(Customs Control) 세관 검사

3. 공항에서 시내까지

가장 많이 이용하는 교통수단은 공항과 시내를 연결하는 고속열차 레오나르도 익스프레스다. 시내 중심에 있는 테르미니역까지 논스톱으로 가장 빠르고 안전하게 이동할 수 있기 때문이다.
짐이 무겁거나 많다면 공항버스를 이용하는 것이 좋다. 공항버스는 레오나르도 익스프레스에 비해 가격이 저렴하고 심야에도 운행하며, 입국장을 빠져나오자마자 정류장이 있어 짐을 들고 이동하는 거리도 짧은 편이다.

도착은 0층(우리나라의 1층), 출발은 1층(우리나라의 2층)이다.

◆ 레오나르도 익스프레스 Leonardo Express

공항과 연결된 피우미치노 아에로포르토(Fiumicino Aeroporto)역에서 테르미니(Roma Termini)역까지 32분 소요된다. 이용 방법은 p144~145의 '레오나르도 익스프레스 타는 법'을 참고하자. 이탈리아 철도청 트렌이탈리아가 운영하며, 유레일패스 1등석 소지자는 패스를 개시하면 무료로 탑승할 수 있다.

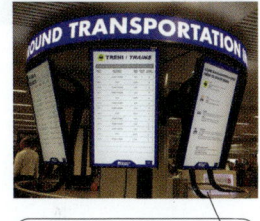

짐을 찾아 나가기 전, 종합 교통 안내 전광판을 확인하자. 공항철도와 공항버스 등에 관한 실시간 정보를 확인할 수 있다.

✚ 레오나르도 익스프레스 운행 정보

출발지	피우미치노 공항과 연결된 피우미치노 아에로포르토역의 플랫폼
요금	14€, 4인 40€(미니 그룹 요금 적용), 성인 승객 1명당 11세 이하 1명 무료, 3세 이하 무료/수하물 추가 요금 없음
소요 시간	32분
운행 시간	05:38~24:23(15~30분 간격)
홈페이지	trenitalia.com

레오나르도 익스프레스

일반 기차도 같은 플랫폼을 사용한다. 'Leonardo Express'를 꼭 확인하고 탑승하자.

★ **공항에 짐이 도착하지 않았다면?!**

수하물 분실신고센터에 체크인할 때 발급받은 수하물보관 증서(Baggage Claim Tag)를 제시하면 수하물 위치를 추적할 수 있다. 사고가 확인되면 수하물 사고 신고서(Property Irregularity Report)를 작성한다. 찾은 수하물은 빠르면 1~2일, 늦으면 일주일 정도 뒤에 신고서에 적은 호텔 주소로 보내준다. 수하물이 도착할 때까지 구매한 세면도구, 속옷 등 일용품은 영수증을 증빙하면 추후 환급해주거나 지연 보상비를 지급한다.
수하물을 찾지 못한 경우 신고서에 기재한 물품 명세와 가격을 기준으로 손해배상청구서를 작성한다. 탑승 노선의 적용 협약에 따라 일정 한도 내에서 보상받을 수 있지만 피해 금액에 대한 증빙서류(영수증, 구매 증명서 등)를 까다롭게 요구한다. 고가품은 체크인 시 추가 요금을 내고 보험에 가입하거나 비행기에 직접 가지고 탄다. 수하물 파손 시에도 항공사가 책임지는 것이 원칙이나, 캐리어 잠금장치는 제외된다.

★ **택시 호객 주의!**

기차역으로 가는 길에 기차가 고장 났거나 파업 중이라며 사설 택시 탑승을 유도하는 호객꾼을 만날 수 있다. 이는 십중팔구 허가받지 않은 택시로 바가지를 쓸 가능성이 크다. 기차 운행과 관련한 돌발 상황은 역사 내 전광판이나 역무원에게 확인하자.

#CHECK
레오나르도 익스프레스 타는 법

❶ 기차역 피우미치노 아에로포르토(Fiumicino Aeroporto)를 찾아가자.

터미널 3의 입국장을 나가 '기차(Train)' 표지판을 따라간다.
플랫폼까지는 다음의 2가지 방법으로 갈 수 있다.

ⓐ 도착 로비 4번 출구 옆의 에스컬레이터를 타고 내려가자. 지름길인 대신 무빙워크와 에스컬레이터를 여러 번 갈아타게 된다.

ⓑ 도착 로비에서 2층으로 올라가면 기차역까지 연결되는 구름다리가 있다. 조금 돌아가긴 하지만 평탄한 무빙워크가 이어진다.

ⓐ 지름길의 첫 관문인 에스컬레이터

ⓑ 편하게 가려면 2층으로 올라가 구름다리를 건넌다.

❷ 기차표를 구매하자.

각 터미널의 짐 찾는 곳과 기차역 등에 마련된 자동판매기를 이용하는 것이 제일 편하다. 트렌이탈리아 공식 매표소가 아닌 여행사 부스에서는 수수료가 부과될 수 있으니 역내 공식 매표소나 자동판매기를 이용한다. 자동판매기에서 구매할 때는 목적지를 '로마 테르미니(Roma Termini)'로 설정하고 '레오나르도 익스프레스(Leonardo Express)'인지 꼭 확인한다. 자동판매기의 화면 순서는 p066 참고.

역내 공식 매표소 또는 자동판매기를 찾는다.

목적지를 'Roma Termini'로 선택한다.

열차시간과 'Leonardo Express', 요금을 확인한 후 오른쪽의 버튼을 누르고 결제한다.

❸ 전광판에서 출발 시각과 플랫폼 번호를 확인하자.

전광판에서 테르미니역(Roma Termini)행 기차의 출발 시각(Orario)과 플랫폼 번호(BIN.)를 확인한다.

각 플랫폼에도 목적지와 출발 시각, 기차 편명을 표시하는 전광판이 있으니 다시 한번 확인한다.

전광판에서 플랫폼 번호를 확인한다.

❹ 개찰구를 통과하자.

플랫폼으로 들어가는 개찰구의 오른쪽 기계에 기차표의 QR코드를 인식시키면 개찰구가 자동으로 열린다.

기차표 형태는 구매한 곳에 따라 다르다.

아에로포르토(공항)역에서 하차 후 나갈 때도 QR코드를 인식한다.

❺ 이탈리아에서는 기차표를 각인하자.

현장 구매한 기차표는 반드시 실제 탑승일시를 각인하고 탑승해야 한다. 그렇지 않으면 무임승차로 간주해 벌금을 부과한다. 따라서 탑승 전 플랫폼 입구에 있는 타원형 개찰기에 기차표를 넣고 제대로 탑승일시가 각인되었는지 확인하자.

공항에서 테르미니역으로 가는 레오나르도 익스프레스는 개찰구에 QR코드를 인식하고 통과하면 각인을 생략할 수 있다. 차내에서 QR코드로 한 번 더 검표하니 기차표를 잘 보관해두자. 단, 검표 정책이 자주 바뀌고 검표원 설명도 오락가락해서 문제가 생길 수 있으니 고속열차 지정석이 아니라면 그냥 각인해두는 것이 마음 편하다. 개방형 플랫폼인 테르미니역에서 공항으로 갈 때는 탑승 전에 각인한다.

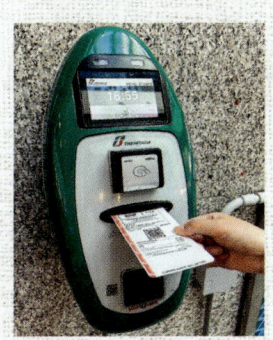

❻ 기차에 오르자.

전석 자유석이므로 원하는 자리에 앉는다.
가는 도중에 검표원이 기차표를 확인하니 잘 보관해둔다.

레오나르도 익스프레스

차량 중간중간에 캐리어를 실을 수 있는 공간이 있다.

◆ 공항버스 Bus

공항버스는 피우미치노 공항과 테르미니역 사이를 오가는 가장 저렴한 교통수단이다. 레오나르도 익스프레스 요금의 절반 가까운 가격으로 다양한 회사들이 로마 시내까지 가는 셔틀버스를 운행한다. 레오나르도 익스프레스가 운행하지 않는 심야 시간에도 다니므로 야간에 도착한 여행자들에게 특히 유용하다. 현장에서 편도로 구매하는 경우 회사별 요금이 대동소이하니 대기시간이 짧은 버스를 골라 타면 된다. 홈페이지에서 예약하거나 왕복으로 구매하면 약간의 할인 혜택이 있다.

★ **공항버스 정류장까지 가는 법**

공항버스 정류장은 터미널 3(T3)에 있다. 터미널 3 입국장을 나가 'Bus'라고 쓴 표지판을 따라 가다 4번 출구로 나간다. 여기서 길을 건너지 말고 'Bus' 표지판을 따라 오른쪽 끝까지 가면 'Bus Station'이라고 적혀 있는 간판이 보인다. 버스회사별로 정류장이 다르니 매표소에서 확인 후 버스에 탑승한다. 매표소는 정류장이 시작되기 전 오른쪽에 있다.

+ 공항버스 운행 정보

버스회사	로마 에어포트 버스	T.A.M.
출발지	15번 정류장	13번 정류장
도착지	테르미니역 24번 플랫폼 쪽 출구 밖 졸리티 거리(Via Giolitti, 34~38)	
요금	편도 7€~	편도 7€~
소요 시간	50분~1시간	40~50분
운행 시간	03:15~23:55 (30분~1시간 간격)	24시간 (25분~1시간 간격)
홈페이지	romeairportbus.it	tambus.it

버스회사	테라비전	SIT 버스셔틀
출발지	14번 정류장	12번 정류장
도착지	테르미니역 24번 플랫폼 쪽 출구 밖 졸리티 거리(Via Giolitti, 34~38)	바티칸 근처(Via Crescenzio, 19) → 테르미니역 앞 500인 광장 근처의 마르살라 거리(Via Marsala, 5)
요금	편도 7€~	편도 7€~
소요 시간	50분~1시간	50분~1시간
운행 시간	06:30~24:30 (10분~1시간 10분 간격)	07:15~다음날 01:15 (35분~1시간 간격)
홈페이지	terravision.eu	www.sitbusshuttle.it

*졸리티 거리는 조반니 졸리티 거리(Via Giovanni Giolitti)의 약칭이다.

★ **가방 분실 사고 주의!**

공항버스를 이용할 때는 주의해야 할 점이 있다. 정차 시 짐칸을 열어두는 경우가 많고 중간 정류장에서 승객들이 우르르 가방을 가져가다 보니 간혹 가방 분실 사고가 일어나는 것. 가방을 실을 때 별도의 보관증을 작성하지 않아 짐이 유실되더라도 버스회사에서 보상하지 않는다. 짐칸에 짐을 실을 때는 출발 직전까지 가방을 최대한 지켜보고 내릴 때도 가방부터 야무지게 챙기자.

'버스(Bus)' 표지판을 따라 청사 밖 외부통로를 따라 오른쪽으로 간다.

공항버스 매표소. 회사별로 부스가 따로 있다.

터미널 3 청사 밖으로 나가자마자 오른쪽 끝까지 가면 버스 정류장이 나온다.

버스마다 승차장이 다르다.

◆ 택시 Taxi

택시 요금은 공항에서 로마 시내 중심가 어디를 가든 55€ 정액제다. 공인된 흰색 택시만 정액제로 운영되므로 지정된 택시 승차장에서 탑승한다. 승차장 앞에는 택시요금 안내판도 있으며, 승차하기 전에 요금과 추가 요금 여부를 기사에게 다시 한번 확인한다. 거스름돈을 제대로 주지 않을 때를 대비해 가능한 잔돈을 미리 준비해둔다.

✚ 택시 운행 정보

출발지	터미널 3(T3) 3번 출구 앞
도착지	로마 시내 중심가
요금	55€(4인까지, 짐 추가 요금 없음)
소요 시간	40분~
운행 시간	24시간

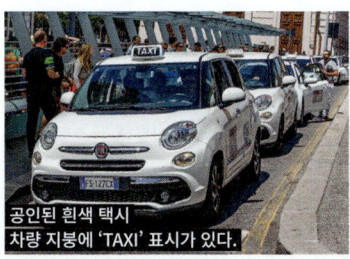

공인된 흰색 택시 차량 지붕에 'TAXI' 표시가 있다.

택시 요금 안내판을 확인한다.

★ 공인 택시 승차장까지 가는 법

터미널 1(T1)·3(T3)의 입국장을 나가 '택시(Taxi)'라고 쓴 표지판을 따라 오른쪽으로 가다 3번 출구로 나간다. 출구 바로 앞 도로변에 택시 요금 안내판이 있는 곳이 공인 택시 승차장이다.

★ 사설 택시의 바가지요금

공항 내에서 호객하는 사설 택시는 요금 시비가 자주 붙는다. 택시 1대당 부과하는 정액제 요금을 1인당 요금이라고 주장하기도 하며, 택시비로 낸 고액권을 소액권과 바꿔치기 하는 사례도 흔하다. 제일 좋은 방법은 공인된 흰색 택시만 이용하는 것. 엉겁결에 사설 택시에 탑승했다면 요금을 지불할 때 소액권을 한 장 한 장 서로 확인해가며 기사에게 건네준다.

4. 로마 시내에서 피우미치노 국제공항까지

테르미니역에서 피우미치노 국제공항으로 가는 레오나르도 익스프레스와 공항버스가 출발한다. 공항버스는 레오나르도 익스프레스에 비해 저렴하다는 것이 장점이지만 교통 체증이나 짐 분실 등의 위험을 피하고 싶다면 조금 더 비싸더라도 레오나르도 익스프레스를 이용하는 것이 좋다.

◆ 레오나르도 익스프레스

피우미치노 공항행 레오나르도 익스프레스는 테르미니역 23·24번 플랫폼에서 출발한다. 기차표는 역 안 트렌이탈리아 자동판매기나 매표소, 담배가게(Tabacchi, 타바키), 트렌이탈리아 홈페이지·앱에서 구매할 수 있다. 자동판매기나 매표소에서 구매한 기차표는 승차 전 개찰기에 넣어 개찰한다. 하차 후 플랫폼을 나갈 때도 기차표가 필요하니 잘 챙겨두자. 당일 유효한 유레일패스 1등석 소지자는 무료로 탑승할 수 있다. 출발 10분 전까지는 역에 도착하는 것이 좋다.

피우미치노 공항행 레오나르도 익스프레스는 23·24번 플랫폼을 이용한다.

◆ 공항버스

피우미치노 공항행 로마 에어포트 버스, T.A.M, 테라비전 버스가 테르미니역 남쪽, 조반니 졸리티 거리(졸리티 거리)에서 출발한다. 역 안에서 갈 땐 24번 플랫폼 쪽 출구로 나간다. 버스회사별로 정류장이 다르며, 승차권은 버스 앞에 서 있는 직원에게 구매한다. SIT 버스셔틀은 베스트 웨스턴 프리미어 호텔 건너편의 마르살라 거리 (Via Marsala, 5)에서 출발한다.

피우미치노 공항행 버스. T.A.M 버스는 심야에도 운행한다.

로마의 국영 기차역

■ 테르미니역 Termini
국영 철도의 국제선·국내선과 지하철 A·B선이 교차하는 곳으로, 로마의 중심 역.
WEB romatermini.com

■ 티부르티나역 Tiburtina
지하철 B선 티부르티나역과 연결되며 테르미니역까지 8분 소요. 국철 티부르티나역은 밀라노나 베네치아행 열차가 주로 발착해 이용 빈도가 높다. 도보 5분 거리에 티부르티나 버스 터미널이 있다.
WEB stazioneromatiburtina.it

■ 오스티엔세역 Ostiense
피우미치노 공항에서 역까지 레조날레 기차로 30분 정도 소요. 지하철 B선 피라미데역까지 지하보도로 연결되며(도보 6분), 테르미니역까지 10분 소요.

트렌이탈리아
WEB trenitalia.com

이탈로
WEB italotreno.it

현지 매표소나 자동판매기에서 구매한 기차표는 개찰 필수!

기차역에서 꼭 필요한 이탈리아어

Entrata 입구
Uscita 출구
Partenze 출발
Arrivo 도착
Chiuso 닫힘(폐쇄)
Binario 플랫폼
Biglietteria 매표소
Deposito Bagagli 수하물 보관소

유럽에서 로마 가기

유럽 각국에서 출발한 장거리 국제열차가 로마 테르미니역으로 도착한다. 밀라노, 베네치아, 피렌체 등 이탈리아의 주요 도시들과도 초특급 열차로 연결된다. 기차 대신 라이언에어, 이지젯 등 저비용 항공을 이용하는 여행자도 많다. 기차와 항공권 모두 시간을 두고 여유 있게 예약할수록 요금이 저렴해진다.

1. 기차

로마로 들어오고 나가는 대부분 기차는 테르미니(Termini)역을 거친다. 테르미니역은 시내 중심에 있고 역 주변에 숙소와 여행자 편의시설이 모여 있어 로마 여행의 시작점이라 할 수 있다.

◆ 테르미니역 Stazione di Roma Termini

로마 여행의 시작점으로, 지하철 A·B선이 교차하고 거의 모든 시내버스가 정차하는 로마 시내 교통의 중심이다. 역 안에 수하물 보관소와 우체국을 비롯해 레스토랑, 커피숍, 슈퍼마켓, 푸드코트 등 편의시설이 중앙통로를 따라 쇼핑몰처럼 이어진다.

기차표 자동판매기와 매표소, 승강장은 1층(이탈리아의 0층)에 있다. 여행자에게 친근한 '24번 플랫폼 쪽 출구'는 중앙통로에서 유리 차단문을 등지고 왼쪽에 보이는 출입구이며, 오른쪽으로는 '1번 플랫폼 쪽 출구'가 있다. 지하철을 타려면 에스컬레이터를 이용해 지하로 내려간다. 1층에서 'Terminal Bus' 표시를 따라 역 정면 밖으로 나가면 버스 정류장이 모여 있는 500인 광장과 만난다.

기차를 탈 때는 승차권 검사를 받고 유리 차단문을 통과해 플랫폼 안으로 들어간다. 플랫폼 사이의 이동 거리가 길기 때문에 여유를 두고 역에 도착하는 것이 좋고 탑승하려는 기차의 플랫폼(Binario) 번호가 불시에 변경되기도 하니 출발 전에 전광판에서 플랫폼 번호를 다시 한번 확인한다. 공항행 레오나르도 익스프레스는 23·24번 플랫폼에서 탑승하며, 오르비에토, 아씨시 등 근교행 레조날레 이용하는 1-2 Est 플랫폼과 15·18·20BIS·25~29번 플랫폼은 각각 1번 플랫폼과 24번 플랫폼에서 남쪽으로 약 500m 떨어져 있어 15분 정도 더 일찍 역에 도착하는 것이 좋다. 기차 탑승 전 플랫폼 앞의 개찰기에 기차표를 넣고 탑승일시를 각인하는 것을 잊지 말자.

로마의 관문, 테르미니역

유리 차단문을 통과해야 플랫폼이 나온다.

Zoom in 로마 테르미니역

❶ 수하물 보관소 Kibag-Kipoint
줄이 길고 처리 속도가 느리며 바가지가 심하기로 유명하다. 테르미니역 밖의 사설 수하물 보관소를 이용하는 것이 편리하다. p156 참고.

OPEN 07:00~21:00
PRICE 6€/4시간, 4시간 초과 시 1€/1시간, 12시간 초과 시 0.50€/1시간
WALK 24번 플랫폼 쪽 출구로 나가 좌회전해 통로를 따라 직진, 'Deposito bagagli'라고 쓰인 표지판이 있는 문 안으로 들어가 오른쪽으로 간다.

❶ 수하물 보관소. 입구에서 업무별로 번호표를 뽑고 기다린다.

❷ 우체국 Poste Italiane
OPEN 08:20~13:35 (토요일 ~12:35)
CLOSE 일요일
WALK 1번 플랫폼 쪽 출구로 나가 우회전해 130m 정도 가면 티그레(Tigre) 슈퍼마켓을 지나 있다.
WEB poste.it

❷ 우체국 밖에는 ATM도 있다.

❸ 화장실 Servizi igienci
테르미니역 지하 1층에 있는 유료 화장실(1.20€). 지하철 개찰기처럼 컨택리스 카드로도 결제할 수 있어서 편리하다.

OPEN 06:00~24:00
WALK 테르미니역 지하 1층. 슈퍼마켓 사포리& 딘토르니 코나드 옆에 있다.

❸ 화장살 입구. 컨택리스 카드도 사용 가능

❹ 슈퍼마켓 사포리 & 딘토르니 코나드 Sapori & Dintorni Conad
OPEN 05:30~23:30
WALK 테르미니역 지하 1층. 1번 플랫폼 쪽 출구로 나가기 전에 있는 에스컬레이터를 타고 내려간다.

❹ 슈퍼마켓 사포리 & 딘토르니 코나드

❺ 커피숍 모카 Moka
OPEN 24번 플랫폼 옆 08:00~22:00
WALK 24번 플랫폼 쪽 출구 옆, 공항버스 정류장 앞 등에 있다.

❺ 커피숍 모카

❻ 약국 Farmacia Farmacrimi
여행자들이 많이 찾는 마비스 치약이나 화장품 종류를 중점적으로 판매하는 역내 약국이다. 일정 금액 이상 구매하면 택스 리펀 서류도 발급해준다.

OPEN 07:00~21:00
WALK 1번 플랫폼 쪽 출구로 나가 우회전하면 바로 오른쪽에 있다.

여행자들의 이용이 많은 역 내의 맥도널드 | 통신사 매장은 1층과 지하 1층에 있다.

❻ 프로모션 행사 상품이 많다.

2. 저비용 항공

짧은 일정으로 유럽을 찾는 여행자가 많아지면서 장거리 구간의 저비용 항공 이용자가 급증하고 있다. 대형 항공사보다 훨씬 저렴하게 이동할 수 있지만 도심과 먼 공항을 이용하는 경우가 많아 이동 시간과 교통비가 추가로 들 수 있다. 예약 전 출발지와 도착지 공항까지의 이동 시간, 교통비, 수하물 추가 요금을 함께 확인하는 것이 좋다.

유럽의 대표적인 저비용 항공사인 이지젯(Easyjet), 라이언에어(Ryanair), 부엘링(Vueling) 등이 피우미치노 국제공항까지 항공편을 운항하며, 로마 시내와 좀 더 가까운 참피노 공항을 이용하는 경우도 있다. 저비용 항공 예약 방법에 대한 자세한 내용은 p070을 참고하자.

★
참피노 공항
WEB adr.it/ciampino

★
참피노 에어링크
Ciampino Airlink
표 **구매** 공항 내 자동판매기나 트렌이탈리아 홈페이지·앱
경로 공항 밖 7번 정류장(버스) → 참피노역(기차) → 테르미니역 도착
소요 시간 30~50분(버스 12분+기차 15분)
요금 편도 2.70€
*테르미니역에서 공항 가는 방법은 위 경로의 역순

▶ **참피노 공항에서 시내까지**

참피노 공항(Ciampino Airport, CIA)에서 시내까지는 공항버스를 이용하는 것이 가장 편리하다. 테르미니역까지 35분 정도 소요된다. 트렌이탈리아가 운영하는 참피노 에어링크(Ciampino Airlink) 버스를 타고 참피노역에서 내려 기차로 환승하는 저렴한 방법도 있으니 자신의 상황에 맞춰 선택하자.

▶ **테르미니역에서 참피노 공항까지**

로마 에어포트 버스와 테라비전은 테르미니역 건물 남쪽, 24번 플랫폼 쪽 출구와 연결되는 조반니 졸리티 거리(Via Giovanni Giolitti)의 정류장에서 출발한다. SIT 버스셔틀은 테르미니역 앞 500인 광장 근처의 정류장(Via Marsala, 5)을 이용한다. 티켓은 버스 기사나 버스 앞에 서 있는 직원에게 구매한다.

✚ **테르미니역행 공항버스 운행 정보** (공항 출발기준)

버스회사	테라비전	SIT 버스셔틀	로마 에어포트 버스
요금	편도 6€~	편도 6€~	편도 7€~
운행 시간	07:45~22:30(30분~2시간 간격)	08:45~22:15(1일 12회)	03:25~22:30(30분~2시간 간격)
홈페이지	terravision.eu	www.sitbusshuttle.it	romeairportbus.it

3. 시외버스

★
플릭스버스
WEB flixbus.it

이타부스
WEB itabus.it

코트랄 버스
WEB cotralspa.it

다국적 저가 장거리 버스인 플릭스버스(Flixbus)와 이탈리아 전역을 운행하는 신생 버스회사 이타부스(Itabus)가 이탈리아 내 장거리 노선의 양대산맥이다. 모두 홈페이지와 앱에서 편리하게 예약할 수 있다. 그밖에 이탈리아 내 대표주자로 마로치(Marozzi), 마리노(Marino) 등이 꼽힌다. 로마 근교행 노선은 코트랄(Cotral)이 운행한다. 로마에서는 기차를 이용하는 것이 일반적이지만 직행열차가 없는 지역이나 기차 파업 시에는 시외버스를 이용한다.

◆ **티부르티나 버스 터미널** Autostazione TIBUS(Roma Tiburtina)

시에나, 피렌체, 나폴리 등 이탈리아 주요 도시와 유럽 각지를 연결하는 장거리 노선이 출발하는 로마의 버스 운행 거점. 지하철 B선 티부르티나역에서 도보 5분 거리로 시내 이동이 편리하며, 시내버스 노선도 다양하다.

로마 시내 교통

로마에서는 지하철, 버스, 트램 모두 같은 승차권을 사용해 편리하다. 승차권은 지하철역 매표소와 자동판매기, 'T' 표시가 있는 타바키(Tabacchi)에서 구매할 수 있고 유효시간 내에는 세 교통수단을 자유롭게 환승할 수 있다. 단, 지하철은 개찰구를 한 번 나가면 재입장할 수 없다.

컨택리스 카드도 교통카드처럼 사용할 수 있다. 단말기에 터치하면 요금이 자동 결제되며, 24시간 동안 이용 요금이 합산돼 최대 24시간권 요금까지만 청구된다. 유효시간 내에는 지하철·버스·트램 간 무료 환승이 가능하다. 교통수단을 바꿀 때마다 반드시 카드를 단말기에 터치해야 하며, 터치하지 않으면 검표 시 벌금이 부과된다.

★ 로마 시내 교통 정보
WEB www.atac.roma.it

컨택리스 카드는 상단 단말기에 터치한다.

충전식 종이 카드는 노란색 원에 터치한다.

마그네틱 선이 있는 비충전식 1회용 종이 승차권은 노란색 투입구에 넣는다.

1. 지하철 Metro

로마의 지하철은 A선(오렌지색), B·B1선(파란색), C선(초록색) 3개 노선뿐이다. 도심 곳곳에 묻힌 유물을 보존하기 위해 토목공사가 엄격히 제한되기 때문이다. 2025년 12월에는 C선의 콜로세오/포리 임페리알리 연장 구간이 개통돼 주요 관광지 접근이 한층 편리해질 전망이다. 여행자가 주로 이용하는 A선(바티칸, 스페인 광장 등)과 B선(콜로세오 등)은 테르미니역에서 교차한다. 관광객이 많은 만큼 소매치기도 자주 발생하므로 주의가 필요하다.

승차권은 신형 자동판매기에서 충전식 종이 카드(Nuova +Roma Contactless Card)를 구매하는 것이 가장 편리하다. 4.50€ 이상 금액의 승차권(3회권 이상)을 구매하면 발급비 0.50€가 면제된다.

매표소와 타바키 등 공인 판매점에서는 발급비 1€가 추가되는 충전식 종이 카드(+Roma Contactless Card)를 구매할 수 있다. 마그네틱 선이 있는 비충전식 1회용 종이 승차권은 단계적으로 판매 중지될 예정이다.

문이 안 열릴 때는 녹색 버튼을 누른다.

개찰기 상단에 컨택리스 카드 단말기가 있다.

✚ 로마 지하철 운행 정보

노선	서쪽 종점	동쪽 종점	여행자에게 유용한 역(주요 관광지)
Linea A	Battistini	Anagnina	Ottaviano(바티칸), Spagna(스페인 광장), Flaminio(포폴로 광장)
Linea B	Laurentina	Rebibbia/Jonio(B1선)	Colosseo(콜로세오), Piramide(테스타초)
Linea C	San Giovanni	Monte Compatri–Pantano	Colosseo/Fori Imperiali(콜로세오, 포로 로마노, 포리 임페리알리)

*운행 시간 05:30~23:30(금·토요일 ~다음날 01:30)

✚ 로마 지하철·버스·트램 요금

종류	이탈리아어 표기	요금	유효시간
1회권	BIT	1.50€	개찰 후 100분
2회권	2 Bit 100 minuti	3€	개찰 후 100분(2회 사용)
3회권	3 Bit 100 minuti	4.50€	개찰 후 100분(3회 사용)
5회권	5 Bit 100 minuti	7.50€	개찰 후 100분(5회 사용)
10회권	10 Bit 100 minuti	15€	개찰 후 100분(10회 사용)
24/48/72시간권	Roma 24/48/72H	8.50€/15€/22€	개찰 후 각각 24/48/72시간

*컨택리스 카드 이용 시 성인 1회권 요금이 적용되며(다인 결제 불가), 24시간 이용 요금이 24시간권 요금(8.50€)을 초과하지 않도록 자동으로 계산·청구된다.

★ 테르미니역에서 지하철 타기
'Metro'나 빨간색 M 표지판, 오렌지색 A선, 파란색 B선 표지판 등을 따라 지하로 계속 내려가면 매표소를 지나 플랫폼이 나온다. 지하철이 움직이는 방향은 각 노선의 종점 이름을 기준으로 하니 목적지 역뿐 아니라 가는 방향의 종점 이름도 알아두자.

#CHECK

지하철 승차권 자동판매기를 이용하자

현금 전용, 카드 전용, 컨택리스 카드도 사용 가능한 신형 등 다양한 종류의 자동판매기가 있다.

❶ 지하철 승차권 자동판매기를 찾자.
'Biglietteria Automatica'라고 쓰여 있다. 여기서는 충전식 종이카드를 구매할 수 있고 컨택리스 카드도 사용 가능한 신형 자동판매기를 기준으로 설명한다.

❷ 영국 국기 모양을 터치해 영어 화면으로 바꾸자.
티켓을 처음 구매하면 'Buy Travel Tickets'을, 소지하고 있는 카드에 충전하려면 'Consult and Reload the Card'를 누른다.
첫 화면은 많이 구매하는 티켓의 종류로 구성돼 있다. 원하는 티켓이 있다면 바로 선택 가능.

❸ 승차권 종류를 선택하자.
1회권은 'Integrated Temporary Ticket 100 minute'를 선택한다.
24시간권은 'Roma 24 hours'을, 48시간권은 'Roma 48 hours'을 누르면 된다.

❹ 구매 매수를 선택하자.
'+' '–' 버튼을 눌러 구매 매수를 수정한다.

❺ 카드로 계산하자.
화면에 표시된 금액만큼 계산한다.
4.50€ 이상 금액의 승차권은 충전식 종이 카드 발급비 0.50€가 면제된다. 'Card'를 눌러 신용카드를 터치(컨택리스 카드) 또는 삽입한다.

*현금 전용 자동판매기를 사용할 경우 전면 상단에 'Only Loose Change Accepted'라고 적혀있으면 동전만 사용 가능하며, 'Maximum Change in Coins €**.00'라고 적혀있으면 잔돈을 **.00€까지만 돌려받을 수 있다는 뜻이다.

❻ 승차권이 인쇄될 때까지 기다리자.
잠시 기다리면 승차권이 나온다.

컨택리스 카드도 사용 가능한 신형 자동판매기

★ 신용카드 결제 가능!
역마다 다양한 형태의 자동판매기가 있다. 현금 또는 카드만 사용할 수 있는 것도 있고 컨택리스 카드 리더기가 있는 신형 기계도 있다. 컨택리스 카드 결제 시 우리나라보다 통신 시간이 꽤 오래 걸리는 편. 카드를 삽입해서 결제할 때는 비밀번호를 입력해야 하며, 모니터 화면이 아니라 키패드를 사용해 진행한다.

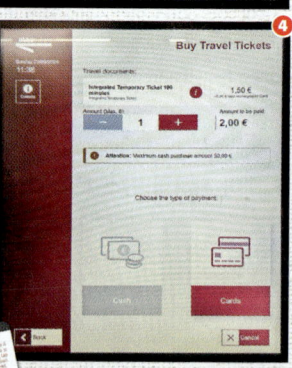

재충전해서 사용할 수 있는 충전식 종이 카드.

사용 전 뒷면에 여권과 동일한 이름(nome)과 성(cognome), 생년월일(일/월/년 순)을 적는다.

주요 버스 노선

40번(급행) 테르미니역~공화국 광장~베네치아 광장(Plebiscito)~아르젠티나(판테온)~비토리오 에마누엘레 다리(산탄젤로 성)

64번 테르미니역~공화국 광장~베네치아 광장~아르젠티나(판테온)~코르소 비토리오 에마누엘레(나보나 광장)~바티칸

85번 테르미니역~공화국 광장~바르베리니 광장~트레비 분수~베네치아 광장·캄피돌리오 언덕~콜로세오

119번 베네치아 광장→트레비 분수→트리니타 데이 몬티 성당→스페인 계단→포폴로 광장

버스로만 갈 수 있는 주요 관광 명소

보르게세 미술관, 판테온, 나보나 광장, 베네치아 광장, 진실의 입, 트라스테베레 등

버스에서 내릴 정류장은 어떻게 아나요?

대부분 버스에는 다음 정류장을 안내하는 전광판이 설치돼 있다. 전광판이 없거나 안내방송이 들리지 않더라도 목적지에 내리는 것은 생각보다 어렵지 않다. 버스를 탄 뒤 구글맵을 켜고 실시간으로 내 위치를 확인하다 명소와 가까워지면 내리면 된다. 목적지까지 구글맵의 길 찾기를 켜 두면 정류장을 지나치는 실수도 피할 수 있다. 혹시라도 내려야 할 정류장을 지나쳐도 정류장 간 거리가 가까워 금세 걸어갈 수 있다.

2. 버스 Autobus

로마 시내에는 주요 관광지를 연결하는 약 300개의 버스 노선이 있다. 버스는 '페르마타(Fermata)'라고 표시된 정류장에서 탑승하며, 여행자가 자주 이용하는 주요 정류장은 테르미니역과 베네치아 광장이다. 노선에 따라 다르지만 대체로 05:30~24:00에 10~20분 간격으로 운행한다. 승차권과 요금 체계는 지하철과 같으며, 유효시간 내에는 무료 환승이 가능하다.

지하철과 마찬가지로 컨택리스 카드로 결제할 수 있지만 버스 내 전용 단말기가 고장 나거나 꺼져 있는 경우가 있으니 주의해야 한다. 단말기 고장이나 결제 오류 등 불가피한 사유가 있더라도 유효한 승차권을 소지하지 않으면 검표 시 무임승차로 간주돼 벌금이 부과된다. 충전식 종이 카드는 컨택리스 단말기에 초록불이 켜질 때까지 2~3초간 터치하고, 비충전식 1회용 종이 승차권(단계적으로 판매 중지 예정)은 노란색 개찰기에 넣어 탑승일시를 각인한다. 컨택리스 단말기는 보통 차량 안쪽에, 노란색 개찰기는 운전석 옆에 있다. 버스에 오르자마자 승차권을 각인하거나 카드를 터치해야 무임승차로 오인받지 않는다.

테르미니역 앞 500인 광장의 버스 정류장. 버스 노선에 따라 플랫폼이 다르다.

컨택리스 카드와 충전식 종이 카드는 'tap & go'라고 쓰인 빨간색 단말기에 터치한다.

단말기 화면이 녹색으로 바뀌면 결제 완료!

비충전식 1회용 종이 승차권은 위쪽 투입구에 승차권의 화살표가 아래로 향하도록 집어넣어 탑승일시를 각인한다.

✚ 버스 표지판 읽는법

① 버스 정류장(FERMATA) 표지판을 찾자.
② 현재의 정류장 이름을 확인하자. 노선 운행 목록에도 네모 칸으로 표시돼 있다.
③ 원하는 목적지가 있는지 살펴보자.
④ 노선 운행 정보를 확인하고 현재 정류장에서 몇 번째 후에 하차하는지 알아두자.
⑤ 야간 버스(notturna). 지하철 운행이 끝나는 00:00~05:30에 30분~2시간 간격으로 운행한다. 버스 노선 번호 앞에 'n(notturna)'이라고 쓰여 있다.

@ 정류장 이름 옆의 'M'은 지하철 환승 가능, 정류장 이름 아래 괄호 안의 '숫자+fermata'는 그 거리에 정차하는 정류장의 개수를 뜻한다.
@ 구글맵의 버스 도착시간 안내나 정류장의 시간표는 거의 맞지 않으니 여유롭게 일정을 짜자.

3. 트램 Tram

트램(노면전차)은 주로 로마 외곽 지역을 운행해 여행자가 이용할 일은 드물다. 우리나라에서는 볼 수 없는 교통수단이라 한 번쯤 이용해보고 싶다면 콜로세오~테스타초~트라스테베레 구간을 운행하는 3번 트램과 베네치아 광장~트라스테베레 구간을 운행하는 8번 트램을 타보자. 승차권은 버스·지하철과 공용이며, 승차 방법은 버스와 같다. 컨택리스 카드 사용 가능.

1895년부터 운행을 시작한 로마의 트램

✚ 3번 트램 노선(양 방향 운행)

Museo Etrusco Valle Giulia(기·종점) ⇌ … ⇌ Porta S. Giovanni/Carlo Felice(산 조반니 인 라테라노 대성당) ⇌ … ⇌ Colosseo/Salvi N.(콜로세오) ⇌ Parco Celio(산 조반니 에 파올로 성당) ⇌ Aventino/Circo Massimo(대전차 경기장) ⇌ … ⇌ Aventino/Albania(아벤티노 언덕) ⇌ Porta S. Paolo(세스티우스의 피라미드, 바울의 문) ⇌ Marmorata/Galvani(테스타초 시장) ⇌ … ⇌ Porta Portese(포르타 포르테세 벼룩시장) ⇌ … ⇌ Trastevere/Min. P. Istruzione(트라스테베레) ⇌ … ⇌ Stazione Trastevere(기·종점)

4. 택시 Taxi

호텔(또는 민박집)에 요청하면 원하는 시간에 택시를 불러준다. 호텔 밖에서 이용할 때는 전화로 택시를 부르거나 역과 터미널, 관광지 등 시내 곳곳에 있는 택시 승차장으로 가서 탑승한다. 요금은 거리 기준으로 서울보다 2배 정도 비싸다고 생각하면 된다. 미터기를 이용해 정해진 요금만 받는 기사도 있지만 외국인 여행자에게는 미터기를 사용하지 않고 과한 요금을 흥정하려는 기사가 많다. 콜택시(전화 060609)나 '프리 나우' 같은 택시 호출 앱을 사용하면 이런 불편을 줄일 수 있다.

택시 승차장

✚ 로마 택시 요금

기본요금	평일 3.50€, 휴일 5€, 야간(22:00~다음날 06:00) 7.50€
추가 요금	운행 요금 7€까지 1.31€/1km, 7~25€ 1.42€/1km, 25€~ 1.70€/1km (로마 시내 대부분의 관광지·유적지 이동은 15~20€ 이내), 가방 추가 1€/1개, 전화 호출 4€
시내에서 공항까지 요금	피우미치노 국제공항 55€, 참피노 공항 40€

★ 스마트하게 택시를 부르자! 프리 나우 FREE NOW

로마, 밀라노, 나폴리 등 일부 대도시에서 프리 나우 앱을 통해 택시를 호출할 수 있다. 앱을 설치하고 회원 가입을 한 뒤, 결제 수단과 프로모션 코드를 등록하면 준비 완료! 출발지와 도착지, 출발 시각, 택시 유형 등을 선택한 뒤 호출하면 예상 요금과 도착 시각, 담당 기사의 정보 등을 파악할 수 있다. 목적지에 도착해 기사가 미터기에 표시된 금액을 앱에 전송하면 이용자가 결제 수단과 팁 여부를 선택해 결제할 수 있다.

5. 시티 투어 버스 City Tour Bus

로마 주요 명소를 순환하는 2층 버스. 정해진 노선을 따라 이동하며 원하는 정류장에서 자유롭게 승하차할 수 있고, 유효기간 동안 무제한으로 이용할 수 있어 명소를 찾아 이동하기에 편리하다. 24시간권은 33~36€(5~15세 16~19€)로, 온라인 예매 시 할인된다. 대표 노선은 시티 사이트싱 로마와 빅 버스 투어다. 승차권은 500인 광장 옆 매표소나 운전 기사에게서 구매하거나 공식 홈페이지에서 예매할 수 있다.

시티 사이트싱 로마

빅 버스 투어

★ 시티 사이트싱 로마
WEB city-sightseeing.it/rome

빅 버스 투어
WEB bigbustours.com/en/rome/rome-bus-tours

로마 실용 정보

여행자를 위한 주요 편의시설은 테르미니역 근처에 모여 있다. 여행 중에 어려움에 처했다면 관광 안내소를 찾아가 도움을 구하는 것도 좋은 방법이다. 예전에 비하면 역 주변 환경이 크게 개선됐으나, 여행자들이 많이 모이는 곳인 만큼 이를 노리는 사건사고가 많은 곳이니 항상 주의를 기울이자.

★ 관광 안내 키오스크 Tourist Infopoint

시내 곳곳에 관광 안내 키오스크가 마련돼 있다. 조금은 허술하지만 로마 여행과 관련한 다양한 정보를 얻을 수 있고 아래 키오스크에서는 로마 패스도 구매·수령할 수 있다.

코르소 대로
ADD Via Marco Minghetti(트레비 분수 근처)
OPEN 09:30~19:00

산탄젤로 성
ADD Piazza Pia
OPEN 09:30~19:00(11~3월 08:30~18:00)

참피노 공항
ADD 국제선 도착 로비
OPEN 08:30~18:00

피우미치노 공항
ADD 터미널 3 도착 로비
OPEN 08:30~20:00

★ 바티칸 우체국 Vatican Post

OPEN 08:30~18:00 (토요일 ~13:00)
CLOSE 일요일
WALK 산 피에트로 광장에서 대성당을 바라보고 왼쪽 앞(건물 안)과 왼쪽 끝(부스)에 있다./ 산 피에트로 대성당을 바라보고 오른쪽 회랑 뒤에 있다.

❶ 포리 임페리알리 관광 안내소 Tourist Infopoint Fori Imperiali

포리 임페리알리 거리의 포로 로마노 매표소 건너편에 있는 관광 안내소. 작지만 쉬어갈 수 있는 야외 카페테리아와 유료 화장실(1€)이 있어서 편리하다. 로마 패스는 물론 로마 관련 자료와 기념품도 판매한다.

ADD Via dei Fori Imperiali, 1　OPEN 09:30~19:00(7·8월 ~20:00)
METRO B·C선 콜로세오역(Colosseo)에서 포리 임페리알리 거리(Via dei Fori Imperiali)를 따라 콜로세오 반대 방향으로 직진하면 포로 로마노 매표소가 있는 길 건너편의 황토색 성벽 안에 있다.

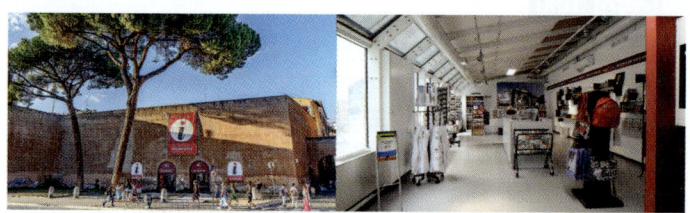

❷ 캐피털 러기지 디파짓 Capital Luggage Deposit : 수하물 보관소

여행자들에게 좋은 평가를 받는 유인 수하물 보관소. 무게 및 사이즈에 상관없이 단일 요금제다.

ADD Via Giovanni Giolitti, 127
OPEN 09:00~19:00
PRICE 7€/1일(온라인 예약 시 6€/1일)
WEB luggagedeposit.com

❸ 스토 유어 백 Stow Your Bags : 수하물 보관소

이탈리아 전역에 지점을 둔 무인 코인 라커. 로마에는 총 8곳이 있다. 1시간 단위로 원하는 시간만큼 짐을 맡길 수 있다. 스마트폰으로 예약 및 결제 가능. 가격이 비싼 편이므로 일행이 라커를 같이 사용할 때 추천한다.

ADD 테르미니역 주변 2곳, 바티칸 2곳, 콜로세오, 트라스테베레, 나보나 등
OPEN 07:00~23:00(나보나점은 09:00~18:30)
PRICE 1시간 소형 1.49€, 중형 2.49€, 대형 3.49€
WEB stowyourbags.com

❹ 우체국 Poste

로마 시내에서 여행자가 가장 많이 이용하는 우체국은 테르미니역 1번 플랫폼 방향에 있는 우체국과 바티칸시국의 우체국이다. 단, 로마에서 구매한 우표는 로마에서만, 바티칸에서 구매한 우표는 바티칸에서만 사용할 수 있다.

WEB poste.it

❺ 통신사 매장

여행자용 단기 심카드를 판매하는 통신사 중 이탈리아에서 가장 인지도 높은 브랜드는 팀(Tim)과 윈드 트레(Wind Tre)다. 테르미니역 안에 여러 곳의 매장이 있으며, 시내 곳곳에도 매장이 많다. 같은 회사라도 매장에 따라서 판매하는 옵션 조건과 요금이 모두 다르니 꼭 비교해보고 구매하자.

✚ 테르미니역의 통신사 매장

	팀 Tim	윈드 트레 Wind Tre
위치	– 테르미니역 1층 (14번 플랫폼 앞의 중앙통로 내) – 테르미니역 지하 1층 (사포리 & 딘토르니 코나드 부근)	– 테르미니역 1층 (19번 플랫폼 앞의 중앙홀 내), – 테르미니역 지하 1층 (팀 맞은편)
오픈	08:00~21:00	08:00~21:00

❻ 사포리 & 딘토르니 코나드 Sapori & Dintorni Conad : 슈퍼마켓

이탈리아의 대표적인 슈퍼마켓 체인. 슈퍼마켓, 편의점, 하이퍼마켓(식품 중심) 등 3가지 유형의 소매점 형태로 운영된다. 테르미니역 지하 1층 지점은 스낵 코너가 있고 여행자들이 즐겨 찾는 제품을 선물하기 좋게끔 포장해 놓기도 해 인기가 많다.

OPEN 테르미니역 지점 05:30~23:30

❼ 티그레 Tigre : 슈퍼마켓

로마의 주요 관광지 근처에 많은 지점을 둔 이탈리아 슈퍼마켓 체인. 백화점으로 성공한 가브리엘리 그룹이 로마의 쿱 슈퍼마켓 50여 개를 통째로 인수한 덕분에 여행자 접근성이 높은 관광 동선을 따라 자리 잡고 있다.

ADD Via Marsala, 35(테르미니역 내)/Via Giovanni Giolitti, 64(테르미니역 공항버스 정류장 근처), Via Gioberti, 30/E(한인민박 밀집 지역)/ Via del Pozzetto, 119(트레비 분수 근처) 등
OPEN 테르미니역 지점 07:00~21:00(일요일 08:00~20:30)
WEB oasitigre.it

티그레

❽ 엘리테 Elite : 슈퍼마켓

우수한 품질의 상품만 엄선해 판매하는 슈퍼마켓으로, 선물용 포장의 초콜릿이나 사탕, 송로버섯소스 등 우수한 상품이 많다. 자체적으로 구워내는 빵이 맛있기로 유명하고 다른 슈퍼마켓에는 없는 수입 맥주도 다양하게 갖췄다.

ADD Via Cavour, 230–236
OPEN 08:30~21:00(일요일 ~13:00)
METRO 콜로세오에서 도보 8분
WEB superelite.it

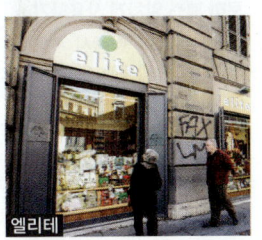
엘리테

❾ 한국식품 Alimentari Coreani : 슈퍼마켓

웬만한 한국 식품은 모두 구매할 수 있는 한국 식품 전문 슈퍼마켓. 라면 종류가 다양하고 고추장, 김, 햇반 등 여행 중 입맛을 달래줄 인스턴트 식품과 식재료가 충실하게 갖춰져 있다. 주인이 직접 만든 김밥도 인기 메뉴다.

ADD Via Cavour, 84
OPEN 09:30~20:30(일 ~19:30)
WALK 산타 마리아 마조레 성당 뒤쪽에 있다. 성당 정면에서 도보 2분

★ 폴리스 리포트 작성 가능한
경찰서 Polizia di Stato

■ **베네치아 광장 근처**
Commissariato Trevi Campo Marzio
◉ VFXJ+32 로마
ADD Piazza del Collegio Romano, 3
OPEN 09:00~24:30
(목요일 15:00~18:00)
CLOSE 일요일
WALK 베네치아 광장에서 도보 5분(도리아 팜필리 미술관 근처)

■ **산타 마리아 마조레 성당 근처**
Commissariato Viminale
◉ VFXX+FP 로마
ADD Via Farini, 40
OPEN 09:00~24:30
(목요일 15:00~18:00)
CLOSE 일요일
WALK 산타 마리아 마조레 성당에서 도보 1분/테르미니역 24번 쪽 출구에서 도보 4분

★ 알아두면 좋은
이탈리아 응급 전화번호

의료·경찰·소방 총괄 **112**
응급 의료 서비스(Emergenza Sanitaria) **118**
경찰(Polizia Stradale) **113**
소방서(Vigili del Fuoco) **115**

#CHECK

로마 패스, 자주 묻는 질문 Best 3

로마 패스
PRICE 72시간권 62.90€,
48시간권 38€
WEB www.romapass.it
*홈페이지와 앱에 로마 패스를 사용할 수 있는 장소가 상세히 나와 있으니 계획을 세울 때 참고하자.

로마 패스 앱

온라인 구매 후 등록

로마 패스를 판매하는 관광 안내소

로마 패스 알차게 사용하기
앱에서 구매하면 즉시 사용할 수 있으며, 박물관 입장 또는 대중교통 중 먼저 이용한 시점부터 유효기간이 시작된다. 박물관 입장 시 'Roma Pass Museum' 티켓의 QR코드를 직원에게 제시하면 스캔과 함께 자동 활성화된다. 대중교통 이용 시에는 'Roma Pass Public Transport' 티켓을 수동으로 활성화해 QR코드를 제시한다. 로마 시내는 도보 이동도 가능하지만 로마 패스를 이용한다면 대중교통 중심으로 동선을 짜는 편이 효율적이다.

❶ 로마 패스는 어떤 경우에 구매하나요?
로마 유적지와 박물관 통합 입장권을 대중교통 무료 탑승권과 결합한 관광 패스다. 바티칸 박물관은 로마 패스에 포함되지 않으며, 콜로세오·보르게세 미술관·바르베리니 미술관(토·일·공휴일)에 무료입장하려면 반드시 예약해야 한다. 로마에서 2~3박 이상 머물며 대중교통을 이용해 여러 유적지와 박물관을 방문할 계획이라면 유리하다.
로마 패스 스마트폰 앱에는 'Roma Pass Museum'(박물관·유적지 입장용)과 'Roma Pass Public Transport'(대중교통용) 두 티켓이 표시된다. 박물관 입장 또는 대중교통 중 먼저 이용한 시점부터 유효기간이 시작되므로 사용 직전에 활성화해야 한다. 예약이 필요한 시설이 늘고 있으니 구매 전 사용 방법과 휴관일을 확인하자.

❷ 어떤 혜택이 있나요?
ⓐ 첫 활성화 후 각각 48시간/72시간 동안 로마 시내 대중교통을 무제한 이용할 수 있다. 피우미치노 공항을 오가는 열차와 버스는 제외되며, 참피노 공항과 라우렌티나 메트로역을 잇는 720번 버스는 별도 요금 없이 이용할 수 있다.
ⓑ 48시간권은 처음 방문하는 유적지·명소 1곳, 72시간권은 2곳까지 무료입장이 가능하며, 이후에는 할인 요금으로 입장할 수 있다(할인율은 시설별로 다름). 콜로세오, 보르게세 미술관, 산탄젤로 성, 카피톨리니 미술관처럼 입장료가 비싼 곳을 먼저 방문하면 효율적이다. 콜로세오·팔라티노 언덕·포로 로마노는 1곳으로 간주된다.
ⓒ 산탄젤로 성이나 카피톨리니 미술관을 무료입장으로 선택하면 매표소 대기 없이 바로 입장할 수 있다. 단, 콜로세오·보르게세 미술관 등 예약 필수 장소는 예약을 완료해야 한다.
ⓓ 대전차 경기장 AR 뷰어 체험(Circo Maximo Experience), 지정 화장실(pstop.it) 무료 이용 등 부가 혜택이 제공된다.

❸ 어디서 구매하나요?
로마 패스 공식 앱(ROMA PASS)에서 회원가입 후 구매하면 'My tickets' 섹션에서 바로 사용할 수 있다. 공식 홈페이지나 공인 판매처에서 온라인 구매한 경우 이메일로 받은 QR코드 또는 PNR 코드를 앱에 입력하면 된다. 실물 카드는 시내 관광 안내소(테르미니 역, 피우미치노공항, 참피노공항, 산탄젤로성, 포리임페리알리 등)에서 구매할 수 있다.

✚ **로마 패스 이용자 vs 일반 여행자 경비 비교**(로마 3일 일정, 2025년 12월 기준)
첫째 날 콜로세오+팔라티노 언덕+포로 로마노(예약 필수)
둘째 날 보르게세 미술관, 바르베리니 미술관 **셋째 날** 산탄젤로 성

경비 내역	로마 패스 이용자	개별 티켓 이용자
로마 패스 72시간권 구매비	62.90€	–
콜로세오+팔라티노 언덕+포로 로마노 입장료	–	18€
보르게세 미술관 입장료	2€(예약비)	15€+2€(예약비)
바르베리니 미술관 입장료	2€	12€
산탄젤로 성 입장료	6.50€	16€
로마 지하철·버스·트램 72시간권	–	22€
합계	73.40€	85€

#CHECK
로마의 소매치기 유형별 대처 방법

❶ 혼잡한 지하철·버스 안을 노리는 유형
유형 여행자가 가장 많이 당하는 유형으로, 복잡한 지하철이나 버스를 타고 내릴 때 혼잡한 틈을 노려 주머니나 가방을 뒤진다.
대처 방법 절대 서두르지 말자! 급하게 타기보다는 차라리 다음 차를 타는 것이 좋다. 지하철은 사람이 적은 첫 칸과 마지막 칸을, 버스는 가운데를 이용하는 것이 안전하다. 지하철이나 버스를 탈 때는 마지막에 오르고 차내에서는 가방을 앞으로 메거나 바닥에 내려놓고 다리 사이에 두는 것이 좋다.

❷ 친절을 베풀며 기회를 노리는 유형
유형 노부부 또는 가족(2~3명)으로 가장해 여행자를 안심시킨다. 그런 다음 일부러 음료수를 흘린 후 옷을 닦아주거나 기차를 탈 때 짐을 들어주면서 가방이나 주머니를 뒤진다.
대처 방법 낯선 사람의 도움은 정중하게 거절하자. 특히 경황이 없을 때일수록 주의해야 한다.

❸ 무턱대고 주머니와 가방을 뒤지는 유형
유형 어린이나 여자 집시가 많다. 쇼윈도를 들여다보거나, 관광 명소에서 사진을 찍을 때 은근슬쩍 주머니와 가방을 뒤진다.
대처 방법 거리에 어린이나 여자 집시가 있으면 일단 경계한다. 다가와서 가방이나 옷을 만지면 크게 소리를 질러 쫓는다.

❹ 사복 경찰을 가장해 당당하게 지갑을 요구하는 유형
유형 2~3명이 함께 다닌다. 1명이 길을 묻거나 말을 걸면 다른 사람이 사복 경찰이라고 신분을 밝히며 여권을 요구한다. 이때 처음에 말을 건 사람이 놀란 척 여권을 꺼내며 분위기를 유도한다.
대처 방법 사복 경찰이 여행자를 검문하는 일은 없으므로, 여권을 꺼내거나 가방을 열어서는 절대 안 된다. 여권을 숙소에 두고 나왔다고 하거나, 경찰서에 가서 보여주겠다고 이야기한다.

❺ 기념품으로 현혹하는 유형
유형 2~3명이 함께 다닌다. 1명이 기념품을 팔면서 여행자를 현혹하고 1~2명은 물건을 고르는 척하면서 가방이나 주머니를 뒤진다.
대처 방법 길거리에서 물건을 구매할 때는 불편하더라도 가방을 앞으로 메는 것이 좋다. 주변에 갑자기 사람이 많아지면 쇼핑을 멈추거나 가방에 주의를 기울인다.

❻ 친근감을 보이며 접근하는 유형
유형 지하철 매표소나 자동판매기 앞에 줄을 서 있을 때 접근해 뜬금없이 자신의 신발이나 옷의 브랜드를 가리키거나 옷 또는 신발이 어느 브랜드냐고 물으면서 주의를 끈다.
대처 방법 대부분 친근하게 접근한 뒤 도움을 주는 척하면서 주머니나 가방을 뒤지므로 처음부터 도움을 거절하거나 아예 다른 곳으로 자리를 피하는 것이 가장 좋은 방법이다.

혼잡한 버스 정류장

길거리에서 불법으로 기념품을 파는 모습

테르미니역 앞에 있는 경찰. 경찰은 항상 정복을 입고 있다.

DAY PLANS

섹션 A~C의 코스는 콜로세오(콜로세움), 트레비 분수 등 로마 여행에서 빼놓을 수 없는 대표 명소로 구성한 추천 일정이다. 섹션별 소요 시간은 어떻게 보내느냐에 따라 다르겠지만 A·C·D는 각각 반나절 이상 걸린다. 섹션 B는 방대한 소장품을 자랑하는 바티칸 박물관이 포함돼 있어 거의 하루가 소요된다. 바티칸 박물관을 제외한다면 섹션 B 관람 후 산탄젤로 다리를 건너 섹션 C로 이어지는 코스도 좋다. 로마 역사 지구의 골목길을 걷다 보면 자연스럽게 나보나 광장으로 이어진다. 섹션 E는 벼룩시장이 열리는 일요일에 맞춰 방문하거나, 로마에 4일 이상 머물며 아침 일찍 둘러볼 수 있을 때 추천한다.

알찬 일정을 위해 준비해두세요

섹션 A·D 콜로세오 입장 예약 필수. 유적지 탐방 시 선크림 & 물 준비. 보르게세 미술관 입장 예약 필수

섹션 B 바티칸 박물관 입장 예약. 복장은 단정하게

Tip. 하루에 여러 섹션을 둘러볼 예정이라면 로마 대중교통 승차권 24시간권을 구매하자. 하루에 한 두 섹션만 돌아본다면 꼭 필요한 구간의 1회권을 구매하는 것이 더 경제적이다.

로마 옵션 A 오르비에토 오르비에토 기차역에 짐을 맡기고 로마~피렌체 구간을 이동하는 도중에 잠시 들를 수도 있다.

로마 옵션 B 아씨시 로마~피렌체 구간을 이동하는 도중에 들르는 것이 좋다.

Section A p164
콜로세오에서 진실의 입까지

❶ 테르미니역
↓ 지하철 B선 Colosseo 하차
❷ 콜로세오
↓ 도보 1분
❸ 코스탄티노 개선문
↓ 도보 10분
❹ 팔라티노 언덕
↓ 도보 5분
❺ 포로 로마노
Option ❻ 포리 임페리알리
↓ 도보 10분
❼ 베네치아 광장 & 비토리오 에마누엘레 2세 기념관
↓ 도보 1분
Option ❽ 제수 성당
Option ❾ 도리아 팜필리 미술관
↓ 도보 5분
❿ 캄피돌리오 광장
⓫ 카피톨리니 미술관
↓ 도보 12분
⓬ 진실의 입
Option ⓭ 대전차 경기장
Option ⓮ 카라칼라 욕장

Section B p190
바티칸시국

❶ 테르미니역
↓ 지하철 A선 Ottaviano 하차
⓯ 바티칸 박물관
↓ 도보 15분
⓰ 산 피에트로 대성당
⓱ 산 피에트로 광장
↓ 도보 12분
⓲ 산탄젤로 성

Section C p214
나보나 광장에서 포폴로 광장까지

❶ 테르미니역
↓ 64번 버스 Navona 하차
⓳ 나보나 광장
Option ⓴ 산 루이지 데이 프란체시 성당
↓ 도보 5분
㉑ 판테온
↓ 도보 10분
㉒ 트레비 분수
↓ 도보 8분
㉓ 스페인 광장
↓ 도보 10분
㉔ 포폴로 광장
Option ㉕ 산타 마리아 델 포폴로 성당

Section D p236
테르미니역에서 보르게세 공원까지

❶ 테르미니역
↓ 도보 5분
㉖ 로마 국립 박물관
↓ 도보 5분
㉗ 산타 마리아 델리 안젤리 성당
↓ 도보 1분
㉘ 공화국 광장
↓ 도보 4분
㉙ 산타 마리아 델라 비토리아 성당
Option ㉚ 산 카를로 알레 콰트로 폰타네 성당
↓ 도보 10분
㉛ 국립 고전 미술관(바르베리니 궁전)
↓ 도보 5분
㉜ 바르베리니 광장
Option ㉝ 보르게세 공원
↓ 도보 20분
㉞ 보르게세 미술관

Section E p248
트라스테베레에서 테스타초까지

❶ 테르미니역
↓ 64번 버스 Sonnino/S. Gallicano 하차
㉟ 산타 마리아 인 트라스테베레 성당
↓ 도보 15분
㊱ 포르타 포르테세 벼룩시장
↓ 도보 15분
㊲ 세스티우스의 피라미드
↓ 도보 1분
㊳ 성 바울의 문
Option ㊴ 말타 기사단의 열쇠 구멍

Roma Option A p254
오르비에토

테르미니역
↓ 기차로 1시간 20분~1시간 40분 소요
● 오르비에토

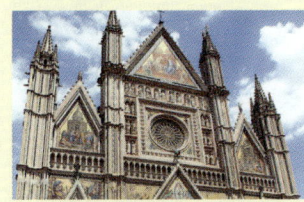

Roma Option B p264
아씨시

테르미니역
↓ 기차로 2~3시간 소요
● 아씨시

01 로마 여행의 시작과 끝
테르미니역 Stazione di Roma Termini

로마행 기차의 종착역이자 이탈리아와 유럽 주요 도시로 향하는 출발점 역할을 한다. 역 안에는 관광 안내소, 수하물 보관소, 슈퍼마켓, 카페, 우체국 등 여행자에게 필요한 편의시설을 모두 갖추고 있으며, 역 주변에는 한인 민박을 비롯해 다양한 등급의 호텔이 모여 있다. 기차역 플랫폼에는 유리 차단문이 설치돼 있어서 승차권을 소지한 사람만 드나들 수 있다. 기차에서 내려 유리 차단문을 통과한 후 정면 쪽 출구로 나가면 바로 500인 광장이 나온다. 바티칸 박물관과 스페인 광장에 갈 때 주로 이용하는 지하철 A·B선도 기차역 지하에서 교차한다.

G 로마 테르미니 M MAP ❷-D
METRO A·B선 테르미니(Termini)역 하차

이탈리아 최대 규모의 기차역

유레일패스가 아닌 기차표는 자동판매기를 이용한다.

◆ **500인 광장** Piazza dei Cinquecento

테르미니역 앞에 있는 광장으로, 1887년 에티오피아와 치른 전쟁에서 전사한 500명의 병사를 추모하기 위해 조성했다. 지금은 로마의 시내버스 터미널로 사용하고 있다. 총 50개의 주·야간 시내버스 노선이 A부터 F까지 6개 플랫폼에 나누어 서며, 시티 투어 버스도 정차한다.

로마 시내를 순회하는 대부분 버스가 정차한다.

500인 광장에 있는 시티 투어 버스 티켓 매표소

02 콜로세오 (콜로세움) Colosseo
로마인의 함성 소리가 들려오네

◎ 로마 콜로세움 Ⓜ MAP ❺-C
ADD Piazza del Colosseo
OPEN 08:30~19:15(3월 ~17:30, 10월 ~18:30, 11~2월 ~16:30)/폐장 1시간 전까지 입장
CLOSE 1월 1일, 12월 25일
PRICE 콜로세오+포로 로마노+팔라티노 언덕+포리 임페리알리 통합권 18€~, 17세 이하 무료/
매월 첫째 일요일 무료입장/
예약 권장(체험 입장권은 예약 필수)/ 로마 패스
METRO B·C선 콜로세오(Colosseo)역에서 바로
BUS 500인 광장에서 75번을 타고 콜로세오(Colosseo) 정류장 하차
WEB 예약 ticketing.colosseo.it/en/

콜로세움? 콜로세오?
고대 로마제국 당시에는 라틴어 표기에 따라 '콜로세움(Colosseum)'으로 불렸지만 현재는 이탈리아어 표기법인 '콜로세오'로 불린다.

서기 80년, 황제 베스파시아누스가 로마 시민을 위해 세운 거대한 4층 구조의 타원형 경기장. 본래 이름은 '플라비우스 원형극장'이지만 압도적인 규모 때문에 '거대하다'는 뜻의 라틴어 '콜로살레(Colossale)'라는 별명이 굳어져 지금의 정식 명칭이 되었다. 로마식 아치 구조 위에 그리스의 세 기둥 양식(1층 도리아식, 2층 이오니아식, 3·4층 코린트식)을 결합해 세운 정교한 구조미는 지금 봐도 놀랍다.

콜로세오는 황제와 귀족은 물론 자유민, 여성, 노예까지 함께 즐기던 문화·스포츠 공간이었다. 맹수 시합과 검투사 경기, 서커스, 연극 등이 이곳에서 열렸다. 황궁이나 신전이 아닌 공공 건축물로 5만 명을 수용할 수 있는 규모를 실현했다는 점도 놀랍지만 2000년 전에 완성된 시설이라 믿기 어려울 만큼 정교하고 치밀한 설계가 감탄을 자아낸다. 공연이 끝나면 80여 개의 아치문을 통해 15분 만에 관객 전원이 빠져나올 수 있었고, 동물 전용 엘리베이터와 비나 햇빛을 가리는 개폐식 천막 지붕(벨라리움 Velarium)까지 갖추고 있었다.

안타까운 사실은 과거의 모습 그대로 보존되지 못하고 1/3 정도만 남아 있다는 것. 16세기 무렵 르네상스 건축 붐이 일면서 로마 귀족들이 기둥과 장식을 떼어 자신들의 궁전을 장식했기 때문이다. 원래 모습은 <글래디에이터>나 <로마> 같은 영화와 드라마를 통해 상상해볼 수 있다.

◆ 콜로세오의 구조

길이 189m, 폭 156m의 타원형 구조로, 고대 로마 유적 중 가장 큰 규모를 자랑한다. 외벽의 높이는 48m(원래 52m), 둘레는 527m에 이른다. 여러 차례의 지진에도 완전히 무너지지 않은 것은, 지하 6m까지 파 내려간 견고한 기초 위에 화산재와 석회 반죽에 자갈을 섞은 콘크리트로 지었기 때문이다. 1~3층의 관중석과 다락(Attic)으로 구성된 4층 구조이며, 2·3층 아케이드의 기둥에는 신화 속 인물의 동상이 장식돼 있었다. 벽면에는 건설과 보수 과정에서 비계를 고정하기 위해 사용한 목재를 끼웠던 구멍이 남아 있다.

중앙 무대인 아레나의 바닥은 접고 펼 수 있는 수백 개의 나무판으로 덮여 있어 자연광과 공기가 통하도록 설계됐다. 그러나 19세기 고고학자들이 경기장 아래의 구조물을 발굴하면서 바닥을 복원하지 않아 지금은 일부 구간만 덮인 채 내부가 훤히 드러나 있다.

◆ 내부 관중석

3층으로 구성된 관중석은 가파르게 설계돼 모든 관객이 무대를 잘 볼 수 있었다. 가장 좋은 자리는 1층 남쪽과 북쪽의 가장자리로, 황족과 베스타 사제들의 전용석이었다. 그 옆에는 원로원 의원석이 있었고 그 위층은 귀족과 기사들의 자리였다. 나머지는 로마 자유시민의 공간으로, 아래쪽은 부유층이, 위쪽은 서민이 차지했다. 가장 높은 맨 위층은 여성과 노예들의 자리였다.

> **MORE**
> **콜로세오에 대한 오해와 궁금증**
>
> 콜로세오에서 가장 인기 있었던 종목은 단연 검투사 경기였다. 영화나 소설에서는 피에 굶주린 관중을 위해 노예가 희생되는 잔혹한 장면으로 묘사되지만 실제는 조금 달랐다. 검투사들이 모두 노예 출신이었던 것은 아니며, 위험한 만큼 명성과 보수가 컸기 때문에 후대에는 자유민 출신이 전체의 3분의 1에 달했다. 심지어 로마 제국 쇠퇴기의 황제 코모두스(재위 177~192년)처럼 직접 경기에 나선 황제나 귀족도 있었다. 또 훈련된 검투사들은 몸값이 매우 비쌌기 때문에 매번 죽음으로 끝나는 일은 드물었다. 일부는 귀부인들의 열렬한 관심을 받으며 후에는 오늘날의 스포츠 영웅처럼 추앙받기도 했다.

콜로세오 입장 노하우

❶ 통합권 종류와 혜택 따져보기
콜로세오, 팔라티노 언덕, 포로 로마노는 개별 입장권이 없고 통합권으로만 입장할 수 있다. 각 장소는 한 번씩만 들어갈 수 있으며, 팔라티노 언덕과 포로 로마노는 내부에서 서로 연결돼 있어 입장했을 때 2곳을 한 번에 둘러봐야 한다. 통합권은 기본·체험·온리 아레나 입장권 3종류로 나뉜다. 기본 입장권은 콜로세오 관중석 하층, 팔라티노 언덕, 포로 로마노, 포리 임페리알리를 관람할 수 있고, 체험 입장권은 여기에 콜로세오의 특정 구역과 '슈퍼 사이트(복원 유적지 및 전시실)' 관람이 추가된다. 온리 아레나 입장권은 체험권에서 콜로세오 관중석 입장이 제외된 형태다.

❷ 체험 입장권은 예약 필수
체험 입장권은 인기가 많고 판매 수량이 한정돼 있어 예약이 열리면 순식간에 매진된다. 로마 현지 시각 기준으로 입장 30일 전, 아레나 체험 입장권은 7일 전부터 예매가 시작된다. 예를 들어 3월 31일 오전 9시 입장을 원한다면 3월 1일 오전 9시부터 예약할 수 있다. 원하는 날짜와 시간을 확보하려면 예약 오픈 시간에 맞춰 미리 대기해야 한다.

*예약 오픈 일정은 바뀔 수 있으니 예약 사이트를 수시로 체크하자.

❸ 기본 입장권도 예약하고 가기
기본 입장권은 비수기 평일의 한적한 시간대라면 당일 예약이나 현장 구매도 가능하다. 그러나 성수기나 주말에는 매진되거나 현장에서 오랜 시간 기다려야 할 수 있다. 방문 전 예약 사이트에서 남은 티켓 상황을 확인하자. 온라인 예약은 로마 현지 시각 기준으로 입장 30일 전 오픈된다.

❹ 여권과 예약 티켓 챙기기
결제 후 이메일로 받은 QR코드 티켓(PDF 파일)은 출력하거나 스마트폰에 저장해 QR코드가 잘 보이게 준비한다. 입장 시 여권과 함께 검표원에게 제시해야 하며, 티켓에 적힌 이름과 여권의 영문명을 대조하므로 예약할 때 여권 표기와 동일하게 입력해야 한다. 입장은 코스탄티노 개선문 근처에 있는 콜로세오 '개별 입장(Individuals)' 줄을 이용한다.

❺ 예약 시간 엄수하기
예약 시 지정한 콜로세오 입장 시각이 지나면 티켓은 무효가 된다. 보안 검색과 예상치 못한 상황에 대비해 여유롭게 도착하자. 입장 시각 15분 전까지는 줄을 서는 것이 좋다.

❻ 로마 패스로 입장권 예약하기
로마 패스 소지자와 일반 입장객에게 할당된 입장권 수는 다르다. 주말이나 성수기에는 일반 입장권이 매진돼도 로마 패스 소지자용 입장권이 남아 있을 수 있으니 확인해보자. 급한 경우 로마 패스 소지자 자격으로 콜로세오 입장권을 먼저 예약한 뒤 입장 전 로마 패스를 구매해 소지하면 된다.

매표소

로마 패스 소지자 예약 방법
로마 패스 소지자라도 콜로세오에 입장하려면 반드시 예약해야 한다. 콜로세오 공식 예약 사이트(ticketing.colosseo.it/en)에 접속해 'INDIVIDUALS'를 클릭하면 다양한 입장권 리스트가 나온다. 그중에 '24h-Colosseum, Roman Forum, Palatine'을 선택한 후 상단에 보이는 'FOR HOLDERS OF THE ROME PASS, VIEW IF AVAILABLE HERE'의 빨간색 글자를 클릭하면 로마 패스 전용 예약 창이 열린다. 여기에 인원수, 콜로세오 입장 날짜와 시각, 'Free(Roma Pass)'를 선택해 예약한다. 입장 일시 지정은 콜로세오만 한다. 콜로세오 방문 시에는 PDF 티켓과 로마 패스를 모두 가져갈 것. 로마 패스가 없으면 예약이 무효로 간주돼 입장할 수 없다.

무료입장 꼼꼼하게 챙기기
17세 이하는 예약 과정에서 '18세 미만 무료입장(Free admission Under 18 according to regulation)'을 선택해 무료로 예약할 수 있다. 단, 입장권 종류에 따라 예약비가 발생할 수 있다. 이메일로 QR코드 티켓을 받았다면 QR코드로 바로 입장할 수 있고, QR코드 티켓이 없다면 방문 당일 현장 직원의 안내에 따라 보안 검색 통과 후 무료입장권을 받을 수 있다(여권 지참 및 성인 동반 필수).

매월 첫째 일요일 무료입장은 온라인 예약 없이 매표소에서 선착순으로 입장권을 배부한다. 원하는 시간대에 입장하려면 줄을 오래 서야 할 수 있다.

다락과 지하는 안내 표지판을 따라 미팅 포인트로 간다.

콜로세오가 포함된 통합권 종류

구분	기본 입장권	체험 입장권			24시간 온리 아레나 24h-Only Arena
	24시간 콜로세오, 포로 로마노, 팔라티노 24h-Colosseum, Roman Forum, Palatine	지하 & 아레나 Full Experience –Underground Levels and Arena	최상층 다락 Full Experience Ticket with Entry to The Attic of The Colosseum	아레나 Full Experience Ticket with Entry to The Arena of The Colosseum	
요금	18€	24€	24€	24€	18€
온라인 예약	입장 30일 전~	입장 30일 전~	입장 30일 전~	입장 7일 전~	입장 30일 전~
유효기간	개시 후 24시간	2일	2일	2일	개시 후 24시간
콜로세오 관중석 하층	O	O	O	O	X
콜로세오 관중석 3층 & 2~3층 중간 갤러리	X	X	O	X	X
콜로세오 아레나	X	O	X	O	O
콜로세오 지하	X	O	X	X	X
콜로세오 다락	X	X	O	X	X
포로 로마노	O	O	O	O	X
팔라티노 언덕	O	O	O	O	X
슈퍼 사이트 ★	X	O	O	O	X

* '유효기간 2일'은 48시간이 아니라 연속된 2일을 의미한다. 콜로세오 입장 일을 포함해 이틀 동안 사용 가능.
* 아레나는 무료입장일, 슈퍼 사이트는 1월 1일·1월 5일·12월 25일·무료입장일에 휴장한다.
* ★ 슈퍼 사이트(SUPER Sites)
  - 팔라티노 언덕: 아우구스투스 황제의 궁터(월요일 휴무)와 지하, 리비아의 집(화요일 휴무), 티베리우스 황제의 궁터(전시실), 고대 산타 마리아 교회, 팔라티노 박물관(아래층만), 네로 황제의 초기 궁전(Domus Transitoria, 현재 입장 불가)
  - 포로 로마노: 로물루스 신전, 쿠리아 율리아

◆ 아레나 Arena & 지하 Sotterranei(Underground)

본래 모래가 덮여 있던 아레나의 크기는 83m×48m이며, 현재 흔적만 남아 있다. 검투사 대기소와 맹수 우리, 통로가 미로처럼 얽혀 있는 무대 아래 지하 공간은 6세기부터 땅속에 묻혔다가 19세기에 처음 발견돼 복원 작업을 마치고 2021년 대중에 공개됐다. 지하 & 아레나 체험 입장권을 구매하면 콜로세오 입장 후 미팅 포인트에서 인솔자와 함께 지하로 내려가 15분가량 지하 공간을 둘러보고 검투사의 전투 무대인 아레나를 자유롭게 관람할 수 있다. 온리 아레나 입장권은 아레나 체류 시간이 20분으로 제한된다.

◆ 다락 Attico

관중석과 아레나, 지하까지 시원하게 내려다보이는 콜로세오 최고의 전망대. 도미티아누스 황제(재위 81~96년)가 3층 관중석에 추가로 올렸다. 다락은 관중석이 아니라 뜨거운 태양으로부터 관객들을 보호하기 위해 설치된 천막 고정 장치를 지탱하는 벽이다. 꼭대기에는 240개의 구멍이 있는데, 여기에 벨라리움이라는 두꺼운 천을 달아 햇볕을 막았다고 한다. 최상층 다락 입장권 소지자는 콜로세오 입장 후 안으로 쭉 들어가 오른쪽 엘리베이터를 타고 3층에서 내려 콜로세오 최상층의 다락까지 계단을 올라간다.

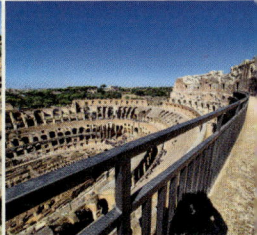

여긴 몰랐지?!
콜로세오 포토 포인트 2

아니발디 다리에서 바라본 콜로세오 전경

Point 1 아니발디 다리 Ponte degli Annibaldi

최근 주목받는 로마의 '힙플레이스', 몬티 지구(Rione Monti) 언덕 초입에 놓인 보행자 전용 다리다. 다리 아래 가운데 축을 따라 콜로세오를 향해 뻗은 일방통행로 덕분에 그 시선의 끝에 가 닿는 콜로세오가 더욱 장대하게 바라보인다.

아니발디 다리

Point 2 니콜라 살비 거리 Via Nicola Salvi

오피오 언덕(Colle Oppio) 아래에 조성된 완만한 오르막길. 돌을 쌓아 올린 도로 난간에 걸터앉으면 콜로세오를 배경으로 멋진 사진을 남길 수 있는 '인스타 핫플'이다.

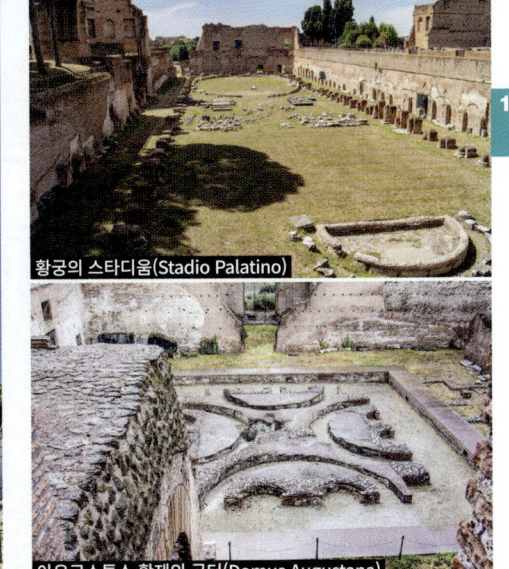

황궁의 스타디움(Stadio Palatino)

아우구스투스 황제의 궁터(Domus Augustana)

03 코스탄티노 개선문
파리 개선문의 효시
Arco di Costantino

콜로세오에서 나오면 바로 옆에 3개의 아치가 있는 커다란 건축물이 보인다. 로마에서 가장 큰 개선문(높이 21m, 너비 25m)으로 콘스탄티누스 황제(재위 306~337년, 기독교를 공인하고 수도를 비잔티움(지금의 이스탄불)으로 옮김)가 '밀비우스 다리 전투'에서 승리한 것을 기념하기 위해 315년에 세운 것이다. 이 개선문은 19세기에 나폴레옹의 명령으로 파리로 옮겨질 뻔했지만 다행히 기술적인 문제로 실행되지는 않았다. 대신 이 개선문을 본떠 파리 샹젤리제 거리의 개선문과 루브르 박물관 앞의 카루젤 개선문을 만들었다.

🄶 콘스탄티누스 개선문 Ⓜ MAP ❺-C
METRO B·C선 콜로세오(Colosseo)역 밖으로 나오면 정면 200m 앞에 있다. 도보 2분

밀비우스 다리 전투(312년)
콘스탄티누스 황제가 막센티우스 황제에게 승리하고 서로마제국의 단독 황제가 되어 로마를 재건한 계기가 된 전쟁. 콘스탄티누스 황제가 꿈속에서 본 십자가 형상을 무기와 깃발에 새겨 넣어 승리했다는 일화가 유명하다.

MORE
콘스탄티누스 황제 관련 로마의 명소
포로 로마노의 바실리카 막센티우스(p176), 산 조반니 인 라테라노 대성당(p212)

04 팔라티노 언덕
위풍당당 로마가 시작된 곳
Monte Palatino

콜로세오와 포로 로마노 사이에 있는 언덕. 건국 신화에 따르면 로마의 시조 로물루스가 팔라티노 언덕의 동굴에서 동생과 함께 늑대의 젖을 먹고 자랐다고 한다. 기원전 2세기부터는 고급 주택지로 이용됐는데, 로마의 황제들도 이곳에 궁전을 지어 로물루스의 정통성을 이어받고자 했다. 언덕을 오르다 보면 황궁의 스타디움, 로물루스의 집, 아우구스투스 황제(재위 BC 27년~AD 14년, 로마 제정 시대의 첫 번째 황제)의 궁터, 도미티아누스 황제(재위 81~96년, 콜로세오를 완공한 티투스 황제의 동생) 궁전의 스타디움 등의 볼거리가 있지만 무엇보다 여기서 내려다보는 대전차 경기장과 포로 로마노의 탁 트인 전망이 인상적이다.

🄶 팔라티노 언덕 Ⓜ MAP ❺-C
ADD Via di S. Gregorio, 30
OPEN 콜로세오와 동일
PRICE 콜로세오와 동일
WALK 콜로세오 출구에서 코스탄티노 개선문을 왼쪽에 두고 서면 정면에 보이는 골목(Via Sacra)으로 도보 2분. 포로 로마노와 연결돼 있다./코스탄티노 개선문에서 남쪽으로 도보 5분 거리에도 입구가 있다.

로마를 세운 이들이 태어난 신화 속 동굴
로물루스와 레무스 형제가 늑대의 젖을 먹고 자란 장소로 알려진 루페르칼레 동굴로 추정되는 유적지가 2007년에 발견됐다. 아우구스투스 황제 궁터 지하 16m 지점에서 발견됐는데, 붕괴 우려 때문에 내부 모습은 공개하지 않는다.

05 고대 로마의 살아 있는 역사 교과서
포로 로마노
Foro Romano

포로 로마노(라틴어 이름은 Forum Romanum)는 팔라티노 언덕과 캄피돌리오 언덕 사이에 자리 잡고 있어 동쪽으로 가면 콜로세오, 서쪽으로 가면 테베레 강에 이른다. 기원전 8세기부터 1000년 이상 로마제국의 정치·사회·경제·종교의 중심지였으나 로마제국 몰락 후 테베레 강이 범람하면서 흙 속에 묻혔다. 18세기부터 발굴 작업을 시작했으며, 현재까지도 발굴하고 있다. 세베루스의 개선문과 로물루스의 신전 등 비교적 보존 상태가 양호한 것도 있지만 기둥과 초석만 남은 곳도 있어 길을 찾기가 쉽지만은 않다. 팔라티노 언덕과 포로 로마노는 한 번에 다 둘러봐야 하며, 한 곳만 보고 밖으로 나갔다 다른 입구로 들어갈 경우 재입장할 수 없으니 주의하자.

ⓒ 포로 로마노 M MAP ❺-A·C
ADD Piazza di Santa Maria Nova, 53
OPEN 콜로세오와 동일
CLOSE 1월 1일, 5월 1일, 12월 25일
PRICE 콜로세오와 동일
WALK 콜로세오에서 도보 5분/팔라티노 언덕과 연결/베네치아 광장에서 포리 임페리알리 거리(Via dei Fori Imperiali)로 도보 5분/캄피돌리오 광장에서 시청사(세나토리오 궁전)를 바라보고 왼쪽 골목으로 내려가 포리 임페리알리 거리가 나오면 우회전. 매표소까지 도보 7분
WEB 예약 coopculture.it/en/poi/colosseum/

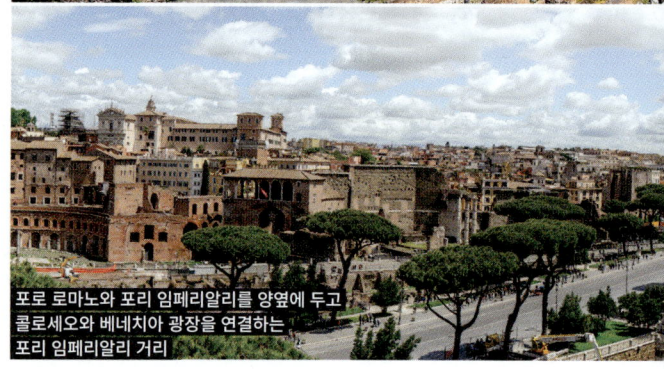

포로 로마노와 포리 임페리알리를 양옆에 두고 콜로세오와 베네치아 광장을 연결하는 포리 임페리알리 거리

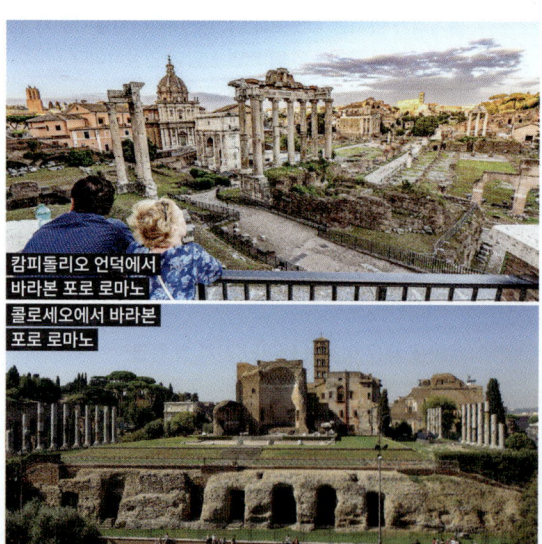

캄피돌리오 언덕에서 바라본 포로 로마노
콜로세오에서 바라본 포로 로마노

포로 로마노란?
포로 로마노는 '로마인의 광장'이란 뜻으로, 고대 로마인이 모여 생활하던 중심지다. 포로(Foro)는 영어 '포럼'의 기원이 된 라틴어 '포룸(Forum)'의 이탈리아어로 공공 집회 장소를 뜻하며, 원로원 의사당과 신전 등 공공 기구와 일상에 필요한 시설을 갖춘 곳이었다.

포로 로마노는 위에서 내려다볼 것!
포로 로마노를 제대로 둘러보려면 먼저 팔라티노 언덕이나 캄피돌리오 언덕에서 포로 로마노를 전체적으로 바라보는 것이 가장 좋다. 언덕에서는 폐허로 남은 신전, 바실리카, 승리의 개선문 등이 한눈에 내려다보이며, 승전 행진과 종교 행진을 하며 유피테르(제우스) 신전에 참배하기 위해 포로 로마노를 통과한 사크라 거리(신성한 길)도 볼 수 있다.

트라야누스 기둥

Option 06 황제들의 포룸
포리 임페리알리 Fori Imperiali

공화정이 무너지고 로마제국이 탄생하면서 황제의 이름으로 건설된 포룸(Forum)이 등장하기 시작했다. 기원전 46년부터 기원후 113년까지 약 150년에 걸쳐 카이사르와 4명의 황제가 자신들의 업적을 자랑하기 위해 광장을 하나씩 지은 것이다. 그렇게 건설된 5개의 포룸이 하나의 구역에 모여 있었는데, 파시즘으로 승승장구하던 무솔리니가 군사 퍼레이드를 벌이기 위해 1932년에 베네치아 광장에서 콜로세오에 이르는 대로, 포리 임페리알리 거리(Via dei Fori Imperiali)를 건설하면서 지금처럼 남북으로 나뉘었다. 포리 임페리알리 거리 북쪽에는 아우구스투스 황제의 포룸(Foro di Cesare)과 트라야누스 황제의 포룸(Foro di Traiano)이, 포로 로마노가 있는 남쪽에는 카이사르의 포룸(Foro di Cesare)과 베스파시아누스 황제의 포룸(Tempio della Pace 또는 Foro della Pace)이 있고 네르바 황제의 포룸(Foro di Nerva)이 길 양쪽에 걸쳐 있다. 밖에서도 잘 보이지만 콜로세오 통합권에 포함돼 있으니 유효기간 내에 한 번 방문해보자. 로마제국이 최대의 영토 확장을 누린 시기에 건립된 ❶ 트라야누스 시장도 들어가 볼만하다.

🚇 트라야누스 원주 Ⓜ MAP ❺-A·C
ADD Via dei Fori Imperiali
OPEN 09:00~19:15(3월 ~17:30, 9월 ~19:00, 10월 ~18:30, 11~2월 ~16:30)/매년 날짜가 조금씩 다름
CLOSE 1월 1일, 12월 25일
PRICE 포리 임페리알리 단독 입장 7€/**콜로세오 통합권**에 포함
WALK 베네치아 광장에서 도보 5분/콜로세오에서 도보 8분
WEB 예약 coopculture.it/en/poi/colosseum/ | 트라야누스 시장 mercatiditraiano.it

---

MORE
포리 임페리알리의 핵심 명소

■ **트라야누스 시장 Mercati di Traiano**
113년 트라야누스 포룸에 개관한 6층 건물. 150여 개의 상점과 사무실을 갖춘 세계 최초의 복합쇼핑몰로 알려졌지만 트라야누스 행정부의 종합청사였다는 주장도 있다. 남은 유적 건물은 포룸에서 출토된 유물들을 전시한 박물관(Museo dei Fori Imperiali, 17.50€+예약 수수료 1€)으로 사용되고 있다.

■ **트라야누스 기둥 Colonna Traiana**
트라야누스 황제의 다키아(현재의 루마니아) 원정기를 부조로 새긴 대리석 기둥. 트라야누스 부부의 유골이 기둥 바닥에 안장돼 있다.

Zoom In & Out
포로 로마노

❶ 안토니누스와 파우스티나 신전 Tempio Antonino e Faustina

입구 왼쪽에 십자가가 있는 건물로 안토니누스 황제(재위 138~161년, 5현제 중 네 번째 황제)가 그의 아내 파우스티나 황비를 위해 141년에 지은 신전이다. 포로 로마노에서 가장 오래된 건물 중 하나로 11세기부터 산 로렌초 미란다 성당으로 이용되며, 보존 상태가 비교적 좋다.

로마의 5현제

로마제국의 전성기를 이끈 5명의 훌륭한 황제. 이때 황제는 세습되는 것이 아니라 원로원에 의해 선출됐다.

5현제 네르바(재위 96~98년)
트라야누스(재위 98~117년)
하드리아누스(재위 117~138년)
안토니누스 피우스(재위 138~161년)
마르쿠스 아우렐리우스(재위 161~180년)

❶ 안토니누스와 파우스티나 신전. 황비에 대한 황제의 사랑과 존중을 엿볼 수 있다.

❷ 쿠리아. 깔끔하게 복원된 외부

❷ 쿠리아 내부
- 빈민을 위해 세금 체납 장부를 없애는 장면
- 트라야누스 황제 대리석상
- 의장단의 연설단
- 빈민 구제 사업을 시행하는 장면
- 300여 석의 원로원 의원석

❷ 쿠리아 율리아 Curia Iulia

오늘날의 국회와 같은 역할을 한 원로원 건물. 화재로 소실됐으나 무솔리니의 지시로 그대로 복원됐다. 내부에는 트라야누스 황제(재위 98~117년, 5현제 중 두 번째 황제)를 묘사한 것으로 추정되는 대리석상과 황제의 업적을 기록한 대리석 부조가 있다. 트라야누스 황제는 가장 넓은 영토를 확보해 우리나라의 광개토대왕과 비교되기도 한다.

로마, 거리 곳곳에는 'SPQR'이 새겨져 있다.

공화제

공화제는 왕 또는 황제가 권력을 독점하는 '군주제'의 반대 개념으로서 일반 '대중'을 권력의 원천에 두는 국가 체제다. 카이사르가 죽기 전까지 로마의 정치 체제는 공화제였는데, 귀족들로 구성된 원로원과 이를 견제하기 위해 시민에 의해 선출된 호민관이 사회를 이끌어 갔다. 지금도 로마 곳곳에서 볼 수 있는 'SPQR'이란 단어는 '로마의 원로원과 시민(Senatus Populusque Romanus)'의 약자로, 로마의 공화정을 상징한다.

❸ 셉티미우스 세베루스의 개선문 Arco di Settimo Severo

포로 로마노에서 가장 눈에 띄는 건물로, 셉티미우스 세베루스 황제(재위 193~211년)가 오늘날의 중동 지방인 파르티아를 정복한 것을 기념하기 위해 203년에 지은 건축물이다. 아치 벽면에는 전쟁 장면과 개선 행렬이 묘사돼 있다. 중세에는 반쯤 땅에 묻혀 부서지기도 하고 이발소로도 이용됐다고 한다.

❹ 사투르누스 신전 Tempio di Saturno

포로 로마노와 캄피돌리오 언덕을 구분하는 가장 유명한 건물로, 유피테르(제우스)의 아버지이자 농업의 신 사투르누스(새턴)을 모시기 위해 지은 것이다. 기원전 5세기경 지은 후 여러 번 재건되어 지금 남아 있는 것은 기원전 4세기경에 만든 것이다. 매년 12월 17일부터 약 1주일 동안 사투르누스를 기리는 축제가 열렸는데, 시민들은 밤새 횃불을 밝히고 선물을 주고받으며 연회를 즐겼다고 한다. 이 축제는 기독교가 공인된 후 성탄절로 흡수됐다.

❹ 사투르누스 신전. 신전 뒤쪽에 출구가 있다.

❺ 로스트룸 Rostri

유명한 정치가들이 연설하던 단으로, '로스트라'라는 배의 이름에서 유래했다. 카이사르가 죽은 뒤 안토니우스가 추모 연설을 한 곳이기도 하다.

❷ 쿠리아
❸ 셉티미우스 세베루스의 개선문. 높이 21m, 너비 25m, 3개의 아치로 구성된 개선문이다.
❺ 로스트룸. 셉티미우스 세베루스의 개선문 옆에 있다.
❼ 카스토르와 폴룩스(폴리데우키스)신전
❻ 바실리카 율리아
❹ 사투르누스 신전

★ **바실리카Basilica란?**
집회 시설, 상점, 법원이 있던 커다란 직사각형의 공공 건축물. 귀족이 이름을 알리기 위해 자신 또는 가문의 이름을 붙여 기증한 건물이다. 중세 이후에는 교회 건축 양식의 하나로 발전해 지금은 규모가 큰 성당을 가리켜 바실리카라고 한다.

❻ 바실리카 율리아 Basilica Giulia
기원전 54년 카이사르가 지은 바실리카로, 로마 공화정 시대에는 가장 큰 법원이 있었다. 바실리카 앞에는 카이사르 동상이 있다.

❼ 카스토르와 폴룩스(폴리데우키스) 신전/디오스쿠리 신전
Tempio di Castore e Polluce/Tempio dei Dioscuri
유피테르(제우스)의 쌍둥이 아들인 카스토르와 폴룩스(폴리데우키스)를 위해 기원전 484년에 지은 신전이다. 쌍둥이 형제는 전쟁 중 로마를 도왔다는 전설 때문에 로마인에게 인기가 높다. 신전 앞에는 말에서 내린 쌍둥이 형제의 조각상이 있었는데, 지금은 캄피돌리오 광장 계단 위에 장식돼 있다.

❽ 카이사르의 신전 Tempio del Divo Giulio
카이사르가 화장된 자리에 양아들이었던 아우구스투스 황제가 세운 신전. 2000년이 지난 지금까지도 카이사르를 그리워하는 추모의 행렬이 끊이지 않는다.

❾ 베스타 신전 Tempio di Vesta
기원전 6세기에 지은 신전. 불과 화로의 여신 베스타를 모시는 신전으로, 로마 공화국의 안위를 위해 1000년 동안 성화를 꺼뜨리지 않았다. 베스탈레라고도 하는 6명의 사제가 성화를 지켰는데, 이들과 눈이 마주치면 사형수라 할지라도 죄를 사면받을 수 있었다.

❿ 로물루스 신전 Tempio di Romolo
로마 건국 신화에 나오는 로물루스를 모시는 신전이 아니라 막센티우스 황제가 자신보다 먼저 죽은 아들 로물루스를 위해 세운 신전이다. 근대 이후 화가들이 그린 포로 로마노의 풍경화를 통해 포로 로마노의 변화를 살펴볼 수 있는 전시장으로 사용되고 있다.

⓫ 바실리카 막센티우스 Basilica di Massenzio
막센티우스 황제(재위 306~312년, 콘스탄티누스 황제의 경쟁자)가 지은 바실리카. 막센티우스가 '밀비우스 다리 전투'에서 패해 사망하자, 콘스탄티누스 황제가 312년에 완성해 바실리카 콘스탄티누스라고도 한다. 미켈란젤로와 브라만테가 산 피에트로 대성당을 설계하면서 이 바실리카를 연구했다고 한다.

❼ 카스토르와 폴룩스(폴리데우키스) 신전

❻ 바실리카 율리아. 카이사르의 가문 이름이 율리아였다.

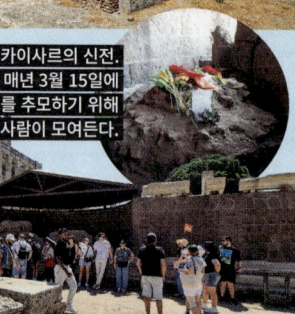
❽ 카이사르의 신전. 매년 3월 15일에 그를 추모하기 위해 많은 사람이 모여든다.

❾ 베스타 신전　❿ 로물루스 신전

⑫ 티투스의 개선문 Arco di Tito

로마에서 가장 오래된 개선문. 티투스 황제(재위 79~81년, 콜로세오를 완성한 황제)가 장군이었을 당시(71년) 예루살렘을 정복한 것을 기념해 서기 81년에 세웠다. 아치 내부는 원형 그대로이며, 외부는 복원된 것이다. 피돌리오 광장 계단 위에 장식돼 있다.

⑬ 비너스와 로마 신전 Tempio di Venere e Roma

행운의 여신 '비너스 펠릭스(Venus Felix)'와 영원의 도시를 상징하는 여신 '로마 에트레나(Roma Aeterna)'에게 헌정된, 포로 로마노에서 가장 큰 신전. 121년 하드리아누스 황제(재위 117 138년, <회상록>의 주인공)가 지금은 사라진 벨리아 언덕과 팔라티노 언덕 사이에 짓기 시작해 141년 완공되었다.

★ **팍스 로마나 Pax Romana**

'평화의 로마'라고도 하는 기간으로, 기원전 1세기 아우구스투스 황제 때부터 '5현제 시대(92~180년)'까지 200여 년 동안을 일컫는다. 강력한 군사력을 바탕으로 정치가 안정되고 경제가 발전하면서 로마는 인류 역사상 최고의 강대국으로 성장했다.

MORE
포로 로마노에서는 어떤 일들이 벌어졌을까?

❶ 공화정 시대에서 제정 시대로-
카이사르 Gaius Julius Caesar (기원전 100~44년)
"주사위는 던져졌다." "왔노라, 보았노라, 이겼노라."라는 유명한 말을 남긴 카이사르는 뛰어난 정치가이자 여러 전쟁에서 승리를 거둔 용감한 장군이었으며, 공화정 시대를 청산하고 제정 시대를 연 주인공이다.
몇몇 귀족에게 권력이 집중된 당시의 공화정 체제로는 급격히 팽창한 로마를 다스리는 데 한계가 있었다. 이를 간파한 카이사르는 내전을 수습하고 황제와 다름없는 권력을 행사하며 개혁 정책을 펼쳐 새로운 세상을 열 준비를 했다. 결국 공화정파 귀족들에게 암살당했지만 그의 계획은 차질 없이 진행됐다. 카이사르의 양아들 옥타비아누스(아우구스투스)가 첫 번째 황제에 올랐으며, 이후 '팍스 로마나(Pax Romana)'라고 하는 로마의 전성기가 열렸다.

관련 유적 ❻ 바실리카 율리아 ❽ 카이사르의 신전

❷ 정치가들의 연설-안토니우스의 카이사르 추모 연설
기원전 44년 3월에 카이사르가 죽자, 그의 충복 안토니우스는 로마 시민에게 재산을 상속한다는 내용이 담긴 카이사르의 유서를 공개하며 추모 연설을 했다. 이 연설을 계기로 카이사르를 암살한 공화정파 귀족들은 카이사르를 사랑한 성난 시민에게 쫓기는 신세가 됐다. 이렇듯 로마의 정치가들에게 연설은 권력을 얻거나 시민의 마음을 움직이는 중요한 수단이었다.

관련 유적 ❺ 로스트룸

❸ 제국의 영광을 상징하는 개선 행진-개선문
전쟁에서 승리를 거둔 로마 군은 노예와 전리품을 실은 수레를 앞세우고 개선문과 포로 로마노를 거쳐 캄피돌리오 언덕에 있는 신전을 향해 개선 행진을 했다.

관련 유적 ❾ 셉티미우스 세베루스의 개선문
⑩ 티투스의 개선문

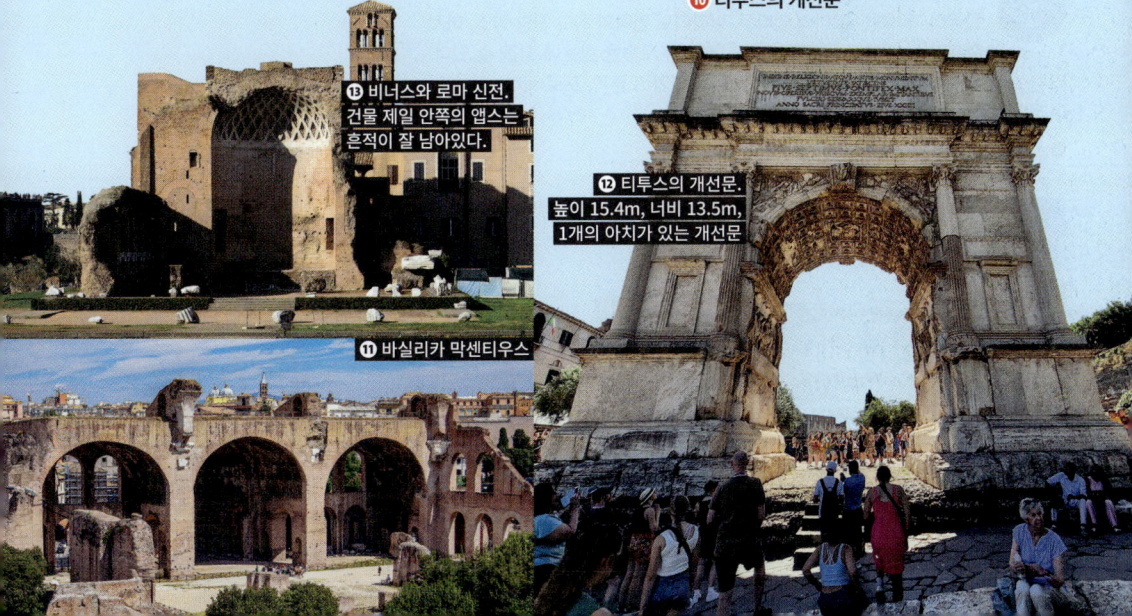

⑬ 비너스와 로마 신전. 건물 제일 안쪽의 앱스는 흔적이 잘 남아있다.

⑪ 바실리카 막센티우스

⑫ 티투스의 개선문. 높이 15.4m, 너비 13.5m, 1개의 아치가 있는 개선문

여기서 보는 포로 로마노가 끝내준다오
포로 로마노 주변 전망 포인트 3

Point 1 팔라티노 언덕의 테라스 전망대 Terrazza Belvedere del Palatino

황궁이 자리했던 로마의 업타운, 팔라티노 언덕의 최고 전망 명소. 마치 황제가 된 기분으로 포로 로마노 전체의 모습을 한눈에 담을 수 있다. 티투스의 개선문에서 팔라티노 언덕 방향으로 올라가 오른쪽, 포로 로마노가 언덕 아래로 보이는 길을 따라 5분 정도 걸어간다.

📍 VFRP+CG 로마

콰드리게 테라스에서 바라본 포로 로마노와 콜로세오

Point 2. 캄피돌리오 광장의 세나토리오 궁전 Palazzo Senatorio

세나토리오 궁전 오른쪽 뒤에 마련된 무료 전망대. 포로 로마노와 콜로세오의 전경이 파노라마처럼 펼쳐진다. 포로 로마노 인증샷 포인트 중 접근성이 가장 좋다.

ⓖ VFVM+2C8 로마

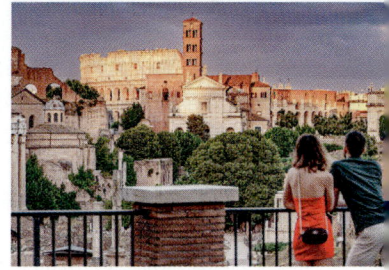

Point 3. 콰드리게 테라스 Terrazza delle Quadrighe

포로 로마노를 가장 높은 곳에서 바라보자! 비토리오 에마누엘레 2세 기념관의 전망 엘리베이터를 타고 옥상으로 올라가면 로마의 멋진 파노라마가 기다린다. 특히 해 질 무렵이면 최고의 선셋 포인트! 테라스 이름은 옥상 좌우를 장식하는 청동 콰드리가(로마 시대 전차 경주 때 사용된 4마리 말이 끄는 두 바퀴의 전차)에서 따온 것인데, 각각 이탈리아의 통합(Quadriga dell'Unità)과 자유(Quadriga della Libertà)를 상징한다. 테라스에 입장하려면 통일 박물관과 베네치아 궁전 박물관을 모두 포함한 통합권을 구매해야 한다(p180 참고).

ⓖ VFVM+P7 로마 Ⓜ MAP ❺-A
OPEN 09:30~19:30

콰드리게 테라스의 청동 전차

콰드리게 테라스에서 바라본 베네치아 광장

07 모든 길은 이곳으로 통한다
베네치아 광장 & 비토리오 에마누엘레 2세 기념관
Piazza Venezia & Monumento Nazionale a Vittorio Emanuele II

비토리오 에마누엘레 2세 기념관을 중심으로 한 베네치아 광장은 로마 관광의 중심지다. 버스를 타거나 포로 로마노, 캄피돌리오 광장 등 주요 명소로 이동하다 보면 자연스럽게 지나치게 된다.

멀리서도 눈에 띄는 대리석 건물은 이탈리아를 통일한 비토리오 에마누엘레 2세를 기념하기 위해 1911년부터 1935년에 걸쳐 세워졌다. 주변 건축물과 어울리지 않는 색채와 거대한 규모로 한때 '케이크 덩어리', '타자기'라 불리며 혹평을 받았지만 리모델링 후 옥상에 4두마차 동상 2개가 설치되며 전망대(콰드리게 테라스)가 개방돼 로마 시내를 360°로 조망할 수 있는 명소로 거듭났다.

'조국의 제단(Altare della Patria)'이라 불리는 정면 계단에는 제1차 세계대전 전몰 장병을 추모하는 무명용사의 묘와 여신 로마의 석상이 자리하며, 매시간 근위대 교대식이 열린다. 제단 위에는 ❶ 에마누엘레 2세의 기마상이 우뚝 서 있고, 코린트 양식의 열주회랑 안에는 이탈리아 통일·독립운동 리소르지멘토를 기념하는 통일 박물관(Museo Centrale del Risorgimento)이 있다.

기념관을 등지고 광장을 바라보면 왼편 모퉁이에 광장 이름의 유래가 된 ❷ 베네치아 궁전(Palazzo di Venezia)이 있다. 16세기 베네치아 공국의 로마 대사관이었던 건물로, 베르니니가 나보나 광장의 모로 분수를 구상하며 만든 테라코타 조각과 17~18세기 이탈리아 회화를 비롯한 방대한 컬렉션을 소장하고 있다.

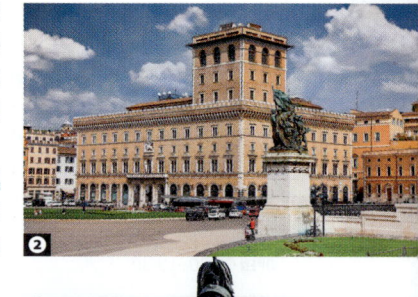

ⓖ 베네치아 광장 로마   Ⓜ MAP ❺-A
OPEN 09:30~19:30
PRICE 통일 박물관+콰드리게 테라스+베네치아 궁전 박물관 통합권 15€, 18~24세 2€, 17세 이하 무료/전시에 따라 요금 추가/7일간 유효, 각 1회 입장/**매월 첫째 일요일 무료입장**
WALK 포로 로마노의 포리 임페리알리 거리(Via dei Fori Imperiali) 쪽 출구에서 도보 6분
BUS 500인 광장에서 40·64·70·H번을 타고 베네치아 광장(Piazza Venezia) 정류장 하차
WEB vive.cultura.gov.it

비토리오 에마누엘 2세 (재위 1861~1878년)
사르데냐 왕으로, 카부르, 가리발디, 마치니와 함께 오스트리아와 프랑스 세력을 몰아내고 반도를 통일했으며, 입헌군주제를 도입해 행정과 재정의 근대화를 추진했다.

Option 08 살아 움직이는 듯 생생한 천장화

제수 성당
Chiesa del Gesù

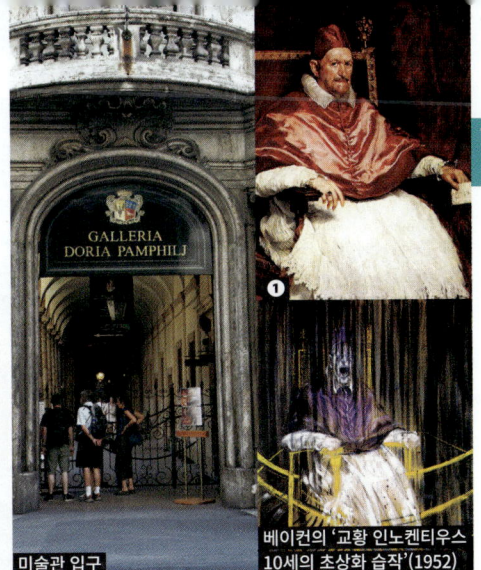

베이컨의 '교황 인노켄티우스 10세의 초상화 습작'(1952)

미술관 입구

Option 09 세계 최고의 초상화가 이곳에?!

도리아 팜필리 미술관
Galleria Doria Pamphilj

서강대학교와 광주가톨릭대학교를 설립한 예수회의 본거지로 1584년에 지은 성당이다. 바치차(Baciccia, 가울리라고도 한다)가 그린 바로크 양식의 중앙 천장화 ❶ '예수의 이름으로 거둔 승리'(1683)를 볼 수 있는 곳으로 유명하다. 이 작품은 바로크 양식의 대표적 특징인 강렬한 명암 대비와 살아 움직이는 듯한 착시 효과를 잘 보여주는 작품으로 꼽힌다. 특히 그림 속 인물들이 천장의 틀을 부수고 튀어나올 것 같은 생생한 묘사로 당대 최고라는 평가를 받는다. 그림 가운데에 묘사된 천장 부분에는 예수회를 상징하는 'IHS'라는 단어가 새겨져 있다. 거울을 통해 천장화를 감상할 수 있다.

📍 VFWH+9P 로마　M MAP ❺-A
ADD Via degli Astalli, 16(입구는 Piazza del Gesù에 위치)
OPEN 07:30~12:30(일요일 08:30~13:30), 16:00~19:30(토·일요일 ~20:00)/7·8월 07:30~12:00(일요일 08:30~12:30), 17:00~19:30(토·일요일 ~20:00)
PRICE 무료(약간의 헌금)
WALK 베네치아 광장을 등지고 베네치아 궁전 왼쪽(서쪽) 건물

예수회

성 로욜라(St.Ignatius of Loyola)가 1540년 창립한 가톨릭의 수도회로, 교육과 학문을 통한 해외 선교 사업에 중점을 두었다. 16세기 루터의 종교개혁 운동 당시 교황을 도와 반종교개혁 운동을 벌였다.

예수회를 상징하는 마크

스페인의 천재 화가 벨라스케스의 작품을 비롯한 400여 점의 회화가 전시된 곳. 벨라스케스가 그린 ❶ '교황 인노켄티우스(인노첸시오) 10세의 초상화'(1650)는 라파엘로의 '교황 율리우스 2세의 초상화'와 함께 세계 최고의 초상화로 꼽힌다. 매서운 눈매와 단호한 표정으로 '일벌레'라는 별명으로도 불린 교황의 성품을 사실적으로 묘사했고 작품 전체를 지배하는 붉은 색감으로 교황의 권위를 강조했다. 이 작품은 영국의 표현주의 화가 베이컨이 50여 점을 모사해 더욱 유명해졌다. 그중 한 작품은 2007년 소더비 경매에서 약 650억원에 팔리기도 했다. 벨라스케스는 '선'을 이용한 세밀한 묘사를 강조한 당시 화가들과 달리 특징적인 인상을 포착해 '붓놀림'과 '조화로운 색채'를 통한 자연스러운 표현으로 후에 인상파와 피카소, 달리 등 후대 화가들에게 큰 영향을 끼쳤다.

📍 도리아 팜필리　M MAP ❺-A
ADD Piazza Grazioli, 5(입구는 Via del Corso, 305)
OPEN 09:00~19:00(금~일요일 10:00~20:00)
CLOSE 수요일, 1월 1일, 부활절, 12월 25일
PRICE 16€(영어 오디오가이드 포함)/예약비 1€
WALK 베네치아 광장을 등지고 정면으로 코르소 거리로 도보 1분
WEB doriapamphilj.it

MORE
그 외 도리아 팜필리 미술관의 대표적인 소장품

티치아노의 '홀로페르네스의 목을 베는 유디트', 카라바조의 '참회하는 마리아 막달레나', '이집트로 피신하는 도중의 휴식' 등

정면의 시청사 건물 오른쪽 옆으로 가면 포로 로마노가 한눈에 펼쳐지는 전망대가 나온다.

10 미켈란젤로의 놀라운 걸작
캄피돌리오 광장 Piazza del Campidoglio

르네상스 건축의 대표작으로 꼽히는 광장. 고대 로마가 세운 7개의 언덕 중 규모는 제일 작지만 로마인의 사랑을 듬뿍 받고 있는 캄피돌리오 언덕에 자리한다. 1537년 미켈란젤로가 설계한 광장은 콜로세오나 판테온의 아치와 기둥을 모방해 규칙성·대칭성·비례성을 강조한 것이 특징으로 조화롭고 절제미가 느껴진다. 광장 정면에는 시청사(세나토리오 궁전)가 있고 양쪽에 있는 콘세르바토리 궁전과 누오보 궁전은 시청사를 중심으로 정확히 대칭을 이룬다.

건물 양쪽에서 이어지는 ❶ 코르도나타(Cordonata) 계단은 미켈란젤로가 의도한 착시 효과로 유명하다. 일반적으로 높은 계단을 아래에서 올려다보면 원근법에 의해 윗부분이 거의 보이지 않을 정도로 상당히 좁은 사다리꼴로 보이는데, 이 계단은 실제 높이에 비해 덜 좁아 보인다. 이는 위로 갈수록 계단의 폭을 넓게 만들었기 때문이다. 그뿐만 아니라 아래에서 올려다보면 높은 계단이지만 올라가서 아래를 내려다보면 나지막한 언덕처럼 보인다.

포로 로마노에서 옮겨온 제우스의 쌍둥이 아들 ❷ 카스토르와 폴룩스(폴리데우키스)의 조각상과 3개의 건물로 둘러싸인 광장은 타원형으로 솟아오른 돔처럼 보인다. 그 중심에는 ❸ 아우렐리우스 황제의 기마상의 복제품이 놓여 있는데, 원본은 카피톨리니 미술관에 있다.

ⓖ 캄피돌리오 Ⓜ MAP ❺-A
WALK 비토리오 에마누엘레 2세 기념관을 바라보고 오른쪽(기념관 뒤쪽)으로 도보 5분/포리 임페리알리 거리(Via dei Fori Imperiali)에서 트라야누스 시장 건너편 언덕길로 도보 5분

마르쿠스 아우렐리우스(재위 161~180년)
로마제국의 제16대 황제. 5현제 중 마지막 황제이자 후기 스토아 학파의 철학자. 영화 <글래디에이터>에서 친아들 코모두스 대신 주인공 막시무스 장군에게 황위를 물려주려던 인물이다. 그가 죽은 후 로마제국은 쇠퇴했다.

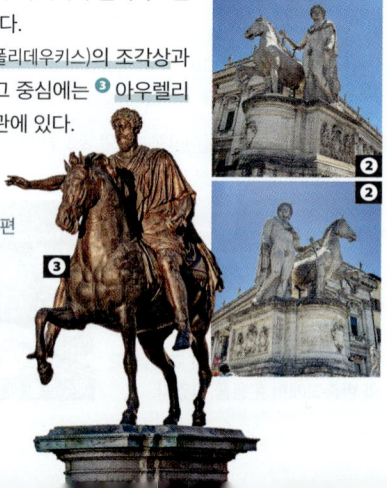

기발한 광장 건축 아이디어

처음 광장에는 정면에 있는 세나토리오 궁전과 오른쪽에 있는 콘세르바토리 궁전만 있었다고 한다. 이들은 83°로 마주 보고 있었는데, 왼쪽에 콘세르바토리 궁전과 똑같은 각도로 누오보 궁전을 지으면서 사다리꼴 모양으로 정리됐다. 또 기마상을 중앙에 놓고 바닥 패턴을 원형이 아닌 타원형으로 만들어 시선이 자연스럽게 서쪽(바티칸)으로 향하게 하는 효과를 냈는데, 이 모든 것이 미켈란젤로의 아이디어였다고 한다.

① ②

누오보 궁전 정원 분수의 '마르포리오' 조각상

11 카피톨리니 미술관
Musei Capitolini
세계에서 가장 오래된 공공 미술관

캄피돌리오 광장의 ① 누오보 궁전(Palazzo Nuovo)과 ② 콘세르바토리 궁전(Palazzo dei Conservatori)을 합쳐 '카피톨리니 미술관'이라고 하는데, 두 궁전은 지하로 연결돼 있다. 15~18세기에 교황들이 수집한 작품, 특히 고대 로마 시대의 조각품을 다수 소장하고 있기로 유명한 곳이니 조각에 관심이 많은 여행자라면 놓치지 말자. 가장 유명한 작품은 '카피톨리노의 비너스'로, 목욕을 막 끝낸 비너스 여신의 수줍은 자태를 묘사했다. 그리스 조각품을 모각한 이 작품은 원본에 가장 충실한 작품으로 인정되어 비슷한 자세를 취한 비너스 상은 모두 '카피톨리노의 비너스'라고 한다. 베로네세, 틴토레토, 귀도 레니 등 거장들의 작품이 전시된 콘세르바토리 궁전 2층의 회화 갤러리(Pinacoteca)와 지하 통로 중간 계단과 연결되는 타불라리움(Tabularium)의 아케이드에서 바라보는 포로 로마노의 멋진 전경도 놓치지 말자.

ⓖ 카피톨리노 박물관 Ⓜ MAP ❺-A
ADD Piazza del Campidoglio, 1
OPEN 09:30~19:30(12월 24·31일 ~14:00, 1월 1일 11:00~20:00)/폐장 1시간 전까지 입장
CLOSE 5월 1일, 12월 25일
PRICE 15€, 6~25세 8.50€/온라인 예약비 1€/특별전 진행 시 입장료 추가/ 로마 패스
WALK 캄피돌리오 광장 정면에 있는 양쪽 건물
WEB museicapitolini.org

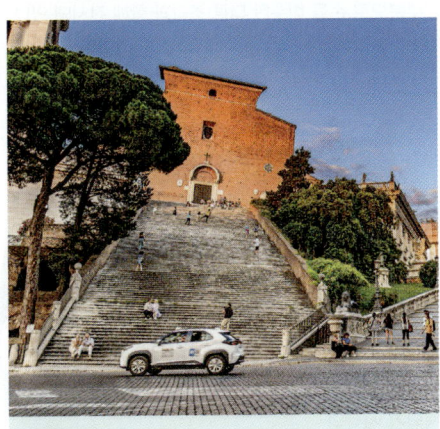

MORE
산타 마리아 인 아라코엘리 성당
Santa Maria in Aracoeli

캄피돌리오 광장 옆 성당으로, '하늘 위에 있는 성당'이란 뜻이다. 예전에는 화폐를 만들던 곳인데, 1350년에 조성한 124개의 계단을 오르면 로또에 당첨된다는 속설이 있다. 성당에 이르는 아라코엘리 계단은 바로 옆의 코르도나타 계단에 비해 엄청나게 길어 보이지만 실제 길이는 동일하다. 이 또한 미켈란젤로의 아이디어로, 착시 효과를 정확히 계산한 놀라운 작품이다.

Zoom In & Out
카피톨리니 미술관

콘스탄티누스 황제의 두상 G/F(궁전 안뜰)

콘스탄티누스(4세기)의 거대한 기념 석상에서 떨어져 나온 부분으로 손을 비롯한 다른 조각과 함께 전시돼 있다. 바실리카 콘스탄티누스에서 발견됐으며, 파편의 크기로 보아 실제 높이는 10m가 넘었을 것으로 추정된다.

● **콘세르바토리 궁전**

1471년에 설립한 세계에서 가장 오래된 박물관이다. 중요한 고대 조각을 비롯해 콘스탄티누스 2세의 거대한 조각상 파편, 마르쿠스 아우렐리우스 황제를 위해 제작한 계단, 거대한 프레스코화로 꾸민 홀 등을 볼 수 있다.

카피톨리노의 암늑대
1F 9실(Hall of the She-wolf)

로마의 건국 신화를 표현한 것으로 알려진 이 작품은 기원전 5세기경에 만든 것으로, 처음에는 평범한 암늑대 한 마리에 불과했다. 교황 식스토 4세(재임 1414~1484년)가 이 청동상을 기증할 당시에는 궁전 정면에 세워져 있었으나, 미켈란젤로의 지휘로 건축되기 시작되면서 내부로 옮겨갔다. 전설적인 쌍둥이 로물루스와 레무스의 청동상을 그 아래 함께 놓으면서부터 '로마 기원의 상징'이 됐다.

가시를 뽑는 소년의 청동상 (스피나리오)
1F 8실(Hall of Triumphs)

그리스 시대에 제작한 원본 작품이거나 기원전 1세기경에 만든 모사품으로 추정되는 작품이다. 발에 박힌 가시를 빼내는 소년의 모습이 너무 정교하고 사실적으로 묘사되어 보는 이로 하여금 감탄을 금치 못하게 한다.

마르쿠스 아우렐리우스 황제의 기마상 1F 16실(Exedra of Marcus Aurelius)

2세기에 제작한 기마상으로, 캄피돌리오 광장에 있는 것을 옮겨왔다(광장에 있는 것은 복제품이다). 마르쿠스 아우렐리우스는 로마 역사상 가장 존경받는 황제로 평가되는데, 전쟁에서 이기고 돌아오는 당당하고 평화로운 기마상의 모습과 달리, 그는 통치 기간 내내 끊임없이 전쟁에 시달렸다.

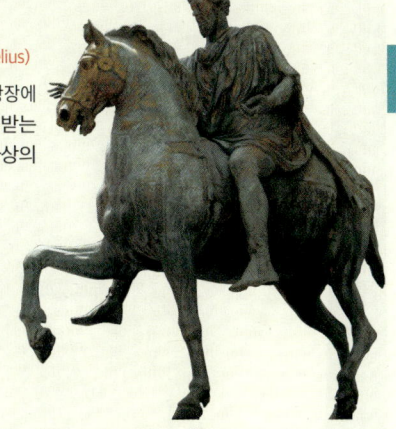

카피톨리노의 비너스 1F 61실(Cabinet of Venus)

그리스의 청동 원본을 2세기 중엽에 대리석으로 복제한 작품. 제의를 위해 목욕을 준비하는 사랑의 여신이 낯선 시선을 의식하고 몸을 움츠리는 순간을 재현했다.

● 누오보 궁전

2층으로 이루어진 박물관에는 15~18세기 교황들의 소장품, 그리스와 로마 시대의 유명한 작품이 다수 전시돼 있다.

빈사의 갈리아인 1F 66실(Hall of Gaul)

헬레니즘 시대인 기원전 3세기경에 만든 원작을 로마 시대에 복제한 작품. 페르가몬(터키의 고대 그리스 도시)의 왕 아탈루스 1세가 갈리아인과 벌인 전쟁에서 승리한 것을 기념해 만들었다. 갈리아(Gallia)는 현재의 프랑스 땅에 있던 부족국가로, 카이사르도 8년간 갈리아 정벌 길에 올랐었다.

황제의 방 1F 62실(Hall of Emperors)

상당수가 평범한 시민의 초상이었으나, 후대에 황제와 철학자의 초상으로 변조됐다. 역대 황제와 황후의 흉상 64개는 고대 부유층의 정원과 집에 장식돼 있던 조각의 로마식 복제품이다.

대형 홀 1F 59실(Gallery/Salone)

'늙은 켄타우로스'와 '젊은 켄타우로스'의 검은 대리석 조각 등 수준 높은 조각들이 전시돼 있다.

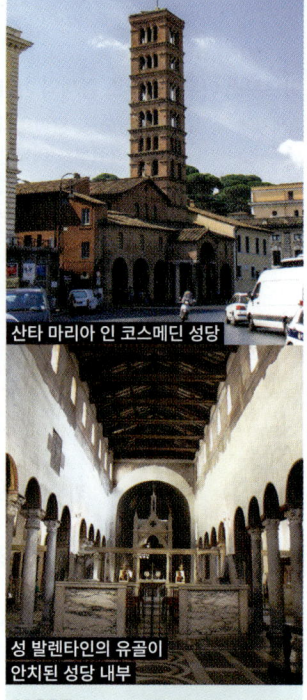

산타 마리아 인 코스메딘 성당

성 발렌타인의 유골이 안치된 성당 내부

12 내게 진실만을 말해주세요
진실의 입
Bocca della Verita

산타 마리아 인 코스메딘 성당의 한쪽 벽면을 장식한 지름 1.5m의 대리석 조각. 기원전 4세기경에 만든 것으로 추정된다. 바다의 신 넵튠(포세이돈)의 얼굴을 조각한 것으로, 영화 <로마의 휴일>에서 신문기자 '조'가 이곳에 손을 넣고 물린 척 장난을 쳐서 '앤' 공주를 놀라게 하는 장면 덕분에 유명해졌다. 로마 시대에는 가축 시장의 하수도 뚜껑으로 사용됐다고도 한다.
'진실의 입'이란 이름은 중세 때 사람들을 심문할 때 진실을 말하지 않으면 손이 잘려도 좋다고 서약하게 한 데서 유래한다. 만약 진실을 말하더라도 심문자의 마음에 들지 않으면 손을 자르기도 했고 정치적으로도 악용됐다. 성당 앞에 있는 '보카 델라 베리타(Bocca della Verita)' 광장 이름 중 '보카'는 '입', '베리타'는 '진실'을 뜻하는 것으로, 진실의 입에서 이름이 유래됐다. 성당의 부속시설이므로 단정한 옷차림이 필요하다.

MORE
산타 마리아 인 코스메딘 성당
Basilica di Santa Maria in Cosmedin

현대 '밸런타인 데이'의 유래가 된 성 발렌티노(San Valentino)의 유골이 있는 성당이다. 성 발렌티노는 3세기에 기독교 박해로 순교한 성인으로, 순교일인 2월 14일에 새들이 둥지를 틀고 사랑을 나누기 시작한다고 생각해 중세부터 연인들의 수호 성인으로 여겨졌다.
OPEN 09:30~18:00(겨울철 ~17:00)

G 진실의 입 로마 M MAP ⑤-C
ADD Piazza Bocca della Verita, 18
OPEN 09:30~17:50
PRICE 무료(사진 촬영 시 약간의 기부금)
WALK 캄피돌리오 광장에서 도보 12분
BUS 500인 광장에서 170번을 타고 보카 델라 베리타(Bocca della Verita) 정류장 하차/트레비 분수(Tritone/Fontana Trevi) 또는 베네치아 광장(Ara Coeli/Piazza Venezia)에서 83번 버스를 타고 보카 델라 베리타 정류장 하차

대기 시간은 최소 20~30분!

드론으로 촬영한 대전차 경기장.
오른쪽이 팔라티노 언덕, 왼쪽이 아벤티노 언덕이다.

Option 13 말 달리자 ♪
대전차 경기장
Circo Massimo

팔라티노 언덕과 아벤티노 언덕 사이의 낮은 지형을 활용해 4세기에 조성한 거대한 타원형 경기장. 약 25만 명을 수용할 수 있는 규모로, 로마제국에서 가장 큰 경기장이었다. 2두 혹은 4두 전차의 속도감을 높이기 위해 긴 타원형으로 설계됐으며, 중앙분리대에는 이집트에서 옮겨온 오벨리스크가 세워졌다. 로마제국 멸망 후 동고트족 지배 시기인 549년까지 전차 경주, 경마, 야수 싸움 등 각종 경기와 쇼가 열렸다. 관중석 자리에 서서 경기장을 바라보면 영화 <벤허>의 대전차 경기 장면이 떠오르기도 한다 (영화는 이곳이 아니라 로마 근교의 세트장에서 촬영됐다).
당시의 이름 키르쿠스 막시무스(Circus Maximus, '최대의 경기장'이라는 뜻)는 훗날 '서커스'의 어원이 됐고 중앙분리대에 있던 오벨리스크는 지금도 포폴로 광장과 산 조반니 인 라테라노 광장에 세워져 있다. 현재는 수풀이 우거진 넓은 공터로 남아 있으며, 대규모 야외행사나 공연이 열리는 공간으로 활용된다. 유적지 안에서는 VR 체험 등 당시 건축물과 주변 모습을 복원한 이벤트도 진행된다.

ⓖ 키르쿠스 막시무스 Ⓜ MAP ⑤-C
WALK 진실의 입에서 산타 마리아 인 코스메딘 성당 뒤쪽으로 도보 1분
METRO B선 치르코 마시모(Circo Massimo)역 하차

Option 14 2000년 전 로마인의 짜릿한 일탈
카라칼라 욕장
Terme di Caracalla

로마제국 후기 황제 카라칼라(재위 211~217년, 로마제국 속주의 모든 자유민에게 로마 시민권을 부여)가 민심을 얻기 위해 216년에 완공한 고대 로마의 공중목욕탕. 테르미니역 근처의 디오클레치아노 욕장이 세워지기 전까지 로마의 공중목욕탕 중 가장 큰 규모를 자랑했으며, 한 번에 약 1600명을 수용할 수 있었다. 냉탕과 온탕, 강연장, 예배당, 체육관 등이 갖춰진 시민의 사교 공간이자 휴식처로, 입구에 들어서면 넓은 정원과 수도 시설, 도서관 터가 펼쳐진다.
여름철에는 야외 오페라와 발레, 콘서트 공연장으로 변신한다. 로마 오페라 극장이 주최하는 카라칼라 페스티벌이 매년 6월부터 8월 초까지 열리며, 고대 유적을 배경으로 한 공연은 로마의 여름밤을 더욱 특별하게 만든다. 공연 일정은 매년 봄 로마 오페라 극장 홈페이지에서 확인할 수 있다.

ⓖ 카라칼라 욕장
ADD Terme di Caracalla, 52
OPEN 4~8월 09:00~19:15(3월 ~17:30, 9월 ~19:00, 10월 ~18:30, 11~2월 ~16:30)/폐장 1시간 전까지 입장
CLOSE 월요일, 1월 1일, 12월 25일
PRICE 8€/예약비 2€/ 로마 패스 /야간개장 20€/
매월 첫째 일요일 무료입장
METRO B선 치르코 마시모(Circo Massimo)역에서 도보 5분
WEB 예약 museiitaliani.it(로마 패스 소지자는 예약 단계에서 로마 패스 정보 입력)

Eating & Drinking

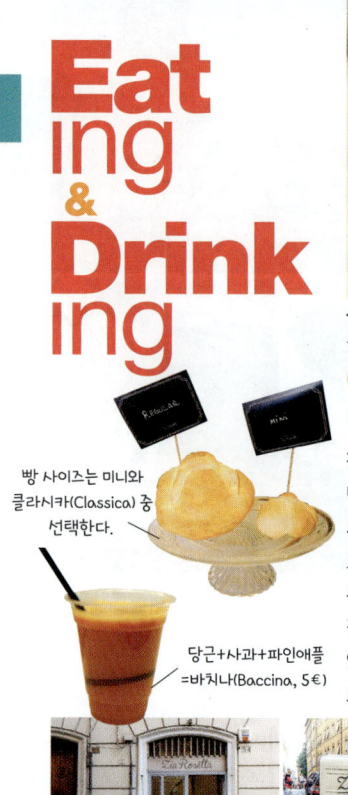

빵 사이즈는 미니와 클라시카(Classica) 중 선택한다.

당근+사과+파인애플 =바치나(Baccina, 5€)

꽃처럼 어여쁜 '겉바속촉' 샌드위치
지아 로세타
Zia Rosetta

장미꽃을 닮아 '장미(Rosetta, 로세타)'라는 이름이 붙여진 로마 전통 빵 로세타로 만든 샌드위치를 만나볼 수 있는 곳. 속은 부드럽고 겉은 바삭한 식감의 두툼한 로세타를 반으로 갈라 30여 가지 식재료로 속을 채운 20여 개 메뉴를 선보인다. 아보카도와 토마토를 곁들인 신선한 닭가슴살 로세타는 건강식 마니아들의 단골 메뉴. 오믈렛에 바삭한 베이컨과 구운 감자까지 차곡차곡 쌓아 기름지고 고소하게 즐길 수도 있다. 미트볼에 토마토소스의 진한 풍미를 더한 로마 전통의 맛도 꾸준한 인기를 얻고 있다. 디저트도 티라미수나 리코타치즈, 사워 체리 잼 등을 넣은 미니 로세타로 해결 가능. 실내에 좌석이 몇 개뿐이라 테이크아웃해 가는 사람이 많다.

Ⓖ VFWV+59 로마 Ⓜ MAP ⑤-A
ADD Via Urbana, 54
OPEN 11:00~16:00(목~일요일 ~22:00)
MENU 로세타 클라시카 6.50~7.50€
WALK 콜로세오에서 도보 10분
WEB ziarosetta.com

로마 젊은이들이 즐겨 찾는 몬티 지구의 우르바나 거리 초입에 있다.

케이터링과 배달 주문도 인기!

왼쪽부터 순서대로 바질 토마토, 감자, 비앙카, 수플리

소문난 피자를 골고루 부담 없이
라 프레체몰리나
La Prezzemolina

무게에 따라 피자 가격을 계산하는 피체리아 알 탈리오(Pizzeria al Taglio) 중에서 맛있기로 소문난 집이다. 진열장에 놓인 피자를 손으로 가리키며 원하는 무게(보통 100g 단위)나 크기를 알려주면 알맞게 잘라준다. 가장 추천하는 메뉴는 라드를 넣어 바삭한 도우에 대패 삼겹살을 토핑한 감자 피자. 튀기듯이 구워 도우가 바삭한 비앙카 피자도 맛있고 간식으로 먹기 좋은 수플리도 한국인 입맛에 잘 맞는다. 예쁘고 세련된 가게 분위기도 굿. 테이블 회전율은 높지만 가게 안이 좁고 일회용 접시에 음식을 담아주기 때문에 대부분 밖으로 들고 나가서 먹는 분위기다.

Ⓖ VFVQ+6J 로마 Ⓜ MAP ⑤-A
ADD Via del Colosseo, 1 E/F **OPEN** 11:00~17:00
MENU 피자 1.50~2.50€/100g, 수플리 2.50€
WALK 포로 로마노 포리 임페리알리 출구에서 도보 3분/콜로세오에서 도보 5분
WEB facebook.com/laprezzemolina/

새우와 체리 토마토가 든 생면 파스타

마르게리타와 페퍼로니
사이드로 추가하면 좋은 수플리

찰지게 뽑아낸 생면 파스타
🟠 알42 바이 파스타 셰프
al42 by Pasta Chef(Rione Monti)

매일 직접 뽑은 생면 파스타를 저렴하게 맛볼 수 있는 파스타 맛집이다. 추천 메뉴는 큼직한 새우와 체리 토마토를 넣은 생면 파스타(Tagliolini Gamberoni e Pomodorini, 18€). 새우의 감칠맛과 칼칼한 마늘 향을 더한 토마토소스의 조합은 이탈리아에서 맛본 파스타 중 손에 꼽을 정도다. 10·20대 학생이 많이 찾는 동네 특징을 100% 반영한 경쾌한 분위기와 부담 없는 가격도 장점. 테이블이 몇 개 되지 않는 작은 식당이라 식사 시간에는 대기 줄이 길어지는 편이다.

Ⓖ VFVQ+WW 로마　Ⓜ MAP ❺-A
ADD Via Baccina, 42
OPEN 12:30~15:30·19:00~21:30
CLOSE 화요일
MENU 파스타 10~18€, 샐러드 8~16€, 메인 요리 14~21€
WALK 콜로세오에서 도보 7분
WEB al42.it

맥주 3€~

내 얼굴보다 작은 피자 한 판
🟠 트리에스테
Trieste

콜로세오 인근에서 간단히 요기하기 좋은 피자가게. 1950년대 페스카라 해변에서 시작했으며, 가판대를 메고 다니던 점원과 해변의 피서객이 부담 없이 즐길 수 있도록 손바닥 한 크기의 피자를 만든 것이 특색 있다. 주요 고객층은 가볍게 피자를 즐기려는 젊은 여성들. 토마토소스에 치즈만 얹은 기본 피자는 2.50€로 콜라보다 저렴하다.

Ⓖ VFWV+GJ 로마　Ⓜ MAP ❺-A
ADD Via Urbana, 112
OPEN 11:00~22:30(토요일 ~23:00)
MENU 피자(소) 2.50€~, 피자(대) 8€~, 음료 3.50€~
METRO B선 카부르(Cavour)역에서 도보 4분
WEB www.trieste.pizza

오렌지 과즙을 12% 넣는 이탈리아 환타

MORE
마돈나 데이 몬티 광장 Piazza della Madonna dei Monti

영화 <로마 위드 러브>의 촬영지로, 젊은이들이 모여드는 핫한 아지트다. 광장과 이어지는 진가리 거리(Via degli Zingari), 우르바나 거리(Via Urbana) 등 예스러운 골목 사이사이에 트렌디한 레스토랑과 카페, 숍들이 포진해 있다.

SECTION B 바티칸시국

① 테르미니역 → 지하철 A선 오타비아노역에서 하차 → ⑮ 바티칸 박물관 → 도보 15분 → ⑯ 산 피에트로 대성당 → ⑰ 산 피에트로 광장 → 도보 12분 → ⑱ 산탄젤로 성 → 테르미니역까지 지하철 A선 → ① 테르미니역

바티칸시국 Stato della Città del Vaticano

유럽에서 가장 작은 국가인 바티칸시국은 로마 시내에 있다. 전 세계 가톨릭 성당의 최고 통치 기관인 교황청과 수장인 교황이 있는 곳으로, 1929년 라테란(라테라노) 조약으로 주권을 인정받은 독립 국가다. 세계 가톨릭 성당의 총본산으로서 전 세계에 막강한 영향력을 행사하며, 매년 전 세계에서 온 수많은 순례자와 관광객의 발길이 끊이지 않는다.

현재 산 피에트로 대성당과 그 앞에 있는 산 피에트로 광장, 바티칸 박물관, 이탈리아 국내에 산재한 바티칸 소속의 몇몇 성당(산 조반니 인 라테라노 대성당, 산타 마리아 마조레 성당 등)은 일반인에게 공개하고 있다.

✚ 바티칸시국 기본 정보
- **면적** 0.44km^2
- **위치** 이탈리아 로마 시내
- **인구** 약 800명
- **공식 언어** 라틴어, 이탈리아어
- **통화** 유로(Euro, Eur, €)
- **원수** 레오 14세
- **WEB** vaticanstate.va

바티칸시국으로 떠나기 전에

◆ **바티칸 박물관, 예약하고 가자!**

전 세계에서 몰려든 관광객들로 일년내내 붐비는 바티칸 박물관에 방문하려면 현지 여행사를 통해 단체 투어에 참여할지, 개별로 입장권을 사서 둘러볼지 선택한 후 예약을 서둘러야 한다. 예약 없이 개별 관람할 경우 오픈 1시간 전에는 도착하는 것이 좋고, 줄을 서는 동안 소매치기나 상인들의 호객 행위에 주의해야 한다.

*바티칸 박물관+시스티나 소성당 입장권 예약 기준

① 전문 가이드가 필요하다면, 단체 투어 예약하기

방대한 소장품을 자랑하는 바티칸 박물관은 현지 여행사에서 제공하는 한국인 가이드 투어 수요가 가장 많은 곳이다. 가이드 투어 참가 시 가이드가 그룹 티켓으로 일괄 구매하므로 개별 입장권은 사용 불가. 개별 입장권이 매진됐더라도 투어용 그룹 티켓은 남아 있을 수 있으니 참고하자. 가이드 투어 종류는 아래의 2가지로 나뉜다.

- **일반 입장 가이드 투어** 입장 시각이 지정되지 않은 투어로, 가격이 저렴한 대신 현장 구매 개별 입장자와 마찬가지로 2~3시간 줄을 서서 기다려야 한다. 일반 입장권 20€+수신기 3€+단체 투어비 1인당 6만5000원~.

- **패스트트랙 가이드 투어** 입장 시각이 지정된 투어로, 일반 입장권보다 가격이 비싸다. 성수기에는 짧은 대기가 있을 수 있으며, 이탈리아 대행사를 통해 방문 1~2일 전에 입장 시각이 지정되기 때문에 일정이 통보될 때까지 기다려야 한다. 패스트트랙 입장권 45~55€+수신기 3€+단체 투어비 1인당 6만5000원~.

② 자유롭게 둘러보고 싶다면, 개별 입장권 예약하기

박물관 현장 구매 줄에서 오래 기다리지 않으려면 공식 홈페이지에서 입장 시각을 지정해 예약하는 것이 좋다. 5€의 예약비가 추가되지만 일찌감치 마감될 만큼 경쟁이 치열하다. 티켓 오픈일과 사전 오픈 분량은 박물관 상황에 따라 달라진다.

방문일을 정했다면 원하는 날짜와 입장 시각을 선택해 예약부터 하자. 성수기 인기 시간대는 빠른 속도로 매진되며, 취소 표는 거의 나오지 않는다. 결제 후 이메일로 받은 바우처를 출력하거나 스마트폰에 저장하고 입장 시각 15분 전부터 시간대별로 지정된 게이트 앞에서 대기한다.

벽을 따라 늘어선 박물관 현장 구매 줄

◆ **바티칸 박물관 & 산 피에트로 대성당 관람, 이 점에 유의하자!**

① 드레스 코드를 지키자

바티칸은 종교적인 장소이기에 어깨, 무릎이 드러나는 옷은 입지 않는 것이 좋다. 슬리퍼나 모자 착용도 피한다. 특히 성당은 엄격해서 어깨가 드러나는 민소매 차림으로는 입장할 수 없으니 얇은 카디건이나 스카프를 준비해서 노출된 부분을 가리도록 하자.

② 소지품은 가볍게

큰 배낭이나 캐리어는 들고 갈 수 없다. 보관소에 맡기지 않아도 될 작은 크기의 가방에 간단한 소지품만 가지고 가자.

③ 반입 금지 물품 체크

문화유산 훼손을 방지하기 위해 날카로운 물건, 삼각대, 셀카봉, 장우산, 칼, 스프레이 등은 모두 반입이 금지된다. 입장 전에는 소지품 검사와 엑스레이 검색을 거쳐야 하며, 제한 물품은 보관소에 맡기거나 폐기해야 한다.

④ 편안한 신발 & 간식 준비

박물관 구경에만 최소 4~5시간이 걸리니 체력 관리에 신경 쓰자. 앉을 공간이 거의 없어서 편한 신발은 필수. 내부 음식물 반입은 제한되지만 휴식시간에 야외 공간에서 먹을 사탕이나 초콜릿 등의 간식을 준비하는 것이 좋다.

성당 입장 대기줄과 보안 검색대

1932년 주세페 모모가 설계한 나선형 계단

15 바티칸 박물관 Musei Vaticani
교황들의 보물창고

역대 교황이 수집한 예술품을 소장해 '교황들의 보고(寶庫)'라 불리는 박물관. 총 24개의 미술관을 가득 채울 만큼 방대한 컬렉션을 자랑하며, 하루 종일 관람해도 다 둘러보기 어려운 세계 최대 규모의 박물관 중 하나다. 미켈란젤로의 '천지창조'가 있는 시스티나 소성당과 라파엘로의 방, 브라만테가 교황 인노첸시오 8세(재위 1484~1492년)를 위해 설계한 벨베데레 궁전과 피냐의 안뜰(일명 '솔방울 정원'), 레오나르도 다빈치의 작품 등 르네상스 예술의 정수를 보여준다. 헬레니즘 시대와 고대 로마 시대의 조각 컬렉션 역시 세계 최고 수준이다.

현재 건물은 70년간의 '아비뇽 유수'(1309~1377년)를 마치고 로마로 돌아온 교황 그레고리오 11세가 교황청의 실추된 권위를 회복하기 위해 산 피에트로 대성당과 함께 궁전을 정비하면서 조성되기 시작했다. 1506년 면죄부 판매로 재정을 확보한 교황 율리우스 2세가 증·개축을 추진했으며, 이후 교황 클레멘스 14세와 피오 6세의 후원을 거쳐 1790년에 지금과 같은 거대한 궁전의 모습을 갖추었다. 그 규모와 화려함은 프랑스 베르사유 궁전에 견줄 만하다.

🟢 바티칸 미술관 Ⓜ MAP ❸-C
ADD Viale Vaticano, 100
OPEN 08:00~20:00(매월 마지막 일요일 09:00~14:00, 12월 24·31일 ~15:00)/폐장 2시간 전(무료입장일에는 1시간 30분 전)까지 입장
CLOSE 일요일(매월 마지막 일요일은 제외), 1월 1·6일, 2월 11일, 3월 19일, 부활절 다음 월요일(매년 날짜가 바뀜, 2026년은 4월 6일), 5월 1일, 6월 29일, 8월 14·15일, 12월 8·25·26일
PRICE
- 바티칸 박물관+시스티나 예배당
  현장 구매 20€, 25세 이하 학생·7~18세 8€
  온라인 예약(Skip the Line, 입장 시각 지정) 20€, 25세 이하 학생·7~18세 8€/예약비 5€
  *6세 이하 무료
- 오디오가이드 7~8€
- 매월 마지막 일요일 무료입장

METRO A선 오타비아노(Ottaviano)역 하차 후 오타비아노 거리(Via Ottaviano) 쪽 출구로 나가 'Musei Vaticani' 표지판을 따라 도보 7분
WEB www.museivaticani.va

Zoom In & Out
바티칸 박물관

관람 시간이 부족한 여행자를 위한 퀵 코스
바티칸 박물관에서 절대 놓칠 수 없는 라파엘로의 '아테네 학당', 미켈란젤로의 '천지창조'와 '최후의 심판'을 보러 가는 코스다. 순서대로 따라가면서 대표 작품을 중심으로 관람하자.

- **추천 관람 순서**(예상 소요 시간 약 4시간)
회화관(Pinacoteca) ➡ 피냐의 안뜰(Cortile della Pigna) ➡ 피오 클레멘티노 박물관(Museo Pio Clementino 또는 Antichita Classiche) ➡ 라파엘로의 방(Stanze di Raffaello) ➡ 시스티나 소성당(Cappella Sistina)

- **추천 관람 순서 따라가는 방법**
보안 검색대와 매표소, 개찰기를 통과한 후 에스컬레이터 또는 나선형 계단을 오르면 본격적인 관람이 시작된다. 계단 오른쪽은 회화관, 왼쪽은 피냐의 안뜰인데, 회화관을 먼저 관람한 후 피냐의 안뜰로 나가자. 피냐의 안뜰부터는 '시스티나 소성당(Cappella Sistina)' 표지판을 따라가면 된다.

◆ **바티칸 박물관을 제대로 둘러보기 위한 팁**

❶ 한국어 오디오가이드

아직은 부족한 점이 많지만 혼자 감상하는 여행자에게는 큰 도움이 된다. 수량이 적으므로 성수기에 대여하려면 서둘러야 한다. 입장권을 예약할 때 가능한 한 오디오가이드를 포함한 옵션으로 선택하도록 하자. 오디오가이드 대여 시 여권 등 신분증이 필요하며, 신청한 인원수만큼 이어폰을 개별적으로 준비해 가야 한다. 기계를 귀에 가까이 대면 음성이 들리긴 하지만 박물관 내부가 혼잡해 잘 들리지 않는다.

PRICE 8€/1회용 이어폰 1.50€
WALK 매표소 근처 또는 1층으로 오르면 바로 보인다. 박물관 내 총 4곳이 있다.

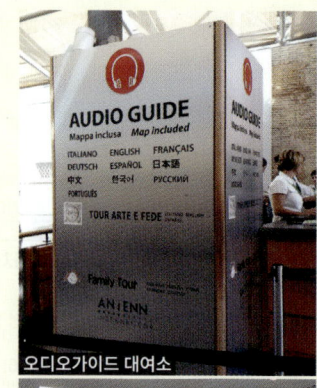
오디오가이드 대여소

❷ 피체리아 & 카페테리아

바티칸 박물관은 한 번 나가면 다시 들어올 수 없기 때문에 대부분의 관람객이 내부에서 식사를 해결한다. 시내 식당에 비해 가격이 비싸고 음식 맛이 없다는 평이 있지만 그럭저럭 먹을 만하다. 피자와 샌드위치를 판매하는 피체리아, 간단한 요리를 파는 카페테리아, 간식과 음료를 판매하는 카페 등이 있다. 간식을 준비해 갔다면 전시실은 식음료 반입이 금지돼 있으니 안뜰이나 카페테리아(1층, 지하층)를 이용하자.

WALK 회화관 입구 쪽에 있다. 'Pizzeria' 'Caffetteria' 표지판을 따라가자.

피체리아

❸ 스마트폰 사용 규칙

박물관과 내 사진 촬영은 허용되나 작품 보호를 위해 플래시는 사용할 수 없다. 시스티나 소성당은 사진 촬영 금지이며, 안내원이 요구하면 찍은 사진을 그 자리에서 삭제해야 한다. 통화도 금지된다.

카페테리아

I 회화관 Pinacoteca

11~19세기 회화 작품을 전시하는 곳이다. 18개의 방에 조토, 라파엘로, 레오나르도 다빈치, 카라바조 등 이탈리아를 대표하는 화가들의 작품이 전시돼 있다.

❶ 조토의 '삼단 제단화' (1320)

회화관을 둘러보다 보면 이 그림을 기준으로 이전과 이후의 그림이 확연히 다름을 알 수 있는데, 이는 바로 서양 회화의 아버지 조토의 작품이다. 조토는 평면적이고 추상적인 비잔틴 양식의 틀을 깨고 최초로 입체적이고 자연스럽게 인물을 묘사한 화가로 이후 르네상스 화가들에게 큰 영향을 미쳤다. 그림 속에 나오는 인물들에 대한 자세한 설명은 '예수의 12제자 이야기'(p483)를 참고하자.

중앙 예수와 그림의 주문자 스테파네스키 추기경. 추기경은 예수 앞에 무릎을 꿇고 있다.

왼쪽 성 베드로의 십자가 책형 장면 성 베드로는 초대 교황으로 천국의 열쇠 또는 십자가를 들고 있다. 뒷면의 중앙에도 그려져 있다.

오른쪽 성 바오로(바울)의 참수 장면 성 바오로는 큰 검으로 참수되는 순교를 했기 때문에 종종 긴 검을 들고 있는 인물로 그려진다. 뒷면의 왼쪽 두 번째 인물로도 그려져 있다.

> 회화관을 둘러보면 조토 이전과 이후의 그림이 확연히 다름을 알 수 있다.

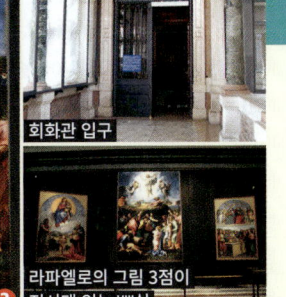

회화관 입구

라파엘로의 그림 3점이 전시돼 있는 Ⅷ실

❷ 멜로초 다포를리의 '음악 천사' (1480~84)

로마의 산티 아포스톨리 성당을 장식한 천장화의 일부였으나, 1711년 성당을 증축할 때 떼어내면서 바티칸으로 가져왔다. 멜로초 다포를리 작품의 특징인 밝은 색채와 명확한 형태, 대담한 단축법이 잘 나타나 있다.

❸ 라파엘로의 '그리스도의 변용' (1520)

1520년 4월 26일 열병으로 세상을 떠난 라파엘로의 마지막 작품이다. 라파엘로가 그린 밑그림을 바탕으로 후에 제자 줄리오 로마노가 하단 부분을 완성했다. <신약성서> '마태복음' 17장의 두 장면을 그린 작품으로, 상단부에는 그리스도가 하늘로 승천하는 장면이 묘사돼 있다. 하단부에는 귀신 들린 소년이 치료받기 위해 사도들 앞에 이끌려 나오는 장면이 묘사돼 있다.

❹ 레오나르도 다빈치의 '성 히에로니무스' (1482)

성 히에로니무스(347~420)는 광야에서 라틴어 성서(불가타 성서)를 처음 만든 사람이다. 레오나르도 다빈치는 성자를 그리면서 인체의 구조와 생김새를 깊이 연구했는데, 이 작품에서도 돌멩이로 가슴을 치려는 동작을 취한 성자의 모습을 과학적으로 재현했다.

❺ 오라치오 젠틸레스키의 '홀로페르네스의 목을 들고 있는 유디트와 하녀' (1620년경)

유디트는 유대인 귀족 출신의 과부로, 위급한 상황에서 나라를 구하기 위해 아시리아 군의 진지로 들어가 적장 홀로페르네스를 살해할 계획을 세운다. 홀로페르네스는 유디트의 아름다움에 반해 그녀를 자신의 침소로 끌어들였고 유디트는 홀로페르네스가 술에 취해 잠든 사이 그의 목을 잘랐다고 <외경> '유딧기' 13장에 기록돼 있다. 오라치오의 딸 아르테미시아가 그린 '홀로페르네스의 목을 베는 유디트'는 피렌체 우피치 미술관에서 볼 수 있다.

❻ 카라바조의 '예수 입관' (1604)

'인간의 모습을 한 종교'를 구현하려 한 바로크 회화의 거장 카라바조의 대표작이다. 그림에서 시신의 두 발을 모아 들고 있는 사람이 니고데모, 상체를 떠받치고 있는 건 요셉이다. 성모 마리아는 아들의 시신을 내려다보고 있고 다른 두 마리아는 눈물을 훔치거나 두 팔을 쳐들고 있다. 그림을 가만히 들여다보면 니고데모가 관람자를 내려다보며 무슨 말을 하는 듯이 느껴지기도 한다.

II 피냐의 안뜰
Cortile della Pigna

거대한 솔방울 분수가 있어 '솔방울 정원'이라고도 한다. 볼거리도 다양하지만 여기서부터 시스티나 소성당까지는 앉거나 쉴 만한 공간이 없으므로 이곳에서 충분히 휴식을 취하자.

❶ 솔방울 분수
(Fontana della Pigna)

❷ 천체 속의 천체
(Sfera con Sfera)

브라치오 누오보 전시관
(Galleria di Braccio Nuovo, New Wing) 방향

출입구

❶ **솔방울 분수**
고대 로마를 상징하는 소나무의 원천, 솔방울

❷ **천체 속의 천체**(1990)
이탈리아 조각가 아르날도 포모도로(Arnaldo Pomodoro)의 작품. 지구의 환경오염을 경고하는 메시지를 담고 있다.

III 피오 클레멘티노 박물관
Museo Pio Clementino

❶ **'벨베데레의 아폴로'**(기원전 4세기, 그리스 조각상의 로마 모작품)
팔각 정원

그리스·로마 신화에서 가장 이상적인 남성상으로 꼽히는 아폴로 신의 조각상. 음악·지혜·예언·궁술의 신으로 불리는 아폴로는 잘생긴 외모와 뛰어난 활 솜씨로 유명하다. 그래서 그를 표현한 조각상에는 언제나 활이 등장하는데, 이 작품은 아폴로가 활을 쏜 직후 날아가는 화살을 응시하는 모습을 표현했다.

❷ **'라오콘 군상'** (기원전 2세기, 헬레니즘 시대 작품의 로마 모작품) **팔각 정원**

라오콘은 아폴로 신을 모시던 트로이의 신관으로, 트로이와 그리스의 전쟁이 막바지에 이르렀을 무렵, 그리스인이 놓고 간 '트로이의 목마'에 군사가 매복해 있다는 비밀을 누설해 트로이가 멸망하길 바라던 신들의 노여움을 산다. 화가 난 신들은 바다뱀을 보내 라오콘과 아들들을 질식시켰다. 라오콘 군상은 그 찰나의 순간을 표현한 작품으로 이길 수 없는 싸움을 하는 인간의 처절한 노력과 고통을 그리고 있다. 아버지에게 도움을 구하는 눈길을 보내는 아들들은 유난히 왜소하게 만들어 라오콘의 고통을 강조했다. 결국 이들의 희생에도 트로이 시민은 예언을 무시해 '신의 뜻대로' 멸망하게 된다. 산타 마리아 마조레 성당 인근에서 발견되어 현재의 바티칸 박물관에 전시하기 시작했는데, 이 조각상의 전시로 바티칸 박물관이 설립됐다.

❸ **'벨베데레의 토르소'** (기원전 1세기) **뮤즈의 방**

머리와 팔다리가 없는 형태로 발견된 이 작품은 아이아스 장군이 자결하는 모습으로 추정된다. 미켈란젤로는 이 작품을 특히 좋아했는데, 조각상의 나머지 부분을 완성해달라는 의뢰가 들어오자 '이것만으로도 완벽한 작품'이라며 거절한 일화가 유명하다. 아이아스 장군은 그리스·로마 신화에 나오는 영웅으로, 아테네(미네르바) 여신의 농간으로 적군 대신 양 떼를 몰살하는 실수를 하자 수치심을 느껴 자결했다.

MORE
지도의 방
Le Galleria delle Mappe
(1580~1583)

황금빛 천장이 특히 아름다운 복도로, 길이 120m, 너비 6m다. 교황이 지배하는 성당 40개가 있는 지역을 중심으로 그린 지도를 통해 당시 역사와 지도 작성법을 볼 수 있다.

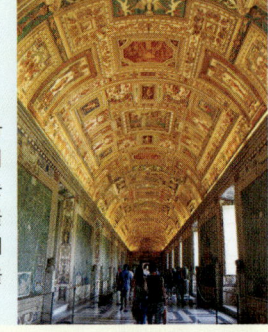

피오 클레멘티노 박물관을 지나 시스티나 소성당으로 가는 길에 있는 원형의 방. 네로의 욕조가 있다.

IV 라파엘로의 방
Stanze di Raffaello

교황 율리우스 2세를 위해 만든 방이다. 자신의 사저에 맞는 그림을 그려줄 사람을 찾던 율리우스 2세는 바티칸의 예술 고문인 브라만테를 통해 당시 20대 중반의 라파엘로를 추천받았다. 율리우스는 '서명에 방'에 라파엘로가 그린 작품에 감명받아 1508년 라파엘로와 그의 제자들로 하여금 4개 방의 벽화를 다 지우고 새로 그림을 그리라고 명했다. 기존의 벽화는 라파엘로의 스승인 페루지노를 포함한 당대 유명 예술가들이 그린 것이었다.

라파엘로는 바티칸에서 '서명의 방'(1505~12), '엘리오도르의 방'(1512~14), '보르고 화재의 방'(1514~17), 마지막으로 '콘스탄티누스의 방'을 그리다가 1520년에 사망했고 나머지는 그의 제자들이 완성했다. 라파엘로는 이 작품으로 당시 시스티나 소성당 천장화를 맡은 미켈란젤로에게 버금가는 명성을 얻었다.

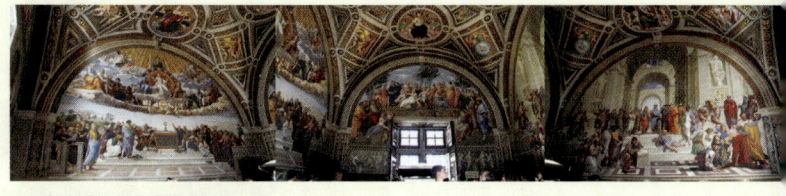

● **라파엘로 '아테네 학당'**(1511) **서명의 방**
산 피에트로 대성당을 떠올리게 하는 학당에서 신학·철학·수학·예술 등 각 학문을 대표하는 54명의 학자가 모여 토론하는 모습을 그렸다. 우리에게도 익숙한 유명인들을 한 명씩 짚어보자.

> 라파엘로 특유의 고전적인 품격과 부드럽고 감미로운 색감을 느낄 수 있는 대작이다.

❶ **플라톤과 아리스토텔레스** 정신세계를 중시한 플라톤은 이데아를 상징하는 하늘을 손으로 가리키고 있으며, 반면 현실 세계를 중시한 아리스토텔레스는 눈으로 보고 판단할 수 있는 지상, 즉 땅을 손으로 가리키고 있다.

❷ **아폴로와 아테네(미네르바)** 아폴로는 벨베데레 정원에서 본 시·음악·예언의 신이다. 아테네는 로마 신화에서 미네르바에 해당하며, 전쟁과 의술, 지혜, 음악의 신이다.

❸ **소크라테스** "너 자신을 알라"라는 명언을 남긴 철학자로, 플라톤의 스승이다.

❹ **피타고라스** 이름에서 알 수 있듯이 중학교 때 배운 '$a^2 + b^2 = c^2$'라는 피타고라스 정리를 증명한 수학자이자 철학자다.

❺ **유클리드** "수학(기하학)에는 왕도가 없다"라는 명언을 남겼으며, 기하학을 집대성했다. 그림 속에서 컴퍼스를 들고 자신의 기하학 이론을 설명하고 있다.

❻ **데모크리토스** 천문학자 데모크리토스로 추정되는 이 인물은 미켈란젤로를 모델로 삼은 것으로 알려졌다. 기억해두었다가 '최후의 심판' 속 미켈란젤로가 그린 자화상과 비교해보자.

❼ **조로아스터** 손에 지구의를 들고 있으며, 조로아스터교의 창시자이자 천문학자다. '조로아스터'는 오늘날 예언자로 불리는 자라투스트라의 영어명으로, 조로아스터교는 유일신인 아후라 마즈다를 숭배하며, 이원론적인 세계관이 특징이다.

❽ **라파엘로** 라파엘로의 자화상이다.

● 미켈란젤로 '최후의 심판'(1541)

'최후의 심판'은 종말이 오면 예수가 심판해 선인을 구원하고 악인을 벌한다는 성서의 내용을 표현한 그림이다. '천지창조'와 달리 주제도 무겁고 전체적인 분위기가 크게 다른 이유는 '최후의 심판'을 그린 당시 타락한 성당과 마르틴 루터의 종교개혁으로 혼란에 빠진 유럽의 시대상을 반영했기 때문이다. 미켈란젤로는 혼란한 세상에서 심판자 예수는 단호하고 엄격한 모습으로, 400여 명의 벌거벗은 인간은 두려움을 느껴 기절하거나 떨고 있는 참담한 모습으로 그렸다.

V 시스티나 소성당
Cappella Sistina

미켈란젤로의 '천지창조'와 '최후의 심판'을 보기 위해 세계 각지에서 모여든 사람들로 언제나 붐빈다. 영화나 책에 자주 소개되어 익숙한 그림들이지만 이곳에 들어서면 상상 이상의 규모와 선명함에 압도되어 말없이 천장만 바라보게 된다.

천장과 예배당 정면 그림이 각각 '천지창조'와 '최후의 심판'이며, 옆 벽면에는 보티첼리, 페루지노 등 미켈란젤로 전 시대를 풍미한 이탈리아 화가들의 작품이 있다. '최후의 심판'을 바라보고 오른쪽 벽면에는 예수의 일생, 왼쪽 벽면에는 모세의 일생이 그려져 있다. 예배당 벽면을 향한 의자가 마련돼 있으니 앉아서 천천히 감상해 보자.

❶ **예수와 성모 마리아** 예수의 육체는 '벨베데레의 토르소'를 참고해 그렸다.
❷ **십자가** 천사들이 예수의 십자가 책형 때 쓰인 십자가를 하늘로 옮기고 있다.
❸ **성 베드로** 최초의 성당 수장으로, 그를 상징하는 황금 열쇠를 들고 있다.
❹ **성 바르톨로메오** 12제자 중 1명으로, 산 채로 피부가 벗겨지는 고문을 당하고 순교했다. 그래서 자신의 가죽을 들고 있는데, 미켈란젤로는 이 가죽에 자신의 얼굴을 그려 넣었다.
❺ **운명의 책을 든 천사들** 왼쪽의 천사가 들고 있는 작은 책에는 천국으로 갈 사람들의 이름이 적혀 있으며, 오른쪽의 천사가 들고 있는 큰 책에는 지옥으로 가는 사람들이 적혀 있다.
❻ **구원을 기다리는 이들** 두 사람이 천사들의 손에 이끌려 하늘로 오르고 있다. 오르는 도중 천국행과 지옥행으로 나뉘기 때문에 아직 구원 여부가 결정된 것은 아니다.
❼ **지옥에서 고통받는 이들** 미켈란젤로가 그림을 그리고 있을 때 교황의 의전관인 체세나가 불경한 그림이라며 비난했다. 화가 난 미켈란젤로는 체세나를 지옥의 수문장 '미노스'로 표현했다.

★ '최후의 심판' 속 성인들에게 가리개를 씌운 사연

원래 '최후의 심판' 속 성인과 성녀는 모두 벌거벗은 모습으로 묘사됐다. 그림을 주문한 바오로 3세의 지지와 당대 최고의 화가인 미켈란젤로의 명성 때문에 그림에 함부로 손을 댈 수는 없었지만 외설 논란은 끊이지 않았다. 결국 그림이 완성되고 23년이 지나 트렌티노 공의회는 그림 속 나체에 가리개를 씌우기로 결정했다. 미켈란젤로가 89세의 나이로 죽기 1개월 전에 결정된 이 작업은 미켈란젤로의 제자 볼테라가 맡았고, 그는 스승의 작품을 훼손하지 않도록 최소한의 부분만 수정했다. 이 일로 볼테라는 평생 '브라게토니(가리개 귀신)'라는 놀림을 받아야 했다.

● 미켈란젤로 '천지창조'(1512)

교황 율리우스 2세(재위 1503~1513년, 로마를 르네상스 문화의 중심지로 만든 인물)의 명으로 그린 작품. <구약성서>에서 따온 하느님이 자연과 인류를 탄생시키는 장면 9개와 예수의 조상, 예언자, 영웅 등 340명이 넘는 인물이 등장한다. 조각가인 미켈란젤로의 작품답게 뒤틀린 인체가 채색된 조각처럼 묘사돼 있다.

미켈란젤로는 작품의 완성도를 높이기 위해 조수도 없이 혼자 이 작품을 4년(1508~1512)에 걸쳐 그렸다. 천장 아래 설치된 좁은 공간에 누워서 떨어지는 안료를 맞으며 그림을 그려야 했던 그는 척추가 휘고 눈병과 관절염에 걸려 심한 육체적인 고통을 죽을 때까지 느껴야 했다. 1512년 천장화가 완성되었을 때 규모와 색감, 역동적인 인물과 유기적인 내용에 교황청 사람들은 놀라움을 금치 못했다고 한다. 다양한 인물을 묘사했는데, 그리스도의 조상을 묘사한 부분은 예수의 직계 조상 중 정확히 누구를 그린 것인지 밝혀지지 않아 추정만 하고 있다.

최후의 심판

❶ 하느님(중앙)이 빛과 어둠을 가르다.
❷ 하느님이 왼손으로 달을, 오른손으로 해를 만드는 모습.
❸ 하느님이 땅과 물을 갈라 물이 드러나게 하는 모습.
❹ 하느님이 진흙으로 빚은 아담에게 영혼을 불어넣는 순간을 묘사하고 있다. 하느님과 아담의 손끝은 생명을 불어넣는 시작점을 상징하며 관람자들의 시선을 화면 가운데로 집중시킨다. 아담은 깊은 잠에서 깨어난 듯 하느님을 물끄러미 응시하고 하느님은 금세 하늘에서 내려온 듯 표현돼 있다.
❺ 하느님이 아담의 갈비뼈로 이브를 탄생시키는 장면이다.
❻ 왼쪽에는 아담과 이브가 뱀의 유혹에 넘어가 선악과를 따 먹는 모습이, 오른쪽에는 그 벌로 에덴동산에서 추방되는 모습이 그려져 있다.
❼ 대홍수에서 살아남은 노아가 하느님께 제를 지내는 장면이다. 8번 뒤에 와야 할 그림이지만 크게 그리기 위해 이곳에 먼저 그렸다.
❽ 하느님이 큰 비를 내려 세상을 벌하는 장면이다. 미켈란젤로가 가장 먼저 그린 그림으로, 인물을 너무 조밀하게 그리는 실수를 했다. 이후의 그림은 이러한 단점을 보완하기 위해 더 함축적인 구성으로 인물을 크게 그렸다.
❾ 인류는 농사를 지으면서 포도를 경작해 포도주를 만들었다. 문밖에 농사짓는 모습과 노아가 만취해 잠든 모습이 그려져 있다.

● <구약 성서>의 구원 장면
❿ 하만을 벌함
⓫ 모세와 뱀
⓬ 다윗과 골리앗
⓭ 홀로페르네스의 목을 베는 유디트

● 그리스도의 조상(추정)
⓮ 이새·다윗·솔로몬 중 1명
⓯ 솔로몬·보아스·오뱃 중 1명
⓰ 아사·여호사밧·여호람 중 1명
⓱ 르호보암·아비야 중 1명
⓲ 히스기야·므낫세·아몬 중 1명
⓳ 우치야·요담·아하즈 중 1명
⓴ 요시야·히스기야·스알디엘 중 1명
㉑ 스룹바벨·아비훗·엘리야김 중 1명

● 예언자
㉒ 요나
㉓ 예레미야
㉔ 다니엘
㉕ 에스델(에스겔)
㉖ 이사야
㉗ 요엘
㉘ 즈가리야(스가랴)

● 유대인 외의 예언자
㉙ 리비아의 예언자
㉚ 페르시아의 예언자
㉛ 쿠마엔의 예언자
㉜ 엘리트레아의 예언자
㉝ 델피의 예언자

16 전 세계 가톨릭의 총본산
산 피에트로 대성당
Basilica Papale di San Pietro

"너는 베드로라. 내가 이 반석 위에 내 교회를 세울 터인즉 죽음의 힘이 감히 그것을 누르지 못할 것이다('마태오 복음' 16장)." 원래 어부였던 시몬은 어느날 그에게 찾아온 예수에게 '반석'이라는 의미의 '베드로'라는 이름과 '천국의 열쇠'를 받았고 세월이 흐른 뒤 첫 교황이 됐다. 세계 가톨릭의 중심인 산 피에트로 대성당은 성서의 글귀처럼 성 베드로의 무덤 위에 세워졌다. 서기 90년, 성 베드로가 묻힌 곳으로 추정되는 무덤이 발견됐고 로마제국 전체에 기독교를 공인한 콘스탄티누스 황제가 319~333년 지금의 이름으로 성당을 지었다.

16세기에 교황 율리우스 2세(재위 1503~1513년, 로마를 르네상스 문화의 중심지로 만든 인물로, 특히 라파엘로를 총애했다)가 건물을 완전히 허물고 새로운 성전을 세울 것을 명령했다. 그때부터 라파엘로, 미켈란젤로, 베르니니 등 10명이 넘는 예술가가 120년간 작업한 끝에 1626년 11월 28일, 비로소 지금의 산 피에트로 대성당의 모습을 갖췄다. 길이 187m에 달하는 내부는 화려한 대리석으로 장식돼 있고 11개의 예배당과 45개의 제단에는 귀중한 예술품들이 보관돼 있다. 베르니니의 설계로 제작된 높이 29m의 발다키노는 주위를 둘러싼 성자들의 조각과 미켈란젤로가 만든 거대한 쿠폴라와 완벽한 조화를 이룬다.

ⓖ 성 베드로 대성전 Ⓜ MAP ❸-C
ADD Piazza San Pietro
OPEN 성당 07:00~19:10, 쿠폴라 07:30~18:00(10~3월 ~17:00)
CLOSE 성당 행사 진행 시 유동적 휴무
PRICE 성당 무료, 온라인 예약 7€(입장 시각 지정)/
- 쿠폴라 현장 구매: 계단 10€, 엘리베이터+계단 15€/ 엘리베이터를 타다 중간에 내려 계단 320개를 걸어 올라가야 한다. 계단은 총 551개
- 쿠폴라 온라인 예매: 계단 17€, 엘리베이터+계단 22€/ 디지털 오디오가이드 포함, 쿠폴라 입장 시각 지정
METRO A선 오타비아노(Ottaviano)역 하차 후 오타비아노 거리(Via Ottaviano) 쪽 출구로 나가 직진, 리소르지멘토 광장(Piazza Risorgimento)이 나오면 직진. 도보 10분
WEB 성당 및 쿠폴라 예약 booking.basilicasanpietro.va

★
교황청을 지키는 스위스 근위대

스위스 근위대는 1506년 교황 율리우스 2세 때 창설됐다. 용맹하고 충성스럽기로 유명한 이들은 1527년 5월 6일, 신성로마제국이 로마를 침공했을 때 그 명성을 떨쳤다. 모두가 목숨을 위해 도망칠 때 끝까지 남아 거의 전멸에 가까운 희생을 치르며 교황 클레멘스 7세(재위 1523~1534년)를 지켜낸 것이다. 이 사건을 계기로 교황의 전폭적인 신임을 얻게 된 스위스 근위대는 500년이 지난 지금도 교황청의 상징적 존재로 자리하고 있다.

지원 자격은 스위스 시민권을 가진 가톨릭 신자이자 키 174cm 이상의 18~30세 미혼 남성으로 제한된다. 연봉은 약 1만8000€(숙식 제공 포함)로 많지 않지만 세계 어느 군대에도 뒤지지 않는 명예와 자부심을 지닌 조직으로 평가된다.

MORE
입장 시각 지정 온라인 예약제 도입

매일 이어지던 긴 대기줄과 번거로운 보안 검색 절차를 줄이기 위해 입장 시각 지정 예약제가 시행됐다. 공식 홈페이지에서 날짜와 시간대를 선택해 예약·결제하면 입장용 QR코드가 이메일로 발송된다. QR코드를 입구에서 제시하면 대기 없이 바로 입장할 수 있다.

예약에는 스마트폰용 디지털 오디오가이드가 포함돼 있으며, 방문 24시간 전에 QR코드 또는 접속 링크가 이메일로 전송된다. 최초 실행 시에는 인터넷 연결이 필요하므로 호텔 등에서 미리 와이파이로 활성화해 두자. 이어폰도 꼭 챙길 것.

17 이게 바로, 바로크 건축!
산 피에트로 광장
Piazza San Pietro

베르니니가 1656년부터 1667년까지 설계·건설한 광장으로, 바로크 건축의 특징인 거대한 규모와 화려한 장식, 극적인 공간미를 완벽하게 구현했다. 미켈란젤로가 설계한 르네상스 건축의 대표작 캄피돌리오 광장의 차분하고 정적인 분위기와 비교하면 그 차이가 분명히 드러난다.

베르니니는 산 피에트로 대성당이 두 팔을 벌려 광장에 모인 신자들을 감싸 안는 듯한 인상을 주기 위해 타원형 광장과 회랑을 설계했다. 양팔에 해당하는 회랑은 284개의 도리아식 기둥이 4열로 배열돼 있으며, 베르니니가 직접 제작한 140개의 성인상으로 장식했다. 광장 중앙의 ❶ 오벨리스크와 ❷ 2개의 분수 사이 바닥의 타원형 표식(Centro del Colonnato)에 서면 4줄의 회랑 기둥이 한 줄로 겹쳐 보이는데, 이는 화려함 속에서도 통일성을 주려는 베르니니의 의도다.

높이 25.50m의 오벨리스크는 잔혹한 황제 칼리굴라가 서기 40년 이집트에서 가져온 것으로, 1586년 교황 식스토 5세가 150마리의 말과 47개의 기중기를 동원해 지금의 자리로 옮겼다. 오벨리스크 양옆에는 베르니니와 17세기 조각가 마데르노가 설계한 2개의 분수가 좌우 대칭으로 놓여 있다.

ⓖ 바티칸 오벨리스크 Ⓜ MAP ❸-C
ADD Piazza San Pietro
WALK 산 피에트로 대성당과 연결
*수요일 오전 교황 집전 미사 시 광장 출입이 제한될 수 있다.

쿠폴라에서 바라본 열쇠 모양(Ω)의 산 피에트로 광장 전경

❶ 십자가와 받침대를 합하면 높이가 거의 40m에 달한다.

❷ 대성당 정면을 바라보고 오른쪽은 마데르노의 분수(1614), 왼쪽은 베르니니의 분수(1677)다.

Zoom In & Out
산 피에트로 대성당

★ 산 피에트로 대성당의 역사

- 1세기, 전차 경기광으로 알려진 네로 황제가 만든 대전차 경기장
- 성 베드로의 무덤으로 추정되는 자리. 서기 200년, 이 자리에 성 베드로의 무덤임을 표시하는 제단을 설립함
- 4세기, 콘스탄티누스 황제가 바실리카를 세울 당시의 규모
- 르네상스 시대에 추가됨
- 바로크 시대에 추가됨

① **강복의 발코니** (2층) 매년 1월 1일과 부활절 등에 교황이 각국 언어로 축복을 내리는 장소로, 베르니니가 설계했다. 발코니 아래 부조는 예수가 성 베드로에게 황금 열쇠를 내리는 모습을 표현했다. 일요일마다 교황의 음성을 스피커로 들을 수 있다.

② **거룩한 문** 정문을 바라보고 가장 오른쪽에 있는 청동 문으로, 25년(희년)에 한 번씩 열린다. 교황을 따라 이 문을 지나 고백성사를 하면 죄를 사면받아 천국으로 갈 수 있다는 이야기가 있다.

③ **바닥의 표지물** 입구로 들어가면 중앙 정문 쪽 바닥에 산 피에트로 대성당이 세계에서 가장 큰 성당이라는 표시가 있고 그 앞쪽으로는 전 세계의 대규모 성당이 크기순으로 적혀 있다.

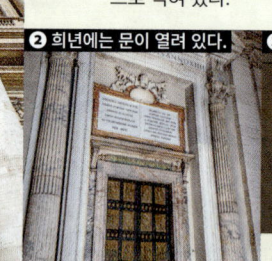

① 희년에는 문이 열려 있다. ③ 중앙 정문 뒤쪽에 있다.

모든 가톨릭 성당 중 가장 크고 웅장한 대성당 내부

❹ **피에타** '피에타'는 예수의 어머니 성모 마리아가 십자가에서 내린 예수를 끌어안고 슬퍼하는 모습을 표현한 회화나 조각을 일컫는 말이다. 이 작품은 미켈란젤로가 23세였던 1500년에 완성한 것으로, 그의 3대 걸작 중 하나로 꼽힌다. 슬픔을 내면으로 삼킨 성모 마리아의 고요한 표정과 어머니 품에 안겨 잠든 듯 편안한 예수의 모습이 깊은 감동을 준다.
1972년, 자신이 예수 그리스도라 믿었던 한 관람객이 작품을 망치로 15차례 내려쳐 성모 마리아의 팔이 팔꿈치 아래에서 분리되고 코와 눈꺼풀이 손상되는 사건이 발생했다. 미세한 파편까지 찾아 붙여 넣는 세밀한 복원 끝에 거의 완벽하게 되살렸지만 이후부터는 유리 보호막 너머로만 감상할 수 있게 됐다. 성모 마리아의 왼쪽 어깨 띠에는 미켈란젤로의 친필 서명이 새겨져 있는데, 사람들이 작품의 작가를 몰라보자 그가 직접 새겼다고 전해진다.

미켈란젤로의 3대 조각상
'피에타'(1499) – 로마, 산 피에트로 대성당
'모세'(1504) – 로마, 산 피에트로 인 빈콜리 성당(p213)
'다비드'(1504) – 피렌체, 아카데미아 미술관(p354)

❺ **성 세바스티아노 제단** 제단 아래에는 교황 인노첸시오 11세(재위 1676~1689년)의 시신이 안치돼 있다. 그는 17세기 교황 가운데 신앙심과 도덕성이 가장 뛰어난 인물로 평가된다. 기독교는 부활을 믿는 종교이기에 교황이나 성인처럼 존경받는 인물의 시신을 성당 안에 보존하는 것이 일반적이다.

인노첸시오 11세의 무덤

❻ **성 베드로의 청동상** 12세기에 완성된 아르놀포 디 캄비오(Arnolfo di Cambio)의 작품으로, 발에 손을 대거나 입을 맞추면 소원이 이루어진다는 전설이 전해진다. 오랜 세월 동안 수많은 이들이 찾아와 손을 얹고 입을 맞춘 탓에 발이 납작하게 닳아 있다.

❼ **발다키노** 오직 교황만이 미사를 집전할 수 있는 교황의 제단을 일컫는 말. 바르베리니 가문 출신인 교황 우르바노 8세(재위 1623~ 1644년)의 지시로 만들어져 바르베리니 가문의 문장인 꿀벌이 새겨져 있다. 산 피에트로 광장을 완성한 베르니니의 대표작으로, 높이 29m·무게 63t에 이르는 거대한 규모와 4개의 나선형 기둥이 하늘로 치솟는 듯한 극적인 조형미로 찬사를 받는다. 설계는 베르니니가 맡았으나 청동 작업 경험이 없던 그를 대신해 보로미니가 청동 주조 과정을 감독했으며, 상부 장식 디자인 또한 보로미니의 작품으로 인정받고 있다. 보로미니 특유의 유려한 곡선미가 기둥의 형태에 잘 드러난다.
판테온의 청동판을 뜯어 만들었다는 비난을 받았지만 실제로 판테온에서 철거된 청동 대부분은 대포 제작에 사용됐고 발다키노에 쓰인 청동은 베네치아에서 들여온 것이다. 제단 아래에는 성 베드로의 유골함이 은 상자에 안치돼 있다.

쿠폴라 발코니에서 바라본 바티칸시국 전경

❽ **쿠폴라(돔)** 미켈란젤로가 설계했으나 그가 죽은 지 26년이 지난 후 제자들이 완성했다. 쿠폴라의 거대하고 우아한 외관은 프랑스 앵발리드, 미국 국회의사당, 영국 세인트폴 대성당에 영향을 주었다. 둘레의 금박 테두리에는 "너는 베드로(반석)라, 내가 이 반석 위에 내 교회를 세우고... 천국 열쇠를 네게 주리니"라는 글귀가 있다. 계단(또는 엘리베이터와 계단)을 통해 쿠폴라의 발코니에 오르면 바티칸시국의 전경을 감상할 수 있다. 발코니까지 총 551개의 계단 중 엘리베이터가 도착하는 중간 지점에 야외 쉼터와 카페, 무료 화장실이 있다.

❾ **성 베드로의 의자** 성 베드로가 로마 초대 주교로 활동할 때 사용했다고 전해지는 나무 의자를 보관하고 있다. 의자에는 9세기 카롤링거 시대의 상아 장식과 13세기 밤나무 프레임이 남아 있으나 실제로 그가 사용했다는 사실은 역사적으로 입증되지 않았다. 베르니니가 제작한 화려한 조각 장식이 이를 둘러싸고 있으며, 성령을 상징하는 비둘기가 빛을 타고 내려오는 장면이 새겨진 타원형 스테인드글라스 창이 의자 뒤를 비추며 경이로운 분위기를 자아낸다. 성당 제일 안쪽, 발다키노 뒤편에 위치하며, 출입 제한 구역이어서 멀리서만 관람할 수 있다.

⑩ **성 베로니카** 십자가를 지고 골고다 언덕을 오르는 예수의 얼굴을 닦아주는 베로니카의 모습을 표현했다.

⑪ **성 헬레나** 로마 황제 콘스탄티누스 1세의 어머니, 헬레나가 예수가 못 박혔던 십자가를 발견하여 들고 있는 장면을 표현했다.

⑫ **성 안드레아** 예수 그리스도의 12제자 중 한 사람으로, 베드로의 동생이며, 'X'자형 나무 십자가에서 순교했다.

⑬ **성 론지노** 빌라도(예수에게 십자가형 처형을 내린 총독)의 지시를 받고 예수의 옆구리를 찌른 창을 들고 있는 론지노를 표현한 베르니니의 작품. 후에 개종하여 성인으로 추앙받고 있다.

⑭ **클레멘스 13세 기념비** 1792년 안토니오 카노바가 만든 작품으로, 신고전주의 양식의 걸작으로 꼽힌다. 클레멘스 13세는 제248대 교황으로 절대 군주에 맞서 예수회 수호에 힘썼으며, 니콜로 살비에게 의뢰해 지금의 트레비 분수를 만들었다.

⑮ **교황 알렉산더 7세 기념비** 교황 알렉산더 7세(재위 1655~1667)의 대리석 조각으로, 여신상 4개에 둘러싸여 있다. 젖을 먹이는 여신은 사랑, 그 위의 여신은 진리, 비둘기를 안고 있는 여신은 정의, 그 위의 여신은 신중을 상징한다. 1678년 완성됐으며, 베르니니의 마지막 작품으로 알려져 있다.

⑯ **성 안드레아 김대건** 한국 최초의 가톨릭 신부로, 1846년 25세의 나이에 서울 새남터 형장에서 순교한 성 김대건 신부(1821~1846)의 조각상이 2023년 산 피에트로 대성당 외벽에 설치됐다. 대성당 정면을 바라보고 오른쪽, 시스티나 소성당을 마주 보는 자리에 한복 두루마기와 갓, 도포, 영대를 착용하고 두 팔 벌려 서 있는 모습은 모든 것을 포용한다는 의미를 담고 있다. 높이 3.7m, 폭 1.83m 전신상 좌대 맨 윗줄에는 한국어로 '성 김대건 안드레아 사제 순교자' 문구가 새겨져 있다.

산탄젤로 성에서 내려다본 산탄젤로 다리

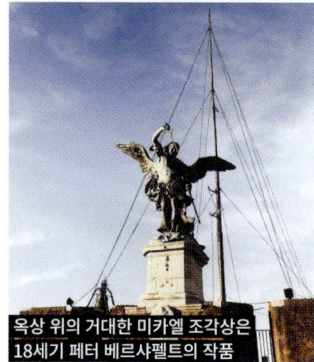

옥상 위의 거대한 미카엘 조각상은 18세기 페터 베르샤펠트의 작품

★ 교황은 우리가 지킨다!
위험에 처한 교황을 피신시키기 위해 13세기에 바티칸 박물관과 바티칸 궁전, 산탄젤로 성을 연결하는 길 (Passetto di Borgo)을 만들었다. 17세기에는 산탄젤로 성 주위에 오각형의 요새를 만들어 방어를 더욱 강화했다.

18 교황을 지켜준 든든한 요새
산탄젤로 성 Castel Sant'Angelo

6세기 후반 로마에 흑사병이 창궐했을 때 대천사 미카엘이 이곳에 나타나 병을 물리쳤다는 전설로 '성 천사(산탄젤로)'라는 이름이 붙여졌다. 2세기 하드리아누스 황제의 묘로 만들었으며, 그 후 황제들의 납골당으로 이용됐다. 교황의 피난처로도 사용됐는데, 신성로마제국이 로마를 함락시켰을 때 스위스 근위대의 도움을 받아 교황 클레멘스 7세가 피신한 장소다. 지금은 박물관으로 이용되고 있으며, 르네상스 시대 교황의 방, 50여 개에 이르는 무기 전시실, 도서관, 황제의 방, 지하 감옥 등의 볼거리가 있다.

G 성천사성   M MAP ❸-C
ADD Lungotevere Castello, 50
OPEN 09:00~19:30/폐장 1시간 전까지 입장
CLOSE 월요일, 1월 1일, 5월 1일, 12월 25일
PRICE 16€, 17세 이하 무료/매월 첫째 일요일 무료입장/특별전 진행 시 요금 추가/주말은 예약 권장/로마 패스 소지자 6.50€
WALK 산 피에트로 광장에서 도보 12분/나보나 광장에서 도보 10분
METRO A선 레판토(Lepanto)역 하차 후 도보 15분
WEB 예약 ecm.coopculture.it

◆ **산탄젤로 다리** Ponte Sant'Angelo

로마에서 가장 우아하고 낭만적인 다리로, 바티칸시국과 로마 시내를 연결한다. 베르니니와 그의 아들이 만든 천사상인 '가시면류관을 든 천사'와 '두루마리를 든 천사'의 복제품, 베르니니의 제자들이 만든 8개의 천사상이 신비로운 분위기를 뽐낸다. 베르니니와 아들의 천사상 진품은 트레비 분수 근처의 산탄드레아 델레 프라테 성당(Sant'Andrea delle Fratte, 무료입장)에서 볼 수 있다.

가시면류관을 든 천사

두루마리를 든 천사

움베르토 1세 다리 (Ponte Umberto I)에서 바라본 산탄젤로 다리의 야경

영원한 슈퍼스타
교황을 알현하자

여행 중 교황을 알현하고 싶다면 교황 집전 미사, 일반 알현, 일요일 삼종기도 등을 공략하자. 교황청(Holy See) 웹사이트에서 영어 화면으로 바꾼 후 'CALENDAR'를 누르면 월별로 정리된 상세 스케줄을 확인할 수 있다. 단, 모든 행사는 교황이 바티칸에 머물 때만 이루어지며, 교황의 해외 순방 기간이나 여름 휴가 기간에는 일정이 취소된다. 보통 1년 일정이 사전에 공개된다.

① 교황 집전 미사 Papal Mass

가톨릭 신자의 영광인 산 피에트로 대성당의 교황 집전 미사에 참석하려면 교황청에서 발급하는 입장권이 필요하다. 입장권은 교황청 웹사이트에서 온라인 신청하며, 10장 미만은 예약 없이 청동문 앞 스위스 근위대에게 전날 15:00~19:00(겨울철 ~18:00) 또는 당일 오전 7시부터 선착순으로 받을 수 있다. 지정석이 아니므로 최소 1~3시간 전에는 도착해야 좋은 자리를 잡을 수 있다. 산 피에트로 광장에서 열리는 미사는 입장권 없이 광장 주변에서 참관할 수도 있다. 단, 크리스마스·부활절 미사는 사전 신청이 필요하며, 최소 2~6개월 전에 예약해야 한다.

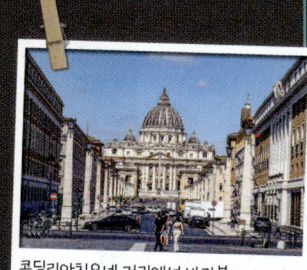
콘딜리아치오네 거리에서 바라본 산 피에트로 대성당

② 일반 알현 Papal Audiences

매주 수요일 오전 9시(여름 성수기에는 10시)에 교황이 직접 광장으로 나와 신자들을 만나는 일반 알현이 열린다. 광장에서는 5만 명 이상을 수용할 수 있으며, 추운 겨울이나 무더운 여름에는 약 6천 명을 수용하는 바오로 6세 알현실(Aula Paolo VI)에서 진행된다. 입장권은 교황청 웹사이트에서 사전 신청하거나, 청동문 앞 스위스 근위대에게 전날 15:00~19:00(겨울철 ~18:00) 또는 당일 오전 7시부터 선착순으로 받을 수 있다. 현 교황 레오 14세의 인기로 인해 좋은 자리를 원한다면 시작 3시간 전에는 도착하는 것이 좋다. 알현은 1시간 30분~2시간가량 이어진다.

산 피에트로 광장을 가득 메운 사람들

③ 일요일 삼종기도 Angelus

매주 일요일 정오 산 피에트로 광장에서 열린다. 입장권은 필요 없고, 교황궁 건물 맨 위층 창문(오른쪽에서 두 번째)에서 기도를 진행한다. 가까이에서 교황을 볼 수는 없지만 약 15분간 이어지는 삼종기도 후 여러 언어로 강복이 주어진다.

● **교황청**(교황 집전 미사·일반 알현 사전 신청)
ADD Prefecture of the Papal Household 00120 Vatican City State(교황궁)
TEL +39 06 6988 3865, +39 06 6988 5863(팩스)
WALK 산 피에트로 광장 오른쪽의 보안 검색대를 통과하면 광장의 동근 회랑이 끝나는 지점에 교황궁(Palazzo Apostolico)의 청동문이 있다. 그 앞의 스위스 근위대에게 입장권을 문의한다.
WEB vatican.va

사전 신청 방법 교황청 웹사이트에서 온라인으로 신청한다. 신청서를 작성·제출하면 확인증이 발송되며, 팩스나 이메일로도 신청 가능하다.

입장권 수령 입장권은 무료이며, 사전 신청자는 확인증을 지참해 청동문에서 입장권으로 교환한다. 10장 미만의 티켓이 필요한 경우 예약 없이 청동문 앞 스위스 근위대에게 미사·알현 1일 전 또는 당일 오전 9시까지 선착순으로 받을 수 있다.

Eat ing & Drink ing

따끈따끈 바삭바삭, 치로

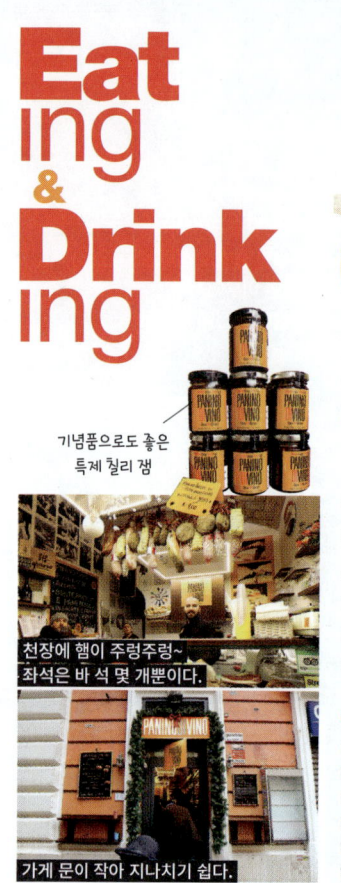

기념품으로도 좋은 특제 칠리 잼

천장에 햄이 주렁주렁~ 좌석은 바 석 몇 개뿐이다.

가게 문이 작아 지나치기 쉽다.

여기 아니면 못 먹지! 인생 파니니
파니노 디비노
Panino Divino

이탈리아에서 가장 맛있는 파니노를 맛볼 수 있다. 달콤하면서도 알싸한 홈메이드 칠리 잼이 그 맛의 비법. 이탈리아 현지 음식에 낯선 한국인의 입맛까지 사로잡은 이 집의 칠리 잼(Marmellata di Peperoncino)은 따로 판매할 만큼 인기가 많다. 가게 벽면 가득 붙어 있는 메뉴 중에서는 치로(Ciro, 8.50€)를 강력 추천한다. 흑돼지 볼살로 만든 기름진 햄과 햇빛에 말린 새콤한 토마토에 마법 재료인 칠리 잼이 더해져 몇 번이고 찾게 되는 중독성을 지녔다.

ⓖ WF45+Q9 로마　**Ⓜ** MAP ❸-C
ADD Via dei Gracchi, 11/a
OPEN 10:00~17:00
CLOSE 일요일
MENU 파니노(파니니) 6~8.50€, 햄 & 치즈 플레이트 15~25€
WALK 산 피에트로 광장·바티칸 박물관 입구에서 각각 도보 6분
WEB www.paninodivino.it

카르보나라 수플리가 탄생한 곳
본치 피차리움
Bonci Pizzarium

피자의 격을 한 단계 높였다고 평가받는 유명 셰프 가브리엘레 본치의 피자 가게. 창의적인 재료 조합으로 현지 방송에 여러 차례 소개됐다. 전통 리소토 대신 로마 대표 파스타인 카르보나라를 채운 수플리(Suppli)는 이곳의 시그니처로, 이제 많은 곳에서 따라 하고 있다. 카운터에는 수십 가지 피자가 진열돼 있으며, 각 피자에는 1kg당 가격만 표시돼 있다. 재료를 빠르게 살펴본 뒤 원하는 크기만큼 주문하면 된다. 대담한 조합에 도전할지, 익숙한 토핑으로 안전하게 갈지는 당신의 선택이다.

ⓖ WC4W+MM 로마
ADD Via della Meloria, 43
OPEN 11:00~22:00
(일요일 11:00~15:00·17:00~22:00)
CLOSE 월요일
MENU 피자 30.50~45€/1kg, 수플리 2.50~5€/1개
WALK 바티칸 박물관 입구에서 도보 12분
METRO A선 Cipro 역에서 도보 1분

푸짐한 토핑만큼이나 가격도 비싼 편

입구에서 번호표부터 뽑자!

'클라스'가 다른 본점
🟠 올드 브릿지
Old Bridge

테르미니역 근처 파시와 함께 우리나라 여행자에게 잘 알려진 젤라테리아다. 인기에 힘입어 서울에도 지점을 열었지만 현지의 우유와 제철 과일로 만든 로마 본점의 맛은 역시 더 특별하게 느껴진다. 시내에서는 다소 떨어져 있으나 바티칸 박물관 관람 후 들르기 좋은 위치다. 작은 컵도 3가지 맛을 고를 수 있으며, 다른 가게에 비해 양이 넉넉한 편이다. 인기 맛이 궁금하다면 쌀로 만든 리소(Riso), 상큼한 딸기(Fragola), 피스타치오(Pistachio), 리코타 치즈를 추천한다.

생크림을 얹은 콘

⊙ 올드브릿지 젤라또 Ⓜ MAP ❸-C
ADD Viale Bastioni di Michelangelo, 5
OPEN 09:30~24:00(토요일 ~24:30)/시즌마다 다름
MENU 젤라토 3€~
WALK 산 피에트로 광장에서 도보 5분

젤라토 맛집, 여기 어때~
🟠 레몬그라스
Lemongrass

바티칸 주민들은 올드 브릿지보다 더 자주 찾는 젤라테리아다. 단순한 과일 맛의 젤라토에 만족하지 않고 농후한 맛의 젤라토를 찾는다면 들러볼 만한 곳이다. 산 피에트로 광장과 지하철역을 연결하는 거리에 있어 찾아가기 쉽고 자릿세 없이 앉아서 먹을 수 있는 공간이 마련돼 있다는 것이 최고의 장점. 거리에 작은 테라스석도 있다. 치즈케이크와 딸기를 섞은 젤라토나 달콤 짭짤한 솔티드 캐러멜 젤라토처럼 진하고 크리미한 맛이 강세.

⊙ WF45+V3 로마 Ⓜ MAP ❸-A
ADD Via Ottaviano, 29
OPEN 07:00~23:00(금·토요일 ~24:00)
MENU 젤라토 3€~
METRO A선 Ottaviano 역에서 Via Ottaviano 쪽 출구로 나가 직진, 3번째 블록의 중간쯤 오른쪽에 있다. 도보 3분/Ottaviano 역에서 나와 길 건너편에도 매장이 있다.
WEB lemongrass.it

색다른 젤라토 종류가 많다.

SPECIAL PAGE
눈길 가는 여행지
로마 성지순례

프란체스코 교황이 안장된 교회
산타 마리아 마조레 성당 Basilica di Santa Maria Maggiore

"8월 5일, 눈이 내릴 것이니, 그곳에 나를 위한 성당을 세워라."
4세기 교황 리베리우스 1세(재위 352~366년)의 꿈에 성모 마리아가 나타나 이 같은 계시를 내렸고, 한여름 실제로 언덕에 눈이 내려 그 자리에 성당이 세워졌다. 이 전설을 기려 매년 8월 5일 미사 때는 눈을 상징하는 하얀 꽃잎을 뿌린다. 내부에는 콜럼버스가 신대륙에서 가져온 금으로 도금한 16세기 격자무늬 천장이 장관을 이루며, 발다키노(교황의 제단) 아래에는 예수가 탄생한 말구유와 추기경 로드리게스의 무덤이 함께 있다. 정면 탑은 1614년 포로 로마노의 바실리카 막센티우스에서 옮겨온 기둥으로 세워졌고 후면에는 교황 식스토 5세의 명으로 아우구스투스의 묘 인근 석재를 모아 세운 오벨리스크가 서 있다.
2025년 4월 26일, 프란치스코 교황이 이곳에 안장됐다. 생전에 100회 넘게 방문하며 성모 마리아에 대한 깊은 신심을 드러냈고 성모의 계시를 따라 바티칸 대신 이곳을 자신의 안식처로 선택했다. 1903년 이후 모든 교황이 성 베드로 대성당에 안장된 관례를 깨고 120년 만에 처음으로 바티칸 밖에 잠든 교황이다.

ⓖ 산타마리아마조레 로마
Ⓜ MAP ❷-D & ❺-B
ADD Piazza di Santa Maria Maggiore
OPEN 07:00~20:00/ 종교행사 진행 시 입장 제한
PRICE 무료
WALK 테르미니역 24번 플랫폼 쪽 출구에서 도보 5분

라테라노 광장. 왼쪽이 대성당이고 오른쪽은 라테라노 궁전이다.

ⓖ 산조반니인라테라노 Ⓜ MAP ❺-D
ADD Piazza San Giovanni in Laterano, 4
OPEN 07:00~18:30
PRICE 무료(약간의 헌금)
METRO A선 산 조반니(San Giovanni)역에서 도보 3분

교황이 머물던 세계 최초의 성당
산 조반니 인 라테라노 대성당 Basilica di San Giovanni in Laterano

313년 콘스탄티누스 황제가 기독교를 공인한 뒤 교황 밀티아데스에게 하사한 부지에 세운, 유럽에서 가장 오래된 성당이다. 산 피에트로 대성당, 산타 마리아 마조레 성당과 함께 로마 3대 성당으로 꼽히며, 아비뇽 유수(1309~1377년) 전까지 약 1000년 동안 교황의 거처였다. 이곳을 찾는 순례자가 많은 이유는 예수가 십자가형을 선고받기 전 재판장으로 오를 때 밟았다고 전해지는 '스칼라 산타(Scala Santa)' 때문이다. 본래 예루살렘 빌라도의 재판소에 있었으나 326년 콘스탄티누스 황제의 어머니 헬레나가 28개의 계단을 로마로 옮겨왔다. 지금도 신성한 장소로 여겨져 무릎으로 오르는 전통이 이어진다. 이 밖에 희년에만 열리는 성스러운 문, 교황만이 미사를 집전할 수 있는 제단, 예수가 최후의 만찬에서 사용했다고 전해지는 테이블의 일부(매년 부활절 일요일에만 공개) 등이 있어 기독교인이라면 꼭 들러볼 만하다.

성 베드로의 쇠사슬. 중앙 제단 아래에 있는 성물함에 보관돼 있다.

미켈란젤로의 3대 조각상이 있는 곳
산 피에트로 인 빈콜리 성당 Basilica di San Pietro in Vincoli

성 베드로가 예루살렘 감옥에 있을 때 사용된 쇠사슬을 보관하기 위해 황제 발렌티니아누스 3세(재위 432~442년) 때 세운 성당이다. '빈콜리'는 '쇠사슬'을 뜻한다. 또 하나의 명물은 미켈란젤로의 3대 조각상으로 꼽히는 '모세' 상이다. 높이 2.35m의 대리석 조각으로, 모세가 하느님에게 받은 십계명을 들고 막 일어서는 순간을 생생하게 표현했다. <구약성서>에 "모세의 얼굴에서 빛이 났다"는 구절이 있는데, 히브리어 '케렌(keren)'이 '빛'과 '뿔' 2가지 뜻을 지녀 라틴어 번역 과정에서 '뿔'로 오역되었고, 이로 인해 중세와 르네상스 시대의 모세 상에는 뿔이 달려 있다.

미켈란젤로의 '모세' 상

쇠사슬의 성 베드로 성당 M MAP 5-A
ADD Piazza San Pietro in Vincoli, 4A
OPEN 07:30(일요일 09:00~)~12:20·15:00~18:50(10~3월 ~17:50)
PRICE 무료(약간의 헌금)
METRO B선 카부르(Cavour)역에서 도보 3분

초기 기독교 정신을 느낄 수 있는 곳
도미틸라 카타콤베 Catacombe di Domitilla

카타콤베는 기독교도의 지하 공동묘지를 뜻한다. 초기에는 성인의 시신을 안치하기 위해 마련했으나 점차 일반인도 여기에 묻히길 원해 로마에만 크고 작은 카타콤베가 60곳 이상 생겼다. 현재 일반인에게 공개하는 카타콤베는 총 5곳이며, 그중 하나가 도미틸라 카타콤베다. 안으로 들어가면 좁은 통로를 따라 좌우에 침대만한 무덤이 층층이 들어서 있다. 크기가 작은 것은 어린이의 무덤이며, 방처럼 넓은 공간은 가족 묘지다. 석관은 일부 부유층의 무덤이며, 일반인들은 관 없이 헝겊으로 감은 후 올리브오일을 바른 채 안치했다. 양옆으로 미라가 펼쳐지는 광경이 상상되겠지만 화학 처리를 하지 않고 5세기 이전에 안치했기 때문에 바스러진 뼈 조각 또는 한 줌의 흙으로만 남아 있다. 기독교가 박해받던 시절에는 신자들의 은밀한 예배 장소로 이용되기도 했다. '주여, 어디로 가시나이까'라는 말로 유명한 쿼바디스 성당도 도보로 15분 거리에 있다.

©Catacombe di Domitilla

도미틸라 카타콤베
ADD Via delle Sette Chiese, 282
OPEN 09:00~12:00·14:00~17:00/개별 여행자는 카타콤베 신부님들의 가이드를 받아야 입장할 수 있다(가이드 비용은 입장료에 포함). 홈페이지를 통해 방문 전 예약한다.
CLOSE 화요일, 1월 1일, 12월 25일, 11~2월 사이에 근처의 카타콤베와 돌아가면서 1달 정도 휴관
PRICE 10€, 15세 이하 학생 7€, 5세 이하 무료
BUS 500인 광장에서 714번 또는 또는 베네치아 광장에서 30번·160번을 타고 나비가토리 광장(Piazza Navigatori) 정류장에서 하차 후 도보 10분
WEB catacombedomitilla.it

19 나보나 광장 Piazza Navona
로마에서 가장 아름답고 낭만적인 광장

로마에서 가장 아름다운 경관을 자랑하는 광장. 응접실처럼 아늑한 분위기와 100년 이상된 카페들, 거리를 빛내는 음악가와 화가로 언제나 활기가 넘친다. 광장은 로마 최초의 상설 육상 경기장(1세기에 건설)이 있던 자리에 만들어졌다. 17세기에 교황 인노첸시오 10세가 성당과 궁전, 분수를 건설하면서부터 현재의 모습을 갖추었는데, 남북으로 길쭉하게 생긴 이유는 경기장의 형태를 그대로 살렸기 때문이다.

광장 중앙의 ❶ 4대 강 분수(Fontana dei Quattro Fiumi)는 바로크 건축의 거장 베르니니가 제작한 것으로, 나일 강(아프리카), 라플라타 강(남미), 갠지스 강(아시아), 다뉴브 강(유럽) 등 4개 대륙을 상징하는 조각물로 장식돼 있다. 광장 남쪽 ❷ 모로 분수의 무어인 동상 중 가운데 조각물과 광장 서쪽 한가운데 있는 산타녜세 인 아고네(Sant'Agnese in Agone) 성당은 바로크 건축의 아버지라 불리는 보로미니가 설계한 것이다. 두 거장은 라이벌 관계로 유명했는데, 덕분에 베르니니의 나일 강 조각상은 보로미니의 성당이 보기 싫어 보자기로 눈을 가리고, 라플라타 강 조각상은 성당이 무너질까 봐 놀라는 모습으로 묘사됐다는 재미있는 낭설도 생겨났다. 하지만 베르니니가 보로미니를 제치고 분수의 디자인을 따낸 것은 보로미니가 성당 공사를 맡기도 전에 있었던 일! 사실 보로미니는 성당을 설계할 때 베르니니가 세운 분수와 완벽하게 조화를 이룰 수 있도록 배려해 아름다운 파사드(성당 앞면)를 만들어냈다.

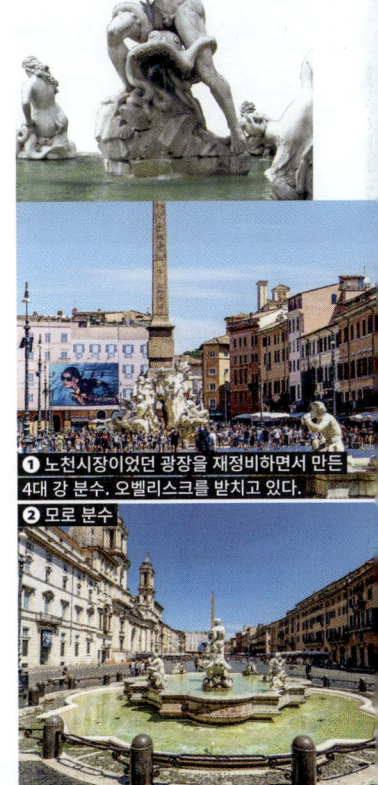

북쪽의 넵튠(포세이돈) 분수

❶ 노천시장이었던 광장을 재정비하면서 만든 4대 강 분수. 오벨리스크를 받치고 있다.

❷ 모로 분수

G 나보나 광장　**M** MAP ❸-D & ❹-B
BUS 500인 광장에서 64번을 타고 코르소 비토리오 에마누엘레/나보나(Corso Vittorio Emanuele/Navona) 정류장 하차 후 도보 3분/70번을 타고 리소르지멘토(Rinascimento) 정류장 하차 후 도보 1분/40번을 타고 아르젠티나(Argentina) 정류장 하차 후 도보 5분

성녀 아녜스를 위해 지은 산타녜세 인 아고네 성당

보로미니의 돔

◆ **산타녜세 인 아고네 성당** Chiesa di Sant'Agnese in Agone

17세기 이탈리아 바로크 양식의 정수를 보여주는 건물. 1652년 교황 인노첸시오 10세의 명으로 라이날디 부자가 설계를 시작했고 1653년 보로미니가 참여해 오목한 곡선의 파사드와 우아한 돔을 완성했다. 그의 건축물답게 탑의 1층은 정방형이고 2층은 원형으로 비대칭적 형태를 띠지만 신기하게도 건물 전체의 분위기와 잘 어울린다. 산 피에트로 대성당 이후 가장 뛰어나다고 평가받는 돔은 움푹 들어간 건물의 정면 때문에 오히려 부각된다. 내부는 금과 보석으로 화려하게 치장했는데, 이것은 예배를 보러 온 신자들에게 하늘의 영광을 느끼게 하려는 의도였다고 한다.

성당은 순결의 상징 성녀 아녜스(Santa Agnese)의 전설이 깃든 자리 위에 세워졌다. 아녜스는 신앙을 버리라는 명령을 거부하자 발가벗겨진 채 결박됐으나, 기도하자 머리카락이 자라 알몸을 덮었다는 기적이 전해진다.

성녀 아녜스(4세기)

그녀에 관한 전설은 여러 가지가 전해지는데, 그중 로마의 한 정치가가 자신의 아들과 결혼시키려다 거절당하자 그녀가 기독교도임을 고발했다는 설이 가장 유력하다. 당시 법으로 처녀는 처형할 수 없었기 때문에 그녀는 발가벗겨진 채 매춘굴에 버려졌으나 기도하자 머리카락이 자라 몸을 가렸고 무사히 하루를 넘겼다고 한다. 기독교 박해가 극심했던 시기였기에 결국 화형을 선고받았지만 불이 붙지 않아 칼에 찔려 순교했다. 순교 후 어린 양을 안고 장례식장에 나타났다는 전설로 인해 그림과 조각에서는 언제나 어린 양과 함께 묘사된다. 진실 여부에 대한 논쟁은 이어지지만 13세의 어린 나이에 순교했다는 사실만은 정설로 여겨진다.

관련 작품 안드레아 델 사르토 '성 아녜스'(1524, 피사 두오모)

① '성 마태오의 소명'

② '성 마태오와 천사'

③ '성 마태오의 순교'

Option 20 산 루이지 데이 프란체시 성당
카라바조의 연작 3편을 탐구할 시간

Chiesa di San Luigi dei Francesi

프랑스 정부가 16세기에 로마에 세운 성당으로, 성 마태오 예배당(Cappella San Matteo)을 장식한 카라바조(Michelangelo Merisi da Caravaggio, 1571~1610년)의 '성 마태오 연작'이 특히 유명하다. ❶ '성 마태오의 소명'(1599~1600), ❷ '성 마태오와 천사'(1602), ❸ '성 마태오의 순교'(1599~1600) 3부작으로 구성돼 있으며, '마태오(마태)복음'의 저자인 성 마태오의 생애와 관련된 장면을 그렸다.

가장 잘 알려진 작품은 마태오가 예수에게 부름을 받는 순간을 묘사한 '성 마태오의 소명'이다. 수염 난 남자가 자신을 가리키며 "나요?"라고 묻는 듯한 제스처를 취하고 있는데, 대부분의 학자들은 그를 마태오로 본다. 다만 예수의 지목을 받은 인물이 누구인지를 두고는 여전히 논란이 있다. 어두운 배경 위로 인물들에게만 집중되는 빛과 연극 무대를 연상시키는 구도, 그리고 긴장감 있는 정적은 보는 이로 하여금 인물들의 영적 교감에 몰입하게 한다. 이러한 명암 대비와 심리적 표현은 카라바조 회화의 가장 큰 특징으로 꼽힌다.

ⓖ 루이지 데이 프란체시　Ⓜ MAP ❸-D & ❹-B
ADD Via Santa Giovanna d'Arco, 5
OPEN 09:30~12:30(토요일 ~12:00, 일요일 11:30~12:30), 14:30~18:30
PRICE 무료(카라바조의 연작이 있는 예배당은 요금함에 동전을 넣으면 조명이 켜진다.)
WALK 나보나 광장에서 도보 2분
WEB saintlouis-rome.net

★ 카라바조는 어떤 화가?
16세기 르네상스에 이어 17세기 바로크 시대를 연 이탈리아의 천재 화가. 폭행·도피·살인 등 광기로 점철된 삶을 살았지만 작품을 통해 진정한 구원과 종교적 성찰을 추구했다. 카라바조는 '감상자'로만 취급하던 관람자를 최초로 그림 안으로 끌어들임으로써 미술사에 한 획을 그은 인물로 평가받는다.

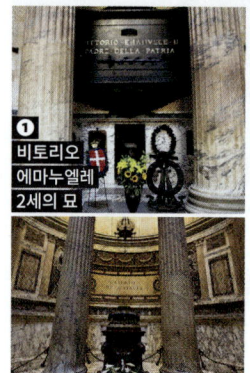

① 비토리오 에마누엘레 2세의 묘
② 움베르토 1세의 무덤

21 모든 신을 위한 신전
판테온 Pantheon

'모든 신을 위한 신전(만신전)'이라는 뜻의 판테온은 기원전 27년 아그리파가 세운 건축물로, 118~125년경 하드리아누스 황제 때 지금의 형태로 재건되었다. 지름 43.3m의 거대한 돔은 15세기 피렌체 대성당이 완공될 때까지 1300년 넘게 세계에서 가장 큰 규모를 자랑했다. 지금도 현존하는 로마 건축물 중 가장 오래되고 보존 상태가 가장 우수한 건축물로, 이탈리아 여러 지역에서도 그 위용을 확인할 수 있다. 건물의 조화와 균형을 위해 돔의 지름과 천장의 높이를 정확히 일치시켰으며, 천장의 유일한 개구부인 지름 8.8m의 오쿨루스를 통해 들어오는 햇빛과 달빛이 청동 벽면에 반사되어 빚어내는 신비로운 광채는 미켈란젤로와 라파엘로 같은 르네상스 거장들에게 '천사의 디자인'이라 불렸다.

로마 제국 말기 기독교가 확산되면서 한때 버려졌던 판테온은 609년 교황 보니파키우스 4세(재위 550~615년)가 양도받으면서 새 역할을 맡게 되었다. 교황은 카타콤에 안치돼 있던 순교자들의 유골을 이장하고 '성모 마리아와 모든 순교자들을 위한 성당'으로 변신시켰다. 르네상스 이후에는 묘지로 사용되기 시작해, 내부에는 이탈리아 1대 국왕 ❶ 비토리오 에마누엘레 2세와 ❷ 움베르토 1세 부부, 화가 ❸ 라파엘로 등 이탈리아를 대표하는 인물들의 무덤이 있다. 교황 우르바노 8세가 이곳의 청동을 뜯어 대포 제작이나 산 피에트로 대성당의 발다키노 제작에 사용하는 바람에 원래의 장식은 대부분 사라졌으며, 현재의 모습은 18~19세기에 이르러 재정비된 것이다.

현금 구매 가능한 매표소(입구 왼쪽)와 신용·체크카드 전용 키오스크. 키오스크 이용 시 일반 카드는 복제 위험이 있으니 컨택리스 카드 사용을 권한다. 애플·구글 페이도 가능.

🅖 판테온 로마 Ⓜ MAP ❸-D & ❹-B
ADD Piazza della Rotonda, 12
OPEN 09:00~19:00/폐장 30분 전까지 입장/종교행사 시 유동적 휴무
CLOSE 1월 1일, 8월 15일, 12월 25일
PRICE 5€, 18~25세 2€, 17세 이하 무료/매월 첫째 일요일 무료입장/예약 권장
WALK 나보나 광장에서 도보 5분
WEB 예약 museiitaliani.it(입장 시각 지정)

❸ 라파엘로의 묘

◆ **판테온의 창문, 오쿨루스** Oculus

돔 중앙의 거대한 오쿨루스는 판테온의 유일한 채광창이다. 내부 천장은 무게를 줄이기 위해 속이 빈 정사각형 우물반자(coffer)로 장식했고 돌과 석회를 섞은 고대 콘크리트로 만들어졌다. 현관에서는 잘 보이지 않지만 내부에서 올려다보면 그 크기와 빛의 아름다움을 온전히 느낄 수 있다.

◆ **라파엘로(1483~1520년)의 묘**

르네상스를 대표하는 화가 라파엘로는 생전에 "죽으면 판테온에 묻히고 싶다"는 뜻을 남겼고 그의 유언에 따라 이곳에 안치됐다. 묘비는 성모자상 아래에 있으며, 왼편에는 그의 흉상이 놓여 있다. 묘비에는 추기경 피에트로 벰보가 남긴 글귀가 새겨져 있다. "여기 라파엘로가 누워 있다. 그가 살아 있을 때 대자연은 그에게 정복당할까 두려워했고, 그가 죽자 자연 또한 그와 함께 죽을까 두려워했다." 이 문장은 그가 당대에 얼마나 큰 사랑과 존경을 받았는지를 잘 보여준다.

★ **라파엘로와 라 포르나리나**

르네상스 시대 예술가들의 전기 <미술가 열전>(1550)을 쓴 조르조 바사리에 따르면, 라 포르나리나(La Fornarina)는 라파엘로의 모델이자 연인이었으며 그가 세상을 떠날 때까지 사랑한 여인이었다고 한다. 그러나 그의 무덤 오른쪽에는 연인이 아닌 약혼녀이자 추기경의 조카인 마리아 비비에나(Maria Bibbiena)의 묘가 있다. 라파엘로와 라 포르나리나의 관계는 이후 수많은 예술가의 상상력을 자극해 앵그르와 피카소 등에게 회화의 영감이 되었다.

MORE
로마의 건축 기술, '아치'

'아치'는 쐐기 모양의 돌을 하나하나 맞물리게 쌓아 올리는 혁신적인 건축 기술이다. 돌들이 서로의 하중을 지탱해 주기 때문에 기둥으로 천장을 떠받치는 사각 구조보다 훨씬 높고 넓은 공간을 만들 수 있었다. 로마의 건축가들은 이 기술을 활용해 개선문, 다리, 수로 등 거대한 토목 구조물은 물론 웅장한 돔 천장까지 완성했다.

지붕의 지름과 바닥에서 천장까지의 높이는 43.3m로 내부 공간을 이으면 지름 43.3m의 완전한 구가 된다.

22 풍덩풍덩 소원 동전 던지기
트레비 분수
Fontana di Trevi

궁전의 한쪽 벽면을 모두 차지할 만큼 거대한 분수. 예술적 가치가 뛰어나 후기 바로크 양식의 걸작으로 손꼽힌다. 니콜로 살비가 설계해 1762년에 완성했으며, 바로크 양식의 특징인 화려하고 역동적인 조각으로 여행자의 눈길을 끈다.

분수 윗면에는 '처녀 수로(Aqvam Virginem)'라는 글귀가 새겨져 있는데, 이는 트레비 분수에 물을 공급하는 수로 이름이다. 글귀 아래에는 수로를 만드는 과정과 처녀가 물이 샘솟는 지점을 가리키는 장면이 조각돼 있다. 또 중앙에는 바다의 신 넵튠(포세이돈)이 전차를 타고 있고 양옆에 풍요와 건강을 상징하는 여신의 조각상이 있어 넵튠 상을 중심으로 대칭을 이룬다. 아래 양쪽에는 넵튠의 아들인 트리톤 조각상이 있다.

이곳에 가면 분수를 등진 채 동전을 던지는 사람들을 쉽게 볼 수 있다. 동전 하나를 던져 들어가면 로마로 다시 돌아오고 두 번째 동전이 들어가면 운명의 상대를 만나게 되며, 세 번째 동전이 들어가면 그 사람과 결혼하게 된다는 이야기가 전해지기 때문이다. 방문객이 많아 09:00~21:00 사이 동시 입장 인원을 400명 이하로 제한하며, 중앙 계단으로 입장해 왼쪽 출구로 나가야 한다. 항상 사람이 붐비는 트레비 분수를 보고 조금 실망했다면 해가 뜨기 시작하는 이른 아침에 다시 들러보자. 고즈넉한 분위기 속에서 힘차게 떨어지는 물소리를 듣고 있노라면 고대 도시 로마에 왔다는 감동을 제대로 느낄 수 있다.

⊙ 트레비 분수 Ⓜ MAP ❷-C
ADD Piazza di Trevi
OPEN 09:00~21:00(월·금요일 12:00~, 월요일 청소 시 14:00~)
WALK 판테온·스페인 광장에서 각각 도보 10분

바다의 신 넵튠 조각상

분수 주변에서는 음식물 섭취나 낙서, 분수 안에 들어가는 행위가 금지돼 있다. 적발 시 수백 유로의 벌금을 내야 하니 주의하자.

트레비 분수에 동전을 던지는 모습. 이렇게 쌓인 동전이 매년 150만 유로를 넘는다고. 모인 동전은 카톨릭 자선단체인 '카리타스(Caritas)'에 기부된다.

★
처녀 수로
로마제국 초대 황제 아우구스투스(재위 기원전 27~서기 14년) 시대에 건설된 수로다. 전설에 따르면 물을 찾던 병사들이 한 소녀에게 목을 축일 물을 부탁하자, 그녀가 샘이 솟는 지점을 알려주었다고 한다. 이 일화에서 '처녀 수로'라는 이름이 유래했다. 이 수로를 통해 로마 시민들은 하루 10만 톤의 물을 공급받았으며, 2000년이 지난 지금도 여전히 사용되고 있다.

❷ 계단에 앉거나 음식물 섭취는 금지!

❶ 스페인 대사관 앞 성모의 기둥. 매년 성모 축일에 화환을 걸고 교황이 미사를 주재한다.

❸ 베르니니의 아버지 피에트로 베르니니가 만든 조각배 분수

23 '스페인 계단'에 폴짝 올라서 볼까? 스페인 광장 Piazza di Spagna

❶ 바티칸 주재 스페인 대사관이 있어 스페인 광장이라 불리는 이곳은 세계 각지에서 모인 사람들로 언제나 붐빈다. 영화 <로마의 휴일>에서 앤 공주가 젤라토를 먹으며 거니는 장면으로 유명해진 바로 그 '스페인 계단'이 있는 곳이다. 정식 명칭은 ❷ 삼위일체 계단(Scalinata di Trinità dei Monti)으로, 이름처럼 135개의 계단이 3개의 테라스로 구분돼 있다. 프랑스 외교관의 유산으로 18세기에 지어졌으며, 당시에는 모델 지망생들이 화가에게 발탁되길 바라며 모여들던 장소이기도 했다.

계단 위로는 트리니타 데이 몬티 성당(삼위일체 성당)이, 아래에는 ❸ 조각배 분수가 있고 분수 앞에는 샤넬, 구찌, 프라다, 루이비통 등 명품 브랜드 매장이 모인 콘도티 거리(p226)가 있다. 이 때문에 광장은 일행이 잠시 헤어져 쇼핑한 후 다시 모이는 약속 장소로도 애용된다.

🅖 로마 스페인 광장
Ⓜ MAP ❷-A & ❸-B
ADD Piazza di Spagna
WALK 트레비 분수에서 도보 8분
METRO A선 스파냐(Spagna)역에서 나와 왼쪽을 보면 조각배 분수가 보인다.

MORE
트리니타 데이 몬티 성당
Chiesa della Trinità dei Monti

스페인 계단 맨 위에 자리한 프랑스 소유의 성당. 15세기 프랑스인이 제작해서인지 로마에서는 보기 드문 2개의 종탑과 오벨리스크가 이채롭다. 성당 입구에 놓인 난간에 서면 스페인 광장과 코르소 거리는 물론, 로마 시내 일부까지 한눈에 들어온다. 성당 안 볼거리는 이탈리아 화가 다니엘라 볼테라의 회화 2점. 그는 원래 올 누드화였던 시스티나 소성당의 '최후의 심판'에 가리개를 덧그려야 했던 비운의 화가다.

계단 아래로 명품 쇼핑가가 펼쳐진다.

볼테라의 '성모 마리아 승천'

핀초 언덕에서 내려다본 포폴로 광장

24 포폴로 광장
로마의 옛 관문이자, 민중의 광장
Piazza del Popolo

핀초 언덕(Passeggiata del Pincio)과 테베레 강 사이에 자리한, 이름 그대로 '민중의 광장'을 뜻하는 우아한 타원형 광장이다. 야외 전시회, 공연, 축제, 집회 등 다양한 행사가 열리며 로마 시민의 사랑을 받는 공간이다. 광장 중앙에는 아우구스투스 황제가 기원전 10년 이집트 정복을 기념해 헬리오폴리스에서 옮겨온 높이 24m의 오벨리스크가 서 있고 사자상 분수와 조각들이 이를 둘러싸고 있다. 남쪽으로는 코르소 거리, 바부이노 거리, 리페타 거리 세 갈래가 뻗어 있으며, 그 입구에는 ❶ 쌍둥이 성당 '산타 마리아 데이 미라콜리'와 '산타 마리아 인 몬테산토'가 나란히 서 있다.

광장에서 계단을 올라 ❷ 핀초 언덕 테라스(Terrazza del Pincio)에 오르면 포폴로 광장이 한눈에 내려다보인다. 특히 해 질 무렵이면 노을이 장관을 이룬다.

광장 북쪽의 ❸ 포폴로 문(Porta del Popolo)은 16세기 교황 피오 4세가 건설했고 100년 뒤 스웨덴 여왕 크리스티나를 맞이하기 위해 베르니니가 새롭게 장식했다. 크리스티나 여왕은 스웨덴의 예술과 학문을 부흥시킨 인물이지만 왕위를 사촌에게 넘기고 루터교에서 가톨릭으로 개종해 로마로 이주했다. 종교개혁으로 흔들리던 교황청의 권위를 회복하는 데 큰 상징이 된 사건이었다.

포폴로 문은 본래 기원전 220년경 로마와 약 330km 떨어진 아드리아 해안을 잇는 플라미니아 가도(Via Flaminia)의 출입구로, 테르미니역이 생기기 전까지 로마로 들어오는 이들이 가장 먼저 거치는 관문이었다. 플라미니아 가도는 포로 로마노까지 직선으로 이어졌는데, 이는 현재 코르소 거리로 바뀌었다.

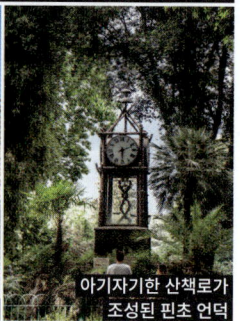

아기자기한 산책로가 조성된 핀초 언덕

🇬 포폴로 광장 Ⓜ MAP ❸-B
ADD Piazza del Popolo
WALK 스페인 광장에서 도보 10분/트레비 분수에서 도보 18분
METRO A선 플라미노(Flamino) 역에서 포폴로 광장 쪽 출구로 나가 포폴로 문을 통과하면 나온다.

MORE
쌍둥이 성당

산타 마리아 인 몬테산토(St. Maria in Montesanto, 왼쪽), 산타 마리아 데이 미라콜리(St. Maria dei Miracoli, 오른쪽)는 바로크 건축가인 라이날디가 포폴로 광장에 포인트를 주기 위해 일부러 대칭적인 형태로 설계했다. 산타 마리아 데이 미라콜리는 둥근 돔, 산타 마리아 인 몬테산토는 타원형의 돔을 얹어 왼쪽을 오른쪽보다 좁게 설계했다. 실제 크기가 다른 두 성당이 똑같아 보이는 이유는 광장에서 보이는 부분을 같은 크기로 건축했기 때문이다.

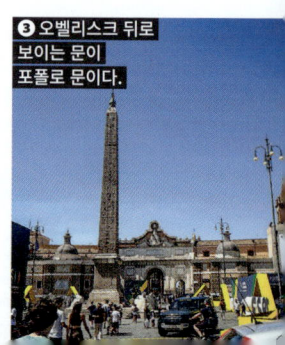

❸ 오벨리스크 뒤로 보이는 문이 포폴로 문이다.

카라바조의 또 다른 걸작, '성 베드로의 십자가형'

Option 25 구석구석 볼거리가 꽉 찬 '작은 박물관'
산타 마리아 델 포폴로 성당
Basilica di Santa Maria del Popolo

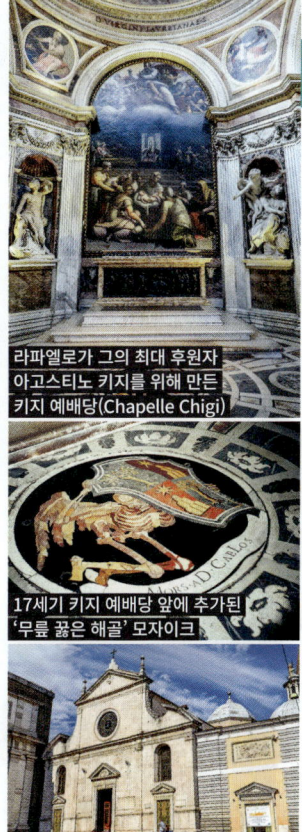

라파엘로가 그의 최대 후원자 아고스티노 키지를 위해 만든 키지 예배당(Chapelle Chigi)

17세기 키지 예배당에 추가된 '무릎 꿇은 해골' 모자이크

1472년 교황 식스토 4세의 의뢰로 안드레아 브레뇨와 핀투리키오 등이 건축한 로마 최초의 르네상스 양식 건물이다. 이후 교황 알렉산데르 7세의 요청에 따라 베르니니가 보다 근대적인 바로크 양식으로 개조했다. '작은 박물관'이라 불릴 만큼 뛰어난 예술품을 다수 소장하고 있으며, 특히 중앙 제단 왼쪽의 체라시 예배당에 있는 카라바조의 ❶ '성 바오로의 개종'(1601)이 유명하다.

이 작품은 성 바오로가 기독교도를 박해하러 가던 길에 말에서 떨어지며 하늘의 빛을 보고 눈이 먼 일화를 묘사한 것이다. 당시 다른 화가들은 카라바조가 가장 중요하게 다뤄야 할 하늘의 빛을 구석에 희미하게 그려 넣고 말의 엉덩이와 마부를 지나치게 크고 자세히 표현해 신성한 주제를 훼손했다며 비난했다. 이에 카라바조는 "성 바오로의 개종은 극히 내면적인 사건이었기에 어둠 속 줄기 빛만으로도 하느님의 은총을 충분히 표현할 수 있었다"고 반박했다. 후대에는 말에서 떨어진 바오로의 연약한 모습에서 권력을 잃은 인간의 무기력함을, 주인을 밟지 않으려 허둥대는 말의 행동에서 인간보다 나은 동물의 배려심을 읽을 수 있는 작품으로 해석되어 혁신적인 종교화라는 높은 평가를 받았다.

G 산타 마리아 델 포폴로 성당
M MAP ❸-B
ADD Piazza del Popolo, 12
OPEN 08:30~09:45·10:30~12:00·16:00~18:00(일요일·공휴일 16:30~18:00)/미사 중에는 관람 불가
PRICE 무료(약간의 헌금)
WALK 포폴로 문을 바라보고 오른쪽
WEB santamariadelpopoloroma.it

★
비알레 델 벨베데레 테라스 Terrazza Viale del Belvedere
낮은 언덕이 많고 높은 건물이 드문 로마에서 보기 드문 전망 명소다. 핀초 언덕의 산책로 끝자락에 자리해 탁 트인 하늘 아래 로마 전경이 한눈에 펼쳐진다. 오른쪽으로는 멀리 산 피에트로 대성당의 웅장한 돔이, 왼쪽으로는 베네치아 광장의 비토리오 에마누엘레 2세 기념관이 시선을 끈다. 해질 녘 불그레한 노을빛이 물들 때 특히 아름답다.

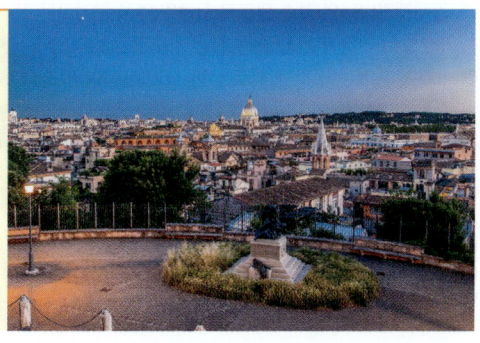

G WF5J+R2 로마 **M** MAP ❸-B
WALK 트리니타 데이 몬티 성당·포폴로 광장에서 각각 도보 7분

Shopping & Walking

선물하기 좋은 올리브오일

나보나 광장에서 가까워요
◆ 캄포 데 피오리 시장
Campo de' Fiori

분수와 오벨리스크가 있는 광장에 들어선 시장. 알록달록한 꽃, 신선한 과일과 생선, 치즈와 와인 등 로컬들의 먹거리로 꽉 채워진 노점상이 죽 늘어서 있다. 올리브오일, 발사믹식초, 페스토, 리몬첼로, 유리 공예품 등 다른 도시의 특산품도 엿볼 수 있어서 생과일 주스 한 잔이나 조각 과일을 맛보며 가볍게 구경하기 좋은 곳이다. 여행자들에게 제일 인기 있는 쇼핑 아이템은 선물하기 좋도록 예쁘게 포장된 각종 식자재다.

ⓖ 캄포 데 피오리 로마 Ⓜ MAP ❹-B
ADD Campo de' Fiori
OPEN 07:00~14:00
WALK 나보나 광장에서 도보 5분

아빠가 만들고 딸이 파는 레몬주
◆ 라 부티크 델 리몬첼로
La Boutique del Limoncello

산딸기로 만든 리큐어

나보나 광장을 오가며 들르기 좋은 리몬첼로 전문점. 반도의 남쪽 끝, 돌체앤가바나의 향수 원료로 사용될 만큼 향기로운 칼라브리아산 레몬으로 아빠가 만든 술을 관광객이 많은 로마의 목 좋은 자리에서 딸이 판매한다. 리몬첼로는 병 크기가 다양하고 샘플을 마셔 본 후에 구매할 수 있어서 기념품으로 좋다. 리몬첼로 맛 사탕과 칼라브리아 과일로 만든 잼(Marmellate), 초콜릿, 소스 등도 판매한다.

ⓖ VFXC+6G 로마 Ⓜ MAP ❸-D & ❹-B
ADD Via del Governo Vecchio, 94
OPEN 11:00~20:00
PRICE 리몬첼로 5€/40ml~21€/700ml
WALK 나보나 광장에서 도보 3분

여행자가 많이 다니는 골목의 아주 작은 가게다.

2023년 리뉴얼 오픈한 로마의 '핫플'
리나센테 백화점
Rinascente Roma Via del Tritone

로마 최초이자 유일한 정식 백화점이다. 규모는 크지 않지만 다양한 유럽 고급 브랜드가 한자리에 모여 있어 현지 쇼핑 문화를 생생하게 체험할 수 있다. 옛 궁전을 개조한 현대적인 인테리어도 볼거리다. 6층 식품관에서는 고급 발사믹 식초, 올리브유, 와인 등을 판매하며, 지하 1층에는 택스 리펀 키오스크와 멤버십 가입 데스크가 있다. 최상층 테라스의 바와 레스토랑은 로마 최고의 전망 포인트로 손꼽히며, 화장실(3·6층)도 무료로 이용할 수 있으니 지도에 꼭 저장해두자.

ⓖ WF3M+3R 로마 Ⓜ MAP ❷-C
ADD Via del Tritone, 61　　　　　　**OPEN** 10:00~21:00(토 ~21:30)
WALK 트레비 분수에서 도보 3분　　**WEB** rinascente.it

오직 이탈리아에서만 이 가격!
산타 마리아 노벨라 화장품
Farmaceutica di Santa Maria Novella

이탈리아를 대표하는 프리미엄 화장품 브랜드. 13세기에 피렌체 도미니크회 수도사들이 천연 재료로 만들던 약에서 발전해 지금은 전 세계에 지점을 둘 정도로 유명해졌다. 한국보다 훨씬 저렴하게 구매할 수 있고 한글 설명서와 가격표도 있어서 우리나라 여행자들이 즐겨찾는다. 매장 규모는 피렌체보다 작지만 제품 가격은 동일하다. 70€ 초과 구매 시 세금 환급 가능.

ⓖ VFXF+FG 로마 Ⓜ MAP ❸-D & ❹-B
ADD Corso del Rinascimento, 47　**OPEN** 10:00~19:30
CLOSE 1월 1일, 12월 25·26일　　**WALK** 나보나 광장에서 도보 2분
WEB smnovella.com

인기 No. 1 이드랄리아 크림(Crema Idralia)

커피 애호가의 필수템!
비알레티
Bialetti

이탈리아 국민 모카 포트 비알레티의 로마 공식 매장. 이탈리아 여행 머스트 해브 아이템으로 자리 잡은 팔각형 모양의 알루미늄 모카 포트는 에스프레소 맛을 균일하게 뽑아내는 우수한 성능 덕에 인기가 높다. 착한 가격에 구매 욕구는 더욱 상승! 시즌마다 다양한 디자인을 선보이며, 매장 안에는 우리나라에서 볼 수 없는 독특한 디자인도 많다. 에스프레소 잔, 원두 보관용 통 등 각종 커피 도구와 세련된 주방용품도 그냥 지나치기 힘들다.

ⓖ WF2J+Q9 로마 Ⓜ MAP ❸-D
ADD Largo Chigi, 5　　　　　　　**OPEN** 10:00~20:30
WALK 트레비 분수에서 도보 4분　**WEB** bialettigroup.it

SPECIAL PAGE

내 쇼핑 타입은 어느 쪽?
콘도티 거리 vs 코르소 거리 vs 아웃렛

따끈한 신상 찾기! 명품 쇼핑족을 위한
콘도티 거리 Via dei Condotti

구찌, 프라다, 루이비통 등 세계적인 명품 브랜드 매장이 모여 있는 이탈리아 쇼핑 1번지다. 패션에 관심이 많다면 쇼윈도에 진열된 최신 패션 아이템들을 구경하는 것만으로도 지루할 틈이 없다. 신상품 교체 시기가 우리나라보다 한두 시즌 빠른데다 제품군도 더욱 다양하게 선보인다.

WALK 스페인 계단 밑의 조각배 분수 앞으로 이어지는 거리가 콘도티 거리다.

힙한 아이템 찾기! 실속파 쇼핑족을 위한
코르소 거리 Via del Corso

캐주얼 브랜드와 보세 매장이 늘어선 활기찬 거리다. 현지 젊은이들의 패션 트렌드를 읽을 수 있어서 콘도티 거리를 걷는 것과는 또 다른 즐거움이 있다. 여행 중 입을 만한 저렴한 옷이나 기념품을 구매하기에도 좋은 곳. 단, 우리나라에서도 쉽게 볼 수 있는 상품이 많으니 너무 큰 기대는 하지 말자.

WALK 포폴로 광장에서 쌍둥이 성당 사이로 보이는 큰길이 코르소 거리다./콘도티 거리에서 스페인 광장 반대편으로 걸어가면 만난다.

코르소·콘도티 거리와 함께
쇼핑 삼각지대를 이루는
바부이노 거리
(Via del Babuino)

존재감 넘치는 로마 대표 아웃렛
디자이너 아웃렛 카스텔로마노
Designer Outlet Castelromano McArthurGlen

피렌체에 '더몰'이 있다면 로마에는 '카스텔로마노'가 있다. 버버리, 페라가모, 에트로, 아르마니, 보스, 스톤 아일랜드, 발렌티노, 베르사체, 돌체앤가바나, 디젤, 코치 등 고급 브랜드에서 주방용품과 유아용품 등 전문 매장까지 150여 개의 브랜드를 30~50% 저렴한 가격에 구매할 수 있다. 단, 구찌와 프라다, 막스 마라 매장은 없고 로마 외곽에 있어 교통편이 불편하다는 점을 참고하자. 셔틀버스(Navetta)를 이용하는 것이 가장 편하며, 그 외 시간에는 기차를 타고 포메치아(Pomezia)역에서 내려 택시를 타고 가는 방법밖에 없다(약 20분 소요, 20€). 인포메이션 센터에서 할인 쿠폰과 식음료 바우처를 꼭 챙겨가자.

ⓖ PC8V+PQ 로마
ADD Via del Ponte di Piscina Cupa, 64(로마 외곽)
OPEN 10:00~20:00
CLOSE 1월 1일, 12월 25·26일
SHUTTLE 테르미니역 주변 조반니 졸리티 거리(Via Giovanni Giolitti) 48번지에서 출발하는 셔틀버스를 이용한다. 왕복 18€(9세 이하 무료)
시내 출발: 09:30, 10:30, 11:30, 12:30(하루 4회)
아웃렛 출발: 16:30, 17:30, 19:00, 20:05(하루 4회)
WEB mcarthurglen.com/en/outlets/it/designer-outlet-castel-romano/

Eat
ing
& Drink
ing

랍스터 파스타

◉ WF3J+C6 로마
Ⓜ MAP ❸-D & ❷-C
ADD Via della Vite, 28
OPEN 12:00~23:30
CLOSE 월요일
MENU 전채 16~26€, 제1요리 16~34€, 제2요리 20~54€, 랍스터 테이스팅 메뉴 90€, 트러플 테이스팅 메뉴 100€
WALK 스페인 계단에서 도보 5분/ 트레비 분수에서 도보 7분
WEB ristorantelife.com

나만 알고 싶은 뒷골목 식당
◉ 라이프
Ristorante Life

트러플 스테이크

코르소 거리에서 한 블록 떨어진 한적한 골목에 자리한 레스토랑. 현지 단골이 많은 차분한 분위기와 미니멀한 인테리어가 인상적이다. 랍스터·야생 버섯·트러플 테이스팅 메뉴가 각각 마련돼 있으나 가성비를 생각하면 단품 주문이 더 현명하다. 대표 메뉴는 살이 통통하고 짠맛이 덜한 랍스터 파스타(Fettuccine Astice, 34€)와 부드러운 육질에 트러플 향이 은은한 트러플 스테이크(Tagliata Tartufo, 44€). 짜지 않고 깊은 풍미의 카르보나라(Spaghetti alla Carbonara, 16€)도 평이 좋다. 음식이 천천히 나오는 편이니 와인과 함께 여유롭게 즐기자. 예약(구글 가능) 필수.

로마 뒷골목에서 만난 스페인
◉ 판디비노
PanDIvino

상그리아

핀초(Pincho, 4€)

소박한 동네 주점이지만 음식에 들이는 정성만큼은 여느 고급 레스토랑에 뒤지지 않는다. 올리브를 넣은 빵과 포카차부터 티라미수까지 모두 직접 만드는 곳. 동네 사람들끼리 모여 두런두런 이야기꽃을 피우는 소박한 분위기도 매력적이다. 스페인 살라망카 출신인 부인 덕분에 이 집의 대표 메뉴는 스페인식 타파스와 핀초다. 가장 인기 메뉴인 감자 오믈렛을 얹은 핀초(Pincho de Tortilla de Patatas)와 티라미수는 하루 한 판씩만 준비하므로 조금만 늦어도 품절이다. 수제 살라미와 치즈, 채소 절임을 넣은 샌드위치, 파니니(Panini)와 포카차(Focaccia)도 맛있다. 음료는 스페인식 와인 칵테일 상그리아(Sangria, 4€)를 추천. 참고로 화장실은 없다.

홈메이드 티라미수도 명물이다.

◉ VFWF+HC 로마   Ⓜ MAP ❹-B
ADD Via del Paradiso, 39
OPEN 12:00~18:00   **CLOSE** 월·화요일
MENU 타파스 4€~, 파니니 8€~, 포카차 8€~, 티라미수 5€, 햄 & 치즈 플레이트 24€~
WALK 나보나 광장에서 도보 3분

판테온 옆에서 살루미 구경
🟠 안티카 살루메리아
Antica Salumeria

판테온 옆에 자리 잡은 오래된 살루미 가게. 햄과 치즈는 물론이고 올리브유, 각종 소스, 저장식품이 천장과 벽을 가득 채운 이탈리아 식재료 전문점으로, 이탈리아 음식을 소개하는 미디어마다 빠지지 않는 전통 햄과 치즈 문화를 엿볼 수 있다. 안쪽으로 깊숙하게 들어가면 생햄을 맛볼 수 있는 간이식당도 마련돼 있는데, 특별한 취향이 없다면 인원수대로 만들어주는 살루메 & 치즈 플레이트가 무난하다. 초보자도 부담 없는 모르타델라 햄이나 부라타 치즈를 비롯해 특이한 식재료를 섞어서 맛볼 수 있을 뿐 아니라 빵 바구니까지 넉넉하게 곁들여 준다. 맛있는 빵에다 이것저것 발라 먹고 올려 먹으면 여유로운 오후의 식사가 완성! 다만, 관광지 한복판이라 일회용 식기류에 담아내는 모양새에 비해 가격대가 꽤 높은 편이다.

📍 VFXG+MH 로마
Ⓜ MAP ③-D & ④-B
ADD Piazza della Rotonda, 4
OPEN 09:00~다음날 02:00
MENU 살루메 & 치즈 플레이트 1인 20€
WALK 판테온을 등지고 바로 왼쪽 건물의 1층, 판테온에서 도보 1분

살루메 & 치즈 플레이트(40€/2인분)

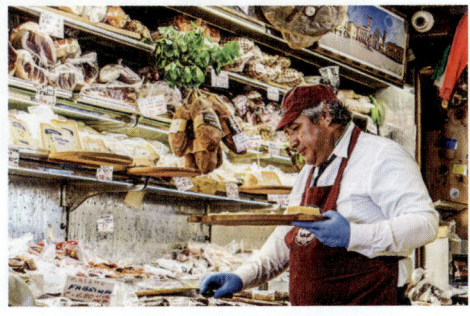

광장의 활기를 담은 한 끼
🟠 칸티나 쿠치나
Cantina e Cucina

젊은 층이 즐겨찾는 캐주얼 레스토랑. 나보나 광장 근처의 활기찬 분위기에 아늑한 인테리어가 매력 포인트다. 한글 메뉴판이 따로 준비돼 있을 정도로 우리나라 여행자들에게도 인기다. 카르보나라(14€), 스테이크(Tagliata di Manzo, 26€) 등 음식값은 합리적이나, 음료와 주류 가격이 비싼 편이다. 간은 전반적으로 짭짤하니 싱겁게 먹는 사람은 주문할 때 미리 얘기하자. 로즈마리와 오일을 뿌려서 구운 식전 빵(Pan per Focaccia, 7.50€)은 별도 계산된다. 식사 때 가면 웨이팅이 필요하다.

🟢 VFXC+5M 로마　Ⓜ MAP ❸-D & ❹-B
ADD Via del Governo Vecchio, 87
OPEN 11:00~23:30
MENU 제1요리 12.50~18.50€,
제2요리 20~26€, 디저트 7~8.50€
WALK 나보나 광장에서 도보 2분
WEB cantinaecucina.it

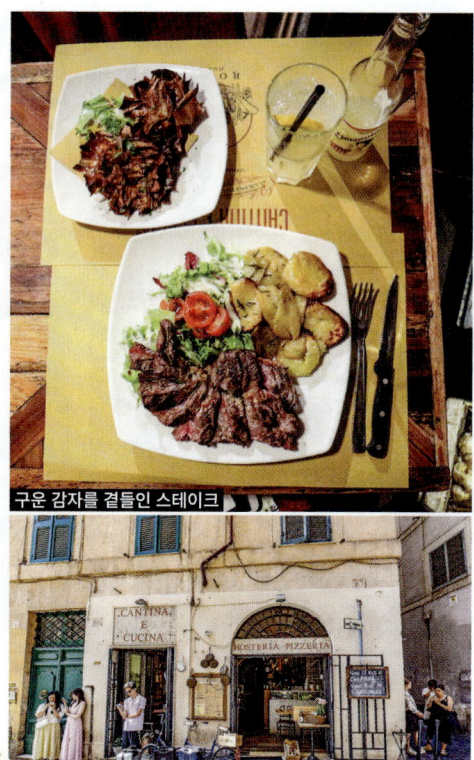
구운 감자를 곁들인 스테이크

토핑 옵션이 다양한
피자(12.50~18.50€)도 인기

브루스케타에 수제 맥주 한 잔!
🟠 바게테리아 델 피코
Baguetteria del Fico

수제 맥주 6€~

다양한 브루스케타

맛있는 빵과 품질 좋은 햄을 안주 삼아 독특한 수제 맥주를 마실 수 있는 가게. 벽면 가득 수제 맥주병이 가득하고 라이트·과일 향·스위트·사워·다크 중 취향을 말하면 어울리는 맥주를 추천해준다. 간단한 식사 겸 안주로는 이탈리아식 샌드위치인 파니노가 좋다. 현지인처럼 전통 햄과 치즈 맛을 제대로 맛보고 싶다면 플레이트에 도전해보자.

🟢 VFXC+J8 로마　Ⓜ MAP ❸-D & ❹-B
ADD Via della Fossa, 12
OPEN 11:00~23:00(월요일 ~17:00)
MENU 파니니 9~14€, 햄 & 치즈 플레이트 15~26€/1인, 와인 21€~/1병
WALK 나보나 광장에서 도보 3분

벽면 가득 다양한 맥주가 진열되어 있다.　조용한 뒷골목에 자리했다.

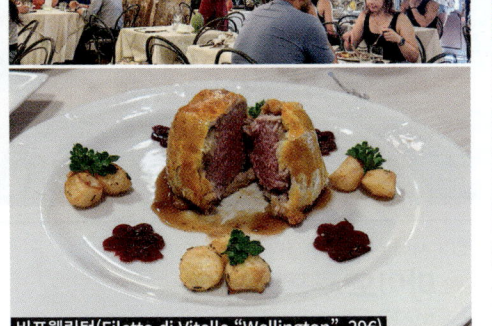

비프웰링턴(Filetto di Vitello "Wellington", 29€)

원 없이 맛보는 송로버섯 요리
🅖 아드혹
Ristorante Ad Hoc

갖가지 송로버섯(트러플) 요리를 세트 메뉴로 다양하게 맛보는 파인 다이닝. 모든 요리가 예술품처럼 예쁘고 짜지 않아서 만족스럽다. 직원들이 음식 설명을 매우 친절하고 자세하게 해주므로 영어 소통이 원활할수록 더욱 확실하게 즐길 수 있다. 음식은 아 라 카르트(단품)로도 주문할 수 있지만 세트로 구성된 테이스팅 메뉴를 추천. 테이스팅 메뉴에 와인을 포함하면 음식이 나올 때마다 어울리는 와인도 한 잔씩 곁들여 나온다. 계산할 때 올리브유 기념품을 챙겨주는 것도 센스 있다. 100% 예약제이니 홈페이지에서 서둘러 예약할 것. 대전차 경기장 근처에도 지점이 있다.

📍 WF5G+6C 로마 Ⓜ MAP ❸-B
ADD Via di Ripetta, 43
OPEN 18:30~22:30
MENU 테이스팅 메뉴(와인 포함) 95€~
WALK 포폴로 광장에서 도보 3분
WEB ristoranteadhoc.com

가격 거품을 싹 걷어낸 파인 다이닝
🅖 바베테
Babette

로마에서 우아하고 만족스러운 한 끼를 즐길 수 있는 파인 다이닝. 특히 스테이크 필레 표면에 파테와 뒥셀(다진 버섯, 양파, 허브 등을 버터에 졸여 만든 페이스트)을 바른 뒤 패이스트리 반죽을 감싸서 구운 영국 요리 비프웰링턴을 꼭 먹어봐야 한다. 그 외 염생 습지에서 키운 양고기의 독특한 풍미를 지닌 프레-살레 양갈비(Costoletta di Agnello Pré-salé, 25€), 라구 파스타 등 메뉴 선택의 폭이 넓고 완성도와 플레이팅 실력도 상당하다. 가게 이름을 건 시그니처 치즈케이크 토르타 바베테(Torta Babette, 9.50€)도 무조건 맛볼 것. 20세기 초의 향수를 불러일으키는 인테리어와 예쁜 안뜰이 매력적이고 주변 골목 분위기도 좋다.

📍 WF5H+R7 로마 Ⓜ MAP ❸-B
ADD Via Margutta, 1d
OPEN 09:15~22:30(일요일 10:30~22:00)
CLOSE 월요일
MENU 전체 15~20€, 제1요리 18~23€, 제2요리 22~32€, 자릿세 3.50€/1인
WALK 포폴로 광장에서 도보 2분
WEB babetteristorante.it

토르타 바베테

라구 파스타
(Fettucine con Ragù, 18€)

산 피에트로 대성당 / 산 카를로 알 코르소 성당 / 산탄드레아 델레 프라테 성당

샤케라토(8€)

로마 시내 한복판의 전망 카페
🔸 마이오 루프탑
MAIO Restaurant & Rooftop Roma

트레비 분수의 인파와 더위를 피해 한적하게 로마의 전경을 담을 수 있는 루프탑. 트레비 분수와 스페인 계단 사이, 리나센테 백화점(p225) 7층에 있다. 현지인이 즐겨 찾지만 테이블이 많아서 기다릴 걱정은 없으며, 웨이팅이 있다 해도 명단에 이름을 적고 다른 곳을 구경하다 오면 된다. 식사도 제공하지만 가격이 비싸고 서비스가 좋지 않아 가볍게 커피나 음료만 마시고 가는 사람이 많다.

⊙ WF3M+3R 로마 Ⓜ MAP ❷-C
ADD Via del Tritone, 61
OPEN 10:00~24:00
MENU 타파스 5~12€, 칵테일 15~18€
WALK 트레비 분수에서 도보 3분/ 스페인 계단에서 도보 7분
WEB maiorestaurant.com/roma/(식사 예약 가능)

에스프레소(1.40€)

모닝커피와 찰떡궁합인 마리토초

바에 서서 빠르게 마시고 가는 분위기다.

커피 덕후들의 일타 카페
🔸 라 카사 델 카페 타차도로
La Casa del Caffè Tazza d'Oro

설명이 필요 없을 정도로 유명한 로마의 대표 카페. 국내 커피 애호가들 사이에서 조금씩 알려지기 시작하더니, 이제는 로마 여행자들의 방문 1순위가 됐다. 이 집만의 부드럽고도 진한 커피 맛을 그대로 느껴보고 싶다면 에스프레소를, 쓴맛을 그다지 좋아하지 않는다면 진하고 달콤한 커피 셔벗에 생크림을 듬뿍 올린 그라니타 디 카페 콘 판나(Granita di Caffè con Panna, 4€)를 주문하자. 카운터에서 계산 후 바리스타에게 영수증을 건네면 커피를 준다. 커피 맛에 반해 원두를 사 가는 여행자도 많은데, 다양한 포장의 원두와 네스프레소 캡슐은 선물용으로 제격이다. 서울 강남에도 지점이 있다.

⊙ 타짜 도로 커피 로마 Ⓜ MAP ❸-D & ❹-B
ADD Via degli Orfani, 84
OPEN 07:00~20:00(일요일 10:00~19:00)
MENU 에스프레소 1.40€, 카푸치노 1.70€, 그라니타 디 카페 콘 판나 4€(바 가격 기준)
WALK 판테온을 등지고 2시 방향 오른쪽에 있는 골목의 코너 건물. 도보 1분

그라니타 디 카페 콘 판나

여기 아니면 안 되는 에스프레소
🟠 산테우스타키오 일 카페
Sant'Eustachio Il Caffè

뉴욕타임스가 '진짜 에스프레소는 여기에만 있다'며 극찬한 카페. 스푼으로 떠먹을 만큼 크레마가 풍성한 에스프레소와 그보다 더 두툼한 크레마를 자랑하는 에스프레소 그랑 카페(Gran Caffè)가 시그니처 메뉴. 풍부한 거품이 오래 지속되는 비법은 비공개로, 에스프레소 그랑 카페는 이곳 본점에서만 맛볼 수 있다. 생크림을 얹은 커피 무스(Mousse al Caffè, 4.30€~)와 다크 초콜릿을 입힌 커피콩 초콜릿(Chicchi di Caffè)도 현지 단골들의 초이스! 테이블에서 마시면 바에 서서 마시는 것보다 3~5€ 비싸다. 설탕 없이 마시고 싶다면 주문할 때 "센차 주케로(Senza Zucchero: 설탕 빼고)"라고 말하자.

ⓖ 산트 유스타치오 더 커피 Ⓜ MAP ❸-D & ❹-B
ADD Piazza di Sant'Eustachio, 82
OPEN 07:30~24:00
MENU 에스프레소 그랑 카페 3.20€
(테이블에서 마시면 6.20€)
WALK 판테온에서 도보 2분
WEB santeustachioilcaffe.it

단골들의 선택, 커피무스.
진한 커피에 설탕과 달걀, 휘핑크림을 섞어 부드럽게 완성한다.

커피콩 초콜릿

에스프레소 그랑 카페

시칠리아에서 건너온 전통 디저트
🟠 이 돌치 디 논나 빈첸차
I Dolci di Nonna Vincenza

빈첸차 할머니의 비법이 담긴, 시칠리아의 전통 디저트 전문점. 나보나 광장의 남쪽, 테베레 강변 주택가에서 예쁜 비주얼과 달콤한 맛으로 여행자를 유혹한다. 대표 메뉴는 대롱 모양의 바삭한 과자 안에 달달한 리코타 치즈크림을 가득 채운 칸놀로(Cannolo)와 하얀 반지 상자를 닮은 카사타(Casatta)로, 시칠리아에 들를 예정이 없다면 꼭 맛보자. 시칠리아 본점을 비롯해 밀라노, 볼로냐 등 이탈리아 전역에 지점이 있다.

칸놀로

카사타. 작은 사이즈는 '카사티나(Cassatina)'라고 한다.

과일 모양 설탕 쿠키, 마르토라나

ⓖ VFVF+J6 로마 Ⓜ MAP ❹-B
ADD Via dell'Arco del Monte, 98/A/B
OPEN 07:30~19:00 (토·일요일 08:00~)
CLOSE 월요일
MENU 칸놀로(소) 1.70€~, 카사타(소) 1.90€~
WALK 나보나 광장에서 도보 8분

캐러멜 티라미수 (스몰)

화이트초콜릿으로 코팅한 젤라토

투명 컵에 담아 먹는 티라미수
🟠 투 사이즈
Two Sizes

톡톡 초콜릿 속 젤라토가 쏘옥~
🟠 프리지다리움
Frigidarium

로마 티라미수계의 1인자, 폼피의 굳건한 아성에 도전하는 티라미수 전문점이다. 가게 이름처럼 스몰과 빅 2가지 사이즈가 있는데, 이왕이면 스몰 사이즈로 여러 가지 맛을 즐기길 추천한다. 인기 메뉴는 캐러멜(Caramello), 땅콩버터(Burro di Arachidi), 피스타치오(Pistachio) 등이다. 쿠키 층보다 월등히 두꺼운 크림 층이 특징이라 부드러운 무스 케이크를 좋아한다면 분명 마음에 들 것이다.

나보나 광장 근처에서 핫플레이스로 자리 잡은 젤라테리아다. 차가운 젤라토를 화이트초콜릿이나 밀크초콜릿으로 코팅해 주는 것이 특징. 젤라토의 냉기에 굳은 초콜릿을 톡톡 깨트려 먹는 맛은 또 다른 재미다. 가장 완벽한 조합은 달콤한 초콜릿 코팅과 상반되는 상큼한 과일 젤라토를 고르는 것. 망고와 딸기 등 과일 셔벗 종류는 원재료인 과일 함량이 높아서 맛이 아주 진하다.

📍 VFXC+6J 로마　Ⓜ MAP ❸–D & ❹–B
ADD Via del Governo Vecchio, 88
OPEN 11:00~22:00/월요일 휴무
MENU 스몰 3€~, 빅 4€~
WALK 나보나 광장에서 도보 2분

📍 frigidarium roma　Ⓜ MAP ❸–D & ❹–B
ADD Via del Governo Vecchio, 112
OPEN 11:00~24:30(금·토요일 ~01:00, 일요일 ~24:00)/겨울철 비정기 휴무
MENU 젤라토 3€~
WALK 나보나 광장에서 도보 4분
WEB frigidarium-gelateria.com

종류별로 출동 대기 중! 냉장고 속 티라미수

테이크아웃만 되는 작은 매장

초콜릿 & 커피 젤라토

다크초콜릿+사과+ 헤이즐넛 젤라토 (미디엄)

젤라토 손에 들고 예쁘게 찰칵!

● 젤라테리아 델 테아트로
Gelateria del Teatro

가격에 비해 양은 적지만 재료의 신선함이 고스란히 느껴지는 명품 젤라토를 맛볼 수 있다. 유리창을 통해 젤라토 만드는 과정을 공개하는 자신감 두둑한 맛집이다. 허브향과 꿀이 어우러진 로즈마리 & 미엘레(Rosemary & Miele), 생강맛 젠제로(Zenzero) 등 상큼함이 남다르다. 바로 옆 작은 공터에는 담쟁이가 곱게 감싼 돌계단이 있는데, 고풍스러운 로마의 골목길을 배경 삼아 사진도 찍고 시원한 그늘에서 젤라토를 먹으며 잠시 쉬어 가기 좋다.

Ⓖ WF29+5Q 로마　Ⓜ MAP ❸-D & ❹-B
ADD Via dei Coronari, 65
OPEN 11:00~23:30
MENU 젤라토(콘/컵) 3.50€~
WALK 나보나 광장에서 도보 4분

진하디 진한 리얼 초콜릿 끝판왕

● 벤키
Venchi

로마뿐만 아니라 우리나라를 비롯해 전 세계에 여러 지점을 두고 있는 150여 년 전통의 초콜릿 전문점. 젤라토, 음료, 케이크 등 초콜릿으로 만들 수 있는 갖가지 디저트가 많아 초콜릿 마니아에게는 천국 같은 곳이다. 젤라토 역시 놀랍도록 진하고 풍성한 맛을 자랑한다. 골라 담을 수 있는 예쁜 초콜릿은 선물용으로 좋고 카카오 향기가 풍부한 핫초코라테는 추운 겨울에 방한 음료로 추천. 테르미니역 안, 판테온 근처 등 로마에 여러 지점이 있다.

Ⓖ WF4J+G2 로마　Ⓜ MAP ❸-D
ADD Via della Croce, 25
OPEN 09:00~24:00(금~일요일 ~24:30)
MENU 젤라토(콘) 3.80€~
WALK 스페인 광장에서 도보 3분
WEB venchi.com

젤라토만 120년째입니다만

● 졸리티
Giolitti

4대째 내려오는 젤라토 맛집이다. 제철 과일로 만들어내는 젤라토 구성이 시즌마다 바뀌며, 그중 여름 한정 수박과 복숭아는 절대 놓치지 말아야 할 맛이다. 현지인이 추천하는 피스타치오, 헤이즐넛, 초콜릿 맛도 좋지만 과육을 그대로 느낄 수 있는 딸기와 사과, 진한 다크초콜릿, 부드럽고 달콤한 리소(쌀), 새콤하고 시원한 레몬도 한 스쿱 떠보자. 불친절한 점원의 태도가 불만 요소로 꼽히기도 하니 참고하자.

Ⓖ 지올리띠 로마　Ⓜ MAP ❸-D & ❹-B
ADD Via Uffici de Vicario, 40
OPEN 07:30~24:00
MENU 젤라토(콘/컵) 3.80€~
WALK 판테온에서 도보 8분
WEB giolitti.it

입구에서 계산하고 받은 영수증을 카운터에 제출하며 맛을 고른다.

욕장 유적을 그대로 살려 박물관으로 사용한다.

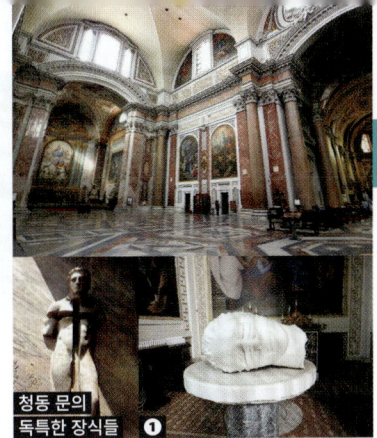

청동 문의 독특한 장식들 ❶

26 로마에서 가장 방대한 고고학 박물관
로마 국립 박물관
Museo Nazionale Romano

로마에서 가장 방대한 고고학 박물관으로, 디오클레치아노 욕장 국립 박물관, 마시모 궁전 국립 박물관, 알템프스 궁전 국립 박물관, 발비의 묘소 국립 박물관(휴관 중) 등 4개의 박물관으로 구분돼 있다. 이 중 여행자가 가장 많이 찾는 곳은 디오클레치아노 욕장 국립 박물관으로, 황제 디오클레티아누스(재위 284~308년, 천민 출신으로 황제의 권한을 강화함)가 지은 고대 목욕탕 터다. 원래는 테르미니역 주변까지 포함된 거대한 목욕탕이었으나, 지금은 일부만 남아 박물관으로 이용된다. 잔디밭과 분수로 꾸민 정원 안에는 조각품이 전시돼 있으며, 곳곳에 목욕탕의 벽과 터가 남아 있다. 심하게 훼손되어 과거의 화려했던 모습을 엿보긴 어렵지만 오히려 곧 허물어질 듯한 모습이 더 매력적이다. 디오클레치아노 욕장 유적지에서 발굴된 유물은 근처의 마시모 궁전(Palazzo Massimo) 국립 박물관에 보관돼 있다. 대표적인 소장품은 미론의 '원반 던지는 사람', 황제들의 두상, 고대 지도, 동전, 황실 유물 등이다. 알 만한 작품은 대부분 마시모 궁전에 있으니 시간이 부족하다면 마시모 궁전만 방문해도 좋다.

디오클레치아노 욕장 박물관 Terme di Diocleziano

🅖 WF3X+6C 로마　🅜 MAP ❷-D
ADD Viale Enrico de Nicola, 78, 마시모 궁전 국립 박물관: Largo di Villa Peretti, 2
OPEN 09:30~19:00/폐장 1시간 전까지 입장
CLOSE 월요일 휴무, 12월25일·1월1일
PRICE 15€(디오클레치아노 욕장+마시모 궁전+알템프스 궁전)/7일간 유효, 각 유적 1회씩 입장/현금 불가/매월 첫째 일요일 무료입장/ 로마 패스 소지자 8€
WALK 테르미니역 앞 500인 광장에서 역을 등지고 정면으로 걸어가 큰길을 건넌 후 정원을 통과해 안쪽으로 들어가면 입구와 매표소가 있다.
WEB museiitaliani.it

디오클레치아노 욕장 박물관. 입구와 매표소는 노란색 건물에 있다.

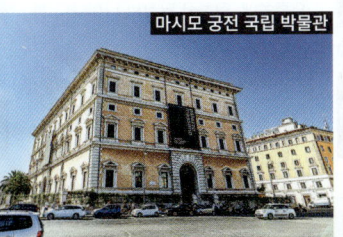

마시모 궁전 국립 박물관

27 미켈란젤로가 설계한 성당
산타 마리아 델리 안젤리 성당
Basilica S. Maria degli Angeli e dei Martiri

고대 로마 목욕탕, 디오클레치아노의 욕장 건물 자재를 활용해 미켈란젤로가 지은 성당으로, 지금의 모습은 1749년 건축가 반비텔리(Vanvitelli)가 완성했다. 비교적 뒤늦게 건축해 현대적인 감각의 장식과 1700여 년 전에 만든 허물어질 듯한 외관 벽면이 묘한 조화를 이룬다. 청동 문을 장식한 독특한 조각과 파리 팡테옹을 연상케 하는 파스텔 톤의 창문, ❶ 붕대를 감은 세례 요한의 거대한 두상(2006), 붉은 화강암으로 만든 원기둥 등 볼거리가 다양하므로 꼭 한번 둘러보자.

🅖 산타 마리아 델리 안젤리 성당 로마　🅜 MAP ❷-D
ADD Piazza della Repubblica
OPEN 08:00~13:00(토·일요일 10:00~), 16:00~19:00/종교행사 진행 시 입장 제한
PRICE 무료(약간의 헌금)
WALK 디오클레치아노 욕장 박물관에서 도보 5분

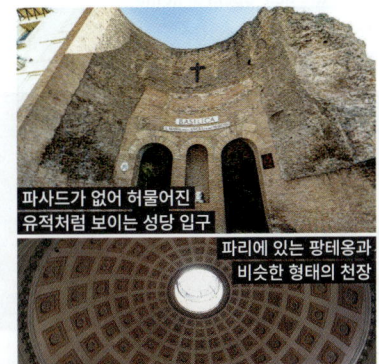

파사드가 없어 허물어진 유적처럼 보이는 성당 입구

파리에 있는 팡테옹과 비슷한 형태의 천장

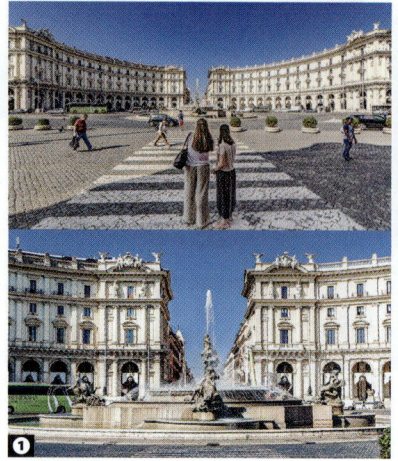

28 공화국 광장
야경이 아름다운 광장
Piazza della Repubblica

주데발도 아바티니의 극적인 프레스코화, '성모 마리아의 대관식'

29 산타 마리아 델라 비토리아 성당
베르니니의 조각상 '성 테레사의 환희'가 있는 곳
Chiesa Santa Maria della Vittoria

이탈리아의 통일을 기념하기 위해 조성한 광장이다. 광장 가운데에는 호수·강·바다·지하수의 요정 4명을 조각한 ❶ 나이아디 분수(Fontana delle Naiadi)가 있다. 마리오 루텔리가 1901년 완성했으며, 밤에 조명을 받으면 특히 아름답다. 광장 남쪽에는 로마 오페라 극장이 있는데, 외관은 평범하지만 이탈리아 7대 극장 중 하나로도 꼽힐 만큼 수준 높은 공연을 선보인다. 특히 음향 시설이 뛰어나 음반 녹음을 많이 하는 극장으로도 유명하다.

G WF3W+3F 로마 **M** MAP ❷-D
ADD Piazza della Repubblica, 12
WALK 산타 마리아 델리 안젤리 성당 바로 앞
METRO A선 레푸블리카(Repubblica)역 하차

◆ 로마 오페라 극장
　Teatro dell' Opera di Roma
ADD Piazza Beniamino Gigli
WEB operaroma.it

평범해 보이는 이 작은 성당이 널리 알려진 이유는 ❶ 베르니니의 '성 테레사의 환희'(1652)때문이다. 베르니니는 화려함과 역동성을 추구한 바로크 시대를 대표하는 예술가로, 건축, 그림, 조각, 무대 디자인은 물론 오페라 각본까지 쓴 다재다능한 천재였다. '성 테레사의 환희'는 베르니니의 대표작으로 성녀 테레사(Teresa de Ávila, 1515~1582년)가 꿈에서 천사가 쏜 화살을 맞고 고통과 함께 환희를 느꼈다는 신비한 체험을 묘사했다.

고통과 환희를 느끼는 성녀의 표정은 사실적으로 묘사됐고 천사는 조심스럽게 다가온다. 두 인물은 공중에 떠 있으며, 옷 주름은 바람에 펄럭이는 모습으로 생생하게 표현됐다. 게다가 천장화에서 시작되는 빛줄기와 발코니에서 조각상을 관람하는 듯한 관객을 표현한 부조는 성당 전체가 이 조각품을 위한 무대처럼 보이게 한다. '성 테레사의 환희'는 지나치게 관능적이라는 지적을 받고 있는데, 이는 신자들을 인도하고자 성녀가 느낀 종교적인 기쁨을 의도적으로 강조한 것이라고 해석하기도 한다.

G 산타 마리아 델라 비토리아 성당 **M** MAP ❷-C
ADD Via Venti Settembre, 17
OPEN 08:00~12:00(일요일 09:00~), 16:00~18:00/종교행사 진행 시 입장 제한
PRICE 무료(약간의 헌금)
WALK 산타 마리아 델리 안젤리 성당을 오른쪽에, 공화국 광장의 나이아디 분수를 왼쪽에 두고 정면에 보이는 세인트 레지스 호텔('Le Grand Hotel'이라고 표시된 건물) 왼쪽 길로 직진, 도보 4분/테르미니역에서 도보 12분

① 테베리누스의 분수　② 디아나의 분수

① 왼팔에 라파엘로 이름을 새긴 팔찌를 차고 있다.　'홀로페르네스의 목을 베는 유디트'

Option 30 손으로 빚은 보로미니의 역작
산 카를로 알레 콰트로 폰타네 성당
Chiesa di San Carlo alle Quattro Fontane

고전적 바로크에서 전성기 바로크로 전환하는 계기가 된 성당으로, 베르니니와 함께 이탈리아 바로크의 양대 거장으로 꼽히는 보로미니의 작품이다. 다른 성당들과 달리 타원형으로 만들어 좁은 내부 공간이 넓어 보이며, 벽은 물이 굽이치며 흐르는 듯 꾸며놓았다. 거북의 등같이 생긴 ① 돔은 쭉 잡아당겼다가 놓으면 원 상태로 돌아갈 것 같은 탄력감이 느껴진다.

ⓖ 콰트로 폰타네 성당　Ⓜ MAP ❷-C
ADD Via del Quirinale, 23
OPEN 10:00~13:00·15:00(5~9월 16:00)~17:00/종교행사 진행 시 입장 제한
PRICE 무료(약간의 헌금)
WALK 산타 마리아 델라 비토리아 성당에서 도보 4분
METRO A선 바르베리니(Barberini)역에서 콰트로 폰타네 거리(Via delle Quattro Fontane)로 도보 3분

◆ **콰트로 폰타네 분수** Le Quattro Fontane

콰트로 폰타네 거리와 벤티 세템브레 거리 교차로의 네 모퉁이를 차지한 분수로, 그중 하나는 산 카를로 성당의 한쪽 면을 장식하고 있다. 1593년에 바로크 양식으로 만든 이 분수의 남성상은 강의 신인 ① 티베리누스와 나일을, 여성상은 여신들의 여왕 유노(헤라)와 수렵의 신 ② 디아나(아르테미스)를 상징한다.

31 라파엘로의 '라 포르나리나'를 소장한 미술관
국립 고전 미술관 (바르베리니 궁전)
Galleria Nazionale d'Arte Antica in Palazzo Barberini

산 피에트로 대성당을 완성한 바르베리니 가문 출신의 교황 우르바노 8세(재위 1623~1644년)가 교황이 된 후 가족을 위해 지은 궁전. 현재는 국립 고전 미술관으로 이용되는데, 프라 필리포 리피, 라파엘로, 티치아노, 카라바조 등 이탈리아를 대표하는 화가들의 작품을 소장하고 있다. 가장 유명한 작품은 ① 라파엘로의 '라 포르나리나'(1518~1519)다. 그림 속 여인은 라파엘로의 연인 '마르게리타 루티'로, 아버지가 제빵사였기 때문에 '라 포르나리나(제빵사의 딸)'라고 불렸다. 두 사람은 12년 동안 함께했지만 신분 차이와 얽매이기 싫어한 라파엘로의 성품 탓에 결혼은 하지 않은 것으로 알려졌다. 그러나 라파엘로는 그녀에게 유산의 일부를 남겼고 그녀는 그가 죽자 수도원으로 들어간 것으로 전해져 두 사람이 보통 관계가 아니었을 거라고 추측된다. 그녀는 이 그림 외에도 피렌체 피티 궁의 '베일을 쓴 여인'(1516)과 '의자의 성모' 상(1516) 등에도 등장한다.

ⓖ WF3R+72 로마　Ⓜ MAP ❷-C
ADD Via delle Quattro Fontane, 13
OPEN 10:00~19:00/폐장 1시간 전까지 입장
CLOSE 월요일, 1월 1일, 12월 25일
PRICE 15€, 17세 이하 무료/코르시니 미술관(Galleria Corsini) 입장료 포함(20일간 유효)/매월 첫째 일요일 무료입장 | 로마 패스 소지자 2€
WALK 산 카를로 알레 콰트로 폰타네 성당에서 도보 2분
METRO A선 바르베리니(Barberini-Fontana di Trevi)역에서 도보 5분
WEB barberinicorsini.org | 예약 ecm.coopculture.it

그 외 대표적인 소장품
카라바조의 '홀로페르네스의 목을 베는 유디트', '나르키소스', 필리포 리피의 '수태고지', 바치차의 '잔 로렌초 베르니니의 초상화', 칸토폴리 기네브라의 '베아트리체 첸지'

① 바르베리니 광장의 '트리톤 분수'. 하반신이 물고기인 트리톤은 넵튠의 아들이다.

② 베네토 거리 입구의 '꿀벌 분수'

정식 명칭은 '빌라 움베르토 프리모'다.

32 잠시 멈춰 차 한잔 마시고 싶은 길
바르베리니 광장
Piazza Barberini

Option 33 번잡함으로부터 기분 좋은 탈출
보르게세 공원
Villa Borghese

로마 여행이 시작되는 곳이 테르미니역이면 바르베리니 광장은 로마 여행의 주요 도로가 만나는 곳이다. 북쪽으로는 시스티나 거리와 비토리오 베네토 거리, 남쪽으로는 산 카를로 알레 콰트로 폰타네 성당, 서쪽으로는 트리토네 거리가 코르소 거리와 만난다.

광장 중앙에는 ① '트리톤 분수(Fontana del Tritone, 1643년)'가 있고 광장에서 비토리오 베네토 거리로 들어서면 오른쪽 입구에 조개 모양의 ② '꿀벌 분수(Fontana delle Api, 1644년)'가 있다. 모두 베르니니의 작품으로, 두 분수 밑부분에 있는 꿀벌은 베르니니의 최대 후원자이자 교황 우르바노 8세를 배출한 바르베리니 가문을 상징한다.

📍 WF3Q+GF 로마　🅼 MAP ❷-A
WALK 바르베리니 궁전에서 도보 5분
METRO A선 바르베리니(Barberini)역에서 도보 1분

MORE
비토리오 베네토 거리 Via Vittorio Veneto

싱그러운 초록빛의 가로수 아래 예쁜 카페가 늘어서 있고 그 안에서 웃고 이야기하며 오후의 나른함을 즐길 수 있는 곳. 화려한 고급 호텔, 대형 출판사, 노천카페가 즐비해 무작정 걷다 차 한잔 마시고 싶은 거리다. 이 거리가 명성을 얻기 시작한 것은 1950년대에 미국의 영화 배급사들이 로마로 몰려들면서부터였다. 페데리코 펠리니 감독의 <달콤한 인생(La Dolce Vita)>(1959)을 비롯해 당시 이 거리를 배경으로 제작된 영화가 많다. 바르베리니 광장에서 이 길을 따라 북쪽으로 올라가면 보르게세 공원이 나온다.

보고 느끼고 감탄할 것이 많은 로마는 매력적인 도시임에 틀림없지만 그래도 대도시의 번잡함만은 피할 수 없다. 테르미니역에서 도보 20분 거리에 있는 보르게세 공원은 이런 번잡함을 피하기에 좋은 곳이다.

로마에서 가장 큰 공원으로, 공원 곳곳에서 편안한 모습으로 시간을 보내는 많은 사람의 모습에서 로마인의 사랑을 듬뿍 받는 곳임을 쉽게 느낄 수 있다. 이처럼 로마에서 오후의 한가함을 즐기기에 한없이 좋은 곳이지만 일정이 빡빡하다면 주변에 보르게세 미술관이나 포폴로 광장에 갈 때 잠시 들렀다 가라고 권하고 싶다. 음식 가격까지 부담이 없으면 좋겠지만 아쉽게도 이곳의 먹거리는 다른 곳보다 비싼 편이니 염두에 두자.

📍 보르게세 공원　🅼 MAP ❷-A
WALK 바르베리니 광장에서 비토리오 베네토 거리로 들어선 후 비토리오 베네토 거리 끝까지 도보 10분. 성벽(Porta Pinciana)을 지나면 바로 공원 입구가 보인다.
METRO A선 바르베리니(Barberini)역에서 도보 10분

34 보르게세 미술관
티치아노와 베르니니의 걸작을 볼 수 있는 곳
Galleria Borghese

예약하고 가자!
보르게세 미술관 입장은 하루 10회차로 나뉘며, 회차별로 입장 인원이 제한돼 있다. 방문 예정일 약 3개월 전부터 공식 홈페이지에서 예매할 수 있으며, 기본 입장권부터 빠르게 매진되기 시작해 시간이 지나면 요금이 비싼 가이드 투어나 비선호 시간대 입장권만 남는다. 예약 시 방문 날짜와 입장 시각을 선택하고 결제 완료 후 이메일로 받은 바우처를 스마트폰에 저장하거나 출력해 제시한다.

로마 패스 소지자는 무료입장이 가능하지만 반드시 예약해야 한다. 로마 패스 전용 예약 사이트(romapass.ticketone.it, 수수료 별도)를 통해 예약할 수 있다.

회화만 놓고 보면 로마에서 바티칸 박물관 다음으로 소장품이 많아 로마 미술관의 자존심이라 불리는 곳이다. 베르니니, 카라바조, 티치아노, 레오나르도 다빈치 등 이름만으로도 고개를 끄덕이게 할 만한 이들의 작품을 소장하고 있다. 1613년, 베르니니의 최대 후원자이자 당시 교황 바오로 5세의 조카인 추기경 시피오네 보르게세가 막대한 부를 바탕으로 이곳을 건립했다. 이후 1891년 보르게세 가문이 파산하면서 정부가 인수해 일반에 공개했다.

꼭 봐야 할 작품은 ❶ 티치아노의 '신성한 사랑과 세속적인 사랑'(1514)이다. 이는 베네치아 귀족이 신부에게 줄 결혼 선물로 주문한 것으로, 티치아노에게 당대 최고의 화가라는 명성을 안겨준 작품이다.

실물 크기로 제작한 카노바의 '비너스의 자태를 한 파올리나 보르게세 부인' (1804~1808)

ⓖ 보르게세 미술관 ⓜ MAP ❷-A
ADD Piazzale Scipione Borghese, 5
OPEN 09:00~19:00(성수기 목요일 ~22:00)/1시간 간격 입장(마지막 입장 17:45)/관람 시간 2시간 제한
CLOSE 월요일, 1월 1일, 12월 25일
PRICE 17€(마지막 입장은 12€, 예약비 2€ 포함), 17세 이하 무료/특별전 진행 시 요금 추가/**예약 필수**/**매월 첫째 일요일 무료입장**(10일 전부터 예약 가능, 예약비 별도)
WALK 보르게세 공원에서 'Galleria Borghese' 이정표를 따라 도보 10분
BUS 500인 광장에서 92번·223번·360번·910번을 타고 핀차나(Pinciana~Museo Borghese) 정류장에서 하차하면 왼쪽에 공원 입구가 보인다.
WEB galleriaborghese.beniculturali.it
예약 www.tosc.it

Zoom In & Out
보르게세 미술관

● **티치아노의 '신성한 사랑과 세속적인 사랑'** (1514)

언뜻 보기에 옷을 벗고 있는 여인의 모습이 세속적인 사랑을 표현하는 것 같지만 반대로 이해해야 한다. 고대 로마 시대부터 나체는 오랫동안 '순수'와 '신성함'의 상징이었기 때문이다. 왼쪽의 드레스를 입은 여인은 결혼, 다산을 상징하는 '육체적인 사랑'을 의미한다. 티치아노는 이 작품 속에서 결혼 생활에서는 육체적인 사랑과 정신적인 사랑이 서로 어우러져야 한다는 사실을 특유의 은유적 기법으로 표현했다.

① 흰색 드레스, 장갑, 늘어뜨린 머리카락은 결혼과 다산을 상징한다.
② 나체와 램프는 비너스 여신처럼 영원하고 신성한 존재임을 암시한다.
③ 두 여인 사이에서 물을 젓고 있는 큐피드는 두 사랑이 조화를 이루어야 함을 뜻한다.
④ 드레스를 입은 여인의 뒤쪽에는 다산을 상징하는 토끼가 그려져 있다.
⑤ 나체의 여인 뒤쪽에는 변함없는 자연이 펼쳐져 있다.

**카라바조의
'과일바구니를 든 소년'**
(1593~1594)

● **카라바조의 '다비드와 골리앗의 머리'** (1609~1610)

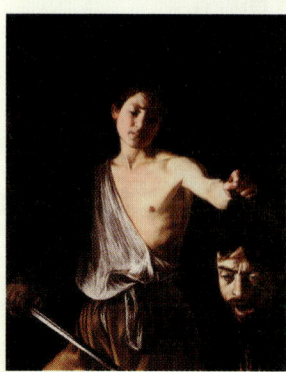

카라바조가 말년에 그린 작품으로, 그의 작품 중에 가장 극적인 회화로 평가된다. 소년 다비드가 거인 골리앗의 머리를 머리카락으로 들어올린 장면을 묘사했으며, 골리앗의 얼굴은 카라바조 자신의 자화상이다. 순수했던 어린 시절의 자신(다비드)과 죄를 짓고 타락한 현재의 자신(골리앗)을 대비시킨 구도다. 1606년 5월 살인 혐의로 로마에서 도망친 그는 1610년 교황청에 사면을 청원하며 이 작품을 보냈다. 칼날에 새겨진 "H-AS OS"는 "겸손이 교만을 죽인다"는 뜻의 라틴어 문구로, 오랜 도피 끝에 지친 영혼의 참회가 느껴진다.

**카라바조의
'글을 쓰는 성 제롬'**
(1605~1606)

● **베르니니의 '아폴로와 다프네'** (1622~1625)

베르니니의 초기 대표작으로, 보르게세 미술관 소장품 중에서도 가장 화려하고 아름다운 작품으로 꼽힌다. 현명하고 아름다우며 궁수의 신이기도 한 아폴로는 누구보다 크고 빛나는 황금 활을 가지고 있었다. 어느 날 그는 큐피드의 작은 활과 화살을 비웃었고 자존심이 상한 큐피드는 복수를 결심한다. 큐피드는 사랑에 빠지게 하는 황금 화살과, 사랑을 거부하게 만드는 납 화살을 각각 쏘았는데, 아폴로에게는 황금 화살을, 숲의 요정 다프네에게는 납 화살을 겨눴다.

사랑에 사로잡힌 아폴로는 숲속을 달리며 다프네를 쫓았고 사랑을 거부한 다프네는 필사적으로 도망쳤다. 마침내 아폴로의 손이 닿으려는 순간, 다프네는 아버지 페네오스 강의 신에게 도움을 청하며 월계수로 변한다. 이 작품은 바로 그 극적인 순간, 아폴로의 손끝이 닿자 다프네의 손가락이 가지로, 머리카락이 잎사귀로 변하기 시작하는 찰나를 포착한 것이다. 대리석으로 표현됐다고는 믿기 어려운 섬세한 묘사와 역동적인 조형미가 돋보인다.

베르니니의
'페르세포네를 납치하는 하데스'
(1621~1622)

베르니니의
'다비드'
(1623~1624)

★ **그 외 대표적인 소장품**

카라바조의 '병든 바쿠스', 파르미자니노의 '남자의 초상', 페루지노의 '성 모자상', 코레조의 '다나에', 티치아노의 '큐피드에게 눈가리개를 하는 비너스' 등

라파엘로의 '예수를 십자가에서 내림'
(1507)

베로네세의 '세례 요한'
(1562)

Eating & Drinking

부라타 치즈를 통째로 넣은 파니니

맛있는 건 다 있는 푸드코트
◉ 메르카토 첸트랄레
Mercato Centrale

테르미니역에서 배가 고플 땐 멀리 갈 필요 없이 역내 푸드코트를 이용해보자. '중앙시장'이라는 뜻을 가진 재래시장 콘셉트의 푸드코트에서는 즉석에서 구워내는 피자와 생면 파스타, 햄버거, 트러플 요리, 신선한 샐러드와 해산물 요리 등 다양한 먹거리를 맛볼 수 있고 햄·치즈·와인·빵·젤라토 가게도 입점해 있다. 식사때마다 인근 직장인들이 몰려드는 핫플레이스. 테이블에 앉으면 음료 주문을 담당하는 직원이 온다.

미니 피자, 피체테(Pizette)

ⓖ VGX3+G9 로마　Ⓜ MAP ❷-D & ❺-B
ADD Roma Termini, Via Giovanni Giolitti, 36
OPEN 07:30~23:30(금·토요일 ~24:00)
MENU 파니니 8.50€~, 포카치아 10€~, 트러플 파스타 22€~, 아란치니 5€~
WALK 테르미니역에서 24번 플랫폼 쪽 출구로 나가 관광안내소 표지판이 가리키는 문 안으로 들어간다. 도보 2분
WEB mercatocentrale.it

로마의 대표 간식, 수플리

잘라서 판매하는 로마식 피자

MORE
로마인 최애 식재료
아티초크 Artichoke

아티초크는 고대 로마 시절부터 사랑받아온 이탈리아의 대표적인 전채 요리 재료다. 생감자와 비슷한 식감에 쌉싸래하면서도 소박한 단맛을 지닌 아티초크는 그 자체로는 그다지 특별한 맛이 없지만 다음 차례에 나오는 음식을 한층 달콤하게 만들어주는 역할을 한다. 대개 버터에 가볍게 굽거나 튀긴 후 올리브유를 듬뿍 뿌려 레몬을 곁들여 먹는다.

젤라토 '본캐' 등장이오!

라 로마나
La Romana

로마 최고의 젤라테리아를 물었을 때, 현지인들이 1초의 망설임도 없이 추천하는 젤라테리아. 관광지에서는 접근성이 좋지 않지만 일부러라도 찾아갈 가치가 충분한 곳이다. 창업 연도부터 꾸준히 사랑받아온 크림 젤라토(Crema dal 1947)를 비롯해 하나만 고르기 괴로울 만큼 특별한 맛의 젤라토가 가득하다. 매번 개발하는 실험적인 젤라토 중에서는 헤이즐넛이 들어간 이탈리안 머랭 젤라토(Meringa alla Nicciole)를 강력 추천한다. 생크림처럼 부드러우면서도 흐물거리지 않고 쫀쫀한 젤라토의 질감이 단연 챔피언 감이다.

ⓖ WF5X+4H 로마　Ⓜ MAP ❷-B
ADD Via Venti Settembre, 60
OPEN 12:00~24:00
MENU 젤라토(콘/컵) 3.50~5€
WALK 산타 마리아 델라 비토리아 성당 정면을 바라보고 오른쪽으로 도보 7분/테르미니역에서 도보 13분
WEB gelateriaromana.com

새콤한 과일 향을 가미한 노란 크림 젤라토와 가볍고 깔끔한 맛의 레몬 젤라토

한적한 주택가에 숨어 있는 가게

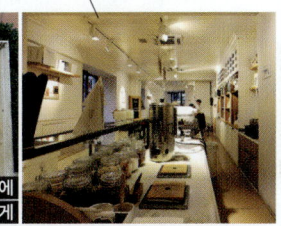

최상의 상태를 유지하기 위해 뚜껑을 덮어 보관한다.

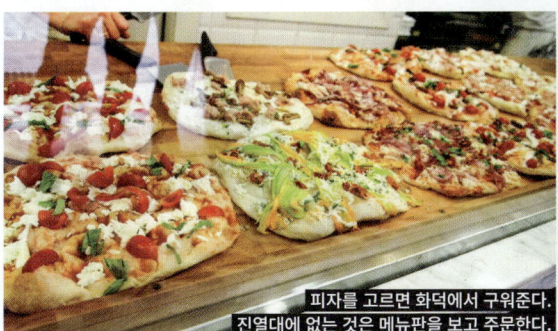

피자를 고르면 화덕에서 구워준다. 진열대에 없는 것은 메뉴판을 보고 주문한다.

로마 힙스터들이 사랑하는 피자 맛집

핀세레
Pinsere

바삭하면서도 쫄깃한 도우 위에 다양한 토핑을 듬뿍 올린 피자를 주문 즉시 화덕에 구워내는 곳. 독특한 모양과 맛 덕분에 현지 미디어에도 자주 소개되는 인기 피체리아다. 진열된 토핑을 보며 취향대로 고를 수 있는데, 매콤한 칠리잼을 곁들인 피자나 갈릭 스파이시 피자가 특히 한국인 입맛에 잘 맞는다. 서서 먹는 바쁜 아니라 가게 앞 야외 테이블에서도 로마의 활기찬 거리 분위기를 즐기며 여유롭게 식사할 수 있다.

시즌 한정, 호박꽃을 올린 피자

ⓖ 핀세레 로마　Ⓜ MAP ❷-B
ADD Via Flavia, 98
OPEN 10:00~21:00
CLOSE 토·일요일
MENU 피자 5~7.50€, 음료 2.50€~, 맥주 3.50€~
WALK 산타 마리아 델라 비토리아 성당에서 도보 6분
WEB facebook.com/Pinsere

SPECIAL PAGE

조금 멀지만 먹으러 가고 싶어
로마 No.1 디저트숍

무적의 로마 명물 크림빵 맛집
◉ 레골리
Regoli Pasticceria

달콤한 마리토초와 향긋한 카푸치노로 로마의 아침을 깨우는 100년 전통의 베이커리. 모두의 커피잔 옆에는 부드러운 브리오슈에 휘핑크림을 듬뿍 채운 로마 명물 크림빵 마리토초(Maritozzo con Panna, 3.50€~)가 놓여 있다. 반으로 가른 빵 위에 휘핑크림으로 산을 만들었지만 보기보다 느끼하지 않다. 야생 딸기와 크림을 가득 올린 산딸기 타르트도 전통의 주력 상품. 각자의 취향에 따라 피스타치오 크림이나 자바이오네 크림 등을 잔뜩 채운 큼직한 퍼프슈(Bignè)도 인기가 많다. 테이크아웃 전문이지만 바로 옆 동명의 카페로 가면 베이커리에서 주문한 빵과 디저트를 커피와 함께 먹을 수 있다.

ⓖ VGV2+W9 로마　Ⓜ MAP ⑤-B
ADD Via dello Statuto, 60
OPEN 07:00~19:00
CLOSE 화요일, 7월 중순~9월 초
MENU 마리토초 3.50€(소)~4.50€(대)
WALK 산타 마리아 마조레 성당에서 도보 5분/테르미니역 24번 플랫폼 쪽 출구에서 도보 10분
WEB www.pasticceriaregoli.com

부드러운 거품이 근사한 카푸치노(1.80€)

산딸기 타르트((Tortine Fragoline di Bosco))와 마리토초

시칠리아 전통 간식 칸놀리(Cannoli, 4.50€) 등 다양한 빵과 디저트가 포진해 있다.

카페 테이블이 5개 정도라 보통 카페의 바에 서서 먹는다.

이탈리아 티라미수의 본진

🟡 폼피(본점)
Pompi

줄 서서 먹는 로마 최고의 티라미수 가게, 폼피의 본점. 잔뜩 쌓인 티라미수 외에도 케이크, 페이스트리, 젤라토, 그라니타 등 다양한 디저트가 가득하다. 저녁이면 칵테일을 즐기러 온 현지 젊은이들까지 가세해 활기가 넘친다. 오리지널 티라미수인 클라시코 외에도 망고, 복숭아, 피스타치오, 솔티 캐러멜, 피나콜라다 등 변화무쌍한 티라미수를 맛볼 수 있다. 테이블에서 먹으려면 자리에 앉은 후 담당 직원에게 주문·결제한다(테이블 가격 별도 적용). 트레비 분수(좌석 있음)와 스페인 광장 근처(테이크아웃), 바티칸(테이크아웃) 등에도 지점이 있다.

Ⓖ VGJ7+5F 로마
ADD Via Albalonga, 7b
OPEN 07:00~23:00(금·토요일 ~24:00)
CLOSE 7~8월 중 약 2주간
MENU 티라미수 5€~
(테이블에서 먹을 경우 5.50€~)
METRO A선 에 디 로마(Re di Roma) 역에서 왼쪽 출구로 나가 도보 2분
WEB barpompi.it

프로세코+엘더플라드 시럽+라임+민트 조합의 휴고와 스프리츠. 칵테일에는 기본 안주가 곁들여 나온다.

딸기+베리 티라미수(Tiramisu Frutti di Bosco). 코코아 파우더 대신 베리 시럽을 뿌려준다.

망고와 복숭아, 피스타치오, 솔티 캐러멜, 피나 콜라다까지. 티라미수는 무한 변신 중!

리소+피스타치오+초콜릿 젤라토

한국 여행자들이 픽한 젤라테리아

🟡 파시
Fassi

1880년 문을 열어 이탈리아 젤라테리아 중 가장 긴 역사를 자랑한다. 안으로 들어서면 140년이 넘는 전통을 증명하는 오랜 신문 기사와 수상 경력이 벽면을 가득 채우고 있다. 우리나라 여행자가 즐겨 찾는 메뉴는 리소(Riso)와 피스타치오(Pistachio). 쌀로 만든 리소의 달콤하고 부드러운 맛과 피스타치오의 진하고 고소한 맛이 일품이다. 주변에 한인 민박이 많아 숙소 주인장들이 즐겨 추천하고 상대적으로 가격이 저렴한 것도 유명세에 한몫한다.

Ⓖ 파씨 젤라또　Ⓜ **MAP** ❺-B
ADD Via Principe Eugenio, 65
OPEN 12:00~22:00(금·토요일 ~24:00)
CLOSE 월요일(여름철에는 오픈)
MENU 젤라토(콘/컵) 2.20~3.50€
WALK 테르미니역에서 24번 플랫폼 쪽 출구에서 도보 15분
WEB gelateriafassi.com

콘과 컵뿐 아니라 젤라토바, 케이크 등으로도 제공한다.

SECTION E

트라스테베레에서 테스타초까지

① 테르미니역 → 버스 H번을 타고 손니노/산 갈리카노(Sonnino/S. Gallicano) 정류장에서 하차 → ㉟ 산타 마리아 인 트라스테베레 성당 → 도보 15분 → ㊱ 포르타 포르테세 벼룩시장 → 도보 15분 → ㊲ 세스티우스의 피라미드 → 도보 1분 → ㊳ 성 바울의 문 [Option ㊴ 말타 기사단의 열쇠 구멍] → 지하철 B선(파란색) → ① 테르미니역

MORE

옛 도축장이 미식가의 동네로, 테스타초 Testaccio

트라스테베레에서 수블리치오 다리(Ponte Sublicio) 건너에 자리한 테스타초는 관광객을 피해 현지인의 일상을 체험할 수 있는 지역이다. 테스타초는 도축장에서 내다 버린 내장이나 소꼬리로 만들어 노동자와 농부들이 즐겨 먹던 로마 전통 음식의 본산! 옛 도축장과 테스타초 시장(Mercato di Testaccio)을 중심으로 포진한 로마 토박이들의 숨은 맛집과 이색적인 먹거리를 찾아 나서자.

METRO B선 피라미데(Piramide)역 하차
TRAM 콜로세오·대전차 경기장에서 3번을 타고 포르타 산 파올로(Porta S. Paolo) 하차

■ 테스타초 시장
🄶 테스타초 시장 Ⓜ MAP ❹-C
ADD Via Aldo Manuzio, 66b
OPEN 07:00~15:30 **CLOSE** 일요일
WALK 메트로 피라미데(Piramide)역에서 도보 15분/트램 3번 마르모르타/갈바니(Marmorata/Galvani) 정류장에서 도보 6분
WEB mercatoditestaccio.it

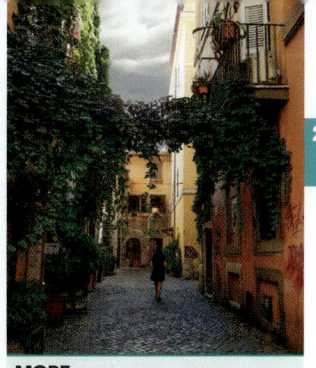

35 산타 마리아 인 트라스테베레 성당
트라스테베레 지역의 랜드마크
Basilica di Santa Maria in Trastevere

중세 분위기를 느낄 수 있는 성당. 3세기경 교황 칼릭투스 1세가 설립해 12세기경 재건됐으며, 이후 18세기 바로크 양식이 첨가됐다. 내부의 기둥 22개는 고대 로마 건축물에서 가져온 화강암이다. 18세기에 바로크 양식이 첨가되었지만 중세 성당의 모습을 잘 간직하고 있다. 입구와 내부 예배당의 모자이크는 화려하고 추상적인 황금빛 배경과 평면적인 인물 묘사가 특징인 비잔틴 양식으로, 베네치아의 산 마르코 대성당과 비슷하다. 건물 정면의 12~13세기 모자이크는 아기 예수에게 젖을 먹이는 성모 마리아와 등불을 든 10명의 처녀를 표현한 것. 그 앞 난간에 있는 4인의 교황 조각상과 성당 앞 팔각 분수는 산 피에트로 광장 오른쪽에 있는 분수를 만든 카를로 마데르노의 17세기 작품이다.

ⓖ 마리아 인 트라스테베레　Ⓜ MAP ❹-D
ADD Piazza Santa Maria in Trastevere, 24–26
OPEN 07:30~20:30(종교행사 진행 시에는 입장 제한)
PRICE 무료(약간의 헌금)
WALK 손니노/산 갈리카노(Sonnino/S. Gallicano) 버스 정류장·벨리(Belli) 트램 정류장에서 각각 도보 5분

MORE
놀멍쉬멍 마을 여행
트라스테베레 Trastevere

'테베레 강 건너 마을'이라는 뜻의 트라스테베레는 고대 로마 시대부터 기독교도가 모여 살던 바티칸시국의 남서쪽 지역이다. 오랫동안 서민들의 보금자리였던 이곳은 떠오르는 핫플레이스와 유명 맛집이 가득한 장소다. 저렴한 맥줏집과 와인바가 밀집해 있어 밤에 더 휘황찬란해진다.

Ⓜ MAP ❹-D
BUS 500인 광장에서 H번을 타고 손니노/산 갈리카노(Sonnino/S. Gallicano) 정류장 하차
TRAM 베네치아 광장에서 8번을 타고 벨리(Belli), 트라스테베레(Trastevere/Mastai, Trastevere/Min. P.Istruzione 중 선택) 하차·콜로세오 또는 테스타초에서 3번을 타고 포르타 포르테세(Porta Portese), 인두노(Induno), 트라스테베레(Trastevere/Min. P.Istruzione) 하차

36 포르타 포르테세 벼룩시장
로마에서 가장 큰 벼룩시장
Porta Portese

이탈리아를 벼룩시장의 대표 주자. 매주 일요일 아침이면 중고 의류와 장신구 같은 빈티지 아이템부터 공장에서 나온 이월 의류, 신발, 가방까지 다양한 물건이 쏟아져 나온다. 예전처럼 그림이나 공예품 같은 골동품 거래는 줄고 중국산 제품이 많아졌지만 여전히 현지인의 일상을 가까이서 엿볼 수 있는 흥미로운 장소다. 가장 붐비는 시간대는 10:00~11:00이므로 한적하게 둘러보려면 09:00 이전에 도착하는 것이 좋다. 소매치기가 많으니 짐은 최소화하고 현금도 꼭 필요한 만큼만 챙기자.

ⓖ 포르타 포르테제　Ⓜ MAP ❹-D
WALK 산타 마리아 인 트라스테베레 성당에서 도보 15분
TRAM 3번 포르타 포르테세(Porta Portese) 정류장 하차

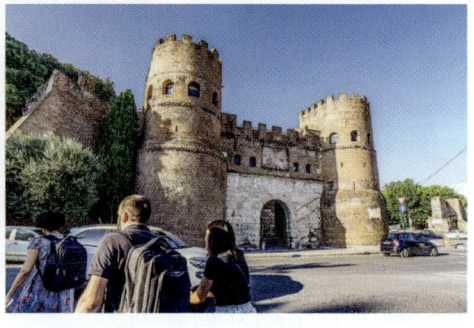

37 테스타초의 상징
세스티우스의 피라미드
Piramide di Caio Cestio

이집트를 정복한 로마가 기원전 18~12년에 건축한 피라미드. 당시 유력 정치가였던 가이우스 세스티우스의 무덤으로, 높이 37m짜리 사각추 모양의 벽돌을 쌓고 하얀 대리석 판을 덮었다. 프레스코화로 장식한 내부는 2015년 한 일본 기업가의 후원에 힘입어 대대적으로 복원했는데, 특별 행사 때만 공개한다.

ⓖ 세스티우스의 피라미드 Ⓜ MAP ❹-C
ADD Via Raffaele Persichetti
WALK 메트로 피라미데(Piramide)역에서 도보 3분/트램 3번 포르타 산 파올로(Porta S. Paolo) 정류장에서 도보 1분

38 사도 바울이 항구를 오가던 길
성 바울의 문
Porta San Paolo

로마 성벽 중 가장 크고 보존 상태가 우수한 문. 고대 로마에서 오스티아 항구를 잇던 오스티엔세 거리(Via Ostiense)의 북쪽 끝에 자리한다. 남쪽으로 오스티엔세 거리를 따라가면 사도 바울이 다마스쿠스로 가던 길에 회심한 뒤 투옥됐던 지하 감옥(Chiesa di San Paolo al Martirio)과 참수된 자리(Abbazia delle Tre Fontane), 그리고 그의 무덤 위에 세워진 성 바오로 대성전(Basilica Papale San Paolo Fuori le Mura)이 이어진다.

ⓖ VFGJ+MH 로마 Ⓜ MAP ❹-C
ADD Piazza Ostiense
WALK 세스티우스의 피라미드에서 도보 1분

Option 39 산 피에트로 대성당이 보이는 숨은 명당
말타 기사단의 열쇠 구멍
Buco della Serratura dell'Ordine di Malta

11세기 십자군 원정 때 설립된 말타(몰타) 기사단의 본부가 있는 말타 기사의 광장(Piazza dei Cavalieri di Malta) 3번지. 이곳 수도원 대문의 열쇠 구멍 너머로 산 피에트로 대성당을 보려고 해마다 많은 여행자가 찾아온다. 수도원은 로물루스와 레무스가 늑대의 젖을 먹고 자란 전설이 깃든 아벤티노 언덕(Colle Aventine) 위에 있는데, 근처의 오렌지 정원(Giardino degli Aranci)에 서면 강 건너 트라스테베레 지역과 산 피에트로 대성당 전경이 펼쳐진다. 로마에서 가장 잘 보존된 초기 기독교 성당인 산타 사비나 성당(Basilica di Santa Sabina all'Aventino, 5세기)도 바로 옆에 있다.

ⓖ VFMH+59 로마 Ⓜ MAP ❹-C
ADD Piazza dei Cavalieri di Malta, 4
OPEN 열쇠 구멍 24시간/산타 사비나 성당 08:00~19:00(일·월요일 12:00~)/오렌지 정원 07:00~18:00
WALK 세스티우스의 피라미드·진실의 입·대전차 경기장에서 각각 도보 15분/트램 3번 아벤티노(Aventino/Albania) 정류장에서 도보 10분

Eating & Drinking

마리토초가 이렇게 맛있는 빵이었다니!
🟠 산 칼리스토
Bar San Calisto

트라스테베레의 걷기 좋은 골목길에 자리 잡은 바. 오픈한 지 50년이 넘은 레트로한 분위기가 시선을 끈다. 지역 주민들이 출근길에 들러 에스프레소 한잔으로 하루를 시작하고 점심이면 관광객들로 북적이는 맛집이다. 주문 즉시 예쁘게 만들어주는 마리토초(Maritozzo)의 맛은 기대 이상! 부드럽고 신선한 빵 속에 가득 채워진 휘핑크림은 가볍고 전혀 느끼하지 않다. 아페리티보(식전주)를 즐길 수 있는 곳으로 유명하고 스프리츠, 맥주, 샌드위치 등의 가격도 저렴한데, 뭘 주문하든 마리토초는 꼭 추가하자. 로마 시내에도 마리토초를 파는 곳이 많지만 이곳만큼 맛있고 저렴한 곳은 찾기 어렵다.

ⓖ VFQC+J8 로마　**Ⓜ** MAP **❹**-D
ADD Piazza di S. Calisto, 3
OPEN 06:00~다음날 02:00
MENU 마리토초 1.50€, 스프리츠 4€~, 젤라토 1€~, 맥주 2€~
WALK 산타 마리아 인 트라스테베레 성당에서 도보 1분
WEB barsancalisto.it

'이탈리아'를 한 입 간식으로 표현한다면
🟠 수플리 로마
Suppli Roma

갓 튀겨낸 따끈하고 바삭한 수플리가 맛있는 집. 특히 수플리를 아예 가게 이름으로 내건 이 집 수플리는 신선한 기름을 사용해서 속이 더부룩하지 않고 짜지 않아서 합격. 테이크아웃 전문이어서 줄이 길어도 대기 시간은 짧다. 원하는 크기만큼 잘라서 판매하는 조각 피자도 평이 좋다.

ⓖ VFPC+VM 로마　**Ⓜ** MAP **❹**-D
ADD Via di S. Francesco a Ripa, 137
OPEN 10:00~21:00　**CLOSE** 일요일
MENU 수플리 2~3.50€, 피자 1.20~1.80€/100g
WALK 산타 마리아 인 트라스테베레 성당에서 도보 4분
WEB suppliroma.it

수플리 아마트리치아나 (2.50€)

수플리 카치오 에 페페 (2€)

테스타초의 '신박한' 길거리 간식
🟠 트라피치노
Trapizzino

백년 식당들이 늘어선 테스타초에 젊음의 생기를 더하는 테이크아웃 간식 가게. 삼각형의 전통 샌드위치(Trammezzino)와 미니 피자(Pizzino)를 합친 신개발 간식, 트라피치노가 대표 메뉴다. 겉을 바삭하게 구운 도우에 토마토소스로 버무린 미트볼이나 후추로 양념한 닭고기처럼 짭조름하고 따뜻한 요리를 토핑해 먹는다.
추천 토핑은 토마토소스에 넣어 뭉근하게 끓인 테스타초의 특산 소꼬리 스튜가 든 코다 알라 바치나라(Coda alla Vaccinara). 로마식 튀긴 주먹밥 수플리(Suppli)도 인기다.

ⓖ VFHF+RF 로마　**Ⓜ** MAP **❹**-C
ADD Via Giovanni Branca, 88
OPEN 12:00~24:00
(금·토요일 ~다음날 01:00)
MENU 트라피치노 5€, 수플리 2€
WALK 테스타초 시장에서 도보 4분
WEB trapizzino.it

트라피치노

로마 길거리 간식은 이거지!
모르디 & 바이
Mordi & Vai

← 알레소 디 스코토나

40년 넘게 정육점에서 일했던 세르조 에스포시토(Sergio Esposito)가 2012년 칠순의 나이에 오픈한 가게. 테스타초 시장을 넘어 로마 길거리 간식의 신화로 자리매김했다. 대표 메뉴는 알레소 디 스코토나(Allesso di Scottona, 8€). 약불에 지그시 익혀서 육즙이 풍부하고 짜지 않은 고기, 부드러운 빵에 가격마저 저렴해서 도저히 그냥 지나칠 수 없다. 세르조의 할머니 레시피대로 이탈리아식 미트볼 폴페테를 넣은 파니니(Polpette della Nonna al Sugo, 8€)도 추천. 메뉴명과 가격 등이 적힌 사진을 걸어놔서 주문하기 쉬우며, 가게 옆에 서서 먹을 수 있는 테이블도 마련돼 있다.

로마 현지인들의 소박한 일상을 들여다보기 좋은 테스타초 시장

📍 mordi vai roma Ⓜ MAP ❹-C
ADD Via Aldo Manuzio 66b
OPEN 10:00~14:30(월요일 10:15~, 금·토요일 ~15:00)
CLOSE 일요일
MENU 파니니 8~9€
WALK 테스타초 시장 15호(p248 참고)

두 번, 세 번 가고 싶은 피자 가게
카사 만코
Casa Manco

피자를 원하는 크기로 잘라준다.

100시간이나 숙성시킨 바삭한 도우가 일품인 피자 가게. 복숭아, 관찰레, 망고 등 제철 재료와 부라타 치즈, 은두자(Nduja, 스프레드 소시지) 같은 전통 재료를 다채롭게 활용한다. 원하는 사이즈로 잘라서 판매하는 덕분에 여러 조각을 맛볼 수 있는데, 도우가 꽤 두꺼워서 2개만 먹어도 배가 부르다. 현지인이 즐겨 찾는 테스타초 실내 시장에 있어서 구경 삼아 들르기에도 좋은 곳. 폐점 시간이 이르니 시간을 잘 맞춰 방문하자. 배달 가능(Uber Eats, JUST EAT, Glovo).

📍 VFHF+4F 로마 Ⓜ MAP ❹-C
ADD Via Aldo Manuzio 66b
OPEN 09:30~15:00
CLOSE 일요일
MENU 피자 12.50~26.50€/1kg(종류에 따라 다름)
WALK 테스타초 시장 22호(p248 참고)

발효 풍미를 안다면 바로 단골 각!
아마트리차나

요게 바로 진짜 로마의 맛!
펠리체
Felice a Testaccio

로마 토박이들의 파스타 취향이 고스란히 묻어난 식당. 거의 모든 테이블에 올라가 있는 인기 메뉴는 이름처럼 치즈와 후추만으로 승부하는 카초 에 페페(Cacio e Pepe, 19€)로, 꾸불꾸불하고 탄력 있는 면발에 페코리노 로마노 치즈와 파르미자노 레자노 치즈를 7:3 비율로 갈아 얹는 레시피를 1936년부터 고수해오고 있다. 뜨거울 때 잘 비벼 먹으면 짭조름한 치즈의 감칠맛이 폭발! 또 다른 대표 메뉴는 이탈리아식 베이컨인 관찰레(Guanciale)로 맛을 더한 아마트리차나(Bucatini all'Amatriciana, 15€). 청국장에 버금갈 만큼 꼬리한 치즈 풍미의 토마토소스가 구멍이 뚫린 면 속에 쏙쏙 들었는데, 중독성이 강해서 자꾸만 손이 간다. 예약 필수, 예약 보증금 있음.

카초 에 페페

ⓖ VFHG+CX 로마 Ⓜ MAP ❹-C
ADD Via Mastro Giorgio, 29
OPEN 12:30~15:30·19:00~23:30
MENU 전채 8~15€, 파스타 12~22€, 메인 요리 14~30€
WALK 세스티우스의 피라미드에서 도보 6분
WEB feliceatestaccio.com

크기는 미니 미니해도 맛은 굿!
파스티체리아 바르베리니
Pasticceria Barberini

1925년부터 명성을 쌓아온 제과점. 리모델링해 한층 깔끔해진 내부에 반짝반짝 빛을 내는 케이크들이 잔뜩 진열돼 있다. 시그니처 케이크는 새빨간 와인 글레이즈가 유난히 눈길을 사로잡는 바르베리니(Barberini). 달콤한 초콜릿 무스와 고소한 헤이즐넛 비스코티 사이에 짭조름한 캐러멜이 듬뿍 들었다. 미슐랭의 로마 9대 빵집에도 선정되는 등 제과계에서의 명성은 확고한데, 가격과 계산이 다소 불분명하다. 품목마다 바(Banco) 가격과 테이블(Tavolo) 가격이 다르니 확인하자.

시그니처 케이크를 초미니 버전으로도 낱개 판매한다.

ⓖ VFHH+HF 로마 Ⓜ MAP ❹-C
ADD Via Marmorata, 41
OPEN 06:00~21:00(일요일 ~20:00)
MENU 미뇽(초미니 케이크) 2.30€~/1개
WALK 세스티우스의 피라미드에서 도보 4분
WEB pasticceriabarberini.it

테이크아웃하면
종이 접시에 담아준다.

UMBRIA

오르비에토
ORVIETO

소박하면서도 은은한 멋이 있는 오르비에토는 이탈리아에서 시작된 '슬로시티 운동'의 발상지다. 중세 분위기로 가득한 골목 사이사이를 느릿느릿 거닐며 '느림의 철학'을 실천하려는 여행자들의 발걸음이 끊이지 않는 곳. 교황들이 즐겨 마시던 질 좋은 와인 생산지이기도 하니 작은 바에 들러 달콤한 화이트 와인 한잔을 맛보는 여유도 놓칠 수 없다.

오르비에토 가기

오르비에토까지는 로마 테르미니역에서 기차로 1시간 남짓, 피렌체 산타 마리아 노벨라역에서 2시간 15분 정도 소요된다. 오르비에토는 산 위에 있는 작은 마을이라 반나절이면 주요 명소를 충분히 둘러볼 수 있다. 두오모를 시작으로 마을을 둘러본 후에는 카페나 바에서 시원한 특산 화이트 와인을 마셔보자.

기차

오르비에토까지는 로마 테르미니역에서 출발하는 기차를 이용하는 것이 가장 편리하다. 단, 오르비에토행 기차가 출발하는 플랫폼은 메인 플랫폼과 멀리 떨어져 있어 이동 시간이 꽤 걸리니 여유 있게 도착하는 것이 좋다.

로마 Roma(TE.)
↓
기차 1시간 10분~2시간 5분,
9.80~9.90€(R·RV·IC)
05:30~21:46/1일 8회

피렌체 Firenze(S.M.N)
↓
기차 1시간 40분~2시간 20분,
10.90~18.10€(R·IC)
05:45~21:14/1일 8회

오르비에토 Orvieto

* R·RV–Regionale·Regionale Veloce (완행열차) / IC–Intercity(급행열차)
* 오르비에토 → 로마 04:40~23:25/1일 10회
* 운행 시간은 시즌·요일에 따라 유동적

◆ 오르비에토역 Orvieto Stazione

매표소와 자동판매기만 있는 작은 역이다. 기차역 정문으로 나가면 정면에는 푸니콜라레역, 왼쪽에는 택시 승차장이 있다. 역 안에는 버스 매표소를 겸하는 카페테리아 겸 잡화점이 있다. 짐은 역 뒤쪽 주차장에 있는 웰컴 포인트(Welcome Point, 성수기 09:00~17:00, 5€/4시간, 15€/24시간)에 맡길 수 있다. 웰컴 포인트는 플랫폼에서 지하 통로로 내려가 왼쪽으로 나가면 계단 아래쪽에 있다(성수기에만 운영).

오르비에토역

▶ 오르비에토역에서 마을 가기

오르비에토 기차역에서 언덕 위에 있는 마을까지 가려면 푸니콜라레(Funicolare)라는 등산열차를 타야 한다. 역에서 나오자마자 정면에 푸니콜라레역이 있으며, 푸니콜라레 매표소나 기차역의 카페테리아에서 푸니콜라레+버스 1회권(90분간 유효, 1.30€)을 구매하고 탑승한다. 푸니콜라레는 평일 07:15~20:30에 10분 간격(휴일 08:00부터 15분 간격)으로 운행한다. 언덕 위의 마을에는 매표소가 따로 없으니 올라가는 표를 살 때 내려오는 표까지 미리 사두자. 푸니콜라레에서 하차한 후 마을 중심인 두오모 광장(Piazza Duomo)까지는 도보 15분 거리의 언덕길이므로 출구 바로 앞의 카엔 광장(Piazza Cahen)에서 버스를 타자.

✚ 두오모행 순환 버스 A(Circolare A) 운행 시간

카엔 광장 → 두오모 07:06~18:21(10~15분 간격)+막차 20:36
　　　　　　　　　 일요일·공휴일 08:00~20:36(15~20분 간격)
두오모 → 카엔 광장 07:10~18:25(10~15분 간격)+막차 20:40,
　　　　　　　　　 일요일·공휴일 08:05~20:40(15~20분 간격)

버스 내 개찰기

푸니콜라레역의 개찰기와 매표소. 개찰기 위쪽으로 티켓을 넣으면 탑승 시각이 기록된다.

★ 오르비에토 카드 Carta Unica Orvieto, 꼭 구매해야 할까?

오르비에토 카드는 두오모 박물관, 지하 도시 등 오르비에토의 모든 명소를 관람할 수 있는 통합 관람권이다. 기차역에서 마을까지 푸니콜라레+버스를 1회 왕복할 수 있으며, 기차역 뒤쪽 주차장의 웰컴 포인트에서도 살 수 있다. 하지만 오르비에토의 명소를 하나도 빼놓지 않고 이용할 계획이 아니라면 사지 않는 것이 좋다.

PRICE 25€, 학생 또는 65세 이상 20€　WEB cartaunica.it

푸니콜라레역

슬로 시티 Slow City 운동

'맛의 세계화, 표준화'를 거부하고 지역 고유의 음식을 지키자는 슬로 푸드(Slow Food) 캠페인에서 확대된 운동. 과거로의 회귀가 아닌, 느리게 살면서 삶의 가치를 향상시키자는 개념의 운동이다. 1999년 오르비에토를 중심으로 한 이탈리아의 4개 도시에서 시작돼 현재 전 세계 300여 개 도시가 참여하고 있다. 우리나라에서도 담양과 장흥, 완도, 신안군 등 4개 도시가 아시아에서는 가장 먼저 '슬로 시티'에 가입했고 지금은 15개 시·군이 참여하고 있다.

● **오르비에토 카드·지하 도시 매표소**
Biglietteria/Underground Ticket Office Carta Unica

지하 도시로 가는 가이드 투어를 신청하는 장소. 오르비에토 카드도 이곳에서 살 수 있다.
ADD Piazza del Duomo, 23
OPEN 10:30~12:30·15:30~17:30
WALK 두오모 광장 안, 두오모를 등지고 왼쪽 구석에 있다.

OPTION A 오르비에토

두오모 버스 정류장 → 도보 1분 → ❶ 두오모 → 도보 1분 → ❷ 두오모 오페라 박물관 → 도보 1분 → ❸ 지하 도시 → 버스로 이동 후 도보 3분 → ❹ 산 파트리치오 우물

정면의 모자이크화 장식이 독특하다.

두오모 내부

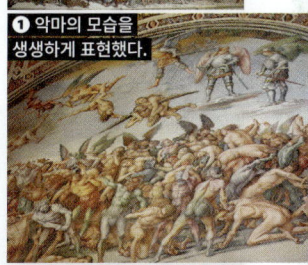
❶ 악마의 모습을 생생하게 표현했다.

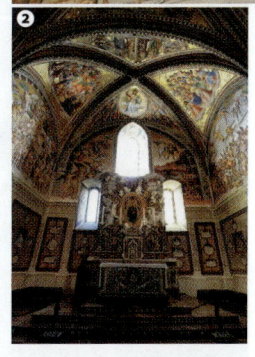
❷

01 오르비에토의 자존심
두오모 Duomo di Orvieto

작은 마을에 있다고는 믿기 어려운 화려함과 거대함을 지닌 14세기 건축물로, 이탈리아의 대표적인 로마네스크 고딕 양식을 따랐다. 높고 뾰족한 첨탑과 화려한 장미창이 고딕 양식의 특징을 추구하면서도 반아치형 문과 정면을 장식하는 모자이크 등이 전통적인 로마 양식을 버리지 않고 있다. 안으로 들어가면 볼세나(Bolsena)의 기적을 일으킨 '성체포'와 초기 르네상스 시대를 대표하는 화가 루카 시뇨렐리(Luca Signorelli, p258)가 ❶ '최후의 심판'을 그린 ❷ 산 브리치오 예배당을 볼 수 있다. 미켈란젤로의 '최후의 심판'보다 인물 묘사가 자연스럽지 못하지만 생생하고 소름 돋는 악마를 독창적으로 표현했다는 평가를 받는다.

🅖 **오르비에토 성당**
ADD Piazza del Duomo, 26
OPEN 월~토요일 09:30~19:00(11~2월 ~17:00, 3·10월 ~18:00),
일요일·공휴일 13:00~17:30(11월~2월 ~16:30)
PRICE 두오모+에밀리오 그레코 박물관+두오모 지하 8€/ 오르비에토 카드
WALK 카엔 광장의 푸니콜라레역에서 도보 15분

MORE
볼세나의 기적

1263년 볼세나에서 미사를 집전하던 신부가 예수에 대해 의심을 하자 성체에서 피가 흘러내려 성체포(예수의 몸과 피를 상징하는 빵과 포도주를 올려둔 흰색의 사각 천)가 피로 젖는 일이 일어났다. 당시 이 사건은 '볼세나의 기적'으로 불리게 됐고 피 묻은 성체포를 모시려는 목적으로 두오모가 지어졌다. 오르비에토의 두오모에서 이 성체포를 볼 수 있다.

아기 예수를 안은 마리아를 그린 콥포 디 마르코발도(Coppo di Marcovaldo)의 작품

아기 예수를 안은 마리아와 천사들의 모습을 나타낸 로렌초 마이타니의 작품

솔리아노 궁전

❶

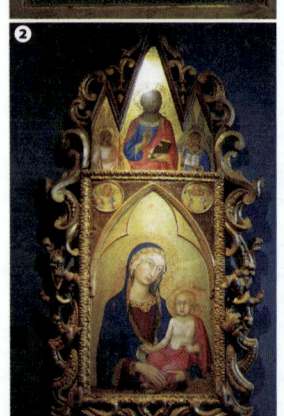

❷

02 에밀리오 그레코 박물관
Museo Emilio Greco

휴관 중인 두오모 박물관, 대신 에밀리오 그레코를 만나다

두오모 옆 솔리아노 궁전(Palazzo Soliano)과 교황궁(Palazzi Papali)에 자리한 두오모 오페라 박물관(Museo dell'Opera del Duomo, MODO)은 현재 복원 공사로 휴관 중이다. 대신 솔리아노 궁전 1층의 에밀리오 그레코 박물관에서 두오모의 청동 대문을 제작한 20세기 조각가 에밀리오 그레코의 청동 조각과 그래픽 작품을 감상할 수 있다.

두오모 오페라 박물관은 초기 르네상스 작품을 중심으로 전시하며, 대표작은 ❶ 루카 시뇨렐리(Luca Signorelli)의 '마리아 막달레나(막달라 마리아)'(1504)다. 성 노동자였던 막달레나는 예수 앞에서 눈물로 회개하고 그 눈물로 예수의 발을 적신 뒤 긴 머리카락으로 닦고 향유를 부었다. 이후 예수의 제자가 되었으며, 긴 머리카락과 향유 단지는 '마리아 막달레나'를 상징하는 대표적 요소로 자리 잡았다. 이 밖에도 조반니 란프란코의 '성모 마리아의 대관식'과 ❷ 시모네 마르티니의 '성모자상'이 주요 소장품이다.

📍 P487+G6 오르비에토
ADD Piazza del Duomo, 26
PRICE 두오모와 동일/ 오르비에토 카드
OPEN 두오모와 동일
WEB opsm.it

루카 시뇨렐리(1450~1523년)
이탈리아 초기 르네상스 시대의 화가로, 아레초 인근 코르토나에서 태어났다. 피에로 델라 프란체스카에서 공간의 투시도법과 인체 단축법을 배우고, 피렌체 화파로부터 인체의 역동적 표현을 익혀 자신만의 화풍으로 발전시켰다. 대표작은 오르비에토 두오모 산 브리치오 예배당의 벽화 '최후의 심판'과 '세계의 종말', 밀라노 브레라 미술관의 '그리스도의 채찍질', 바티칸 시스티나 성당의 '모세의 십계' 등이다. 강인한 선과 생생한 인물 묘사, 격정적인 나체 표현으로 미켈란젤로에게도 큰 영향을 주었다.

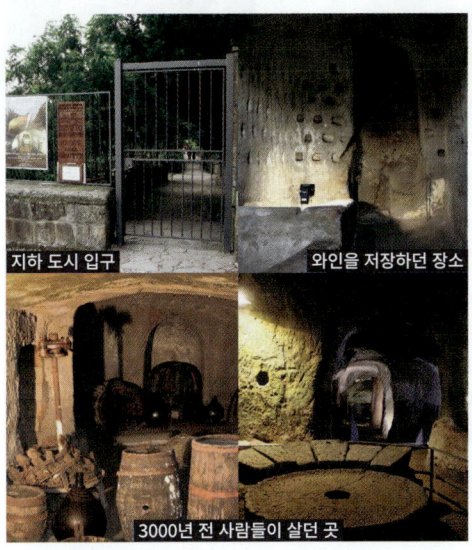

지하 도시 입구 | 와인을 저장하던 장소
3000년 전 사람들이 살던 곳

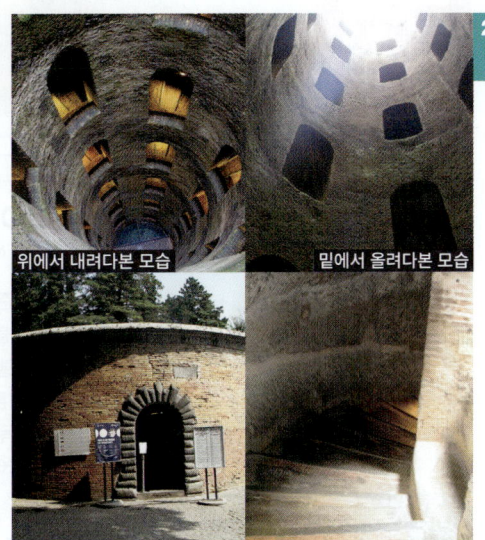

위에서 내려다본 모습 | 밑에서 올려다본 모습

03 지하 도시
그들은 왜 땅속으로 갔을까
Orvieto Underground

약 3000년 전 사람들이 모여 살았던 지하 도시. 지상의 구시가지보다 넓은 면적에 수많은 동굴과 통로가 미로처럼 뻗어 있다. 아직 연구를 진행하고 있기 때문에 정확히 어떤 목적으로 이곳에 도시를 건설했는지는 밝혀지지 않았다. 현재는 비둘기 사육장과 와인 저장고 등 몇몇 장소만 파악이 된 상태. 지금도 일부는 와인 저장고로 사용되고 있다. 내부는 신청한 인원에 따라 유동적으로 진행되는 가이드 투어로 둘러볼 수 있고 입장권은 두오모 광장 관광 안내소 왼쪽에 있는 '빌례테리아(Biglietteria)'라고 적혀 있는 매표소에서 판매한다. 투어는 영어, 이탈리아어 등으로 진행되며, 1시간 정도 소요된다.

📍 **오르비에토 지하도시**
ADD Piazza del Duomo, 23(지하 도시 매표소)
OPEN 가이드 투어 11:00, 12:15, 16:00, 17:15(계절과 방문자 수에 따라 유동적, 성수기에는 추가 운영)
CLOSE 12월 25일
PRICE 8€, 학생 6€/ 오르비에토 카드
WALK 지하 도시 매표소에서 집합 후 출발한다.
WEB orvietounderground.it

04 산 파트리치오 우물
등골이 오싹! 우물 탐험
Pozzo di San Patrizio

오르비에토는 적의 침입을 막기 위해 도시 전체를 요새화한 도시다. 산 파트리치오 우물은 적의 공격을 받았을 때 물을 확보하기 위해 교황 클레멘스 7세(재위 1523~1534년)가 만들었다. 겉에서 보면 우물이라기보다는 지하 감옥처럼 생겼는데, 깊이만 62m에 이르러 내려다보면 현기증을 느낄 정도다.
내부는 총 248개의 계단으로 이루어져 있고, 72개의 채광창은 조명과 환기구 역할을 한다. 2개의 나선형 구조 계단은 내려가는 길과 올라가는 길이 서로 달라서 유사시에 물을 빨리 길어 올릴 수 있도록 설계됐다.
올라올 때 힘들기 때문에 내려갈지 말지 신중하게 결정해야 한다. 밑바닥에 차 있는 물은 사람들이 던진 동전들과 자연 부식물로 깨끗하지 않다.

📍 **P4CC+X5 오르비에토**
ADD Piazza Cahen, 5B
OPEN 09:00~20:00(3·4·9·10월 ~18:45, 11~2월 10:00~16:45)
PRICE 5€, 25세 이하 학생 및 65세 이상 4.50€/ 오르비에토 카드
WALK 카엔 광장의 푸니콜라레역을 뒤로한 채 오른쪽 '포초 디 산 파트리치오(Pozzo di San Patrizio)' 이정표를 따라 도보 3분

지하 도시 투어는 지하 도시 매표소에 모여 진행한다. 매표소는 관광 안내소 왼쪽에 있다.

Eat ing & Drink ing

'제비 둥지'라는 뜻의 니디 디 론디네

안쪽 홀은 꽤 널찍하다.

오르비에토 클라시코

좁은 골목 안, 그보다 더 작은 식당 입구

'치즈와 꿀'이라는 꿀조합!
◉ **트라토리아 델 모로 아론네**
Trattoria del Moro Aronne

미슐랭 리스트에 꾸준히 이름을 올려 온 오르비에토의 대표 레스토랑이다. 주말에는 예약 없이 테이블 잡기가 힘들 정도로 인기가 많다. 현지인에게는 멧돼지 고기소스를 얹은 파파델레 라사녜(Pappardelle with Wild Boar Ragu)가 인기지만 우리 입맛에는 니디 디 론디네(Nidi di rondine, 13€)가 잘 맞는다. 넓적한 라자냐 면에 페코리노 치즈를 가득 올리고 새 둥지처럼 돌돌 말아 구운 뒤 달콤한 꿀을 얹어서 낸다. 진한 치즈와 꿀이 어우러져 오르비에토 클라시코와 함께 즐기기 좋다.

◎ P496+GF 오르비에토
ADD Via S. Leonardo, 7
OPEN 12:30~14:30·19:30~22:30
CLOSE 화요일
MENU 전채 8~13€, 제1요리 12~13€,, 제2요리 13~179, 와인 4€~/1잔, 자릿세 2.50€/1인
WALK 두오모에서 도보 4분
WEB trattoriadelmoro.info

백 년 식당의 일급 레시피
◉ **카페 몬타누치**
Caffè Montanucci

100년 넘게 한자리를 지켜온 전통 있는 카페. 오르비에토 마을의 중심가(Corso Cavour)에 있어 접근성이 좋다. 테이블 공간이 가게 안쪽까지 넓게 마련됐으며 빵 종류 외에도 진열장에 만들어 놓은 파스타, 라사녜, 샐러드 등을 골라 담을 수 있다. 빵과 케이크는 오래된 레시피를 고수해 조금 투박한 편. 초콜릿으로 유명한 가게이기도 하니 멋스럽게 포장된 초콜릿을 선물용으로 골라보자.

◎ P495+CM 오르비에토
ADD Corso Cavour, 23
OPEN 07:00~24:00(금·토요일 ~다음날 02:00)
MENU 파니니 5.50€~, 수플리 2€~
WALK 두오모에서 도보 4분
WEB barmontanucci.com

고깔 모양의 초콜릿이 시그니처.

카푸치노(2.50€)와 페이스트리로 간단한 아침!

마을 사람들의 젤라토 방앗간
◉ **로피치나 델 젤라토**
L'Officina del Gelato

모로의 탑 바로 옆에 자리한 젤라테리아. 마을 주민들이 즐겨 찾는 곳으로, 젤라토 구성은 헤이즐넛(Nocciola)과 피스타치오(Pistacchio) 같은 전통적인 맛 위주다. 시칠리아 출신 주인장의 솜씨가 돋보이는 칸놀로 등 제과류도 훌륭하다. 얼음과 과일을 최적의 비율로 갈아 만든 시즌 한정 그라니타는 상큼한 여운을 남긴다.

◎ P496+95 오르비에토
ADD Corso Cavour, 81
OPEN 08:00~23:00(수 14:00~, 금요일 ~23:30, 겨울철 ~20:00)
CLOSE 겨울철 부정기 휴무
MENU 젤라토 2.50€~ 칸놀리 2.50€~, 코르네토 1.30€~
WALK 두오모에서 도보 3분
WEB lofficinadelgelatoorvieto.it

Shopping & Walking

ORVIETO 오르비에토

인생 화이트 와인을 찾아서
◆ 이 사포리 델 움브리아
I Sapori dell Umbria

오르비토의 대표 특산품인 화이트 와인을 비롯한 각종 로컬 식자재를 판매하는 상점. 사실 오르비토에서는 도시 전체에서 화이트 와인을 쉽게 구매할 수 있는 데다 가격이나 서비스 차이도 거의 없기 때문에 어느 가게든 마음이 끌리는 곳을 찾아 들어가도 좋다.

📍 P496+CM 오르비에토
ADD Corso Cavour, 119
OPEN 09:30~19:30
WALK 두오모에서 도보 4분

와인 시음, 햄 시식, 다 됩니다!
◆ 보테가 베라
Bottega Vèra

1938년부터 3대째 이어온 식자재 전문점. 매장 한쪽에 시식용 테이블이 있어 인기가 높다. 디스펜서에서 직접 따라주는 글라스 와인(5€~)과 4가지 와인을 맛볼 수 있는 테이스팅 메뉴(15€)가 있으며, 안주로는 살루메 & 치즈 플래터(7~15€)가 곁들여진다. 2~4인용 플래터(22~40€)는 트러플소스를 곁들인 빵, 돼지고기, 전통 소시지, 치즈, 햄 등으로 구성돼 푸짐하다. 다양한 와인 컬렉션은 물론, 매장에서 맛본 뒤 마음에 드는 빵, 육가공품, 트러플 제품, 소스와 오일류를 구매할 수도 있다.

📍 P496+4G 오르비에토
ADD Via del Duomo, 36-38
OPEN 10:00~22:00(금·토요일 ~23:00)
WALK 두오모에서 도보 2분
WEB bottegaveraorvieto.it

저렴하게 세트 구성으로도 판매한다.

> ★ **오르비에토 쇼핑 정보**
> 두오모 광장에서 두오모를 바라보고 왼쪽 시계탑이 있는 골목(Via Duomo)에서는 현지 주민들이 직접 만든 갖가지 수공예품을 만나볼 수 있다. 특히 풍년을 빌며 만든 자기 제품, 나무 수공예품, 알록달록한 과일을 수놓은 패브릭 제품이 눈길을 끈다.

> **MORE**
> **오르비에토 와인**
> 교황이 즐겨 마시는 것으로 유명한 오르비에토 클라시코(Orvieto Classico)는 오르비에토 화이트 와인의 대표주자로, 밝은 노란빛과 옅은 초록빛이 난다. 풍부하면서도 부드러운 과일향과 혀끝에 부드럽게 감기는 보디감이 훌륭한 조화를 이룬다. 가격도 부담스럽지 않아 선물용으로도 좋고 숙소에서 마실 만한 와인으로도 그만이다.

별명이 '천공의 성'인 바로 그곳
치비타 디 바뇨레조 Civita di Bagnoregio

별명이 '천공의 성'인 마을. 오르비에토에서 하루 더 여유를 낼 수 있다면 이곳까지 들러보자. 2500년 전, 하늘을 향해 불쑥 솟아오른 바위 위에 형성된 마을은 애니메이션 <천공의 성 라퓨타>를 떠올리게 할 만큼 드라마틱하다. 17세기 말 대지진 이후 지반이 침식되며 '죽어가는 도시(La Città Che Muore)'라 불리게 됐다. 언젠가 사라질지 모르는 운명 덕분에 더 특별하게 느껴지는 곳이다.

■ 치비타 디 바뇨레조 가기

오르비에토역 안의 카페테리아에서 바뇨레조행 코트랄(Cotral) 버스 왕복 승차권을 구매한 후 푸니콜라레역 옆 정류장에서 버스를 탄다. 약 50분 후 종점에서 하차하면 바뇨레조 마을에 도착한다. 버스 시간표는 코트랄 버스 앱 또는 공식 웹사이트에서 확인할 수 있다(출발: ORVIETO(TR) | Stazione FS / 도착: BAGNOREGIO | Via Garibaldi ※ 일요일은 운휴). 오르비에토로 돌아올 때도 내린 곳에서 타면 된다.

버스 정류장에서 'Civita' 표지판을 따라 전망대(Belvedere)까지 도보 15~20분, 해발 약 400m의 마을 입구 산타 마리아 성문(Porta Santa Maria)까지는 30분 이상 걸린다. 정류장 앞 주차장에 있는 인포포인트와 전망대 사이를 운행하는 미니 셔틀버스(기사에게 승차권 구매 시 2€)를 타면 체력을 아낄 수 있다. 걸어간다면 바뇨레조 중심 거리 비아 로마(Via Roma)와 코르소 주세페 마치니(Corso Giuseppe Mazzini)를 따라가면 된다. 길 끝의 공원 전망대에는 카페가 있으며, 오른쪽 계단을 따라 5분 정도 내려가면 다리 입구 매표소가 있다.

코트랄 버스

산타 마리아 성문

■ 코트랄 버스 운행 정보
운행 오르비에토 → 바뇨레조 06:29~18:33 1일 10회(토요일 06:30~18:30 8회)/일·공휴일 운휴/약 50분 소요
        바뇨레조 → 오르비에토 05:20~17:30 1일 14회(토요일 05:30~17:25 10회)/일·공휴일 운휴/약 50분 소요
PRICE 편도 1.30€
WEB cotralspa.it(코트랄 버스 홈페이지)
*운행 시간은 현지 상황에 따라 자주 바뀐다. 현장에서 재확인 필수!

◆ **치비타 마을** Civita

바뇨레조에 속한 마을로, 협곡 위에 솟은 모습이 성채처럼 보인다. 바뇨레조에서 치비타로 향하는 보행 전용 다리를 건너는 순간부터 여행의 하이라이트가 시작된다. 다리는 경사가 가파르고 왕복 10~15분이 걸린다. 고소공포증이 있거나 체력이 약한 사람은 바뇨레조의 전망대까지만 들러도 충분히 인상적이다.

다리를 건너는 데는 체력이 필요하다.

마을은 작고 조용하다. 끝에서 끝까지 걸어도 10분 남짓이며, 중심 광장에 자리한 산 도나토 성당(Chiesa di San Donato) 주변에 대부분의 식당과 상점이 모여 있다. 마을 골목을 따라 걷다 보면 절벽 위에서 주변 풍경이 한눈에 펼쳐진다. 바뇨레조 전망대에서는 언덕 위에 솟은 치비타를, 치비타 안에서는 침식된 협곡의 풍경을 서로 다른 시선으로 바라볼 수 있다.

치비타 디 바뇨레조
OPEN 08:00~20:00
PRICE 5€
WEB civita-di-bagnoregio.info

성 안 골목 풍경

산 도나토 성당

치비타 마을의 전망대

바뇨레조의 전망대에서 바라본 치비타 마을

02
PERUGIA

아씨시
ASSISI

발이 아니라 마음으로 걷는 도시 아씨시는 '성 프란체스코'가 태어난 곳이자, 깨달음을 얻고 실천한 곳이다. 도시 전체가 그의 경건함을 닮은 듯 차분한 분위기로, 이곳에 들어서면 어쩐지 옷매무새를 가다듬어야 할 것 같은 기분마저 든다.
키 낮은 담장과 사이사이 이어진 골목길을 따라 걸으며 지나온 삶을 되돌아보는 여유를 가져보는 건 어떨까. 일 년 내내 수많은 여행자와 순례객이 성 프란체스코의 발자취를 좇고 특별한 울림을 느끼고 싶어 이곳으로 모여든다.

아씨시 가기

아씨시는 로마와 피렌체의 중간에 있다. 산 프란체스코 성당과 코무네 광장을 중심으로 명소가 몰려 있지만 옵션(Option) 명소까지 이동하려면 15~20분 더 가야 한다. 따라서 모든 명소를 둘러보려면 하루 정도 예상해야 하며, 1박을 하는 것도 추천한다.

1. 기차

피렌체와 로마, 어느 도시에서 출발하든 기차로 2~3시간 정도 걸린다. 피렌체~로마 구간을 이동하는 도중에 들를 예정이라면 아침 일찍 출발하는 기차표를 예매해두자.

◆ 아씨시역 Stazione di Assisi

매표소와 화장실 정도만 있는 작은 역이다. 정식 수하물 보관소는 없지만 역 안에 있는 카페 겸 매점에 짐을 맡길 수 있다. 영업 시간에 한해 이용 가능하니 문 닫는 시간을 미리 확인하고 짐을 맡길 때 받은 보관증도 잘 간직한다. 역 앞으로 나오면 정면에 택시 승차장이 있고 왼쪽에 버스 정류장이 있다.

아씨시 역

▶ 아씨시역에서 구시가 언덕 가기

아씨시역 앞 'CENTRO' 표지판이 있는 버스 정류장에서 약 30분 간격으로 운행하는 마테오티 광장(Piazza Matteotti)행 C번 버스를 탄다. 산 프란체스코 성당 아래 우니타 디탈리아 광장(Piazza Unita d'Italia)의 산 프란체스코 아씨시(S.Francesco Assisi) 정류장까지 7~8분 소요되며, 요금은 1.30€(90분권 유효). 승차권은 역 안 매점에서 왕복으로 1회권 2장을 구매해둔다. 버스 탑승 후 승차권을 노란색 개찰기의 위쪽 투입구에 넣어 탑승일시를 각인한다.

2. 시외버스

직행열차가 없는 시에나에서는 아씨시까지 바로 가는 시외버스를 이용하는 것이 편리하다. 플릭스버스가 아씨시와 시에나를 하루 1대씩 양방향으로 운행한다.

★ **아씨시의 중세 축제, 칼렌디마조** Calendimaggio

매년 5월 첫째 주 목요일부터 토요일까지 3일간 아씨시에서 벌어지는 축제. 중세와 르네상스 시대 복장을 한 사람들이 봄이 시작되는 것을 축하하며 행사를 벌인다. 연극, 콘서트, 댄스, 행진, 석궁 등 각종 행사가 열리며, 거리 곳곳을 수놓는 화려한 꽃과 깃발, 횃불, 촛불 장식이 볼만하다.

WEB calendimaggiodiassisi.it

©Gunnar Bach Pedersen

로마 Roma(TE.)
↓
기차 2시간 10~40분,
9.90~13.90€(RV·IC)
06:52~19:55/1일 6회

피렌체 Firenze(S.M.N)
↓
기차 2시간 30~45분,
10.90~16.65€(RV·IC)
08:02~22:30/1일 7회

시에나 Siena
↓
버스
1시간 55분,
Flixbus 10€~/1일 1회

아씨시 Assisi

*IC-Inter City(급행열차)
 RV-Regionale Veloce(완행열차)
*운행 시간은 시즌·요일에 따라 유동적

★ 트렌이탈리아
WEB trenitalia.com

★ 플릭스버스
WEB flixbus.it

★ **플릭스버스 정류장 확인!**
플릭스버스는 노선과 운행 시간에 따라 아씨시의 출발·도착 정류장이 다르다. 특히 이름에 '산타 마리아 델리 안젤리(Santa Maria Degli Angeli)'가 포함된 정류장은 얼핏 비슷해 보여도 전혀 다른 곳일 수 있으니 예매할 때 승하차 위치를 꼼꼼히 확인하자.

OPTION B
아씨시

아씨시 역 → 시내버스 7~8분 → ❶ 산 프란체스코 성당 → 도보 15분 → ❷ 코무네 광장 → 도보 5분 → ❸ 산타 키아라 성당 → 도보 5분 → ❹ 산 루피노 성당 → [Option ❺ 로카 마조레] → 도보 15분 → 산 프란체스코 거리와 마치니 거리 → [Option ❻ 산 다미아노 수도원] → 시내버스 10분 → ❼ 산타 마리아 델리 안젤리 성당

★
아씨시에서 성물 구매하기

산 프란체스코 성당과 코무네 광장을 연결하는 산 프란체스코 거리(Via San Francesco), 코무네 광장과 포르타 누오보를 연결하는 마치니 거리(Corso Mazzini)에는 여행자의 눈길을 사로잡을 만한 아기자기한 기념품점이 많다. 산 프란체스코 거리에는 성물이 주를 이루며, 마치니 거리에는 패브릭 제품, 그릇, 올리브 나무 장식품 등 움브리아주의 특산품점이 늘어서 있다. 특히 산타 마리아 델리 안젤리 성당 안에 있는 성물 상점이 종류도 많고 가격도 저렴하다. 성 프란체스코가 생을 마감한 성당에서 구매한 성물은 가톨릭 신자에게 뜻깊은 선물이 될 것이다.

★
이탈리아의 수호성인, 성 프란체스코의 일생

성 프란체스코(San Francesco, 1182~1226년)는 프란체스코 수도회의 창시자이자 시에나의 성녀 카테리나와 함께 이탈리아의 공동 수호성인이다. 그의 청빈한 삶과 신앙은 가톨릭 신자들에게 깊은 감명을 주었으며, 10월 4일은 그를 기념하는 가톨릭 축일로 지켜지고 있다.

아씨시의 부유한 귀족의 아들로 태어난 성 프란체스코는 방탕한 젊은 시절을 보내다가 전쟁에서 포로로 잡혀 1년간 고통의 시간을 보냈다. 어렵게 마을로 돌아온 그는 예전의 삶에 더 이상 흥미를 느끼지 못하고 여러 차례 종교적인 환시를 경험하며 깨달음을 얻게 된다.

결국 성 프란체스코는 세속적인 모든 부와 명예를 미련 없이 버리고 기도·청빈·순결·복종을 중시하는 프란체스코 수도회를 창립해 하느님의 말씀을 따르는 삶을 살았다. 그는 가난하고 병든 자들에게 사랑을 베풀며 여러 기적을 행해 마침내 후대에 성인으로 추앙받았다. 또 아씨시의 성녀 키아라(클라라)에게 권유해 여신도 수녀회(키아라회)를 설립하게 했으며, 만년인 1224년에는 자신의 몸에 성흔을 받았다. 그가 살아온 길은 산 프란체스코 성당의 벽화에 자세히 그려져 있다.

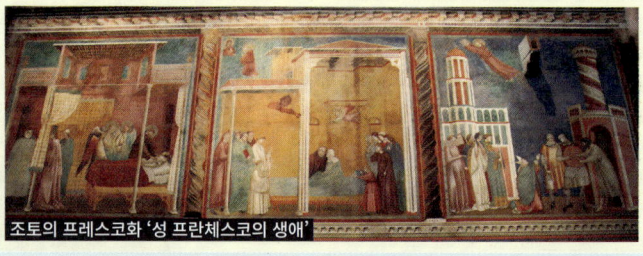

조토의 프레스코화 '성 프란체스코의 생애'

1층 주랑이 있는 마당의 모습

01 나를 이끄는 성스러운 프레스코화
산 프란체스코 성당
Basilica Papale di San Francesco

성 프란체스코를 기리며 그의 유해와 유품을 안치한 성당이다. 로렌체티, 치마부에 등 당대 거장들의 작품이 있는 하부 성당을 지나 상부 성당에 들어서면 사방을 장식한 '성 프란체스코의 생애'(1296~1304년경) 연작이 시선을 압도한다. 조토의 작품으로 알려진 이 프레스코화는 총 28점으로 구성돼 있으며, 그림에 공간감과 부피감을 불어넣어 입체적 회화를 시도한 최초의 화가로 꼽히는 조토의 화풍을 잘 보여준다.

성당이 세워진 자리는 본래 '죽음의 언덕'이라 불리던 공동묘지였다. 성 프란체스코가 "이곳에 나를 묻어 달라"는 유언을 남겼고 그의 안장 후인 1228년부터 성당 건축이 시작됐다.

상·하부 2층 구조의 성당은 각각 분위기가 다르다. 상부는 높은 천장과 웅장한 벽면, 프레스코화가 어우러져 장엄한 인상을 주고 하부는 낮고 둥근 천장 아래 화려한 장식이 돋보인다. 상부 정면의 ❶ 원형 '장미창'은 초기 이탈리아 고딕 양식의 대표적 요소다. 하부 성당 지하에는 성 프란체스코의 무덤이 있으며, 이곳에서는 순례자들이 기도하는 모습을 언제나 볼 수 있다. 2~4월에는 특별 행사로 관광객 출입이 제한되기도 하니 참고하자.

입장할 때 지켜주세요
이탈리아의 모든 성당이 그렇지만 아씨시에서는 더욱 엄격하게 민소매나 반바지 차림을 금지한다. 또 사진이나 동영상 등 일절의 촬영을 금지하니 참고하자.

프레스코화로 뒤덮인 상부 성당 내부

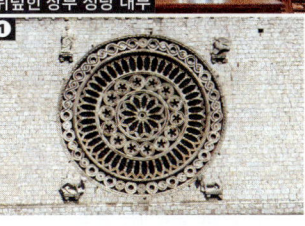

❶

ⓖ 성 프란체스코 성당 아시시
ADD Piazza Inferiore di S. Francesco, 2
OPEN 상부 성당 08:30~18:45(토·일요일 13:00~, 10월 말~3월 말 ~17:45), **하부 성당** 06:00~18:30(수요일 ~18:00, 토요일 ~19:00)/시기별로 유동적/특별 행사 진행 시 휴무
PRICE 무료(약간의 헌금)
WALK 역에서 C번 버스를 타고 사람들이 가장 많이 내리는 곳에서 따라 내리면 우니타 디탈리아 광장(Piazza Unita d'Italia)이다. 이곳에서 도보 7분
WEB sanfrancescoassisi.org

Zoom In & Out
산 프란체스코 성당

■ **상부 성당** Chiesa Superiore

상부 성당의 날렵하면서도 선이 살아 있는 내부 고딕 양식은 성 프란체스코의 거룩한 영광을 상징하며, 13세기 프란체스코 수도회 성당 양식에 큰 영향을 주었다.

● **산 프란체스코 벽화의 순서와 의미**

① 어느 날 한 청년이 나타나 훗날 모든 성당의 존경을 받을 것이라고 예언하다.
② 자신의 옷을 벗어 가난한 이에게 주다.
③ 꿈에 십자가가 새겨진 갑옷으로 가득 찬 궁전을 보다. 이 모든 것이 성 프란체스코와 그를 따르는 기사들의 것이라는 하늘의 말이 들려오다.
④ 성 프란체스코가 산 다미아노 성당에서 기도 중에 "쓰러져 가는 성당을 일으켜라"라는 하느님의 말씀을 듣다.
⑤ 부자였던 아버지의 재산 상속권과 세속의 영화를 포기하고 모든 옷을 벗어 아버지에게 주다.
⑥ 프란체스코 수도회의 설립 허락을 망설이던 교황 인노첸시오 3세가 꿈에 허물어져가던 교황청을 프란체스코가 떠받치고 있는 모습을 보다.
⑦ 성 프란체스코 수도회 설립이 허락되다.
⑧ 성 프란체스코 수도회 수도사들이 성 프란체스코와 떨어져 있을 때 불마차의 환시를 보다.
⑨ 하늘에 걸려 있는 의자의 환시를 보고 가장 크고 화려한 것이 성 프란체스코의 것이라는 목소리를 듣다.
⑩ 아레초 지방에서 마귀를 쫓아내다.
⑪ 술탄 앞에 그의 신앙을 증명해 보이다.
⑫ 기도를 하던 중 공중 부양하다.
⑬ 그레초(Greccio)에서 은둔 생활을 하며 구유를 만들다.
⑭ 무릎을 꿇고 기도하자 바위에서 물이 솟아나다.
⑮ 새들에게도 설교하는 성 프란체스코
⑯ 첼라노 기사가 성 프란체스코 앞에서 고백성사를 한 후 편안히 죽음을 맞이하다.
⑰ 교황 앞에서도 두려움 없이 설교하다.
⑱ 성 안토니오의 설교에 나타나 축복을 내리다.
⑲ 성흔(聖痕: 예수가 십자가에 못박혀 죽을 때에 양손, 양발, 옆구리에 입은 5군데의 상처)을 입다.
⑳ 성 프란체스코의 죽음. 영혼이 흰 구름을 타고 하늘로 올라가다.
㉑ 아고스티노 수도사가 임종했을 때 나타나다.
㉒ 의사이면서 문학가인 제로니모가 성 프란체스코의 관을 열고 성흔을 확인하다.
㉓ 성 프란체스코의 죽음을 슬퍼하는 성녀 키아라와 수도회의 수녀들
㉔ 교황 그레고리우스 9세가 성 프란체스코를 성인으로 추대하다.
㉕ 교황 그레고리우스 9세가 성 프란체스코의 성흔을 의심하자 꿈에 나타나 옆구리에서 흘러나오는 피를 병에 채워 보여주다.
㉖ 죽을 병에 걸린 환자를 치유해주다.
㉗ 한 부인을 소생시켜 고백성사를 한 후 다시 잠들게 하다.
㉘ 회개한 이단자를 감옥에서 해방시키다.

⑮ 새들에게도 설교하는 성 프란체스코

■ **하부 성당** Chiesa Inferiore

하부 성당의 예배당들은 13세기 늘어나는 순례자들을 맞이하기 위해서 지은 것이다. 대담한 구성이 돋보이는 로렌체티의 '예수의 강하'(1323), 치마부에의 '성모자와 성 프란체스코', 시에나 출신의 화가 시모네 마르티니의 '성 마르틴의 생애'(1315) 등의 프레스코화가 있다.

■ **성당 지하**

예배당으로 사용되며, 성 프란체스코의 무덤이 있다.

상부 성당

하부 성당

성당 지하

① 광장의 미네르바 신전

17세기에 바로크 양식으로 개조한 미네르바 성당 내부

① 성당 중앙의 '산 다미아노의 십자가'

지하에는 성녀 키아라의 유해가 있다.

02 코무네 광장
아씨시를 지키는 심장
Piazza del Comune

03 산타 키아라 성당
'산 다미아노의 십자가'가 궁금해
Basilica Santa Chiara

산 프란체스코 성당, 산타 키아라 성당, 산 루피노 성당으로 가는 길이 교차하는 광장이다. 표지판 안내가 잘돼 있어 길을 잃었다 싶을 때 이곳을 기준점 삼으면 된다.
광장 한쪽에는 기원전 1세기에 지은 지혜의 여신 ① 미네르바의 신전(Tempio di Minerva)이 있다. 1539년부터 성당(Santa Maria Sopra Minerva)으로 쓰이고 있다.
광장 아래쪽 골목에는 성 프란체스코의 생가로 추정되는 자리에 세워진 ② 누오바 성당(Chiesa Nuova)이 있다. 아름다운 르네상스 양식으로 1615년에 완공됐으며, 아씨시에서 가장 늦게 건립된 성당이라 '새 성당'이라는 이름이 붙었다. 팔각형 평면 구조가 독특하며, 성당의 중앙 제단은 성 프란체스코의 방이 있던 자리로 전해진다. 그밖에 성 프란체스코가 옷을 팔던 상점과 아버지에게 감금됐던 작은 방 등이 보존돼 있다.

아씨시의 또 다른 성인 성녀 키아라를 기리기 위해 지은 성당. 흰색과 장밋빛 대리석과 부드러운 곡선을 이용해 소박함과 단정함, 여성스러움을 강조했다. 성당 안에는 성녀 키아라의 유해와 유물, 젊은 시절 성 프란체스코가 기도 중 "쓰러져가는 성당을 일으켜라"는 계시를 받은 예수의 십자가상이 있다. 당시 십자가가 있던 곳은 '산 다미아노'라는 작은 성당이었는데, 지금은 키아라 성당으로 옮겨져 ① '산 다미아노의 십자가'로 불린다.

🅖 산타 키아라 성당 아시시
ADD Piazza Santa Chiara, 1
OPEN 09:00~12:00·14:00~19:00(10월 말~3월 말 ~18:00)
PRICE 무료
WALK 코무네 광장에서 도보 5분

🅖 아시시 코무네광장
ADD Piazza del Comune, 1
WALK 산 프란체스코 성당에서 도보 15분

성녀 키아라(1194~1253년)
영어식 이름 성녀 클라라(Clara) 또는 성녀 글라라로도 알려졌는데, '밝음'을 뜻하는 라틴어 '클라룸(Clarum)'에서 유래했다. 귀족의 딸로 태어나 성 프란체스코의 설교에 감동해 18세에 집을 나와 그의 첫 제자가 됐으며, 이후 검소한 키아라 수녀회를 설립했다. 그녀의 상징물로는 1240년 이탈리아를 침입한 신성로마제국의 사라센 용병부대를 몰아낼 때 이용한 성체(聖體)와 십자가, 그녀의 이름에서 비롯된 등불과 초롱불 등이 있다.

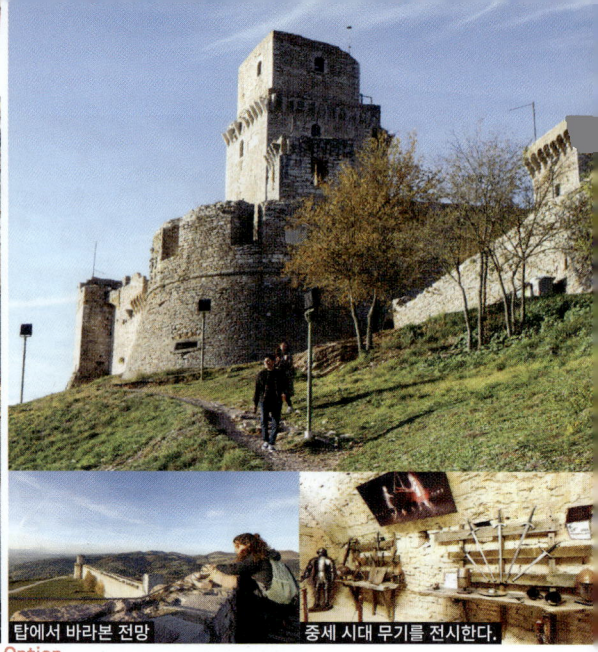

탑에서 바라본 전망   중세 시대 무기를 전시한다.

04 아씨시에서 가장 오래된 성당
산 루피노 성당
Cattedrale di San Rufino

Option 05 여기가 바로 전망 맛집
로카 마조레
Rocca Maggiore

성 프란체스코와 성녀 키아라가 세례를 받은 성당으로, 그들이 ① 세례를 받았던 제단이 보존돼 있다. 루피노라는 이름은 아씨시의 첫 번째 주교인 '성 루피노 주교'의 이름에서 유래했다. 산 프란체스코 성당 벽화 중 성 프란체스코가 입고 있던 옷을 벗어 아버지의 상속을 거부하는 장면(5번)의 배경이 된 곳으로 유명한데, 그림에서는 야외처럼 보이지만 실제 사건은 이 두오모 내부에서 일어난 것으로 전해진다.

8세기에 세워져 아씨시에서 가장 오래된 성당 중 하나로, 11세기에 현재의 로마네스크 양식으로 재건됐다. 지하 박물관에는 다양한 예술품과 유적, 로마 시대의 저수조가 전시돼 있다.

📍 산 루피노 대성당 아시시
ADD Piazza San Rufino, 3
OPEN 07:00~19:30/폐장 30분 전까지 입장
PRICE 성당 무료, **지하 박물관** 4€
(14~18세 3€, 8~13세 2€, 7세 이하 무료)
WALK 코무네 광장에서 도보 5분
WEB assisimuseodiocesano.it

12세기 후반 마인츠의 대주교가 아씨시를 점령하고 세운 요새로, 시민 반란으로 파괴된 뒤 1316년에 재건됐다. 규모는 크지 않지만 성채 일부가 복원돼 중세 시대의 가구, 갑옷, 무기 등이 전시돼 있어 둘러보는 재미가 있다. 이곳의 진정한 매력은 아씨시에서 가장 높은 요새에 올라 마을 풍경을 내려다보는 일이다. 103개의 나선형 계단을 힘겹게 올라가면 탁 트인 시야로 펼쳐지는 장대한 전경이 감탄을 자아낸다. 성채에 들어가지 않더라도 성벽 앞쪽의 언덕에서 바라보는 풍경 역시 근사하다.

📍 로카 마조레 아시시
ADD Via della Rocca
OPEN 10:00~20:00(4·5·9월 ~19:00, 3·10월 ~18:00, 11~2월 ~17:00)/폐장 45분 전까지 입장
CLOSE 12월 25일
PRICE 8€, 학생·9~18세·65세이상 6€, 8세 이하 무료
WALK 산 루피노 성당에서 도보 20분

언덕의 전망대에서 바라본 풍경

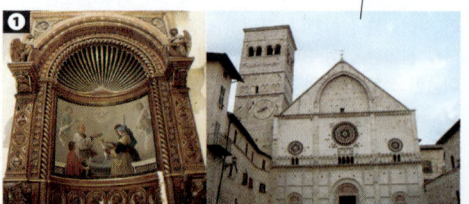

①   움브리아 지방의 성당 중 가장 아름다운 로마네스크 양식의 파사드

장미 정원

Option 06 마음을 비우는 수도원 산책
산 다미아노 수도원
Santuario di San Damiano

성녀 키아라가 평생 수도하다가 생을 마감한 장소다. 그녀가 정성껏 가꾸던 정원과 즐겨 걷던 산책로 곳곳에서는 이른 새벽부터 성녀의 발자취를 따라가며 명상에 잠긴 여행자들을 쉽게 찾아볼 수 있다. 산책로를 따라 걷다 보면 자연스레 마음이 차분해진다는 훈훈한 경험담이 끊임없이 전해져 내려오는 곳이다.

📍 **산 다미아노 수도원 아시시**
ADD Via San Damiano, 7
OPEN 10:00~12:00·14:00~18:00(11~3월 ~16:30)
PRICE 무료
BUS 코무네 광장에서 B번을 타고 비알레 발렌틴 물레르 우노(Viale Valentin Muller 1) 하차 후 도보 8분/아씨시역에서 B번을 타고 비알레 비토리오 에마누엘레 이 오토(Viale Vittorio Emanuele Ii 8) 하차 후 도보 10분
WEB santuariosandamiano.org

Option 07 아씨시의 기적을 볼 수 있는 곳
산타 마리아 델리 안젤리 성당
Basilica di Santa Maria degli Angeli

성당 안에 또 하나의 성당이 자리한 독특한 곳. 성 프란체스코가 머물던 작은 성당 포르치운콜라(Porziuncola)를 허물지 않고 그 위에 더 큰 성당을 세웠다. 포르치운콜라 뒤편의 소성당은 성 프란체스코가 1226년 10월 3일 생을 마감한 장소로, 가톨릭 신자에게 특별한 의미를 지닌다.
이곳은 '아씨시의 기적'으로도 유명하다. 성 프란체스코는 욕망을 이기고자 가시덤불 속으로 몸을 던졌는데, 그의 몸이 닿자 가시가 모두 사라지고 이후로는 가시 없는 장미만 자라게 되었다고 한다. 이 장미는 성물실을 지나면 나오는 장미 정원(Roseto)에서 볼 수 있다. 또한 700년 동안 성 프란체스코의 조각상을 지켜왔다고 전해지는 흰 비둘기 한 쌍이 여전히 이곳에 머물고 있다.

📍 **산타 마리아 델리 안젤리 아시시**
ADD Piazza Porziuncola, 1
OPEN 성당 07:30~12:30, 14:30~19:00
PRICE 무료
WALK 기차역에서 도보 8분
WEB porziuncola.org

성 프란체스코 조각상과 비둘기

NAPOLI

나폴리
(영어명 : 네이플스 NAPLES)

세계 3대 미항 중 하나인 산타 루치아 항과 아름다운 카프리, 신비로운 폼페이……. 이름만 들어도 설레는 명소들을 품은 나폴리는 〈내셔널 지오그래픽〉에서 선정한 '죽기 전에 꼭 가봐야 할 50곳' 중 한 곳으로 전 세계 여행자들을 유혹한다.
그러나 이러한 명성과 동시에 나폴리는 높은 범죄율과 난폭운전의 도시라는 오명이 뒤따르는 곳이기도 하다. 소매치기와 교통사고 등 각종 사건·사고에 여행자들의 각별한 주의가 필요하지만 과거보다는 한결 발전한 모습으로 새 단장을 하고 있다. 예술, 피자, 유적 등 나폴리 사람들만이 가진 보물을 통해 2000년 역사를 다시 이야기하는 나폴리의 진면목을 만나보자.

나폴리 가기

나폴리의 주요 볼거리는 반나절 정도면 볼 수 있다. 나폴리만 본다면 로마에서 당일치기로 여행하는 것도 가능하지만 폼페이, 소렌토, 카프리, 아말피 해안 등 이탈리아 남부 여행을 하기 위해 나폴리에서 숙박하게 되는 경우도 적지 않다. 안전하고 편리한 관광 인프라를 원한다면 물가가 상대적으로 낮고 치안이 좋은 소렌토에 숙소를 잡는 것이 좋다.

★ 트렌이탈리아
WEB trenitalia.com

이탈로
WEB italotreno.it

관광 안내소
OPEN 09:00~19:00
(일요일 ~14:00)
WALK 중앙역 1층

수하물 보관소 Kibag-Kipoint
OPEN 08:00~20:00
PRICE 6€/4시간,
4시간 초과 시 1€/1시간,
12시간 초과 시 0.50€/1시간
WALK 5번 플랫폼 근처

1. 기차

나폴리 중앙역(Napoli Centrale)은 북부의 대도시를 연결하는 노선뿐 아니라 남부 도시를 연결하는 노선들이 모이는 곳이다. 중앙역에 도착하기 전에 나폴리 아프라골라(Napoli Afragola)역을 거쳐가는 노선도 있으니 내릴 때 주의해야 한다. 대도시 간 연결 노선은 고속열차(FR, italo)를 중심으로 운행하고 있어 로마에서 당일 코스로 다녀오는 것도 큰 부담이 없다.

◆ 나폴리 중앙역 Stazione di Napoli Centrale

이탈리아 주요 도시를 오가는 열차가 이용하는 나폴리의 핵심 기차역이다. 쾌적하고 세련된 중앙역은 관광 안내소와 수하물 보관소 등의 기본 시설은 물론 약국, 쇼핑 아케이드, 푸드코트까지 갖추고 있다. 지상에는 트렌이탈리아와 이탈로 노선이 사용하는 플랫폼이 있고 지하에는 지하철 가리발디(Garibaldi)역과 사철(Circumvesuviana) 가리발디역이 있다. 역 앞 가리발디 광장(Piazza Garibaldi)에는 나폴리 시내로 가는 버스와 택시 승차장이 있다.
광장 지하는 쇼핑몰로 꾸며져 있는데, 기차역 주변 치안은 그리 좋지 않으니 지하 쇼핑몰을 통해 움직이자. 쇼핑몰은 중앙역·지하철역·사철역과 모두 연결되며, 끝까지 가서 밖으로 나가면 트램 정류장이 바로 보인다. 중앙역에서 숙소나 관광지까지는 지하철이나 택시 이용을 추천한다.

나폴리 중앙역

깔끔하게 새단장한 지하 쇼핑몰

지하 쇼핑몰 반대편의 지상 출입구

◆ 나폴리 가리발디 사철역 Stazione di Napoli Garibaldi

★ 나폴리 지역 사철 EAV S.R.L.
WEB www.eavsrl.it

폼페이와 소렌토를 오갈 때 이용한다. 중앙역 1층에 있는 에스컬레이터를 타고 지하로 내려간 후 'Circumvesuviana'라고 쓴 표지판을 따라가면 지하 통로 왼쪽에 사철역 매표소와 개찰구가 있다. 단, 늦은 시간 소렌토–나폴리 구간의 사철 이용은 되도록 피하자.

'Circumvesuviana(사철)' 표지판을 따라가자!

나폴리 카포디치노 공항
WEB aeroportodinapoli.it

공항버스 Alibus
운행 시간 공항 출발편 05:30~24:00(15분 간격)/나폴리 중앙역 출발편 05:10~23:58/15분 간격
WEB anm.it

소렌토·카프리 페리 예약 사이트
예약 플랫폼
capri.net | naplesbayferry.com
NLG nlg.it
Snav snav.it
Caremar shop.caremar.it
* 각 선박회사의 홈페이지를 통해 예약하는 게 가장 저렴하다.

나폴리 항 Porto di Napoli
'산타 루치아 항'으로도 불리는 나폴리 항은 세계 3대 미항 중 하나로 꼽힌다. 중앙역 남쪽 바닷가에서 시작해 해안 산책로(Lungomare)가 있는 델로보 성 일대까지 서쪽으로 이어진 나폴리 만(灣) 전체가 나폴리 항이다. 항구 내에는 부두(몰로 Molo)가 여럿 있는데, 여객선이 입·출항하는 부두는 누오보 성 근처의 3곳뿐이며, 다른 부두는 화물선이 이용한다.
WEB porto.napoli.it

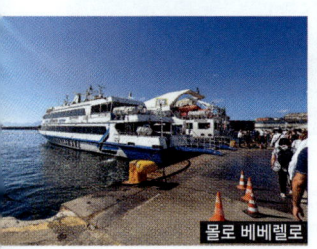
몰로 베베렐로

SITA 버스(SITA SUD Srl)
WEB sitasudtrasporti.it

2. 항공

이탈리아 북부 도시나 다른 국가에서 바로 갈 경우 항공편은 괜찮은 대안일 수 있다. 공항과 시내가 멀지 않고 연계 교통편 또한 잘 발달해 있는 편이다.

◆ 나폴리 카포디치노 공항(나폴리 국제공항)
Aeroporto di Napoli-Capodichino "Ugo Niutta"(NAP)

나폴리 시내에서 약 6km 떨어져 있는 작은 공항이지만 이탈리아 국내선은 물론 이지젯, 라이언에어, 위즈에어 등 국제선이 수시로 드나드는 남부 지역의 중심 공항이다.

▶ **공항에서 시내까지, 시내에서 공항까지**
나폴리 공식 공항버스는 알리버스(Alibus)를 이용한다. 공항 청사에서 나와 정면의 단기 주차장을 통과하면 오른쪽에 버스 정류장이 있다(도보 2분 소요). 요금은 편도 5€. 자동판매기나 버스 기사에게 승차권을 구매하거나 컨택리스 카드로 결제한다. 공항에서 출발한 알리버스는 약 15분 후 나폴리 중앙역이 있는 가리발디 광장(Piazza Garibaldi)에 정차한 후 몰로 베베렐로(Molo Angioino/Beverello)까지 간다. 공항으로 갈 때 역시 나폴리 중앙역의 정문 바로 앞에 있는 알리버스 정류장을 이용한다.
목적지에 따라 정액제로 운행하는 공항택시를 이용할 경우 중앙역과 구시가까지 21€, 국립 고고학 박물관·몰로 베베렐로·산 카를로 극장까지 24€다.

3. 페리

주로 카프리를 오갈 때 이용한다. 페리회사와 노선에 따라 몰로 베베렐로 또는 칼라타 포르타 디 마사 선착장을 이용한다. 두 선착장은 멀리 떨어져 있으니(도보 15분 거리) 출발 선착장을 꼭 확인하자.

◆ 몰로 베베렐로 Molo Beverello
소렌토, 카프리 등을 연결하는 거의 모든 페리회사가 이용한다. 나폴리 중앙역에서 부두까지는 중앙역 지하와 연결된 가리발디(Garibaldi)역에서 피시놀라(Piscinola)행 지하철 1호선을 타고 무니치피오(Municipio)역에서 내려 무빙워크를 이용해 2분 정도 걸어가거나, 중앙역 앞에서 택시(고정 요금 15.50€)를 타고 10분 정도 이동한다. 선착장 앞에 페리회사별 매표소(Biglietteria)와 예약권 교환 부스가 있다.

◆ 칼라타 포르타 디 마사 Calata Porta di Massa
카프리행 페리 중 카레마르(Caremar)가 취항하는 항구다. 나폴리 중앙역에서 부두까지는 가리발디 광장의 서쪽 끝에서 412번 트램을 타고 마리나 두오모(Marina Duomo) 정류장에서 내려 5분 정도 걸어가거나 중앙역 앞에서 택시를 타고 10분 정도 이동한다.

4. SITA 버스

나폴리와 아말피, 살레르노 등을 연결하는 버스. 나폴리 중앙역 남쪽에 있는 갈릴레오 페라리스 거리(Via Galileo Ferraris) 정류장에서 탑승한다. 아말피 해안의 중심 도시인 아말피까지 약 2시간 소요. SITA 버스에 대한 자세한 내용은 p311 참고.

나폴리 시내 교통

나폴리는 걸어서 돌아보기는 넓지만 다니다 보면 어느새 하루 종일 걷고 있게 되는 도시이기도 하다. 대중교통을 이용할 경우 소매치기 사건이 잦은 버스나 트램보다 지하철이나 택시가 안전하다. 지하철 1·6호선과 푸니콜라레, 몬테 에키아(Monte Echia) 리프트에서는 컨택리스 카드로 결제할 수 있으며, 하루 청구 금액이 4.50€(1일권 요금)를 넘지 않는 요금 상한제가 적용된다. 승하차 시 컨택리스 전용 단말기에 카드를 터치한다.

★ 나폴리 교통공사 ANM
WEB anm.it

컨택리스 카드 단말기 | 타고 내릴 때 모두 버튼을 눌러 문을 연다.

1. 지하철

시내 관광에 주로 이용하는 노선은 나폴리 교통공사 ANM에서 운영하는 1호선과 6호선이다. ANM의 모든 지하철 및 트램, 버스에서 사용할 수 있는 1회권 또는 1일권을 지하철역 안의 자동판매기나 매표소에서 구매하거나 컨택리스 카드를 이용해 개찰구를 통과한다. 트렌이탈리아에서 운영하는 2호선은 국철로 분류되어 별도의 승차권을 쓰며, ANM의 승차권을 사용할 수 없다.

✚ 지하철 1호선 운행 정보

남쪽 종점	북쪽 종점	여행자들에게 유용한 역
Centro Direzionale	Piscinola	Municipio(몰로 베베렐로), Toledo(톨레도 거리, 플레비시토 광장 주변, 산타 루치아 지역), Dante(제수 누오바 성당, 스파카나폴리), Museo(고고학 박물관)

*운행 시간 센트로 디레치오날레역 출발 06:15~23:00(금·토요일 ~다음날 01:32), 피쉬놀라역 출발 06:00~22:30(금·토요일 ~다음날 01:20)/ 14~20분 간격

2. 버스 & 트램 & 푸니콜라레

나폴리에는 수 십여 개의 버스와 트램 노선이 복잡하게 얽혀있지만 길도 좁고 교통이 워낙 혼잡해서 편의성은 떨어지는 편이다. 특히 관광객이 많이 이용하는 노선은 소매치기들이 극성을 부리고 있어 각별한 주의가 필요하다.

트램은 중앙역 앞 가리발디 광장의 서쪽 끝에 있는 정류장(Garibaldi)을 경유해 페리 선착장이 있는 칼라타 포르타 디 마사(Marina Duomo 하차)와 몰로 베베렐로(Colombo 하차)까지 간다. 노선은 하나지만 진행 방향에 따라 412번과 421번으로 나뉘니 번호를 확인하고 탑승한다. 등산열차 푸니콜라레(Funicolare)는 여행자가 이용할 일은 별로 없지만 산텔모 성(Castel Sant'Elmo)과 산 마르티노 국립 박물관(Certosa e Museo di San Martino)이 있는 보메로(Vomero) 언덕에 갈 때 유용하다.

✚ 나폴리 시내 교통 요금(지하철·트램·버스 공용)

종류	원어 표기	요금	유효시간
1회권	Biglietto Corsa Singola	1.30€	1회만 사용 가능
1일권	Biglietto Giornaliero	4.50€	개시한 날 24:00까지

*승차권은 탑승 후 반드시 각인해서 사용하며, 지하철을 탈 때를 제외하고 최초 한 번만 각인하면 된다. 승차권 검사를 자주 하는 편이므로 내릴 때까지 승차권을 잘 보관한다.
*소렌토, 아말피 해안 등도 여행할 계획이라면 캄파니아 아르테카드(p279)도 고려해보자.

▶나폴리 시내버스

▶나폴리 트램

★ 택시 이용, 어렵지 않아요!

나폴리에서는 택시가 지하철 다음으로 안전하고 편리한 대중교통수단이다. 운전이 거칠고 간혹 요금 시비도 일어나지만 나폴리시에서 정한 요금이 운전석 뒤쪽에 게시돼 있어 조금만 주의를 기울이면 무리 없이 이용할 수 있다. 공항, 항구, 기차역 등에서 출발할 때는 정액제로 운행하며, 미터기를 사용할 때는 최소요금(5€)과 추가 요금이 정해져 있다. 요금 시비를 줄이려면 거스름돈을 못 받을 때를 대비해 잔돈을 준비해 가고 고액권은 한 장씩 서로 확인하며 건네고 팁을 따로 준비해두는 것이 좋다.

기본요금 4€, 일요일·공휴일 종일 & 평일 야간(22:00~06:00) 7.50€
주행 요금 주행거리 42m & 주행시간 3초당 0.05€
추가 요금 가방 1개당 0.50€, 호출비 1.70€, 공항 5€ 등

가리발디 광장의 택시 승차장

SECTION A 나폴리

나폴리 중앙역 → 국철 5분+도보 5분 → ❶ 국립 고고학 박물관 → 도보 5분 → ❷ 스파카나폴리 [Option ❸ 제수 누오보 성당 → Option ❹ 산 도메니코 마조레 성당 → Option ❺ 산세베로 예배당 미술관] → 도보 20분 또는 버스 10분 → ❻ 플레비시토 광장 → 도보 7분 → ❼ 누오보 성 → 도보 10분 → ❽ 산타 루치아 항 → 도보 7분 → ❾ 델로보 성

01 국립 고고학 박물관
사라져버린 고대 도시로의 시간여행
Museo Archeologico Nazionale

세계에서 가장 중요한 고고학 박물관 중 하나다. 주로 폼페이와 스타비아(Stabia), 헤르쿨라네움(Herculaneum) 등 베수비오 화산 폭발로 사라진 고대 도시의 유물들과 파르네세(Farnese) 가문이 수집한 고대 예술품을 소장하고 있다. 특히 폼페이에서는 볼 수 없었던 훌륭한 모자이크와 벽화 원본들을 감상하는 묘미가 있는데, 이중 모자이크 ❶ '이수스 전투'를 놓치지 말자. 폼페이에서 가져온 선정적인 유물들을 모아 놓은 65번 전시실, 비밀의 방(Gabinetto Segreto)도 흥미롭다. 박물관은 5층 구조로, 지하에는 이집트 유물, 1층에는 파르네세(Farnese) 수집품과 폼페이·헤르쿨라네움·캄파니아 지방의 조각, 2층에는 폼페이의 모자이크와 비밀의 방, 3층과 4층에는 벽화와 소품 등이 있다. 전시품이 워낙 방대하니 입장 시 구조도를 챙겨 관심 있는 전시관부터 관람하자. 중앙역에서 많은 버스와 트램이 운행하지만 택시나 지하철을 이용하는 게 좋다.

❶ 폼페이에서 발굴된 알렉산더 대왕의 '이수스 전투' 모자이크(기원전 100년)

가장 큰 메리디아나의 방(Salone della Meridiana)은 조각실로 사용되고 있다.

스타비아의 유적지에서 발견된 플로라(Flora) 프레스코

나폴리 국립 고고학 박물관
ADD Piazza Museo, 19
OPEN 09:00~19:30/폐장 30분 전까지 입장
CLOSE 화요일, 1월 1일, 12월 25일
PRICE 20€, 17세 이하 무료/**매월 첫째 일요일 무료입장**/특별전 진행 시 요금 추가/**아르테카드**
METRO 중앙역 지하 가리발디역에서 2선(트렌이탈리아) 탑승, 카부르(Cavour)역 하차 후 연결 통로를 이용해 1선 무세오(Museo)역 출구로 나간다. 또는 가리발디역에서 1선(ANM) 탑승, 무세오(Museo)역 하차
WEB mann-napoli.it

★ 아르테카드 Artecard
혜택이 좋고 사용하기 편리해서 여행자들의 사랑을 듬뿍 받고 있는 카드. 관광 안내소와 해당 명소, 홈페이지, 앱(artecard) 등을 통해 구매할 수 있다. 디지털 카드를 구매한 경우 이메일이나 앱으로 받으며, 이용 당일 활성화(ACTIVATE) 버튼을 눌러 명소와 대중교통 각각의 QR코드를 생성한 후 사용한다. 유효기간은 카드를 활성화한 날부터 계산된다.

WEB campaniartecard.it

종류	요금	혜택
나폴리 아르테카드 3일권 Napoli Artecard 3 days	27€, 18~25세 16€	나폴리 시내 명소 20여 곳 중 처음 3곳 무료, 그 외 최대 50% 할인 나폴리 시내 대중교통 무료(알리버스 제외)
캄파니아 아르테카드 3일권 Campania Artecard 3 *디지털 카드 전용	41€, 18~25세 30€	나폴리·폼페이(빌라 유적군 제외)·라벨로·살레르노 등 캄파니아 명소 80곳 중 처음 2곳 무료, 그 외 최대 50% 할인/라벨로 명소 4곳은 1곳으로 간주(빌라 루폴로, 두오모 박물관 등) 나폴리+캄파니아 지방 일반 대중교통 무료 제외: 알리버스, 캄파니아 익스프레스, 페리, SITA 버스(소렌토-포지타노-아말피 노선 등), 카프리 대중교통 등

다이아몬드 형태의 외벽이 인상적이다.

02 나폴리에서는 일상이 보물이다
스파카나폴리
Spaccanapoli

나폴리 서민의 삶을 생생히 볼 수 있는 지역으로, 베네데토 크로체 거리(Via Benedetto Croce)와 산 비아조 리브라이 거리(Via S. Biagio dei Librai)가 연결되면서 나폴리를 동서로 가로지른다. 나폴리에서 가장 아름다운 르네상스 시대의 기념비와 작지만 중요한 조각과 회화 등이 있는 성당들, 오랜 전통을 자랑하는 음식점 등이 빼곡히 들어서 있다. 시간에 여유가 있다면 단테 광장(Piazza Dante)에서 도보 10분 거리에 있는 몬테산토역(Staz. Montesanto)에서 푸니콜라레를 타고 보메로 언덕에 올라 풍경을 감상하고 산텔모 성(Castel Sant'Elmo)과 나폴리 예술품과 역사 자료 등을 전시한 산 마르티노 국립 박물관(Museo Nazionale di San Martino)에도 들러보자.

📍 R7W2+WP 나폴리(제수 누오보 성당)
WALK 국립 고고학 박물관에서 도보 5분
METRO 1선 단테(Dante)역 하차

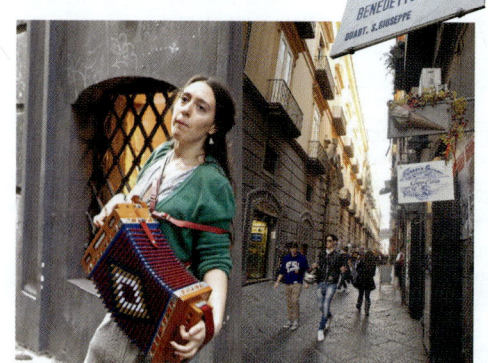

Option 03 예수의 재림을 상징하는 곳
제수 누오보 성당
Chiesa del Gesù Nuovo

1470년 살레르노 공 산세베리노를 위해 지은 궁전을 1580년대 예수회가 인수해 성당으로 개조했다. 다이아몬드 패턴의 응회암 외벽이 인상적이며, 현관 위에는 솔리메나의 프레스코화 '성전에서 쫓겨나는 헬리오도루스'(1725)가 장식돼 있다. 내부는 화려한 대리석 장식과 라바스키에리 예배당(Cappella Ravaschieri)의 금박 흉상 72개로 유명하다. 성당 앞에는 성모 마리아를 기리기 위해 1746~1750년에 세워진 ❶ '성 처녀 마리아 첨탑(Guglia dell'Immacolata)'이 서 있다. 천사가 예수 탄생을 알리는 장면을 조각한 이 첨탑은 나폴리 예술의 풍부한 감성과 장인정신을 잘 보여준다.

성당 맞은편에는 14세기에 지어진 산타 키아라 성당과 수도원(Basilica & Monastero di Santa Chiara)이 있다. 제단 중앙에는 섬세한 조각으로 장식된 로베르토 앙주(Roberto d'Angiò)의 무덤이, 양쪽에는 그의 아내와 아들의 무덤이 자리한다. 또한 ❷ 수도원 안뜰의 의자는 마졸리카 타일로 장식돼 있어 나폴리 특유의 화려한 미감을 엿볼 수 있다.

📍 R7W2+XQ 나폴리
ADD Piazza del Gesù Nuovo, 2
OPEN 08:00~12:45·16:00~19:00
WALK 국립 고고학 박물관에서 도보 12분
METRO 1선 단테(Dante)역에서 도보 5분

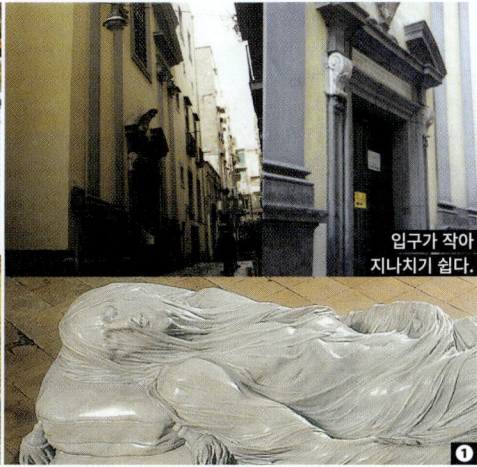

입구가 작아
지나치기 쉽다.

Option 04 산 도메니코 마조레 성당
어딜 둘러봐도 예술품 천지
Chiesa di San Domenico Maggiore

Option 05 산세베로 예배당 미술관
작지만 파워풀한 예술의 전당
Museo Cappella Sansevero

산 도메니코 광장에 자리한 고딕 양식의 성당으로, 10세기에 세워져 13~14세기에 재건됐다. 1272~1274년 성 토마스 아퀴나스가 이곳 수도원에서 머물며 신학을 가르쳤고 사후 1323년에 성인으로 시성됐다. 그가 거주했던 방은 지금도 일반에 공개된다.
성당 내부는 여러 예배당으로 구성돼 있고 조각과 회화 작품이 가득하다. 그중에서도 티노 다 카마이노(Tino da Camaino)의 '두라초의 존 무덤석관'과 성구실의 솔리메나 프레스코 천장화(18세기)가 유명하다. 로마 산타 체실리아 인 트라스테베레 성당에 '최후의 심판'을 그렸던 피에트로 카발리니(Pietro Cavallini)가 브란카치오 예배당(Cappella Brancaccio)에 남긴 프레스코화도 놓치지 말자.
성당 앞 광장에는 흑사병을 이겨낸 것에 감사하기 위해 오랜 기간 동안 준비하고 안토니오 바카로가 1737년 완성한 우아한 오벨리스크가 서 있다. 그는 산타 키아라 수도원의 마졸리카 장식 의자를 만든 조각가로, 나폴리 바로크 조각의 정수를 보여준다.

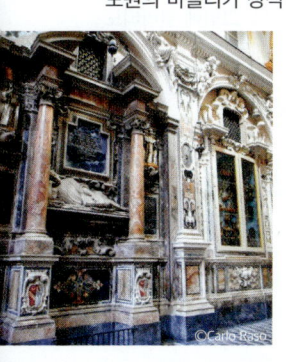
©Carlo Raso

📍 R7X3+GQ 나폴리
ADD Piazza San Domenico Maggiore, 8a
OPEN 10:00~13:30·14:30~17:30 (토·일요일 10:00~18:00)
PRICE 성당 무료, 박물관 가이드 투어 (성구 보관실·보물실·토마스 아퀴나스의 방 관람) 8€~
WALK 제수 누오보 성당에서 도보 4분
WEB domasandomenicomaggiore.it

16세기 말 산그로 가문의 묘소로 세워진 예배당. 1749~1766년 라이몬도 디 산그로 왕자(산세베로 공)가 당대 최고의 예술가들을 초청해 현재의 바로크 양식으로 개조했다. 잦은 개조로 외관은 크게 변했지만 내부는 당시의 모습을 비교적 잘 간직하고 있다.
특히 이곳은 1753년 주세페 산마르티노가 제작한 조각 ❶ '베일에 덮인 예수'로 유명하다. 라이몬도 왕자의 의뢰로 만들었으며, 인물과 베일이 너무 사실적으로 묘사돼 실제 인물을 연금술로 돌로 변하게 한 것이 아니냐는 소문이 돌 정도였다. 그밖에 안토니오 코라디니(Antonio Corradini)의 '수줍음', 부활을 상징하는 '왕자의 부활'(작가 미상) 등 18세기 조각의 정수를 보여주는 작품들이 전시돼 있다.
지하에는 라이몬도 왕자가 실험에 사용했던 연금술 도구와 기이한 인체 모형이 전시돼 있어 더욱 화제를 모은다. 관람은 예약 필수다.

📍 R7X3+PX 나폴리
ADD Via de Sanctis Francesco, 19/21
OPEN 09:00~19:00/폐장 30분 전까지 입장
CLOSE 화요일
PRICE 18~26세 8€, 10~17세 6€, 9세 이하 무료/**예약 필수**
WALK 산 도메니코 마조레 성당에서 도보 2분/국립 고고학 박물관에서 도보 10분
METRO 1선 단테(Dante)역에서 도보 7분
WEB 예약 museosansevero.it

개선문의 부조

06 플레비시토 광장
나폴리 역사의 화려한 한 페이지
Piazza del Plebiscito

자가용과 스쿠터는 물론 버스나 트램도 다니지 않는, 나폴리에서 가장 화려하면서도 고요한 광장. 서쪽에는 산 프란체스코 디 파올라 성당이, 맞은편에는 왕궁이 마주 보고 있다. 16세기 말부터 행진과 연회를 위한 장소로 사용되던 전통이 오늘날까지 이어진다.
19세기 초 광장과 궁전을 정비한 뒤 1860년 10월 21일 나폴리가 통일 이탈리아에 편입되도록 한 국민투표 '플레비시토'를 기념해 지금의 이름이 붙었다. 아이러니하게도 광장 중앙에는 플레비시토 이전 나폴리를 통치했던 스페인 부르봉 왕조의 카를로 3세와 아들 페르디난도 1세의 기마상이 서 있다. 광장에서 북쪽 트리에스테 에 트렌토 광장(Piazza Trieste e Trento)으로 빠져나가면 나폴리 최대의 쇼핑 거리 ❶ 톨레도 거리(Via Toledo)가 이어진다.

🅖 R6PX+8C 나폴리
WALK 스파카나폴리에서 도보 20분
METRO 1선 무니치피오(Municipio)역에서 도보 6분

07 누오보 성
남작들의 원혼이 서린 성
Castel Nuovo

13세기 말 나폴리를 다스리던 독일계 슈바벤 왕조를 몰아낸 프랑스 앙주 왕가의 샤를 1세가 프랑스풍으로 '새로운 성(누오보 성)'을 세웠다. 이후 15세기에는 앙주 가문을 몰아낸 스페인 아라곤 왕가가 성을 개축하며 활기찬 부조 장식으로 꾸몄다. 덕분에 누오보 성의 정문은 마치 개선문처럼 웅장한 인상을 준다.
안뜰로 들어서 왼쪽 계단을 오르면 꽃 모양 천장 장식이 돋보이는 '남작들의 방'(Sala dei Baroni)이 나온다. 우아한 모습과 달리 아라곤 왕가의 페란테 1세가 반역을 모의하던 남작들을 조카의 결혼식 축하연으로 유인해 체포·처형했던 장소다. 시신을 방부 처리해 옷을 입힌 채 전시했다는 섬뜩한 전설도 전해진다. 성 지하 감옥에는 당시 희생된 남작들의 유해가 남아 있다고 한다. 그밖에 팔라티노 예배당의 시립 미술관(Museo Civico)에는 14~15세기 프레스코와 조각 작품이 전시돼 있다.

🅖 누오보 성 나폴리
ADD Via Vittorio Emanuele III, 80133
OPEN 09:00~18:00/폐장 30분 전까지 입장
CLOSE 일요일
PRICE 6€/ 아르테카드
WALK 플레비시토 광장에서 도보 7분

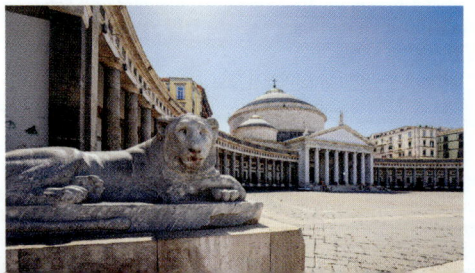

Zoom In & Out
플레비시토 광장

❶ 산 프란체스코 디 파올라 성당 Basilica di San Francesco di Paola
스페인계 부르봉 왕가의 페르디난도 1세가 나폴레옹으로부터 나폴리를 되찾은 것을 기념해 세운 성당. 스위스 건축가 피에트로 비안키가 로마 판테온과 산 피에트로 광장을 본떠 설계했으며, 1816년 착공해 1846년 완공했다.

❶ 로마의 판테온을 본떠 만든 산 프란체스코 디 파올라 성당

❷ 왕궁 Palazzo Reale
17세기 초 도메니코 폰타나가 지은 것으로, 스페인계 부르봉 왕가 사람들이 나폴리 통치 시절 살았던 곳이다. 왕궁의 전면에 있는 8개의 조각상은 노르만인들의 지배 때부터 나폴리를 통치했던 왕들과 그 시조들을 표현한 것이다. 궁전 내부에는 나폴리 역대 왕들을 묘사한 천장화와 프레스코화, 태피스트리(벽걸이 양탄자), 세련된 가구들, 당대의 예술가들에게 헌정된 방 등이 있다. 특히 고대와 중세의 고서를 소장한 국제 도서관이 유명하다.

📍 R6PX+FQ 나폴리
OPEN 09:00~20:00/폐장 1시간 전까지 입장
CLOSE 수요일, 1월 1일, 5월 1일, 12월 25일
PRICE 15€, 17세 이하 무료/ 아르테카드

❷ 왕궁의 정면 모습

❸ 산 카를로 극장 Teatro San Carlo
<적과 흑>의 작가 스탕달(Stendhal, 1783~1842년)은 이 극장의 완성을 두고 "왕과 시민 사이에 훨씬 강력한 결속력을 만들어낸 하나의 쿠데타"라 표현했다. 그만큼 나폴리인들에게 의미가 깊은 곳이다. 1737년 스페인 왕 카를로스 3세의 명령으로 개관한 이 극장은 세계에서 가장 오래된 현역 공공 오페라하우스로, 19세기에는 로시니와 도니체티 등 당대 거장들의 작품이 초연된 무대이기도 하다. 내부는 영어 또는 이탈리아어 가이드 투어로 관람할 수 있다.

📍 나폴리 산카를로 극장
ADD Via San Carlo, 98
OPEN 가이드 투어 1일 6회(영어 투어 11:30 15:30, 30분 소요)/공연에 따라 유동적
PRICE 가이드 투어 9€

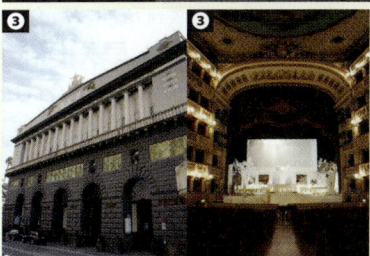

❹ 움베르토 1세 갈레리아 Galleria Umberto I
1880년대 후반 당시로서는 첨단 소재인 철과 유리로 지은 움베르토 1세 갈레리아는 밀라노에 있는 비토리오 에마누엘레 2세 갈레리아와 함께 세계에서 가장 아름다운 아케이드로 알려져 있다. 중앙에 서면 산 카를로 극장의 전면을 가장 잘 볼 수 있다.

19세기 후반에 완공한 움베르토 1세 갈레리아의 화려한 내부

델로보 성에서 바라본 산타 루치아 항의 풍경

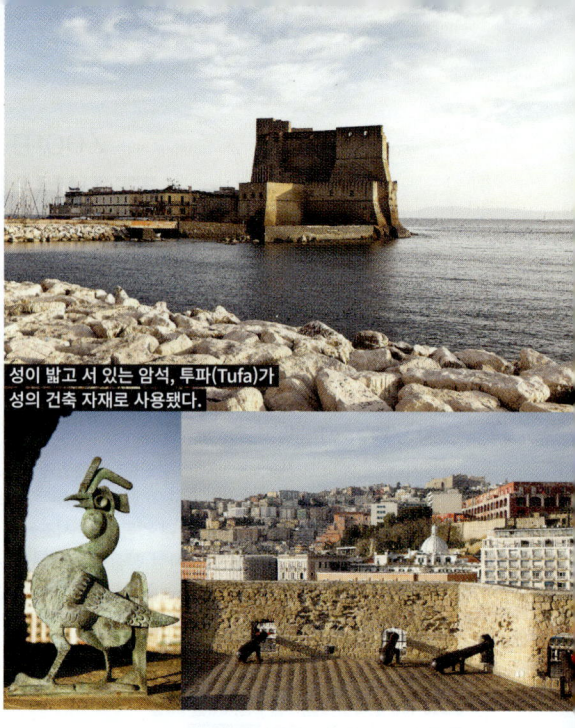

성이 밟고 서 있는 암석, 투파(Tufa)가 성의 건축 자재로 사용됐다.

한때 세계 3대 미항으로 손꼽혔던 산타 루치아 항

08 산타 루치아 항
지중해가 선물한 나폴리의 별
Porto di Santa Lucia

해안가를 따라 고급 호텔과 레스토랑이 늘어선 관광 지구다. 세계 3대 미항이라는 명성에 비해 실제 풍경은 다소 평범하다고 느끼는 이도 많지만 산타 루치아 항은 항구에서 바라볼 때보다 배를 타고 바다에서 육지를 향해 들어올 때 그 진가를 드러낸다. 복잡한 몰로 베베렐로보다는 해안 산책로(Lungomare)가 이어지는 델로보 성 일대를 걸으며 항구의 정취를 느껴보는 것이 좋다.
한적하게 시간을 보내고 싶다면 델로보 성을 마주 보고 오른쪽의 파르테노페 거리(Via Partenope)를 따라 서쪽으로 향해보자. 해안을 따라 걷다 보면 빌라 코무날레(Villa Comunale)가 나온다. 17세기 말 스페인 총독 메디나코엘리가 가로수를 심고 분수를 조성한 것이 시초로, 지금은 조각상과 분수, 철과 유리로 지은 19세기 말의 야외 음악당, 신고전주의풍 빌라, 수족관 등이 들어서 있다. 공원 앞 카라촐로 거리(Via Caracciolo)는 일요일마다 차량이 통제돼 산책을 즐기는 나폴리 시민들로 활기를 띤다.

📍 R7J2+PF 나폴리
WALK 누오보 성에서 도보 10분/플레비시토 광장에서 도보 5분
BUS 가리발디 광장에서 151번 탑승, 악톤(Acton) 하차
METRO 1선 무니치피오(Municipio)역에서 도보 7분

09 델로보 성
비밀을 간직한 '달걀 성'
Castel dell'Ovo

바다 위에 떠오른 듯한 황금빛 요새. 나폴리에서 가장 오래된 성답게 수많은 전설이 깃들어 있다. 이름 '오보(Ovo)'는 로마 시인 베르길리우스가 성의 기초에 숨겨둔 마법의 달걀이 깨지면 재앙이 닥친다는 전설에서 비롯됐다. 또 선원들을 유혹해 바다로 이끌었다는 세이렌 중 하나, 파르테노페의 무덤이 있다는 이야기도 전해진다.
고대 그리스 식민 도시로 시작해 로마 귀족들의 별장이었다가 12세기 독일 슈바벤 왕가가 요새로 사용했다. 13세기에는 프랑스 앙주 왕가가 감옥과 관저로, 스페인 통치기에는 대포를 설치한 요새로 쓰였다. 여러 시대의 흔적이 겹쳐 고대 로마식 원주, 고딕 양식, 중세 프레스코 벽화를 한자리에서 볼 수 있다. 테라스에서는 카프리·이스키아·프로시다 섬이 어우러진 지중해 전경이 시원하게 펼쳐진다. 2023년부터 보수 공사 중이며, 재개관 일정은 미정이다.

📍 델로보 성
ADD Via Eldorado, 3
OPEN 복원공사로 임시 휴관
PRICE 무료
WALK 산타 루치아 항의 서쪽 끝 지점에서 도보 7분

마리나라 스타리타
몬타나라 스타리타

Eating & Drinking

NAPOLI 나폴리

어디에도 없을 쫄깃쫄깃 담백한 도우
🟠 피체리아 스타리타
Pizzeria Starita a Materdei

나폴리 피자의 정석을 선보이는 피체리아. TV 프로그램 <걸어서 세계속으로>에 등장해 우리나라에도 잘 알려졌다. 추천 메뉴는 도우를 한 번 튀겨서 프로볼로네 치즈, 페코리노 치즈 등을 얹고 화덕에 굽는 몬타나라 스타리타(Montanara Starita, 8.50€)와 달콤한 방울토마토를 올린 마리나라 스타리타(Marinara Starita, 8.50€). 어떤 피자든 담백한 도우의 식감이 예술인데, 박력분을 장시간 수타 반죽해 글루텐을 낮추면서도 쫄깃함을 살렸다. 테이블이 70여 개나 있고 음식이 빨리 나와서 회전율이 높으며, 떠들썩한 분식점 분위기라 친절한 서비스를 기대하기는 어렵다. 국립 고고학 박물관과 가깝다.

📍 V64W+9H 나폴리
ADD Via Materdei, 27/28
OPEN 12:00~15:30·19:00~23:30
CLOSE 월요일
MENU 스타리타 피자 8.50~15€, 클래식 5.50~11€, 스페셜 9~12€, 음료 3€~, 자릿세 1.50€/1인
WALK 국립 고고학 박물관에서 도보 10분
METRO L1선 마테르데이(Materdei)역에서 도보 3분
WEB pizzeriestarita.it

마르게리타 피자

차양 때문에 가게 이름이 잘 안 보일 땐 사람이 많이 모여 있는 곳을 찾으면 된다.

이 가격에 이 맛, 실화인가?
🟠 지노 에 토토 소르빌로
Gino e Toto Sorbillo

나폴리 3대 피체리아로 손꼽히는 맛집. 마르게리타(Margheritta) 1판에 단돈 7€라는 저렴한 가격이 최고의 인기 비결이다. 화덕에서 제대로 구워내 불 맛은 기본이고 짭짤해서 식사 대용으로도 그만이다. 대기 줄이 엄청나니 도착하면 대기자 명단에 이름부터 올리자. 바로 옆에 같은 이름의 피체리아가 여행자들을 혼동시키니 주의하자. 델로보 성 근처 지점(Via Partenope, 1)에서는 바다가 시원하게 펼쳐지는 풍경을 바라보며 식사할 수 있다.

📍 V724+54 나폴리
ADD Via dei Tribunali, 32
OPEN 12:00~23:30
CLOSE 일요일, 8월 중 약 2주간 휴무
MENU 피자 5.50~10.50€, 음료 2.50€~, 자릿세 2€/1인
WALK 산세베로 예배당 미술관에서 도보 2분
WEB sorbillo.it

소리 질러! 나폴리 피자계의 슈퍼스타
◉ **안티카 피체리아 디 마테오**
Antica Pizzeria di Matteo

마르게리타 콘 부팔라

내로라하는 나폴리 피자 맛집 중에서도 단연 최고의 인기를 자랑하는 곳. 클린턴 대통령이 방문해 화제가 되기도 했고 2015년 프란치스코 교황이 나폴리에서 자동차 행진을 할 때 달려나가 직접 피자를 드리면서 또다시 유명해졌다. 관광객뿐 아니라 동네 사람도 사랑해 마지 않는 피체리아인지라 식당 안은 늘 왁자지껄한 분위기지만 피자 맛은 그야말로 최고다. 무엇을 주문해도 실패 확률이 적지만 고민하기 싫다면 마르게리타 피자에 물소 치즈를 얹은 마르게리타 콘 부팔라(Margherita con Bufala, 8€)가 무난하다.

◉ V725+G5 나폴리
ADD Via dei Tribunali, 94
OPEN 11:30~15:30·19:00~23:00
CLOSE 일요일
MENU 피자 4.50~10€, 서비스 요금 15%
METRO 산세베로 예배당 미술관에서 도보 5분/두오모(나폴리 대성당)에서 도보 3분
WEB anticapizzeriadimatteo.it

음식도 늦게 나오고 시끄럽지만 나폴리 현지인의 일상을 엿볼 수 있다.

모차렐라 치즈, 토마토, 바질의 하모니, 마르게리타 피자 10€

마르게리타 피자가 태어난 집
◉ **피체리아 브란디**
Pizzeria Brandi

'나폴리 피자의 고향'으로 불리는 브란디는 마르게리타 피자의 탄생지로 유명한 원조 피체리아다. 1780년 문을 연 이래 전 세계 유명 인사들의 발길이 끊이지 않아 마치 관광 명소처럼 대접받는다. 1889년, 이곳의 셰프가 움베르토 1세와 함께 나폴리를 방문한 마르게리타 왕비를 위해 당시 신생 왕국이던 통일 이탈리아의 국기 색을 본뜬 피자를 만들어 헌정했다고 전해진다. 이야기의 진위는 논란이 있지만 브란디가 마르게리타 피자를 세계에 알린 곳이라는 사실만은 분명하다. 반드시 손으로 반죽해야 하고 두께는 2cm 이하(중앙 부분은 0.3cm 이하)의 고른 도우를 만들어야 하며, 다른 부재료는 일절 넣지 않는 등 조건이 까다로운데, 브란디 피자는 이 조건을 100년이 넘도록 완벽하게 유지하고 있어 이탈리아 요리를 공부하는 이들에게 선망의 유학지로 손꼽힌다.

◉ R6PW+MP 나폴리
ADD Salita S. Anna di Palazzo, 1/2
OPEN 12:30~15:30·19:30~23:30
CLOSE 월요일
MENU 피자 10~15€, 자릿세 2€/1인
WALK 플레비시토 광장에서 도보 3분
WEB pizzeriabrandi.com

피자 유학 온 브란디의 주방보조들

피자 튀김(Pizza Fritta, 13€)

마르게리타와 피자 튀김

조개 모양의 바삭한 빵
스폴랴텔라(2€)

과일, 생크림을 넣은
판타지아 리모네 바바(3.50€)

대식가에게 안성맞춤인 피자
🟠 **피체리아 펠로네**
Pizzeria Pellone

나폴리 현지인들이 추천하는 피자 맛집. 일반적인 나폴리 피자보다 도우가 두껍고 크기도 무척 커서 한 판을 다 먹지 못하고 남기는 손님들도 있다. 간판 메뉴는 고소하고 짭짤하게 튀겨낸 피자 튀김이다. 더운 나폴리 날씨에 입맛을 돋우기에 제격인 테이크아웃 간식으로, 현지인도 관광객도 줄을 서서 사 갈 정도로 인기가 높다. 다만 이것도 워낙 크다 보니 먹다 보면 느끼할 수 있다. 조용하고 안전한 동네 분위기도 매력. 이 주변에 숙소를 잡고 산책길에 피자를 맛보는 일도 즐거운 경험이 돼준다.

📍 **V74F+FM 나폴리**
ADD Via Nazionale, 93
OPEN 12:00~15:45·18:30~23:45
CLOSE 일요일
MENU 피자 6~14€, 봉사료 15%
WALK 나폴리 중앙역에서 도보 8분
WEB pellonepizzeria.it

조개 빵은 무조건 여기서 먹는걸로
🟠 **라 스폴랴텔라 마리**
La Sfogliatella di Mary

움베르토 1세 갈레리아 정문 입구에 있는 작은 베이커리. 조개 모양의 나폴리 전통 빵 스폴랴텔라와 술빵 바바(Baba)를 맛있게 구워 현지인, 여행자 할 것 없이 인기 초절정을 과시한다. '여러 겹의 잎'이라는 뜻의 스폴랴텔라는 조개 무늬 결마다 얇은 빵을 겹겹이 쌓고 달콤한 리코타 치즈 크림을 넣은 바삭한 빵이다. 럼주에 담가 촉촉한 바바는 빵에 술이 가득 배어 씹을 때마다 술 향기와 달콤한 빵 맛이 어우러진다. 과일이나 생크림을 넣은 바바도 있다.

📍 **R6QX+9F 나폴리**
ADD Galleria Umberto I, 66
OPEN 08:00~20:30
CLOSE 화요일
MENU 스폴랴텔라 2€~, 바바 2€~
WALK 플레비시토 광장에서 도보 5분

나폴리의 자랑! 명물 카페
🟠 **그란 카페 감브리누스**
Gran Caffè Gambrinus

자타공인 나폴리를 대표하는 카페. 플레비시토 광장 근처에 자리 잡고 있다. 19세기 말~20세기 초 나폴리 사교계의 중심으로 가리발디, 오스카 와일드 등이 이곳에 족적을 남긴 것으로도 유명하다. 현재도 고풍스러운 인테리어와 세련된 서비스, 뛰어난 커피 맛을 자랑하며 나폴리의 명물로 사랑받고 있다. 특히 설탕을 탄 에스프레소에 카카오 가루를 잔뜩 뿌린 카페 스트라파차토(Caffè Strappazzato, 바 1.80€/테이블 6€)가 인기다.

📍 **R6PX+P9 나폴리**
ADD Via Chiaia, 1/2
OPEN 07:00~24:00
MENU 에스프레소 1.80€~(테이블 이용 시 5€), 카페 스트라파차토 1.80€(테이블 이용 시 6€)
WALK 플레비시토 광장에서 도보 1분
WEB grancaffegambrinus.com

01
CAMPANIA

폼페이
POMPEI

서기 79년 8월 넷째 주, 베수비오 (Vesuvio) 화산이 폭발했다. 이 폭발로 귀족들의 휴양지로 전성기를 누리고 있던 폼페이는 순식간에 '재의 도시'로 바뀌어버렸다. 찬란했던 도시 문명을 비롯한 땅 위의 모든 것이 화산재 아래로 묻혀버렸다.

1748년부터 시작된 본격적인 발굴로 모습을 드러낸 폼페이는 2000년 전 만들어졌다고는 믿기 어려울 만큼 현대적인 도시였다. 마차 전용 도로와 수세식 화장실, 헬스 시설을 갖춘 사우나 시설까지……. 무심코 바라보면 폐허에 지나지 않지만 찬찬히 들여다보면 놀라움을 넘어 경이로움까지 느껴지는 곳, 그곳이 폼페이다.

폼페이 가기

폼페이로 가려면 나폴리 중앙역이 아닌 사철역에서 출발하는 기차를 이용해야 한다. 나폴리와 폼페이를 잇는 열차는 시설이 노후된 편이며, 관광객이 많아 소매치기도 잦으니 소지품 보관에 각별히 주의하자. 컨택리스 카드를 사용할 경우 하차 시 단말기에 터치하지 않으면 최대 요금이 청구되므로 주의해야 한다(단말기 고장 사례도 종종 있다).

하루 약 4회, 3시간 간격으로 운행하는 캄파니아 익스프레스(Campania Express)는 일반 열차보다 요금이 비싸지만 지정좌석제로 운영되며 에어컨이 있어 쾌적하다. 소요 시간은 일반 열차와 거의 비슷하다. 요금은 편도 15€, 왕복 25€. 6세 이하 어린이는 무료이며, 컨택리스 카드 사용은 불가하다.

◆ 폼페이 스카비-빌라 데이 미스테리역
Pompei Scavi-Villa dei Misteri

폼페이 유적지와 가장 가까운 사철역이다. 역 안의 티켓·오디오가이드 판매 부스는 사설 여행사이므로 주의하자. 역을 나와 오른쪽으로 조금만 걸으면 길 건너편에 폼페이 유적지 입구(마리나 문)와 공식 매표소, 무료 짐 보관소, 안내소가 있다.

| 나폴리 중앙역 Napoli(C.le) |
| 도보 10분 ('Circumvesuviana' 표지판을 따라 간다.) |
| 나폴리 가리발디역 Napoli Garibaldi |
| 사철 30~35분, 3.30€/ 캄파니아 아르테카드 06:11~21:47/20~30분 간격 |
| 소렌토 Sorrento |
| 사철 30~40분, 2.80€/ 캄파니아 아르테카드 06:01~21:37/20~30분 간격 |
| 폼페이 스카비-빌라 데이 미스테리역 Pompei Scavi-Villa dei Misteri |

* 운행 시간은 시즌·요일에 따라 유동적
* 컨택리스 카드 사용 가능
* 캄파니아 익스프레스는 매표소 근처에서 사철 직원이 승객들을 모아서 플랫폼까지 데려다 준다.

★ 사철 EAV S.R.L.
WEB www.eavsrl.it

OPTION A 폼페이

폐허가 된 폼페이 유적과 베수비오 화산

2000년 전 지은 도시라고 믿을 수 있을까?
폼페이 유적지 Scavi di Pompei

2000년 전 번영을 누렸던 고대 도시. 전형적인 로마식 격자 구조로 설계돼 남북과 동서가 직각을 이루도록 거리들이 배치되었다. 안으로 들어서면 도시 전체가 바둑판처럼 반듯하게 구획돼 있으며, 마차 도로와 인도가 분리돼 있고 그 아래에는 완벽한 하수도 시설까지 갖춰져 있다. 대형 극장, 경기장, 목욕탕, 상점은 물론 허가받은 성매매 업소까지 있었을 만큼 당시의 번영을 짐작할 수 있다.

전체를 둘러보려면 꼬박 하루가 걸릴 만큼 넓으므로 주요 유적지를 중심으로 동선을 잡는 것이 좋다. 모든 유적에는 'REG(지구)·Ⅷ·INS(번지)·Ⅲ'처럼 주소가 표시돼 있다. 주요 유적지에는 오디오가이드(9€) 이용자를 위해 '17 Casa del Fauno'와 같이 이름이 쓰여 있고 관광 안내소에서 배포하는 지도에도 동일한 번호가 표시돼 있어 이동할 때 참고하기 좋다.

입구와 매표소는 마리나 문(Porta Marina), 안피테아트로 광장(Piazza Anfiteatro), 에세드라 광장(Piazza Esedra) 등 3곳에 있다. 하루 입장객이 2만 명으로 제한되므로 성수기에는 예약하고 방문하는 게 안전하다.

곳곳에 복원된 대형 조각상들이 놓여있다.

MORE
유적지 무료 짐 보관소

30x30x15cm를 초과하는 짐은 유적지 반입이 금지된다. 마리나 문과 안피테아트로 광장 입구의 공식 매표소 옆에 무료로 짐을 맡길 수 있는 보관소가 있으니 입장 전에 이용하자. 단, 큰 짐은 맡길 수 없다. 입구 옆 안내소에서 무료로 주는 유적지 지도도 챙겨가면 요긴하게 쓸 수 있다.
OPEN 09:00~18:45(11~3월 ~16:45)

🅖 폼페이 고고학공원
OPEN 09:00~19:00(11~3월 ~17:00)/폐장 1시간 30분 전까지 입장
CLOSE 1월 1일, 5월 1일, 12월 25일
PRICE 폼페이 익스프레스(도시유적) 18€, 폼페이 플러스(도시유적+빌라 유적군 포함) 22€, 17세 이하 무료/**매월 첫째 일요일 무료입장**(온라인 또는 매표소를 통해 **무료입장권 예약 필수**)/**캄파니아 아르테카드**
*빌라 유적군: 신비의 빌라(Villa dei Misteri)+디오메데 빌라(Villa di Diomede)+레지나 빌라(Villa Regina a Boscoreale con Antiquarium)
WALK 사철역 밖으로 나가 오른쪽으로 직진하면 왼쪽에 보인다. 도보 1분
WEB pompeiisites.org | 예약 ticketone.it

Pompei? Pompeii?
고대 로마 시대에는 'Pompeii', 현재 이탈리아에서는 'Pompei'로 표기한다.

Zoom In & Out
폼페이 유적지

1 마리나 문 Porta Marina

'마리나'라는 이름에서 알 수 있듯, 항구와 도시를 연결하던 관문이었다. 가파른 경사를 올라야 했지만 항구에서 포룸으로 이어지는 유일한 통로로 사용됐다. 문은 탑과 일체형으로 설계돼 있으며, 두 개의 아치형 통로로 구성돼 있다. 한쪽은 계단이 있는 보행자용 좁은 통로, 다른 한쪽은 마차가 드나들 수 있는 넓고 높은 통로였다.

주소 표지판

마리나 거리와 아본단차 거리 Via Marina & Via dell' Abondanza

마리나 문에서 시 외곽 지역까지 직선으로 연결하는 거리. 인도와 차도로 구분돼 있으며, 어두운 밤에도 이용할 수 있도록 도로 곳곳에 달빛에 반사가 잘 되는 돌을 박아두었다.

야광석. 달빛에 반사되어 밤에도 마차가 다니는 길임을 알려주었다.

인도와 차도가 구분된 거리

2 바실리카 Basilica

직사각형 회랑 모양의 건축물. 정면의 2층 건물에서는 재판을 했고 28개의 커다란 기둥이 남아 있는 광장에서는 집회를 열거나 물건을 사고 팔았다. 바실리카의 건물 구조는 중세 이후 성당의 건축 양식으로 자리 잡았고 그 결과 지금은 규모가 큰 성당을 바실리카라고 한다.

3 아폴로 신전 Tempio di Apollo

아폴로(아폴론)와 그의 쌍둥이 여동생 디아나(아르테미스)를 모시는 신전. 정면에 흰색 제단과 14개의 계단이 보이는데, 계단 위에는 총 28개의 기둥이 건물 지붕을 받치고 있었다. 지붕과 기둥은 모두 손실됐고 지금은 정면에 있는 2개의 기둥만 복원됐다.
계단을 등지고 왼쪽에 있는 궁수의 신 아폴로 상은 활을 쏘는 자세를 취하고 있다. 아폴로 상 맞은편에는 사냥의 여신 디아나 상이 전시돼 있다. 둘 다 모조품이며, 진품은 나폴리 국립 고고학 박물관에 소장돼 있다.

기둥은 화려한 코린트 양식이다.

아폴로 상. 바티칸 박물관의 벨베데레의 아폴로 상과 비교해서 보자.

1 사진 위쪽에 보이는 터널이 마리나 문이다.

아본단차 거리

2 28개의 기둥. 당시에는 11m 높이였으나, 지금은 초석만 남아 있다.

피사의 두오모. 바실리카 양식을 응용한 건축물 중 하나다.

베수비오 화산

3 신전 뒤로 보이는 산이 베수비오 화산이다.

④ 포룸 만 서면 베수비오 산이 가장 잘 보인다.

④ 포룸 Forum
직사각형 모양의 광장. 주피터 신전, 시장, 목욕탕 등의 공공 건축물로 둘러싸인 폼페이의 중심지다. 광장 정면에는 주피터(제우스), 유노(헤라), 미네르바(아테나) 신의 제사를 지낸 주피터 신전(Tempio di Giove)이 있다.

⑤ 지역 평의회 Comitium ed Edifici Municipali
로마의 공화제를 상징하는 3개의 건물이 나란히 서 있다. 오른쪽에서 왼쪽으로 호민관, 원로원, 집정관이 있던 자리다.

⑥ 에우마키아 빌딩 Edifici di Eumachia
염색 공장과 포목 장터가 있던 곳. 이곳에선 다양한 색깔의 천을 만들어냈는데, 가장 가격이 비싼 천은 조개껍데기로 색을 낸 보라색 천이었다. 부유한 사람, 즉 귀족만 보라색 천으로 만든 값비싼 옷을 입을 수 있었기 때문에 당시 보라색은 귀족을 상징하는 색이었다.

⑦ 베스파시아누스 신전 Tempio di Vespasiano
네로 황제 축출 후에 이어진 혼란기를 수습한 베스파시아누스 황제의 신전. 신전 가운데 대리석 제단이 있다. 제단 앞부분에는 황제의 승리를 기념하기 위해 황소를 제물로 바치는 장면을 묘사해놓았다.

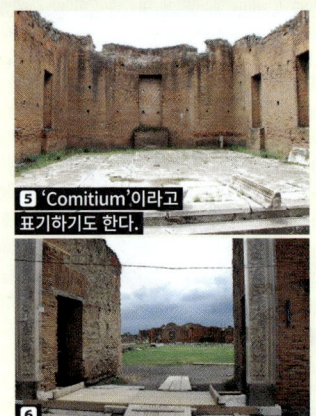

⑤ 'Comitium'이라고 표기하기도 한다.

⑥

⑦ 베스파시아누스 황제는 콜로세움도 지었다.

⑧ 곡물 창고 Granai del Foro
예전에는 곡물 창고였으나 지금은 발굴된 유물을 임시로 보관하는 장소로 이용된다. 전시된 유물 중에는 화산 폭발로 죽은 사람과 동물의 석고 본도 있다.

⑨ 대중목욕탕 Terme del Foro
폼페이의 대중목욕탕. 온탕과 사우나실은 물론 요즘으로 치면 와인 탕이나 녹차 탕 같은 다양한 종류의 기능탕까지 갖추어 2000년 전에 만든 목욕탕이라는 사실이 믿기지 않는다. 대리석 욕조가 놓여 있고 지붕에 구멍이 난 곳이 온탕인데, 지붕의 구멍은 열기로 생긴 수증기를 다시 물로 바꾸는 역할을 했다.

⑩ 비극 시인의 집 Casa del Poeta Tragico
정교한 모자이크 바닥과 그리스 신화를 묘사한 프레스코화로 유명한 곳으로, 당시 폼페이 중산층의 생활 수준을 엿볼 수 있다. '비극 시인의 집'이라는 이름은 정원에서 비극 시인을 그린 모자이크가 발견된 데서 유래했다. 현관 바닥에는 으르렁거리는 개의 모자이크와 함께 라틴어로 '개 조심(Cave Canem)'이라는 문구가 새겨져 있어 폼페이인의 재치와 생활 감각을 느낄 수 있다.

⑧ 호흡이 곤란해져 고통스러워하는 모습이 안쓰럽다.

중앙 광장 근처의 창고 안에서 발견된 죽어가는 임산부 (임신 5~6개월)의 주조물

⑨ 온탕의 대리석 욕조

⑩ 흰색과 검은색 모자이크로 만든 개 조심 경고문

11 파우노의 집 Casa del Fauno

당시 귀족의 저택. 춤추는 파우노(판)의 상이 발견되어 '파우노의 집'이라 불린다. 목신인 파우노는 춤과 음악을 좋아하고 여성을 밝히는 호색한으로 유명하다. 입구에 'Have'라고 쓰여 있는데, 라틴어로 '어서 오세요' 정도의 뜻을 담고 있는 말로 '아베'라고 읽는다.

12 홍등가 Vicolo del Lupanare

여행자의 발길을 붙잡는 프레스코화

가장 많은 사람이 모이는 곳. 좁은 골목에 건물들이 촘촘이 들어선 이곳은 과거 '홍등가'였다. 성수기에는 5분 정도 서야 들어갈 수 있을 만큼 사람이 많이 몰리는 이유는 '성행위를 묘사한 벽화'가 있기 때문이다. 이곳이 항구도시였기 때문에 외국인도 자주 찾았고, 말이 통하지 않는 그들을 위해 다양한 체위를 그림으로 그려 그중에서 고르도록 하기 위한 것으로 추정된다. 사실적인 수준을 넘어 노골적이기는 하지만 너무 큰 기대는 하지 말자.

11 거실 바닥. 발굴된 벽화는 나폴리 국립 고고학 박물관에 소장돼 있다.

입구에 환영 인사를 뜻하는 라틴어 '아베(Have)'가 새겨져 있다.

13 14 15 대극장 & 회랑 & 오데온 극장
Teatro Grande & Quadriportico dei Teatri & Teatro Piccolo

그리스식으로 지은 반원형 극장. 5000여 명을 수용할 수 있다. 대극장 정면에는 관중이 공연을 기다리던 넓은 회랑이 있고 대극장 옆에는 음악 공연이 열린 소극장 '오데온 극장'이 있다.

13 5000명을 수용할 수 있는 대극장

14 대기 장소였던 회랑

16 17 원형 극장 Anfiteatro과 그 주변

로마의 콜로세움과 같은 원형 극장. 보존 상태가 좋고 극장 주변으로 수목이 늘어선 산책로와 언덕이 있다. 사철역과 30분 정도 떨어진 거리에 있으므로 일정을 짤 때 미리 염두해 두는 것이 좋다.

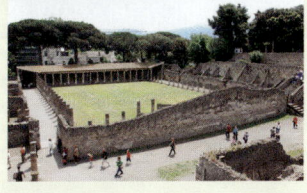

18 신비의 빌라 Villa dei Misteri(폼페이 플러스 입장 구역)

90여 개의 방과 와인 양조장까지 갖췄던 대부호의 별장. 당시 금지된 종교였던 디오니소스(바쿠스)를 숭배하는 신비주의교에 젊은 여성이 입문하는 과정을 그린 세로 3m, 가로 17m의 프레스코화로 장식된 방이 유명하다. 붉은색을 배경으로 인물들을 실물 크기로 그린 프레스코화는 기원전 60~70년경 제작된 것으로 추정되며, 베일에 쌓여 있던 디오니소스교의 종교의식에 대한 중요한 자료라는 평가를 받고 있다. 폼페이 유적의 서쪽 끝, 폼페이 스카비-빌라 데이 미스터리역까지 도보 8분 거리에 있다.

16 아담한 원형경기장

17 산책로와 언덕

18 신비의 별장

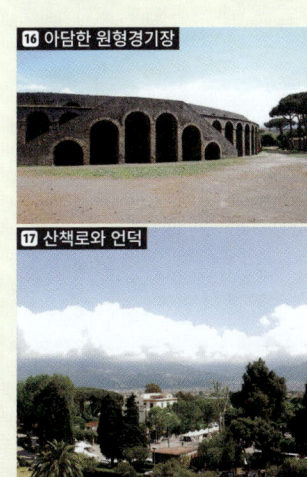

02
CAMPANIA

카프리

CAPRI

소렌토에서 페리로 20~30분 거리에 있는 작은 섬 카프리. 코발트 블루빛 바다와 깎아지른 듯한 절벽, 푸른 동굴로 대표되는 카프리의 절경은 '죽기 전에 꼭 봐야 할 장면'이라 할 수 있을 정도로 아름답다. 누구나 한 번쯤 꿈꿔봤을 환상적인 여행지, 카프리. '부자의 휴양지'로 알려진 만큼, 섬을 제대로 즐기기 위해서는 예산을 넉넉히 잡는 게 좋다

카프리 가기

당일치기로 카프리를 둘러보려면 섬에서 가장 큰 마을인 카프리를 중심으로 돌아보는 것이 좋다. 카프리의 바다와 하늘이 만들어내는 경치를 즐기면서 깨끗하고 고급스러운 명품 쇼핑가를 걷다 보면 어느새 반나절이 훌쩍 지나간다.

페리

나폴리, 소렌토, 포시타노에서 카프리까지 고속 페리로 20분~1시간 소요된다. 일반 페리는 요금이 30% 정도 저렴하지만 운항 편수가 적으므로 시간을 잘 맞춰야 한다. 카프리를 오가는 페리 요금과 섬 내 교통 요금은 수시로 인상된다. 따라서 예산을 넉넉히 잡고 계획을 세워야 차질 없이 다녀올 수 있다.

페리 티켓은 왕복으로 구매하거나 섬에 도착하자마자 매표소에서 돌아가는 승선권을 구매하는 것이 좋다. 페리에서 내려 바다를 등지고 오른쪽으로 3분 정도 걸어가면 매표소(G H64Q+HC 카프리)가 있다. 성수기에는 인파가 몰려 매진될 수 있으니 페리회사 홈페이지에서 예매하고 가는 게 안전하다.

페리에서 바라본 카프리 항구 모습

▶ **각 도시에서 카프리행 승선장까지**

나폴리 중앙역에서 카프리행 페리가 출발하는 선착장(몰로 베베렐로 또는 칼라타 포르타 디 마사)까지 도보 25~40분 정도로 걸어갈 수 있지만 소매치기나 시비를 거는 사람이 종종 있으니 지하철이나 택시를 이용하는 것이 좋다.

소렌토는 소렌토 마리나 피콜라 항구에서 페리를 이용한다. 사철역이나 타소 광장에서 마리나 피콜라 포르토(Marina Piccola Porto)행 버스(요금 1.30€)를 타고 종점에서 내린다. 포시타노는 해변가에 있는 승선장을 이용한다.

마리나 그란데 항구

페리·푸니콜라레·버스 티켓 매표소. 페리 티켓을 사려면 왼쪽에 줄을 선다.

나폴리 항구(몰로 베베렐로/ 칼라타 포르타 디 마사)
Molo Beverello/ Calata Porta di Massa
↓
페리 50분~1시간 25분,
19~28.50€
05:35~20:00/1일 24회
(성수기 기준)

소렌토 마리나 피콜라 항구
Sorrento Marina Piccola
↓
페리 20~30분,
21.40~27€
07:15~19:25/1일 27회
(성수기 기준)

포시타노 Positano
↓
페리 40~50분,
27.50~29€
08:50~17:00/1일 14회
(성수기 기준)

카프리 마리나 그란데 항구
Capri Marina Grande

*시즌과 요일, 날씨에 따라 운항 시간이 유동적이다.

★ **카프리 페리 정보**
WEB capri.net
naplesbayferry.com

★ **짐 없이 가볍게 카프리 여행하기**

카프리는 경사가 심한 산 위에 있고 계단이 많으니 가능한 가벼운 옷차림으로 여행하자. 선착장 주변 기념품 가게에서 'Deposito Bagagli'라고 쓴 표지판을 걸고 유료로 짐을 보관해주기도 한다. 단, 정식 보관소는 아니며, 가게 영업시간에만 이용할 수 있다. 불안하다면 출발 전 기차역이나 숙소에 짐을 맡기고 떠나자.

카프리 여행자를 위한 유용한 사이트

페리·버스 시간표, 호텔·명소·식당·상점 등 카프리 여행 정보를 폭넓게 다루고 있다. 모든 내용은 영어로 제공된다.

WEB capri.net

대중교통 이용 시 유용한 정보

■ ATC GO·MooneyGO 앱
성수기에는 버스표를 사기 위한 줄이 길게 늘어서므로 앱으로 구매하는 것이 편하다.

■ 매표소 마리나 그란데 항구, 카프리 마을의 버스 터미널, 아나카프리 마을의 비토리아 광장 등에 있다. 매표소가 없는 정류장에서 탑승할 경우 기사에게 2.90€(정상가 2.40€)에 승차권을 구매한다.

■ 1일권 카프리의 대중교통은 푸니콜라레와 섬 내 공식 공공 버스회사 ATC, 민간 버스회사 스타이아노(Staiano)가 각각 운영한다. 1일권(7.20€)은 푸니콜라레와 ATC 버스에서만 이용할 수 있다.

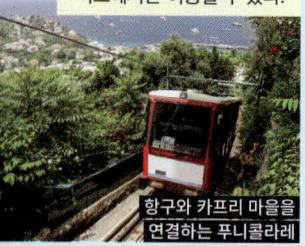
항구와 카프리 마을을 연결하는 푸니콜라레

▶ 항구에서 카프리 마을까지

페리가 도착하는 곳은 마리나 그란데(Marina Grande) 항구다. 항구에서 카프리 마을까지는 등산열차 푸니콜라레(Funicolare)를 타면 약 4분 만에 닿는다. 페리에서 내려 오른쪽으로 가면 왼쪽에 푸니콜라레역이 있다. 06:30~21:30(겨울철 정기 점검 시 운휴)에 15분 간격으로 운행하며, 요금은 2.40€다. 1인당 10kg·23×30×50cm 이하의 수하물 1개까지 무료로 실을 수 있고 초과 시 2.40€가 추가된다. 승차권은 푸니콜라레역을 지나 큰길 오른쪽, 페리 매표소 옆에 있는 푸니콜라레·버스 매표소(Biglietteria Funicolare e Autoservizi, ⓖ H64Q+HC 카프리)에서 구매한다. 카프리 섬에서는 캄파니아 아르테카드 교통권을 사용할 수 없다. 택시 이용 시 요금은 약 20€.

▶ 항구 또는 카프리 마을에서 아나카프리 마을까지

아나카프리 마을까지는 버스를 이용한다. 항구에서는 푸니콜라레·버스 매표소 근처 정류장(ⓖ H64Q+H7 카프리)에서, 카프리 마을에서는 움베르토 1세 광장 인근 버스 터미널(ⓖ H62R+4R 카프리)에서 아나카프리행 버스를 타면 된다. 종점은 비토리아 광장(Piazza Vittoria)이며, 소요 시간은 항구 출발 약 25분, 카프리 마을 출발 약 15분이다. 배차 간격은 15분, 요금은 편도 2.40€. 승차권은 매표소 또는 스마트폰 앱(ATC GO)에서 구매할 수 있다. 단, 카프리의 버스는 미니버스라 좌석 수가 적어 성수기에는 여러 대를 보내야 탈 수 있으므로 시간 여유를 두는 것이 좋다.

택시는 주요 버스 정류장 주변에서 쉽게 잡을 수 있으며, 요금은 카프리 마을 출발 20€, 항구 출발 25€ 정도다. 공식 고정 요금표가 운전석 뒤에 붙어 있지만 실제로는 대부분 5€ 단위로 올림해 받는다.

● 마리나 그란데 항구 근처 슈퍼마켓
Salumeria da Aldo

카프리에서 물을 가장 저렴하게 살 수 있다. 프로슈토와 모차렐라 치즈를 넣은 샌드위치(7€~) 같은 간식거리도 구매할 수 있다. 물가 높은 카프리 섬에서 간단하게 한 끼 해결하려는 여행자들의 단골집이다.

ⓖ H64Q+9Q 카프리
ADD Via Cristoforo Colombo, 23
OPEN 07:00~21:00 **CLOSE** 비수기 부정기 휴무
WALK 페리에서 내려 오른쪽으로 가면 큰길 왼쪽에 있다. 도보 2분 소요

★ 푸른 동굴 대신 실속 있는 카프리 일주 보트 투어

수많은 여행사가 카프리에서 다양한 보트 투어 상품을 운영하고 있다. 푸른 동굴 투어가 가장 인기 있지만 푸른 동굴을 포기하는 대신 합리적인 가격에 더욱 다양한 볼거리를 즐길 수 있는 투어도 많다. 1시간짜리 섬 일주 투어가 대표적인데, 흰색을 띠는 하얀 동굴(Grotta Bianca), 3개의 바위로 이루어진 돌섬 파랄료네(Faraglione), 남쪽의 피콜라 항구(Marina Piccola), 에메랄드색 물빛이 신비로운 초록 동굴(Grotta Verde), 남서쪽 끝자락의 푼타 카레나 등대(Faro di Punta Carena), 19세기 초에 건설된 메졸라 요새(Mezola Fort) 등을 돌아본다. 동굴을 가까이에서 좀 더 실감나게 감상하려면 1층 맨앞자리를 노리자.

■ 라제르 카프리 Laser Capri
(섬 일주 투어 운영 여행사)

ⓖ H64R+64 나폴리(매표소)
ADD Via Cristoforo Colombo, 69(매표소)
OPEN 09:00~16:30/30~45분 간격 출발
PRICE 24€(1시간)
WALK 마리나 그란데 항구에서 도보 1분
WEB lasercapri.it

OPTION B 카프리

마리나 그란데 항구 → 페리 → ① 푸른 동굴 → 마리나 그란데 항구에서 도보 3분 → 푸니콜라레 → ② 움베르토 1세 광장 → 도보 8분 → ③ 아우구스토 정원 → 버스 15분+체어리프트 15분 → ④ 몬테 솔라로 → 체어리프트 15분+도보 6분 → ⑤ 빌라 산 미켈레-악셀 문테 박물관 → 도보 6분+버스 25분 → 마리나 그란데 항구

◆ **카프리의 두 마을, 카프리 Capri와 아나카프리 Anacapri**

카프리에는 카프리와 아나카프리, 2개의 마을이 있다. 카프리 마을은 예쁜 공원이 있고 번화한 느낌이 드는 마을이고, 아나카프리 마을은 아기자기한 골목이 많고 몬테 솔라로에 올라 경치를 감상하기 좋은 곳이다. 하루 동안 모두 둘러보기에는 빠듯하므로 2곳 중 1곳만 선택해서 다녀오는 것이 좋다.

01 푸른 동굴
마법처럼 나를 홀리는 비경
Grotta Azzurra

신비로운 푸른빛을 띠는 바다

수천 년간 계속된 침식 작용으로 형성된 천연 동굴. 파도가 잔잔한 날에는 바닷물이 햇빛에 반사되어 에메랄드 빛, 은빛, 코발트 블루빛 등으로 다채롭게 변한다. 바닥까지 보일 만큼 맑은 바닷물과 다채로운 색의 변화가 감탄을 넘어 신비함마저 느끼게 할 만큼 아름답다.

푸른 동굴까지는 모터보트와 버스로 갈 수 있다. 모터보트는 푸른 동굴 입구까지만 왕복하는 노선(약 1시간 소요)과 푸른 동굴을 포함해 카프리 섬 해안을 돌아보는 노선(약 2시간 소요) 등이 있다.

푸른 동굴에 도착하면 동굴 입구에 정박한 수상 매표소에 입장료를 지불하고 최대 4인까지 동승 가능한 소형 노 젓는 배로 갈아타야 한다. 성수기에는 동굴 입구에서 작은 보트로 갈아탈 때 대기 시간이 꽤 길고, 땡볕 아래에서 뱃멀미가 나서 어려움을 겪을 수 있으니 참고하자. 시간 여유가 있다면 아나 카프리에서 푸른 동굴행 버스를 타고 가서 절벽 그늘에서 대기하다 작은 보트로 갈아타는 방법을 이용해보자.

동굴이 가장 아름다운 시간은 정오부터 오후 2시 사이다. 흐린 날에는 바다 색깔이 예쁘지 않으니 찾지 않는 것이 좋다. 동굴 입구가 좁아서 날씨가 좋고 파도가 잔잔해야만 들어갈 수 있기 때문에 푸른 동굴 내부를 제대로 볼 수 있는 날은 1년 중 100일 정도라는 것도 알아두자.

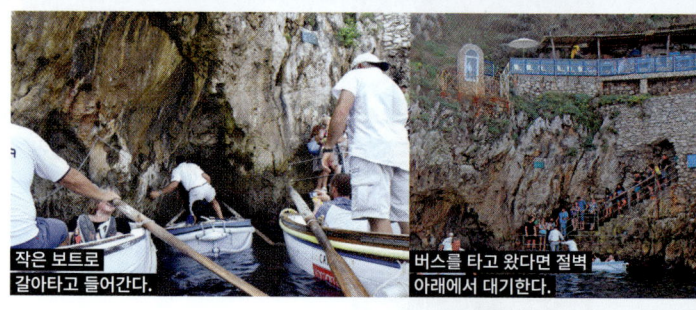
작은 보트로 갈아타고 들어간다. / 버스를 타고 왔다면 절벽 아래에서 대기한다.

★ 카프리의 흔한 바가지요금
'돈 먹는 동굴'이라는 말이 생겼을 만큼 요금에 비해 동굴 안에 머물 수 있는 시간이 짧고 노 젓는 사람이 누군지에 따라 동굴 구경의 만족도가 달라질 수 있다. 입장료에 보트 승선료가 포함돼 있지만 안으로 들어가면 노골적으로 팁을 요구하니 5~10€쯤은 미리 준비해두는 것이 좋다. 모르고 가면 얼굴을 붉히는 일도 많으니 약간의 팁과 함께 넓은 아량도 챙겨가도록 하자.

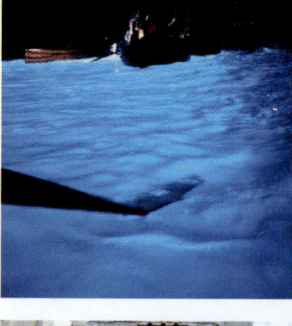

📍 H664+96 아나카프리
OPEN 09:00~17:00/날씨와 파도에 따라 유동적
PRICE 푸른 동굴행 모터보트 24€~,
푸른 동굴 입장료+노 젓는 배 18€, 5세 이하 무료
WALK 마리나 그란데 항구에서 모터보트를 이용한다. 매표소는 바다를 바라보고 왼쪽으로 도보 2분, 방파제 쪽에 있다.
BUS 마리나 그란데 항구 또는 카프리 마을에서 버스(2.40€)를 타고 아나카프리의 비토리아 광장 다음 정류장에 내려 푸른 동굴행 버스(Staiano, 2.40€)로 갈아탄다.
WEB lasercapri.com / motoscafisticapri.com

아나카프리에서 푸른 동굴로 가는 버스

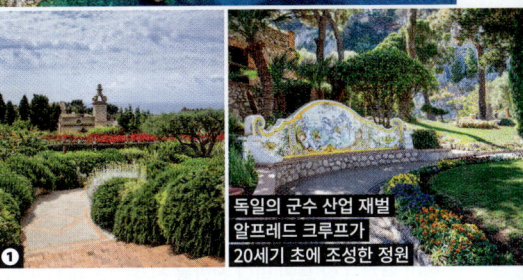

광장에서 내려다본 카프리 섬

독일의 군수 산업 재벌 알프레드 크루프가 20세기 초에 조성한 정원

02 움베르토 1세 광장
카프리의 활기를 품은 광장
Piazza Umberto I

카프리 마을에서 가장 번화한 곳. 꽃으로 둘러싸인 아담한 광장 안에는 카페가 오밀조밀하게 들어서 있고 작은 골목이 나뭇가지처럼 광장과 이어져 있다. 골목 안에는 소박한 느낌의 액세서리점과 맛집뿐 아니라 예상치 못한 명품 숍까지 들어서서 걷는 즐거움을 느낄 수 있다.
움베르토 1세 광장에서 아우구스토 정원으로 가는 비토리오 에마누엘레 2세 거리(Via Vittorio Emanuele II)까지는 구찌, 페라가모, 샤넬 등의 명품 브랜드 매장이 늘어서 있다. 매장 규모는 작지만 전 세계 부호들이 즐겨 찾는 카프리에 있는 상점인 만큼 가장 빠르게 신제품을 구비해놓는다. 레몬, 도자기, 조개 등으로 만든 아기자기한 기념품도 많다.

📍 H62V+73 카프리
ADD Piazza Umberto I
WALK 마리나 그란데 항구에서 푸니콜라레를 타고 올라가 역 밖으로 나가면 바로

03 아우구스토 정원
물감을 풀어놓은 듯 어여쁜 전망대
Giardini di Augusto

카프리 마을에서 가장 아름다운 전망을 자랑하는 곳. 시간이 된다면 아나카프리 마을에서 몬테 솔라로에 오르는 것도 좋지만 이곳에서 보는 경치도 그에 못지않다. 경치뿐 아니라 광장에서 정원까지 내려가는 산책로와 중간에 있는 ❶ 산 자코모 수도원(Certosa di San Giacomo, 6€)의 모습도 쉴 새 없이 카메라를 들이대야 할 만큼 아름답다. 특히 질 좋은 물감을 풀어놓은 듯 선명한 색감의 꽃으로 가득한 정원은 카프리에 온 보람을 느끼게 할 정도로 매혹적이다. 정원에서 꼬불꼬불한 길을 따라 30분 정도 걸어가면 카프리 바닷물에 몸을 적실 수 있는 작은 해수욕장 ❷ 마리나 피콜라(Marina Piccola)가 나온다. 단, 무척 좁은 데다 자갈 바닥이어서 걷기가 불편하니 무리하지 말자.

📍 G6WV+W7 카프리
ADD Via Matteotti, 2
OPEN 09:00~19:30(11~3월 ~16:30)
PRICE 아우구스토 정원 2.50€
WALK 움베르토 1세 광장에서 도보 8분

❷ 해변으로 내려가는 길. 다녀오려면 넉넉히 2시간은 걸린다.

비토리아 광장 Piazza Vittoria

아나카프리 마을에서 가장 분주한 곳으로, 몬테 솔라로행 체어리프트역이 이곳에 있다. 아나카프리의 버스 터미널 역할도 하는데, 종점이 아닌 데다 미니버스만 운행하고 배차 간격도 길기 때문에 시간을 넉넉히 잡고 줄을 서야 한다. 인도가 따로 없어서 항구까지 걸어가는 건 위험하니 급하다면 수시로 들어오는 택시를 타고 가자. 한 정거장 걸어 올라가서 버스를 타는 것도 좋은 방법이다.

📍 H64C+8F 아나카프리
BUS 항구 또는 카프리 마을에서 버스를 타고 비토리아 광장(Piazza Vittoria) 하차

04 몬테 솔라로
평생 잊지 못할 카프리 항공샷
Monte Solaro

카프리에서 가장 높은 곳에 자리한 전망대. 동쪽과 남쪽으로 깎아지른 듯한 절벽이 펼쳐져 탁 트인 바다 전망을 선사한다. 하지만 이곳을 찾는 가장 큰 이유는 ❶ 1인승 체어리프트다. 편도 13분 정도를 오가는 동안 울창한 숲 사이로 아기자기한 마을과 새파란 바다가 펼쳐지고 멀리 베수비오산까지 보여서 하나도 지루하지 않다. 꼭대기 주변에는 짧은 산책로도 조성돼 있으니 지중해를 배경으로 인생샷을 찍어보자.

체어리프트 Seggiovia di Monte Solaro
📍 H64C+5J 아나카프리(매표소)
ADD Via Caposcuro, 10(매표소)
OPEN 09:15~18:00(4·5·9·10월 ~17:00, 11~3월 09:30~16:00)
CLOSE 겨울철 정기 점검으로 비정기 휴무
PRICE 편도 11€, 왕복 14€
WALK 비토리아 광장에서 도보 2분
WEB capriseggiovia.it

몬테 솔라로행 1인 체어리프트 탑승장

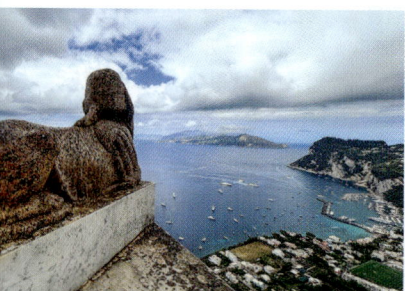

05 빌라 산 미켈레-악셀 문테 박물관
하늘과 바다와 바람
Villa San Michele-Axel Munthe Museum

스웨덴 출신의 의사이자 작가였던 악셀 문테가 20세기 초에 건축한 빌라. 자연과의 교감을 중시해 햇볕, 바람, 바닷소리를 가득 담은 빌라는 마치 그리스 신전 같은 느낌이고, 회랑에서 바라보는 바다 전망이 매우 아름답다. 내부에는 문테가 수집한 다양한 골동품들이 전시돼 있는데, 입장료가 비싸다는 게 흠. 빌라 아래 길가에 있는 ❶ 무료 전망대에서 보는 전망도 회랑만큼 아름다우니 참고하자. 몬테 솔라로행 체어리프트역에서부터 빌라 산 미켈레까지 이어지는 카포디몬테 거리(Via Capodimonte)도 이 지역의 하이라이트. 아기자기하고 예쁜 가게들이 늘어서 있는 보행자 전용 도로이니 꼭 한 번 걸어보길 권한다.

📍 빌라 산 미켈레 카프리
ADD Via Axel Munthe, 34
OPEN 09:00~18:00(11~2월 ~15:30, 3월 ~16:30, 4·10월 ~17:00)
CLOSE 12~2월 화요일
PRICE 12€
WALK 비토리아 광장에서 도보 6분
WEB villasanmichele.eu

03
CAMPANIA

소렌토
SORRENTO

<오디세이>의 영웅, 율리시스의 전설이 전해지는 곳. 옛날옛적 소렌토에는 얼굴은 사람이고 몸은 새의 모습을 한 여신 시레나(Sirena)가 있었다. 그녀의 목소리는 너무 아름다워서 많은 선원들이 그 노랫소리에 넋이 나가 바다에 빠져 죽었는데, 때마침 이곳을 지나가던 율리시스는 그녀의 노래를 듣고 싶은 욕심에 선원들의 귀를 밀랍으로 막고 스스로 돛대에 몸을 묶은 채 시레나의 노래를 들었다고 한다. 율리시스도 반해버린 시레나의 맑은 목소리처럼 사랑스러운 도시, 소렌토의 매력에 푹 빠져보자.

나폴리 Napoli(C.le)
↓
도보 10분 (역 지하 1층에서 'Circumvesuviana' 표지판을 따라 간다.)
↓
나폴리 가리발디역 Napoli Garibaldi
↓
사철 1시간 10분, 4.60€ 06:11~21:47/20~30분 간격
↓
폼페이 스카비 Pompei Scavi
↓
사철 30분, 2.80€
↓
아말피 Amalfi
↓
SITA 버스 1시간 50분~, 3.40€ 06:20~19:00/30분~2시간 간격 (비수기 기준)
↓
포시타노 Positano
↓
SITA 버스 50분~, 2.40€
↓
소렌토 Sorrento
↓
카프리 마리나 그란데 항구 Capri Marina Grande
↓
페리 20~30분, 16.40~22€ 07:00~18:40/1일 30회 (성수기 기준)
↓
소렌토 마리나 피콜라 항구 Sorrento Marina Piccola

*시즌에 따라 운행 시간이 유동적이니 홈페이지에서 미리 확인하자.
*나폴리–소렌토 구간의 사철(일반기차)은 캄파니아 아르테카드 사용 가능

사철
WEB www.eavsrl.it

소렌토 교통·여행 정보
WEB sorrentoinsider.com

소렌토 가기

소렌토에는 역사적인 유적지는 없지만 바다가 내려다보이는 광장과 공원이 많아 탁 트인 바다를 보며 여유로운 시간을 즐길 수 있다. 마을 전체를 둘러보는 데 반나절 정도면 충분하다. 소렌토까지는 나폴리에서 사철로 1시간 10분 정도 소요된다. 나폴리보다 치안이 잘돼 있어 안전하므로 폼페이, 카프리, 아말피 해안 등을 다녀오는 거점으로 삼는 것도 좋다.

1. 사철

나폴리 중앙역 지하에 있는 나폴리 가리발디역에서 사철을 타고 종점인 소렌토에서 내린다. 1시간 10분 정도 소요되며, 편도 요금은 4.60€. 컨택리스 카드 사용 가능.

◆ 소렌토 사철역 Stazione di Sorrento

사철에서 내리는 곳은 역의 2층이며, 매표소는 개찰구를 나가면 오른쪽에 있다. 역에서 관광 중심지인 타소 광장(Piazza Tasso)까지는 걸어서 5분 거리다. 역을 등지고 정면의 계단으로 내려가 직진하다가 사거리에서 좌회전해 코르소 이탈리아(Corso Italia)를 따라 계속 가면 소렌토 시내 중심인 타소 광장이 나온다.

나폴리~폼페이~소렌토를 연결하는 사철

소렌토의 사철역

소렌토역 매표소. 사철 승차권만 판매한다.

컨택리스 카드는 내릴 때도 터치하고 나간다.

★ **캄파니아 익스프레스** Campania Express
나폴리에서 소렌토까지 운행하는 사철 특급열차. 소요 시간은 일반열차와 비슷하지만 지정좌석제이고 에어컨이 있어 쾌적하다. 요금은 편도 15€, 왕복 25€(6세 이하 무료). 1일 약 4회 3시간 간격으로 운행. 매표소 앞에 모여 직원과 함께 플랫폼으로 이동한다.
WEB eavsrl.it/campania-express(예약 가능)

소렌토에서 기차표 구매하기

소렌토 사철역의 매표소에서는 사철 기차표만 살 수 있다. 나폴리–로마, 살레르노–로마–피렌체 등 장거리 기차표 예매는 트렌이탈리아·이탈로의 홈페이지나 앱을 이용하면 된다.

트렌이탈리아 trenitalia.com | 이탈로 italotreno.it

2. 시외버스

저가 버스 브랜드 플릭스버스와 마로치가 로마와 소렌토를 한 번에 연결한다. 로마의 티부르티나 버스 터미널에서 출발한 버스는 4시간 30분 후 소렌토 사철역 근처의 코르소 이탈리아(Corso Italia) 거리에 도착한다. 티부르티나 버스 터미널은 테르미니역에서 지하철 B선을 타고 티부르티나(Tiburtina)역에서 내려 'Stazione TIBUS'라고 적힌 간판을 따라 5분 정도 걸어가면 된다. 플릭스버스는 매일 오전·오후 각 1회, 마로치는 월·화·목·금요일 오후 1회, 토·일요일 오전 1회 소렌토로 출발한다.

3. SITA 버스

소렌토에서 포시타노, 아말피로 갈 때 이용한다. 소렌토에서 포시타노까지 50분~1시간, 포시타노에서 50분~1시간을 더 가면 아말피에 도착한다. 편도 요금은 포시타노까지 2.40€, 아말피까지 3.40€. 큰 짐이 있다면 추가 요금이 있다(기내용 캐리어 1개 무료, 추가는 크기에 따라 1.50€~).

SITA 버스 정식 매표소는 사철역에서 나와 오른쪽에 있지만 현금이든 카드든 불투명한 계산으로 불만이 높은 곳이니 현금을 딱 맞춰서 준비해 가는 것이 좋다. 그 외에 역 2층에 있는 자동판매기와 타바키, 1층의 신문 판매소 등에서도 승차권을 판매한다. 매표소가 모두 문을 닫았다면 역 정문으로 나가 언덕 아래 왼쪽에 있는 바 프리스비(Bar Frisby)에서 구매하면 되는데, 이곳도 불친절하기로 유명하다.

★
플릭스버스 Flixbus
PRICE 27€~
WEB flixbus.it

마로치 Marozzi
PRICE 21€~
WEB marozzivt.it

★
SITA 버스(SITA SUD Srl)
WEB sitasudtrasporti.it
(스케줄 확인만 가능)

현지 번호를 제공하는 유심이 있으면 'Unico Campania' 앱에서 SITA Sud 승차권을 구매할 수 있다.

사철·SITA 버스 승차권 자동판매기

포시타노·아말피행 버스 정류장. 시즌마다 바뀌는 시간표부터 확인한다.

SITA 버스 매표소

4. 페리

카프리를 오갈 때 주로 이용한다. 일반 페리로는 30분 정도, 고속 페리로는 20분 정도 소요된다. 비수기 기준 각각 하루 4회, 8회 정도 운항하며, 여름 성수기에 운항 횟수가 급격히 증가한다. 단, 날씨에 따라 운항이 취소되기도 하니 충분한 시간을 두고 여유롭게 움직이자. 성수기(5~10월)에는 소렌토~포시타노~아말피를 잇는 페리도 운항한다. 온라인 예약 시 예약 플랫폼을 이용하면 수수료가 추가되므로 페리 스케줄 검색 후 각 페리회사 홈페이지에서 예약하는 것이 좋다.

사철역에서 마리나 피콜라 포르토(Marina Piccola Porto)행 버스를 타면 항구까지 10분 정도 소요된다. 요금은 1.30€. 승차권은 사철역 1층의 신문 판매소(역을 바라보고 오른쪽)에서 구매할 수 있다.

사철역과 항구를 오가는 버스

★
페리
WEB capri.net(예약 플랫폼)
naplesbayferry.com(예약 플랫폼)

페리 선착장

항구까지 걸어가려면 'porto' 방향으로, 리프트를 타려면 'Lift to the Beach' 방향으로 가자.

▶ 소렌토 시내에서 항구 가기

소렌토는 항구를 제외한 모든 시설이 절벽 위에 있다. 시내에서 절벽 아래의 마리나 피콜라 항구까지 내려가는 가장 쉬운 방법은 엘리베이터 모양의 리프트를 타는 것. 시내 쪽 리프트는 절벽 위인 빌라 코무날레 공원 안에 있다. 리프트를 타고 내려가 절벽 아래 개찰구를 통과하면 바로 앞에 바다가 펼쳐지고, 방갈로 뒤쪽으로 난 길을 따라 5분 정도 걸으면 항구가 나온다. 반대로 항구에서 시내로 올라갈 땐 'Lift to Centro' 이정표를 따라간다.

완만한 길을 따라 경치를 감상하며 걸어 내려가는 방법도 있다. 타소 광장에서 빌라 코무날레 공원으로 가는 도중 산 안토니노 광장(Piazza Sant'Antonino)을 만나면 그 북쪽에서 시작되는 뤼지 데 마이오 거리(Via Luigi de Maio)를 따라 구불구불 내려가자. 도보로 약 15분이면 항구까지 닿을 수 있다. 타소 광장 바로 북쪽에도 뤼지 데 마이오 거리로 내려가는 작은 계단이 있다.

★ 소렌토 리프트 운행 정보

OPEN 07:30~23:00(5월 ~24:00, 6~9월 ~다음날 01:00, 11~3월 ~20:30)
PRICE 편도 1.10€, 왕복 2€
WALK 빌라 코무날레 공원 안 왼쪽 구석에 있다.
WEB sorrentolift.it

빌라 코무날레 안의 소렌토 리프트와 매표소

절벽 아래 개찰구와 매표소

리프트를 이용하지 않을 땐 계단이 지름길이다.

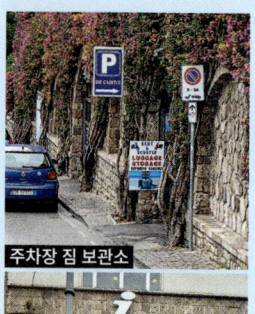
주차장 짐 보관소

● 관광 안내소 Infopoint

지도와 사철, SITA 버스, 페리 운항 시간표 등을 받을 수 있다.

ADD Piazza Giovan Battista de Curtis
OPEN 09:00~18:00(토요일 09:00~13:00)/시즌에 따라 유동적
CLOSE 일요일
WALK 사철역 1층으로 내려가면 기차 객실 모양의 부스가 있다.

공식 관광 안내소. 양쪽에 있는 'i'가 표시된 곳이 여행사다.

오른쪽 여행사

● 짐 보관소

소렌토 사철역 앞 지하 주차장과 1층의 여행사 티켓 오피스에 짐을 맡길 수 있다. 정식 보관소는 아니지만 당일치기 여행자에게 유용하다.

지하 주차장

ADD Via Ernesto de Curtis
OPEN 07:30~23:00/시즌에 따라 유동적
WALK 사철역에서 계단을 내려와 직진하면 오른쪽에 지하 주차장으로 들어가는 입구가 있다.

여행사 티켓 오피스

ADD Piazza Gian, Piazza Giovanni Battista de Curtis, 11
OPEN 오른쪽 여행사 09:00~18:00, 왼쪽 여행사 09:00~16:30/시즌에 따라 유동적
CLOSE 비수기 비정기 휴무
WALK 공식 관광 안내소 양쪽에 있다.

도데카 소렌토

● 도데카 소렌토 Dodecà Sorrento

식료품부터 공산품과 생활잡화까지 다양하게 갖춘 규모가 큰 슈퍼마켓. 사철역과 타소 광장 사이에 있다.

◎ J9GH+H5 소렌토
ADD Corso Italia, 221　**OPEN** 08:00~21:45　**WALK** 사철역·타소 광장에서 각각 도보 3분

★
꼬마기차 타고 동네 한 바퀴

사철역 북쪽의 안젤리나 라우로 광장(Piazza Angelina Lauro) 한쪽에는 기차 모양의 오픈 버스가 서 있는데, 멋진 전망대와 항구, 유서 깊은 골목 등을 한 바퀴 돌아볼 수 있다. 30~35분 소요.

OPEN 09:00~24:00(4월 ~21:00, 10월 ~22:00, 11~12월 및 3월 주말 10:00~18:00)
CLOSE 1~2월
PRICE 7.50€, 어린이 5€
WEB sorrentotraintour.com

★
소렌토 공중화장실

사철역 건물을 바라보고 1층 왼쪽 구석과 타소 광장 근처에 공중화장실이 있다. 이용료는 각각 0.50€.

사철역 1층의 공중화장실

타소 광장의 공중화장실 (Via Correale, 5)

버스 투어는 광장의 부스에서 신청한다.

OPTION C 소렌토

소렌토 사철역 → 도보 5분 → ❶ 타소 광장
→ 도보 1분 → ❷ 산 체사레오 거리 → 도보 5~7분
→ ❸ 빌라 코무날레 & 비토리아 광장

❶ 오른쪽에 보이는 노란색 건물이 카르미네 성당이다.

01 타소 광장
소렌토의 중심은 여기!
Piazza Tasso

16세기 소렌토 출신의 시인 토르콰토 타소(Torquato Tasso)의 이름을 붙인 소렌토의 중심 광장. 1572년 건축한 바로크 양식의 ❶ 카르미네 성당(Chiesa del Carmine)과 카페가 광장을 둥글게 둘러싸고 있으며, 그 안에는 4층 건물 높이의 야자수가 늘어서 있다. 광장에서 바다가 보이는 쪽을 바라보고 정면으로 걸어가면 페리 선착장, 오른쪽으로 걸어가면 사철역으로 가는 길이다.

📍 J9GG+F7X 소렌토
ADD Piazza Tasso
WALK 사철역에서 도보 5분

02 산 체사레오 거리
특산품 구경 실컷 해볼까
Via San Cesareo

소렌토 최대의 번화가 타소 광장과 서쪽으로 이어지는 산 체사레오 거리는 리몬첼로, 레몬 사탕, 타일 장식품 등 소렌토 특산품을 파는 상점이 모여 있는 쇼핑가다. 아기자기하고 고풍스러운 골목을 구경하는 것만으로도 재미나니 꼭 한번 들러보자. 소렌토와 카프리, 아말피 해안 지역의 기념품은 대부분 레몬을 테마로 한 비슷한 제품들로 눈에 띄었을 때 사두는 것도 좋다.

📍 J9GF+FM3 소렌토
ADD Via S.Cesareo
OPEN 10:00~22:00(상점마다 조금씩 다름)
WALK 타소 광장에서 시계탑을 바라보고 오른쪽 골목으로 직진

MORE
과자부터 술까지, 온통 레몬레몬해
리모노로-파브리카 리쿼리 Limonoro-Fabbrica Liquori

1905년부터 4대째 레몬으로 초콜릿·쿠키·리큐어를 만들어온 레몬 장인의 가게. 체사레오 거리에서 가장 오래된 상점으로, 상큼한 리몬첼로(Limoncello, 10~30€)가 대표 상품이다. 크리미한 크레마 디 리모니(Crema di Limoni)와 달콤한 크레마 디 멜로네(Crema di Melone)도 인기. 시음 후 구매 가능하며, 선물용 제품도 다양하다.

📍 J9GF+FP 소렌토
ADD Via S. Cesareo, 49/53
OPEN 09:00~19:00(성수기 연장 오픈)
WEB limonorosorrento.com

리몬첼로

소렌토의 수호성인 성 안토니오 아바테의 동상

빌라 코무날레에서 바라본 항구

03 환상의 전망 포인트 모아보기
빌라 코무날레 & 비토리아 광장
Villa Comunale & Piazza della Vittoria

절벽 위 탁 트인 풍경이 인상적인 전망 포인트. 작고 아담한 공원 빌라 코무날레 입구에는 ❶ 새와 대화를 나누는 성 프란체스코 조각상과 ❷ 산 프란체스코 성당(Chiesa di San Francesco)이 있다. 공원 안쪽에는 해변과 항구가 내려다보이는 전망대와 카페, 절벽 아래로 내려갈 수 있는 계단과 리프트 등이 있다.
비토리아 광장 앞의 전망대도 빼놓을 수 없는 명소. 전망대 왼쪽에 있는 시레네 호텔(Hotel de la Syrene) 야외 바 역시 최고의 전망 포인트로 손꼽힌다.

ⓖ **빌라 코무날레:** J9HF+53 소렌토/ **비토리아 광장:** 비토리아 광장 소렌토
WALK 타소 광장에서 빌라 코무날레까지 도보 3분, 빌라 코무날레에서 비토리아 광장까지 도보 3분

MORE
숨은 전망 명소,
코레알레 디 테라노바 박물관
Museo Correale di Terranova 옆 산책로

남들이 잘 안 가는 산책로에서 한적한 시간을 보내고 싶다면 타소 광장에서 코레알레 거리(Via Correale)를 따라 걸어보자. 코레알레 디 테라노바 박물관은 타소 광장 이름의 주인공이자 소렌토 출신 시인 타소의 유품이 전시된 곳으로, 박물관을 바라보고 왼쪽 길을 따라가면 아주 멋진 전망대가 나타난다.

바다를 향해 벤치가 놓여있다.

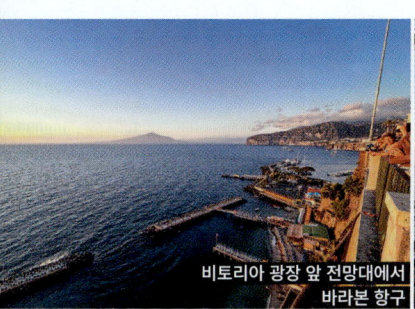

비토리아 광장 앞 전망대에서 바라본 항구

시레네 호텔 야외 바

Eat
ing
& Drink
ing

천장에는 각종 생햄(프로슈토)이 주렁주렁 매달려 있다.

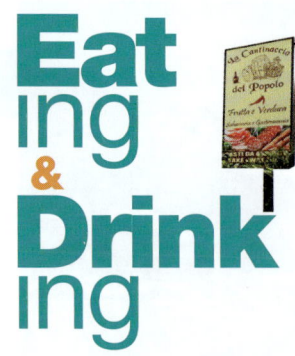

큼직한 프라이팬에 담겨 나와 더 먹음직스러운 스파게티

절대 놓치고 싶지 않은 로컬 맛집
🟠 라 칸티나차 델 포폴로
La Cantinaccia del Popolo

소렌토 현지인의 일상을 엿보고 싶다면 조금 멀더라도 들러볼 만한 식당. 현지인들의 선택은 천장 가득 매달린 생햄을 툭툭 잘라 치즈나 과일을 곁들여 내는 전채 요리. 점심에는 저렴한 파스타로 간단히 식사를 해결하는 사람도 많다. 둘이서 방문했다면 파스타에 새우·오징어튀김이나 새우·오징어구이를 곁들여보자. 품질 좋은 암소 등갈비 스테이크(Costata di Scottona, 60€/1kg)나 티본스테이크(T-bone di Scottona, 60€/1kg)처럼 큼직하게 구워내는 스테이크도 인기다.

📍 J9HM+2J 소렌토
ADD Vico Terzo Rota, 6/8
OPEN 12:00~22:30(일요일 ~21:40)
CLOSE 월요일/겨울철 비정기 휴무
MENU 전채 12~20€, 파스타 11~25€, 메인 요리 12~60€
WALK 소렌토 사철역에서 도보 7분/타소 광장에서 도보 10분

새우 & 오징어튀김

한적한 해변에 여기만 북적북적
🟠 포르타 마리나 시푸드
Porta Marina Seafood

소렌토 서쪽 해변, 끝내주는 일몰과 해산물의 향연으로 이탈리아 여행의 로망이 실현되는 곳. 신선한 해산물 구이류가 맛있는데, 부드럽고 쫄깃한 문어 숯불구이(Polpo alla Brace, 23€)는 스프리츠와 잘 어울린다. 짜지 않은 생선튀김(Fritto del Pescato, 25€)과 두껍고 짧은 아말피 전통 파스타, 스키알라티엘리(Scialatielli)를 사용한 해산물 파스타(Scialatielli ai Frutti di Mare, 25€)도 추천. 만석일 땐 옆 식당으로 자리를 안내해준다. 식당이 자리한 소렌토 해변(Spiaggia di Sorrento)은 작은 고깃배들이 정박한 어촌마을 분위기가 한없이 평화롭다.

문어 숯불구이

스키알라티엘리 해산물 파스타

📍 J9H8+2Q 소렌토
ADD Via Marina Grande, 64
OPEN 12:00~22:30
MENU 메인 요리 15~30€, 칵테일 10€~, 자릿세 €2.50/1인
WALK 비토리아 광장에서 도보 8분

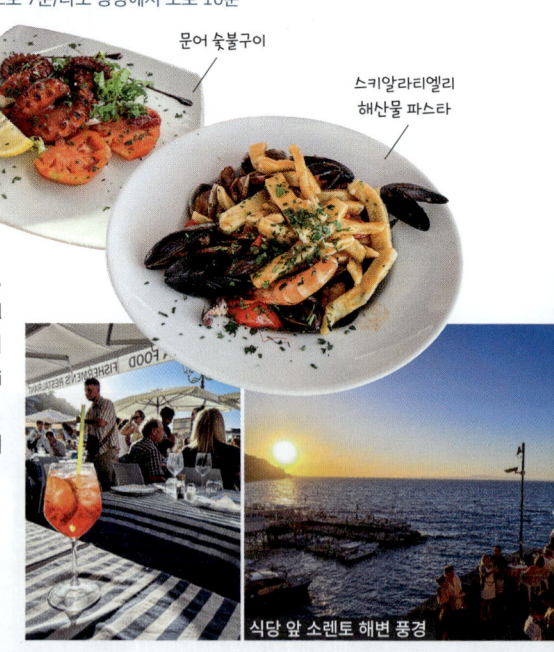

식당 앞 소렌토 해변 풍경

실패 없는 타소 광장 대중식당
🟠 파우노 바
Fauno Bar

해산물 리소토(Risotto alla Pescatora, 19€)
봉골레 스파게티 (Spaghetti alle Vongole, 17€)
오징어·새우튀김 (Frittura di Gamberi e Calamari, 19€)

소렌토 관광의 중심지인 타소 광장에 자리 잡은 대형 식당. 접근성도 맛도 좋아서 관광객들에게 인기가 많다. 대중적인 입맛의 음식을 만날 수 있으며, 간이 짜지 않아서 더욱 반가운 곳. 해산물 요리부터 생햄, 피자, 파스타, 글루텐 프리 음식까지 다양한 메뉴를 갖추고 있어 선택의 폭이 넓다. 다만 여럿이 가면 음식 놓을 공간이 부족할 정도로 테이블이 작고 혼잡한 분위기이니 여유를 가지고 천천히 즐기는 마음가짐이 필요하다. 식사 시간에는 웨이팅이 있으니 전화로 예약하거나 일찍 방문해야 한다.

ⓖ J9GG+C7 소렌토
ADD Piazza Tasso, 13 **TEL** +39 081 878 11 35
OPEN 08:00~다음날 01:30
MENU 전채 6~15€, 파스타 12~19€, 피자 9~15€, 메인 요리 13~27€
WALK 타소 광장의 시계탑을 바라보고 왼쪽
WEB faunobar.it

싸고 맛있는 케밥은 언제나 옳다
🟠 케밥 참파
Kebab Ciampa

저렴하면서도 맛있는 한 끼로 여행자들에게 뜨거운 사랑을 받는 케밥 가게. 큼직한 피타 빵에 잘 구운 소고기나 닭고기, 각종 채소를 듬뿍 끼워준다. 빵 대신 샐러드를 곁들이는 플레이트도 가능! 소스는 칠리와 바비큐를 추천한다.

ⓖ J9GF+7P 소렌토
ADD Via S. Maria Pietà, 23
OPEN 17:30~24:00
CLOSE 수요일
MENU 케밥 피타 10€~, 케밥 플레이트 14€~, 토핑(구운 고추·치즈) 추가 1€
WALK 타소 광장에서 도보 1분

달지 않아 더욱 맛있는 젤라토
🟠 라키
Raki

독특한 재료를 조합한 창의적인 젤라토를 꾸준히 내놓기로 유명한 젤라테리아. 30종 이상의 젤라토는 어떤 걸 먹어도 맛있지만 레몬, 망고, 오렌지 등을 활용해 산뜻한 맛을 내는 과일계 소르베토가 특히 인기 있다. 솔티드 캐러멜, 헤이즐넛 밀크초콜릿 등 견과류나 초콜릿, 캐러멜을 조합한 젤라토도 추천. 아말피 해안 지역 명물인 레몬으로 만든 레몬 슬러시(그라니타)도 맛볼 수 있다. 소렌토 최대 쇼핑가인 산 체사레오 거리에 있다.

ⓖ J9GF+CH 소렌토
ADD Via S. Cesareo, 48
OPEN 11:00~다음날 01:00
MENU 젤라토 1스쿱 3.50€~
WALK 타소 광장 시계탑에서 도보 2분

04
CAMPANIA

아말피 해안

COSTIERA AMALFITANA
(영어명 : AMALFI COAST)

아말피 해안은 <내셔널 지오그래픽>에서 선정한 '죽기 전에 꼭 가봐야 할 50곳(50 places of a lifetime)' 중 낙원 부문에서 당당히 1위로 꼽힌 곳이다. 소렌토에서 아말피를 거쳐 살레르노에 이르는 50km 남짓한 도로에서 바라본 푸른 바다와 깎아지른 듯한 절벽은 상상할 수 없을 만큼 아름답다.
해안을 따라 이어지는 작은 마을들은 이탈리아에서 손에 꼽을 정도로 깨끗하고 소박한 정취를 지녀서 여성 여행자들에게 특히 인기가 높다.

아말피 해안 가기

아말피 해안을 여행하는 가장 일반적인 루트는 소렌토에서 버스를 타고 남쪽 해안을 따라 포시타노, 아말피를 거쳐 살레르노(Salerno)까지 이동하거나 반대로 살레르노에서 아말피, 포시타노, 소렌토로 여행하는 2가지 방법이 있다. 성수기에는 버스 대신 해안 마을 사이를 운항하는 페리를 이용하는 것도 색다른 경험이 될 수 있다. 숙소와 동선을 고려하여 이동 방법을 결정하자.

★ SITA 버스(SITA SUD Srl)
WEB sitasudtrasporti.it
(스케줄 확인만 가능)
APP Unico Campania
(승차권 구매, 현지 유심 필요)

다양한 디자인의 버스가 있다.

1. 사철 + SITA 버스

나폴리 중앙역에서 사철을 타고 종착역인 소렌토역에 내린 후 역 앞의 버스 정류장에서 아말피행 SITA 버스를 타고 중간에 포시타노에서 내리는 것이 가장 일반적인 방법이다. 로마로 돌아갈 때는 역순으로 되돌아가거나, 아말피에서 살레르노까지 이동한 후 기차로 갈아탄다.

SITA 버스는 아말피 해안을 여행하는 가장 저렴한 이동 수단이다. 시내버스처럼 선착순으로 탑승하므로 여행자들로 늘 북적이지만 이동 거리에 비해 요금이 저렴하다는 것이 장점이다. 소렌토부터 살레르노까지 한 번에 연결하는 노선은 없고 소렌토~포시타노~아말피, 아말피~라벨로, 아말피~살레르노 등의 노선으로 이루어져 있다. 승차권은 각 버스 정류장 근처의 매표소나 상점 등에서 판매한다. 정류장에 승차권 판매원이 나와 있는 경우도 있다. 버스로만 이동할 예정이라면 소렌토에서 미리 사 두는 것이 편리하다. 현지 유심을 이용한다면 스마트폰 앱(Unico Campania)으로 탑승 구간을 선택해 디지털 티켓을 구매하고 버스 탑승 전에 활성화한다. 소렌토에서 출발할 경우 버스 진행 방향의 오른쪽이 경치가 더 좋다는 점도 기억해두자.

✦ SITA 버스 운행 정보 (성수기 기준)

	운행 시간	소요 시간	1회 요금
소렌토 → 포시타노	06:30~21:30/ 15분~1시간 간격	키에사 누오바 50분, 스폰다 1시간	2.40€
포시타노 → 아말피	06:15~21:55/ 15분~1시간 간격	키에사 누오바 1시간, 스폰다 50분	2.40€
아말피 → 라벨로	06:30~22:00/ 15분~1시간 간격	25~30분	1.50€
아말피 → 살레르노	05:15·07:00~22:00/ 15분~1시간 간격	1시간 15분	2.80€
나폴리 → 아말피	월~토요일 1일 2~3회	2시간	6.10€

*양방향으로 운행

★ SITA 버스 승차권 종류
- **1회권(Corsa Singola)** 버스를 한 번만 탈 수 있다(환승 불가). 거리·구간 비례 요금제.
- **24시간 패스(CostieraSITA-24 ore)** 소렌토에서 살레르노까지 전 구간을 패스 개시 후 24시간 무제한 이용할 수 있다. 패스에 이름과 생년월일을 적어야 하며, 버스에 처음 탑승할 때만 개찰하고 2회째 탑승부터는 운전기사에게 보여주기만 하면 된다. 요금은 10~12€(시즌 및 판매처에 따라 다름).

★ 잊지 말자, 승차권 각인!

종이 승차권은 버스에 타자마자 개찰기에 넣어 탑승일시를 찍는다. 버스마다 개찰기의 모양과 작동 방식이 조금씩 다른데, 신형 개찰기는 승차권을 위쪽으로, 구형 개찰기는 앞면 중앙에 넣으면 2~3초 후 개찰 시간이 찍혀 나온다. 직원이 손으로 찢어서 사용 여부를 표시하기도 한다.

신형 개찰기는 승차권을 위쪽 투입구에 끝까지 밀어 넣는다.

구형 개찰기는 앞면 투입구에 끝까지 밀어 넣는다.

★ 버스 시간표 읽는 법

버스 정류장에 부착된 시간표는 평일·휴일·매일 등의 운행 시간이 섞여 있어서 헷갈리기 쉽다. 시간표 제일 위의 대문자 범례를 다시 한번 확인하자.

F 월~토요일 운행
H 일요일·공휴일만 운행
G 매일 운행 **S** 통학 버스
L 월~금요일 운행

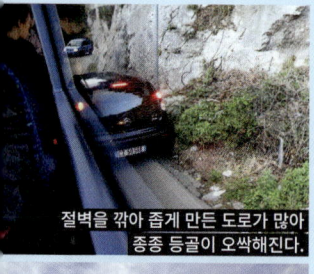

절벽을 깎아 좁게 만든 도로가 많아 종종 등골이 오싹해진다.

페리는 시원한 2층 데크가 인기!

2. 렌터카

아말피 해안에서는 낭만적인 해안 드라이브를 꿈꾸며 렌터카 여행을 고려하는 여행자가 많지만 이곳에서의 운전은 신중하게 결정해야 한다. 가파른 절벽을 따라 굴곡진 도로가 끊임없이 이어지며, 돌발적인 갓길 주차 차량과 여기저기서 느닷없이 튀어나오는 오토바이 때문에 연달아 가슴을 쓸어내리게 된다. 특히 포시타노~아말피~라벨로 구간은 주로 왕복 1차선밖에 안 되는 좁은 도로다. 마주 오는 차를 옆에 두고 아슬아슬 곡예 운전을 해야 하고 막히는 구간도 많아 초보 운전자에게는 추천하지 않는다.

3. 페리

4~10월에는 포시타노~아말피~살레르노 구간에서 페리가 운항한다. 조금 비싸지만 바다 경치를 즐기며 쾌적하게 이동할 수 있어 여행자들에게 인기가 많다. 요금이 부담스럽다면 제일 저렴한 포시타노~아말피 구간만이라도 꼭 이용해보자. 아말피~포시타노~카프리를 연결하는 페리도 있다. 자세한 정보는 각 도시 참고.

★ 페리
예약 플랫폼
WEB capri.net
naplesbayferry.com

트래블마르(아말피 해안 곳곳 취항)
WEB travelmar.it

NLG(아말피 해안 곳곳 취항)
WEB nlg.it

Snav(나폴리와 주변 섬 다수 취항)
WEB snav.it

*예약 플랫폼을 통해 페리를 예약하면 수수료가 추가되니 페리 스케줄만 조회하고 페리회사 홈페이지에서 예약하자.

★ 아말피 여행 시작점으로, 살레르노 Salerno

치안이 좋지 않고 붐비는 나폴리 대신 살레르노에서 아말피 해안 여행을 시작하는 여행자가 늘고 있다. 살레르노 역시 **고속열차**로 로마, 피렌체 등의 대도시와 편리하게 연결되며, 4~10월에는 아말피 해안을 오가는 여객선이 기항해 나폴리 못지않게 캄파니아 지방의 관문 역할을 톡톡히 하고 있다. 페리 선착장은 살레르노 기차역을 빠져나와 직진하다가 콘코르디아 광장(Piazza Concordia)을 통과하면 나온다(도보 10분 소요). 살레르노역 앞에서 아말피까지 **SITA 버스**도 자주 운행한다. 기차역 앞 광장(Piazza V. Veneto)에서 출발해 아말피까지 갔다가 콘코르디아 광장으로 돌아온다. 버스 기사에 콘코르디아 광장을 "기차역(Treno Stazione)"이라고 알려줄 정도로 두 곳은 가깝다.

살레르노 기차역 앞의 아말피행 SITA 버스 정류장

OPTION D 아말피 해안

◇ 포시타노 Positano

아말피 해안 마을 중에서 가장 뜨거운 인기를 누리는 곳이다. 매일같이 SNS를 장식하는 '바로 그 사진'을 찍기 위해 마을 곳곳을 누비는 여행자들을 만날 수 있다. 2~3시간이면 다 돌아볼 만큼 작은 마을이지만 골목 사이사이로 소박하게 자리한 아기자기한 상점들이 걷는 재미를 준다. 대신 성수기의 물가는 비싼 편이다.

#CHECK
포시타노 교통 & 실용 정보

◆ **포시타노 SITA 버스 정류장**

포시타노의 SITA 버스 정류장은 마을 서쪽 고지대에 있는 키에사 누오바(Chiesa Nuova)와 동쪽 고지대에 있는 스폰다(Sponda) 2곳이다. 마을의 중심인 물리니 광장(Piazza dei Mulini)까지 키에사 누오바 정류장에서 도보 25분, 스폰다 정류장에서 도보 10분 정도 걸린다. 승차권은 마을 안의 타바키나 키에사 누오바 정류장 근처의 바 인테르나치오날레(Bar Internazionale)에서 구매할 수 있다. 스폰다 정류장에는 매표소가 따로 없으니 미리 왕복용 승차권 2장을 준비해두자. 이탈리아 전화번호를 제공하는 유심 사용자라면 SITA 버스 승차권을 살 수 있는 스마트폰 앱(Unico Campania)을 이용하면 편리하다.

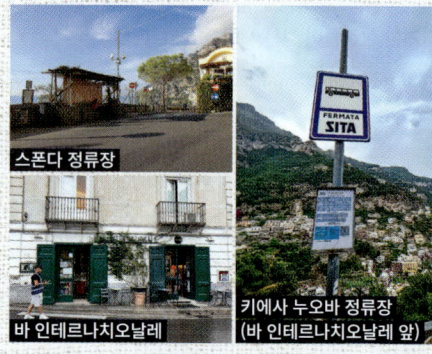

스폰다 정류장

바 인테르나치오날레

키에사 누오바 정류장 (바 인테르나치오날레 앞)

C. 콜롬보 거리. 'Centro' 이정표를 따라간다.

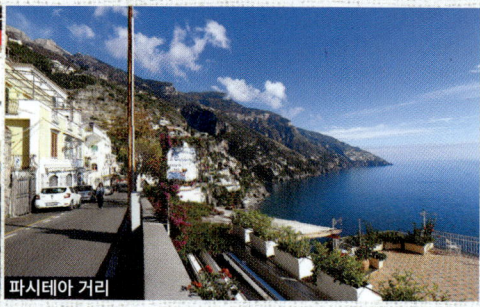

파시테아 거리

◆ **버스 정류장에서 물리니 광장까지**

포시타노의 SITA 버스 정류장들은 각각 손에 꼽히는 바다 전망 산책로의 시작점이다. 마을 중심과 가까운 스폰다 정류장에서 내리면 바다를 곁에 둔 감성적인 마을을 구경하며 크리스토포로 콜롬보 거리(Via Cristoforo Colombo)를 따라 내려간다. 마을 중심까지 빠르고 편안하게 도보 이동 가능. 한편 키에사 누오바 정류장에서 내리면 바다와 절벽이 압도하는 웅장한 풍경을 감상하며 파시테아 거리(Viale Pasitea)를 걸어 내려간다. 단, 경사가 가파른 지대에 길게 굴곡진 자동차 도로를 따라가는 거라 중간중간 보이는 지름길 골목과 계단을 적절히 이용해야 이동시간을 줄일 수 있다.

버스 정류장에 길게 늘어선 줄

◆ **당일치기 여행자의 소렌토행 버스 타기**

포시타노에서 소렌토로 돌아오는 SITA 버스는 성수기뿐만 아니라 비수기에도 거의 만차라서 정류장을 무정차 통과할 때가 많다. 중간 정류장인 포시타노에서는 탑승하지 못할 가능성이 매우 크므로 종점인 아말피에서 소렌토행 버스를 타는 것이 안전하다. 소렌토에서 출발하는 당일치기 여행자는 소렌토 → 포시타노 → 아말피 → 소렌토 순서로 일정을 짜자. 포시타노에서 탄다면 키에사 누오바보다는 스폰다 정류장의 성공 확률이 더 높다는 것도 참고하자.

택시를 이용할 경우 포시타노에서 소렌토까지 요금은 80~120€. 포시타노 정류장의 줄이 길 땐 사람을 모아서 소렌토까지 가는 합승택시나 밴도 종종 등장한다. 8명 기준 1인당 15~20€. 불법이긴 하지만 급할 땐 유용하다.

◆ 페리 선착장과 페리 운항 정보

해변 오른쪽에 페리 선착장이 있다. 4~10월에는 카프리, 소렌토, 아말피, 살레르노를 오가는 페리가 운항한다. 요금은 조금 비싸지만 풍경을 감상할 수 있고 편리하기 때문에 이용하기 복잡한 SITA 버스의 대안으로도 인기다. 단, 시즌과 날씨에 따라 운항 스케줄이 자주 바뀌며, 자주 취소된다. 여름 성수기에는 운항 횟수가 급격히 늘어난다.

포시타노 ⇌ 카프리 편도 27.50~29€, 40~50분 소요, 1일 10회 운항
포시타노 ⇌ 소렌토 편도 18~21.50€, 40분 소요, 1일 6회 운항
포시타노 ⇌ 아말피 편도 10~13€, 25분 소요, 1일 19회 운항
포시타노 ⇌ 살레르노 편도 12~17€, 70분 소요, 1일 13회 운항
*성수기 기준

◆ 포시타노 마을버스

마을 중심부에서 먼 숙소에 묵는 여행자들에게 유용하다. 계단이 많은 언덕 지형이라 큰 짐을 가지고 이동하기 힘들기 때문. 버스 앞에 '인테르노 포시타노(Interno Positano)'라고 적혀 있다. 운행 시간이 유동적이니 정류장의 시간표를 확인하자. 성수기에는 연장 운행하며, 배차 간격도 짧아진다.

노선 물리니 광장~C. 콜롬보 거리~스폰다 정류장~키에사 누오바 정류장~파시테아 거리~물리니 광장
요금 1.30€(버스 기사에게 구매 시 1.80€), 짐 1개당 1.50€
운행 시간 07:40~24:00(30~50분 간격, 12월 24·25·31일은 단축 운행)

◆ 물리니 광장의 타바키

버스 승차권 판매소. 매표소가 없는 스폰다 정류장으로 올라가기 전 미리 구매해두자. 단, 판매를 중단하거나 요금을 올려 받을 때가 종종 있다.

★ 화장실은 어디에?

해변에 있는 공중 화장실은 비수기에 문을 닫을 때가 많다. 이럴 땐 물리니 광장 북쪽의 주차장 지하에 있는 화장실을 이용하자. 0.50€.

물리니 광장의 화장실 / 해변의 화장실

★ 포시타노의 식당

포시타노의 식당들은 훌륭한 전망을 자랑하지만 맛에 대한 평가가 그다지 좋지 않다. 그러니 맛보다는 멋진 전망을 즐기는 데 만족하자. 바다를 가까이에서 느끼고 싶다면 해변의 식당을, 절벽과 어우러진 풍경을 감상하고 싶다면 언덕 위쪽의 식당을 추천한다.

★ 포시타노의 숙소

포시타노는 아말피 해안에서 숙박비가 가장 높은 마을이다. 마을 중심과 가까운 숙소는 시설에 비해 가격이 비싸서 가성비가 좋지 않다. 반대로 멋진 전망을 내세우는 숙소는 반드시 위치를 확인할 것. 외곽에 있는 숙소는 찾아가기도 힘들고 가는 길에 계단이 많아 고생할 수 있다.

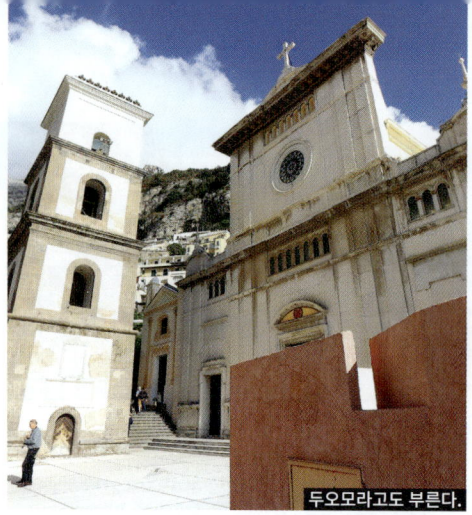

두오모라고도 부른다.

01 포시타노 마을의 중심
산타 마리아 아순타 성당
Chiesa di Santa Maria Assunta

버스에서 내려 크리스토포로 콜롬보 거리를 따라 걸으면 마을버스의 출발점인 물리니 광장(Piazza Mulini)이 나온다. 여기서 물리니 거리를 따라 내려오면 포시타노 관광의 중심이라 할 수 있는 산타 마리아 아순타 성당이 나타난다. 푸른 하늘과 더할 나위 없이 잘 어울리는 시계탑은 멋진 촬영 포인트. 성당 앞 작은 광장의 테라스에서 바라보는 바다 풍경도 근사하다. 광장 앞의 계단을 내려가면 좁은 골목 가득 카페와 식당이 모여 있어 흥겨운 분위기다.

ⓖ JFHP+9Q 포시타노
ADD Piazza Flavio Gioia
OPEN 09:30~12:00·16:00~20:00
WALK SITA 버스 스폰다 정류장에서 바다를 왼쪽에 두고 C. 콜롬보 거리(Via C. Colombo)를 따라 도보 10분

휴식처로 사랑받는 성당 앞 테라스

마을의 편의시설이 모여 있는 물리니 광장

02 해안의 스타 해수욕장
스피아자 그란데
Spiaggia Grande

검은색 자갈로 이루어진 바닥이 투명한 바다 색과 대조를 이루며 맑은 느낌을 더해주는 해수욕장. 해수욕장만 놓고 보면 작고 별다를 것 없어 보이지만 맞춤 정장처럼 주변 풍경과 조화를 이루는 모습이 포시타노와 잘 어울린다. 아말피 해안에서 가장 인기 있는 해수욕장으로 여름에는 선탠과 수영을 즐기는 여행자들로 북적거린다. 무료입장.

ⓖ JFHP+5WJ 포시타노
ADD Grande Spiaggia
WALK 산타 마리아 아순타 성당 앞 계단으로 내려가서 좌회전해 도보 2분

바다를 바라보고 오른쪽에 있는 트라시타 탑과 클라벨 탑

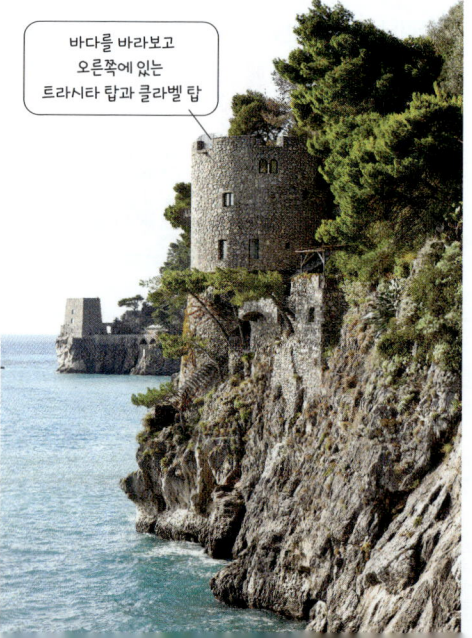

Eating & Drinking

오래 머물다 가고 싶은 분위기와 맛
◉ 카사 에 보테가
Casa e Bottega

그림 같은 포시타노 마을의 아름다움을 빼닮은 카페 겸 레스토랑. 물리니 광장 북쪽에 자리 잡고 있다. 입구와 실내 곳곳에 놓인 싱그러운 식물과 과일 바구니가 동화적인 분위기를 연출하고 미니멀한 디자인의 세라믹 식기와 수공예품을 판매하는 잡화 공간도 마련돼 있어 눈과 마음이 즐겁다. 산뜻한 인테리어에 걸맞게 제철 채소와 해산물을 활용한 건강하고 창의적인 메뉴를 선보인다.

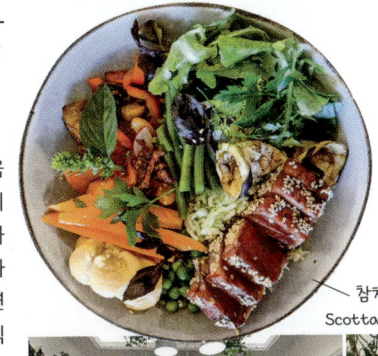
참치 타다키(Tonno Scottato al Sesamo, 28€)

◎ 까사 에 보떼가
ADD Viale Pasitea, 100, Positano
OPEN 09:00~15:00
CLOSE 월요일
MENU 샐러드 20~26€, 요리 20~28€, 음료 9~15€
WALK 물리니 광장에서 도보 5분
WEB casaebottegapositano.it

저렴하게 즐기는 전망 카페
◉ 파라다이스 라운지 바
Paradise Lounge Bar

높은 물가로 악명을 떨치는 포시타노에서 가장 저렴하게 바다 전망을 즐길 수 있는 카페. 셀프서비스라 자릿세가 없고 비수기에도 문을 여는 고마운 곳이다. 주종목이 카페와 베이커리이기에 커피 한 잔과 크루아상 한 개로도 멋진 바다 전망 테이블을 차지할 수 있다. 맛은 대체로 평범하다.

◎ JFHP+7Q 포시타노
ADD Via del Saracino, 32
OPEN 07:30~24:30/비수기 단축 운영
MENU 커피 2~7.50€, 프라푸치노 8.50€~, 조각피자 6€~
WALK 산타 마리아 아순타 성당 앞 계단으로 내려가 다시 왼쪽 계단으로 내려간 후 골목으로 들어가면 오른쪽에 있다.

커피 한잔으로 차지하는 테라스

포시타노의 쇼핑 거리, 물리니 거리 Via dei Mulini

특별한 쇼핑 아이템은 없지만 스치듯 지나치며 구경하는 것만으로 은근히 재미있는 거리. 골목과 조화를 이루며 오밀조밀 들어선 상점 풍경이 걷는 내내 시선을 끈다. 대부분 상점은 물리니 광장에서 해변으로 이르는 골목에 들어서 있으며, 레몬 특산품과 수공예 도자기, 비치 용품이 주를 이룬다.

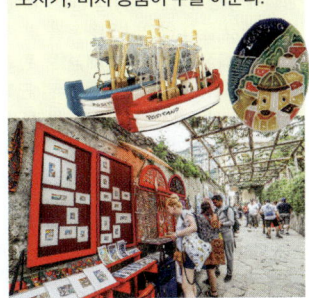

◇ 아말피 Amalfi

아말피 해안의 중심 마을. 교통이 편리하고 숙박료가 비교적 저렴해서 아말피 해안 여행의 거점으로 삼기에 좋다. 반나절이면 다 돌아볼 만큼 작은 마을이지만 경치가 아름답고 해수욕을 즐기기에도 좋다. 두오모 광장 주변에는 식당과 상점이 모여 있는데, 레몬과 관련된 기념품 상점이 많으니 천천히 구경해보자. 3~4시간이면 여유롭게 마을 전체를 돌아볼 수 있다.

★ 유유자적 해수욕장, 피오르도 디 푸로레 Fiordo di Furore

아말피와 포시타노 사이에 있는 계곡형 해변. 아말피에서 버스로 20분 정도 걸리는데, 정류장에 내려서도 까마득한 계단을 걸어 내려가야 한다. 하지만 그만큼 다른 곳보다 한적하고 물이 맑고 온도도 적당해서 수영하기엔 최적의 환경. 계곡이 좁아 오전에는 해가 들지 않으니 일광욕을 하려면 정오쯤 도착하자. 화장실, 탈의실, 매점 등 편의시설은 없고 간이 샤워기는 유료. 바닷물이 덜 끈적거리고 자갈 해변이라 샤워하지 않아도 큰 불편은 없다. 오후가 되면 버스에 승객이 꽉 차서 무정차 통과할 수 있으니 1시간 이상 여유 있게 일정을 짜야 한다.

⊙ JH73+HJ 푸로레
BUS 포시타노~아말피 구간을 운행하는 SITA 버스 피오르도 디 푸로레(Fiordo di Furore) 정류장 하차

다리 위에서 내려다본 풍경 | 다리 위에 버스 정류장이 있다.

#CHECK
아말피 교통 & 실용 정보

◆ **아말피의 SITA 버스 정류장**

아말피는 소렌토, 포시타노, 라벨로, 살레르노 등을 연결하는 SITA 버스의 출발점이자 종점으로, 아말피 해안에서 교통이 가장 편리한 곳이다. 정류장은 두오모와 페리 선착장 사이의 해안가에 위치한 플라보 조이아 광장(Piazza Flavio Gioia)에 있다. 소렌토·포시타노·살레르노행은 바다를 바라보고 오른쪽에 정류장이 있고, 라벨로행 버스는 광장 왼쪽 구석에 마련된 별도의 정류장을 이용한다. 승차권을 현지에서 구하기 어렵기 때문에 소렌토에서 미리 사두거나, 정류장 인근의 티켓 판매원에게 구매하거나, 스마트폰 앱(Unico Campania)을 이용하는 것이 좋다.

◆ **나폴리 카포디치노 공항-아말피 공항버스**

핀투어(Pintour) 공항버스가 나폴리 카포디치노 공항에서 아말피의 플라보 조이아 광장까지 하루 5회 운행한다. 소요 시간은 약 1시간 50분, 요금은 20€(12세 이하 10€).

WEB pintourbus.com

잊지 말자, 승차권 각인!

◆ **페리 선착장과 페리 운항 정보**

플라보 조이아 광장에서 SITA 버스 정류장을 지나 조금 더 가면 페리 매표소가 늘어서 있고 제방 주변에 선착장이 있다. 4~10월에 운항하지만 시즌과 날씨에 따라 스케줄이 자주 변경되며, 날씨가 조금이라도 좋지 않은 날은 운항하지 않는다. 비수기에는 운항 횟수가 급격하게 줄어든다.

아말피 ⇌ 카프리	편도 27.50~29€, 50분 소요, 여름 성수기 기준 1일 10회 운항
아말피 ⇌ 소렌토	편도 20~24.50€, 1시간 소요, 여름 성수기 기준 1일 7회 운항
아말피 ⇌ 포시타노	편도 10~13€, 20분 소요, 여름 성수기 기준 1일 15회 운항
아말피 ⇌ 살레르노	편도 11.50~15€, 35분 소요, 여름 성수기 기준 1일 15회 운항

◆ **페리 매표소 & 관광 안내소 infopoint**

SITA 버스 정류장에서 페리 선착장으로 가는 길 오른쪽에 매표소가 있다. 성수기에는 페리 매표소 가운데 부스 하나를 안내소로 운영하며, 페리 정보 등을 제공한다.

Ⓖ JJM2+8H 아말피
ADD Via Lungomare dei Cavalieri, 74
OPEN 09:00~18:00/시즌에 따라 유동적
WALK SITA 버스 정류장에서 도보 1분
WEB amalfitouristoffice.it

★ **짐 운반 서비스**

언덕 위 숙소를 예약했다면 유용한 서비스다. 가방 1개 10~20€.

★ **아말피의 숙소**

아말피 해안의 중심지답게 숙소가 많고 저렴한 곳도 찾기 쉽지만 편리한 부대시설과 쾌적하고 편안한 객실을 기대하기는 어렵다. 대중교통을 이용해 여행한다면 SITA 버스 정류장과 가까운 곳에 숙소를 잡자. 큰 짐을 옮기기 힘든 곳에 숙소가 있다면 짐 운반 서비스를 이용하는 것도 좋다. 고급 호텔 중 셔틀 서비스를 제공하는 곳도 있으니 잘 알아보자.

◆ **데코 슈퍼마켓 Supermercati Decò**

물이나 간식 등을 저렴하게 판매하는 마을 주민들의 단골 슈퍼마켓이다.

Ⓖ JJP2+2W 아말피
ADD Via Dei Curiali, 6
OPEN 07:30~13:30·16:30~20:30
CLOSE 일요일
WALK 두오모에서 도보 2분

'Supermercato Deco' 표지판을 따라 골목 안으로 들어간다.

01 아말피 두오모
아말피의 두오모엔 뭔가 특별한 게 있다?!
Duomo di Amalfi(Duomo di Sant'Andrea Apostolo)

두오모는 이탈리아 어디서든 쉽게 볼 수 있는 데다 모양도 비슷비슷해서 구별이 잘 안되지만 아말피의 두오모는 조금 특별하다. 딱히 어느 양식이라고 콕 집어 말할 수 없는 복잡하고 독특한 외관이 특징인데, 9세기에 지어진 후 로마네스크, 비잔틴, 아랍-노르만, 고딕 등 다양한 건축 양식으로 증·개축됐기 때문이다. 성당 전체를 둘러싼 그림과 조각상의 주인공은 예수의 12제자 중 한 명인 '성 안드레아'로, 성당 안에는 그의 유해가 안치돼 있다. 어부였던 성 안드레아는 종종 물고기와 함께 그려지며, 예수와 마찬가지로 십자가형을 당했다 하여 'X자형 십자가'가 함께 등장하기도 한다.

📍 JJM3+Q5 아말피
ADD Piazza Duomo 1
OPEN 09:00~18:45(7~9월 ~19:45, 11~2월 10:00~13:00·14:30~16:30)
PRICE 4€, 6~17세 2€(기도하려는 신자는 07:30~10:00·17:00~19:30에 본당 무료입장)
WALK SITA 버스에서 내려 마을 안쪽으로 도보 2분

> ★ **10시~17시에는 유료 입장!**
> 신자가 아닌 일반 관람객은 10:00~17:00에 유료 입장한다. 두오모 정면을 바라보고 왼쪽에 있는 천국의 회랑(Il Chiostro del Paradiso)을 통해 들어간다.

두오모 광장의 성 안드레아 분수

02 아말피 해변
그림 같은 풍경을 두 눈 가득 담아가요
Costa Amalfitana

아말피에 방문한 여행자들의 눈길을 단번에 사로잡는 해변이다. 맑고 투명한 바다를 향해 길게 뻗은 방파제도, 해변을 따라 이어지는 산책로도 모두 놓칠 수 없는 촬영 포인트. 해변에 늘어선 레스토랑이나 바에 한자리 차지하고 앉는다면 더욱더 휴양지에 온 기분을 제대로 즐길 수 있는 곳. 선베드와 파라솔은 2인 기준 하루 60~80€ 정도이며, 성수기에는 비치 클럽에 따라 요금이 더 오른다.

📍 JJM3+85 아말피
ADD Costiera Amalfitana
WALK SITA 버스에서 내리면 바다가 보인다.

03 묘지 전망대
아는 사람만 안다는 전망 맛집
Belvedere Cimitero Monumentale

아말피 해변과 마을을 한눈에 내려다볼 수 있는 전망 포인트. 공동묘지 앞에 있는 테라스인 데다 가는 길목이 눈에 잘 띄지 않아서 아는 사람만 찾아가는 숨은 명소다. 이곳을 찾아가려면 무니치피오 광장 앞에 있는 '보행자 터널 입구'를 찾을 것. 이 보행자 터널로 쭉 들어가서 엘리베이터를 타면 전망대로 갈 수 있다. 보행자 터널은 옆 마을 아트라니(Atrani)와 주차장(Lunarossa)과도 이어지는 길이니 이들 표지판을 따라가는 것도 도움이 된다. 단, 출입 시간 외에는 묘지문을 잠그니 내려올 때를 위해 묘지와 엘리베이터 운영 시간을 알아두고 움직이자.

📍 JJM4+X2 아말피
ADD Salita S. Lorenzo del Piano
OPEN 묘지 08:00~12:00·15:00~17:00(일요일 08:00~ 12:00),
엘리베이터(Ascensori Cimiterali) 08:00~20:00(유동적)
CLOSE 묘지 화·목요일
PRICE 엘리베이터 3€
WALK SITA 버스 정류장에서 무니치피오 광장(Piazza del Municipio)까지 도보 2분, 오른쪽에 보이는 보행자 터널로 들어가 엘리베이터를 타고 올라간다.

화려한 마졸리카 양식의 종탑

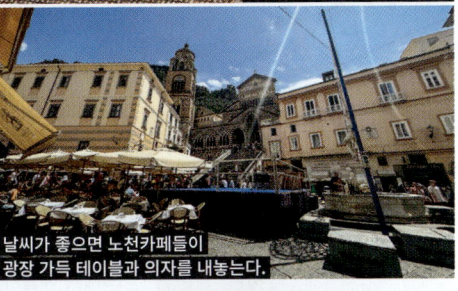

날씨가 좋으면 노천카페들이 광장 가득 테이블과 의자를 내놓는다.

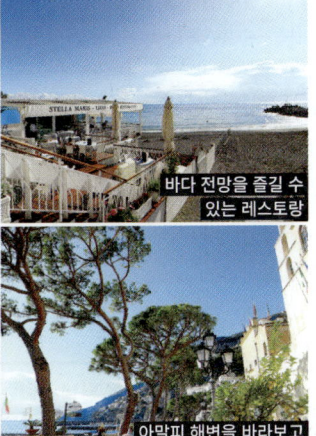

바다 전망을 즐길 수 있는 레스토랑

아말피 해변을 바라보고 왼쪽으로 이어지는 산책로

전망대에서 바라본 풍경

마을 동쪽 언덕 위에 있다.

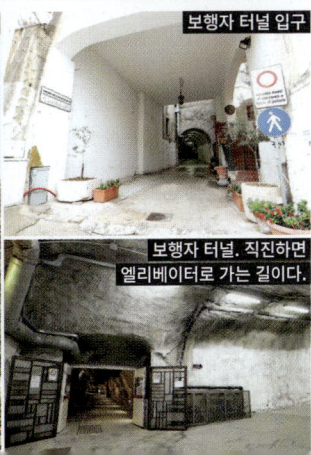

보행자 터널 입구

보행자 터널. 직진하면 엘리베이터로 가는 길이다.

Eat ing & Drink ing

델리치아 알 리모네(Delizia al Limone)

아말피 여행자들의 필수 코스
🟠 안드레아 판사
Pasticceria Andrea Pansa

조개 모양의 스폴랴텔라 리차

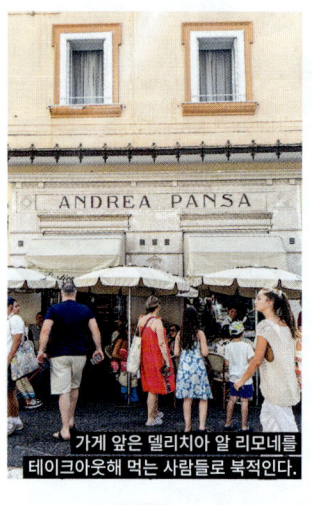
가게 앞은 델리치아 알 리모네를 테이크아웃해 먹는 사람들로 북적인다.

19세기 예술가들이 사랑한 디저트 카페. 1830년 문을 연 이래 노르웨이 극작가 입센, 미국 시인 롱펠로우, 독일 음악가 바그너 등 세계적인 예술가들이 이곳을 찾았다. 시그니처 메뉴는 하얀 레몬 크림을 바른 동그란 케이크 델리치아 알 리모네. 와사삭 부서지는 페이스트리 안에 리코타 크림과 설탕에 조린 오렌지 껍질을 넣은 스폴랴텔라 리차(Sfogliatella Riccia)도 추천 메뉴다.

🟢 JJM3+M4 아말피
ADD Piazza Duomo, 40
OPEN 07:30~23:00 **CLOSE** 1월~2월 초
MENU 델리치아 알 리모네 5€(테이블 서비스 시 9€), 커피 1.30€~(테이블 서비스 시 5€~)
WALK 두오모 계단 바로 아래
WEB pasticceriapansa.it

오물오물 싱싱한 해산물 탐닉
🟠 다 마리아
Da Maria

홈메이드 해산물 파스타

두오모 광장 근처에서 오랫동안 자리를 지켜온 레스토랑이다. 새우나 생선구이, 튀김 등 이 지역 토박이 주인이 엄선한 싱싱한 해산물 요리가 대표 메뉴. 가벼운 점심 식사로는 홍합, 조개 등을 넣은 홈메이드 해산물 파스타(Scialatielli con Frutti di Mare)를 추천한다. 도톰한 면발과 풍성한 해산물의 조합은 언제나 옳다. 나무 화덕에서 구워내는 피자도 평이 좋으며, 다른 곳에서는 최소 2인부터 주문 가능한 해산물 리소토도 1인분씩 판매한다.

🟢 JJM2+VX 아말피
ADD Via Lorenzo D'Amalfi, 14
OPEN 12:00~22:00/겨울철 단축 운영
MENU 전채 14~20€, 피자 10~17€, 메인 요리 18~40€, 자릿세 2€/1인
WALK 두오모 계단에서 도보 1분

요리조리 레몬, 레몬!

리스토란테 랍시데
Ristorante L'Abside

아말피의 풍미와 이탈리아 전통 식문화를 절묘하게 접목한 레스토랑. 관광객들로 붐비는 로렌초 다말피 거리에서 한 블록 떨어진 작은 광장에 자리한다. 시그니처 메뉴는 시칠리아산 붉은 생새우와 레몬(Limone e Gamberi Cotti e Crudi)을 곁들인 파스타로, 시즌에 따라 생면 파스타나 리소토로 변주한다. 평범한 요리를 특별하게 만드는 비결은 역시 아말피 레몬 소스. 해산물의 감칠맛을 살린 홈메이드 파스타(Scialatielli alla Pescatora, 30€), 봉골레 파스타(Vongole al Profumo di Agrumi, 25€) 등 모든 메뉴의 완성도가 높다. 가격은 다소 비싸지만 한적한 테라스석에서 친절한 서비스와 함께 여유로운 식사를 즐길 수 있다.

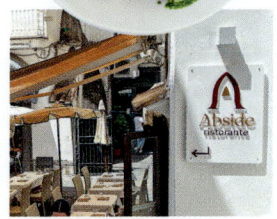

탈리올리니

해산물 리소토

ⓖ JJM2+RP 아말피
ADD P.za dei Dogi, 31, Amalfi
OPEN 12:00~15:00·18:30~22:00
CLOSE 수요일
MENU 전체 18~50€, 파스타 25~40€, 메인 요리25~60€, 자릿세 4€/1인
WALK 두오모 광장에서 도보 1분
WEB ristorantelabside.it

아말피 특산물 리몬첼로 공장

안티키 사포리 다말피
Antichi Sapori d'Amalfi

아말피의 특산물인 레몬을 이용해 전통적인 방법으로 술과 사탕, 초콜릿 등을 만들어 파는 가게. 레몬으로 만든 이탈리아 전통 술 '리몬첼로'를 추천한다. 리몬첼로는 알코올 농도가 40°인 증류주로, 차게 마시면 더 맛있다. 부드럽고 달콤한 레몬 크림 리큐어(Crema di Limone)도 좋다.

ⓖ JJM2+PV 아말피
ADD Via Supportico Gaetano Afeltra, 4
OPEN 10:00~20:30/비수기 단축 운영
CLOSE 11~3월 목요일
WALK 두오모에서 도보 1분

맘껏 시식하며 고르는 리몬첼로 스위츠

니노 앤 프렌즈
Nino and Friends

초콜릿, 사탕 등 리몬첼로를 넣은 각종 스위츠 전문 체인점. 아말피와 카프리 곳곳에 있는 매장 중 이곳이 규모가 크고 품목도 다양하다. 음료와 과자 시식을 끊임없이 권하는 덕분에 여러 가지 맛을 즐길 수 있는 곳. 우리나라에 흔치 않은 식재료들인 데다 포장도 예뻐서 선물용으로 제격이다. 피스타치오, 꿀, 오렌지 등을 이용한 먹거리도 판매한다.

ⓖ JJP2+5R 아말피
ADD Via Pietro Capuano, 14, Amalfi
OPEN 09:30~23:00/비수기 단축 운영
WALK 두오모 광장에서 도보 2분
WEB ninoandfriends.it

Shopping & Walking

MORE
아말피 해안에선 1일 1레몬 소르베!

레몬 주산지로도 유명한 곳답게 레몬 소르베, 레몬 에이드 등 레몬을 재료로 만든 디저트들도 다채롭다. 그중에서도 손님이 직접 레몬을 고르면 즉석에서 속을 파내고 레몬 아이스크림을 채워주는 레몬 소르베(Sorbetto al Limone)는 꼭 먹어보자!

라벨로 Ravello

아말피에서 버스로 20분 거리에 있는 작은 마을. 목가적인 풍경과 탁 트인 바다 전망을 자랑한다. 마을 전체가 잘 꾸며놓은 정원처럼 아기자기하고 예쁜데, 바그너가 여기에서 영감을 얻어 '파르시팔(Parsifal)'을 작곡한 이후 '음악의 도시'라는 애칭을 갖게 됐다. 매년 6~9월에 이탈리아에서 가장 큰 음악 축제인 라벨로 페스티발(Ravello Festival)이 열린다.

#CHECK
라벨로 교통 & 실용 정보

◆ **아말피의 라벨로행 SITA 버스 정류장**

라벨로로 가는 버스는 아말피에서만 운행한다. 아말피의 정류장은 SITA 버스 정류장에서 바다를 바라보고 왼쪽 제방 쪽에 따로 있다. 버스 안에서 승차권을 팔지 않고 라벨로 마을에서는 승차권을 판매하는 타바키를 찾기 힘드니 아말피에서 SITA 버스 정류장 근처의 매표소나 티켓 판매원에게 왕복 승차권을 미리 사거나 스마트폰 앱(Unico Campania)를 사용할 수 있도록 준비해두자. 요금은 편도 1.50€.

★ **아미코 셔틀** Amico Shuttle

요금이 비싼 대신 정원 예약제로 운행해 쾌적한 사설 미니버스. SITA 버스와 같은 정류장을 이용하며, 아말피에서 매시 정각, 라벨로에서 매시 30분에 출발한다. 큰 짐은 반입 불가, 겨울철에는 운휴. 자리가 남으면 현장 탑승도 가능하다.

PRICE 편도 10€, 왕복 16€
WEB 예약 amicoshuttle.com

라벨로행 SITA 버스 정류장. 버스 앞에 표시한 행선지 'Ravello'를 확인하자.

개찰기에 승차권을 넣어 탑승일시를 각인한다.

◆ **라벨로의 SITA 버스 정류장**

시내로 들어가는 터널 입구에 버스 정류장이 있다. 버스 운행 시간이 시즌에 따라 변경되니 시내로 들어가기 전에 시간표를 꼭 확인하자. 아말피로 돌아가는 버스 역시 같은 자리에서 탄다.

◆ **라벨로 음악 축제 매표소**

매년 여름에 열리는 음악 축제의 주 공연장은 빌라 루폴로에 마련된다. 저녁이나 밤 시간대에 공연이 많다. 요금은 일반석 20~30€로, 홈페이지와 라벨로 음악 축제 매표소 등에서 예약할 수 있다.

ⓖ JJX6+MV 라벨로
OPEN 10:30~14:30·15:30~19:30(월요일 15:30~19:30)/ 축제 기간에만 오픈
WALK SITA 버스에서 내려 터널을 통과하면 바로 오른쪽에 있다. 도보 2분
WEB ravellofestival.com

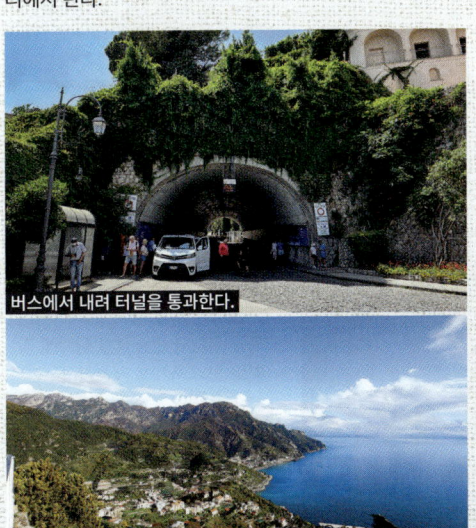

버스에서 내려 터널을 통과한다.

버스 정류장 앞도 멋진 전망 포인트!

빌라 루폴로의 음악 축제 공연장

벨베데레의 전망대에서 내려다본 라벨로의 바다

01 바그너가 감탄한 바로 그 정원
빌라 루폴로
Villa Rufolo

<데카메론>에 등장하는 라벨로의 명문 루폴로 가문의 저택. 안쪽에는 작고 아름다운 수도원(Il Chiostro) 정원이 있다. 갖가지 색의 꽃이 만발한 2층 규모의 정원을 본 작곡가 바그너는 "클링조르의 마법 정원 같다"고 감탄하며 오페라 <파르시팔>의 무대 영감을 얻었다고 전해진다. 13세기에 지어진 빌라에서 가장 높은 마조레 탑(La Torre Maggiore)에 오르면 라벨로의 멋진 풍경을 내려다볼 수 있다. 입구는 14세기에 세워진 길고 네모난 탑(La Torre d'Ingresso)을 이용한다. 고딕 양식의 뾰족한 아치형 문을 지나면 나오는 매표소에서 정원 구조도를 꼭 챙겨가자.

 JJX6+JR 라벨로
ADD Piazza Duomo, 1
OPEN 09:00~20:00(겨울철 ~17:00)/폐장 30분 전까지 입장
PRICE 8€, 5~12세·65세 이상 6€/ 캄파니아 아르테카드
WALK SITA 버스에서 내려 터널을 지나 왼쪽에 보이는 사각형 탑 안으로 들어가면 매표소가 보인다. 도보 3분
WEB villarufolo.it

MORE
수도원 Il Chiostro
수도원으로 이용되던 건물은 극장(Teatro)과 식당(Sala da Pranzo)으로 연결된다. 아래에는 대형 모빌이 보이는 안뜰이 있는데, 일 년 내내 비발디의 음악을 들을 수 있다.

아래로 내려가면 안뜰이 있다.

벨베데레 Il Belvedere
정원 2층에 있는 전망대. 매년 여름 무대와 관중석을 설치해 라벨로 음악 축제를 개최한다.

여름에는 관중석으로 개조한다.

★
라벨로의 쇼핑 거리
라벨로의 주요 쇼핑 거리는 두오모 광장에서 북쪽으로 이어지는 로마 거리(Via Roma)와 빌라 침브로네로 향하는 산 프란체스코 거리(Via San Francesco)다. 와인, 패브릭 제품, 타일 기념품 등을 판매하는 상점이 옹기종기 모여 있는데, 감각적인 디자인 부티크 숍도 종종 눈에 띈다. 상점마다 가격과 디자인이 다르므로 시간을 충분히 두고 둘러보는 것이 좋다.

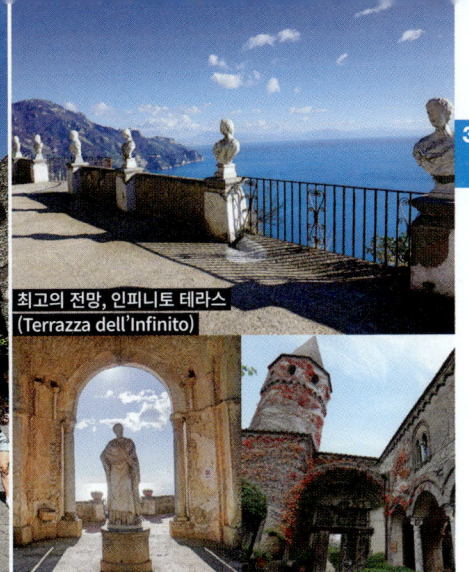

최고의 전망, 인피니토 테라스
(Terrazza dell'Infinito)

02 두오모
Duomo
조반니 안젤로의 '대천사 미카엘'이 있는 곳

겉모습은 소박하지만 내부에는 화려한 미술품이 꽤 많이 전시된 박물관이다. 대표 작품은 아말피 해안 출신 화가 조반니 안젤로 다마토(Giovanni Angelo d'Amato)가 16세기에 그린 ❶ '대천사 미카엘'. 성서에서 천사들의 지휘관이자 악마를 무찌르는 역할로 묘사되는 대천사 미카엘이 이 그림에서도 화려한 날개를 펄럭이며 악마를 밟고 서 있다. 한쪽 손에는 영혼을 심판하는 저울을 들고 있는데, 천국으로 향하는 영혼은 하늘에 감사의 기도를 드리고, 지옥으로 떨어지는 영혼은 귀를 감싸며 절망에 빠져 있다. 선과 악의 대립 속에서 언제나 선이 승리한다는 메시지를 담은 작품이다. 두오모는 11세기에 건립됐으며, 현재의 모습은 17세기에 완성됐다.

⊙ JJX6+PP 라벨로
ADD Piazza Duomo
OPEN 09:00~12:00·17:30~19:00,
박물관 09:00~19:00(4월 11:30~17:30)
CLOSE 박물관 11~3월
PRICE 성당 무료, 박물관 3€/ 캄파니아 아르테카드
WALK SITA 버스에서 내려 터널을 지나 도보 3분

03 빌라 침브로네
Villa Cimbrone
푸른 지중해와 하얀 조각상의 만남

라벨로의 황금시기라 할 수 있는 11세기에 지어진 저택. 14세기 중반까지 피렌체의 피티 가문과 나폴리의 아콘차조코 가문의 소유였다가 20세기 초 영국의 철도 재벌 3세였던 베켓(Ernest Beckett)이 사들여 대대적인 보수를 한 후 살바도르 달리와 버지니아 울프, 윈스턴 처칠 등 유명한 예술가와 정치가 등이 방문하면서 유명세가 더해졌다.
현재는 5성급 호텔로 사용되고 있지만 바다 전망과 정원이 워낙 아름다워 일반에게도 입장료를 받고 개방하고 있다. 특히 정원에 배치된 조각들이 맑은 날 바다와 어우러지는 모습이 눈부시게 아름답다.

⊙ 빌라 침브로네 라벨로
ADD Via Santa Chiara, 26
OPEN 09:00~19:00/폐장 30분 전까지 입장
PRICE 10€
WALK 두오모에서 도보 10분
WEB villacimbrone.com

SECRET CITY

아말피에서 살레르노까지
아말피 남단 해안 드라이브

절벽과 바다가 맞닿은 SS163번 도로는 남부 이탈리아의 상징 같은 해안길이다. 구불구불한 커브와 좁은 차선이 이어지지만 아말피에서 살레르노로 갈수록 도로는 완만해지고 풍경은 한층 깊어진다. 속도를 줄이고 천천히 달리면 절벽 위 마을과 푸른 바다가 만들어내는 장면이 파노라마처럼 펼쳐진다. 작은 어촌을 지나며 하얀 집들과 강렬한 햇살, 레몬 향이 어우러지는 이 길은 지중해 드라이브의 정수를 보여준다.

■ **드라이브 루트**
아말피 ⋯ 5km(15분) ⋯ **미노리** ⋯ 1.2km(5분) ⋯ **마이오리** ⋯ 7km(18분) ⋯ **체타라** ⋯ 13km(22분) ⋯ **살레르노**

- **주행** 마주 오는 차량엔 바깥쪽 차로가 먼저 양보하는 것이 불문율이다. 커브길에서 대형차가 보이면 직선 구간에서 멈춰 기다려야 대형차가 여유 있게 통과할 수 있다.
- **주차** 마을 진입 전 언덕 위 사설 주차장을 이용하면 편하다. 하루 10~15€ 수준으로, 공영 주차장보다 저렴하며 친절하다. 성수기에는 새벽이나 오전 일찍 출발해야 빈자리를 찾을 수 있다.

❖ 미노리 Minori

아말피 해안에서도 유난히 고요한 분위기가 감도는 항구 마을. 짙은 레몬 향이 바람에 섞여 퍼지고 완만한 곡선을 그린 해변 너머로 맑은 바다가 잔잔히 이어진다. 해변 뒤편에는 로마 귀족의 해양 빌라 유적이 남아 옛날의 풍요로움을 전한다. 미노리 출신의 파티시에 살바토레 데 리소가 운영하는 제과점은 마을의 상징처럼 사랑받으며, 부드러운 레몬 크림이 가득한 '델리치아 알 리모네' 한입에 이곳의 햇살이 녹아든다. 미노리에서 마이오리로 이어지는 '레몬의 길(Sentiero dei Limoni)'에서는 계단식 밭과 바다가 겹쳐지는 풍경이 여행의 여운을 남긴다.

 JJXG+MG 미노리(유료 주차장)
살 데 리소 제과점 Pasticceria Sal de Riso
 JJXG+RV 미노리
ADD Via Roma 80, 84010 Minori SA
OPEN 07:30~24:00
WEB salderiso.it

델리치아 알 리모네

레몬의 길

❖ 마이오리 Maiori

아말피 해안 중에서도 가장 긴 백사장이 펼쳐진 마이오리는 느긋한 휴양지의 정취가 짙다. 야자수 그늘 아래 산책로로 이어지고 언덕 위의 산타 마리아 아 마레 성당이 푸른 하늘에 포인트처럼 서 있다. 서쪽의 토레 노르만나(Torre Normanna)에 오르면 해안선이 부드럽게 굽이치며 이어지는 파노라마가 시원하게 펼쳐진다. 항구 주변의 트라토리아에서는 오징어 먹물 파스타나 해산물 샐러드로 바다의 맛을 느낄 수 있다. 주차난이 심하니 식당 예약 시 주차 가능 여부를 확인해두면 좋다.

📍 JJXP+Q6R 마이오리(해안도로의 유료 노상 주차장)

❖ 체타라 Cetara

작지만 생동감 넘치는 항구 마을로, 예부터 멸치 가공으로 명성을 이어왔다. 이곳의 명물인 발효 멸치 소스 콜라투라 디 알리치(Colatura di Alici)는 로마 시대 피시 소스의 전통을 잇는 조미료로, 미슐랭 셰프들까지 찾는 깊은 감칠맛이 특징이다. 5~7월에 잡은 멸치를 소금에 절여 1년간 숙성해 짭조름하고 진한 풍미를 낸다. 아침 무렵 항구에서는 멸치를 내리는 어부들의 분주한 손길이 이어지고 골목 속 트라토리아에서는 콜라투라 스파게티와 튀긴 멸치, 레몬 향이 감도는 멸치 마리네가 여행자들의 식탁을 채운다.

📍 JPW2+GJ 체타라(유료 공영 주차장)

❖ 살레르노 Salerno

아말피 해안의 관문이자 남부 이탈리아 문화 중심지. 중세 유럽 최초의 의학교가 세워진 학문의 도시이기도 하다. 구시가 중심의 살레르노 두오모는 11세기 노르만족이 세운 성당으로, 파에스툼에서 옮겨온 로마 기둥과 대리석 모자이크가 조화를 이룬다.

해변의 야자수길 룽고마레는 석양 무렵이 가장 아름답다. 바다 위로 번지는 노을과 불빛, 산책을 즐기는 현지인의 모습이 어우러져 도시의 정취를 더한다. 언덕 위 아레키 성에서는 살레르노만의 전경이 한눈에 펼쳐진다.

살레르노 두오모 Duomo di Salerno
ADD Piazza Alfano I
PRICE 성당 무료, 크립트(사도 마테오 유해 안치) 2€
WEB cattedraledisalerno.it

아레키 성 Castello di Arechi
ADD Via Benedetto Croce
OPEN 09:00~17:00(일 ~15:00)
CLOSE 월요일
PRICE 6€

아레키 성에서 내려다본 살레르노

살레르노 두오모

FIRENZE

피렌체
(영어명 : 플로렌스 FLORENCE)

르네상스 시대를 연 도시 피렌체. 이 작지만 매혹적인 도시에는 지금도 미켈란젤로와 라파엘로 같은 위대한 예술가의 작품이 고스란히 남아 전 세계 여행자들에게 손짓한다. 해 질 무렵 두오모의 둥근 지붕에 오르면 붉은 벽돌 건물이 물결을 이루는 도시 풍경과 저 멀리 언덕에서부터 내려앉은 오렌지빛 노을이 수채화처럼 펼쳐지는 곳. 수많은 로맨틱 영화와 드라마의 배경이 된 피렌체는 언젠가 꼭 한번 사랑하는 이와 함께 찾고 싶은 낭만의 도시다.

¤ 주요 도시에서 피렌체까지 소요 시간

밀라노 Milano(C.le)
기차 1시간 55분~
FR·italo·IC
24.90~47€
05:10~20:40/
30분 간격

베로나 Verona(P.N)
기차 1시간 30분~
FR·italo 18~28€
06:52~18:52/
1일 13회

베네치아 Venezia(S.L)
기차 2시간 15분~
FR·italo
27.90~43.90€
05:26~19:26/
1일 24회

볼로냐 Bologna(C.le)
기차 37분~
12.90€

친퀘테레 Cinque Terre (라 스페치아)
기차 2시간 35분~
R 15€

피에솔레 Fiesole
시내버스 20분~
1.70€

피사 Pisa(C.le)
기차 50분~
R 9.30€

피렌체 Firenze

시에나 Siena
버스 1시간 15분~ 9.30€
기차 1시간 10분~ R 10.20€

발도르차 Val d'Orcia
렌터카 1시간 40분~

아씨시 Assisi
기차 2~3시간
RV·IC 10.90€~
05:45~19:17/
1일 7회

오르비에토 Orvieto
기차 2시간 20분~
RV·IC 18.10€~
07:24~21:33/
1일 8회

로마 Roma(TE.)
기차 1시간 35분~
FR·italo·IC 16~24€
05:10~21:48/
10분~1시간 간격

나폴리 Napoli(C.le)
기차 3시간~
FR·italo 30~43€
05:14~20:30/
5분~1시간 간격

- 기차는 성인 2등석, 직행, 인터넷 최저가 기준으로 미리 예매할수록 저렴하다.
- FR(Freccia)·italo 고속열차 / IC(Inter City) 급행열차 / R(Regionale)·RV(Regionale Veloce) 완행열차
- 기차는 현지 상황에 따라, 버스는 요일과 계절에 따라 운행 시간이 유동적이다.

피렌체 가기

피렌체는 로마, 베네치아, 밀라노를 잇는 Y자 철도 노선의 분기점에 있으며, 각 도시를 향하는 기차가 수시로 운행하는 철도교통의 허브다. 다른 교통수단보다 기차를 이용하는 것이 가장 편리하다.

1. 기차

피렌체의 중앙역인 산타 마리아 노벨라역은 'Firenze S. M. Novella'라고 표기한다. '피렌체'라는 지명이 들어가는 기차역이 여러 개이므로 기차표를 예매할 때 주의하자. 만약 'Firenze Rifredi'역이나 'Firenze Campo di Marte'역에 내렸다면 산타 마리아 노벨라역으로 가는 레조날레(R)로 갈아타자.

◆ 피렌체 산타 마리아 노벨라역 Stazione di Firenze S.M.N.

대기실, 수하물 보관소 등 있어야 할 것을 모두 갖춘 제법 큰 역이다. 플랫폼 입구에 차단문을 설치해 필요에 따라 승객들의 출입 방향을 통제한다. 차단문을 지나 중앙 출구 방향으로 나가면 중앙홀에 기차 매표소가 있다. 여기에서 오른쪽으로 나가면 택시 승차장이 나오고 정문을 통과해 계단으로 내려가면 중앙차로에 시내버스 정류장이 있다.

피렌체 산타 마리아 노벨라역

트렌이탈리아 매표소

이탈로 매표소

2. 항공

피렌체는 다른 도시와 연결되는 항공 노선 수가 적고 그나마도 저비용 항공이 아닌, 요금이 비싼 국적기가 대부분이다. 따라서 이탈리아 내에서 이동할 때는 기차나 버스를 이용하는 것이 효율적이다.

★ **피렌체에 도착하는 요일에 주의하자!**

피렌체는 우피치 미술관을 포함해 월요일에 휴관하는 미술관이 많으며, 일요일에 두오모 행사가 있으면 쿠폴라 개방 시간이 유동적으로 바뀐다. 따라서 피렌체에서 짧게 머물 여행자는 월요일과 일요일, 특히 일요일에 이곳을 찾아 월요일에 나오는 일정은 피하자.

★ **트렌이탈리아**
WEB trenitalia.com

이탈로
WEB italotreno.it

★ **수하물 보관소**
OPEN 07:00~21:00
PRICE 6€/4시간, 4시간 초과 시 1€/1시간, 12시간 초과 시 0.50€/1시간
WALK 16번 플랫폼 근처에 있다. 발폰다거리(Via Valfonda) 쪽에도 입구가 있다.

★ **화장실**
OPEN 07:00~22:00
PRICE 1.20€
WALK 5번 플랫폼 옆에 있다.

피렌체 공항
WEB aeroporto.firenze.it

트램 운행 정보
운행 시간 05:00~24:30(금·토요일 ~다음날 02:00)/4~22분 간격
PRICE 1.70€(시내버스와 공용, 유효 시간 90분)
WEB gestramvia.com

공항택시 요금 정보
요금 06:00~22:00 28€(토·일요일·공휴일 30€, 심야 32€/정액제)
추가 요금 가방 1.20€/1개, 4번째 승객부터 1.20€/1명

저렴하고 길 막힐 염려가 없는 트램 T2

아우토리네 토스카네
Autolinee Toscane(at)
WEB at-bus.it

플릭스버스 Flixbus
WEB flixbus.it

이타부스 Itabus
WEB itabus.it

◆ 피렌체 공항 Aeroporto di Firenze(FLR)
피렌체 시내 중심에서 북서쪽으로 약 4.8km 떨어진 곳에 있으며, 활주로가 하나밖에 없는 작은 공항이다. 페레톨라 공항(Peretola Aeroporto) 또는 아메리고 베스푸치 공항(Amerigo Vespucci Aeroporto)이라고도 한다.

▶ **공항에서 시내까지, 시내에서 공항까지**
공항과 산타 마리아 노벨라역을 한 번에 연결하는 트램(T2 노선)을 이용해 피렌체 시내까지 저렴하고 편리하게 이동할 수 있다. 공항청사 밖으로 나와 주차장을 바라보고 왼쪽에 있는 페레톨라 아에로포르토(Peretola Aeroporto)역에서 트램을 타면 산타 마리아 노벨라역 바로 옆에 있는 알라만니(Alamanni-Stazione SMN)역까지 20분이면 도착한다. 종점인 산 마르코(San Marco)는 아카데미아 미술관과 가까운 산 마르코 광장에 있다. 티켓은 트램역에 있는 자동판매기에서 구매한다. 컨택리스 카드도 사용 가능. 택시는 입국장에서 오른쪽 출구로 나가면 보이는 승차장에서 이용할 수 있다.

◆ 3. 시외버스

- **아우토리네 토스카네** 피렌체 시내를 비롯해 토스카나 전역의 운송 네트워크를 보유하고 있는 버스 회사다. 노선과 운행 시각에 따라 출발·도착 정류장이 다르기 때문에 특히 주의해야 한다. 여행자가 많이 찾는 피렌체-시에나 노선은 산타 마리아 노벨라역 옆(서쪽)에 있는 피렌체 버스 터미널과 그 북쪽의 오리첼라리 거리 정류장을 이용한다. 승차권을 구매할 때 플랫폼의 위치를 반드시 확인하자. 두 곳은 터미널 건물 안의 통로로 연결되는데, 눈에 잘 띄지 않아 지나치기 쉽다.

- **더몰행 직행버스** 산타 마리아 노벨라역 뒤쪽에 있는 몬테룽고 광장에 정류장이 있다.

- **플릭스버스 & 이타부스** 실속파 여행자들이 많이 이용하는 유럽 최대의 장거리 버스 사업자 플릭스버스와 이탈리아 초저가 버스 이타부스 역시 언제 어디서 출발하냐에 따라 정류장의 위치가 다르다. 주로 트램 T1선의 서쪽 종점인 빌라 코스탄차 터미널을 이용하며, 몬테룽고나 귀도니(Guidoni, 피렌체 공항 근처) 정류장 등에도 정차한다. 정류장이 예고 없이 바뀔 수 있으니 승차권을 예매할 때뿐만 아니라 이용 당일에도 반드시 정류장 위치를 확인해야 한다.

✚ 주요 시외버스 운행 정보(직행 기준)

도시	편도 요금	소요 시간	운행 시간	정류장
더몰 The Mall	9.50€(왕복 18€) *온라인 예매 또는 기사에게 구매	50분~	**피렌체 → 더몰** 08:50~17:00/1일 11회 **더몰 → 피렌체** 09:45~19:20/1일 10회	몬테룽고 정류장
시에나 Siena	9.30€	1시간 15분~	**피렌체 → 시에나**(131R 기준) 월~금요일 15분~1시간 간격, 토요일 15회, 일요일 9회 **시에나 → 피렌체**(131R 기준) 월~금요일 15분~1시간 간격, 토요일 15회, 일요일 8회	피렌체 버스 터미널의 4·5·6번 플랫폼 또는 오르티 오리첼라리 거리 정류장

*더몰행 버스 운행 시간은 시즌에 따라 유동적이다. 홈페이지(themall.busitaliashop.it)에서 확인 후 예매한다.

◆ 피렌체 버스 터미널
Firenze Autostazione(구 Autostazione Santa Caterina)

산타 마리아 노벨라역 정면을 바라보고 왼쪽 길 건너편에 보이는 건물 안, 달로스테(Dall'Oste) 식당 뒤쪽에 있다. 기차역에서 갈 경우 1번 승강장 쪽 출구로 나가면 된다. 까르푸 익스프레스 옆에 'AUTOSTAZIONE(버스 터미널)'라고 쓴 간판을 찾을 것. 터미널 안에는 매표소, 유료 화장실 등이 있고, 플랫폼에 노란색 승차권 개찰기가 있다.

Ⓖ Q6GW+6M 피렌체 **Ⓜ** MAP **❻**-A
OPEN 05:30~20:40(토·일요일·공휴일 06:15~20:00)
CLOSE 1월 1일, 부활절, 5월 1일, 12월 25일

피렌체 버스 터미널

영수증 형태의 버스 승차권은 세로로 접어서 'CONVALIDA(확인)' 부분을 개찰기의 투입구에 넣고 탑승일시를 각인한다.

▶ 시외버스 버스 터미널 & 정류장에서 산타 마리아 노벨라역까지

■ 피렌체 버스 터미널 Firenze Autostazione
도보 2분 소요. 산타 마리아 노벨라역에서 갈 경우 파이브 가이즈 버거 전문점이 있는 1번 플랫폼 쪽 출구로 나간다. 건물 밖의 오르티 오리첼라리 거리 정류장(Fermata via degli Orti Oricellari)을 함께 사용한다.

Ⓖ Q6GW+6M 피렌체

■ 몬테룽고 정류장(몬테룽고 광장 버스 터미널)
Fermata Montelungo(Piazzale Montelungo Bus Terminal)
도보 8분 소요. 산타 마리아 노벨라역에서 갈 땐 맥도날드가 있는 16번 플랫폼 쪽 출구로 나가 좌회전한다.

Ⓖ Q6JW+9G 피렌체

■ 비토리오 베네토 터미널 Hub di Vittorio Veneto
터미널과 도보 4분 거리에 있는 포르타 알 프라토(Porta al Prato-Leopolda)역 또는 카시네(Cascine)역에서 트램 T1선을 타고 알라마니(Alamanni-Stazione SMN, 1정거장)역에 내린다. 4~6분 소요.

Ⓖ Terminal Vittorio Veneto: Q6GP+CW 피렌체,
Vittorio Veneto Lato Cascine: Q6GM+JW 피렌체

■ 빌라 코스탄차 터미널 Villa Costanza
터미널 앞에서 트램 T1선을 타고 알라마니(Alamanni-Stazione SMN, 13정거장)역에 내린다. 22분 소요.

Ⓖ Q54F+32 스칸디치

정류장에 붙여 놓은 버스 시간표

피렌체 시내 교통 정보
WEB at-bus.it

피렌체 시내 교통

피렌체의 주요 볼거리는 두오모를 중심으로 반경 2km 안에 모여 있어 걸어서 충분히 돌아볼 수 있다. 피에솔레나 미켈란젤로 광장을 갈 때는 버스를, 공항이나 외곽 지역을 오갈 때는 주로 트램을 이용한다. 버스와 트램은 같은 승차권을 사용하며, 유효시간 90분 안에 서로 환승할 수 있다. 컨택리스 카드도 사용 가능하며, 탑승할 때마다 'tip tap' 로고가 있는 단말기에 카드를 터치한다. 단, 단말기가 없거나 고장 난 경우가 종종 있어 검표 시 벌금을 물 수 있으므로 추천하지 않는다. 피렌체에서는 정확하고 편리한 대중교통 전용 앱(at bus)을 사용하는 것이 가장 좋다.

1. 버스 Autobus

시내에서 탈 일은 많지 않지만 피에솔레(7번 버스)나 미켈란젤로 광장(12번·13번 버스)을 오갈 때 편하게 이용할 수 있다.

기차역 앞 일방통행로의 시내버스 정류장

- **종이 승차권** 트램역과 산타 마리아 노벨라역에 설치된 자동판매기(신용카드 결제 가능), '아우토리네 토스카네(Autolinee Toscane)' 로고 표시가 있는 매표소와 상점, 타바키 등에서 구매한다. 버스에 탑승하자마자 노란색 개찰기에 밀어 넣어 탑승일시를 각인한다. 유효시간 내 환승 이동 중이라면 운전기사에게 보여주기만 하면 된다. 개찰기가 고장난 경우 검표원을 만났을 때 꼼짝없이 벌금을 내야 하니 승차권의 각인란에 사용일시를 수기로 기록해둔다.

- **디지털 티켓** 전용 앱(at bus)을 설치해 회원가입(문자인증 필요) 후 온라인으로 구매하면 더욱 편리하다. 앱에서 'Buy' → 카테고리에서 'Firenze Urbano' → 'Urbano Capoluogo a Tempo(1회권)'를 선택해 구매한 후 탑승 전 'Use'를 눌러 티켓을 활성화한다. 앱에서 남은 유효시간을 확인할 수 있다.

피렌체 버스·트램 앱, 'at bus'. 버스 운행 정보나 정류장 위치는 구글맵보다 더 정확한 편이다.

- **컨택리스 카드** 차내 전용 단말기에 터치한 후 초록색 화면으로 바뀌는 것을 확인한다. 유효시간 내 환승 이동 중이라면 버스를 갈아탈 때마다 터치해야 무료 환승 혜택을 받을 수 있다. 1회권 성인 요금이 적용되며, 1인 1카드로만 사용 가능.

✚ 피렌체 시내 교통 요금 (버스·트램 공통)

종류	원어 표기	요금	유효시간
1회권	Biglietto a tempo	1.70€	개찰 후 90분
1회권(기사에게 구매)	Biglietto a bordo	3€	개찰 후 90분
10회권(1회권 10장 묶음)	Carnet 10 biglietti	15.50€	1장당 개찰 후 90분

*잔돈·티켓 부족 등 상황에 따라 1회권의 버스 내 판매가 중단될 수 있다.
*피에솔레 등 근교 지역으로 갈 경우 유효시간은 개찰 후 70분

기차역에서 시내버스 승차권 구매하기

산타 마리아 노벨라역의 타바키에서는 승차권을 판매하지 않는다. 16번 플랫폼 쪽 출구로 나가기 직전에 승차권 자동판매기가 있다. 기차역 바로 옆에 있는 각 트램역의 자동판매기에서도 구매할 수 있다.

기차역 안의 승차권 자동판매기

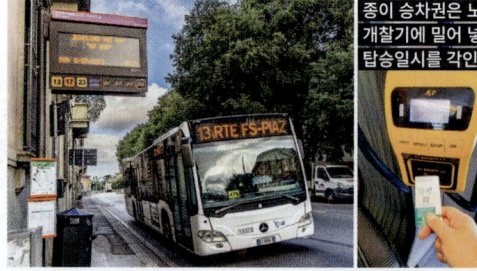

종이 승차권은 노란색 개찰기에 밀어 넣어 탑승일시를 각인한다.

컨택리스 카드 전용 단말기

2. 트램 Tramvia

교통 체증이 없어 빠르고 효율적이지만 주요 관광지는 트램이 다니지 않는 구도심에 모여 있어 여행자가 이용할 일은 많지 않다. T1과 T2 두 노선이 시 외곽의 버스 터미널·공항과 시내 중심을 연결하며, 산타 마리아 노벨라역 서쪽의 알라만니(Alamanni-Stazione SMN), 동쪽의 발폰다(Valfonda-Stazione SMN), 바소 성채 앞의 포르테차(Fortezza)역에서 교차한다. 배차 간격은 4~10분, 심야(23:30~24:30, 금·토요일 00:30~02:00)에는 16~25분이다. 2025년 T2 노선이 산 마르코 광장까지 연장됐으며, 피렌체 북동쪽 리베르타 광장(Piazza della Libertà)을 허브로 하는 T3 노선 신설 공사도 진행 중이다.

승차권은 버스와 공용이며 이용 방식도 동일하다. 유효시간 90분 내 자유롭게 환승도 가능하다. 종이 승차권은 트램 내 노란색 개찰기에 넣어 각인하고, 앱에서 구매한 디지털 티켓은 탑승 전 활성화한다. 컨택리스 카드는 'tip tap' 로고가 있는 검은색 단말기에 터치한다.

트램역마다 승차권 자동판매기가 있다.

트램에 탑승하자마자 개찰기에 승차권을 각인한다.

★ **피렌체 트램 GEST SpA**
WEB gestramvia.it

★ **렌터카 이용 팁**
피렌체는 ZTL의 범위가 상당히 넓어서 렌터카 여행자도 대중교통 이용이 필수다. 리베르타 광장의 주차장은 규모도 크고 관리 상태도 좋으며, 광장에 트램(T2선)도 다녀 이동하기 편리하다. 피렌체 시내 중심에 자체 주차장을 보유한 숙소는 거의 없다.

■ **리베르타 광장 주차장**
Firenze Parcheggi - Parterre
📍 Q7P6+5X 피렌체
ADD Via del Ponte Rosso, 4
OPEN 24시간
PRICE 1일 15€
WEB fipark.com/parcheggi/parterre/

깔끔한 트램 내부

✚ 피렌체 트램 운행 정보

노선	서쪽 종점	동쪽 종점	여행자에게 유용한 역(주요 교통·관광 포인트)
T1	Villa Costanza	Careggi	Villa Costanza(플릭스버스·이타버스 등 장거리 버스 정차), Alamanni-Stazione SMN(산타 마리아 노벨라역), Valfonda-Stazione SMN(산타 마리아 노벨라역)
T2	Peretola Aeroporto	San Marco Università	Peretola Aeroporto(피렌체공항), Alamanni-Stazione SMN(산타 마리아 노벨라역), Valfonda-Stazione SMN(산타 마리아 노벨라역), Unità(산타 마리아 노벨라 성당/일부 시간대만 정차), Liberta' Parterre(리베르타 광장), San Marco Università(산 마르코 광장, 아카데미아 미술관)

3. 택시 Taxi

산타 마리아 노벨라역 앞의 승차장을 이용하거나 숙소에 요청하면 택시를 불러준다. 요금은 우리나라보다 2배 정도 비싸며, 미터기로 계산한다.

✚ 피렌체 택시 요금

기본 요금	평일 3.80€(최소 요금 5.80€), 야간(22:00~다음날 06:00) 7.70€(최소 요금 9.70€), 일요일·공휴일 6.10€(최소 요금 8.10€)
주행 요금	시속과 요금 구간에 따라 1.10~2.10€/1km *평일·야간·휴일별 요금 구간이 다름
추가 요금	가방 1.20€/1개, 3인 초과 1.20€/1인, 호출비 2.50€, 공항 출발 3.10€

역 앞 택시 승차장

★ 피렌체 카드

두오모를 제외한 대부분의 명소를 72시간 동안 1회씩 무료입장할 수 있는 통합 관광권이다. 피렌체에 3박 이상 머물 계획이라면 구매를 고려할 만하며, 리스타트(Restart) 기능까지 활용할 수 있다면 더욱 경제적이다. 온라인 구매 후 현지에서 실물 카드를 수령하거나, 스마트폰 앱으로 디지털 피렌체 카드를 선택해 사용할 수 있다. 단, 가격이 다소 높은 데다 대표 명소인 두오모(쿠폴라 등)가 제외되고 우피치 미술관과 아카데미아 미술관은 현지 근무시간에 맞춰 전화하거나 방문 예약해야 하는 등 일반 예약자보다 번거로운 절차는 단점이다. 자세한 내용은 홈페이지를 참고하자.

요금 85€(개시 후 72시간 유효)
혜택 우피치 미술관, 아카데미아 미술관, 피티 궁전, 바르젤로 국립 미술관 등 60곳 입장
구매 홈페이지, 관광 안내소, 우피치 미술관·베키오 궁전·피티 궁전 등의 매표소
WEB firenzecard.it

■ **피렌체 카드 리스타트**
Firenzecard Restart

일종의 '48시간 추가권'. 피렌체 카드 구매 후 12개월 이내에 홈페이지에서 발급받아 피렌체 카드 앱에서 사용한다.

■ **피렌체 카드 앱**
Firenzecard App

온라인에서 구매한 바우처를 등록해 카드를 활성화하면 입장용 QR코드가 생성된다. 등록은 미리 해도 되지만 카드를 활성화하는 순간부터 72시간 카운트가 시작되므로 주의해야 한다. 등록 후 앱을 업데이트하거나 삭제하면 카드가 사라지니 미리 최신 상태로 업데이트해 두자.

피렌체 실용 정보

피렌체의 주요 편의시설은 산타 마리아 노벨라역 근처에 모여 있다. 여행자들이 제일 궁금해하는 두오모 쿠폴라 입장 관련 정보는 두오모 근처의 티켓 오피스에 문의하는 것이 가장 정확하다.

❶ 산타 마리아 노벨라역 앞 관광 안내소
Firenze Welcome Center

산타 마리아 노벨라역 길 건너편에 새로 단장한 곳으로, 무료 화장실과 카페가 마련돼 있다. 메디치 리카르디 궁전 옆(Via Cavour 1R)에도 있다.

G Q6GX+3H 피렌체　**M** MAP ❻-A
ADD Piazza Stazione, 5　**OPEN** 09:00~19:00(일요일 ~17:30)　**CLOSE** 1월 1일, 12월 25일
WALK 산타 마리아 노벨라 성당 뒤쪽에 입구가 있다.
WEB feelflorence.it

❷ 두오모 공식 티켓 오피스 Biglietteria Ufficiale

두오모 성당은 무료입장이지만 쿠폴라, 조토의 종탑, 세례당, 두오모 오페라 박물관, 산타 레파라타에 입장하려면 통합권을 구매해야 한다. 통합권은 쿠폴라와 조토의 종탑 포함 여부에 따라 3가지 종류로 나뉘며(p348 참고), 이용 날짜와 시간을 지정해 홈페이지에서 미리 예매해야 한다. 비수기에는 현지 매표소에서 구매할 수도 있지만 주말이나 성수기에는 매진되는 경우가 많으므로 일정이 확정되면 예매를 서두르는 것이 좋다. 현지 매표소(두오모 공식 티켓 오피스)는 산 조반니 세례당 북쪽 건물(Antica Canonica di San Giovanni)에 있으며, 현금 결제는 불가하다.

G Q7F4+C2 피렌체　**M** MAP ❻-B
ADD Piazza di San Giovanni, 7　**OPEN** 08:00~19:15(일요일 10:00~17:45)
WEB duomo.firenze.it

❸ 코나드 시티 Conad City : 슈퍼마켓

산타 마리아 노벨라역과 가깝다.

G Q7G2+F2 피렌체　**M** MAP ❻-A
ADD Largo Fratelli Alinari, 6/7
OPEN 07:30~21:00(일요일 09:00~)
WALK 산타 마리아 노벨라역에서 도보 2분

❹ 사포리 & 딘토르니 Sapori & Dintorni : 슈퍼마켓

두오모와 산 로렌초 성당 사이에 있다.

G Q7F3+GV 피렌체　**M** MAP ❻-B
ADD Borgo S. Lorenzo, 15/17
OPEN 08:00~21:00(일요일 09:00~)
WALK 두오모 정문에서 도보 2분

#CHECK
두오모 홈페이지에서 통합권 예매하기

❶ 두오모 홈페이지 메인 화면 왼쪽 하단의 깃발 모양 버튼을 눌러 영어 화면으로 전환 후 'TICKET'을 누른다.

❷ 화면이 바뀌면 상단의 'Register'를 눌러 동의 항목에 체크하고 이메일 주소와 패스워드를 입력한다.

❸ 화면 하단에서 원하는 입장권의 종류를 고른 후 'View details'를 클릭한다.

  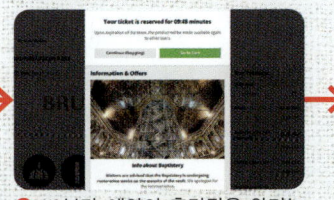

❹ 오른쪽 상단의 'Valid from' 아래에 보이는 캘린더 모양의 버튼을 눌러 원하는 날짜를 선택한다. 예매는 최대 1년 전부터 가능하다.

❺ 성인/7~14세/0~6세 각각의 인원 수와 쿠폴라 입장 시각을 선택한다. 'NEXT'를 누르면 다음 시간대를 볼 수 있다. 선택을 완료하면 화면 하단의 'Add to Cart'를 클릭한다.

❻ 10분간 예약이 홀딩됨을 알리는 팝업창이 뜨면 'Go to Cart' 클릭

❼ 예약 변경은 불가하니 날짜와 인원 수 등을 다시 한번 확인하고 'Go to checkout'을 클릭한다.

❽ 이메일을 확인하고 이름, 성을 입력한 후 'Save' 클릭

❾ 통합권의 종류와 유효기간, 요금 등을 확인한 후 'Save and continue' 클릭

❿ 마지막 확인 페이지. 예약 내역서와 개인 정보(이메일 등)를 확인하고 'Pay Now' 클릭

⓫ 'USE PAYMENT CARD(카드 결제)' 선택

⓬ 해외 결제가 가능한 카드 정보를 입력해 결제한 후 이메일로 도착한 이티켓을 저장·출력한다.

*이티켓은 출력하지 않고 스마트폰이나 태블릿에 저장한 후 명소 입구에서 보여줘도 된다. 단, 휴대폰 분실 등 비상시에 대비해 1장 출력해 가는 것이 좋다.
*바코드가 스마트폰 상단에 위치하도록 이티켓을 캡처해두면 편리하다. 입장권 바코드 리더기의 입구가 좁아서 가로 사이즈가 큰 기기는 잘 들어가지 않으니 참고하자.

DAY PLANS

피렌체에서의 일정은 우피치 미술관의 예약 여부에 따라 결정된다. 우피치 미술관을 예약했다면 예약 시간에 맞춰 섹션 A·B의 순서를 결정하는 것이 좋다. 섹션 A는 반나절, 섹션 B는 7~8시간이 소요되는데, 명소 대부분이 피렌체 중심부에 모여 있어 우피치 미술관을 관람하지 않는다면 두 섹션을 모두 둘러보는 데 하루면 충분하다. 피렌체의 미술관과 박물관은 특별전 기간에 입장료가 평소의 2배 가까이 오르는 경우가 많으므로 예산을 넉넉히 잡고 방문해야 한다. 피렌체에서 머무는 시간이 길거나 하루 정도 시간이 남는다면 버스나 기차를 이용해 피렌체 주변의 개성 있는 작은 마을을 다녀오는 것을 추천한다.

알찬 일정을 위해 준비해두세요

섹션 A 두오모 쿠폴라 입장 시각 예약, 아카데미아 미술관 예약
섹션 B 우피치 미술관 예약
피렌체 옵션 A 피에솔레 왕복을 위해 시내버스 1회권 2장 구매
피렌체 옵션 B 피사의 사탑 예약

Section A p342
두오모 주변

① 산타 마리아 노벨라역
↓ 도보 4분
② 산타 마리아 노벨라 성당
↓ 도보 5분
③ 산 로렌초 성당
Option ④ 메디치 리카르디 궁전
↓ 도보 2분
⑤ 두오모
⑥ 조토의 종탑
⑦ 산 조반니 세례당
⑧ 두오모 오페라 박물관
↓ 도보 6분
⑨ 산티시마 안눈치아타 광장
Option ⑩ 산 마르코 광장 & 산 마르코 박물관
↓ 도보 3분
⑪ 아카데미아 미술관

Section B p358
우피치 미술관 주변

① 산타 마리아 노벨라역
↓ 도보 15분
⑫ 우피치 미술관
↓ 도보 5분
Option ⑬ 베키오 궁전
↓ 도보 1분
⑭ 시뇨리아 광장
Option ⑮ 바르젤로 국립 박물관
Option ⑯ 단테의 집
Option ⑰ 레푸블리카 광장
↓ 도보 3분
⑱ 베키오 다리
Option ⑲ 피티 궁전
↓ 도보 12분
⑳ 산타 크로체 성당
↓ 도보 25분
㉑ 미켈란젤로 광장

Firenze Option A 388p
피에솔레

산타 마리아 노벨라역
↓ 트램+시내버스 30분 소요
● 피에솔레

Firenze Option B p393
피사

산타 마리아 노벨라역
↓ 기차 50분~1시간 30분 소요
● 피사

Firenze Option C p402
시에나

산타 마리아 노벨라역
↓ 버스 1시간 15분 또는 기차 1시간 30분 소요
● 시에나

Firenze Option D p418
발도르차

산타 마리아 노벨라역
↓ 렌터카 2시간 소요
● 발도르차

Firenze Option E p428
친퀘테레

산타 마리아 노벨라역
↓ 기차 2시간 30분 소요
● 친퀘테레

Firenze Option F p444
볼로냐

산타 마리아 노벨라역
↓ 기차 33분~1시간 45분 소요
● 볼로냐

SECTION A 두오모 주변

❶ 산타 마리아 노벨라역 → 도보 4분 → ❷ 산타 마리아 노벨라 성당 → 도보 5분 → ❸ 산 로렌초 성당 [Option ❹ 메디치 리카르디 궁전] → 도보 2분 → ❺ 두오모 → ❻ 조토의 종탑 → ❼ 산 조반니 세례당 → 도보 3분 → ❽ 두오모 오페라 박물관 → 도보 6분 → ❾ 산티시마 안눈치아타 광장 [Option ❿ 산 마르코 광장 & 산 마르코 박물관] → 도보 3분 → ⓫ 아카데미아 미술관

01 피렌체의 중앙역
산타 마리아 노벨라역
Stazione di Santa Maria Novella

피렌체에 있는 여러 역 중 가장 대표적인 역으로, 피렌체의 관문 역할을 한다. 1932년에 디자인되어 1935년 개통했으며, 조반니 미켈루치가 이끄는 토스카나 그룹(Gruppo Toscano)이 설계했다. 인근의 고딕 양식 건물인 산타 마리아 노벨라 성당과 달리 수평선을 강조한 합리주의 건축 양식이 특징이다. 이탈리아 합리주의 운동의 대표작이자 파시즘 시대 근대화 사업의 상징물로, 전통 석재와 대형 유리 출입구를 결합해 개방적이면서도 절제된 인상을 준다.

역 이름은 바로 앞에 있는 산타 마리아 노벨라 성당에서 유래했으며, 피렌체의 주요 명소가 역을 중심으로 모여 있어 길을 찾을 때 지도에서 기준점이 되는 곳이기도 하다. 로마의 테르미니역보다는 작지만 규모가 제법 크고 편의시설이 밀집한 교통의 중심지라 언제나 여행자들로 붐빈다.

Q6GX+M5 피렌체 MAP ③-A
ADD Piazza della Stazione

유리천장이 덮인 중앙통로

기차역 바로 옆, 알라만니 트램역

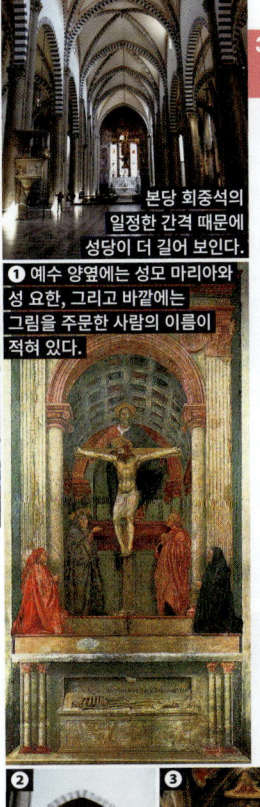

본당 회중석의 일정한 간격 때문에 성당이 더 길어 보인다.

❶ 예수 양옆에는 성모 마리아와 성 요한, 그리고 바깥에는 그림을 주문한 사람의 이름이 적혀 있다.

02 르네상스의 문을 연 보물들이 한자리에
산타 마리아 노벨라 성당
Basilica di Santa Maria Novella

1278년경 착공해 1350년에 완공된 도미니코 수도회 성당이다. 정면의 기하학적 패턴과 아치형 입구, 뾰족한 창문, 내부의 스테인드글라스 등 로마네스크와 고딕 양식이 조화를 이룬다.

건축학적인 특징 이외에 놓치지 말아야 할 작품은 ❶ 마사초의 '삼위일체'(1427)로, 일점 선원근법을 사용한 최초의 회화로 평가된다. '성부·성자·성령은 구분되지만 본질은 하나'라는 기독교의 교리를 표현한 이 작품에서 마사초는 천장의 격자무늬가 하나의 소실점으로 모이는 투시 원근법을 도입했다. 기도하는 인물에서 마리아와 요한, 예수, 하느님으로 이어지는 구성 속에 입체감과 깊이가 느껴진다.

이 밖에도 ❷ 필리포 스트로치 예배당(Cappella di Filipo Strozzi)의 성 필립보의 생애와 성 요한을 주제로 한 필리피노 리피의 프레스코화, 스페인 예배당(Cappella Spagnola)에 있는 구원과 저주를 주제로 한 프레스코화, ❸ 토르나부오니 예배당(Cappella Tornabuoni)의 ❹ 기를란다요의 '세례 요한의 생애' 등이 볼만하다. 성당 왼쪽으로 이어진 ❺ 수도원에는 우첼로(Uccello)와 제자들의 프레스코화가 남아 있다.

G 산타 마리아 노벨라 성당 **M** MAP ❻-A
ADD Piazza Santa Maria Novella 18
OPEN 09:30~17:30(금요일 11:00~, 토요일 09:00~17:00, 일요일 13:00~17:00)/ 폐장 1시간 전까지 입장
CLOSE 1월 1일, 1월 6일, 8월 15일, 11월 1일, 12월 8일, 12월 25일, 부활절
PRICE 7.50€, 11~18세 5€, 10세 이하 무료/특별전 진행 시 입장료 추가
WALK 산타 마리아 노벨라역 플랫폼을 등지고 왼쪽 출구로 나가면 오른쪽 광장 너머로 보인다.
WEB smn.it

❺ 프레스코화로 장식한 수도원의 회랑

돔의 천장화가 아름다운 성당 내부

❶

❷

❸

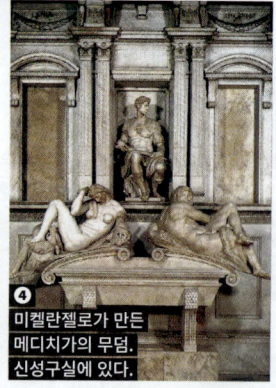
❹ 미켈란젤로가 만든 메디치가의 무덤. 신성구실에 있다.

03 산 로렌초 성당 Basilica di San Lorenzo
메디치 가문을 들여다보다

메디치 리카르디 궁전(Palazzo Medici Riccardi) 인근에 있는 메디치 가문의 성당이다. 피렌체 두오모의 쿠폴라(돔)를 완성한 르네상스의 아버지 브루넬레스키가 설계한 대표적인 르네상스 양식 건물로, 1421년에 착공해 1460년대에 공사가 종료되었다. 브루넬레스키가 1446년 갑작스럽게 사망하면서 ❶ 파사드(성당 앞면)는 완성되지 못해 현재까지도 미완성 상태로 남아 있다. 이후 미켈란젤로가 새로운 파사드를 설계했으나 실현되지 않았다. 내부에는 미켈란젤로, 도나텔로, 브루넬레스키 등 르네상스 거장들의 작품이 남아 있다.

중앙 정원을 둘러싼 공회당 2층에는 1524년 메디치 가문의 많은 원고를 보관하기 위해 미켈란젤로가 설계한 ❷ 라우렌치아나 도서관이 있다. 도서관 내부는 환하고 질서 정연한 반면 도서관으로 이어지는 ❸ '라우렌치아나의 계단'은 의도적으로 어둡고 불안정하게 설계했다. 여기에는 어둠으로 비유되는 '어리석음'에서 벗어나 밝음으로 비유되는 '지혜의 세계'로 들어서기 위해 부지런히 계단을 밟고 도서관으로 들어서야 한다는 미켈란젤로의 의도가 숨어 있다. 성당 정면 왼쪽의 작은 문으로 들어갈 수 있다. 성당 뒤쪽의 붉은색 쿠폴라가 있는 건물은 메디치가의 예배당(Cappelle Medicee)으로, 코시모 1세부터 ❹ 묘지와 장례 예배당으로 사용돼왔다. 지하 납골당에는 약 50명의 메디치 가문 구성원들이 안치돼 있으며, 현재 메디치가의 소장품을 전시하는 박물관으로 쓰인다.

ⓖ 산로렌초 성당 Ⓜ MAP ❻-B
WALK 산타 마리아 노벨라 성당에서 도보 6분

성당
ADD Piazza San Lorenzo 9
OPEN 10:00~17:30/폐장 1시간 전까지 입장
CLOSE 일요일, 1월 1일, 1월 6일, 8월 10일
PRICE 9€, 12세 이하 무료
WEB sanlorenzofirenze.it

라우렌치아나 도서관
OPEN 10:00~13:30/폐장 30분 전까지 입장
CLOSE 토·일요일, 보수공사로 인한 부정기 휴무
PRICE 5€ **WEB** bmlonline.it

메디치가의 예배당
ADD Piazza di Madonna degli Aldobrandini, 6
OPEN 08:15~18:50/폐장 40분 전까지 입장
CLOSE 화요일, 1월 1일, 12월 25일
PRICE 9€, 25세 이하 2€
WEB bargellomusei.it/musei/cappelle-medicee

Zoom In & Out
산 로렌초 성당

◆ 성당

① 도나텔로의 '설교단' 인체의 사실적 표현과 감정을 조각에 처음으로 담아내 르네상스 조각의 시대를 연 도나텔로(Donatello)가 1460년경에 의뢰받은 작품으로, 1466년 사망 전까지 완성하지 못해 제자 베르톨도가 마무리했다. 본당의 마지막 두 기둥 사이에 마주 보게 세운 청동 설교단은 예수의 고난과 부활을 묘사하고 있으며, 깊이의 변화가 큰 입체 부조로 당시에는 획기적이었다.

② 필리포 리피의 '수태고지'(1440) 아치와 건물, 주랑에 원근법을 적용해 매우 훌륭하게 표현했다.

③ 구(舊)성구실 Sagrestia Vecchia(1421~1426) 브루넬레스키가 설계했으며, 정확한 비례와 계산으로 경쾌하고 조화롭게 만들었다. 내부 장식은 도나텔로가 맡았다.

◆ 라우렌치아나 도서관 Biblioteca Laurenziana

④ 도서관 전실 Vestibolo 미켈란젤로의 '라우렌치아나의 계단'으로 유명하다. 디딤판의 폭을 아래로 내려갈수록 넓히는 방식으로 설계해 마치 폭포수가 흘러내리는 듯한 느낌을 준다. 설계는 미켈란젤로가 했지만 공사는 1599년 암만나티(Ammannati)가 했다.

⑤ 열람실 Sala di Lettura 약 1만 권의 책을 소장한 공간으로, 레오나르도 다빈치의 노트와 메디치 가문 출신의 프랑스 왕비 카테리나 데 메디치(Caterina de Medici)가 미켈란젤로에게 보낸 서신, 마키아벨리의 필사본 등이 보관돼 있다. 열람실의 천장과 책상 역시 미켈란젤로의 작품이다.

◆ 메디치가의 예배당 Cappelle Medicee

⑥ 왕자 예배당 Cappella dei Principi 토스카나 대공국을 이룩한 코시모 1세가 구상하고 다섯 번째 아들 페르디난도 1세가 완성한 메디치 가문의 전용 묘당이다. 1602년 설계 공모로 선정된 마테오 니제티가 피렌체에서는 드문 바로크 양식으로 건설했다. 내부 장식은 19세기에 완성됐고 코시모 1세부터 메디치가의 마지막 인물 안나 마리아 루이사까지 메디치 일가가 안장돼 있다.

⑦ 신(新)성구실 Sagrestia Nuova 메디치가 사람들의 시신을 안치하기 위해 만든 장례 예배당이다. 1520년 메디치가의 일원인 추기경 줄리아노(훗날 교황 클레멘트 7세)가 미켈란젤로에게 의뢰했으며, 미켈란젤로 첫 건축 작품이다. 왕자 예배당에서 나와 왼쪽의 작은 통로로 들어갈 수 있다.

진정한 르네상스의 후원자
메디치 가문

메디치 가문의 기반을 닦은 조반니 디 비치

시인이자 정치가였던 로렌초 대제

토스카나 대공국을 지배한 코시모 1세

14세기경 금융업과 지중해 무역, 뛰어난 외교술로 부와 권력을 쌓은 메디치 가문은 피렌체를 중심으로 한 토스카나주의 실질적 지도자였다. 무려 4명의 교황을 배출한 명문가로, 이탈리아는 물론 유럽을 좌지우지하던 실세였지만 권력자로서 군림하지 않고 수많은 예술가를 후원하며 존경받았다. 당시 예술가와 귀족의 관계는 오늘날 스포츠 스타와 기업의 관계와 비슷했다. 예술가는 후원을 통해 창작 활동에 전념할 수 있었고, 귀족은 이를 통해 사회적 명성을 얻었다. 메디치가는 일회성이 아닌 지속적인 후원으로 미켈란젤로나 라파엘로 같은 천재 예술가들이 피렌체를 중심으로 활약하는 데 큰 역할을 했다. '인류 문화의 꽃'이라 불리는 르네상스가 피렌체에서 열린 것은 결코 우연이 아니었다.

예술가에 대한 메디치가의 진심 어린 존경심을 보여주는 사례로는 도나텔로가 있다. 메디치가는 도나텔로가 말년에 더 이상 조각을 할 수 없을 때까지 작품을 계속 주문했는데, 이는 도나텔로가 품위 있게 여생을 보내기를 바란 메디치가의 배려였다고 한다. 이처럼 서로 다른 영역의 만남이 새로운 창조적 영감을 낳는 현상을 현대에는 '메디치 효과'라 부른다.

❖ 메디치 가문의 주요 인물과 예술가들의 관계

조반니 디 비치 Giovanni di Bicci (1360~1428년)
메디치가의 기틀을 세운 인물, 은행으로 부를 축적

- **코시모 데 메디치 Cosimo il Vecchio** (1389~1464년) 르네상스 예술 후원의 시작 — 도나텔로 · 프라 안젤리코
  - **피에로 데 메디치 Piero il Gottoso** (1416~1469년) 병약했으나 가문의 영향력 유지
    - **로렌초 대제 Lorenzo il Magnifico** (1449~1492년) 메디치 전성기의 중심 인물 — 미켈란젤로 · 보티첼리
      - **피에로 2세 Piero II** (1472~1503년) 피렌체에서 추방돼 가문의 통치가 중단됨
      - **조반니 데 메디치 Giovanni** (1475~1521년) 교황 레오 10세 즉위 — 라파엘로 · 브라만테
        - **로렌초 2세 Lorenzo II** (1492~1519년) 프랑스의 지원으로 복귀했지만 단명함 — 브론치노 · 바사리
        - **카테리나 데 메디치 Caterina de Medici** (1519~1589년) 프랑스 왕비(앙리 2세와 결혼)
- **로렌초 디 조반니 Lorenzo** (1395~1440년)
  - **코시모 1세 Cosimo I** (1519~1574년) 메디치 방계 출신, 토스카나 대공국 창건자
    - **안나 마리아 루이사 Anna Maria Luisa** (1667~1743년) 메디치 최후의 직계, 예술품을 피렌체에 유산으로 남김

❖ 메디치 가문의 상징

6개의 구슬 메디치 가문의 문장. 맨 위에 있는 파란색 구슬과 5개의 붉은 구슬이 기본이며, 구슬 수와 색깔, 위치를 변형한 다양한 문장이 남아 있다.
　　관련 명소 베키오 궁전, 피티 궁전, 메디치 리카르디 궁전, 산 로렌초 성당 등

다이아몬드 메디치 가문의 상징 중 하나. 메디치 가문이 다이아몬드처럼 견고하고 빛나며 영원히 지속될 것이라는 의미가 있다.
　　관련 명소 산 로렌초 성당의 피에로와 조반니 묘소

거북 메디치 가문의 또 다른 상징. "급할수록 신중하라(Festina Lente)"는 격언을 거북으로 시각화했다.
　　관련 명소 산 로렌초 성당의 피에로와 조반니 묘소, 피티 궁전의 보볼리 정원

6개의 구슬

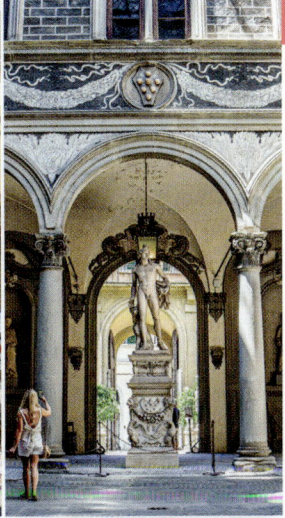

Option
04 메디치 리카르디 궁전
메디치 가문의 개인 저택
Palazzo Medici Riccardi

1460년 완공 이후 메디치 가문이 궁전으로 사용했던 곳이다. 미켈로초 디 바르톨로메오가 코시모 데 메디치를 위해 설계했으며, 1659년 리카르디 가문이 사들여 바로크 양식으로 대대적으로 개조했다. 궁전 자체는 다른 유럽 왕가의 궁전처럼 화려하진 않지만 절제된 품격이 돋보인다. 현재는 피렌체 관광청 소유로, 일부 공간을 개방해 벽화와 메디치 가문의 초상화를 전시하는 박물관으로 사용되고 있다.

가장 주목할 만한 곳은 동방박사의 예배당(Cappella dei Magi)으로, 베노초 고촐리(Benozzo Gozzoli)가 1459년에 그린 프레스코화 ❶ '동방박사의 행렬(Procession of the Magi)'이 남아 있다. 그림 속에는 메디치 가문의 로렌초와 코시모 등이 동방박사로 등장하며, 예술 후원이 당시 예술가들에게 얼마나 중요한 의미였는지를 보여준다. 루카 조르다노의 방(Salla di Luca Giordano)에는 루카 조르다노가 바로크 양식으로 그린 ❷ '메디치 가문의 신격화(Apotheosis of the Medici)'가 전시돼 있다. 메디치 가문의 후원을 받은 도나텔로의 '다비드' 상도 원래 이곳에 있었으나 현재는 바르젤로 박물관으로 옮겨졌고, 그 자리는 반디넬리(Bandinelli)의 조각상 '오르페우스(Orpheus)'가 대신하고 있다. 궁전 외벽에는 당시 ❸ 말을 묶던 쇠고리, 횃불 받침대, 시민을 위해 설치한 돌의자가 남아 있다.

ⓖ 메디치 리카르디 궁전 Ⓜ MAP ❻-B
ADD Via Camillo Cavour, 3
OPEN 09:00~19:00/폐장 1시간 전까지 입장
CLOSE 수요일, 1월 1일, 12월 25일
PRICE 10~15€(18~25세 7~10€, 시즌에 따라 변동), 17세 이하 무료/온라인 예약비 1.50€
WALK 산 로렌초 광장(Piazza San Lorenzo)을 사이에 두고 산 로렌초 성당의 대각선 방향
WEB palazzomediciriccardi.it

05 우리 사랑, 이대로 영원히!
두오모 (산타 마리아 델 피오레 성당)
Cattedrale di Santa Maria del Fiore

1887년에 네오고딕 양식으로 완성된 두오모의 정면

연인과 함께 쿠폴라(돔)에 오르면 사랑이 이루어진다는 전설로 '연인의 성지'라 불린다. 판테온의 디자인을 응용해 만든 ❶ 쿠폴라는 로마의 재현을 꿈꾼 초기 르네상스 건축의 걸작으로 꼽힌다. 산 피에트로 대성당의 쿠폴라 설계를 의뢰받은 미켈란젤로가 "피렌체의 두오모보다 더 크게 지어드릴 수는 있지만 더 아름답게는 해드릴 수는 없습니다"고 말했을 정도다. 1296년 아르놀포 디 캄비오가 설계해 착공했으나 지름 42m의 거대한 돔을 무너지지 않게 쌓는 기술을 찾기까지 150여 년이 걸렸다. 1436년 브루넬레스키가 돔 건설을 완성했고, 같은 해 교황 에우제니오 4세가 성당을 봉헌했다. 당시 세계에서 가장 큰 성당으로 3만 명을 수용할 수 있었다. 쿠폴라 내부의 천장화 ❷ '최후의 심판'은 조르조 바사리와 페데리코 주카리가 8년에 걸쳐 완성한 대작이다. 쿠폴라에 오르는 도중에 가까이서 감상할 수 있다. 성당 내부는 복장 규정이 엄격해 짧은 치마, 반바지, 민소매, 샌들, 모자를 착용하면 입장할 수 없으니 주의하자.

두오모 후면

📍 피렌체 대성당 🗺 MAP ⑥-B
ADD Piazza del Duomo
OPEN 성당 10:15~15:45, 쿠폴라 08:15~18:45(토요일 ~16:30, 일요일·공휴일 12:45~16:30)/성당의 행사·축일·공휴일 등에는 단축 운영 또는 폐장(방문 전 홈페이지에서 확인)/쿠폴라 예약 필수
CLOSE 성당 일요일·공휴일, 쿠폴라 1월 1일·12월 25일
PRICE 성당 무료, 쿠폴라 브루넬레스키 패스
WALK 산 로렌초 광장(Piazza San Lorenzo)에서 산 로렌초 성당 정면을 등지고 오른쪽으로 도보 2분. 길 끝까지 가면 산 조반니 세례당이 보인다.
WEB 예매 duomo.firenze.it

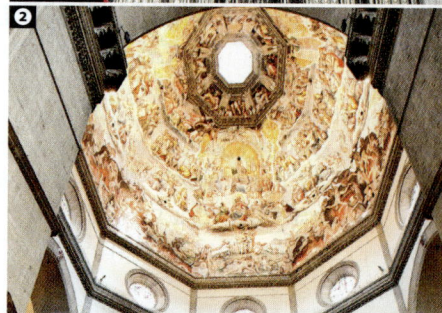
❷

두오모 통합권
- 개시일부터 3일간 유효하며, 각 명소는 1회씩 입장할 수 있다. 구매·예약 시 브루넬레스키 패스는 쿠폴라, 조토 패스는 조토의 종탑, 기베르티 패스는 산타 레파라타 성당의 방문 일시를 지정한다. 각 패스는 지정일에 개시된다.
- 통합권 개시 일시는 변경할 수 없으며, 예약 시간에 5분만 늦어도 입장할 수 없으니 여유 있게 입구에 도착한다.
- 온라인으로 예매한 경우 이메일로 받은 PDF 티켓을 보여주고 입장한다.
- 35×30×15cm를 초과하는 가방이나 짐은 무료 짐 보관소에 맡겨야 하며, 25kg 이상이거나 부피가 큰 짐은 보관할 수 없다.

종류	입장 가능 명소	요금(6세 이하 무료)
기베르티 패스 Ghiberti Pass	세례당+두오모 오페라 박물관+ 산타 레파라타(Santa Reparata)*	15€, 7~14세 5€ 학생 할인 적용**
조토 패스 Giotto Pass	기베르티 패스에 조토의 종탑 추가	20€, 7~14세 7€
브루넬레스키 패스 Brunelleschi Pass	조토 패스에 쿠폴라 추가	30€, 7~14세 12€

* 산타 레파라타는 현재의 두오모 자리에 6세기경 건립된 성당으로, 지하 유적이 남아있다.
** 기베르티 패스가 매진되지 않은 경우 매표소에서 유효한 학생증 확인 후 5€에 구매 가능.

미켈리노의 '단테와 신곡'(1465). 두오모가 완공되기 전인 1321년에 사망한 단테가, 자신은 결코 보지 못했을 대성당을 배경으로 <신곡>을 들고 있는 모습으로 그려져 있다. 왼쪽은 지옥의 영혼들, 뒤쪽 원뿔형은 구단계의 연옥, 오른쪽 뒤 파란 하늘은 천국을 상징한다.

❶ 조토의 종탑에서 바라본 쿠폴라와 피렌체

쿠폴라 (브루넬레스키의 돔)

두오모 뒤편에는 브루넬레스키가 설계와 시공을 맡은 세계 최대의 벽돌 돔 '쿠폴라'가 있다. 그는 나무 보강재나 부벽 없이 이중 셸 구조와 청어뼈식 벽돌 쌓기 공법을 동원하고 자체 개발한 기중기와 호이스트를 이용해 16년 만에 세계에서 가장 큰 석조 돔을 완성했다. 1438년에는 백색 대리석으로 만든 등롱(랜턴)이 추가돼 전체 높이는 약 114m에 이른다.

두오모 정면을 바라보고 왼쪽으로 돌아가면 쿠폴라 입구가 있으며, 내부의 463개 계단을 오르면 전망대에서 피렌체 시내를 360°로 조망할 수 있다.

자신이 완성한 쿠폴라를 올려다보는 브루넬레스키의 석상

쿠폴라에서 내려다본
조토의 종탑 ❸

★
조토 디 본도네(1266~1337년)
이탈리아 피렌체 출신의 화가이자 건축가. 관념적인 평면 회화를 극복하고 입체감과 실제감을 표현한 피렌체파 회화를 창시했다. 대표작으로 '성 프란체스코전', '장엄한 성모', '이집트로의 탈출' 등이 있다.

📍 조토의 종탑 Ⓜ MAP ❻-B
ADD Piazza del Duomo
OPEN 08:15~18:45/예약 권장
CLOSE 1월 1일, 12월 25일
PRICE 브루넬레스키 패스 │ 조토 패스 (p348 참고)
WALK 두오모 정문을 바라보고 오른쪽에 있다.
WEB duomo.firenze.it

06 조토의 종탑 Campanile di Giotto
쿠폴라를 더 예쁘게 보는 방법

서양 회화의 아버지로 불리는 조토(Giotto di Bondone)가 설계한 종탑. 1334년 착공했으며, 조토 사후 제자 안드레아 피사노와 탈렌티가 이어받아 1359년에 완성했다. 높이 84.7m의 반듯한 사각형 종탑은 흰색·분홍색·녹색 대리석으로 장식돼 있고 하늘을 향해 곧게 뻗은 직선의 아름다움을 느낄 수 있다. 종탑 하단의 육각기둥 부조는 조토의 작품으로, '인간의 창조'와 '인간의 노동'을 묘사하고 있다. ❶ 기둥 사이 벽을 장식한 부조 패널은 피사노와 제자의 작품이며, ❷ 진품은 두오모 오페라 박물관에 소장돼 있다.
동쪽 입구를 따라 414개의 계단을 올라가면 우아한 두오모의 쿠폴라와 조화를 이루는 ❸ 피렌체 시내 전경을 감상할 수 있다. 피렌체에서 가장 아름다운 건축물인 두오모의 쿠폴라를 눈과 카메라에 담기 위해 많은 사람이 오른다. 단, 전망대에는 철망이 설치돼 있어 사진 촬영이 다소 불편하다. 조토 패스 소지자는 입장 시각을 지정해 예약할 수 있으며, 브루넬레스키 패스 소지자는 예약이 불가해 입장 시 대기해야 할 때가 많다.

종탑
꼭대기의 종

종탑은 흰색과 녹색, 분홍색의 토스카나 대리석으로 만들어졌다.

❶ 종탑 밑부분, 얕은 부조로 장식된 테라코타 벽은 피사노의 작품
❷

종탑에서 바라본 쿠폴라 전망대

철망이 시야를 방해하지만 전망만큼은 최고다.

조토 종탑의 내부

① 기베르티의
'천국의 문'

07 감동을 선물할 '천국의 문'
산 조반니 세례당 Battistero di San Giovanni

피렌체의 수호성인 성 요한(세례 요한)의 이름에서 따온 팔각형의 세례당. 두오모 앞에 있다. 피렌체에서 가장 오래된 종교 건축물로, 1059년 교황 니콜로 2세가 봉헌했다. 오랜 세월 피렌체 시민의 신앙 중심지로 사랑받았으며, 단테와 조토 등 르네상스 거장들도 이곳에서 세례를 받았다. ① 천장에는 예수의 최후의 심판과 성서 이야기를 묘사한 13세기 비잔틴풍 모자이크가 남아 있다.

세례당의 외관을 장식하는 3개의 청동문 가운데 15세기 금세공가 로렌초 기베르티의 작품인 ② 동쪽문, 일명 '천국의 문'은 르네상스 조각의 서막을 연 걸작으로 꼽힌다. <구약성서>의 10장면을 담은 부조 패널은 깊이감과 공간감, 인물의 자세와 옷 주름 표현이 돋보이는 고전적인 아름다움으로 당시 예술사에 큰 변화를 가져왔다. 훗날 미켈란젤로가 이 문을 보고 "천국의 문으로 손색이 없다"고 극찬해 현재의 이름으로 불리게 됐다고 전해진다. 기베르티는 자신의 얼굴을 문 속에 새겨 넣는 재치도 보였다.

③ 북쪽문 역시 기베르티의 작품으로, 동쪽문보다 약 20년 앞서 완성됐다. <신약성서>의 주요 장면 28개가 새겨져 있으며, 전통적인 고딕 양식에 원근법과 입체감을 도입해 동쪽문의 기반이 된 작품으로 평가된다.

① 에덴에서 추방당하는 아담과 이브
② 카인이 동생 아벨을 살해하다
③ 술 취한 노아
④ 아브라함이 이삭을 제물로 바치다
⑤ 에서와 야곱이 태어나다
⑥ 요셉이 노예로 팔리다
⑦ 모세가 십계명을 받다
⑧ 이스라엘 민족이 요단 강을 건너다
⑨ 다윗이 골리앗을 죽이다
⑩ 솔로몬과 시바 여왕

Ⓖ 산 조반니 세례당 피렌체
Ⓜ MAP ⑥-B
ADD Piazza San Giovanni
OPEN 08:30~19:30(매월 첫째 일요일 ~13:30)
CLOSE 1월 1일, 12월 25일
PRICE 브루넬레스키 패스 · 조토 패스 · 기베르티 패스 (p348 참고)
WALK 두오모 정문 맞은편에 있다.

조토의 종탑에서 내려다본 세례당

세례당의 제단

② 두오모 오페라 박물관에 보관된 진품 청동 부조

세례반
③

❶ 기마상과 두오모를 배경으로 찰칵!

08 두오모 오페라 박물관
도나텔로의 '마리아 막달레나'
Museo dell' Opera di Santa Maria del Fiore

두오모의 미술품을 보호하기 위해 설립된 박물관이다. 두오모, 조토의 종탑, 세례당에 있는 미술품은 모두 모조품이며, 진품은 이곳에서만 볼 수 있다.
많은 작품 중 ❶ 도나텔로의 '참회하는 막달레나'(1453~1455)는 꼭 눈여겨봐야 한다. 예수의 유일한 여제자인 마리아 막달레나는 여러 작품에서 향유 단지를 든 아름다운 모습으로 그려지지만 이 작품에서는 덥수룩하고 초췌한 모습으로 표현됐다. 성 노동자였던 그녀는 예수를 만나 회개했고 예수의 죽음 이후 사막으로 나가 금욕적인 삶을 살았다고 전해진다. 작품 속 막달레나는 바로 그 시기의 모습을 형상화한 것이다. 미켈란젤로의 3대 피에타 중 하나이자 미완성작인 ❷ 반디니의 피에타도 이곳에 있다.
'오페라'는 '공사청'을 뜻하며, 두오모 오페라 박물관은 대성당의 건축과 예술품을 관리하던 기관의 소장품을 전시하는 곳이다.

Ⓖ 피렌체 두오모 오페라 박물관
Ⓜ MAP ❻-B
ADD Piazza del Duomo, 9
OPEN 08:30~19:00
CLOSE 1월 1일, 12월 25일
PRICE 브루넬레스키 패스 / 조토 패스 / 기베르티 패스 (p348 참고)
WALK 두오모 정문에서 오른쪽으로 돌아가면 나오는 쿠폴라 뒤쪽, 길 맞은편 노란색 건물이다.
WEB duomo.firenze.it

09 산티시마 안눈치아타 광장
<냉정과 열정 사이>의 그곳
Piazza della Santissima Annunziata

규칙적인 아치형 주랑으로 둘러싸인 전형적인 르네상스 양식의 광장으로, 조화롭고 아담한 분위기를 느낄 수 있다. 광장 정면에는 산티시마 안눈치아타 성당이, 오른쪽에는 유럽 최초의 고아원(Spedale degli Innocenti)이 있다. 고아원은 브루넬레스키가 설계했으며, 1445년에 첫 고아를 받아들였다. 건물 로지아(아치형 개방 공간)에는 아기 문양이 새겨져 있다. 광장 중앙에는 ❶ 메디치 가문의 페르디난도 1세의 기마상과 ❷ 쌍둥이 분수가 서 있다. 기마상 주변은 영화 <냉정과 열정 사이>의 주요 촬영지로, 영화 속 장면을 재현하려는 여행자들이 많이 찾는다.

Ⓖ 산티시마 안눈치아타광장 Ⓜ MAP ❻-B
ADD Piazza della Santissima Annunziata
WALK 두오모 오페라 박물관에서 도보 6분 / 두오모 쿠폴라 입구에서 도보 5분

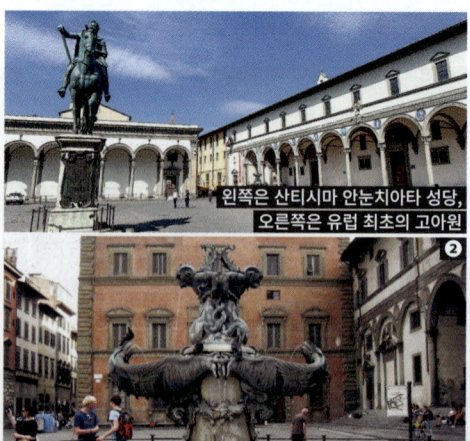

왼쪽은 산티시마 안눈치아타 성당, 오른쪽은 유럽 최초의 고아원

10 산 마르코 광장 & 산 마르코 박물관

프라 안젤리코의 '수태고지'를 보러 가자

Piazza San Marco & Museo di San Marco

공항을 잇는 T2 트램이 분주히 오가고 주변 대학과 아카데미에서 강의를 듣는 학생들로 늘 활기가 넘치는 광장이다. 메디치가의 코시모는 미켈로초에게 광장 북쪽의 ❶ 산 마르코 성당과 수도원 재건을 맡기고 안젤리코에게는 성당 제단화와 수도원 내 그림 작업을 의뢰했다. 현재 박물관으로 사용되고 있는 수도원에서는 도미니크회 수도사이자 화가였던 프라 안젤리코(Fra Angelico)의 프레스코화를 감상할 수 있다. 특히 2층 계단 앞벽에 그려진 ❷ '수태고지'(1445)는 간결하면서도 경건한 분위기로 많은 이의 사랑을 받는 작품이나, 보티첼리, 다빈치 등 내로라하는 화가들이 그린 수많은 '수태고지' 중에서도 프라 안젤리코의 작품이 가장 아름답다고 평가받을 정도다.

ⓖ 피렌체 산마르코 광장　**M** MAP ❻-B
산 마르코 광장
TRAM T2 노선 산 마르코(San Marco) 하차
산 마르코 박물관
ADD Piazza San Marco, 3
OPEN 08:30~13:50
CLOSE 매월 첫째·셋째 일요일, 매월 둘째·넷째 월요일(유동적, 방문 전 확인 필수)
PRICE 14.50€, 18~25세 6€, 17세 이하 무료
WALK 산 마르코 광장 바로 북쪽
WEB museitoscana.cultura.gov.it/luoghi_della_cultura/museo_di_san_marco/

11 아카데미아 미술관

미켈란젤로의 '다비드' 상을 직접 볼 기회

Galleria dell'Accademia

14~17세기 피렌체 미술의 정수를 간직한 미술관이다. 18세기 후반에 토스카나 대공 피에트로 레오폴도가 예술학교용으로 설립했고, 1563년 창립된 피렌체 예술 아카데미(Accademia di Belle Arti di Firenze)가 입주해 지금도 건물 일부를 사용하고 있다.

이 미술관이 유명한 이유는 '피에타', '모세' 상과 함께 '미켈란젤로 3대 조각상'으로 불리는 '다비드' 상 때문이다. 1501년부터 3년에 걸쳐 제작된 이 대작은 골리앗을 쓰러뜨리기 직전의 찰나를 형상화했으며, 매년 200만 명이 넘는 관람객이 이 작품을 보기 위해 찾는다.

그밖에 프라 안젤리코, 프라 바르톨롬메오(Fra Bartolommeo), 리돌포 델 기를란다요(Ridolfo del Ghirlandajo), 보나귀다(Buonaguida), 스케자(Scheggia), 보티첼리 등의 작품이 전시돼 있다. 입구에 사전 예약자 줄과 현장 구매자 줄이 다르니 주의하자.

ⓖ 아카데미아 미술관　**M** MAP ❻-B
ADD Via Ricasoli, 58
OPEN 08:15~18:50/폐장 30분 전까지 입장
CLOSE 월요일, 1월 1일, 12월 25일
PRICE 16€(특별전 진행 시 2~6€ 추가)/예약비 4€/예약 권장)
WALK 두오모 정문에서 도보 6분/산티시마 안눈치아타 광장에서 도보 3분/산 마르코 광장에서 도보 1분
WEB galleriaaccademiafirenze.it

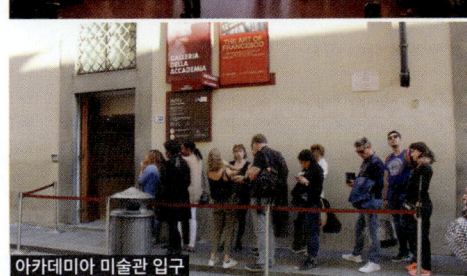

아카데미아 미술관 입구

Zoom In & Out
아카데미아 미술관

● **미켈란젤로의 '다비드'** (1501~1503)

미켈란젤로가 피렌체시의 의뢰로 만든 대리석 조각. 높이만 5m가 넘는 이 작품으로 미켈란젤로는 29세의 나이에 최고의 조각가로 명성을 쌓았다. 처음에는 두오모 지붕 위에 세울 계획이었으나 많은 사람이 쉽게 볼 수 있는 곳을 찾다 시뇨리아 광장 가운데에 놓게 됐다. 이 때문에 레오나르도 다빈치와 보티첼리가 포함된 위원회가 조직되기도 했다. 1873년 작품 손상을 막기 위해 아카데미아 미술관으로 옮겼으며, 현재 시뇨리아 광장과 미켈란젤로 광장에 있는 것은 복제품이다.

다비드(다윗)는 <구약성서>에 나오는 인물로, 거대한 적장 골리앗을 돌로 쓰러뜨린 소년 영웅이다. 그림이나 조각에서는 골리앗의 머리를 발밑에 두고 손에 칼을 쥔 청년으로 묘사되곤 한다. 이탈리아가 통일되기 전인 15세기 초, 밀라노 공국은 자신들보다 규모가 작은 피렌체 공국을 공격하려고 했다. 하지만 밀라노 통치자의 느닷없는 죽음으로 공격이 중단되었고, 피렌체는 위기에서 벗어날 수 있었다. 이를 신의 뜻에 따른 승리라고 여겼던 피렌체 사람들은 피렌체를 다비드에, 밀라노를 골리앗에 비유했다. 그리고 다비드 상을 도시 곳곳에 세워 승리를 기념했다.

> **MORE**
> **피렌체의 유명 인사**
>
> 과거 부유한 도시였던 피렌체에는 이곳을 주무대로 활동한 유명 인사가 무척 많다. 피렌체가 고향은 아니지만 주무대로 활동한 화가로는 미켈란젤로, 레오나르도 다빈치, 라파엘로가 있고 천문학자 갈릴레이는 피사에서 태어나 피렌체에서 활동하며 지동설을 주장했다. <신곡>의 작가 단테와 <군주론>의 작가 마키아벨리도 피렌체 태생이다.

● **'팔레스트리나의 피에타'** (1550)

18세기 중반 로마 근교 팔레스트리나의 산타 로살리아 성당에서 발견돼 처음에는 미켈란젤로의 작품으로 여겨졌으나 지금은 미켈란젤로의 구상을 바탕으로 제자 또는 동시대 조각가가 완성했을 것으로 본다.
<르네상스 미술가 열전>을 쓴 미술사학자 바사리에 따르면 미켈란젤로는 피에타를 3개 만들었는데, 이 피에타는 그 셋에 들지 않는다. 또한 상당히 큰 조각임에도 미켈란젤로를 언급하는 동시대 작가의 글이나 문헌에 등장하지 않은 점도 그의 작품이 아니라는 견해를 뒷받침한다. 참고로 미켈란젤로의 3대 피에타는 바티칸 산 피에트로 성당, 피렌체 두오모 오페라 박물관, 밀라노 스포르체스코 성에 소장돼 있다.

● **보나귀다의 '생명의 나무'** (1305~1310)

죽음의 상징인 십자가를 잎, 꽃, 열매로 채워 생명과 풍요의 상징으로 재해석한 작품이다. 나무판 위에 달걀노른자와 아교를 섞은 불투명 안료 템페라 기법과 금박을 사용해 화려하게 제작했다. 가지마다 매달린 47개의 원형 메달에는 예수의 탄생, 성장, 수난, 죽음, 부활, 승천의 이야기가 담겨 있다.

MORE
피렌체 전성기 르네상스의 3대 화가

르네상스 천재, 레오나르도 다빈치 Leonardo da Vinci(1452~1519)
잘생긴 용모와 지성, 매력으로 국제적인 명성을 얻었으며, 비행·건축·공학·조각·회화·자연사·천문학 등 여러 방면에 걸친 천재적인 재능으로 전형적인 '르네상스 인간(다방면에 재능이 있는 인물)'이란 평가를 받고 있다. 특히 자연을 철저하게 과학적인 시각으로 바라봄으로써 다빈치만의 냉철한 예술 세계가 만들어졌다. 현존하는 그의 작품은 스케치와 에스키스 외에 20여 개에 불과하지만 그가 남긴 작품들은 다음 세대 화가들에게 큰 영향을 미쳤다.

신의 손, 미켈란젤로 Michelangello Buonarroti(1475~1564)
미켈란젤로는 어려서부터 재능이 남달랐다. 그 재능을 알아본 메디치 가문의 로렌초가 피렌체의 궁전으로 어린 미켈란젤로를 데려와서 수양아들로 삼았을 정도였다. 그는 작업 모습을 공개하지 않았으며, 격정적이고 강직했다. 그가 평생 독신으로 살고 후손이 없다는 점을 안타까워하는 사람들에게 미켈란젤로는 "내게는 끊임없이 나를 들볶는 예술이라는 마누라가 있고, 내가 남긴 작품들이 내 자식들이오"라고 말했다고 한다. 평소 그는 '조각은 대리석 안에 갇힌 인물을 해방하는 것'이라고 표현할 정도로 조각에 대한 애착이 컸다.

르네상스의 집약, 라파엘로 Raffaello Sanzio(1483~1520)

맹수조차도 그를 사랑한다고 할 정도로 온화한 성격의 소유자인 라파엘로는 대중적이기도 했지만 누구도 흉내 낼 수 없는 뛰어난 예술 세계를 창조함으로써 당대에 널리 존경받았다. 26세에는 교황의 부름을 받아 바티칸을 장식하는 대역사를 맡기도 했다. 라파엘로의 예술은 르네상스의 특징을 집약한 것으로, 다빈치에게서는 피라미드 구조와 빛과 그림자를 이용하여 인물의 조형성을 강조하는 기법을, 미켈란젤로에게서는 우람하고 역동적인 균형의 동작을 배워 응용했다고 한다. 37세에 열병으로 급사해 많은 이가 안타까워했다.

쇼핑 아이템

피렌체 쇼핑은 이걸로 정했다!

실용적인 가죽 제품은 여기!

❖ 메르카토 첸트랄레 주변 가판점 & 포르첼리노 시장

메르카토 첸트랄레 주변에는 아리엔토 거리(Via dell'Ariento)를 중심으로 생활잡화와 다양한 색상의 가죽 핸드백, 소품을 판매하는 가판이 모여 있어 '피렌체 가죽시장'으로 불린다. 피렌체의 다른 가죽 제품 상점보다 저렴한 편이지만 여행자에게 바가지를 씌우는 경우가 있으므로 여러 곳의 가격을 비교한 뒤 구매하는 것이 좋다. 지나치게 싼 제품은 중국산 저가품일 가능성이 높으니 주의해야 한다. 시장 전체를 둘러보며 비교해보면 적정 가격을 가늠할 수 있다. 보통 20~30% 이상은 깎아야 제값에 사는 셈이다.

시뇨리아 광장 서쪽의 포르첼리노 시장(Mercato del Porcellino)에도 가죽 제품을 판매하는 가판이 많아 여행자가 즐겨 찾는다. 품목과 가격은 메르카토 첸트랄레 주변과 비슷하지만 흥정이 잘되면 오히려 더 저렴하게 살 수 있으니 두 곳을 모두 들러 비교해보는 것이 좋다.

MORE
피렌체 가죽 전문점

고대 로마시대부터 질 좋은 가죽 생산지로 이름을 떨친 피렌체. 섬세한 가죽 기술과 염색 기술, 100% 수작업만 고집하는 장인 정신으로 피렌체 가죽은 예나 지금이나 세계 최고로 꼽힌다.
장인의 가죽 공장에서 만든 제품을 판매하는 전문점은 피렌체 시내 곳곳에서 볼 수 있다. 매장마다 디자인과 가격이 다르므로 여러 곳을 둘러보고 구매해야 한다. 메르카토 첸트랄레 근처와 산타 크로체 광장에 특히 많이 몰려 있다.

메르카토 첸트랄레 주변
ADD Via dell'Ariento
OPEN 09:00~19:00　**CLOSE** 일요일
WALK 산 로렌초 성당 정면을 바라보고 성당 오른쪽 측면을 따라가면 정면에 보이는 아리엔토 거리(Via dell'Ariento)를 따라 메르카토 첸트랄레까지 형성돼 있다.

포르첼리노 시장(메르카토 누오보)
ADD Piazza del Mercato Nuovo
OPEN 09:00~18:00
WALK 시뇨리아 광장에서 베키오 궁전을 등지고 정면의 골목을 통과한다. 도보 3분/레푸블리카 광장에서 도보 2분

MORE
피렌체의 트레비 분수?

포르첼리노 시장 남쪽에는 청동 멧돼지 상이 있는 작은 분수(새끼 멧돼지 분수 Fontana del Porcellino)가 있다. 멧돼지 입에 동전을 넣어 바로 아래 통으로 쏙 들어가면 소원이 이루어진다는 속설로 유명한 분수다. 단, 실패한 동전을 다시 주워 올리는 건 금기다. 멧돼지 코를 문지르면 피렌체를 다시 찾을 수 있다는 소문이 번지면서 코를 만지며 기념 촬영을 하는 사람도 많다.

귀족의 응접실 같은 매장 내부

피렌체에서 가장 오래된 약국 브랜드
◆ 산티시마 안눈치아타 약국
Farmacia SS. Annunziata

1561년, 약사 도메니코 브루네티가 두오모 근처 수녀원 건물에 약방을 열며 시작된 브랜드. 직접 제조하던 피부약으로 시작해 전통과 현대 기술을 접목한 안전하고 효과 좋은 피부 미용 제품을 개발하며 명성을 쌓아왔다. 추천 제품은 홍조 완화 크림(La Crema per Couperose SPF15)과 '극강의 수분 크림'이라고 소문난 금잔화 수분 크림(Crema Idratante alla Calendula). 유리병에 담겨 있어 무겁긴 하지만 패키지가 고급스러워서 선물용으로 좋다. 2006년부터 선보인 향수 라인 또한 자극적이지 않고 심신 안정에 도움이 된다고 하여 좋은 반응을 얻고 있다. 시뇨리아 광장 근처의 지점과 편집숍, 향수 전문점 등에서도 만나볼 수 있다. 세금 환급 가능.

ⓖ 피렌체 아눈치아타 약국 Ⓜ MAP ❻-B
ADD Via dei Servi, 80r
OPEN 09:00~19:00   **CLOSE** 일요일
WALK 두오모 쿠폴라 입구에서 도보 4분/ 산티시마 안눈치아타 광장에서 도보 1분
WEB farmaciassannunziata1561.it

수도사들의 비법 화장품
◆ 산타 마리아 노벨라 화장품 Officina di Santa Maria Novella

수도사들의 특별한 제조법으로 만든 뷰티 제품을 400년 간 같은 자리에서 판매 중이다. 1221년 피렌체 도미니크회 수도사들은 건강을 위해 수도원 정원에서 약초를 재배했는데, 이때 약제 신부들이 개발한 약이 산타 마리아 노벨라 화장품의 효시다. 당시 이 약의 효능은 이탈리아는 물론이고 러시아, 인도, 심지어 중국으로까지 퍼져나갈 정도로 명성이 자자했다. 매장에서는 향수와 비누, 에센스, 방향제, 보디 용품 등 다양한 화장품과 꿀, 티, 허브, 시럽을 판매한다. 70€ 초과 구매 시 세금 환급을 받을 수 있다. 반드시 구매 당일 신청하고 여권을 소지해야 한다.

ⓖ Q6FX+M4 피렌체 Ⓜ MAP ❻-A
ADD Via della Scala, 16
OPEN 09:30~20:00
CLOSE 1월 1일, 부활절, 5월 1일, 12월 25·26일
WALK 산타 마리아 노벨라 성당에서 도보 2분
WEB smnovella.com

옛날에 사용하던 전통 장비들

★ **산타 마리아 노벨라 약국의 인기 품목 Top 4**
크레마 이드랄리아(Crema Idralia) 수분 크림. 인기 no.1
크레마 폴리네(Crema Polline) 재생 크림. 어른들께 선물로 좋다.
아쿠아 디 로사(Acqua di Rosa) 장미수. 피부 진정 효과가 탁월하다.
사포니(Saponi) 비누. 피부 타입과 기능별로 다양한 종류가 있다.

12 우피치 미술관 Galleria degli Uffizi
르네상스 대표작, 여기 다 있다!

메디치 가문의 방대한 컬렉션을 소장한 미술관으로, 미술관 작품 배치의 원칙을 세운 곳이자 관람객을 위해 작품에 이름표를 단 최초의 미술관이다. 르네상스의 문을 연 조토부터 다빈치, 미켈란젤로, 라파엘로, 그리고 르네상스를 마무리하고 새로운 화풍을 정립한 카라바조까지 거장들의 작품을 감상할 수 있다. 1581년 프란체스코 1세가 건물 최상층을 갤러리로 꾸며 조각상과 귀중품을 전시하기 시작했고 1737년 메디치가의 마지막 상속녀 안나 마리아 루이사가 가문의 모든 예술품을 피렌체 외부로 반출하지 않는다는 조건으로 토스카나 정부에 기증하면서 우피치 미술관의 기초가 형성되었다. 소장품이 워낙 많아 일부 대표작을 제외한 작품은 교체 전시되므로 원하는 작품을 보지 못할 수도 있다. 주말과 공휴일은 예약 필수!

G 우피치 미술관 **M** MAP **⑥**-D
ADD Piazzale degli Uffizi 6
OPEN 08:15~18:30/폐장 1시간 전까지 입장 **CLOSE** 월요일, 1월 1일, 12월 25일
PRICE 25€(08:55까지 입장 시 19€, 특별전 진행 시 요금 추가), 17세 이하 무료/예약비 4€/예약 권장, 토·일요일·공휴일 예약 필수/매월 첫째 일요일 무료입장(예약 불가)
WALK 두오모 정문을 바라보고 오른쪽으로 도보 5분. 시뇨리아 광장과 연결된다.
WEB 예약 uffizi.it/gli-uffizi

MORE
우피치 미술관의 건축 이야기

우피치 미술관은 본래 메디치가 코시모 1세의 사무실로 지은 건물이었다. 그는 시에나 공화국을 정복해 광대한 지역을 통치하게 되자 정부의 권위를 높이고 행정의 효율성을 살리기 위해 당시 화가이자 건축가였던 조르조 바사리에게 새로운 관청(Ufiizi는 '관청'을 뜻함) 설립을 맡겼다. 바사리가 건물의 완공을 보지 못하고 죽자 뒤를 이어 베르나르도 부온탈렌티(Bernardo Buontalenti)가 바사리의 설계에 따라 우피치를 완성했다.

미술관의 바깥 회랑에 늘어선 이탈리아 위인들의 대리석상

바사리의 회랑. 베키오 다리 2층으로 연결되며, 우피치 미술관에서 피티 궁전까지 이어진다.

Zoom In & Out
우피치 미술관

우피치 미술관은 'ㄷ'자 형태의 3층 건물로, 보티첼리의 작품은 3층(이탈리아식 2층)에 있다. 3층에서 시작해 방 번호 순서대로 이어지는 전시실을 차례로 관람한 뒤 2층으로 내려오는 동선이 효율적이다. 각 층은 방이 연결된 구조라 특정 작품만 찾아다니면 오히려 시간이 더 걸린다. 시간이 부족하다면 방 순서대로 대표작을 중심으로 관람하고 나머지는 가볍게 지나치듯 보는 것이 좋다. 모든 작품을 충분히 감상하려면 하루도 모자라지만 주요 작품 위주로 보면 3시간이면 충분하다.

❖ 우피치 미술관을 제대로 둘러보기 위한 팁

❶ 줄서기 싫다면 예약은 필수! 예약하지 못했다면 아침 일찍 가자.
성수기에 예약 없이 방문하면 최소 2~3시간은 줄을 서야 입장할 수 있다. 비수기에는 오전 8시 이전이나 오후 4시 이후에 도착하면 30분 내로 입장 가능하다. 작품을 제대로 감상하려면 오후보다 오전 시간대 방문을 추천한다.

❷ 토·일요일·공휴일에는 예약 필수!
평일에는 예약이 선택이지만 토·일요일과 공휴일에는 필수다. 전화 또는 온라인으로 예약할 수 있으며, 예약 수수료 4€가 부과된다. 전화보다 공식 홈페이지에서 회원가입 후 진행하는 온라인 예약이 훨씬 쉽고 간편하다.

예약 콜센터
TEL +39 055 294 883
OPEN 08:30~18:30(토요일 ~12:30)/현지 시간 기준
CLOSE 일요일

온라인 예약
WEB uffizi.it/gli-uffizi
*영어 화면으로 전환 > Tickets > > Gli Uffizi > Buy online

❸ 디지털 티켓으로 바로 입장하기
공식 홈페이지나 공인 예매처에서 예약 후 이메일로 받은 QR코드 티켓을 스마트폰에 저장해 현장 교환 없이 바로 입장할 수 있다.

❹ 입장 시 주의 사항
가방 검사가 엄격한 편이다. 칼·삼각대·장우산 등 날카롭거나 뾰족한 물건과 큰 백팩은 반입할 수 없다. 음료는 500mL 이하만 허용되며 유리 용기는 반입이 금지된다.

❺ 카페테리아
3층 관람을 마치고 A42번 방을 지나 2층으로 내려가는 계단 옆에 있다. 넓은 야외 테라스에서 간단한 음식과 음료를 즐길 수 있다.

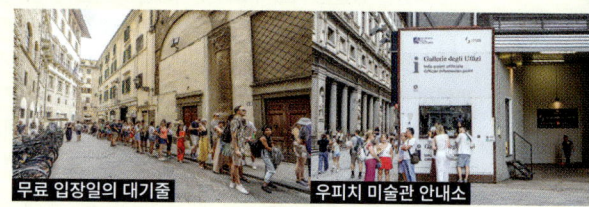
무료 입장일의 대기줄 | 우피치 미술관 안내소

❖ 3층 구조도

MORE
미술관 기념품점

명화가 담긴 아기자기한 기념품이 많다. 가격이 저렴한 수첩, 달력, 퍼즐 카드는 선물용으로도 좋다. 1층, 관람을 끝내고 내려오는 계단 부근에 있다.

라 프리마베라 수첩 / 퍼즐 카드 / 비너스의 탄생 자석

◆ 3층(이탈리아식 2층)

* 미술관의 공사, 작품 복원, 특별전 등으로 전시 위치가 자주 바뀌므로 현장에서 안내 지도를 받아 확인하며 관람하는 것이 좋다.

- **A4실** 치마부에의 '산타 트리니타의 성모'(1280~1290), 조토의 '오니산티 마돈나'(1306~1310) 서양 회화의 아버지, 조토는 처음으로 자연스러운 인물 묘사를 시도한 화가나.

- **A9실** 파올로 우첼로의 '산 로마노 전투'(1440) 본격적인 선 원근법은 르네상스 시대에 시작됐다.
피에로 델라 프란체스카의 '우르비노의 초상화'(1446) 귀족 부부의 초상화. 아내는 희고 잡티 없는 피부로 여성적인 면을, 남편은 거칠고 억센 피부로 남성적인 면을 강조했다.

- **A11실** 보티첼리의 '라 프리마베라'(1482) p363

- **A12실** 보티첼리의 '비너스의 탄생'(1485) p363

- **A38실** 미켈란젤로의 '성가족'(1507) 차갑고 이지적인 매력이 돋보이는 미켈란젤로의 초기 작품. 성모 마리아와 예수, 그리고 성 요셉을 그린 그림이다.
라파엘로의 '검은 방울새의 성모'(1506) 성모 마리아, 예수(오른쪽), 성 요한(왼쪽)을 그린 그림. 성 요한이 손에 쥔 검은 방울새는 예수의 수난을 상징한다.

- **A39실** 레오나르도 다빈치의 '수태고지'(1472) 천사 가브리엘이 성모 마리아에게 예수의 잉태를 예고하는 장면이다.

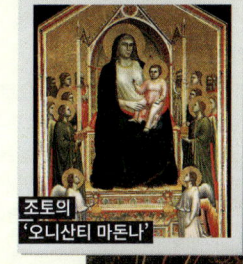

조토의 '오니산티 마돈나'

파올로 우첼로의 '산 로마노 전투'

피에로 델라 프란체스카의 '우르비노의 초상화'

미켈란젤로의 '성가족'

라파엘로의 '검은 방울새의 성모'

레오나르도 다빈치의 '수태고지'

◆ 2층(이탈리아식 1층)

- **D8실** 파르미자니노의 '목이 긴 성모'(1540) 매너리즘의 대표작. 우아함을 강조하기 위해 인위적으로 목과 허리를 길게 그렸다.
- **D22실** 티치아노의 '우르비노의 비너스'(1538) p363
- **D29실** 아르테미시아 젠틸레스키의 '홀로페르네스의 목을 베는 유디트'(1620)
- **D31실** 카라바조의 '바쿠스'(1594), '메두사의 머리'(1598)
- **D34실** 렘브란트의 '노인의 초상(늙은 랍비)'(1665) 렘브란트의 외모와 비슷해 그의 자화상으로 알려졌으나, 유대교의 지도자인 랍비의 초상으로 확인되었다.

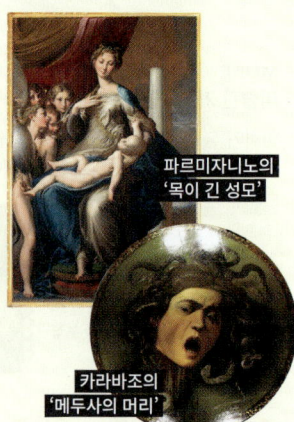

파르미자니노의 '목이 긴 성모'

카라바조의 '메두사의 머리'

❖ **보티첼리의 '라 프리마베라'**(1482) 3층 A11실

보티첼리가 신화적 주제로 그린 최초의 그림으로 '라 프리마베라'는 이탈리아어로 봄을 뜻한다. 미의 여신인 비너스, 꽃의 여신인 플로라, 사랑의 신인 큐피드가 꽃이 흐드러지게 핀 정원에서 즐겁게 노닐고 있다. 봄바람의 따뜻함, 그리고 향긋한 꽃향기까지 느껴지는 이 작품은 제목 그대로 봄을 묘사하고 있다.

우아함의 극치를 보여주는 이 작품은 피렌체의 문화·정치·경제 부활을 상징하며 피렌체 르네상스의 서막을 알리는 작품으로 꼽힌다. 하지만 우아하고 아름다운 작품 이면에 당시의 복잡한 도시국가의 권력 구도를 표현했다는 해석이 제기되면서 최근 새롭게 주목받고 있다.

보티첼리가 신화적 주제로 그린 최초의 그림으로, 신을 인간과 닮은 모습으로 묘사했다.

① **비너스** 미의 여신 비너스가 손짓으로 관람자를 정원으로 초대한다.
② **플로라** 클로리스가 변한 꽃의 여신. 정원에 꽃을 뿌리며 봄이 왔음을 알린다.
③ **클로리스** 플로라로 변하기 전의 모습. 제피로스에게 납치당해 결혼한 후 꽃을 다스리는 능력을 얻고 꽃의 여신으로 신격화된다. 그림 속에서는 생식력을 지닌 여성을 상징한다.
④ **삼미신** 미의 여신 3명이 손을 잡고 춤을 추고 있다. 각각 아름다움, 욕망, 만족을 의미한다. 이 감정들이 돌고 돌아 그 자리로 돌아옴을 뜻한다.
⑤ **메르쿠리우스** 무역의 신이자 전령의 신. 날개 달린 모자와 카르케이온(뱀과 독수리가 달린 지팡이)이 상징이다. 이곳에서는 사랑의 수호자로 정원으로 몰려오는 구름을 흩뜨리고 있다.
⑥ **큐피드** 비너스와 메르쿠리우스의 아들, 사랑의 신이다.
⑦ **제피로스** 서풍의 신이다. 서양에서 봄은 서풍을 따라온다는 말이 있는데, 제피로스의 입이 잔뜩 부풀어 있다. 즉 이곳에는 아직 바람이 불어오지 않았고 곧 봄이 옴을 뜻한다.

> 조개는 중세의 가톨릭 정신을 상징한다. 즉 이 작품은 르네상스 시대의 잉태와 탄생을 비유하고 있다.

❖ **보티첼리의 '비너스의 탄생'**(1485) 3층 A12실

그리스 신화에서 미의 여신인 비너스(아프로디테)는 바다의 물거품에서 탄생하는데, 이 작품은 비너스가 바다에서 탄생해 육지에 도착하는 순간을 묘사하고 있다. 작품 속 비너스는 바다의 신, 넵튠이 내준 거대한 조개 배를 타고 수줍게 얼굴을 붉히고 있다. 오른쪽에는 계절의 여신 호라이가 비너스를 가릴 옷을 들고 있다. 왼쪽에는 서풍의 신 제피로스와 클로리스가 바람을 일으켜 비너스를 육지로 밀어내고 있으며, 그 바람결에 비너스를 상징하는 장미꽃이 흩날리고 있다.
이 그림은 르네상스 시대 최초의 누드이자 순수하면서도 매혹적인 비너스의 자태를 가장 잘 표현했다는 평가를 받는다.

❖ **아르테미시아 젠틸레스키의 '홀로페르네스의 목을 베는 유디트'**(1620) 2층 D29실

직업 화가로는 최초의 여성 화가인 아르테미시아는 아버지 오라치오 젠틸레스키와 함께 바로크 시대의 대표적인 화가로 꼽힌다. 유디트가 조국을 구하기 위해 적장 홀로페르네스를 유혹해 목을 베는 장면을 그린 이 그림은 여자의 몸으로 적장의 목을 베는 무표정한 얼굴에서는 적장에 대한 차가운 분노를, 거친 팔근육에서는 증오로 가득 찬 작가의 거친 호흡이 느껴진다.
유디트를 주제로 한 미술 작품은 많지만 대개 유디트를 연약하고 아름다운 모습으로 그린 데 반해 아르테미시아는 유디트를 '승리를 쟁취한 능동적이고 강한 여성'으로 묘사했다. 이 같은 페미니즘적인 그림을 그린 것은 아르테미시아 자신이 어린 나이에 아버지의 친구이자 스승인 타시에게 성폭행을 당했고 그 때문에 평생 부도덕한 여자라는 질시를 받아야 했지만 연약한 과거를 극복하고 강해지고 싶다는 마음을 투영한 것으로 해석된다.

> "나는 여자가 무엇을 할 수 있는지 보여줄 것입니다. 당신은 카이사르의 용기를 지닌 한 여인의 영혼을 보게 될 것입니다."
> — 아르테미시아의 편지 중

MORE
같은 주제로 그린 대표적 작품

티치아노의 '홀로페르네스의 목을 든 유디트'(피렌체, 피티 궁전)
티치아노의 '홀로페르네스의 목을 든 유디트'(로마, 도리아 팜필리 미술관)
크리스토파노의 '유디트와 홀로페르네스'(피렌체, 피티 궁전)
카라바조의 '홀로페르네스의 목을 든 유디트'(로마, 국립 미술관)
클림트의 '유디트'(빈, 오스트리아 벨베데레 미술관)
오라치오 젠틸레스키의 '홀로페르네스의 머리를 든 유디트와 하녀'(오슬로, 노르웨이 국립 미술관)
루카스 크라나흐의 '홀로페르네스의 목을 든 유디트'(빈, 미술사 박물관)

❖ **티치아노의 '우르비노의 비너스'**(1538) 2층 D22실

오스만 궁정에서 일하던 궁녀를 '오달리스크'라고 하는데, 앵그르가 '오달리스크'를 주제로 여성 누드화를 즐겨 그리면서 이후 기대거나 누워 있는 여성 누드를 그린 그림을 '오달리스크'라고 하게 됐다. 기독교가 지배한 중세에는 여성의 누드를 그린다는 것은 상상도 할 수 없었다. 르네상스 시대가 되면서 어느 정도 표현의 자유가 생기자 화가들은 '금기'된 주제에 매력을 느꼈고 이전의 그림을 모방하면서 점점 대담하고 파격적인 시도를 했다. 성(性)의 상품화라는 비난을 받기도 하지만 지금과는 다른 시대적 상황에서 표현의 자유를 얻기 위한 예술가들의 도전이었다고 보는 시각도 있다. 대표적인 작품들을 통해 그 시대적 흐름을 짚어보자.

❶ 조르조네가 사망한 후 그의 제자 티치아노가 완성한 것으로 추정된다.
❷ 장미꽃은 비너스를, 강아지는 영원한 사랑을 상징한다.
❸ 큐피드가 없다면 비너스인지조차 알아보기 어렵다.
❹ 알바 공작 부인을 그린 그림이다.
❺ 우유처럼 희고 고운 피부와 분명한 윤곽선의 묘사가 뛰어나다.
❻ 평면적인 외모로 '암컷 고릴라'라는 비난을 받기도 했다.

❶ **조르조네의 '잠자는 비너스'**(1510, 독일 드레스덴 미술관)
16세기 초의 작품으로, 미의 여신인 비너스가 목가적인 자연을 배경으로 잠들어 있다. 당시에는 신화적인 주제가 아닌 일반 여성의 누드화는 그릴 수 없었기 때문에 비너스를 대상으로 한 누드화가 많았다. 이 작품은 성적으로 좀 더 자극적이라는 이유로 시도하지 못하던, 여성이 누워 있는 모습을 표현한 최초의 작품이라는 점에서 의미가 있다.

❷ **티치아노의 '우르비노의 비너스'**(1538)
조르조네의 작품과 같은 주제로 그린 작품이지만 배경이 실내로 바뀌었다. 잠에서 깨어난 비너스가 자신의 매력을 한껏 발산하고 있다. 가장 완벽한 여성의 아름다움을 표현한 그림으로 꼽히며, 앵그르, 마네 등 후대 화가들에게 직접적인 영향을 미쳤다.

❸ **벨라스케스의 '거울을 보는 비너스'**
(1650, 런던 내셔널 갤러리)
관능미를 강조한 작품. 비너스가 거울을 바라보며 자신의 아름다움에 도취돼 있다.

❹ **고야의 '벌거벗은 마야'**(1798, 마드리드 프라도 미술관)
일반인을 그린 누드와 도발적인 시선으로 종교재판에서 외설 판정을 받았다.

❺ **앵그르의 '대 오달리스크'**(1814, 파리 루브르 박물관)
여성 누드에 심취한 앵그르의 대표작. 관능적인 우아함을 강조하기 위해 의도적으로 인체를 왜곡해서 그렸는데, 이 때문에 비평가들에게 거센 비난을 받았다.

❻ **마네의 '올랭피아'**(1863, 파리 오르세 미술관)
성적으로 타락했으면서도 위선적인 모습을 보이는 이들에게 '나는 다 알고 있어요'라는 듯 무덤덤하게 바라보는 시선이 인상적인 작품. 당시 여성 누드의 시선은 수줍게 표현하는 것이 관례인데, 그러한 관례를 과감히 깸으로써 참신하다는 평가와 동시에 평단의 거센 비난을 받기도 했다. 그림을 훼손하려는 사람들 때문에 사람들의 손이 닿지 않는 높은 곳에 전시해야 했다고 한다.

500인실

바사리의 벽화가 있는 중정

Option 13 메디치 가문의 옛 궁전
베키오 궁전 Palazzo Vecchio

시뇨리아 광장에 서면 가장 먼저 눈에 들어오는 건물. 14세기 초 피렌체 시 의회 청사로 지어졌다. 두오모를 설계한 아르놀포 디 캄비오가 건축을 맡았으며, 높이 95m의 종탑(아르놀포 탑) 덕분에 전형적인 중세 고딕 양식을 띤다. 16세기 메디치가의 코시모 1세가 이곳에 머물며 내부를 확장했고 이후 강 맞은편 피티 궁전으로 거처를 옮기면서 '옛 궁전'을 뜻하는 현재의 이름으로 불리게 됐다. 지금도 피렌체 시의회 청사로 사용되며, 돌고래를 안은 동자(푸토) 분수가 있는 첫 번째 중정까지는 무료입장할 수 있다. 중정 벽의 프레스코화는 코시모 1세의 장남과 합스부르크 공주 요안나의 결혼을 기념해 1565년 조르조 바사리가 그린 오스트리아 도시들의 풍경이다.

ⓖ 베키오궁 MAP ❻-D
ADD Piazza della Signoria
OPEN 박물관 09:00~17:00(목요일 ~14:00), 탑 09:00~17:00(목요일 ~14:00, 우천 시 입장 불가, 5세 이하 입장 불가, 17세 이하 성인 동반 필수)/폐장 15분 전까지 입장
CLOSE 12월 25일, 시청 행사 진행 시
PRICE 박물관 12.50€(18~25세 10€, 특별전 진행 시 요금 추가), 탑 12.50€(18~25세 10€)/17세 이하 무료/예약비 1€
WALK 우피치 미술관에서 도보 1분(시뇨리아 광장 안)
WEB 예약 ticketsmuseums.comune.fi.it

MORE
500인실 Salone dei Cinquecento

15세기에 행정 지도자 500명이 회의를 하던 장소로, 메디치가가 집권한 뒤에는 접견실과 연회실로 사용됐다. 피렌체와 코시모 1세의 영광을 표현한 격자무늬 천장은 바사리의 작품이며, 양쪽 벽은 피렌체의 시에나·피사 전투 장면을 담은 거대한 프레스코화로 장식돼 있다. 벽을 따라 전시된 조각상들 중에는 미켈란젤로가 교황 율리우스 2세를 위해 제작했으나 미완성으로 남은 '승리'가 있다. 이 작품은 미켈란젤로의 조카가 코시모 1세에게 선물하면서 메디치가의 소유가 됐다.

MORE
서재 Studiolo

500인실 한쪽에는 프란체스코 1세의 서재가 있다. 해가 들지 않아 어두운 작은 공간을 피렌체의 매너리즘 화가들이 그린 패널이 화려하게 장식하고 있다. 방의 맨 끝과 입구 위에는 프란체스코 1세의 아버지인 코시모 1세와 어머니 톨레도의 엘레오노라를 그린 2개의 초상화가 있다.

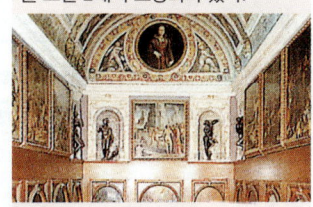

엘레오노라 예배당
Capella di Eleonora

<구약성서>에 등장하는 모세 이야기를 그린 브론치노의 작품으로 장식돼 있다. 코시모와 엘레오노라의 장녀를 모델로 한 '수태고지'도 놓치지 말자.

백합실 Sala dei Gigli

베키오 궁전에서 가장 아름다운 방으로, 벽을 장식한 파란 배경의 황금색 백합에서 이름이 유래했다. 이는 당시 피렌체 공화국과 친선 조약을 맺은 프랑스 왕의 문장이다. 황금색과 푸른색의 격자무늬 천장은 마이아노(Guiliano da Maiano)의 작품이며, 도나텔로의 조각상 '유디트와 홀로페르네스'도 볼 수 있다.

❶

❷

❸

14 시뇨리아 광장 Piazza della Signoria
광장에서 즐기는 야외 미술관

시뇨리아 궁전(베키오 궁전의 옛 이름) 앞 광장. '시뇨리아'는 피렌체 공화국을 운영하던 최고 통치 기구로, 메디치 가문이 실권을 잡은 뒤에도 명칭이 이어졌다. 이 회의가 열리던 궁전 앞 광장이 자연스럽게 '시뇨리아 광장'이라 불렸고 당시 정치와 예술의 중심이 되었다.

광장 곳곳에는 도시의 역사와 맞물린 조각들이 서 있다. 베키오 궁전을 정면으로 보고 맨 왼쪽에는 메디치가를 부흥시킨 ❶ 코시모 1세(1519~1574)의 기마상이, 그 오른쪽에는 프란체스코 1세와 합스부르크 왕가의 요안나 공주의 결혼을 기념해 암만나티가 제작한 ❷ 바다의 신 넵튠의 분수가 있다. ❸ 도나텔로의 '유디트와 홀로페르네스'와 피렌체 문장을 발로 붙잡아 세운 사자상 마르조코(Marzocco), ❹ 미켈란젤로의 다비드 상과 헤라클레스 상도 있으나 모두 복제품이다. 우피치 미술관 바로 옆이라 거리 예술가들이 모이고 다양한 퍼포먼스가 더해져 피렌체 특유의 예술적 분위기가 살아난다.

Ⓖ 시뇨리아 광장 Ⓜ MAP ❻-B·D
ADD Piazza della Signoria
WALK 베키오 궁전 바로 앞/두오모에서 도보 5분

❹ 현재 아카데미아 미술관에 있는 미켈란젤로의 '다비드' 상 원본은 1872년까지 이 자리에 있었다.

가짜 화가에 속지 마세요

두오모와 시뇨리아 광장 주변의 거리 화가 중 절반 이상은 가짜다. 피렌체 시 인증서를 걸어놓더라도 믿지 말자. 특히 풍경화만 진열하고 그림을 그리지 않는 화가는 프린트 위에 물감을 덧바른 모조품일 가능성이 높다.

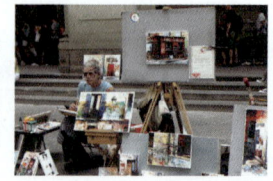

Zoom In & Out
시뇨리아 광장

❖ 로자 데이 란치 Loggia dei Lanzi – 15개의 조각상이 있는 회랑

시뇨리아 광장에 있는 회랑으로, 15개의 조각상이 들어서 있어 쉽게 눈에 띈다. 전시된 조각상 모두 유명 작품의 복제품이거나 무명 작품인 데다 별다른 관리를 받지 못한 채 늘어서 있지만 꽤 퀄리티가 높아서 볼 만하다. 이 중 '겁탈당한 사비나 여인'은 사방에서 볼 수 있게 제작한 르네상스 최초의 작품으로, 플랑드르(지금의 벨기에 지방) 출신의 조각가 잠볼로냐가 만들었다.

좌우에서 입구를 지키는 사자 조각상. 사자는 피렌체의 상징이다.

'메두사의 목을 들고 있는 페르세우스'. 원본은 바르젤로 국립 미술관에 있다.

'폴릭세네 납치'

고대 로마 여인들의 조각상

'파트로클로스의 시체를 찾아오는 메넬라오스'

헤라클레스가 부인을 납치하려던 반인반마(켄타우로스)인 니수스를 죽이는 장면

로자 데이 란치의 조각상으로 보는 그리스·로마 신화

페르세우스 그리스 신화에 나오는 영웅. 주신(主神) 제우스와 아르고스의 왕녀 다나에 사이에서 태어났다.

폴릭세네 아킬레우스를 유혹한 트로이의 공주. 아킬레우스는 목마에 타지 않고 폴릭세네를 위해 휴전을 시도했으나 결국 죽음을 맞았다. 목마에는 아킬레우스의 아들 네오프톨레모스가 대신 탔으며, 폴릭세네는 납치되어 아킬레우스의 무덤에 제물로 바쳐졌다.

메넬라오스 트로이 전쟁의 원인이 됐던 헬레나의 남편. 아킬레우스가 전투에 참가하지 않자 아킬레우스의 절친 파트로클로스는 그의 갑옷을 입고 싸움에 나섰다. 파트로클로스는 자신을 아킬레우스로 오인하고 두려움에 떨며 퇴각하는 트로이군을 추격했는데, 트로이 최고의 용사 헥토르와 대적해 창에 찔려 전사하고 만다. 파트로클로스의 시체를 둘러싼 전투가 계속되는 동안 메넬라오스가 시체를 찾아오게 되고 아킬레우스는 전투에 복귀해 헥토르를 죽여 복수했다. 이후 메넬라오스는 트로이 전쟁의 영웅으로 추앙받았다.

겁탈당한 사비나 여인 로마 건국 신화의 아버지 로물루스는 자신이 건설한 새 국가를 위해 노예든 방랑자든 원하는 모든 사람을 로마 시민으로 받아들였다. 이후 인구 불균형으로 여자가 부족해지자 결혼 적령기의 남자들을 위해 축제를 열고 이웃의 사비나족을 초청한 후 군인을 동원해 축제에 온 여자들을 겁탈하고 남자들을 쫓아버렸다. 이 여자들은 어쩔 수 없이 로마의 남자들과 결혼 후 로마에서 살게 됐고 로물루스 자신도 사비나 여인과 결혼한 후에 사비나의 왕까지 겸하게 됐다.

'겁탈당한 사비나 여인'

산 조반니의 '밥티스타' (1450~1455)

도나텔로의 '성 조르조' (1416~1417)

조각상을 스케치하는 학생이 많다.

Option 15
르네상스 조각의 전당
바르젤로 국립 박물관
Museo Nazionale del Bargello

시뇨리아 광장 동쪽, 우피치 미술관과 두오모 사이에 자리한 피렌체의 대표 조각 박물관이다. 1261년에 지어진 피렌체에서 가장 오래된 공공 건물로, 한때 법원과 감옥, 경찰 본부로 사용되며 '바르젤로(경찰)'라는 이름이 붙었다. 1865년 국립 박물관으로 개관한 이후에는 우피치 미술관에서 옮겨온 중세부터 바로크 시대까지의 조각과 공예품, 회화를 전시하고 있다. 특히 유명한 작품으로는 ❶ 도나텔로의 '다비드', '성 조르조'와 미켈란젤로의 '미완성 다비드', ❷ '바쿠스', 산 조반니 세례당의 청동문 제작을 두고 기베르티와 경쟁했던 작품인 브루넬레스키의 '이사크의 희생', 베로키오의 '다비드'가 있다.

바르젤로 미술관 피렌체 MAP ❻-B
ADD Via del Proconsolo 4
OPEN 08:15~13:50(토요일 ~18:50)
CLOSE 화요일, 매월 둘째·넷째 월요일, 12월 25일
PRICE 10€(특별전에 따라 다름), 17세 이하 무료/예약비 3€
WALK 시뇨리아 광장에서 도보 2분
WEB museodelbargello.it

❶ 고전 시대 이후 최초의 누드 상으로 평가받는 도나텔로의 '다비드'(1440). 초기에는 애국자의 상징으로 여겨졌으나, 후에 미켈란젤로의 '다비드'에 가려 빛을 보지 못했다.

❷ 미켈란젤로의 초기작, '바쿠스'(1496~1497)

도나텔로(1386~1466)
피렌체 출신의 르네상스 시대의 조각가. 본명은 도나토 디 니콜 베토 바르디(Donato di Niccol di Betto Bardi)다. 로마에서 고대 조각을 연구했고 사실적이고 세련된 기법으로 일찍이 명성을 얻으며 브루넬레스키, 기베르티와 함께 '르네상스 초기의 3대 조각가'로 꼽힌다. 근대 조각의 토대를 마련했으며, 베로키오와 미켈란젤로에게 큰 영향을 끼쳤다.

Option
16 단테의 집
단테의 생가
Museo Casa di Dante

피렌체 출신의 세계적인 문호 단테의 생가를 복원한 곳이다. 내부에는 단테의 침실과 서재, 그의 생애와 작품을 묘사한 그림(복제품)과 공예품이 전시돼 있다. 다만 입장료에 비해 관람 만족도는 낮은 편이다.

ⓖ Q7C4+CR 피렌체　Ⓜ MAP ⑥-B
ADD Via Santa Margherita, 1
OPEN 10:00~18:00(11~3월 ~17:00(토·일요일 ~18:00))
CLOSE 11~3월 월요일, 12월 24·25일　**PRICE** 8€
WALK 시뇨리아 광장에서 도보 3분　**WEB** museocasadidante.it

단테(1265~1321년)
<신곡>의 저자 단테는 이탈리아를 대표하는 시인으로, 피렌체에서 태어나 이탈리아어로 작품 활동을 하며 현대 이탈리아어의 기틀을 마련했다고 평가받는다. 불후의 명작 <신곡>은 사후 세계를 여행기 형식으로 묘사한 서사시로, '지옥', '연옥', '천국' 3편으로 구성돼 있다. 중세의 학문·신화·역사를 총체적으로 담아낸 대작으로 꼽히며, 미켈란젤로가 '최후의 심판'을 그릴 때 <신곡>의 지옥 묘사에서 영감을 받은 것으로 전해진다. 단테는 정치적 이유로 피렌체에서 추방돼 라벤나에서 생을 마감했다. 향년 56세.

Option
17 레푸블리카 광장(공화국 광장)
로마시대부터 이어온 피렌체의 중심
Piazza della Repubblica

로마시대 포룸이 있던 자리이자 중세에는 옛 시장(Mercato Vecchio)이 있던 곳이다. 19세기 말 도시 재개발로 시장이 철거되면서 75×100m 규모의 직사각형 광장이 조성됐다. 그 과정에서 철거된 15세기 작품 '풍요의 기둥(Colonna dell'Abbondanza)'은 20세기에 복원됐으나 광장에 있는 것은 복제품이다.
광장 서쪽의 개선문은 1865~71년에 피렌체가 이탈리아의 수도였음을 기념해 1895년에 세운 것이다. 관광객과 현지인으로 하루 종일 붐비는 광장에는 피렌체 최초의 카페 질리(p383), 미래파 예술가들이 드나들던 카페 주베 로세(Caffè Giubbe Rosse) 등 유명 카페가 즐비하다. 광장 한쪽에는 리나센테 백화점(Rinascente)이 자리하며, 포르첼리노 시장(p356)과 토르나부오니 거리(p374)와도 가까워 쇼핑 동선도 편리하다.

ⓖ 레푸블리카 광장 피렌체　Ⓜ MAP ⑥-B
ADD Piazza del Mercato Nuovo
WALK 산 조반니 세례당·시뇨리아 광장에서 각각 도보 3분

베키오 다리 뷰포인트, 산타 트리니타 다리에서 바라본 전경

대표적인 르네상스 양식 건축물인 피티 궁전

베키오 다리 위 풍경

보티첼리, 필리포 리피 등의 그림이 전시된 프로메테우스 방

18 베키오 다리 Ponte Vecchio
오래된 다리 위에 보석이 반짝!

14세기에 지어진 피렌체에서 가장 오래된 다리. 이름 그대로 '오래된 다리'를 뜻한다. 제2차 세계대전 중 파괴되지 않은 피렌체의 유일한 다리로, 우피치 미술관과 피티 궁전을 잇는다. 본래 다리 위에는 푸줏간, 대장간, 가죽 처리장이 있었으나 1593년 메디치가의 페르디난도 1세가 악취를 이유로 이들을 내쫓고 대신 보석상이 들어섰다(현재도 이 다리에서는 고기를 팔 수 없다). 다리 위의 보석상들은 르네상스 장인의 전통을 잇는 금은세공사와 보석상이 직접 디자인한 작품을 판매한다. 가격은 높지만 섬세한 세공과 우아한 디자인으로 눈길을 사로잡는다.

ⓖ 피렌체 베키오 다리 Ⓜ MAP ❻-C
ADD Ponte Vecchio
WALK 시뇨리아 광장에서 도보 3분/산타 크로체 성당에서 도보 12분

베키오 다리 주변 아르노강 풍경

Option 19 피티 궁전 Palazzo Pitti
피렌체 정치·행정의 중심지

15세기 중반, 피렌체에서 부와 권력을 축적하며 메디치가와 경쟁하던 피티 가문이 세운 궁전이다. 1549년 코시모 1세의 부인 엘레오노라가 구매해 메디치가의 거처로 사용하다가 20세기 초에 국유화되어 일반에 개방됐다.

매표소는 피티 궁전으로 들어가기 전 광장에서 정문을 바라보고 오른쪽 건물에 있다. 피티 궁전 입장권으로 팔라티나 미술관(Galleria Palatina), 현대미술관(Galleria d'Arte Moderna), 의상 미술관(Galleria del Costume) 등을 관람할 수 있으며, 보볼리 정원(Giardino di Boboli) 입장권에는 바르디니 정원(Giardino Bardini)도 포함된다.

ⓖ 피티 궁전 Ⓜ MAP ❻-C
ADD Piazza de'Pitti, 1
OPEN 피티 궁전 08:15~18:30/17:30까지 입장
보볼리 정원 08:15~18:30(11~2월 ~16:30, 3·10월 ~17:30, 6~8월 ~19:10)/폐장 1시간 전까지 입장
CLOSE 피티 궁전 월요일·1월 1일·12월 25일
보볼리 정원 매월 첫째·마지막 월요일·12월 25일
PRICE 피티 궁전 16€
보볼리 정원 10€(바르디니 정원 포함)
피티 궁전+보볼리 정원 통합권 22€
WALK 시뇨리아 광장에서 도보 8분
WEB uffizi.it/palazzo-pitti

Zoom In & Out
피티 궁전

티치아노, 틴토레토, 루벤스의 회화가 있는 비너스 방. 천장 장식은 피에트로 다 코르토나의 작품이다.

● 팔라티나 미술관 Galleria Palatina 본관 2층

우피치 미술관보다 덜 알려졌지만 소장품의 수량과 수준 면에서 견줄 만한 미술관이다. 특히 라파엘로와 티치아노의 대표작이 다수 전시돼 있어 두 화가에 관심 있는 이라면 꼭 들러볼 만하다.

❶ 라파엘로의 '의자의 성모' (1514)

나폴레옹의 징발위원회가 피렌체를 점령한 뒤 징발 1호로 지목할 만큼 아름다운 작품이다. 레오나르도 다빈치의 '모나리자'를 닮은 오묘한 미소, 미켈란젤로의 '성가족'을 연상시키는 안정된 구도, 라파엘로 특유의 부드러운 색감이 어우러져 성모자화 중에서도 가장 큰 감동을 주는 작품으로 평가된다. 8세에 어머니를 잃은 라파엘로가 어머니에 대한 그리움을 예술로 승화한 작품으로, 성모의 얼굴은 그의 연인 라 포르나리나를 닮았다고 전해진다. 피티 궁전의 대표작 중 하나로, 관람객에게 가장 사랑받는 작품이다.

❷ 라파엘로의 '대공의 성모' (1505~1506)

라파엘로의 성모는 유럽 화단에서 가장 이상적인 여성상으로 꼽힌다. 개인 소장품이라 제목이 없었지만 1799년 토스카나 대공 페르디난도 3세가 나폴레옹을 피해 비엔나로 피신할 때 이 그림을 가져가면서 '대공의 성모'라는 이름이 붙었다. 스승 페루지노에게서 배운 자연스러운 인물 표현 기법을 바탕으로 우아하고 섬세한 성모자의 모습을 묘사했다.

❸ 티치아노의 '막달라 마리아' (1532)

티치아노와 그의 제자들이 수차례 복제한 작품으로, 성녀를 관능적으로 묘사해 당시 큰 논란을 불러일으켰다. 티치아노는 전통적인 구도의 법칙을 과감히 벗어나 색채의 힘으로 화면의 통일성을 이룬 인물로, 색채의 대가라는 평가를 받는다.

● 보볼리 정원 Giardino di Boboli

메디치가의 코시모 1세가 아내 엘레오노라를 위해 조성한 이탈리아식 정원이다. 좌우로 길게 뻗은 잔디와 대칭적인 구도가 안정감을 주며, 정원 곳곳에는 수백 점의 조각과 분수, 연못이 자연스럽게 어우러져 있다. 한쪽 언덕에서는 피렌체 시내 전경을 감상할 수 있고 여름철에는 야외 오페라도 열린다.

바르디니 정원 Giardino Bardini

보볼리 정원 단일 티켓으로 함께 입장할 수 있는 정원이다. 피렌체 시내와 두오모의 쿠폴라가 한눈에 내려다보이는 숨은 전망 명소로, 미켈란젤로 광장에 견줄 만한 뷰 포인트다. 4월 중순~5월 초에는 보랏빛 등나무 꽃이 터널처럼 흐드러져 피어나며 장관을 이룬다. 피티 궁전과 미켈란젤로 광장 사이에 있다.

ⓖ 바르디니 정원 Ⓜ MAP ❻-D
ADD Via de' Bardi, 1 OPEN 10:00~16:00
CLOSE 매월 첫째·마지막 월요일
PRICE 10€(보볼리 정원 포함) WEB villabardini.it

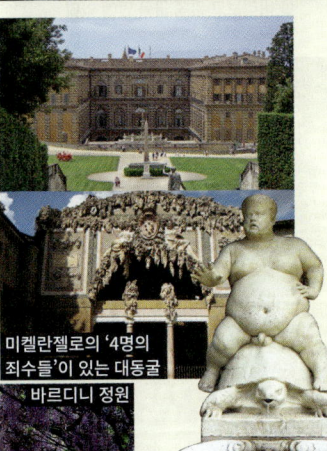

미켈란젤로의 '4명의 죄수들'이 있는 대동굴 바르디니 정원

바쿠스(디오니소스)의 분수

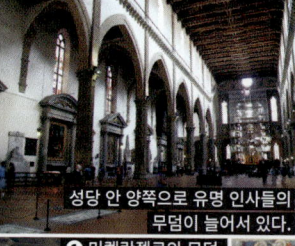

- **G** Q796+CW 피렌체
- **M** MAP ❻-D
- **ADD** Piazza Santa Croce, 16
- **OPEN** 09:30~17:30(일요일, 1월 6일, 8월 15일, 11월 1일, 12월 8일 12:30~17:45)/17:00까지 입장
- **CLOSE** 12월 25일
- **PRICE** 10€(박물관 포함), 12~17세 6€, 11세 이하 무료/예약비 1€/예약 권장
- **WALK** 시뇨리아 광장에서 도보 5분. 성당 매표소와 출입구는 정문을 바라보고 왼쪽 골목 안에 있다.
- **WEB** santacroceopera.it

20 산타 크로체 성당
미켈란젤로, 갈릴레이, 단테, 마키아벨리가 묻힌 곳
Basilica di Santa Croce

1385년에 완공된 웅장한 고딕 건축물로, 피렌체를 빛낸 약 300명의 인사가 잠들어 있다. '이탈리아의 판테온'이라 불릴 만큼 역사적 인물의 무덤이 모여 있으며, 르네상스의 거장 ❶ 미켈란젤로, 지동설을 주장한 ❷ 갈릴레이, <군주론>의 저자 마키아벨리, <피렌체 찬가>의 인문주의자 ❸ 레오나르도 브루니의 무덤이 특히 눈길을 끈다. 단테는 라벤나에서 생을 마감했기에 무덤 대신 기념비가 세워져 있다. 그밖에 아시시 대성당의 벽화를 그린 조토의 '성 프란체스코의 생애'(1320), 도나텔로의 '십자가에 못 박힌 예수'(1408)가 바르디 예배당(Capella Bardi)에 전시돼 있으며, 1966년 대홍수로 손상된 ❹ 치마부에의 '십자가에 못 박힌 예수'도 복원돼 전시 중이다. 수도원 구역에는 브루넬레스키가 1430년에 설계한 르네상스 건축의 걸작 ❺ 파치 예배당(Capella de' Pazzi)이 있다.

성당 안 양쪽으로 유명 인사들의 무덤이 늘어서 있다.

❶ 미켈란젤로의 무덤. 3명의 여자 조각상은 각각 회화·조각·건축을 상징한다.

❷ 갈릴레이의 무덤

❸ 사실적 묘사가 뛰어난 레오나르도 브루니의 무덤

❺ 파치 예배당의 천장

미켈란젤로 광장에서 바라본 피렌체 뷰

21 미켈란젤로 광장
Piazzale Michelangelo
피렌체에서 가장 높은 곳에 자리한 광장

피렌체 시가지가 한눈에 들어오는 광장. '미켈란젤로 언덕'이라고도 불린다. 1860년 주세페 포지(G. Poggi)가 조성했으며, 광장 가운데 미켈란젤로의 다비드 상이 모조품으로 서 있다. 노을이 지는 아르노 강의 풍경은 여행이 끝나고 일상으로 돌아간 후에도 영화 속 한 장면처럼 선명하게 남는다. 여름에는 저녁 9시가 넘어야 해넘이가 시작되고 겨울에는 오후 5~6시쯤 가면 된다.

ⓖ 미켈란젤로 광장　Ⓜ MAP ➏-D
ADD Piazzale Michelangelo
WALK 베키오 다리를 건너 도보 25분
BUS 산타 마리아 노벨라역에서 남서쪽으로 약 600m 떨어진 일 프라토 바르베티(Il Prato Barbetti) 정류장에서 12번을 타고 피아찰레 미켈란젤로(Piazzale Michelangelo) 정류장 하차. 약 20분 소요/리베르타 광장 근처 정류장에서 13번을 타고 약 17분 소요

장미정원 Giardino delle Rose
400종 이상의 장미와 레몬 나무가 잘 가꿔진 조용한 정원을 걷는 시간. 미켈란젤로 광장 바로 아래에서 누릴 수 있는 힐링의 기회다. 이곳 역시 뷰 맛집으로, 1865년 주세페 포지가 조성, 벨기에 예술가 플롱의 조각품들이 즐거움을 2배로 만들어 준다. 4월 말~6월 초엔 형형색색의 장미가 곳곳에서 꽃송이를 터트린다.

ⓖ 피렌체 장미정원　Ⓜ MAP ➏-D
ADD Viale Giuseppe Poggi, 2
OPEN 09:00~20:00(4월 ~19:00, 3·10월 ~18:00, 11~2월 ~17:00)
WALK 미켈란젤로 광장에서 도보 5분

MORE
걸어가도 괜찮을까?
대부분 여행자는 미켈란젤로 광장으로 올라갈 때 버스를 이용하고 내려올 때는 걸어서 돌아오지만 산타 마리아 노벨라역 주변에서 출발하는 버스는 멀리 돌아가기 때문에 시간이 더 걸린다. 걸어 가도 비슷한 시간에 도착하니 아르노 강변 동쪽으로 이어지는 'Piazzale Michelangelo' 이정표를 따라 천천히 오르는 방법을 추천한다. 경사가 완만해 산책하듯 걷기 좋고, 내려올 땐 강변을 따라 걸으면 길을 찾기 쉽다. 버스를 탄다면 광장 근처에는 매표소가 없으니 출발 전 미리 승차권을 사거나 앱(at bus)을 이용할 것. 승차권을 각인하지 않아 벌금을 내는 여행자가 유난히 많은 구간이니 주의한다.

미켈란젤로의 '다비드' 상 복제품

SPECIAL PAGE

구찌와 페라가모의 본거지
토르나부오니 거리 Via de' Tornabuoni

피렌체의 대표적인 명품 거리인 토르나부오니 거리에는 구찌와 페라가모 본점이 있다. 본점답게 다른 매장과는 비교할 수 없을 만큼 다양한 제품이 진열돼 있으니 평소 관심이 많은 여행자라면 꼭 한번 들러보자. 이외에도 막스마라, 프라다 등 패션 아이콘이라 할 수 있는 브랜드점이 길게 늘어서 있다.

ADD Via de' Tornabuoni
WALK 시뇨리아 광장에서 도보 5분

① 에르메스 Hermès
② 호간 Hogan
③ 조르지오 아르마니 Giorgio Armani
④ 구찌 Gucci
⑤ 프라다 Prada
⑥ 발렌시아가 Balenciaga
⑦ 티파니 Tiffany
⑧ 버버리 Burberry
⑨ 오메가 Omega
⑩ 디올 Dior
⑪ 살바토레 페라가모 Salvatore Ferragamo
⑫ 쟈딕앤볼테르 Zadig&Voltaire
⑬ 몽블랑 Montblanc
⑭ 셀린느 Celine
⑮ 펜디 Fendi
⑯ 생로랑 Saint Laurent
⑰ 까르띠에 Cartier
⑱ 불가리 Bvlgari
⑲ 토즈 Tod's
⑳ 막스마라 Max Mara

③ 본점 구찌 Gucci 전 세계에서 가장 핫한 명품 브랜드

100년의 전통을 자랑하는 명품 브랜드, 구찌. 제2차 세계대전이 끝나고 부족한 가죽 대신 'GG 캔버스(GG 문양이 들어간 천)'로 만든 핸드백이 큰 인기를 얻은 후 전통과 현대의 조화를 추구한 구찌만의 스타일로 세계 패션의 흐름을 주도하고 있다.
본점답게 넓은 매장과 다양한 제품 라인이 장점으로, 코로나19 이후 기존의 유럽 중심의 세계관을 반영한 럭셔리 스타일을 강화하고 있다. 클래식한 라인을 찾는다면 피렌체 근교의 아웃렛을 찾는 것도 좋다.

⑨ 본점 살바토레 페라가모 Salvatore Ferragamo 명품 구두의 대명사

장인 정신이 깃든 명품 구두 브랜드. 창립자 살바토레 페라가모는 '신어서 편한 구두, 오래 신어도 변함없는 구두'를 만들기 위해 대학에서 해부학을 따로 공부할 만큼 구두 만들기에 온 힘을 쏟았다. 핵심 공정은 여전히 수작업을 고집해 구두 하나만큼은 정말 제대로 만든다는 평을 듣는다.
페라가모 특유의 금장 로고가 달린 가방도 인기 아이템으로, 이곳에서는 아시아 시장에 선보이지 않는 유럽 전용 에디션을 만날 수 있다. 담당 직원에 따라 매장 전시품 외에 스페셜 에디션을 보여주기도 한다. 본점 3층에는 창립자 살바토레 페라가모의 작품을 전시한 박물관이 있다.

살바토레 페라가모 박물관
Ⓖ 살바토레 페라가모 박물관
Ⓜ MAP ❻-A
ADD Piazza di Santa Trinita, 5R
OPEN 10:30~19:30
CLOSE 1월 1일, 5월 1일, 8월 15일, 12월 25일
PRICE 10€, 17세 이하 무료

오래된 궁전 같은 건물이 인상적이다.

MORE
또 다른 명품 거리, 비냐 누오바 거리 Via della Vigna Nuova

토르나부오니 거리의 구찌 매장에서 서쪽으로 이어지는 거리. 에트로, 발렌티노, 아르마니, 돌체앤가바나 등 명품 브랜드와 젊은 층이 선호하는 브랜드 매장이 늘어서 있다. 토르나부오니 거리 못지않게 패셔니스타들이 즐겨 찾는 거리다.

Eat
ing
& Drink
ing

치즈에 버무려주는
쿠킹쇼에 시선 집중

신선한 트러플을 눈앞에서 쓱쓱

치즈에 문질문질~ 트러플을 솔솔~

◉ 오스테리아 파스텔라
Osteria Pastella

테이블 옆에서 펼치는 요리 퍼포먼스로 소문난 가정식 레스토랑. 바퀴 모양의 커다란 치즈 덩어리 윗면에 화르르 불꽃을 피워 녹인 다음 뜨끈한 파스타를 문질문질하고, 촉촉하게 녹은 치즈를 휘감아 꾸덕꾸덕해진 면에다 감칠맛의 대명사 트러플까지 쓱쓱 대패질해서 올리면 이 집의 대표 메뉴인 트러플 치즈 파스타 탈랴텔레 플람베 알 타르투포(Tagliatelle Flambé al Tartufo in Crosta di Grana Padano, 28€)가 완성된다. 트러플 대신 숭어알 보타르가(어란)를 사용해 독특한 바다향을 살린 파스타(Tagliatelle Flambé alla Bottarga di Muggine in Crosta di Grana Padano, 26€)도 인기. 트러플 허브오일과 카프리노 치즈를 곁들인 라사녜(Lasagne al Ragù di Manzo, Vitello e Maiale, Caprino al Tartufo e Olio alle Erbe, 18€)도 콤비로 좋다. 언제나 대기 줄이 길어서 예약은 필수다.

◉ 오스테리아 파스텔라 Ⓜ MAP ❻-A
ADD Via della Scala, 17 R
OPEN 12:00~14:30·19:00~22:30
MENU 전채 15~20€, 파스타 16~28€, 메인 요리 16~28€, 자릿세 3€/1인
WALK 산타 마리아 노벨라 성당에서 도보 3분
WEB www.osteriapastella.it

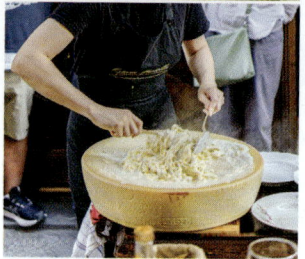

MORE
이탈리아 부엌의 일등 공신
그라나 파다노 치즈 Grana Padano

파스타의 풍미를 한껏 더해주는 그라나 파다노 치즈는 반탈지 우유를 가열 압착해서 9개월 이상 숙성한 경성 치즈다. 고급 치즈의 대명사 파르미자노 레자노와 풍미가 비슷하면서도 훨씬 저렴해 이탈리아 가정식에 빠지지 않는다. 파르미자노 레자노의 사촌 격이다.

티본스테이크

알베르토 몬디가 추천한 스테이크 맛집
🟠 리스토란테 데이 로시
Ristorante dei Rossi

베키오 다리 남쪽에 2023년 문을 연 스테이크 전문점. 시내 유명 스테이크 식당들은 보통 트라토리아(대중음식점)인데, 이곳은 리스토란테(고급 음식점)라 조용하고 고급스러운 분위기다. 한국인에게 무척 친절하고 스테이크 주문 시 유리문이 설치된 숙성고에서 고기를 꺼내주니 호감도가 급상승. 커팅한 스테이크는 육즙이 풍부하고 올리브 오일의 풍미를 살렸으며, 와인 페어링도 수준급이다. 인스타 감성 디저트로는 피스타치오 케이크를 추천. 구글, 더포크 등에서 예약 후 방문해야 오래 기다리지 않는다.

봉골레 스파게티

G Q783+R3 피렌체 **M** MAP ❻-C
ADD Piazza dei Rossi, 1
OPEN 12:00~22:30
MENU 전채 9.70~26.70€, 파스타 14.70~23.70€, 티본스테이크 65~82€/kg, 와인 7€~/잔, 자릿세 3€/1인
WALK 베키오 다리를 남쪽으로 건너 도보 1분
WEB ristorantedeirossi.it

혼자라도 스테이크는 먹고 싶어!
달로스테
Dall'Oste

기본 주문량이 많은 티본스테이크가 부담스러운 나홀로 여행자에게 반가운 곳이다. 12:00~18:00 한정 프로모션 세트 메뉴로 제공되는 립아이 스테이크는 갈비뼈가 한쪽에 붙은 450~550g 크기로, 1인분으로 적당하다. 토스카나식 라비올리 토르텔리니(Tortelli di Patate con Battuto di Chianina), 구운 감자 또는 샐러드, 물이 함께 구성돼 푸짐하게 즐길 수 있다. 특정 예약 사이트를 통해 피렌체식 티본스테이크(Bistecca alla Fiorentina)를 최대 30% 할인하는 이벤트도 자주 진행한다. 피렌체에 총 4개 지점이 있으며, 구글맵에서 예약 가능.

프로모션 세트 메뉴용 립아이 스테이크 (Bistecca Parte Costola)

G 본점: Q6GW+9P 피렌체,
산 로렌초점: Q7F3+MV 피렌체 **M** MAP ❻-A
ADD 본점: Via Luigi Alamanni, 3/5r, 산 로렌초점: Via dei Cerchi, 40/R
OPEN 12:00~22:30
MENU 프로모션 세트 메뉴 37.80€, 파스타 13.80~31.80€, 티본스테이크 1.2kg 86€~, 자릿세 4.40€/1인
WALK 본점: 산타 마리아 노벨라역에서 플랫폼을 등지고 오른쪽 출구로 나가면 길 건너에 보인다./산 로렌초점: 산 로렌초 성당·산 조반니 세례당에서 각각 도보 1분
WEB trattoriadalloste.com

해산물 스파게티 (Spaghetti al Frutti di Mare, 22.80€)

트러플을 곁들인 카르보나라
(Carbonara al Tartufo, 24.80€)

파스타 돌돌 말아, 스테이크도 한 입
◉ 파올리 1827
Antico Ristorante Paoli 1827

옛 귀족의 저택을 개조한 고풍스러운 분위기의 레스토랑. 예능 프로그램 <알쓸신잡>의 촬영지로 등장했다. 한글 메뉴판도 있고 한국인 대응에 익숙한 직원이 많아서 다른 현지인 위주 식당보다 서비스 불만이 적은 편. 육류 요리 전문점답게 피렌체 전통 티본스테이크가 대표 메뉴지만 파스타까지 두루 잘하는 집이니 2인이라면 면 요리와 고기 요리를 하나씩 맛보자. kg 단위 주문이 부담스러운 여행자도 만족할 수 있도록 스테이크 옵션도 잘 갖췄고 스테이크와 잘 어울리는 와인 셀렉션도 다양하다. 단, 자릿세가 꽤 비싼 식당이니 홈페이지나 식당 예약 앱(The fork)의 할인 프로모션을 적극 활용하자.

ⓖ Q7C4+98 피렌체 Ⓜ MAP ⑥-B
ADD Via dei Tavolini, 12/R   **OPEN** 12:00~22:30
MENU 전채 8.80€~, 파스타 15.80€~, 티본스테이크 71.80~97€/1Kg, 자릿세 4.90€/1인
WALK 시뇨리아 광장에서 도보 4분   **WEB** ristorantepaoli.com

피렌체의 #맛스타그램
◉ 트라토리아 자자
Trattoria Zà Zà

달로스테와 함께 관광객용 티본스테이크 투탑으로 꼽히는 식당이다. 여행자들은 너도나도 티본스테이크(Bistecca alla Fiorentina)를 주문하는데, 단골들은 오히려 저렴하면서도 종류가 다양한 파스타 종류를 추천한다. 우리 입맛에 잘 맞는 새우 스파게티(Spaghettino sui Gamberi, 18€)도 인기. 트러플 크림소스를 얹은 라비올리(Ravioli alla Crema di Tartufo, 12€)는 느끼하면서도 은근히 구미를 당기는 맛이다.

ⓖ Q7G3+GQ 피렌체 Ⓜ MAP ⑥-B
ADD Piazza del Mercato Centrale, 26r   **OPEN** 11:00~23:00
MENU 파스타 10~19€, 티본스테이크 55€~/1kg, 자릿세 3€/1인
WALK 메디치 예배당에서 도보 2분   **WEB** trattoriazaza.it(예약 가능)

티본스테이크

람프레도토

라구 파스타

먹을 게 너무 많아 고민입니다
🔴 메르카토 첸트랄레
Mercato Centrale di Firenze

산 로렌초 시장(Mercato di San Lorenzo)이라고도 불리는 피렌체의 중앙시장이다. 개장 140주년을 맞아 위층에 문을 연 대형 푸드코트는 현지인뿐 아니라 여행자들에게도 인기가 높다. 즉석에서 구운 피자와 생면 파스타를 비롯해 다양한 술과 커피를 즐길 수 있으며, 자릿세나 서비스료가 없어 부담이 적다.

빵 속에 소 곱창을 썰어 넣고 칠리소스로 양념한 '곱창 버거'를 비롯해 트러플 파스타, 스테이크, 해산물 튀김, 수제 버거, 딤섬 등 다양한 음식을 맛볼 수 있다. 최고 맛집은 아니지만 토스카나 대표 음식을 조금씩 즐기기에 충분하다. 곱창 버거만 먹을 생각이라면 네르보네보다 줄이 짧은 2층의 일 람프레도토(Il Lampredotto)를 추천한다. 조리 과정을 볼 수 있고 직원도 친절하다.

🔴 피렌체 중앙시장　🅼 MAP ❻-A
ADD Piazza Mercato Centrale, 1
OPEN 09:00~24:00(상점마다 조금씩 다름)
WALK 산 로렌초 성당 정문에서 도보 4분
WEB mercatocentrale.it/firenze

Since 1872! 곱창 버거의 성지
🔴 네르보네
Da Nerbone

메르카토 첸트랄레의 대표 맛집으로, TV 예능에도 소개된 피렌체의 명물이다. 가장 인기 있는 메뉴는 '곱창 버거'로 불리는 람프레도토(Panino con Lampredotto, 5€). 각종 허브와 함께 푹 삶아 부드러워진 소 내장을 파니니 속에 듬뿍 넣은 샌드위치로, 느끼하지 않고 냄새도 거의 없다. 곱창 수육(Piatto di Lampredotto, 9.50€)과 라구 파스타(Tagliatelle al Ragù Bolognese, 8€)도 인기 메뉴다. 특히 라구 파스타는 탄력 있는 넓은 면에 고기 간이 알맞아 현지인에게도 사랑받는다.

🔴 Q7G3+G8 피렌체　🅼 MAP ❻-A
ADD 메르카토 첸트랄레 1층
OPEN 08:30~15:00　**CLOSE** 일요일
MENU 파니노 5.50€~

MORE
단품 메뉴 Piatto Unico 또는 곁들임 음식 Contorni으로 좋은 토스카나 전통 음식 3

카추코 Cacciucco
5가지 이상의 조개와 생선에
토마토소스를 넣어 끓인
해산물 스튜

람프레도토 알라 피오렌티나
Lampredotto alla Fiorentina
소 곱창과 양을 토마토소스에 졸인
수프

판자넬라 Panzanella
딱딱한 빵, 토마토, 적양파, 바질 등을
섞고 올리브오일, 식초, 소금으로
맛을 낸 샐러드

우피치 미술관 다음 코스!

알란티코 비나이오
All'Antico Vinaio

피렌체를 대표하는 스키아차타 샌드위치 전문점. 골목을 사이에 두고 여러 매장을 열면서 규모를 확장했는데도 항상 긴 줄이 늘어선다. 맛이 최고인지 묻는다면 잠시 망설이게 되지만 이탈리아 '빵지순례'에서는 빼놓을 수 없는 곳. 프로슈토나 햄, 치즈, 소스, 채소 등 각각의 재료를 조합한 40여 개의 가게 추천 메뉴 중에서 선택하면 즉석에서 샌드위치를 만들어준다. 진열장에 늘어놓은 재료를 추가 선택할 수도 있다. 한국인 입맛에는 숙성 치즈보다는 모차렐라 같은 생치즈류가 잘 맞고, 가게 벽에 붙여둔 '가게 추천 조합 메뉴 Top 5'는 현지인 매출 기준이어서 우리 입맛에는 짠 편이다. 참고로 우리나라 여행자들의 '최애' 메뉴는 살라미와 모차렐라, 토마토, 바질 조합의 '서머(Summer)'다. 줄 서서 기다리는 동안 QR코드를 스캔해 메뉴를 미리 볼 수 있다. 산타 마리아 노벨라역과 산 마르코 광장에 지점이 있다.

압도적인 크기의 스키아차타 빵과 바삭한 식감, 다채로운 재료 조합이 인기 비결

ⓖ Q794+9X 피렌체　Ⓜ MAP ⑥-D
ADD Via dei Neri, 65r
OPEN 10:00~22:00
MENU 스키아차타 샌드위치 8~12€
WALK 베키오 궁전과 우피치 미술관 사이 골목으로 도보 2분
WEB allanticovinaio.com

첼리니(Cellini, 5€)+ 스트라차텔라 치즈(1.50€)

기본에 충실한 수제 파니니

아모리니
Amorini Panini e Vino Firenze

대성당 근처의 작고 아늑한 파니니 가게. 조용한 분위기에서 파니니와 와인을 즐길 수 있다. 화려한 맛의 알란티코 비나이오보다 재료 본연의 맛을 살려 담백한 파니니는 이탈리아 와인들의 이름을 숫자와 함께 붙여 외국인 관광객도 쉽게 주문할 수 있다. 주문은 서브웨이처럼 번호를 선택한 후 로세타 또는 포카차 빵을 고르고 다양한 토핑을 추가하는 방식이다. 아티초크·말린 토마토·버섯 크림·부라타 치즈·스트라차텔라 치즈·송로 버섯 크림 등 신선한 재료가 준비돼 있는데, 특히 스트라차텔라의 쫀득한 식감과 고소함이 예술이다.

ⓖ Q7F5+G3 피렌체　Ⓜ MAP ⑥-B
ADD Via dei Servi, 16/r, Firenze
OPEN 10:00~21:00
CLOSE 일요일
MENU 샌드위치 4.50~6.50€, 플랫 브레드 6~9€, 추가 소스·토핑에 따라 +0.50~2€
WALK 두오모 쿠폴라 입구에서 도보 1분

샤퀴테리가 빵 안으로 쏙
🟠 라 보이테
La Boite

신선한 재료와 갓 구운 빵의 하모니

피렌체에서 한 달 살기를 한다면 단골이 될 만한 곳이다. 관광지 식당과 비교할 수 없을 만큼 훌륭한 식재료와 합리적인 가격이 매력이다. 대표 메뉴는 토스카나 전통 방식으로 올리브유와 소금을 넣어 납작하게 구운 빵 스키아차타(Schiacciata)로 만든 샌드위치. 추천 재료 조합에 셀럽 이름을 붙인 메뉴가 다양하게 준비돼 있으며, 부라타 치즈·생햄·토마토를 넣은 기본 샌드위치부터 올리브 오일에 절인 가지와 호박, 아티초크 크림소스, 칠리소스로 맛을 낸 메뉴까지 있다. 원하는 재료를 골라 나만의 샌드위치를 주문할 수도 있다. 매일 굽는 빵이 워낙 맛있어 무엇을 넣어도 실패가 없다. 햄과 치즈 플레이트에 와인 한 잔 곁들이면 피렌체의 여유를 제대로 느낄 수 있다.

ⓖ Q6FX+64 피렌체 **Ⓜ** MAP ❻-A
ADD Via Palazzuolo, 17R
OPEN 11:00~22:30(금·토요일 ~24:00)
MENU 샌드위치 8€~
WALK 산타 마리아 노벨라 성당에서 도보 4분

샌드위치가 이렇게 맛있는 거였다니
🟠 라 프로슈테리아
La Prosciutteria

비나이오 바로 옆에 야심 차게 문을 연 샌드위치집. 진짜 이탈리아 음식을 선보이겠다는 창업 모토에 따라 키안티 시골풍 요리 레시피를 추구한다. 매일 아침 만든 사워도우의 고소한 맛과 쫄깃한 식감이 매력인 스키아차타를 반으로 갈라 햄, 치즈 등 고객이 고른 재료로 샌드위치를 만들어준다. 생햄 특유의 풍미에 익숙하지 않다면 토스카나식 바비큐인 키안티 포르케타(Porchetta del Chianti)나 매콤한 살라미를 추천. 피스타치오 페스토(1.50€)를 더하고 키안티 와인까지 곁들이면 금상첨화. 햄 & 치즈 플레이트는 푸짐해서 술안주는 물론 식사 대용으로도 좋다.

ⓖ Q795+84 피렌체 **Ⓜ** MAP ❻-D
ADD Via dei Neri, 54r
OPEN 11:00~23:00
MENU 스키아차타 샌드위치 6.50~9€,
햄 & 치즈 플레이트 10.90~15.90€/1인
WALK 베키오 궁전·우피치 미술관에서 각각 도보 3분
WEB laprosciutteria.com/ristorante-firenze/

포카차보다 살짝 얇은 스키아차타 빵. 조그만 바에 앉아 먹고 갈 수 있다.

햄 & 치즈 플레이트(1인분)

키안티 와인과 찰떡궁합!

테이크아웃해 가게 앞에서 먹는 사람도 많다.

싸고 든든한 한 끼
● 안티카 포르케테리아 그라니에리 1916
Antica Porchetteria Granieri 1916

일명 '수육 버거'로 유명한 피렌체의 노포. 내장과 뼈를 제거한 통돼지 속에 허브와 향신료 등을 채운 후 장작불 위에서 회전시키며 오랜 시간 천천히 구워 만든 토스카나식 통돼지 바비큐 포르케타(Porchetta)를 샌드위치로 맛볼 수 있다. 차갑게 식힌 담백한 포르케타를 빵 사이에 넣고 바질소스나 매콤한 피칸테소스를 곁들여 주는데, 이 매운 소스가 기름기 쭉 빠진 수육의 밋밋함을 잡아주는 킥이다. 테이크아웃만 할 수 있다.

카포치아. 피칸테소스는 0.50€ 추가

통째 굽는 포르케타

ⓖ Q7C3+2R 피렌체 Ⓜ MAP ⑥-B
ADD Via Porta Rossa, 27/29 Rosso
OPEN 09:00~21:00
MENU 카포치아(Capoccia) 6€,
포르케타 샌드위치 6~11€
WALK 포르첼리노 시장 바로 옆/
시뇨리아 광장에서 도보 3분
WEB anticaporchetteriagranieri.it

'멧돼지 시장'이라고 불리는
포르첼리노 시장의 명물 식당!

감출 수 없는 요리 부심
● 트라토리아 로베르토
Trattoria Roberto

라비올리(Ravioli Burro e Salvia, 11€)

해산물 파스타

중년의 아들과 백발의 아버지, 그리고 큰아버지까지 셋이 함께 운영하는 가정식 식당. 수줍게 주문을 받는 모습에 요리에 대한 자부심이 은근히 풍긴다. 1970년대로 시계를 돌린 듯 세월의 흔적을 고스란히 담은 이곳은 관광객보다 동네 사람들이 즐겨 가는 정겨운 밥집. 푸짐한 양에 알맞은 간, 합리적인 가격으로 제공하는 파스타가 주메뉴이며, 특히 해산물 파스타(Spaghetti all Scoglio, 15€)가 맛있다. 토마토소스의 배합이 절묘한 소렌토식 뇨키(Gnocchi alla Sorrentina, 11€)도 추천한다.

ⓖ Q794+5G 피렌체
ADD Via dei Castellani, 4, Firenze
OPEN 12:00~14:30·19:00~22:30
CLOSE 수요일
MENU 전채 6~17€, 파스타 11~15€, 메인 요리 12~48€, 자릿세 2.50€/1인
WALK 베키오 궁전에서 도보 3분/우피치 미술관의 아르노강 쪽 입구에서 도보 2분

290년 전통의 베이커리 겸 카페
🟠 카페 질리
Caffè Gilli

메디치가의 후손인 스위스의 질리 가족이 1733년 피렌체 최초로 문을 연 베이커리 겸 카페. 맛있는 빵과 케이크로 피렌체 귀족들의 사랑을 한몸에 받았다. 벨에포크(Belle Époque)풍의 아름다운 인테리어와 변함없는 맛으로 피렌체를 대표하는 카페로 손꼽히며, 작가와 화가들에게 무수한 영감을 준 곳으로도 유명하다. 시그니처 디저트는 바닐라 샹티이 크림이 가득한 이탈리아식 밀푀유 밀레폴리에(Millefoglie, 5€). 단, 테이블에 앉으면 바에서 먹는 것보다 2~4배 비싸다.

고풍스러운 실내. 자릿세가 비싼 만큼 특유의 운치가 있다.

테이블에 앉으면 바에서 먹는 것보다 2~4배 비싸다.

밀레폴리에. 2겹의 퍼프 페이스트리가 부서지기 쉬운 제형이라서 포크를 수직으로 세워서 잘라야 한다.

📍 Q7C3+QM 피렌체　Ⓜ MAP ❻-B
ADD Via Roma, 1r
OPEN 08:00~24:00
MENU 커피 1.50€~(테이블 5€~), 밀레폴리에 5€(테이블 8€)
WALK 두오모 정문에서 도보 3분

전망이 다 했네, 다 했어!
🟠 뷰온 아트 루프탑
View on Art Rooftop Cocktail Bar

피렌체의 어느 순간에도 쿠폴라가 중심에 있는 뷰 맛집으로, 조토의 종탑 414개 계단을 오르기 힘든 이들에게 좋은 대안이 된다. 엘리베이터를 타고 편하게 올라가 자리를 잡으면 거대한 쿠폴라가 눈앞에 펼쳐진다. 철조망 하나 없는 탁 트인 루프탑이라 날씨가 좋을 때는 인생 사진을 남기기에도 그만이다. 벽돌색 지붕과 어울리는 알록달록한 칵테일을 고르면 훌륭한 사진 소품이 된다. 오렌지빛 스프리츠 한 잔만으로도 '지금 이곳은 이탈리아'라는 기분이 완성된다. 단, 좋은 자리는 예약이 우선이고 서비스 관련 불만이 높은 편이다.

📍 Q7C3+RW 피렌체　Ⓜ MAP ❻-B
ADD Via dei Medici, 6　　**OPEN** 11:00~23:00
MENU 커피 5€~ 칵테일 13€~　**WALK** 두오모 광장에서 도보 3분

두오모 전망이 아닌 쪽은 한적하다.

리코타 & 피스타치오 젤라토

헤이즐넛 & 피스타치오 젤라토

우린 여기 젤라토만 먹거든요
🟠 젤라테리아 데이 네리
Gelateria dei Neri

젤라토 맛 좀 아는 피렌체 사람들이 첫손가락에 꼽는 젤라토 가게다. 관광 동선에서는 벗어나 있어서 현지인이 더 즐겨 찾는다. 한입 베어 물면 극강의 고소함이 입안 가득 퍼지는 피스타치오 젤라토나 진한 피스타치오 맛이 조금 순화된 리코타 & 피스타치오(Cremino Ricotta e Pistacchio) 맛을 추천한다. 말린 무화과가 촉촉하게 씹히는 리코타 & 무화과(Fichi) 젤라토와 단골들의 사랑을 독차지하는 초콜릿 젤라토도 놓치기 아쉽다.

🌐 Q795+4J 피렌체 Ⓜ MAP ❻-D
ADD Via dei Neri, 9/11r
OPEN 10:30~24:00(금·토요일 ~다음날 01:00)
CLOSE 화요일/겨울철 부정기 휴무
MENU 젤라토 컵 3~7€, 콘 3~6€
WALK 베키오 궁전과 우피치 미술관 사이 골목으로 도보 4분

급이 다른 젤라토
🟠 라 젤라티에라
La Gelatiera

메르카토 첸트랄레에서 곱창 버거를 먹고 나서 들르기 좋은 젤라토 가게. 보통의 젤라토 가게는 '젤라테리아(젤라토를 파는 곳)'인데, 여기는 '젤라티에라(젤라토를 만드는 곳)'라고 간판에 적을 만큼 자신 있는 젤라토를 선보인다. 크리미한 텍스처에 신선한 과육이 살아있는 과일 젤라토가 맛있고 여름 한정 메뉴인 수박 슬러시(Granite)도 별미다. 스트라차텔라 젤라토는 달콤한 우유 크림에 다크 초코칩이 듬뿍 들어 있어 누구라도 좋아할 맛. 단, 젤라토의 양이 적은 편이다.

🌐 Q7G4+73 피렌체
ADD Via de' Ginori, 21R, Firenze
OPEN 11:00~19:30
CLOSE 일·월요일
MENU 젤라토 콘 3~8€~
WALK 산 로렌초 성당에서 도보 1분
WEB facebook.com/la.gelatiera.firenze

블랙체리 & 치즈케이크
젤라토

아포가토

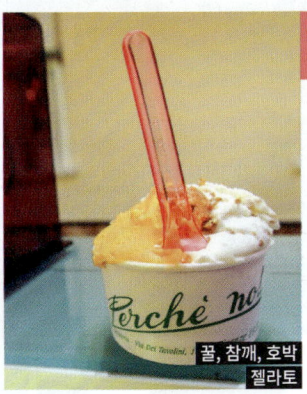
꿀, 참깨, 호박
젤라토

강변 남쪽은 우리가 책임진다!
🟠 젤라테리아 라 카라이아
Gelateria La Carraia

아르노 강 남쪽, 피렌체 시민들의 마음을 사로잡은 젤라테리아다. 관광 동선에서는 살짝 벗어나 있지만 한 번쯤 들러볼 만하다. 초콜릿, 쿠키, 케이크 등 클래식한 맛이 주력 메뉴로 그중에서도 치즈 무스의 진한 맛을 그대로 담은 치즈케이크(Torta con Formaggio) 젤라토가 인기다. 단골들의 선택은 밀크 젤라토에 체리소스를 섞어 군데군데 체리가 씹히는 블랙체리(Amarena) 젤라토. 계산부터 한 뒤 원하는 맛을 선택한다.

🌐 Q69W+RM 피렌체 🗺 MAP ❻-C
ADD Piazza Nazario Sauro, 25/r
OPEN 11:00~24:00(겨울철 ~22:00)
MENU 젤라토 3~7€
WALK 베키오 다리에서 서쪽으로 2번째 다리인 카라이아 다리(Ponte alla Carraia) 건너 오른쪽 코너에 있다.
WEB lacarraiagroup.eu

피렌체에서 가장 오래된 젤라테리아
🟠 비볼리
Vivoli

외관과 내부 모두 평범하고 소박하지만 피렌체에서 가장 전통 있는 젤라테리아로 꼽히는 곳이다. 창업 연도는 1932년! 젤라토의 본고장 피렌체의 최고령 젤라테리아답게 천연 재료로 직접 만든 젤라토에는 투박하지만 전통의 맛을 지키려는 고집이 담겨 있다. 부드럽고 고소한 크림(Crema) 젤라토는 현지인들의 사랑을 듬뿍 받는 오랜 인기 메뉴다. 다만, 젤라토의 양이 적고 불친절하다는 손님들의 불만이 많은 편이다. 비주얼이 예쁜 아포가토(Gran Crema al Caffe, 6€)도 SNS 피드를 장식하는 핫 아이템.

🌐 Q796+X2 피렌체 🗺 MAP ❻-B
ADD Via Isola delle Stinche, 7r
OPEN 08:00~21:00(일요일 09:00~20:00)
CLOSE 월요일/겨울철 부정기 휴무
MENU 젤라토 콘 3~7€
WALK 산타 크로체 성당에서 도보 3분
WEB vivoli.it

젤라토에 참깨를 넣으면 '왜 안 돼?'
🟠 페르케 노!...
Perché No!...

제철 재료를 사용해 시즌마다 독창적인 추천 메뉴를 선보이는 젤라테리아. '왜 안 돼?'라는 뜻의 도전적인 가게 이름이 재미있다. 하루에 팔 수 있는 양만큼만 만들어 남다른 신선함을 유지하는 것이 인기의 비결. 가게 벽면에는 주문을 돕는 한글 안내판이 있어 편리하다. 우리나라 여행자들에게는 고소하게 튀긴 참깨와 달달한 꿀맛이 조화로운 미엘레 & 세사모(Miele e Sesamo)가 특히 인기다. 여름에는 각종 생과일과 얼음을 갈아주는 시원한 그라니테(Granite)도 추천!

🌐 Q7C4+85 피렌체 🗺 MAP ❻-B
ADD Via dei Tavolini, 19/R
OPEN 11:00~22:00
CLOSE 화요일/겨울철 비수기 휴무
MENU 젤라토 3€~, 프라페 5€, 그라니테 4~6€
WALK 두오모 정문에서 도보 3분
WEB percheno.firenze.it

가게 앞은 언제나 대기 줄이 길다.

수박 그라니테 강력 추천!
(Granite di Cocomero)

SPECIAL PAGE

이탈리아에서 가장 인기 있는 아웃렛
더몰 The Mall

피렌체 근교에는 더몰, 프라다, 돌체앤가바나 등 다양한 아웃렛이 있다. 그중 가장 인기 있는 곳은 역시 더몰. 너무 많이 알려진 데다 일부 여행자의 높아진 수준을 따라가지 못한다는 불만이 있는 것도 사실이지만 접근성과 제품 종류, 저렴한 가격의 삼박자를 제대로 갖춘 곳임에 틀림없다.

❖ 더몰은 어떤 곳?

구찌, 프라다, 버버리, 살바토레 페라가모, 몽클레어, 돌체앤가바나, 에트로, 보테가 베네타, 펜디, 미우미우, 아르마니, 셀린느, 생로랑, 코치, 매종 마르지엘라, 마르니 등 40여 개 인기 명품 브랜드를 한곳에 모아놓았다. 브랜드마다 넓은 매장과 다양한 제품을 보유하고 있으며, 일반 매장보다 평균 30~50% 할인된 가격에 판매한다. 이탈리아 아웃렛 중 가장 인기가 많아 단체 관광객을 실은 버스가 쉴 새 없이 드나든다. 원하는 제품을 손에 넣고 싶다면 오전에, 조금 여유 있게 쇼핑하고 싶다면 사람들이 빠지는 오후에 가는 것이 좋다. 특히 성수기에는 마음에 드는 물건을 점찍어놓고 다른 곳에 들렀다 온 사이 팔리는 경우가 많으므로 꼭 갖고 싶은 물건이 있다면 그 자리에서 구매하는 것도 요령이다. 단, 환불이나 교환은 어렵다.

방문 시기에 따라 상품 디자인의 차이가 크며, 신상품 입고 일정은 구매 대행 전문가들조차 확신하지 못할 만큼 베일에 싸여 있다. 보통 계절이 바뀌는 시점에 다양한 상품이 들어온다는 후문이다. 매장에 따라 사진 촬영을 금지하는 경우가 종종 있으니 제품 촬영이 필요한 상황이라면 직원에게 문의하자.

여러 브랜드가 모여 있는 복합 아웃렛 센터다.

Ⓖ PF27+RM 피렌체
ADD Via Europa, 8 Leccio Reggello
OPEN 10:00~19:00
CLOSE 1월 1일, 부활절, 12월 25·26일
BUS 더몰행 직행버스가 산타 마리아 노벨라역 북쪽의 몬테룽고 정류장(Ⓖ Q6JW+9M 피렌체, p335 참고)에서 출발해 구찌 매장 건너편에 도착한다. 50분~1시간 소요. 승차권은 웹사이트에서 예매 후 캡처해서 기사에게 보여주거나 기사에게 직접 구매한다. 온라인 예약자 우선이므로 예매를 권장한다. 왕복권 구매 시 승차권(영수증 형태)을 잘 보관하자. 버스에서 내리기 전 피렌체 시내로 돌아오는 버스의 탑승 위치를 기사에게 확인하자. 캐리어 운반 가능
WEB firenze.themall.it | 승차권 예매 themall.busitaliashop.it/en

더몰행 직행버스

✚ 더몰행 직행버스 운행 정보

정류장 & 요금	운행 시간	
편도 9.50€, 왕복 18€ (4~12세는 반값, 3세 이하 무료)	피렌체 → 더몰	08:50, 09:10, 09:30, 10:00 11:00, 12:00, 13:00, 14:00, 15:30, 16:00, 17:00
	더몰 → 피렌체	09:45, 10:10, 13:00, 14:00, 14:30, 15:00, 16:00, 17:00, 18:00, 19:20

*현지 사정에 따라 변동 가능

프라다 단독 매장의 규모가 제일 크다.

줄 서는 사람이 제일 많은 구찌 매장

할인율이 높아서 인기 있는 몽클레어 매장

❖ 더몰 이용 팁

① 아웃렛 개점 전부터 줄이 생기며, 직행버스는 오전 첫차부터 붐빈다. 대부분 구찌와 프라다 매장부터 대기 행렬이 시작돼 보테가 베네타, 토즈, 버버리 등으로 이어진다.

② 더몰 전체 합산이 아닌, 한 브랜드 매장에서 70.01€ 이상 구매 시 금액과 품목에 따라 부가가치세 환급이 가능하다. 정확한 환급 금액은 계산 시 직원에게 직접 문의하자. 세금 환급 서류는 매장 직원이 작성해주며, 이때 여권이 반드시 필요하다. 작성 과정에서 오류가 생길 수 있으므로 구매 영수증을 꼭 보관해두자.

③ 매장에 따라 현금 사용 한도가 있을 수 있다. 본인 명의 신용카드만 사용 가능. 결제 통화는 반드시 유로화를 선택한다.

④ 피렌체행 직행버스 배차 간격이 길다. 돌아가는 버스 시간에 맞춰 쇼핑 동선을 조정하고, 하차 전 기사에게 귀환 시간·정류장을 확인한다.

⑤ 어느 브랜드나 무채색 계열의 기본 컬러는 제일 먼저 품절된다. 여행자가 가장 많이 찾는 프라다 가방과 지갑류, 구찌 가방 역시 역시 독특한 색깔일수록 재고가 많다. 같은 라인의 제품이라도 색깔 선호도에 따라서 할인율이 달라진다. 특히 마니아층이 두터운 토즈 드라이빙 슈즈나 로퍼 종류는 특이한 색깔의 할인율이 상당히 높다. 보기와 달리 의외로 어울릴 수 있으니 일단 신어보고 득템하자.

⑥ 보테가 베네타의 남성용 지갑은 선물용으로 인기가 높다. 가죽 품질이 좋고 톤 다운된 색상의 고급스러운 디자인이 많기 때문. 클래식한 디자인을 좋아한다면 몽블랑 지갑이나 머니클립도 추천할 만하다. 아버지를 위한 선물로는 구찌 벨트나 지갑류, 어머니나 여동생을 위한 선물로는 구찌 가방이나 지갑, 프라다 반지갑과 카드지갑이 제일 인기! 친지에게 드릴 선물로는 펜디나 구찌의 쁘띠스카프가 좋고 할인율이 높은 구찌의 실크 스카프나 울 소재 머플러 종류도 두루두루 무난하다. 나이키와 아디다스 매장에서 바로 신을 운동화를 고르는 여행자도 많다.

⑦ 매장 곳곳에서 절도가 기승을 부리고 있어 각별한 주의가 필요하다. 귀중품은 늘 휴대하고 쇼핑백이 무거워도 매장 한켠에 두고 다니는 것은 절대 금물이다. 짐이 무겁다면 인포메이션 센터에 맡기자. 지갑은 계산할 때 외에는 꺼내지 말고 현금도 세지 말자.

MORE
더몰 편의시설

구찌 매장 맞은편에 인포메이션 센터와 화장실, ATM 등이 있다. 현금으로 즉시 세금 환급을 받으려면 아웃렛 가장 안쪽, 셀린느 매장이 있는 건물 2층의 택스 프리 라운지(Tax Free Lounge)를 이용한다. 출국 시 세금 환급 서류를 제출하지 않을 경우 부과되는 벌금 결제를 위해 신용카드가 반드시 필요하며, 환급 후 9일 이내에 EU 국가 공항에서 한국으로 출국해야 한다(밀라노·로마·베네치아 공항은 14일 이내). 영수증마다 수수료가 부과되므로 한 브랜드에서는 가능한 한 번에 결제하는 것이 좋다. 인포메이션 센터에서도 경우에 따라 세금 환급 처리를 도와준다.

인포메이션 센터

MORE
상품 선택은 신중하게!

규모가 큰 매장에서는 고객이 고른 상품을 점원에게 맡겨두었다가 계산대에서 번호표나 고객카드를 제시해 한꺼번에 정산하는 방식으로 운영된다. 그러나 물건을 맡겨둔 뒤 결제 단계에서 취소하는 사례가 늘어나면서 보관 시간을 단축하거나 구매 의사가 확실하지 않으면 상품을 맡아주지 않는 등 제약이 생겼다. 신중하게 선택하고 다른 고객을 배려하는 쇼핑 매너를 지키자.

01
TOSCANA

피에솔레
FIESOLE

피렌체 중앙역에서 버스로 25분 거리. 언덕 위에 자리한 작은 마을 피에솔레에서 피렌체의 역사는 시작된다. 피에솔레는 기원전 6~7세기경 에트루리아인이 적의 침입을 막기 위해 언덕 위에 요새처럼 세운 도시다. 반면 피렌체는 기원전 2세기경 피에솔레의 식민 도시로 건설된 것으로 알려졌다.
피렌체가 시작된 곳이라는 의미도 있지만 여행자가 이곳을 찾는 이유는 번잡한 피렌체에서 벗어나 여유로움을 누릴 수 있기 때문이다. 피렌체와 달리 깨끗하고 아담한 정원 같은 느낌이 드는 피에솔레는 유럽의 소박한 시골 마을을 연상케 하며, 특히 여기서 바라보는 피렌체의 전경은 가슴이 시원하게 뚫리는 듯한 느낌을 준다.

피에솔레 가기

피렌체 시내 북동쪽의 리베르타 광장(Piazza della Libertà)에서 7번 버스를 타면 빌라가 늘어선 시골길을 지나 종점인 피에솔레 미노 광장까지 20분 정도 걸린다. 아침 이른 시각부터 버스가 다니기 때문에 일정이 빠듯하더라도 가볍게 여행하기 좋은 곳이다. 반나절이면 둘러볼 만큼 작은 마을이므로 소풍 가는 기분으로 다녀오자.

| 피렌체 Firenze |
| ↓ |
| **버스** 시내버스 7번 20분~, 1.70€ |
| 05:45~24:41(토 06:01~24:45, 일 05:47~24:42)/ 15~30분 간격 |
| ↓ |
| 피에솔레 Fiesole |

*피에솔레 → 피렌체 시내버스는 05:22~다음날 01:00(토 05:30~다음날 01:05, 일 06:04~다음날 01:05) 운행/15~30분 간격
*요일과 시즌에 따라 운행 시간이 유동적이니 스마트폰 앱(at bus)이나 홈페이지에서 미리 확인하자.

버스

피에솔레는 피렌체에서 시내버스로 다녀올 수 있다. 리베르타 광장의 리베르타 포르타 산 갈로(Liberta' Porta San Gallo) 정류장에서 7번 버스를 타고 종점(Fiesole Piazza Mino)에서 내린다. 돌아올 때는 내린 곳에서 버스를 타면 된다. 리베르타 광장까지는 트램 T2선을 타고 리베르타 파르테레(Liberta' Parterre)역에 내리거나 산 마르코 광장에서 10분 정도 걸어간다.

승차권은 트램 역에 있는 자동판매기 또는 앱(at bus)에서 구매한다. 1회권 요금은 1.70€. 1회권의 유효 시간은 70분으로, 트램과 7번 버스 간 무료 환승도 가능하다. 자동판매기를 이용할 경우 돌아올 때를 위해 2장을 사두자. 종이 승차권은 버스 또는 트램 안의 개찰기에 넣어 탑승일시를 각인하고, 앱은 티켓을 활성화한 후 탑승한다. 컨택리스 카드는 차내 전용 단말기에 터치한다.

★ **아우토리네 토스카네**
WEB at-bus.it

버스 탑승 전 앱에서 티켓을 활성화한다.

OPTION A 피에솔레

피렌체 버스·트램 앱, at bus 회원가입(문자 인증 필요) 후 사용한다.

미노 광장 7번 버스 종점 → 도보 5분 → ❶ 산 프란체스코 거리 전망대 → 도보 1분 → ❷ 산 프란체스코 수도원 → 도보 5분 → 치미테로 길 → 도보 5분 → ❸ 고고학 유적지

수도원으로 가기 직전, 근사한 전망이 펼쳐지는 전망대

01 탁 트인 전망이 일품인 곳
산 프란체스코 거리 전망대
Panorama dalla Strada per S. Francesco

피렌체가 한눈에 내려다보이는 벤치

피렌체에서 북쪽으로 8km 떨어진 피에솔레는 15세기부터 이탈리아인의 피서지로 인기가 높았다. 피에솔레 미노 광장(Fiesole Piazza Mino)에서 산 프란체스코 수도원으로 향하는 프란체스코 거리를 따라 걷다 보면 수도원으로 오르는 돌계단 앞쪽에 벤치 몇 개가 놓인 전망대가 있다. 전망대 아래로 펼쳐지는 멋진 풍경은 그냥 지나치기에는 아까울 정도. 아무 말 없이 그저 바라만 보고 있어도 '여행 오길 잘했다'는 마음이 들 만큼 행복한 기분에 젖어 들게 한다. 피렌체의 미켈란젤로 언덕보다 여기에서 보는 경치가 더 운치 있고 아름답다고 평하는 이들도 있다. 특히 해 질 무렵이면 분위기가 확 살아나는 선셋 포인트!

📍 R74Q+WW 피에솔레

WALK 피에솔레 피아차 미노(Fiesole Piazza Mino) 정류장에서 시계탑이 있는 피에솔레 성당을 바라보고 왼쪽 골목으로 들어간 후 프란체스코 거리(Via Francesco)로 걸어 올라가면 왼쪽에 있다. 도보 5분

MORE
피에솔레의 또 다른 전망 명소

전망대 아래에는 조각상과 기념비가 있는 작은 추모 공원(Parco della Rimembranza)이 있다. 조용하게 쉬어가기 좋은 소박한 느낌으로 편히 앉아서 전망을 감상할 수 있는 벤치가 군데군데 놓여 있다.

피렌체 두오모

외관이 아담한 성당

기원전 1세기경에 건설한 고대 로마 극장

신전이 있던 흔적만 남아있다.

02 목가적인 분위기의 성당
산 프란체스코 수도원
Convento di San Francesco

프란체스코 수도회가 1399년에 세운 수도원을 1907년에 복원한 건물로, 피에솔레의 평온한 분위기를 닮은 아담한 규모다. 예배당은 작지만 세계 각지의 선교사들이 보낸 유물을 전시한 박물관과 지하 납골당이 함께 있어 의외로 볼거리가 많다. 성당 주변의 풍경은 피렌체와는 또 다른 피에솔레 특유의 아늑함을 전한다. 성당을 등지고 정면의 계단을 내려가면 숲길 산책로가 이어진다.

📍 R75Q+5X 피에솔레
ADD Via San Francesco, 13
OPEN 성당 08:00~20:00, 박물관 10:00~12:00· 14:00~17:00/일요일 오전 등 미사 진행 시 입장 불가
PRICE 무료(기부금 입장)
WALK 산 프란체스코 거리 전망대 옆

03 고대 유적지에 펼쳐지는 낭만
고고학 유적지
Area Archeologica

기원전에 에트루리아인이 쌓은 성벽의 흔적과 유물, 고대 로마 유적이 수목에 둘러싸여 있다. 들어가자마자 정면에 지금도 오페라 무대로 사용하고 있는 고대 로마 극장이 보이고 오른쪽은 청동기 시대부터 내려오는 청동 제품·도자기·보석을 소장한 고고학 박물관, 왼쪽에는 신전 터가 남아 있다. 특별히 눈길을 끌 만한 것은 없지만 그냥 지나치기에는 아쉬운 곳이니 꼭 한번 들러보자. 통합 입장권에 포함된 반디니 박물관은 길 건너에 있는 작은 박물관으로, 중세 및 르네상스 시기의 종교 예술품을 전시한다.

📍 R75V+4F 피에솔레
ADD Via Portigiani, 1
OPEN 09:00~19:00(3·10월 10:00~18:00, 11~2월 10:00~15:00)/폐장 30분 전까지 입장
CLOSE 12월 25일, 반디니 박물관 연중 월~목요일, 유적지와 고고학 박물관 11~2월 화요일
PRICE 유적지 7€, 유적지+고고학 박물관 10€, 유적지+고고학 박물관+반디니 박물관 12€/6세 이하 무료
WALK 피에솔레 피아차 미노(Fiesole Piazza Mino) 정류장에서 시계탑이 있는 피에솔레 성당을 바라보고 오른쪽 골목으로 들어가면 갈림길 모퉁이에 입구가 있다.
WEB museidifiesole.it

> **MORE**
> **피에솔레 산책로에 들어서기 전 참고하세요!**
>
> 피에솔레의 산책로에는 화장실이 없다. 화장실을 이용하려면 버스에서 내린 피에솔레 미노 광장까지 다시 내려와야 하므로 산책로에 진입하기 전에 다녀오는 것이 좋다. 고고학 유적지 입구 왼쪽에도 카페와 화장실이 있으니 참고.

성 프란체스코를 묘사한 스테인드글라스

이탈리아 와인의 색다른 변신
슈퍼 투스칸 Super Tuscans

슈퍼 투스칸이란?

이탈리아에서는 일정 수준 이상의 와인을 생산하기 위해 지역별로 제조 기준을 정하고 있다. 대표적인 등급으로 DOC(고급)와 DOCG(최고급)가 있다. '슈퍼 투스칸(Super Tuscan)'은 1970년대에 등장한 개념으로, 이러한 DOC/DOCG 규정에서 벗어난 방식으로 만든 고급 와인을 뜻한다. 전통적인 토스카나 품종인 산지오베제(Sangiovese) 대신 카베르네 소비뇽, 카베르네 프랑, 메를로 같은 국제 품종을 사용하거나 이들과 혼합해 새로운 풍미를 낸 것이 특징이다. 이 와인들은 규정상 '해당 지역에서 허용된 포도만 사용'해야 하는 DOC·DOCG 등급을 받을 수 없어 한때 최하위 등급인 VDT(Vino da Tavola, 테이블 와인)로 분류되었다. 그러나 품질이 뛰어나고 기존 틀을 깬 혁신적인 시도로 주목받으면서 현재는 IGT(Indicazione Geografica Tipica, 지역 표시 와인) 등급으로 인정받고 있다.

> **MORE**
> **슈퍼 투스칸의 시작**
>
> 슈퍼 투스칸은 1940년대 로체타 가문이 프랑스 라피트 로칠드(Rothschild)에서 들여온 카베르네 소비뇽 묘목으로 실험한 사시카이아에서 비롯됐다. 1968년 첫 상업용 빈티지가 큰 성공을 거두었지만 DOC 규정을 따르지 않아 'Vino da Tavola'로 분류됐다. 이후 안티노리 가문이 1971년 티냐넬로를 출시하며 슈퍼 투스칸 열풍이 일었고, 1990년대에 정부가 IGT Toscana 등급을 신설하면서 이들 와인이 제도권 안으로 편입됐다. 오늘날 슈퍼 투스칸은 볼게리와 키안티 일대를 중심으로 생산되며, 전통과 혁신의 균형을 상징하는 이탈리아 와인의 또 다른 정점으로 평가받는다.

❖ **사시카이아 Sassicaia**
1970년대 초 등장한 최초의 슈퍼 투스칸 중 하나로, 현재는 'DOC 볼게리 사시카이아(DOC Bolgheri Sassicaia)'로 지정돼 있다. 특히 1985년산은 이탈리아 와인 최초로 평론가 로버트 파커에게 100점 만점을 받은 전설적인 빈티지다. 풍부한 과일 향과 견고한 타닌이 조화를 이루며 긴 여운을 남긴다.

❖ **티냐넬로 Tignanello**
안티노리 가문이 1971년에 처음 선보인 대표 슈퍼 투스칸. 산지오베제에 카베르네 소비뇽과 카베르네 프랑을 블렌딩해 현대적인 토스카나 와인의 문을 열었다. 잘 익은 체리·블랙베리 향과 매끄러운 질감, 균형 잡힌 구조가 특징으로, 안티노리 하우스의 상징으로 평가된다.

❖ **솔라이아 Solaia**
안티노리 가문의 또 다른 플래그십 와인. 1978년에 첫 빈티지를 출시했으며, 1997 빈티지가 2000년 <와인 스펙테이터> 선정 '올해의 와인' 1위를 기록했다. 농밀한 과실 향과 복합적인 아로마, 장대한 밸런스가 돋보이는 토스카나 최고급 레드 와인 중 하나다.

02
TOSCANA

피사
PISA

금방이라도 쓰러질 듯 기울어진 '피사의 사탑'을 눈앞에서 직접 볼 수 있는 도시, 피사. 사탑 주변으로 주요 명소가 모여 있고 반나절이면 충분히 둘러볼 수 있는 작은 곳이기 때문에 피렌체에서 친퀘테레로 가거나 로마에서 피렌체로 가는 길에 들르기 좋은 여행지다.

피사 가기

피렌체 Firenze(S.M.N)	
↓	
기차 50분~,	
9.30~10.80€(R)	
04:30~24:40/	
5분~1시간 30분 간격	
로마 Roma(TE.)	
↓	
기차 2시간 25분~,	
25.15~30.90€(R·IC·FR)	
06:12~20:23/	
1일 17회	
라 스페치아 La Spezia(C.le)	
↓	
기차 40분~,	
8.40~14.90€(FR·IC·R)	
04:43~22:26/	
10~50분 간격	
피사 Pisa(C.)	

*FR(고속열차) / IC(급행열차)
 R(완행열차)
*운행 시간은 시즌·요일에 따라 유동적
*피사 ↔ 피렌체 기차: 06:29~22:30/
 10분~1시간 간격

피사 중앙역 수하물 보관소
1번 플랫폼에서 역 건물을 바라보고 'Deposito Bagagli' 표지판을 따라 오른쪽으로 가면 별도의 건물 안에 있다. 기차역의 수하물 보관소가 문을 닫거나 빈칸이 없을 땐 근처의 사설 보관소를 이용해보자.

■ Stow Your Bags(사설)
ADD Via Cristoforo Colombo, 6
WALK 피사 중앙역에서 도보 3분

로마 테르미니역에서 레조날레 기차로 2시간 30분, 피렌체 산타 마리아 노벨라역에서 1시간 정도 걸린다. 피사의 사탑만 둘러본다면 2시간, 두오모 박물관까지 관람한다면 4~6시간 걸린다. 성수기나 주말에는 피사의 사탑을 오르기 전에 홈페이지를 통해 미리 예약하는 것이 좋다.

기차

로마와 피렌체에서 피사 중앙역(Pisa Centrale)까지 수시로 기차가 운행한다. 또는 피렌체(S.M.N.)에서 레조날레(R)를 타고 피사의 사탑이 있는 두오모 광장에서 가까운 피사 산 로소레(Pisa San Rossore)역까지 갈 수 있다. 고속열차를 탈 계획이라면 로마~피사 구간 기차는 비수기에도 좌석이 없을 때가 많으므로 미리 예약해두는 것이 안전하다. 현장 구매한 레조날레 기차표는 탑승 전 역 구내에 있는 개찰기에서 각인을 잊지 말자.

피사 중앙역

▶ 피사 중앙역에서 피사의 사탑 가기

- **버스** 피사 중앙역 앞에서 버스(1회권 1.70€)를 타면 10분 만에 피사의 사탑까지 간다. 중앙역 정문을 등지고 오른쪽에 보이는 '람(LAM) 1+' 정류장에서 피에트라산티나 파크(Park Pietrasantina)행 1+번 버스를 탄다(약 10분 간격 운행). 상황에 따라 왼쪽의 정류장을 이용하기도 하며, 근처에 반대 방향으로 가는 버스 정류장도 있으니 행선지를 잘 보고 탄다. 내리는 정류장은 미라콜리 광장(Piazza dei Miracoli, 구글맵: Torre 1)으로, 산타 마리아 문이 있는 마닌 광장(Piazza Manin)에 있다. 돌아올 때는 내린 곳 길 건너편의 정류장에서 탑승하면 된다.
  승차권은 역 밖의 자동판매기나 중앙 홀 양옆의 타바키·매점에서 구매한다. 왕복할 예정이라면 1회권 2장을 미리 사둘 것. 피렌체와 마찬가지로 스마트폰 앱(at bus)을 이용하면 더 편리하다. 카테고리에서 'Urbano Capoluogo' → 'Pisa' → 'Urbano Capoluogo a Tempo(1회권)'를 선택해 티켓을 구매하고 탑승 전 활성화한다. 종이 승차권은 버스 탑승 후 개찰기에 넣어 탑승일시를 각인하며, 컨택리스 카드도 사용할 수 있다. 검표원의 불심검문이 잦은 구간이니 개찰을 까먹거나 유효시간(개찰 후 70분 이내)을 초과하지 않도록 주의하자.

- **도보** 25~30분 걸린다. 평지에 가까운 완만한 길이라 크게 힘들진 않다. 버스를 타든 걸어서 가든 이 구간은 소매치기가 많으므로 각별히 주의한다.

피사의 사탑 근처로 가는 1+번 버스

사탑행 버스 정류장

중앙역으로 돌아올 때 이용하는 정류장

활성화한 앱의 QR코드

OPTION B

395 PISA 피사

피사

피사 중앙역 → 도보 25~30분 → 두오모 광장 → 도보 12분 → 아르노 강 주변

★
피사의 사탑과 가까운 기차역, 피사 산 로소레
Pisa San Rossore

피사의 사탑이 있는 두오모 광장 서쪽 약 500m 지점에 피사 산 로소레역이 있다. 완행 레조날레(R) 열차만 정차하는 작은 역으로 피렌체(S.M.N.)에서 1시간 20분~2시간 30분 걸린다. 하루 약 13회 운행하며 요금은 9.30€. 사탑까지는 역에서 주차장 방면으로 나와 오른쪽으로 조금 이동한 뒤 주차장과 도로 사이 경사로를 따라 내려가 지하도를 통과한다. 첫 번째 사거리에서 우회전해 약 200m 가면 왼쪽에 산타 마리아 성문이 보인다. 도보 8분 소요. 인적이 드문 길이니 소지품 관리에 특히 신경 쓰고 혼자보단 여럿이 걷길 추천한다.

산타 마리아 성문

피사의 모든 볼거리가 여기 있다구
두오모 광장 Piazza Duomo

피사의 대표 명소가 모여 있는 광장. '기적의 광장'이라는 뜻의 '피아차 데이 미라콜리(Piazza dei Miracoli)'라고도 불린다. 11~13세기 무렵 이탈리아는 서부 지중해의 패권을 기반으로 스페인·북아프리카와 활발히 교역했으며, 이러한 교류는 피사의 두오모·세례당·종루 등 건축물에도 큰 영향을 미쳤다.

대부분의 여행자는 피사의 사탑만 보고 돌아가지만 두오모와 세례당 역시 눈여겨볼 만하다. 피사의 사탑이 있는 이 광장에는 총 6개의 건축물이 자리하며, 모두 이탈리아 로마네스크 양식의 특징을 잘 보여준다. '로마적인' 또는 '로마다운'을 뜻하는 로마네스크 양식은 10~12세기에 유행한 건축양식으로, 고대 로마의 바실리카를 본뜬 구조에 스페인을 통해 전해진 이슬람 양식과 십자군 원정을 통해 들어온 동방의 양식이 융합된 형태다. 두꺼운 외벽과 작은 창문이 특징으로, 불안정한 시대상을 반영해 요새의 기능을 겸비한 점이 고대 로마 건축과의 뚜렷한 차이를 이룬다.

◉ P9FV+7V 피사
OPEN 두오모를 제외한 모든 명소 2~3월 09:00~18:00, 4월~6월 16일 09:00~20:00, 6월 17일~8월 09:00~22:00, 9~10월 09:00~20:00, 11~1월 09:00~17:00/**두오모** 10:00~/폐장 30분 전까지 입장/6월 16일·8월 9일 사탑 조기 폐장
*정확한 날짜는 홈페이지 참고, 일요일과 종교 공휴일은 유동적, 보수공사나 행사 진행 시 유동적으로 폐장 또는 연장
PRICE 사탑+두오모 20€
사탑을 포함한 전체 통합권(Complete Visit + Tower) 27€
사탑을 제외한 명소(세례당·캄포산토·시노피에 박물관·오페라 델 두오모 박물관) **1곳+두오모** 8€, **4곳+두오모**(Complete Visit) 11€
두오모 무료, 위의 입장권 구매 시 입장 시각을 지정하지 않은 프리패스 제공/입장권 비구매 시 매표소에서 입장 시각을 지정한 한정수량 무료 패스를 받아서 입장(온라인 예약 불가)
*방문일 90일 전부터 온라인 예약 가능. 예약 시 사탑 입장 일시 지정
*사탑을 제외한 명소는 성인과 함께 입장하는 10세 이하 무료
*17세 이하는 사탑 입장 시 성인 동반 필수, 7세 이하는 입장 불가
WEB opapisa.it

Zoom In & Out
두오모 광장

① 피사의 사탑 Torre Pendente di Pissa

갈릴레이의 자유낙하 실험 일화로 유명한 피사의 사탑은 '이게 정말 서 있을 수 있을까' 싶을 만큼 심하게 기울어 있다. 1173년에 착공해 1372년에 완공된 이 탑은 높이 약 56m로, 하층부를 좁게 설계한 데다 지반이 약해 완공되기도 전에 기울기 시작했다. 이후 수차례 보강 공사를 시도했지만 효과가 없었고 1990년에는 안전상의 이유로 출입이 전면 통제됐다. 이후 10여 년에 걸친 안정화 작업을 거쳐 기울어짐이 멈추었으며, 2001년부터 일반인의 출입이 다시 허용됐다. 단, 추가 기울어짐을 방지하기 위해 매시간 입장 인원이 제한된다.

피사의 전경이 내려다보이는 종탑

★ 피사의 사탑 오르기

피사의 사탑에 오르려면 사탑+두오모 입장권 또는 전체 통합권을 구매해야 한다. 시간당 입장 인원이 제한되며, 전광판에 시간대별 신청 가능 인원수가 표시되므로 이를 확인한 뒤 구매하면 된다.
매표소는 로물루스와 레무스 형제 조각상 근처와 시노피에 박물관 안에 있다. 다만 허용 인원보다 방문객이 많기 때문에 성수기에는 미리 예매하는 것이 안전하다. 예매는 방문 90일 전부터 공식 홈페이지에서 가능하며, 수수료는 없다.
탑에 오를 때는 카메라와 지갑 등 손에 들 수 있는 작은 짐만 휴대할 수 있다. 짐은 매표소 옆 보관소에 사탑 티켓을 제시하면 무료로 맡길 수 있으며, 탑 입장 15분 전부터 보관할 수 있다.

★ 똑바로 선 피사의 사탑

피사의 사탑이 기울어진 남쪽이나 반대쪽 북쪽에서 바라보면 탑이 곧게 서 있는 듯 보인다. 착시 현상이지만 '똑바로 선 사탑'을 배경으로 사진을 남기고 싶다면 놓치지 말자.

④ 캄포산토

❷ 두오모(대성당) Duomo(Cathedrale)
1063~1350년에 건립된 로마네스크 양식의 성당. 십자가형 내부 구조와 우아한 아치로 장식된 외관이 특징이다. 내부에는 벽을 따라 양쪽으로 그림이 늘어서 있는데, 그중에는 순결을 상징하는 성녀 아녜스의 그림이 눈길을 끈다.

❸ 세례당 Battistero
1153~1206년에 지은 세례당. 내부를 음향이 메아리치도록 특수하게 설계했다. 매일 수차례 직접 소리가 퍼져 나가는 것을 재현하는데, 1000년 전의 기술로 지었다고 하기에는 믿기지 않을 만큼 작은 소리가 세례당 안에 은은하게 울려 퍼진다. 재현 시간은 세례당 앞에 공지하는데, 그 외의 시간에는 세례당을 찾아 소리가 울리는 것을 확인하려는 사람들의 소리로 시끄럽기만 하다.

❹ 캄포산토 Camposanto
두오모와 세례당 사이에 있는 기다란 건물로, 우리나라의 납골당에 해당한다. 정원은 팔레스타인의 성지에서 가져온 흙으로 조경했다.

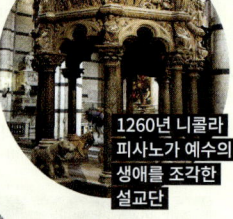
1260년 니콜라 피사노가 예수의 생애를 조각한 설교단

두오모 내부

세례당 내부

❷ 규칙적이고 우아한 아치 장식이 아름다운 두오모

❸ 세례당

⑤ 시노피에 박물관

⑤ 시노피에 박물관 Museo delle Sinopie
외관이 아름다운 시노피에 박물관은 1944년 폭격을 당한 곳이다. 두오모 부속 미술관과 세례당에서 발견된 유물을 전시하고 있다.

⑥ 오페라 델 두오모 박물관 Museo dell'Opera del Duomo
1986년 일반인에게 공개된 건물로, 12~13세기 로마와 이슬람의 건축 양식이 남아 있는 곳이다. 두오모와 세례당의 유물을 전시하고 있으며, 피사를 고딕 조각의 중심지로 만든 풀리아(Puglia) 출신의 조각가 니콜라 피사노(Nicola Pisano)와 그의 아들 조반니 피사노(Giovanni Pisano)의 작품과 두오모에 있던 보물을 볼 수 있다.

⑦ 사진 찍기 좋은 뷰포인트
매표소 앞 잔디밭 부근에 서면 피사의 사탑이 더 많이 기울어져 보인다. 사람도 적기 때문에 사진 찍기에도 편하다.

⑦ 피사의 사탑을 밀거나 받치는 자세로 사진을 찍는 여행자가 많다.

⑧ 로물루스와 레무스 형제 조각상
로마를 건국한 로물루스와 그의 쌍둥이 동생 레무스의 조각상. 신화 속 이야기처럼 형제가 늑대의 젖을 먹고 있는 모습을 표현했다.

⑨ 기념품 상점
두오모, 피사의 사탑과 관련한 기념품을 판매한다.

⑥ 오페라 델 두오모 박물관

⑧ 광장 안에 세운 로물루스와 레무스 형제 조각상

SPECIAL PAGE

중세로 가는 마법의 문
토스카나의 축제 Festa di Tuscana

❖ **칼초 축제** Calcio – 피렌체

칼초 스토리코 피오렌티노(Calcio Storico Fiorentino), 즉 전통 의상을 입고 하는 피렌체의 전통 축구 경기. 피렌체의 수호성인 세례자 요한(San Giovanni)의 축일(6월 24일)을 기념하는 성 조반니 축제의 가장 큰 행사다. 전통 의상을 입고 진행되는 화려한 퍼레이드를 시작으로 매년 6월 산타 크로체 광장에서 열린다.
축구와 럭비, 레슬링을 혼합한 경기로 각 팀은 28명으로 구성되며, 4개 팀이 피렌체의 네 지역을 대표한다. 지금의 축구와 달리 손과 발을 모두 사용해 골을 넣을 수 있고 격렬한 몸싸움도 허용되며, 열정적인 응원도 볼거리다.
고대 로마 군인과 귀족이 즐기던 공놀이에서 유래했으며, 우승한 팀에게는 소 한 마리를 통째로 주는 '엄청난 양의 스테이크'가 상으로 주어진다. 관람권 예매 정보는 피렌체 시청 문화부 공식 홈페이지(cultura.comune.fi.it)에서 확인할 수 있다. 이탈리아인의 축구 열정을 느끼고 싶다면 놓치지 말아야 할 축제다.

❖ 팔리오 축제 Palio – 시에나

7월 2일과 8월 16일, 매년 두 차례 캄포 광장에서 열리는 전통 경마 경기로, 16세기 말부터 이어져 온 토스카나의 대표 축제다. 중세 시에나를 구성하던 17개 자치구 '콘트라다'를 상징하는 17개 구역 중 10개 구역에서 출전해 경주를 벌이며, 우승자에게는 팔리오(세로형 현수막)가 수여된다. 캄포 광장을 도는 독특한 경기 방식과 중세 복장의 화려한 행렬, 박진감 넘치는 승부로 축제 기간에는 이탈리아 전역과 세계 각지에서 몰려든 인파로 붐빈다. 이 시기 시에나를 방문한다면 꼭 봐야할 명물 축제다.

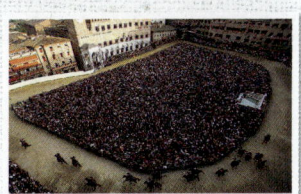

❖ 조코 델 폰테 축제 Gioco del Ponte – 피사

6월 마지막 일요일, 피사에서는 아르노 강 위에서 펼쳐지는 전통 경기 '조코 델 폰테'(다리 위의 경기)가 열린다. 아르노 강 북쪽과 남쪽 주민이 르네상스풍 의상을 입고 양 팀으로 나뉘어 수레를 밀며 다리 중앙을 차지하는 경기로, 중세 시절 정규군이 없어 시민들이 전투 훈련을 대신하던 풍습에서 유래했다. 17세기 군복을 입은 화려한 퍼레이드를 보기 위해 축제 당일 강둑에는 수천 명의 관광객이 몰린다. 인근 산 마테오 국립박물관(Museo Nazionale di San Matteo)에서는 축제 때 사용된 전통 갑옷과 방패가 전시된다.

03
TOSCANA

시에나
SIENA

시에나를 물들이는 붉은 빛깔은 뜨거운 정열을 상징하지 않는다. 그것은 오랜 세월을 거치면서 낡고 닳아 편안함이 묻어나는 붉은 빛깔이다. 중세 도시가 주는 예스러운 멋, 골목 사이사이마다 비추는 묘한 분위기, 이탈리아의 도시답지 않은 깨끗함까지 겸비한 곳. 시에나가 왜 이탈리아에서 가장 살기 좋은 도시로 꼽히는지는 직접 가보면 알 수 있다. 피렌체에서 버스로 1시간 15분 정도면 갈 수 있는 곳이어서 더욱 반가운 여행지다.

시에나 가기

피렌체에서 가까운 편이라 대부분 피렌체에서 하루 코스로 시에나를 다녀온다. 소요 시간은 버스와 기차 모두 비슷한데, 기차는 역에서 내려 버스로 갈아타야 한다. 마을 규모는 작지만 둘러볼 곳이 많으므로 일정을 여유롭게 짜는 것이 좋다. 매년 여름에 열리는 팔리오 축제를 보고 싶다면 최소 6개월 전에는 숙소를 예약해야 한다.

1. 버스

산타 마리아 노벨라역 옆 피렌체 버스터미널(Firenze Autostazione)에서 시에나행 131R번 급행버스(RAPIDA)를 이용한다. 약 30분 더 걸리는 131번 완행버스도 있으나 요금은 같으니 급행을 타는 것이 좋다. 출발 시각에 따라 터미널 밖 오르티 오리첼라리 거리(Via degli Orti Oricellari) 정류장에서 출발하는 경우도 있으며, 터미널과 정류장은 통로로 연결돼 있다. 매표소나 전광판에서 정류장 위치를 반드시 확인한다. 현장에서 구매한 종이 승차권은 탑승 전 터미널 플랫폼의 개찰기에 넣어 각인해야 한다. 영수증 형태의 승차권을 세로로 반 접어 'CONVALIDA(확인)'라고 적힌 부분을 투입구에 넣으면 개찰 일시가 찍혀 나온다. 버스 안에도 개찰기가 있으나 고장 난 경우가 많다. 이유 불문하고 미개찰 승차권이 적발되면 고액의 벌금이 부과되므로 반드시 탑승 전 개찰하자.

피렌체와 마찬가지로 스마트폰 앱(at bus)을 이용하면 편리하다. 카테고리에서 'Extraurbano veloce'를 선택한 후 출발지(Firenze)와 도착지(Siena)를 입력해 티켓을 구매하고, 탑승 전 활성화한다. 컨택리스 카드도 사용할 수 있으나 단말기 오류가 잦아 추천하지 않는다. 시외버스에서 컨택리스 카드를 사용할 경우 하차 시에도 단말기에 터치해야 하며, 이를 생략하면 시외 구간 최대 요금이 청구되니 주의한다.

▶ **그람시 광장에서 캄포 광장까지**

버스는 시에나 시내 중심 그람시 광장(Piazza A. Gramsci)의 비아 토치(Via Tozzi) 정류장에 도착한다. 하차 후 마테오티 자코모 광장(Piazza Giacomo Matteotti)을 지나 5분 정도 걸으면 캄포 광장에 닿는다(총 8~10분 소요).

▶ **시에나에서 피렌체 가기**

그람시 광장의 비아 토치 정류장을 이용한다. 승차권은 광장 지하의 매표소 또는 정류장의 자동판매기에서 구매할 수 있다. 정류장에 설치된 전광판에서 버스 번호와 출발 시각, 플랫폼을 한번 더 확인하고 탑승하자.

그람시 광장의 비아 토치 정류장 / 그람시 광장의 버스 승차권 자동판매기 / 승차권 각인을 잊지 말자!

피렌체 Firenze
↓
Autolinee Toscane 버스
1시간 15분~, 9.30€
06:40~20:15/15분~1시간 간격(토 06:45~ 1일 15회, 일 09:10~19:10 1일 9회/131R 기준)
또는
기차 1시간 30분, 10.20€(R)
06:20~21:38/1일 15회

아씨시 Assisi
↓
Flixbus 버스
1시간 45분~, 9€~
10:01/1일 1회

로마 Roma(Tiburtina)
↓
Flixbus·Itabus·Marino 버스
2시간 45분~, 6~23€
05:15~20:30/1일 13회~

시에나 Siena

*R-Regionale(완행열차)
*운행 시간은 시즌·요일에 따라 유동적이다.

★ **아우토리네 토스카네 버스**
WEB at-bus.it

플릭스버스
WEB flixbus.it

★ **그람시 광장 지하의 편의시설**
그람시 광장 지하의 버스 매표소 주변으로 유료 화장실과 음료 자동판매기 등 편의시설이 갖춰져 있다. 화장실이 급할 때는 광장 지하로 내려가는 계단을 찾아보자.

시에나역

버스 승차권을 판매하는 타바키

승차권은 각인 후 70분간 유효하다.

2. 기차

피렌체의 산타 마리아 노벨라역에서 시에나역까지 1일 15회 약 1시간 간격으로 기차가 운행한다.

◆ 시에나역 Stazione di Siena

역에서 내리면 왼쪽에는 기차 매표소와 버스회사 사무실, 오른쪽에는 시내버스 승차권을 파는 타바키가 있다. 역 안에 수하물 보관소는 없다.

▶ 시에나역에서 구시가까지

- **버스** 시에나역에서 구시가지 중심까지는 오르막길이 이어지므로 시내버스를 이용하면 편하다. 스마트폰 앱(at bus)에서 'Urbano Capoluogo' → 'Siena' → 'Urbano Capoluogo a Tempo(1회권, 1.70€)'를 선택해 티켓을 구매한 뒤 탑승 전 활성화한다. 종이 승차권은 타바키에서 구매하며, 컨택리스 카드는 차량 내 단말기에 터치한다.
정류장은 역을 나와 길 건너 쇼핑몰(Galleria Porta Siena) 지하에 있다. 쇼핑몰 왼쪽 입구로 들어가 'Bus Urbani-Centro' 표지판을 따라가면 된다. 이곳에서 토치거리(Via Tozzi)행 0S9번을 타고 토치 거리 정류장 하차 또는 살레 광장(Piazza del Sale)행 0S4번을 타고 살레 광장 하차.

- **에스컬레이터** 역 맞은편 쇼핑몰 왼쪽 입구로 들어가 건물을 관통하는 에스컬레이터(Risalita Stazione-Antiporto-Porta Camollia)를 타고 옥상 끝까지 이동한다. 에스컬레이터 출입구(ⓖ 88HC+JP 시에나) 앞 큰길을 따라 왼쪽으로 약 4분 걸으면 구시가 북쪽 입구 카몰리아 문(Porta Camollia). 카몰리아 문에서 그람시 광장까지 도보 약 10분, 캄포 광장까지 약 20분 소요된다.

● 관광 안내소 Tourist Office

캄포 광장에 있다. 각종 여행 정보와 지도 제공, 호텔 및 인근 지방으로 가는 버스편 안내 등 다양한 서비스를 제공한다.

ⓖ 889J+4H 시에나
ADD Il Campo, 7　**OPEN** 09:00~18:00　**CLOSE** 비수기 일요일·공휴일
WEB visitsienaofficial.it/en

● 코나드 시티 Conad City

규모는 크지 않지만 다양한 식재료, 신선식품, 냉동식품으로 꽉 채워져 있다. 시외버스 터미널로 사용되는 그람시 광장 아래, 자코모 마테오티 광장(Piazza Giacomo Matteotti)에서 산 도메니코 성당 쪽 길로 들어서면 왼쪽에 바로 보인다.

ⓖ 88CH+G6 시에나
ADD Viale Curtatone, 16　**OPEN** 08:00~20:30(일 09:00~20:00)　**WALK** 그람시 광장에서 도보 2분

★ 주차장 & 에스컬레이터 정보

렌터카 여행자는 구시가 서쪽의 산타 카테리나 주차장(Parcheggio Santa Caterina, 유료)을 이용하는 것이 가장 편하고 안전하다. 지상·지하로 이루어져 규모가 크며, 주차장 바로 옆에서 구시가 언덕 위까지 에스컬레이터로 연결된다.

ⓖ 주차장: 888F+VQ 시에나
에스컬레이터 도착점: 889H+533 시에나

★ 시에나 숙소 정보

시에나를 찾는 여행자에 비해 숙소는 많이 부족한 편이다. 그나마 구시가 중심에 위치한 호텔 대부분 비싸고 저렴한 호텔은 기차역이나 버스 정류장에서 멀리 떨어져 있어 이용하기 불편하다. B&B나 아파트먼트 형태의 숙소까지 검색의 범위를 넓혀보자.

슈퍼마켓, 우체국, 영화관, 식당 등 편의시설이 모여있는 자코모 마테오티 광장

만자의 탑에서 내려다본 광장

❶ 만자의 탑에서 본 가이아 분수

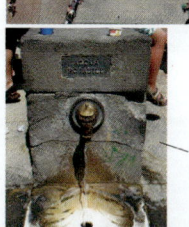

분수 옆에서 식수를 받자.

01 부채꼴 모양의 중심 광장
캄포 광장 Piazza del Campo

우아한 고딕 양식의 푸블리코 궁전을 중심으로 펼쳐진 부채꼴 모양의 아름다운 광장. 광장은 흰색 석재로 구분된 9개의 구역으로 나뉘는데, 13세기 말부터 14세기 중반까지 시에나를 통치한 '9인의 위원회'를 상징한다고 전해진다. 광장 한쪽에 자리한 야코포 델라 쿠에르차의 가이아 분수(Fonte Gaia)는 1342년 광장에 처음 물이 도달한 자리에 만든 것으로, 1419년에 완성됐다. 이름은 '행복한 분수'라는 뜻으로, 측면 부조에 아담의 창조와 에덴동산에서의 추방 장면이 새겨져 있다. 현재 광장에 있는 것은 19세기에 만든 복제본이며, 원본은 시립 박물관에 보관·전시돼 있다.

캄포 광장은 매년 7월 2일과 8월 16일 팔리오 경마대회가 열리는 곳으로도 유명하다. 팔리오 축제(p401)는 인기가 높아 숙소와 관람석을 6개월~1년 전에는 예약해야 한다. 축제 기간에는 광장이 중세 복장의 참가자와 여행자로 가득 찬다.

ⓖ 시에나 캄포 광장
ADD Piazza del Campo
WALK 그람시 광장(Piazza A. Gramsci)에서 도보 10분

땅의 여신 가이아
게(Ge)라고도 불리며 만물의 어머니로 여겨지는 대지의 신이다. 천지창조의 시작에는 '무한한 공간' 카오스가 있었고 그다음으로 '넓은 가슴의 땅' 가이아와 '영혼을 순화하는 사랑' 에로스가 태어났다고 전한다. 가이아는 홀로 산맥의 신 오레(Ore)를 만들고 바다의 신 폰투스(Pontus)와 하늘의 신 우라누스(Uranus)를 낳았다. 모든 신과 인간의 근원이 된 여신으로, 고대 그리스인은 제우스가 신들의 왕이 되기 이전부터 가이아를 '모신(母神)'으로 숭배했다. 로마 신화에서는 땅의 여신 텔루스와 동일시됐다.

02 시에나는 여기서 내려다봐야 제맛
푸블리코 궁전 Palazzo Pubblico

광장에 우뚝 선 붉은색 건물은 시에나를 상징하는 대표 명소 중 하나다. 이곳에서는 반드시 ❶ 만자의 탑(Torre del Mangia)에 올라 시내를 내려다보고, 시립 박물관(Museo Civico)에서 암브로조 로렌체티(Ambrogio Lorenzetti)의 '선한 정부, 악한 정부'를 감상해보자.

높이 102m의 만자의 탑은 시에나의 자치권 확립을 기념해 1348년에 완성됐다. 위로 갈수록 폭이 좁아져 마지막 구간은 한 사람이 겨우 통과할 정도라 성수기에는 긴 대기줄이 생긴다. 400여 개의 계단을 올라 정상에 서면 시에나가 '색으로 기억되는 도시'라 불리는 이유를 한눈에 느낄 수 있다.

시립 박물관의 주 회의실은 암브로조 로렌체티가 제작한 거대한 원형 목재 세계지도(직경 4.83m, 현재는 소실됨)에서 이름을 따 ❷ '세계지도의 방(Sala del Mappamondo)'이라 불린다. 이곳에는 시모네 마르티니(Simone Martini)의 '마에스타'와 귀도리초 다 폴랴노의 프레스코화가 전시돼 있으며, 2층 '평화의 방'에는 로렌체티의 명작 '선한 정부, 악한 정부'가 걸려 있다.

ⓖ 푸블리코 궁전 시에나
ADD Il Campo 1(캄포 광장 안)
OPEN 10:00~19:00(11~2월 ~18:00, 12월 31일 12:00~18:00)/폐장 45분 전까지 입장
CLOSE 12월 25일
PRICE 시립 박물관 6€, 시립 박물관+만자의 탑 15€
WEB museocivico.comune.siena.it

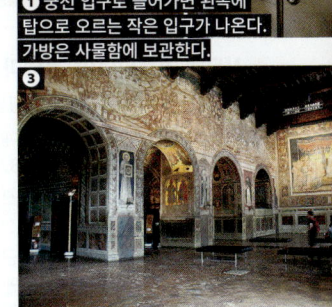

❶ 궁전 입구로 들어가면 왼쪽에 탑으로 오르는 작은 입구가 나온다. 가방은 사물함에 보관한다.

❸

정상에서 바라보는 시에나 전경

Zoom In & Out
시립 박물관

❖ **암브로조 로렌체티의 '선한 정부, 악한 정부'(1338~1339)**

시립 박물관의 평화의 방(Sala della Pace)에 전시된 이 작품은 제목처럼 선한 정부와 악한 정부가 도시와 시골에 미치는 영향을 대조적으로 보여준다. 악한 정부가 지배하는 장면에서는 폭력과 무질서, 질병이 만연한 모습을 묘사한 반면, 선한 정부 아래의 도시는 14세기 시에나의 활기찬 일상을 생생하게 담고 있다. 특히 시에나를 '선한 정부'로 표현한 점이 인상적이며, 이를 통해 당시 시에나가 얼마나 번영하고 자부심이 강한 도시였는지를 짐작할 수 있다.

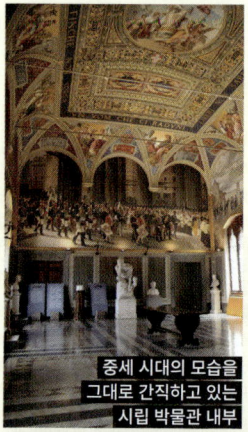

중세 시대의 모습을 그대로 간직하고 있는 시립 박물관 내부

'선한 정부, 악한 정부'가 전시된 평화의 방

❖ **시모네 마르티니의 '몬테마시 성을 포위한 귀도리초 다 폴랴노'(1330)**

암브로조 로렌체티와 동시대에 활동한 시모네 마르티니의 '몬테마시 성 포위 중의 귀도리초 다 폴랴노(Guidoriccio da Fogliano all'Assedio di Montemassi, 프레스코화)'는 시립 박물관의 또 다른 대표작이다. 1328년 몬테마시 성 포위전을 기념하기 위해 1330년에 완성된 이 작품은 시에나 군 지휘관 귀도리초 다 폴랴노를 묘사한 것으로, 종교적 인물이 아닌 세속적 인물을 사실적으로 그린 점에서 중요한 의미를 지닌다. 다만 1977년부터 진위 논란이 이어지고 있으며, 최근 발견된 예비 소묘를 근거로 15세기에 다시 그려졌다는 주장도 있다. 이 밖에도 시모네 마르티니의 또 다른 대표작 '마에스타(Maestà)' 역시 놓치지 말아야 할 작품이다.

03 두오모 (시에나 대성당)
예쁜 성당엔 볼거리도 많지
Duomo di Siena

이탈리아를 대표하는 아름다운 성당. 1339년 이탈리아 최대 규모의 성당을 짓기 위해 확장 공사를 시작했으나 흑사병과 설계 문제로 완성되지 못했다. 지금도 성당 동쪽에는 ❶ 미완성 본당 회중석의 벽이 남아 있다. ❷ 정면 파사드의 하단부는 토스카나 고딕의 선구자 조반니 피사노의 조각으로, 상부는 19세기 모자이크로 장식돼 중세와 근세 양식이 조화를 이룬다.

안으로 들어가면 성서 이야기를 아로새긴 대리석 바닥 모자이크가 눈에 들어온다. 중앙에는 니콜라 피사노의 팔각형 설교단이 자리하며, 도나텔로의 '성 세례 요한 청동상'과 베르니니의 '성 히에로니무스와 막달라 마리아' 조각상이 함께 놓여 있다.

성당 중간 왼쪽의 피콜로미니 도서관은 핀투리키오가 15세기에 그린 아름다운 프레스코화로 화려하게 장식돼 있다. 성당 아래에는 1999년에 발견되어 2003년 공개된 지하 납골당(Cripta)이 있다.

대성당의 숨은 명소인 다락 전망대 ❸ 천국의 문(Porta del Cielo)은 두오모 통합권과는 별도의 입장권이 필요하며, 인솔자의 안내에 따라 지정된 시각에만 올라갈 수 있다. ❹ 세례당(Battistero di San Giovanni)은 대성당 뒤편 산 조반니 광장(Piazza S. Giovanni)에 있으며, 성당을 바라보고 오른쪽 측면 끝 계단을 내려가면 정면 입구가 나온다. 내부에는 도나텔로, 기베르티, 야코포 델라 쿠에르차의 청동 부조로 장식된 팔각형 세례대가 있다. 매표소는 성당을 바라보고 왼쪽에 있다.

❷ 파사드 조각의 대부분은 복사본이며, 진품은 두오모 오페라 박물관에 있다.

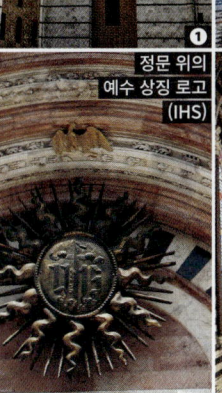

❶ 정문 위의 예수 상징 로고 (IHS)

❸ 천국의 문에서 내려다본 두오모 내부

ⓖ **시에나 대성당**
ADD Piazza del Duomo 8
OPEN 두오모·피콜로미니 도서관·오페라 박물관·파차토네 전망대·지하 납골당·세례당 10:00~19:00(11월 초~12월 24일·1월 초~3월 10:30~17:30, 두오모 일요일·공휴일 13:30~17:30, 오페라 박물관 4월~11월 초 09:30~)/
바닥 모자이크 공개 기간: 6월 말~7월 말·8월 중순~10월 중순 (매년 다름)/**천국의 문 공개 기간**: 3월 1일~1월 6일
PRICE 두오모+피콜로미니 도서관 7€(바닥 모자이크 공개 기간에는 10€), 7~11세 3€, 6세 이하 무료
두오모 통합권(두오모+도서관+오페라 박물관+파차토네 전망대+지하 납골당+세례당, 3일간 유효) 14€(바닥 모자이크 공개 기간에는 16€), 7~11세 3€, 6세 이하 무료
두오모 통합권+천국의 문 21€, 7~11세 6€, 6세 이하 무료
*예약비 2€, 수수료 0.10~0.79€ 별도/**성수기 예약 권장**
WALK 캄포 광장에서 도보 7분
WEB operaduomo.siena.it

Zoom In & Out
두오모

❶ 흰색과 검은색 대리석 줄무늬 기둥이 인상적인 내부. 두 색은 시에나시 문장을 상징한다.

❷ 대리석 바닥 모자이크. 40여 명의 예술가가 200년에 걸쳐 완성했다. 56개 패널 중 가장 오래된 것은 1373년의 '시에나의 늑대'다.

❸ 교황 피우스 2세가 에네아 실비오 피콜로미니(Enea Silvio Piccolomini)의 장서를 보관하기 위해 세운 피콜로미니 도서관(Libreria Piccolomini). 벽에는 핀투리키오(Pinturicchio)가 그린 피우스 2세의 생애 프레스코화가 장식돼 있다.

❹ 도나텔로의 작품인 '성 요한의 청동상'(1457)

❺ 베르니니의 '성 히에로니무스와 막달라 마리아' 상(1661~1663년)

❻ 돔 내부는 파란색 바탕에 금빛 별이 장식돼 있다. 꼭대기의 금빛 채광창은 베르니니가 설계한 것으로, 내부를 환하게 밝힌다.

❼ 니콜라 피사노와 그의 아들 조반니가 1265~1268년에 완성한 '팔각형 설교단'

❽ 설교단 옆 바닥의 '헤롯 왕의 무고한 유아 학살(Strage degli Innocenti)'과 연금술·점성술 모티프의 대리석 모자이크는 연중 약 3개월만 공개된다.

❾ 도나텔로가 제작한 페치(Pecci) 주교의 무덤 조각

❿ 발다사레 페루치(Baldassare Peruzzi)의 중앙 제단

⓫ 성당 후진부의 장미창은 시에나파 회화의 창시자 두초 디 부오닌세냐가 디자인했다. 성모의 죽음·승천·대관식을 묘사한 스테인드글라스로, 원본은 제2차 세계대전 중 폭격 피해를 우려해 제거됐으며, 현재 성당에 있는 것은 정교하게 복원된 복제품이다.

두오모에서 옮겨진 원본 장미창.
부오닌세냐의 작품(1287~1289)

❶

❷

04 두오모 오페라 박물관
두초 디 부오닌세냐의 '마에스타'
Museo dell'Opera del Duomo

두오모를 장식하던 유물과 예술품을 보관·전시하는 박물관. 아직 완성되지 않은 두오모의 오른쪽 측면 복도에 자리한다. 조각품 대부분은 외벽을 장식했던 조반니 피사노의 작품으로, 수백 년의 풍화를 견디고도 원형이 잘 보존돼 있다.

가장 주목할 작품은 시에나 화파의 창시자 두초 디 부오닌세냐(Duccio di Buoninsegna)의 대표작 ❶ '마에스타'(1311)다. 1260년 수적으로 2배나 많았던 피렌체와 맞붙은 몬테아페르티 전투에서 거둔 승리를 기념해 도시를 성모 마리아에게 봉헌한다는 의미를 담은 작품으로, 완성된 그림이 완성되자 시민들이 촛불을 들고 행렬하며 두오모까지 호위했다는 일화가 전해진다. 원래 양면 패널로 구성돼 있었으나 1771년 해체되어 현재는 중앙 부분만 이곳에 남고 나머지는 런던 내셔널 갤러리, 뉴욕 프릭 컬렉션 등 세계 각지에 흩어져 있다. 금과 화려한 색으로 장식한 그림의 앞면은 3부분으로 나뉘며, 중앙의 성모 마리아가 아기 예수를 안고 있고, 양옆에는 비단옷을 입은 천사와 성인들이 서 있다. 작품 전체를 감싸는 황금빛 광채와 더불어 섬세하고 우아한 인물 묘사가 돋보인다.

이 밖에도 ❷ 피에트로 로렌체티의 '성모 마리아의 탄생'(1342)과 두초의 다른 작품들도 함께 전시돼 있다.

★ 마에스타 Maestà

존엄, 장엄을 뜻하는 이탈리아어. 미술에서는 성모 마리아가 아기 예수를 품에 안고 천사들이 이를 둘러싸는 구성을 뜻한다. 단, 똑같은 구성이라도 규모가 작을 때는 마에스타라고 하지 않는다.

ⓖ 시에나 대성당 박물관
ADD Piazza del Duomo, 8
OPEN 두오모 참고   **PRICE** 두오모 통합권(Opa SI Pass)
WALK 두오모 정문을 바라보고 오른쪽 뒤편에 있는 건물이다.

파차토네 전망대 Panorama del Facciatone

두오모 오페라 박물관과 연결된 성당 동쪽의 미완성 회중석 벽은 푸블리코 궁전의 만자의 탑에 견줄 만한 전망 명소다. 계단 수가 131개로 더 적고 경사도 완만해 만자의 탑을 오르기 부담스러운 여행자에게 좋은 대안이 된다. 입구는 박물관 내부에 있으며, 폭이 좁은 나선형 계단 구조라 위아래 교행이 불가능해 앞 팀이 내려올 때까지 기다려야 한다. 정상에 오르면 두오모의 전경과 시에나 시내를 한눈에 조망할 수 있다.

파차토네 전망대에서 본 두오모와 캄포 광장

성녀 카테리나의 무덤

05 성녀 카테리나의 생가
성녀 카테리나의 집
Casa di Santa Caterina

시에나 염색업자의 막내딸로 태어난 성녀 카테리나가 16세까지 살던 집이다. 본명은 카테리나 베닌카사로, 밝고 자유로운 성격이었으며 부모의 간섭을 싫어했다고 전해진다. 15세 때 강요된 결혼을 거부하며 머리카락을 자르고 기도와 단식에 전념했다는 일화가 유명하다. 16세에 도미니크 수도회의 수녀가 된 후에는 예수와 성모 마리아의 환시를 자주 보았고 피사 성당에서 미사 중 공중 부양하며 성흔을 받았다는 기록도 남아 있다.

성녀 카테리나는 탁월한 설득력과 깊은 신앙심으로 아비뇽에 머물던 교황을 로마로 복귀시키는 데 큰 역할을 한 인물로 알려져 있다. 그녀는 1460년 시성되었으며, 생가인 이곳은 1466년 성지로 지정됐다. 벽돌로 꾸민 작은 안뜰이 인상적이고, 부엌을 개조한 예배당은 일 포마란초, 일 리초, 프란체스코 반니 등 시에나 화가들이 그린 16~19세기 회화로 장식돼 있다.

📍 88CH+2G 시에나
ADD Costa Sant'Antonio, 6
OPEN 09:30~12:00·15:00~17:00
PRICE 무료
WALK 캄포 광장에서 도보 5분/두오모에서 도보 7분
WEB caterinati.org

06 성녀 카테리나, 이곳에 잠들다
산 도메니코 성당
Basilica di San Domenico

시에나의 수호성인 성녀 카테리나의 유해가 안치된 성당이다. 시에나에서 태어난 그녀는 1380년 로마에서 생을 마쳤고, 유해는 로마의 산타 마리아 소프라 미네르바 성당에 안치되었다. 그러나 사후 1년 뒤 교황 우르바노 6세의 명령으로 그녀의 머리가 몸에서 분리되어 시에나로 옮겨지면서 현재 이곳에는 성녀 카테리나의 머리와 오른손 엄지손가락이 보관돼 있다.

카테리나 예배당에는 안드레아 디 반니(Andrea Vanni)가 생전의 모습을 직접 보고 그린 '성녀 카테리나와 추종자들' 프레스코화가 남아 있다. 실제 얼굴을 묘사한 유일한 초상으로 알려져 있다. 성당 내부는 사진 촬영이 금지되므로 주의가 필요하다.

📍 시에나 도메니코 성당
ADD Piazza di San Domenico 1
OPEN 07:00~18:30(11~2월 08:30~17:30)/종교행사 시 입장 제한
WALK 성녀 카테리나의 집에서 도보 3분

Eat ing & Drink ing

SIENA 시에나

바로 앞에서 저며 주기 때문에 트러플 향이 강하다.

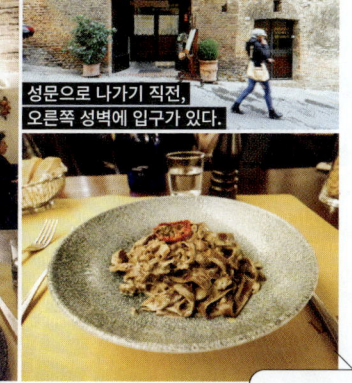

성문으로 나가기 직전, 오른쪽 성벽에 입구가 있다.

멧돼지고기 소스를 얹은 카카오 파스타(Tagliatelle al Cacao e Ragu di Cinghiale cotto nel Latte, 14€). 야생 고기의 냄새가 강하다.

트러플 향에 빠진 설로인 스테이크
🟠 타베르나 디 산 주세페
Taverna di San Giuseppe

시에나 사람들이 특별한 날에 찾는 레스토랑. 가격대가 비싼 편인데도 예약 없이는 테이블 잡기 어렵다. 얇게 저민 트러플을 잔뜩 얹은 설로인 스테이크(Tagliata di Manzo al Tartufo Fresco, 27€)가 대표 메뉴로, 트러플 향을 즐길 수 있게 담백하게 구워 나오니 함께 나온 소금과 후추 등으로 간을 맞추자. 트러플 파스타(Tagliolini al Tartufo Fresco, 22€)나 트러플 뇨끼도 강력 추천.

📍 888J+4M 시에나
ADD Via Giovanni Duprè, 132
OPEN 12:00~14:30·19:00~21:30
CLOSE 일요일(시즌에 따라 유동적)
MENU 전채 15€~, 제1요리 17~22€, 제2요리 21~33€, 서비스 요금 10%
WALK 캄포 광장에서 도보 5분
WEB tavernasangiuseppe.it

커피 덕후님, 한 봉지 담아가세요
🟠 카페 피오렐라 토레파치오네
Caffé Fiorella Torrefazione

황금비율의 원두 배합과 최적의 로스팅 기술로 이탈리아인이 가장 좋아하는 커피 맛을 만들어내는 카페. 카페보다는 로스터리에 가깝지만 간단한 샌드위치도 판다. 평소에 드립 커피를 즐겨 마신다면 주인장이 추천하는 원두를 구매해 가자.

📍 889J+G9 시에나
ADD Via di Città, 13
OPEN 07:00~19:00 **CLOSE** 일요일
MENU 에스프레소 1.30€, 카푸치노 1.50€
WALK 캄포 광장에서 도보 1분

토스카나 가정식 요리
🟠 오스테리아 델리 스비타티
Osteria degli Svitati

피치 알 라구

소박한 분위기의 토스카나 가정식 레스토랑. 1인당 2개(스타터+요리 or 요리+디저트) 이상 주문이 원칙이다. 모든 요리가 맛있지만 면발이 우동면처럼 통통하고 식감이 부드러운 시에나 전통 파스타 피치(Pici, 12.50€~)와 놀라울 만큼 부드러운 송아지 고기 육회(Vitellina Terrata della Casa, 15.50€)는 꼭 맛보자. 폐점 시간이 빠르고 테이블이 적어서 전화 예약 필수. 예약이 꽉 차면 현장에서 웨이팅 예약도 받는다.

📍 889H+VM 시에나
ADD Via della Galluzza, 34
OPEN 12:00~14:00·19:00~21:00
MENU 파스타 12.50~14.50€, 메인 요리 15.50€~, 디저트 6.50~7.50€, 자릿세 2€/1인
TEL +39 0577 601755
CLOSE 금~월요일(성수기 추가 영업)
WALK 성녀 카테리나의 집에서 도보 1분

커피는 바에 서서 마셔야 한다.

송아지 고기 육회

SPECIAL PAGE

쇼핑의 즐거움이 팡팡!
시에나의 쇼핑가, 치타 거리

캄포 광장을 둘러싼 둥그런 길인 '치타 거리(Via di Citta)'에는 다양하고 수준 높은 상점이 많이 모여 있다. 가죽 제품 전문점은 물론 와인과 미술 재료를 파는 곳도 있어 비교적 다양한 형태의 쇼핑을 즐길 수 있다.

① 안티카 드로게리아
② 쿠오이에리아 피오렌티나
③ 카펠레리아 베르타키
④ 카르피사
⑤ 난니니 콘카도로

① 안티카 드로게리아 1879 Antica Drogheria Manganelli 1879　식자재

1879년부터 영업해온 토스카나 와인 전문 가게. 비교적 최상급 와인만을 판매해 전체적으로 가격이 높은 편이다. 어른에게 선물하거나 제대로 된 와인이나 판포르테(시에나 전통 디저트) 등을 구매하고 싶다면 들러보자.

② 쿠오이에리아 피오렌티나 Cuoieria Fiorentina S.R.L.　가방 & 신발 & 액세서리

오바마 전 대통령의 부인 미셸 오바마가 쇼핑한 가게로 명성을 얻었다. 가방과 클러치, 지갑 등 다양한 가죽제품을 판매하며, 제품에 새겨 넣은 큼직한 꽃문양이 특징이다.

③ 카펠레리아 베르타키 Cappelleria Bertacchi 모자

이탈리아 분위기가 물씬 나는 토스카나 전통의 밀짚모자를 살 수 있다. 토스카나에서 17세기부터 이어져 온 방식 그대로 장인들이 한 땀 한 땀 엮어 만드는 이 집의 모자는 공장에서 찍어낸 저가 제품과는 차원이 다르다.

④ 카르피사 Carpisa 의류 & 액세서리

이탈리아 신세대 브랜드 중 하나. 거북이 모양의 로고가 깜찍하다. 알록달록한 컬러 조합이 돋보이는 토트백이 인기.

⑤ 프레토 Prètto Prosciutteria 프로슈테리아 & 바

타향살이하는 이탈리아인이 가장 그리워한다는 고향 음식 살루메(Salume, 절인 고기를 숙성·건조시켜 만든 전통 햄) 전문점이다. 절인 고기와 소시지가 진열장에 가득한 곳. 여행자들 사이에서는 간단한 이탈리아식 샌드위치 파니니가 인기다. 점심에는 파니니에 와인 한잔으로 가볍게 식사를 해결하고 저녁에는 햄 & 치즈 플레이트를 시켜놓고 친구들과 어울리는 동네 사랑방이다.

OPEN 12:00~15:00·19:00~21:30
(일요일 12:00~15:00)

프로슈토와 치즈를 넣은 파니니

⑥ 난니니 콘카도로 Nannini Conca d'Oro 전통 카페

20세기 초에 발간한 가이드북에도 언급될 만큼 오랜 역사를 자랑하는 곳. 달콤한 꿀과 말린 과일, 견과류를 넣고 구운 시에나 전통 디저트 판포르테(Panforte)와 판페파토(Panpepato), 카발루치(Cavallucci)는 쫀득쫀득하면서도 견과류의 오독오독 씹히는 맛이 일품이다. 다만 강한 향신료 때문에 호불호가 갈리니 우선 샘플러(Piatto Degustazione)를 주문해 먹어보길 권한다. 아몬드가 듬뿍 든 비스킷 리차렐리(Ricciarelli)와 바삭한 비스코티인 칸투치(Cantucci)가 우리 입맛에는 더 잘 맞을 수 있다.

OPEN 07:30~22:00

시에나 전통과자 샘플러 (Piatto Degustazione)

바에 서서 먹으면 음식값이 저렴하다. · 선물용으로 좋은 리차렐리 · 포장이 다양해 선물을 사기에도 좋다.

SECRET CITY

탑이 숲을 이룬 마을
산 지미냐노 San Gimignano

'탑의 도시'로 불리는 산 지미냐노는 피렌체와 시에나 사이 해발 334m 언덕 위에 자리한 중세 마을이다. 5세기 중반 모데나의 주교 게미니아누스가 훈족의 침략으로부터 마을을 구한 뒤 그의 이름을 따 명명됐다. 로마로 향하는 성지순례길 프란치제나(Via Francigena) 위에 있어 중세 무역과 섬유업으로 번영했으며, 특히 고급 향신료이자 약재, 염료인 사프란 무역을 통해 부유해졌다. 귀족 가문들은 권력을 과시하기 위해 탑을 경쟁적으로 높이 세웠고 전성기엔 72개나 될 정도였다. 1348년 흑사병으로 급격히 쇠락해 이후 피렌체에 흡수되었고 그 많던 탑도 이제는 14개만 남아 있다.

■ 산 지미냐노 가기

산 지미냐노에는 기차역이 없어 시외버스로만 이동한다. 종이 승차권은 매표소나 자동판매기에서 구매 후 개찰해야 한다. 앱(at bus)으로는 'San Gimignano' → 출발지 → 도착지를 선택해 구매 후 탑승 전 활성화한다. 컨택리스 카드는 탈 때와 내릴 때 각각 단말기에 터치한다.

★ **아우토리네 토스카네 버스**
WEB at-bus.it

- **시에나** 그람시 광장 옆 비아 토치(Via Tozzi) 정류장에서 130번 버스 이용. 1일 약 12회 운행, 1시간 10~30분 소요, 6.90€. 산 조반니 성문(Porta San Giovanni) 앞에서 하차 후 두오모 광장까지 도보 10분. 돌아올 때는 몬테마조 광장(Piazzale Montemaggio) 또는 산 마테오 성문(Porta San Matteo) 앞 정류장에서 탑승한다.

- **피렌체** 피렌체 버스 터미널에서 131번 버스를 타고 포지본시(Poggibonsi)역까지 간 뒤 130번으로 환승한다. 총 소요 시간은 1시간 40~50분, 7.50€. 승차권은 피렌체에서 산 지미냐노까지 한 번에 구매한다. 돌아올 때 정류장은 시에나 방면과 같다.

❖ 토레 그로사 Torre Grossa

산 지미냐노에서 가장 높은 탑으로, 높이 54m에 달하며 1310년에 완공됐다. 1289~1298년 사이 건설된 포폴로 궁전(Palazzo Pubblico) 옆에 자리하고 있으며, 궁전은 현재 시립 박물관(Musei Civici)으로 사용된다.
1300년 단테가 도시를 방문한 지 4개월 후 이 탑을 도시의 상징으로 삼겠다며 건축을 시작했다. 이후 이보다 높은 탑의 건축을 금지하는 법이 제정되면서 오늘날까지 마을의 상징으로 남았다. 꼭대기 전망대에서는 토스카나 평원과 마을의 붉은 지붕들이 한눈에 펼쳐진다. 포폴로 궁전 내 시립 박물관에서는 옛 시의회실, 14세기 프레스코화, 고풍스러운 안뜰을 함께 둘러볼 수 있다.

OPEN 10:00~19:30(10~3월 11:00~17:30)
CLOSE 12월 25일
PRICE 9€, 두오모+포폴로 궁전+토레 그로사 통합권 13€, 5세 이하 무료
WEB sangimignanomusei.it

❖ 산타고스티노 수도원 Convento Sant'Agostino

1298년에 완공된 수도원으로, 수많은 프레스코화로 꾸며진 보물 상자 같은 곳이다. 중앙 제단 뒤와 양옆의 작은 기도실은 벽과 천장까지 그림으로 덮여 있어 마치 그림 속에 들어온 듯한 분위기를 자아낸다.

OPEN 10:00~12:00·15:00~19:00/시즌별로 조금씩 다름
WALK 두오모 광장에서 도보 6분

❖ 두오모 Duomo

1148년에 세워진 두오모는 내부를 가득 채운 14세기 프레스코화로 유명하다. 왼쪽 통로의 구약 장면 중 중앙 하단의 '홍해가 갈라지는 장면'을 보면 물에 빠진 이집트 병사들과 태평하게 고기를 잡는 어부들의 대비가 인상적이다. 오른쪽 통로의 '유다의 키스'에서는 유다와 예수, 그 주변 인물들의 긴박한 표정이 생생하게 묘사돼 있다.

OPEN 4~10월 10:00~19:30(토요일 ~17:00, 일요일 12:30~)/시즌별로 조금씩 다름/폐장 30분 전까지 입장
CLOSE 1월 1·16~31일, 3월 12일, 11월 15~30일, 12월 25일
PRICE 두오모 5€, 통합권 13€, 5세 이하 무료
WEB duomosangimignano.it

★ 젤라테리아 돈돌리 Gelateria Dondoli

2006~2009년 젤라토 월드 챔피언을 연속 수상한 젤라테리아. 유기농 우유와 엄선한 재료만 사용하는 장인 세르지오의 젤라토는 토레 그로사와 함께 산 지미냐노의 명물로 꼽힌다. 과일·크림·초콜릿을 기본으로 다양한 부재료를 더해 쫀득한 식감과 창의적인 조합을 완성했다.

ADD Piazza Cisterna, 4
OPEN 08:00~19:00(여름철 성수기 ~23:00)
CLOSE 겨울철 부정기 휴무
WALK 두오모 광장에서 도보 1분
WEB gelateriadondoli.com

발도르차
VAL D'ORCIA

토스카나 남부의 넓은 계곡에 끝없이 이어지는 평원과 구릉지대. 가지런히 도열한 나무들과 지형을 거스르지 않으면서도 정돈된 이 경관이 13~14세기에 부흥했던 시에나 상인들이 의도적으로 설계한 것이라니 경외감마저 든다. 오늘날 토스카나를 대표하는 풍경인 사이프러스 가로수와 구불구불한 도로, 물결치듯 펼쳐진 포도밭, 황금빛 밀밭은 <글래디에이터> <잉글리시 페이션트> <로미오와 줄리엣> 등 수많은 영화의 배경지로 등장했다. 평원을 가로지르는 오르차 강(Fiume Orcia)에서 이름이 유래했다.

발도르차 가기

토스카나 남부, 움브리아주 경계와 아미아타산(Monte Amiata) 경사면에 자리한 발도르차를 여행하려면 렌터카가 필수다. 핵심 구간은 몬탈치노~피엔차~몬테풀차노를 잇는 약 35km로, 주요 명소 위주로 둘러본다면 시에나나 피렌체에서 당일치기 여행도 가능하다. 남쪽에서 출발할 경우 오르비에토가 가장 가깝다.

도로는 한적한 시골길이며, 유료 도로는 없다. 길가에 주차 공간이 많고 마을마다 유·무료 주차장이 잘 갖춰져 있다. 단, 성수기나 주말에는 빈자리를 찾기 어렵다. 농가를 개조한 숙소나 소규모 호텔에서 하룻밤 머무는 것도 좋은 추억이 된다.

★
대중교통으로 발도르차 가기

시에나의 살레 광장(Piazza del Sale)·시에나역 북쪽 리카르도 롬바르디 거리(Via Riccardo Lombardi) 버스 터미널(Siena Autostazione)에서 발도르치 주요 마을행 버스가 운행한다. 또는 레조날레(R) 기차로 부온콘벤토(Buonconvento)역까지 간 뒤 각 마을행 버스로 환승하는 방법도 있다. 부온콘벤토는 발도르차의 북쪽 관문으로, 역 앞에서 시에나와 발도르차 각지로 향하는 버스가 출발한다. 버스 앱(at bus) 이용 시 'Extraurbano'를 선택해 출발지·도착지를 입력하고 티켓을 구매한 후 탑승 전 활성화한다.

부온콘벤토역과 버스 정류장

시에나 → 피엔차 버스 112번 1일 6회, 1시간 15~25분 소요, 6.90€
시에나 → 몬테풀차노 버스 112번 1일 4회(피엔차 경유), 1시간 35~45분 소요, 8.40€
시에나 → 몬탈치노 버스 114번 1일 6회, 1시간~1시간 15분 소요, 6.20€
시에나 → 부온콘벤토 기차(R) 1일 11회, 30~40분 소요, 3.90€
피엔차 → 몬테풀차노 버스 112번 1일 8회, 20분 소요, 2.90€

* 부온콘벤토역 출발 시 피엔차 35분(3.90€), 몬테풀차노 55분(6.20€), 몬탈치노 25분~(2.90€)
WEB at-bus.it (아우토리네 토스카네 버스)

MORE
발도르차의 사계

봄 구릉은 녹색이고 유채꽃밭에선 노란 꽃물결이 넘실댄다. 윈도우 배경 화면에 나온 토스카나 풍경도 이때 찍은 것이다.

여름 6월이면 황금빛 밀밭과 초록빛 목초지가 어우러진 풍광에 마음이 푸근해진다.

가을 갈색 들판에 경작된 흙과 건초 베일이 쌓여 가는 시기. 녹색, 주황색, 갈색의 대비가 역동적이다. 진흙으로 질퍽해지는 시기라 하이킹에는 적합하지 않다.

겨울 숙소가 춥고 문을 연 레스토랑도 별로 없어서 여행이 힘들 수 있다. 11월 중순~1월 초 몬테풀차노에서 화려한 크리스마스 마켓이 열린다.

01 크레타 세네시 전망대 Crete Senesi Vista
발도르차 로드트립의 시작 지점

하늘을 향해 솟아오른 사이프러스 나무가 자갈길을 따라 곡선을 그리며 늘어선 풍경이 목가적이다. 시에나에서 SP438번 도로를 타고 가다가 아시아노(Asciano) 마을에서 페코릴레 지방도로(Strada Provinciale del Pecorile, SP60)에 진입, 10분 정도 가면 나오는 완만한 구릉에 있다.

📍 5HXR+W2 Asciano
(무료 도로 주차장)

CAR 시에나에서 37km(약 50분)/
몬탈치노에서 25km(약 30분)/
피엔차에서 26km(약 30분)/
몬테풀차노에서 32kn(약 40분)

중세 시대에 도시국가로 출발한 발도르차의 마을들은 대개 언덕 꼭대기에 성처럼 자리한다.

Option 02
와인으로 유명한 구릉 위 작은 마을
몬탈치노 Montalcino

몬테풀차노(p426)의 비노 노빌레와 더불어 이탈리아 와인을 대표하는 브루넬로 디 몬탈치노(Brunello di Montalcino)의 본산지다. 좁고 가파른 골목길 곳곳에 자리한 에노테카에서 브루넬로 와인을 시음하거나 구매할 수 있다. 마을 꼭대기에 다다르면 거대한 산성 요새가 있는데, 1555년 피렌체군이 침입할 당시 시에나 성주가 이곳으로 후퇴해 버텼던 곳이다. 이를 기념해 매년 시에나의 팔리오 축제에서 몬탈치노의 기수가 중세 시에나 군기를 들고 행진한다. 그 외 산테지디오 성당(Chiesa di Sant'Egidio, 14세기), 몬탈치노의 중심인 포폴로 광장(Piazza del Popolo)에 있는 프리오리 궁전(Palazzo dei Priori, 13~14세기) 등의 볼거리가 있다.

📍 3F4Q+JP2 몬탈치노(요새 근처 유료 주차장) | 프리오리 궁전 : 3F5R+73R 몬탈치노
CAR 시에나에서 41km(약 1시간)

몬탈치노 요새 Fortezza di Montalcino
ADD Via Ricasoli, 54   **OPEN** 09:00~20:00   **PRICE** 무료

❶ 정원을 만든 디오메데 레오니의 얼굴로 추정되는 야누스 상

Option 03
유네스코가 인정한 토스카나 풍경
산 퀴리코 도르차 San Quirico d'Orcia

토스카나의 풍경을 한눈에 담을 수 있는 작은 성벽 도시. 용과 인어 등 다채로운 동물 조각으로 장식한 로마네스크 양식의 정문이 인상적인 8세기의 산 퀴리코와 줄리타 성당(Collegiata dei Santi Quirico e Giulitta)이 있으며, 아름다운 프레스코화를 간직한 키지 궁전(Palazzo Chigi)은 박물관과 도서관으로 쓰인다. 삼각형 화단이 특징적인 16세기 이탈리아식 정원, ❶ 오르티 레오니니 정원(Horti Leonini, 무료)도 들러볼 만하다.

📍 3J63+GR 산퀴리코도르차(무료 주차장) | 3J54+GM 산퀴리코도르차(무료 주차장)
CAR 몬탈치노에서 13km(약 15분)/피엔차에서 10km(약 12분)

04 포데레 벨베데레 Podere Belvedere
우연히 왔다가 인생사진 건지는 곳

끝없이 펼쳐진 구릉지대의 푸른 언덕과 사이프러스 나무, 농가가 어우러진 풍경이 엽서 속 한 장면이다. 산 퀴리코 도르차에서 피엔차 방향으로 약 1km 지점에서 오른쪽 길(Strada Vicinale di Vitaleta)로 들어서면 보인다. 카메라에 담기 어려울 만큼 압도적인 풍경이 기다리는 곳. 가는 길에 영화 <글래디에이터> 속 ❶ 막시무스의 집이 있는데, 사유지인 탓에 철문 밖에서만 볼 수 있다.

◎ 전망 포인트: 3J87+FX 산퀴리코도르차
  막시무스의 집: 3J86+6R 산퀴리코도르차
CAR 산 퀴리코 도르차에서 1km(약 2분)

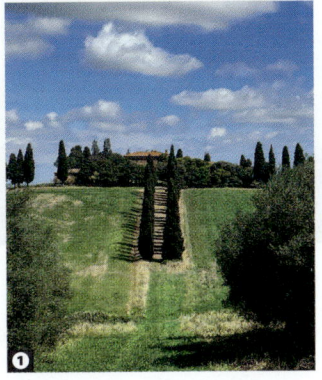

05 마돈나 디 비탈레타 성당
파노라마로 감상하는 발도르차 평원
Cappella della Madonna di Vitaleta(Chapel Vitaleta)

단순하면서도 우아한 디자인으로 눈길을 끄는 작은 예배당. 구릉과 사이프러스 나무를 배경으로 세워진 가느다란 종탑은 일출·일몰 때면 따뜻한 토스카나의 햇빛을 받아 몽환적인 황금색으로 물든다. 예배당 옆에는 전망 좋은 고급 레스토랑이 있다. 예배당에서 약 700m 앞에 주차하고 산책하듯 걸어간다.

ⓖ 3JCR+5V3 피엔차(입구 근처 무료 주차장)
CAR 산 퀴리코 도르차에서 7km(약 10분)

16세기 건립 후 지진으로 파괴된 것을 1884년 복원했다.

06 피엔차 Pienza
매일같이 이 풍경을 볼 수 있다면

토스카나의 소도시 중에서도 가장 아름답기로 손꼽히는 마을. 서쪽 성벽을 따라 이어지는 길 전체가 발도르차 평원을 한눈에 내려다보는 파노라마 포인트(Punto Panoramico)다. 이곳이 고향이었던 교황 피오 2세(재위 1458~1464년)는 교황에 즉위한 이듬해에 고향을 방문했다가 황폐해진 마을을 보고 르네상스 양식의 이상 도시로 재건하기로 결심했다. 그는 마을 이름을 '피엔차(피오의 도시)'로 바꾸고 ❶ 피오 2세 광장(Piazza Pio II)을 중심으로 두오모, 궁전, 시청사를 세웠다. 훗날 미켈란젤로가 이 사다리꼴 광장에서 영감을 받아 로마의 캄피돌리오 광장을 설계했다는 이야기도 전해진다.
광장 주변에는 페코리노 치즈(카르보나라용으로 유명)를 비롯한 특산품 상점과 레스토랑이 즐비하며, 올리비아 핫세 주연의 영화 <로미오와 줄리엣>(1968)의 촬영지로도 알려져 있다.

ⓖ 3MHH+J3M 피엔차(무료 주차장)
3MHF+J5 피엔차(무료 주차장)
CAR 마돈나 디 비탈레타 성당에서 6km(약 10분)/몬테풀치아노에서 14km(약 20분)/몬탈치노에서 23km(약 30분)

곳곳이 파노라마 포인트다.

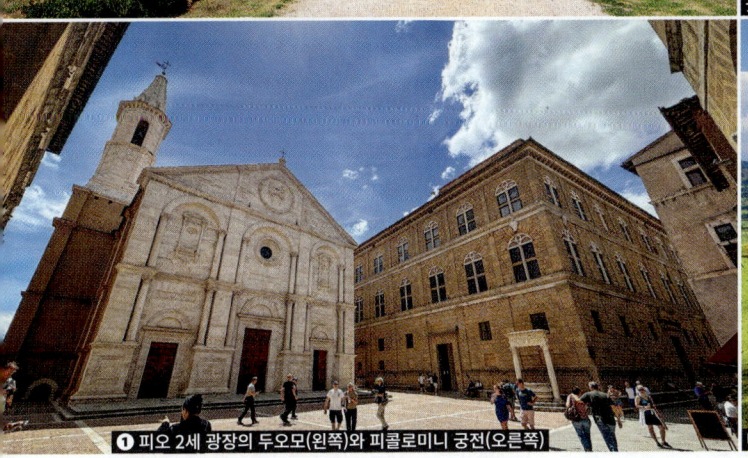
❶ 피오 2세 광장의 두오모(왼쪽)와 피콜로미니 궁전(오른쪽)

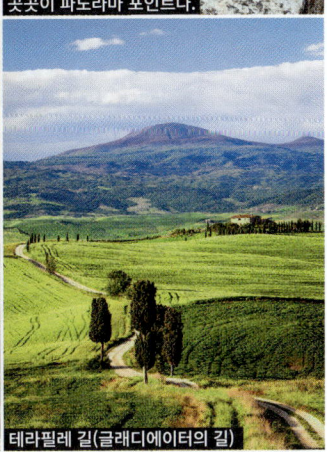
테라필레 길(글래디에이터의 길)

MORE
피엔차 주요 볼거리

■ **두오모** Duomo di Santa Maria Assunta
전체적인 구조는 르네상스 양식을 따르면서도 후기 고딕 양식의 높다란 유리창을 설치해 내부가 밝다. 1462년 완공.

◆ 피엔차 성당
OPEN 08:30~13:00·14:30~19:00 **PRICE** 무료

■ **피콜로미니 궁전** Palazzo Piccolomini
1459년 건립돼 1968년까지 피오 2세 후손들의 저택으로 사용했다. 피오 2세의 소유물이 전시된 침실과 도서관 등을 둘러볼 수 있다. 궁전 뒤쪽에 아름다운 르네상스식 정원이 있으며, 3층 구조의 로지아에서 정원을 가로질러 보이는 아미아타산(해발 1700m)이 장관이다. 두오모 바로 옆에 있다.

◆ 피엔차의 피콜로미니 궁전
OPEN 4월~11월 초 10:00~18:30(그 외 기간 ~16:30)/시즌에 따라 조금씩 다름
CLOSE 11월 초~3월 화요일, 11월 중순~말 월~금요일, 12월 25일, 1월 초~2월 중순
PRICE 피콜로미니 궁전+두오모 오디오가이드+보르자 궁전 박물관+지하실과 미로 통합권 12€(2일간 유효), 5세 이하 무료
WEB pienzacittadiluce.it

◆ **테라필레 길**(글래디에이터의 길)
Strada di Terrapille

영화 <글래디에이터>에서 검투사의 아내와 아들을 죽이러 군인들이 도착하는 장면, 주인공 막시무스가 마지막에 집으로 향하던 장면을 촬영했던 길이다. 포토 포인트는 피엔차 성벽 아래, 코르시냐노(Corsignano) 교구 성당에서 약 500m 들어간 곳에 있다. 영화의 감성을 느끼기 좋은 시기는 황금빛 밀밭이 일렁이는 6월이다.

◆ 시작점: 3MGC+XF 피엔차
  포토 포인트: 3MG9+25 pienza
WALK 피오 2세 광장에서 도보 12분

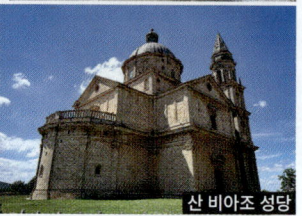

❶ 두오모, 시청사와 16세기 제작된 아치형의 화려한 우물 (Pozzo dei Grifi e dei Leoni, 그리핀과 사자의 우물)이 보이는 풍경

산 비아조 성당

07 몬테풀차노 Montepulciano
이탈리아 대표 와인 생산지

토스카나에서 가장 높은 언덕 마을(해발 605m) 중 하나. 1511년 코시모 1세의 명으로 산 피에트로 대성당을 설계한 안토니오 다 상갈로가 성벽 안을 설계했으며, 르네상스 양식의 건물들이 빽빽하게 들어서 있다. 언덕 꼭대기의 ❶ 그란데 광장(Piazza Grande)은 영화 <뉴문>(2009)의 촬영지로도 유명하다. 매년 8월에는 독일 현대 음악가 한스 베르너 헨체가 창시한 예술제(Cantiere Internazionale d'Arte)가 열려 마을 전체가 활기로 가득하다.

몬테풀차노는 이탈리아를 대표하는 와인 산지로, 비노 노빌레 디 몬테풀차노 (Vino Nobile di Montepulciano)는 이탈리아 최초의 DOCG 등급 와인이다. 마을 곳곳에는 와인 저장고 투어와 시음을 즐길 수 있는 와이너리와 고급 레스토랑이 많으며, 일부 저장고는 무료로 개방돼 있다.

📍 3QRJ+HW 몬테풀차노(무료 주차장), 3QRH+F9 몬테풀차노(무료 주차장)
CAR 피엔차에서 14km(약 20분)/피렌체에서 115km(약 1시간 40분)

MORE 그란데 광장 주요 볼거리

■ **두오모** Duomo di Montepulciano (Cattedrale di Santa Maria Assunta)
정면이 미완성인 채로 1680년 완공됐다. 타데오 디 바르톨로가 그린 '성모 승천' 삼면 제단화가 유명하다.

■ **시청사** Palazzo Comunale
피렌체의 메디치 리카르디 궁전을 설계한 미켈로초가 15세기에 베키오 궁전을 모방해 지었다.

■ **노빌리 타루지 궁전** Palazzo Nobili-Tarugi
16세기에 완공한 장중한 궁전이다.

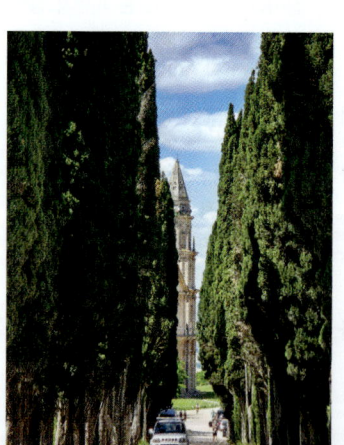

◆ 산 비아조 성당 Tempio di San Biagio

몬테풀차노 성벽 아래에 자리한 크림색 석회석의 대형 성당으로, 안토니오 다 상갈로가 남긴 걸작이다. 1534년 상갈로의 사망 후 완공까지 11년이 걸려 1545년에 완성됐다. 내부는 지름 13m의 돔으로 덮인, 가로·세로 길이가 같은 그리스식 십자가 평면으로 설계됐다. 도로 입구에서 성당 앞까지 약 350m 이어진 사이프러스길이 인상적이다.

📍 3QRG+53 몬테풀차노(무료 노상 주차장)
OPEN 10:00~13:30·14:00~18:30(일요일 11:30~, 10월 ~18:00, 11~3월 ~17:00)
CLOSE 12월 25일
PRICE 5€(오디오가이드 포함), 6세 이하 무료
WALK 몬테풀차노의 그란데 광장에서 도보 15분
WEB tempiosanbiagio.it

Option
08 마음을 치유하는 황홀한 풍경
루치올라 벨라 자연보호구역
Riserva Naturale Lucciola Bella

저 멀리 사이프러스 나무가 지그재그로 이어지는 풍경이 환상적이다. 세계유산 경관이자 희귀 조류와 고유 식물의 서식지로 보호받는 지역으로, 특히 봄철 다채로운 색감이 아름답다. 가로수길은 비포장이라 운전하기 불편하므로 동쪽 약 500m 떨어진 라 포체(La Foce) 영지 옆 길에서 감상하는 것이 좋다.

◎ 2QGH+27 피엔차(라 포체 옆 뷰포인트)
CAR 몬테풀차노에서 10km(약 15분)/피엔차에서 20km(약 30분)

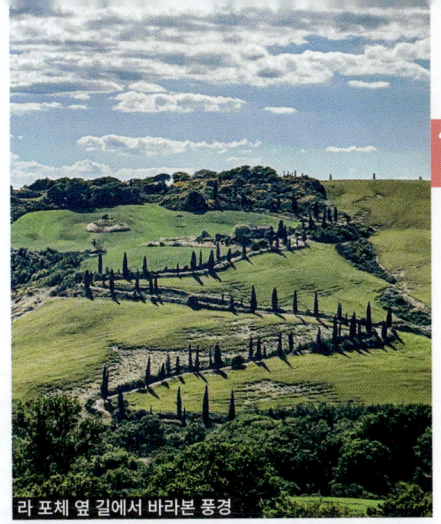
라 포체 옆 길에서 바라본 풍경

09 내가 바로 발도르차의 슈퍼스타
사이프러스 가로수길
(포지오 코빌리 농가)
Viale di Cipressi

발도르차에서 가장 많은 사진이 찍히는 명소. SS2번 도로에서 포지오 코빌리 농가(Agriturismo Poggio Covili)까지 200m 넘게 이어지는 직선 도로 양옆으로 사이프러스 나무가 늘어서 장관을 이룬다. 들판 한가운데 자리한 농가에서 하룻밤 머무는 것도 특별한 추억이 된다.

◎ 2JCP+PP 발도르차(농가 입구, 잠시 주차 가능)
CAR 피엔차에서 15km(약 20분)/몬테풀차노에서 25km(약 40분)/루치올라 벨라 자연보호구역의 라 포체에서 16km(약 20분)
WEB poggiocovili.com/poggiocovili

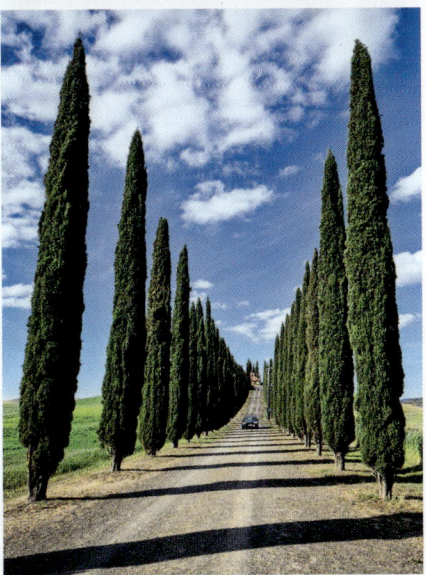

Option
10 고대 로마식 온천욕 즐기기
바뇨 비뇨니
Bagno Vignoni

거대한 노천 온천을 품은 온천 휴양지. 로마시대에 개발돼 시에나의 성녀 카테리나와 피렌체의 로렌초 대제가 이곳에서 요양했다고 전해진다. 50℃의 온천수가 흐르는 ❶ 물리니 공원(Parco dei Mulini)의 대형 중세 온탕에서는 족욕을 즐길 수 있고 ❷ 마을 남쪽 물가에서는 무료 온천욕이 가능하다. 포스타 마르쿠치(Posta Marcucci) 호텔의 유황 온천에서는 수영도 즐길 수 있다.

◎ 2JH9+7Q Bagno Vignoni(무료 주차장)
CAR 사이프러스 가로수길에서 2km(약 3분)/산 퀴리코 도르차에서 5.5km(약 10분)

05
LIGURIA

친퀘테레

CINQUE TERRE

피렌체에서 기차로 3시간 거리, 해안가 절벽 위에 자리 잡은 5개의 작은 마을이 있다. 리오마조레·마나롤라·코르닐랴·베르나차·몬테로소 다섯 마을을 묶어서 '친퀘(Cinque, 숫자 5) 테레(Terre, 땅·마을)'라고 부르는 이곳은 남부의 아말피 해안과 함께 이탈리아의 숨은 보석으로 여겨진다.

작고 아담한 집들이 늘어선 좁다란 골목을 걷다 보면 어디에선가 갓 구운 피자 냄새와 진한 레몬 향이 퍼져 나오고 이따금씩 들려오는 떠들썩한 상인의 목소리가 이방인의 경계심을 무너뜨리는 곳. 친퀘테레는 수많은 여행자들이 꿈꿔왔던 아름다운 유럽의 모습 그대로를 간직하고 있다.

친퀘테레 가기

친퀘테레의 관문인 라 스페치아 중앙역까지는 피렌체에서 2~3시간, 밀라노에서는 약 3시간 소요된다. 라 스페치아에서 친퀘테레의 마지막 마을인 몬테로소역까지는 기차로 22~24분 걸리며, 1시간에 2~4회 운행한다. 라 스페치아에 도착하면 우선 역 안의 관광 안내소에서 기차 시간표를 챙기고 일정에 맞는 친퀘테레 카드나 기차표를 구매하자.

기차

이탈리아어로 '다섯 마을'이란 뜻의 친퀘테레는 정식 지명이 아니다. 따라서 '친퀘테레역'을 찾는 것은 의미가 없다. 다섯 마을로 가려면 먼저 친퀘테레의 관문인 라 스페치아 중앙역(La Spezia Centrale)으로 이동해야 한다. 피렌체에서는 라 스페치아까지 직행편이 있고 피사 중앙역(Pisa C.le) 등에서 갈아타는 노선도 있다. 밀라노에서는 라 스페치아뿐만 아니라 마지막 마을인 몬테로소로 가는 직행편도 있으므로 밀라노를 기점으로 여행 일정을 짜는 것도 좋다.

라 스페치아 중앙역에 도착하면 다섯 마을을 잇는 기차로 환승한다. 첫 마을 리오마조레에서 마지막 몬테로소(Monterosso)까지 성수기(3월 중순~11월 초)에는 1시간에 3~4회 운행한다. 저녁 이후나 비수기에는 운행 횟수가 줄어드니 당일 여행자라면 돌아가는 기차 시간을 미리 확인해두자.

성수기에는 라 스페치아 중앙역에서 다섯 마을 중 어디서 내리든 거리에 상관없이 요금이 동일하다. 단, 방문 시기와 요일에 따라 편도 요금은 5~10€로 달라진다. 비수기에는 거리별로 편도 2.70~3.40€. 소요 시간은 리오마조레까지 7~8분, 몬테로소까지 22~24분이다. 기차를 자주 이용할 예정이라면 무제한 탑승이 가능한 친퀘테레 트레노 카드(p430)를 구매하는 것이 경제적이다.

◆ 라 스페치아 중앙역 Stazione di la Spezia Centrale

친퀘테레 여행의 출발점. 수하물 보관소가 없기 때문에 짐이 많다면 역 건물 내 호텔 등의 사설 보관소를 이용해야 한다. 조건이 모두 다르므로 후기를 잘 살펴보고 이용하자.

짐 보관소 검색
WEB radicalstorage.com | bounce.com | nannybag.com

● 친퀘테레 웰컴 센터(친퀘테레 포인트) Welcome Center 5T : 관광 안내소

친퀘테레 카드를 판매한다. 친퀘테레의 각 기차역에도 웰컴 센터가 있지만 출발 지점에서 구매해 알뜰하게 사용하자.

WALK 라 스페치아 중앙역에서 5분
OPEN 09:00~13:30·14:00~17:30(성수기에는 연장)
WEB parconazionale5terre.it

피렌체 Firenze(S.M.N)
↓
기차 2시간 30분~, 15€(R·RV)
06:08~15:53/1일 8회

밀라노(Milano C.le)
↓
기차 2시간 50분~3시간, 20분, 15~20€(IC·FR)
06:10~21:10/1일 10회

피사 Pisa(C.le)
↓
기차 50분~, 8.40~16€ (FR·IC·R), 05:26~22:53/ 10분~1시간 간격

라 스페치아 La Spezia(C.le)
↓
기차 7~8분, 2.70~10€ (R, 시즌 및 요일에 따라 다름)
04:30~23:10/
20~30분 간격(성수기 기준)

친퀘테레 리오마조레 Riomaggiore
↓
기차 22~24분, 2.70~10€(R)

친퀘테레 몬테로소 Monterosso

밀라노(Milano C.le)
↓
기차 2시간 50분~, 16.90~20€(IC·FR)
06:10~21:10/1일 7회

친퀘테레 몬테로소 Monterosso

*FR—Freccia(고속열차)
IC—Inter City(급행열차)
RV·R—Regionale(완행열차)

*시즌에 따라 운행 시간이 유동적이니 홈페이지에서 미리 확인하자.

*몬테로소 → 라 스페치아행 기차는 05:05~23:33/20~30분 간격 운행 (성수기 기준)

#CHECK
친퀘테레를 제대로 즐기기 위한 팁!

★
친퀘테레 카드
라 스페치아 중앙역과 친퀘테레 각 역의 웰컴 센터, 또는 공식 홈페이지에서 구매할 수 있다. 출발 지점인 라 스페치아 중앙역은 성수기에 대기 줄이 길게 늘어서므로 온라인 예매를 추천한다(이메일로 받을 PDF를 출력하거나 QR코드를 캡처해 스마트폰에 저장해 사용). 현장에서 친퀘테레 트레노 카드를 구매했다면 기차 탑승 전 카드에 이름을 기입한다. 간혹 검표원이 카드의 이름과 여권을 대조하므로 반드시 여권을 지참하자.

사랑의 길(Via dell'Amore)이 개방될 경우 이 구간의 입장권이 포함된 별도 카드를 판매하며, 입장 날짜와 시각을 지정해 온라인으로 예약해야 한다.

WEB parconazionale5terre.it
예약: card.parconazionale5terre.it
사랑의 길 입장권 결합 카드 예약:
viadellamore.info

현장에서 구매한 기차표는 반드시 개찰한 후 탑승한다.

★
내가 탈 기차의 플랫폼 찾는 법
기차역에 도착하면 전광판에서 플랫폼(Binario, 줄여서 Bin) 번호부터 확인하자. 라 스페치아 → 리오마조레 → 마나롤라 → 코르닐랴 → 베르나차 → 몬테로소 방향은 'Sestri Levante'행을, 반대 방향은 'La Spezia'행을 찾는다.

❶ 용도에 맞는 친퀘테레 카드 Cinque Terre Card를 구매하자.
친퀘테레 카드는 기차 이용 여부에 따라 2가지로 구분된다. 기차를 제외하고 산책로·마을버스·일부 역의 화장실·와이파이 등을 이용할 수 있는 <u>친퀘테레 트래킹 카드(Cinque Terre Trekking Card)</u>는 주로 산책로를 따라 도보로 이동할 때 적합하다. 다만 폭우 등으로 일부 산책로가 폐쇄되는 경우가 많아 이용 빈도가 낮고, 리오마조레와 마나롤라를 잇는 사랑의 길(Via dell'Amore) 구간 입장료는 별도다.

여행자가 가장 많이 구매하는 것은 트래킹 카드에 기차 패스 기능을 추가한 <u>친퀘테레 트레노 카드(Cinque Terre Treno MS Card)</u>로, 라 스페치아에서 친퀘테레 다섯 마을과 레반토(Levanto) 사이를 오가는 완행열차(R) 2등석을 무제한 이용할 수 있어 활용도가 높다.

＋ 친퀘테레 카드 요금(시즌 및 요일에 따라 다름)

종류	트레노 카드 (비수기/준성수기/성수기/최성수기)	트래킹 카드 (비수기/성수기)
1일권	14.80€/19.50€/27€/32.50€	7.50€/15€
2일권	26.50€/34€/48.50€/59€	14.50€/29€

*3세 이하 무료, 12세 이하·70세 이상은 할인, 종료일 24:00까지 사용 가능
*사랑의 길 입장권 결합 카드는 별도 홈페이지에서 예약한다.

트레노 카드 시즌 구분
비수기 11월 초~3월 중순
준성수기 3월 중순 이후, 4·5·10월 평일
성수기 3~5월·10~11월 지정일, 6·9월 평일
최성수기 3월 말, 4·5월 지정일, 6·9월 주말, 7·8월 매일

친퀘테레 카드. 이름을 쓰고 사용한다.

트레노 카드 시즌 및 요금 확인

❷ 친퀘테레 트레노 카드 vs 편도 기차표
라 스페치아~리오마조레~마나롤라~코르닐랴~베르나차~몬테로소를 오가는 완행열차(R)는 성수기(3월 중순~11월 초)에는 모든 구간의 요금이 같고 비수기에는 거리에 따라 다르다. 비수기나 평일에 한두 마을만 천천히 볼 계획이라면 트레노 카드 대신 편도표가 더 합리적이다. 다만 탈 때마다 매표·각인이 필요해 번거로울 수 있고 역에 따라 매표소가 일찍 문을 닫거나 자동판매기가 없는 경우도 있으니 유의한다.

마나롤라의 석양

③ 다섯 마을의 여행 순서를 짜는 것이 관건!

라 스페치아를 거점 삼아 하루 동안 다섯 마을을 모두 둘러보는 여행자는 대개 가장 멀리 있는 몬테로소에서 여행을 시작해 4개의 마을을 차례로 거슬러 내려온다. 친퀘테레 하면 떠오르는 절벽 사이의 작은 마을부터 만나고 싶다면 라 스페치아에서 제일 가까우면서도 절벽의 풍경이 아름다운 리오마조레부터 여행을 시작해 차차 올라가는 것도 좋다. 사랑의 길(Via dell'Amore)도 리오마조레에서 출발해 마나롤라 쪽으로 한 방향으로 걸어야 한다.

여유 있는 일정을 원한다면 마음에 드는 2~3개 마을만 들러보자. 그 날의 날씨와 취향에 따라 다를 순 있지만 여행자들의 만족도는 마나롤라가 가장 높고 다음으로 베르나차, 리오마조레 순이다. 비좁은 마을에 워낙 많은 여행자가 몰려들다 보니 상대적으로 넓은 해변이 펼쳐지는 몬테로소가 좋다는 이들도 있다. 해 질 무렵에는 노을이 예쁘기로 소문난 마나롤라에서 시간을 보내길 바란다. 숙박한다면 숙소가 비교적 많고 저렴한 몬테로소를 추천한다.

④ 돌아가는 시간은 여유 있게 잡는다.

기차로 다섯 마을을 이동하는 것은 생각보다 시간이 오래 걸린다. 친퀘테레를 운행하는 기차는 연착도 잦은 편. 돌아가는 기차 시간은 여유 있게 예매해 두고 기차 시간보다 조금 일찍 도착해 기다리는 것이 좋다. 라 스페치아 중앙역 1번 플랫폼에서 출구를 바라보고 왼쪽에는 간단히 요기할 수 있는 햄버거 가게와 카페가 있다. 운영 시간은 06:00~21:00.

⑤ 산책로에서 마실 물을 준비해 가자.

산책로에는 화장실과 매점이 없다. 여름철에는 갈증으로 고생할 수 있으니 마실 물을 꼭 준비해가자.

⑥ 화장실은 식당에서 미리 해결하자.

친퀘테레 카드 소지자는 리오마조레, 코르닐랴 등 기차역의 화장실을 무료로 사용할 수 있다. 하지만 성수기에는 대기 줄이 매우 길게 이어지니 식당이나 카페 이용 시 미리 화장실에 다녀오도록 하자.

바닷가를 따라 기찻길이 나 있다.

★ 소매치기 주의!

최근 친퀘테레에서는 기차 승하차 시 혼잡을 틈탄 소매치기 피해가 자주 발생하고 있다. 가방은 항상 몸 앞에 두고, 지퍼를 잠근 채 손으로 꼭 잡는 것이 좋다. 낯선 사람이 말을 걸거나 몸을 밀치며 다가올 때에는 특히 주의하자.

★ 바다에서 감상하는 친퀘테레

라 스페치아에서 출발하는 페리를 이용해 각 마을을 돌아보는 방법도 있다. 원하는 마을에서 내려 숙박하거나 1시간쯤 기다렸다 다음 페리를 타고 이동하는 등 활용법이 다양하니 아래 홈페이지를 참고하자. 단, 페리는 코르닐랴에는 정박하지 않으며, 주로 4~10월에만 운항하고 날씨에 따라 운항 시각이 변경되거나 중지되는 일이 종종 있다. 라 스페치아역에서 페리 승선장까지는 도보 25~30분 소요되는 먼 거리이므로 버스 이용을 추천한다.

WEB navigazionegolfodeipoeti.it

★ 렌터카보다 기차가 현명한 선택

친퀘테레의 마을 중심부는 차량 진입이 불가능하다. 차는 마을 외곽이나 언덕 위 주차장에 세워야 하며, 이후 도보나 마을버스로 이동한다. 도로가 좁고 굽이져 접근이 까다롭고 주차 공간도 협소해 성수기에는 오히려 기차보다 시간이 더 걸린다. 다섯 마을 중에서는 몬테로소가 진입이 가장 쉽고 주차장 규모도 커 그나마 이용할 만하다. 대부분의 여행자는 라 스페치아나 레반토(Levanto)에 차를 두고 기차로 이동한다. 두 도시 모두 친퀘테레행 열차가 자주 다닌다. 특히 레반토는 친퀘테레 카드(Treno)가 적용되는 가장 북쪽 역으로, 역 앞의 공영 주차장이 넓고 접근이 편하다. 반면 라 스페치아역 주차장은 관리가 허술하고 치안이 불안하다는 평가가 많다. 전 구간이 철도로 연결된 친퀘테레에서는, 결국, 기차가 가장 빠르고 효율적인 선택이다.

OPTION E 친퀘테레

라 스페치아 중앙역 → 기차 7분 → ❶ 리오마조레 → 기차 2분 → ❷ 마나롤라 → 기차 2분 → ❸ 코르닐랴 → 기차 4분 → ❹ 베르나차 → 기차 4분 → ❺ 몬테로소

라 스페치아 → ① → 리오마조레 Riomaggiore → ② → 마나롤라 Manarola → ③ →
코르닐랴 Corniglia → ④ → 베르나차 Vernazza → ⑤ → 몬테로소 Monterosso

✚ 마을 간 이동 정보

구간	기차 소요 시간	하이킹 소요 시간 & 난이도			페리 소요 시간, 편도 요금
①	7분				1시간 20분, 22€
②	2분	25분	★	해안산책로(사랑의 길)는 리오마조레→마나롤라 방향만 가능.	10분, 10€
③	2분	1시간 10분~	★★	산책로는 당분간 폐쇄, 대신 산길을 이용할 수 있지만 힘들다.	코르닐랴 정박 안함, ③+④ 25분, 15€
④	4분	1시간 30분~	★★★★	난이도 상급	
⑤	4분	2시간~	★★★★★	경치가 가장 좋지만 가장 힘들다. 혼잡 시에는 몬테로소 → 베르나차 방향으로만 통행이 허용된다.	20분, 10€

* 지진과 산사태 등에 따라 산책로 폐쇄는 유동적이다.

A 걷기 싫은 당신을 위한 다섯 마을 기차 탐방

다섯 마을 모두 기차로 이동하는 방법. 편하게 돌아볼 수 있다는 점이 장점이지만 기차를 기다리는 시간이 의외로 길 수 있으므로 기차 운행 시각을 잘 맞춰 이동해야 한다. 역마다 기차표를 구매하고 각인하는 데 들이는 시간과 수고를 생각하면 친퀘테레 트레노 카드를 구매하는 편이 효율적이다.

B 걷고 싶은 당신이라면 하이킹에 도전!

쉽지 않은 코스지만 친퀘테레의 매력을 온몸으로 느낄 수 있다. 현재 출입 가능한 산책로를 홈페이지에서 확인한 후 코스를 짜도록 한다. 보통 몬테로소까지 기차로 이동한 뒤 몬테로소~베르나차 구간을 걷는 것이 일반적이다. 몸은 힘들지만 베르나차 항구를 내려다보는 근사한 전망이 보상처럼 펼쳐진다. 베르나차~코르닐랴 구간을 걸을 예정이라면 베르나차에서 출발해야 높은 계단 등반을 피할 수 있다.

산책로 출입 확인

C 페리와 기차를 타고 즐기는 친퀘테레

4~10월에 간다면 페리를 타는 것도 좋다. 그림 같은 마을 풍경은 사실 바다에서 바라볼 때 그 진가가 드러나는 것. 실제로 라 스페치아에서 출발해 각 마을을 돌아보는 페리 여행자가 많아졌다. 라 스페치아 출발 1일권, 친퀘테레 1일권 등을 구매해 전 구간을 페리로 이동하거나 기차와 적절히 섞어 구간별로 편도로 이용할 수 있다. 다만, 코르닐랴에는 정박하지 않고 성수기에도 운항 횟수가 많지 않다는 게 단점이다. 보통은 리오마조레~몬테로소 또는 라 스페치아~몬테로소 구간을 편도로 타고 나머지는 기차로 이동한다.

B
라 스페치아 중앙역 → 기차 22분 → 몬테로소 → 하이킹 2시간 → 베르나차 → 하이킹 1시간 30분 → 코르닐랴

* 하루에 다 걷기에는 체력적으로 부담이 클 수 있다. 걷기 편한 신발과 생수를 챙겨가자.
* 라 스페치아~몬테로소 기차 요금은 편도 3.40~10€, 친퀘테레 트래킹 카드 7.50€

C
라 스페치아 항구 → 페리 1시간 20분 → 몬테로소 → 기차 4분 → 베르나차 → 기차 4분 → 코르닐랴 → 기차 2분 → 마나롤라 → 기차 2분 → 리오마조레 → 기차 7분 → 라 스페치아 중앙역

* 전 구간에서 페리를 이용한다면 친퀘테레 1일 왕복권(42€, 14:00 이후 28€, 6~11세 15€) 또는 중간에 승하선이 가능한 편도권(30€, 6~11세 15€)을 구매한다.

페리를 타고 가면 마을 전체가 한눈에 들어온다.

01 첫 번째 마을
리오마조레 Riomaggiore

친퀘테레의 첫 번째 마을로, 절벽 틈새에 자리한 항구의 수려한 풍광이 인상적이다. 라 스페치아 중앙역에서 가장 가까워 언제나 북적이고 활기찬 분위기다. 절벽 위에 자리해 물놀이를 즐길 만한 모래사장은 없지만 항구에서 산 자코모 거리(Via San Giacomo)를 따라 걷다 보면 나오는 작은 자갈해변(Spiaggia del Paese)이 해안가의 정취를 더한다.

마을의 하이라이트는 두 번째 마을로 향하는 약 1km 길이의 산책로 '사랑의 길(Via dell'Amore)'이다. 2011년 산사태로 폐쇄된 후 오랜 복구 작업을 거쳐 2024년 재개장했다. 단, 날씨나 현지 사정에 따라 수시로 폐쇄되므로 방문 전 공식 홈페이지에서 확인해야 한다. 시간당 400명으로 입장 인원이 제한되며, <u>리오마조레에서 마나롤라 방향으로 한쪽만 이동할 수 있다</u>. 친퀘테레 카드 소지자만 입장이 가능하며, 추가 요금 10€를 현장에서 결제하고 시간 지정 예약을 해야 한다.

MORE
연인들의 산책 코스, 사랑의 길

리오마조레와 마나롤라를 잇는 약 1km 길이의 산책길. 절벽을 따라 바다와 맞닿은 풍경이 낭만적이라 '사랑의 길(Via dell'Amore)'이라 불린다. 이후 집안의 반대로 함께하지 못한 연인이 이곳에서 바다로 뛰어들었다는 전설이 더해지면서 사랑의 상징이 됐다. 한때 연인들이 자물쇠를 걸고 열쇠를 바다에 던지면 영원히 헤어지지 않는다는 이야기가 있었으나 현재는 구조물 훼손 방지를 위해 자물쇠 설치가 금지돼 있다.

OPEN 2월 15일~3월 29일 09:00~18:00, 3월 30일~5월 31일 09:00~20:00, 6월 1일~10월 25일 09:00~21:30/겨울철 부정기 휴무, 현지 상황에 따라 변동 가능
PRICE 10€, 4~11세 8€, 3세 이하 무료
WEB 예약(친퀘테레 트레노카드 또는 트래킹카드 결합 카드) viadellamore.info

항구에서 바다를 바라보고 왼쪽 언덕으로 올라가면 근사한 사진을 담을 수 있다.

기차역 밖으로 나가 오른쪽의 터널을 지나면 마을로 갈 수 있다.

역에서 나와 왼쪽 계단을 오르면 사랑의 길 입구 전망대가 나온다.

❶

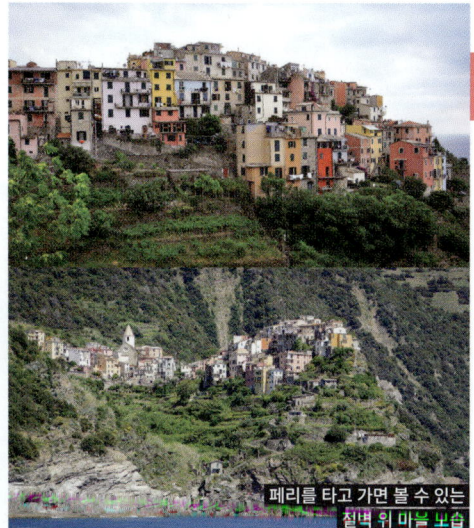

02 두 번째 마을
마나롤라 Manarola

03 세 번째 마을
코르닐랴 Corniglia

친퀘테레를 대표하는 청명한 바다와 파스텔톤 건물이 어우러진 그림 같은 마을이다. 12세기경 형성되어 친퀘테레 중 가장 오래된 마을로, 특히 석양이 아름답기로 유명하다. 기차역 왼쪽 터널을 지나면 항구(Marina)로 이어지는 마을 중심부가 나오고, 역 오른쪽으로 올라가면 리오마조레와 연결되는 '사랑의 길' 출구인 전망대가 있다. 해안 절벽과 마을 전경을 한눈에 담을 수 있는 대표 촬영 포인트는 항구에서 오른쪽으로 이어지는 언덕 위 전망대(Manarola Overlook Viewpoint)로, 일몰 무렵에 가장 많은 사람이 찾는다.

친퀘테레 다섯 마을 중 가장 작은 마을로, 절벽 위에 자리한 중심부는 10분이면 모두 둘러볼 수 있다. 마을 이름은 로마시대 이 지역을 소유했던 코르넬리아 가문에서 유래했으며, 폼페이 유적에서 '비눔 코르넬리아에(vinum Corneliae, 코르닐랴의 와인)'라 적힌 항아리가 발견될 만큼 예로부터 와인 생산지로 유명했다.

기차역에서 마을까지는 라르다리나(Lardarina)라 불리는 382개의 계단을 올라야 하며, 도보로 약 20분이 걸린다. 이 때문에 이곳 숙소는 피하는 것이 좋다.

계단을 오르내리기 부담스럽다면 역 앞에서 운행하는 마을버스(07:20~23:50)를 이용할 수 있다. 계단 끝에서 'Centro' 표지판을 따라가면 마을 중심 광장이 나오고, 광장 남쪽의 피에스키 거리(Via Fieschi)를 따라가면 절벽 끝 전망대에 닿는다.

'사랑의 길'의 종착점인 전망대로 가는 길

마을 광장과 기차역을 잇는 마을버스

기차역에서 마을로 가려면 까마득한 계단을 올라야 한다.

산책로 입구의 전망대에서
내려다본 마을 풍경

04 네 번째 마을
베르나차 Vernazza

파스텔톤 집들이 작은 항구를 감싸듯 둘러선 베르나차는 친퀘테레에서 유일하게 자연 항구를 가진 마을이다. 제노바가 리구리아를 정복할 당시 중요한 거점이었으며, 15세기에는 해적의 침입을 막기 위해 방어벽을 세웠다. 항구 주변에는 식당과 카페가 모여 있고 돌계단에 앉아 여유롭게 풍경을 즐기기 좋다.

마을의 대표 전경을 담고 싶다면 베르나차-몬테로소 구간 산책로 입구에 있는 전망대까지 올라가 보자. 친퀘테레 체크포인트를 통과해야 하므로 친퀘테레 카드가 필요하다. 항구로 향하는 중심 거리와 수직으로 이어지는 좁은 계단길(Via E. Vernazza)의 골목 풍경도 아름답다. 15세기에 해적을 막기 위해 세운 도리아 성(Castello Doria, 2€) 역시 훌륭한 전망 포인트다.

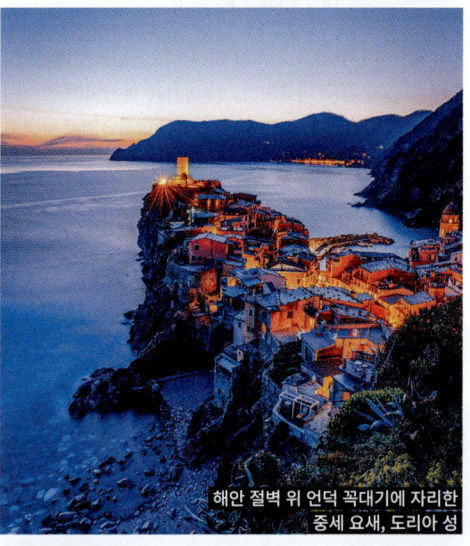

해안 절벽 위 언덕 꼭대기에 자리한
중세 요새, 도리아 성

피체리아 왼쪽 계단 길로 올라가면
전망 포인트가 나온다.

전망대

05 다섯 번째 마을
몬테로소 Monterosso

친퀘테레 다섯 마을 중 규모가 가장 크고 가장 넓은 해변을 품은 마을이다. 숙소와 식당, 상점이 밀집해 늘 활기찬 분위기며, 마을 입구의 작은 광장에서는 축제 날마다 레몬 향과 음악, 웃음소리가 어우러진다. 다섯 마을 중 유일하게 모래 해변이 있어 여름철 해수욕 명소로 손꼽히지만 절벽이 만든 드라마틱한 풍경이 적어 다소 평범하게 느끼는 이들도 있다. 역을 나와 해안 산책로를 따라 왼쪽으로 걸어가면 터널을 지나 마을 입구에 닿는다.

★ 친퀘테레 숙소 정보

친퀘테레는 몰려드는 여행자 수에 비해 숙박 사정이 그리 좋지 않다. 각 마을의 규모 자체가 그다지 크지 않아 성수기에는 좋은 숙소를 예약하기가 힘들고 비수기에는 문을 닫는 곳도 많다. 숙박료도 다른 도시보다 비싼 편이다.
다섯 마을 중에서는 몬테로소에 비교적 숙소가 많다. 가격 대비 만족도를 생각한다면 라 스페치아에 묵는 것도 좋다. 다섯 마을을 오가는 기차가 늦은 시간까지 운행하고 이동시간도 짧은 편이라 베이스캠프로 삼기에 편리하다.

MORE
몬테로소의 5월 레몬 축제

몬테로소의 대표 특산품은 단연 레몬이다. 5월 셋째 토요일에 열리는 레몬 축제 기간이면 마을 전체가 노란빛으로 물든다. 거리 곳곳에 레몬과 레몬으로 만든 제품을 파는 노점이 들어서고 리몬첼로와 레몬 크림, 잼, 케이크 등 레몬을 재료로 만든 다양한 먹거리를 맛볼 수 있다. 상큼한 레몬을 그대로 시식하거나 통째로 갈아 만든 레몬주스를 즐길 수도 있으며, 레몬 향을 담은 비누와 초콜릿 등 기념품도 인기다.

즉석에서 갈아 만든 레몬주스

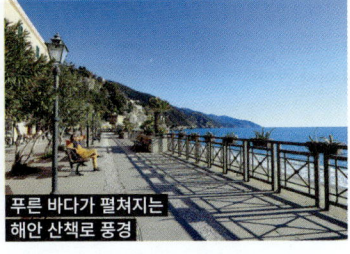

푸른 바다가 펼쳐지는 해안 산책로 풍경

페리에서 바라본 몬테로소 풍경

Eating & Drinking

크고 둥근 팬을 화덕에 넣어서 굽는다.

이탈리아식 병아리콩전 챌린지!
◉ 라 피아 첸테나리아
La Pia Centenaria

고르곤졸라를 얹은 파리나타(5€)

왼쪽은 테이크아웃 전용, 오른쪽으로 들어가면 테이블 좌석이다.

병아리콩으로 만드는 팬케이크 '파리나타(Farinata)'로 유명한 음식점이다. 파리나타는 구수하고 담백한 맛이 특징으로 질감은 기름을 넉넉히 두르고 부친 콩전과 비슷하다. 반죽 자체는 심심한 맛이므로 양파를 섞어서 굽거나(Farinata con Cipolle) 치즈를 올려 먹는다. 화덕에서 바로 구워낸 파리나타는 화덕 옆에서 서서 먹거나 안쪽 테이블에 앉아서 먹을 수 있다. 대단한 맛은 아니지만 가격이 워낙 저렴하니 현지 음식 체험 삼아 들러보자.

◎ 4R3C+W5 라 스페치아
ADD Via Magenta, 12(라 스페치아)
OPEN 11:00~15:00·17:00~22:00
CLOSE 일요일
MENU 파리나타 2.50€~, 페스토 추가 1.50€, 고르곤졸라 추가 2.50€~, 자릿세 1€/1인
WALK 라 스페치아 중앙역에서 도보 12분
WEB lapia.it

달콤한 마법을 부린 코르네토
◉ 돌치 마지에
Dolci Magie

코르네토와 카푸치노로 완벽한 아침을~

'돌치 마지에'는 이탈리아어로 '달콤한 마법'이라는 뜻이다.

라 스페치아 사람이라면 모르는 이가 없는 카페. 한입 베어 물면 행복한 미소가 절로 퍼지는 최고의 코르네토(이탈리아식 크루아상)을 만날 수 있다. 기본 코르네토도 맛있지만 빵과 크림의 황금비율을 선보이는 크림 코르네토가 인기다. 특히 시칠리아식 리코타 코르네토 (Cornetti con Ricotta Siciliana, 1.80€)는 은은하게 달콤하면서 향긋한 크림이 매력 만점. 달콤한 시럽이 발린 얇은 껍질 속으로 부드럽고 촉촉한 속살이 겹겹이 쌓여 있다. 여기에 우유거품을 가득 올린 카푸치노까지 곁들이면 완벽한 이탈리아식 아침 식사 완성!

◎ 4R48+Q4 라 스페치아
ADD Corso Camillo Benso di Cavour, 207/209(라 스페치아)
OPEN 07:00~13:00·16:00~19:30(일·월요일 ~12:30, 금요일 07:00~19:30)
MENU 코르네토 1.30~1.80€, 카푸치노 1.50€
WALK 라 스페치아 중앙역에서 도보 8분

기차역 앞 의외의 맛집 발견
🟠 피체리아 케프리스
Pizzeria Kepris

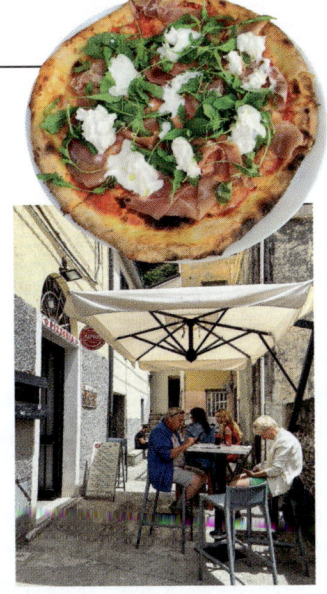

리오마조레 기차역 바로 앞에 있는 피자 가게. 접근성 좋고 저렴하고 친절하다. 역 근처 식당이니 냉동 피자를 데워서 판다고 생각할 수 있는데, 이곳은 주인장이 반죽한 바삭하고 얇은 도우에 신선한 토핑을 듬뿍 올려준다. 트래디셔널 피자 중에서는 매콤한 살라미 토핑이 들어간 디아볼라(Diavola)나 부라타 생치즈를 올린 마나롤라(Manarola)를 추천. 스페셜 피자로는 가게 이름을 건 케프리스(Kepris)를 시켜보자. 토마토소스에 모차렐라 치즈, 소시지, 포르치니 버섯, 고르곤졸라 치즈까지 풍성하게 들었다. 가게가 좁아서 대부분 포장해 입구 테이블이나 역 앞 벤치에서 먹는다.

🅖 4P2P+9G 리오마조레
ADD Via Telemaco Signorini, 673/b(리오마조레)
OPEN 12:00~14:30·18:00~21:30
CLOSE 화요일
MENU 트래디셔널 피자 6.50~12.50€, 스페셜 피자 12~15€
WALK 리오마조레역에서 도보 1분
WEB facebook.com/Keprisriomaggiore

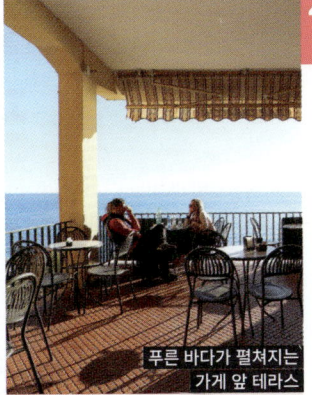

푸른 바다가 펼쳐지는 가게 앞 테라스

MORE 전망 좋은 기차역 간이식당

본테로소 기차역 2층의 간이식당 '바 다 스타지운(Bar Da Stasiun)'에서 바라보는 바다 전망도 아주 근사하다. 카푸치노 2.50€~, 음료 3€~ 등 가격도 저렴해 가성비 최고다. 본격적인 식사보단 기차를 기다리며 커피나 맥주 한잔하고 싶을 때 좋다.

다른 식당들이 문 닫았을 때 간식용 샌드위치로~

컵에 담아 쏙쏙 빼먹는 해산물 튀김
🟠 코스테베 프리지토리아
Costevè Friggitoria

해산물 튀김을 아이스크림처럼 고깔 모양 종이에 담아 파는 가게. 얇게 튀겨낸 신선한 해산물 튀김에 상큼한 레몬 조각을 얹어 꼬치로 고정한 센스가 돋보인다. 회전율이 높아 항상 신선한 재료를 맛볼 수 있고 직원들도 친절하다. 바로 옆 일 페스카토 쿠치나토(Il Pescato Cucinato) 역시 신선한 생선을 당일 공수해 넉넉한 양의 튀김콘으로 내며, 리오마조레에서 '길거리 생선튀김' 맛집으로 자주 꼽힌다.

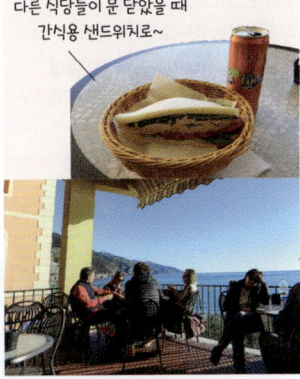

🅖 3PXQ+VF 리오마조레
ADD Via Cristoforo Colombo, 193(리오마조레)
MENU 해산물 튀김 콘 9€~
OPEN 11:00~22:00
WALK 리오마조레역에서 도보 5분

SECRET CITY

헐리우드 스타들은 어디로 여행갈까?
포르토피노 Portofino

에메랄드빛 바다와 초록 언덕이 맞닿은 지중해의 낙원. 고요한 항구와 요트, 언덕 위 별장이 만들어내는 풍경만으로도 충분히 영화 같다. 한때 귀족의 휴양지였던 이곳은 이제 스타들의 비밀스러운 안식처다.

■ 포르토피노 가기

포르토피노에는 기차역이 없어 인근 산타 마르게리타 리구레−포르토피노역(줄여서 포르토피노역)에서 버스로 갈아타고 간다. 몬테로소·라 스페치아·밀라노에서도 40분~2시간이면 닿아 당일치기 여행도 가능하다.

● 기차

밀라노 중앙역에서 포르토피노역까지 인터시티(IC)와 레조날레(RV)가 운행한다. 소요 시간과 요금을 고려하면 레조날레의 가성비가 좋지만 트렌이탈리아 홈페이지에서 프로모션 기간에 인터시티를 예매하면 정액제로 운행하는 레조날레보다 출발이 한결 수월하다.

라 스페치아와 몬테로소에서 포르토피노역까지는 1시간 남짓 걸리며, 인터시티보다 빠르고 요금이 저렴한 레조날레 벨로체(RV)를 추천한다. 피렌체에서는 라 스페치아 또는 피사에서 갈아탄다.

기차 운행 정보
밀라노(Milano C.le) 출발
2시간 4분~2시간 39분 소요, 12.90~16.90€(IC·RV),06:10~ 21:10/1일 7회

라 스페치아(La Spezia C.le) 출발
1시~1시간 30분 소요, 8~10€(R·RV·IC) 04:30~23:10/1일 17회

몬테로소(Monterosso) 출발
40분~1시간 10분 소요, 6.10~9€(R·IC),04:55~23:35/1일 13회

> ★ **포르토피노를 거쳐 친퀘테레로!**
>
> 포르토피노역에서 친퀘테레의 몬테로소역이나 라 스페치아역까지 기차가 자주 운행한다. 여름철에는 밤늦은 시간까지 기차가 다니므로 밀라노에서 아침 일찍 출발해 포르토피노와 친퀘테레 마을 한두 곳을 하루에 돌아보는 것도 가능하다. 밀라노에서 출발해 포르토피노를 보고 친퀘테레 숙소로 이동하는 일정도 좋다. 이때 포르토피노역 짐 보관소가 유용하다.

▶ 산타 마르게리타 리구레-포르토피노역
Stazione di Santa Margherita Ligure-Portofino

포르토피노 여행의 출발점이 되는 작은 역. 매표소와 화장실 외에 특별한 시설은 없다. 역 건물 오른쪽의 바겸 신문 판매소가 짐 보관소 역할을 한다. 성수기에는 19:00까지 보관 가능하며, 버스 승차권도 함께 판매한다. 돌아올 때를 대비해 왕복으로 구매하는 게 편하다.

▶ 산타 마르게리타 리구레-포르토피노역에서 포르토피노까지

기차역에서 포르토피노 항구까지 782번 버스가 15~30분 간격으로 운행한다. 정류장은 역 정문을 나서서 오른쪽으로 조금만 가면 나온다. 시간표와 실제 운행이 다를 수 있으니 기사에게 출발 시각을 확인하자. 승차권은 역 신문 판매소나 맞은편 타바키에서 구매하고 탑승 후 개찰기에 각인한다. 약 30분 후 종점인 포르토피노 시청 앞 리베르타 광장에서 내려 정류장을 등지고 왼쪽으로 3분 정도 걸으면 항구가 나온다.

버스 운행 정보
운행 시간 05:58~23:37
(7·8월 ~다음날 01:07, 시기별로 유동적)
요금 편도 5€

MORE
포르토피노의 황금기를 기억하는 노래

브라운 성에서 콘서트 장면을 볼 수 있다.

주변에 돌고래가 많아 '돌고래 항구(Portus Delphini)'라 불리던 어촌 마을 포르토피노는 1950년대 처칠, 험프리 보가트, 소피아 로렌, 그레이스 켈리 등 고위 인사와 할리우드 스타들이 모이며 황금기를 맞았다. 그 분위기 속에서 프랑스 가수 달리다가 부른 <러브 인 포르토피노(Love in Portofino)>가 탄생했고, 2012년 포르토피노 항구에서 열린 공연에서 안드레아 보첼리가 이 곡을 다시 불러 큰 화제가 됐다. 공연 실황 영상에는 항구의 풍경이 고스란히 담겨 있다.

물가 비싼 포르토피노에시 휴식은 젤라토로

포르토피노의 물가는 높은 편이다. 잠시 쉬어가고 싶다면 제피 포르토피노(Gepi Portofino)에서 젤라토(7€~)를 맛보자. 대표 메뉴는 포르토피노 리큐어 향을 살린 크레마 디 포르토피노(Crema di Portofino). 커피도 판매한다.

ADD Piazzetta della Magnolia, 2
OPEN 08:00~20:30
WALK 버스 정류장을 등지고 왼쪽 내리막길을 따라 도보 1분. 왼쪽의 커다란 나무 안쪽에 있다.

마르티리 델 올리베타 광장

❖ 포르토피노 항구 Marina di Portofino

부드럽게 파고든 해안선을 따라 알록달록한 집들이 벽을 이루고, 파란 바다 위에는 흰 돛을 단 요트들이 정박해 있다. 미국 유니버설 올랜도 리조트와 도쿄 디즈니 씨가 이곳을 그대로 재현했을 만큼 아름다운 항구다. 항구의 중심인 마르티리 델 올리베타 광장(Piazza Martiri dell'Olivetta)은 포르토피노의 생기를 고스란히 품은 장소다. 짙은 숲 아래 해안선을 따라 늘어선 상점과 야외 테이블은 영화의 한 장면처럼 낭만적이다. 영화 <비욘드 더 클라우드>에서 존 말코비치와 소피 마르소가 사랑에 빠지는 가게도 바로 이 광장에 있다. 찰랑이며 노면을 넘나드는 바닷물을 바라보다 보면 어느새 이 마을과 사랑에 빠지게 된다.

WALK 리베르타 광장(Piazza della Libertà)에서 도보 3분

❖ 산 조르조 성당 Chiesa di San Giorgio

항구를 배경으로 근사한 사진을 남기고 싶다면 언덕 위로 올라가 보자. 남쪽 언덕에 자리한 노란색 예배당이 바로 포르토피노의 상징, 산 조르조 성당이다. 내부는 소박하지만 성당 앞 전망대 테라스(Terrazza San Giorgio)에서 바라보는 풍경은 압도적이다. 이곳은 포르토피노의 수호성인 산 조르조의 성물을 모신 성당으로, 마을 사람들의 애정이 각별하다. 제2차 세계대전 당시 폭격으로 폐허가 되었을 때 주민들이 십시일반 돈을 모아 복구해 전쟁 전의 모습을 되찾았다.

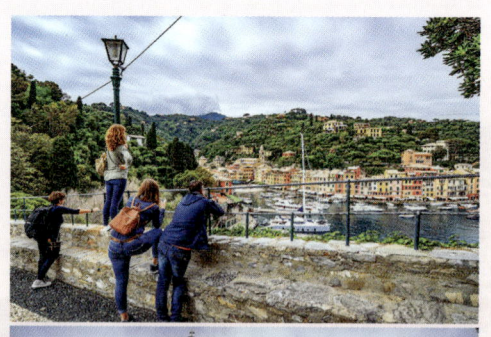

ADD Salita S. Giorgio
PRICE 무료
OPEN 보수공사로 입장 불가
WALK 항구에서 바다를 바라보고 오른쪽, 도보 5분

성에서 내려다본 항구 풍경

❖ 브라운 성 Castello Brown

포르토피노를 유럽에서 가장 매력적인 은신처로 만든 일등 공신이다. 버려진 성을 개조해 살았던 영국 영사 몬테큐 브라운의 이름을 따서 불린다. 영국 작가 엘리자베스 폰 아르님이 이곳에서 보낸 시간을 바탕으로 쓴 소설 <4월의 유혹>(1922)이 베스트셀러가 되면서 소설 속 여주인공들처럼 자유를 찾아 포르토피노를 찾는 이들이 늘었다. 입장료가 있지만 전망 테라스에서 내려다보는 항구의 전경이 그만큼의 값어치를 한다. 박물관에는 이곳을 찾은 유명 인사들의 사진과 자료가 전시돼 있으며, 2012년 안드레아 보첼리 공연 영상을 상영하는 3층 전시실도 인상적이다.

ADD Via alla Penisola, 13
OPEN 10:00~19:00(3월~18:00, 11~2월 ~16:00)
PRICE 8€, 11세 이하 무료
WALK 항구에서 도보 10분/산 조르조 성당에서 도보 4분
WEB castellobrown.com

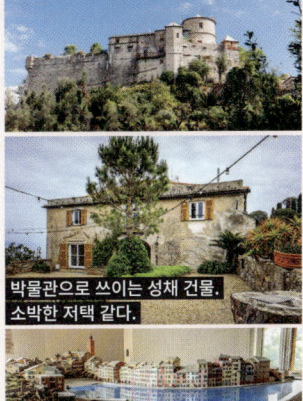

박물관으로 쓰이는 성채 건물. 소박한 저택 같다.

알 파로(al Faro) 표지판을 따라간다.

❖ 포르토피노 등대 Faro di Portofino

곶의 끝자락에 위치해 탁 트인 바다 전망을 즐길 수 있는 곳이다. 운이 좋으면 돌고래가 헤엄치는 모습도 볼 수 있다. 등대 안에는 카페 겸 바가 있어 잠시 쉬어가기에 좋다.

ADD Via alla Penisola
OPEN 10:30~19:00(비수기 또는 악천후에는 휴무)
WALK 브라운 성에서 도보 10분

05
EMILIA-ROMAGNA

볼로냐
BOLOGNA

유럽에서 현존하는 가장 오래된 대학을 품은 현자들(Dotta)의 도시이자, 오래된 적색 벽돌 건물 위에 온통 붉은 기와를 얹은 빨강(Rossa) 도시, 압도적으로 미식 문화가 발달한 뚱보들(Grassa)의 도시 볼로냐. 볼로냐 대학에 온 유럽 귀족 자제들을 위한 숙소를 거리까지 확장해 우후죽순 지으면서부터는 비 한 방울 맞지 않고 길을 걸을 수 있는 회랑(Portico)의 도시로도 유명해졌다. 오늘날에도 다양한 색깔을 도시에 입히면서 새로운 별명을 만들어내고 있는, 여느 도시인보다 색다르고 주체적인 볼로냐 사람들을 만나러 가보자.

볼로냐 가기

볼로냐는 이탈리아 북부 지역의 교통 허브를 담당한다. 유럽의 항공사들이 취항하는 국제공항(Guglielmo Marconi Airport)도 있고 이탈리아 각 도시를 연결하는 기차도 수시로 운행한다. 특히 고속철도 이탈로의 중심지라 더욱 편리하게 이동할 수 있다.

기차

로마~밀라노 노선의 중간에 위치해 연결 편수가 많다. 피렌체에서는 고속열차(FR·Italo)를 타고 40분 정도 소요되며, 당일치기도 충분히 가능하다. 대신 통학·통근의 수요도 많은 곳이라 이동 거리 치고는 프로모션 할인 폭이 크지 않고 좋은 시간대는 매진도 빠르다. 당일치기 여행자라도 예매는 필수다.

볼로냐 중앙역 Bologna Centrale

지상에서는 평범해보이지만 지하 4층까지 플랫폼이 이어지는 대형 역이다. 역의 내부 구조가 복잡하고 플랫폼 연결 통로를 따라 이동 거리가 상당하니 여유 시간을 넉넉하게 잡아야 한다.

볼로냐 중앙역

끝없이 이어지는 플랫폼 연결 통로

볼로냐 시내 교통

볼로냐 중앙역에서 시내까지는 버스로 오갈 수 있다. 볼로냐의 명소들이 모여 있는 마조레 광장은 중앙역에서 도보 약 20분 거리라 짐이 많지 않다면 굳이 시내버스를 타지 않아도 건물 회랑을 따라 쾌적하게 걸을 수 있다.
중앙역 정문 바로 앞에 시내버스 정류장과 택시 정류장이 있다. 광장에 버스 정류장이 7개 있으니 버스 번호를 잘 확인하고 대기한다. 25번·30번 등이 기차역 정문에서 마조레 광장 방향으로 간다. 승차권은 역 안 신문 가판대와 시내 슈퍼마켓 등에서 구매할 수 있고 1회권 2.30€(버스 내 자동판매기 구매 시 2.50€, 유효시간 75분). 버스 안에 동전 전용 자동판매기가 있지만 잔돈이 나오지 않고 고장도 잦아 승차권을 미리 구매하고 탑승하는 것이 좋다. 컨택리스 카드 사용 시 일일 요금 총액은 최대 9€(1일권 요금)다.

중앙역 버스 정류장

피렌체 Firenze(S.M.N)
↓
기차 33분~40분,
12.90~35€(FR·Italo)
06:55~22:25/
10~30분 간격

밀라노 Milano C.le
↓
기차 1시간 5분~,
17.80~52€(FR·Italo·R)
05:10~21:50/
5분~30분 간격

베네치아 Venezia(S.L)
↓
기차 1시간 30분~2시간 15분,
14.35~28€(FR·Italo·R)
05:26~22:05/
15분~2시간 간격

로마 Roma Termini
↓
기차 2시간~2시간 30분,
22.90~44.90€(FR·Italo)
05:10~20:40/
5~30분 간격
↓
볼로냐 중앙역 Bologna Centrale

*FR(Freccia)·italo(고속열차)
R–Regionale(완행열차)

*운행 시간은 시즌·요일에 따라 유동적이다.

★ **트렌이탈리아**
WEB trenitalia.com
이탈로
WEB italotreno.it

★ **수하물 보관소 Kibag·Kipoint**
다른 도시로 이동하는 중간에 잠시 들를 때 유용하다. 7ovest 플랫폼 옆.
OPEN 07:00~21:00
PRICE 5시간 6€, 5시간 초과 시 1€/1시간, 12시간 초과 시 0.50€/1시간, 패스트 라인 12€~

❶ 산 페트로니오 성당 왼쪽에 보이는 건물이 반키 궁전이다.

01 어디로 향하든 여기가 중심
마조레 광장 Piazza Maggiore

13세기부터 볼로냐의 역사를 함께해온 심장부. 광장 남쪽에는 신앙의 상징인 ❶ 산 페트로니오 성당(Basilica di San Petronio), 서쪽에는 ❷ 시청사(Palazzo d'Accursio), 북쪽에는 레 엔초 궁전(Palazzo Re Enzo), 동쪽에는 은행과 시장이 자리한 반키 궁전(Palazzo dei Banchi)이 있어 사방이 역사적 건물로 둘러싸여 있다. 북쪽 진입로의 ❸ 넵튠 분수(Fontana del Nettuno)는 16세기 중반 완성된 이래 볼로냐 사람들의 대표적인 만남의 장소다. 세계에서 가장 오래된 대학 도시답게 시험을 앞둔 학생들이 분수 주위를 반시계 방향으로 두 바퀴 돌면 행운이 따른다는 재미있는 전통도 있다. 분수 앞의 살라보르사 도서관(Biblioteca Salaborsa)에서 공부하라는 의미일지도 모른다.
시청 시계탑(Torre dell'Orologio)에서 내려다보면 광장 한가운데 반키 궁전이 보인다. 16세기에 환전상들이 모여 있던 자리에 세워졌으며, 좁고 복잡한 시장 풍경을 가리기 위해 단정한 르네상스 양식으로 지어졌다.

❷

시청 시계탑에서 내려다본 풍경

📍 F8VV+G6 볼로냐
WALK 볼로냐 중앙역에서 도보 20분

반항심 또는 19금, 넵튠 동상의 비밀

넵튠 동상은 보로메오 추기경이 교황 피오 4세가 된 삼촌을 축하하며 조각가 잠볼로냐(Giambologna)에게 의뢰한 작품이다. 제작 과정에서 성직자들이 조각상의 성기 부분을 줄여달라고 요구하자, 잠볼로냐는 왼손을 이용해 착시 효과를 만들어 반발했다는 설이 전해진다. 이른바 '부끄러운 돌(Pietra della Vergogna)'이라 불리는 관찰 지점은 동상의 오른쪽 어깨 뒤쪽, 살라보르사 도서관 계단 앞쪽 바닥에 주위보다 어두운 돌로 표시돼 있다. 한편 넵튠이 쥔 삼지창은 볼로냐에서 창립된 자동차 브랜드 마세라티(Maserati)의 로고로 채택돼 오늘날까지 사용되고 있다.

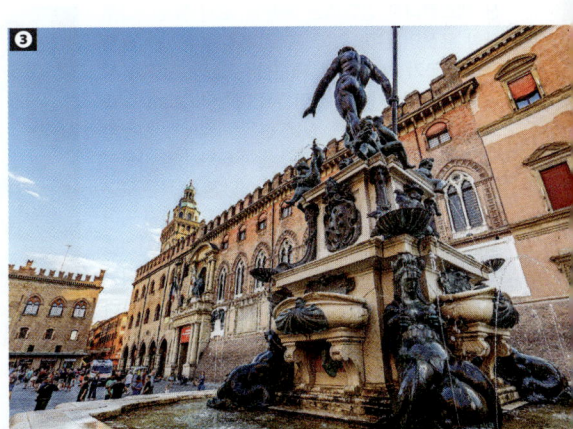

❸

02 산 페트로니오 성당
과학을 품은 미완성의 성전
Basilica di San Petronio

마조레 광장을 아우르는 거대한 규모와 독특한 외관이 눈길을 사로잡는 볼로냐 대표 성당. 착공한 지 300여 년이 지난 1663년에야 건축이 완료됐으니 그간 여러 건축가의 손을 거친 것은 당연지사. 최초의 건축가 빈첸초(Antonio Di Vincenzo)는 밀라노 두오모에서 아이디어를 얻어 정삼각형을 건물 정면에 반영했으나, 그의 사망 후 최초의 설계도는 사라졌고 여러 우여곡절 끝에 오늘날의 모습이 됐다. ❶ 성당 앞면(파사드)은 반으로 자른 것처럼 아래쪽은 흰색과 장미색 대리석의 고딕 양식, 위쪽은 진갈색 벽돌의 토스카나-피렌체 양식이다. 미완성 상태로 남겨진 외관을 완성하려는 수많은 프로젝트가 등장했는데, 2020년에는 위쪽을 수직 숲(Vertical Forest)으로 꾸미자는 제안까지 나왔다.

ⓖ 산 페트로니오 성당
ADD Piazza Maggiore
OPEN 08:30~13:00·15:00~18:30/
박물관 루트(Percorso Museale) 09:00~12:30·14:30~17:30
PRICE 성당 무료/사진 촬영 2€(성당 안 서점에서 티켓 구매)/예배당 내부(동방박사 예배당+산 세바스티아노 예배당+ 산 빈첸초 페레르 예배당) 5€
WALK 마조레 광장에서 도보 1분
WEB basilicadisanpetronio.org

❶ 여전히 끝나지 않은 미완의 스토리로 여행자의 호기심을 자극한다.

볼로냐의 수호 성인 산 페트로니오(오른쪽). 볼로냐 시를 들고 있다.

푸코의 진자가 성당에?

산 페트로니오 성당에는 학문의 도시 볼로냐다운 과학 유산이 남아 있다. 볼로냐대 교수였던 움베르토 에코가 2005년에 재현한 '푸코의 진자'가 성당 왼편 제일 앞쪽의 산 미켈레 예배당(Cappella di San Michele)에 있고, 정문 왼쪽 바닥에는 천문학자 카시니가 1655년에 만든 길이 66.8m의 자오선(Meridian Line)이 새겨져 있다. 성당 벽의 작은 구멍을 통과한 햇빛이 정오마다 자오선 위에 정확히 떨어지며, 태양의 고도를 측정하고 춘분과 동지의 시기를 계산하는 데 쓰였다. 이 정밀한 관측으로 카시니는 행성의 공전 속도가 일정하지 않음을 실증해 '케플러의 제2법칙'을 입증했다.

성당 바닥의 해시계

푸코의 진자

낮부터 사람들이 밀려드는 야외 테이블

03 옛 생선가게 거리
술과 안주가 흐르는 골목
Via Pescherie Vecchie

Option 04 아르키진나시오 해부학 극장
17세기 의학 혁명의 탄생지
Teatro Anatomico dell'Archiginnasio

마조레 광장 동쪽, 이탈리아 미식가들의 천국 같은 먹자골목. 1583년 수산시장이 이곳으로 옮겨오며 '새로운 생선가게 거리(Via delle Pescherie Nuove)'라는 이름이 붙었고, 200여 년 뒤 시장이 이전하면서 1843년부터는 '새로운' 대신 '옛(Vecchie)'으로 바뀌었다. 지금은 수산시장의 흔적은 사라지고 식재료 상점과 식당, 술집이 들어서 볼로냐에서 가장 활기찬 거리로 자리 잡았다. 골목의 테이블마다 온갖 진미를 쌓아두고 술잔을 기울이는 사람들을 보면 "이것이 볼로냐다!"라는 말이 절로 나온다. 이곳에서 먹고, 쇼핑하고, 사람들을 구경하다 보면 몇 시간은 후딱 지나간다.

볼로냐 대학 본관이었던 아르키진나시오 궁전 2층에 자리한 해부학 강의실. 인체 해부 장면을 관찰하기 위해 원형극장 구조로 설계돼 '해부학 극장(Teatro Anatomico)'이라 불린다. 중앙에는 흰색 카라라 대리석으로 만든 옛 수술대가 그대로 남아 있으며, 좌석에 앉아 바라보면 마치 시간여행을 하는 듯한 압도적인 분위기가 감돈다. 궁전 앞 갈바니 광장(Piazza Galvani)에는 개구리 근육의 전기반응을 발견해 전기학 발전과 볼타 전지 발명의 계기를 마련한 해부학자 루이지 갈바니의 동상이 서 있다.

📍 F8VV+FQ 볼로냐
ADD Via Pescherie Vecchie, 3e
WALK 마조레 광장에서 도보 2분

📍 F8RV+Q9 볼로냐
ADD Piazza Galvani, 1
OPEN 오디오가이드투어 10:00~17:30(10분 간격 입장)
CLOSE 일요일, 12월 24·25·31일, 1월 1~7일
PRICE 오디오가이드투어 10€(13~19세 8€), 가이드투어 12€(13~19세 10€), 12세이하 무료 **WALK** 마조레 광장에서 도보 4분
WEB archiginnasio.it/palazzo-dell-archiginnasio

MORE
옛 생선가게 거리의 대표 가게

■ **살루메리아 시모니** Salumeria Simoni
볼로냐 최고 품질의 햄과 치즈를 파는 가게. 프로슈토는 물론이고 볼로냐 특산품인 모르타델라 햄과 다양한 살루미가 기다린다. 각양각색의 치즈들도 진공포장으로 구매 가능. 올리브유 절임과 피클 종류도 참 잘 만든다. 마조레 광장 가까운 쪽에 앉아 먹을 수 있는 매장이 있다(p447).

■ **파올로 앗티 & 필리 파니피초** Paolo Atti & Figli Panificio
150년 전통을 가진 빵집. 토르텔리니, 뇨끼, 파사텔리처럼 직접 만든 파스타 제품뿐 아니라 쌀 타르트(Torta di Riso)나 탈랴텔레 타르트(Tortine Bolognesi con le Tagliatelle) 같은 볼로냐 특산 과자도 다양하다. 빈티지 패키지에 담긴 파스타는 선물로도 제격이다.

📍 F8VW+C3 볼로냐
ADD Via Drapperie, 5/2a
OPEN 10:00~19:00(금·토요일 ~19:30, 일요일 09:00~17:00)
WEB salumeriasimoni.it

📍 F8VW+C4 볼로냐
ADD Via Drapperie, 6a
OPEN 07:30~19:15 (금·토요일 ~19:30)
CLOSE 일요일
WEB paoloatti.com

05 두 개의 탑
천년의 세월, 쓰러지지 말아요
Le Due Torri

아찔하게 높고 아슬아슬하게 기운 볼로냐의 명물 탑. 12~13세기 사이 볼로냐에는 귀족들이 세력을 과시하기 위해 무분별하게 세운 탑이 100여 개에 달했는데, 전쟁과 낙뢰를 견뎌내고 남은 20여 개 중 나란히 선 두 탑이 오늘날 도시의 랜드마크가 됐다. 그중 더 높은 97m의 아시넬리 탑(Torre Asinelli)은 12세기 초 아시넬리 가문이 세운 것이고, 같은 시기에 지어진 가리센다 탑(Torre Garisenda)은 높이 47m로, 14세기에 기울어진 뒤 붕괴 위험 때문에 높이를 낮췄다. 단테의 <신곡>에 언급된 가리센다 탑의 구절이 현판에 새겨져 있으며, 18세기 괴테는 "우리는 똑바른 탑 아래로는 무관심하게 지나치지만 기울어진 탑은 일부러 찾아와 구경한다"고 적었다.

한때 아시넬리 탑은 498개의 계단으로 꼭대기까지 오를 수 있었으나 2023년 10월, 가리센다 탑의 붕괴 위험으로 인해 주변 광장까지 폐쇄됐다. 당분간은 마조레 광장의 시청사(Palazzo d'Accursio) 시계탑(Torre dell'Orologio, 시계탑+시립 미술관 10€)에 올라 그 아쉬움을 달래보자.

📍 F8VW+MM 볼로냐
ADD Piazza di Porta Ravegnana
OPEN 임시휴업으로 입장 불가
WALK 옛 생선가게 거리에서 도보 3분
WEB duetorribologna.com

볼로냐의 상징인 가리센다 탑(왼쪽)과 아시넬리 탑(오른쪽). 사진에 담으려면 탑만큼이나 몸을 잔뜩 기울여야 한다.

프렌디파르테 탑(Torre Prendiparte)에서 바라본 풍경

거실을 확장하다 보니 회랑이 생겼어요!

비가 와도 우산이 필요 없을 만큼 구시가를 굽이굽이 잇는 회랑 덕분에 볼로냐는 '세계에서 가장 긴 회랑을 가진 도시'로 불린다. 볼로냐 대학에 몰려드는 유럽 귀족 자제들을 위해 건물주들이 집 앞에 기둥을 세우고 그 위로 객실을 확장한 것이 그 시작이다. 회랑(Portico)의 지붕을 2층 높이로 올려 걸으면서도 시야가 탁 트인다.

볼로냐의 중심 거리인 리졸리 거리

이곳저곳에 흩어진 볼로냐 대학 건물 중 가장 역사가 깊은 핵심 장소다.

해부학의 모든 것을 총망라한 전시물

06 볼로냐를 만든 지성
볼로냐 대학 & 포지 궁전 박물관
Museo di Palazzo Poggi

1088년 공식 문서에 처음 등장한 볼로냐 대학은 1158년 신성로마제국 황제 프리드리히 1세가 학자 보호령을 통해 학사들에게 특권을 부여하며 탄생한 유럽 최초의 대학이다. 초창기에는 교회법과 민법만 가르쳤으나 13세기 후반부터 법학·의학·철학·신학으로 영역을 넓혔다. 포지 추기경의 호화 저택을 1714년 루이지 페르디난도 마르실리가 설립한 과학원(Instituto delle Scienze)의 본부로 사용하기 시작했고, 나폴레옹 통치기(1800~1805)에는 아르키진나시오의 단과대학들이 이곳으로 옮겨와 유럽 대학의 모델이 됐다. 전시실은 대부분 2층에 있으며, 자연사·물리·화학·지리·군사·건축·선박 등 학문 발전사를 아우르는 방대한 컬렉션이 이어진다. 특히 해부학과 산부인과 관련 전시품은 눈이 휘둥그레질 만큼 진귀하다.

📍 F9W2+QX 볼로냐
ADD Via Zamboni, 33　**OPEN** 10:00~16:00(토·일요일 ~18:00)
CLOSE 월요일, 1월 1일, 5월 1일, 8월 15일, 12월 24·25일
PRICE 보수공사 기간 중 무료입장(2026년 1월까지 예정)
WALK 두 개의 탑에서 도보 8분/마조레 광장에서 도보 12분
WEB museopalazzopoggi.unibo.it｜예약 ticket.midaticket.it

MORE
볼로냐의 대학로, 잠보니 거리
Via Zamboni

볼로냐 대학이 자리한 잠보니 거리에는 두툼한 책이나 과제물을 가슴에 품고 걷는 젊은이들이 많다. 주요 모임 장소는 주세페 베르디 광장(Piazza Giuseppe Verdi)이나 포지 궁전 박물관 건너편에 있는 경제학부 앞 광장(Piazza Antonino Scaravilli). 학생 식당이나 복사 가게 등이 거리에 흩어져 있다.

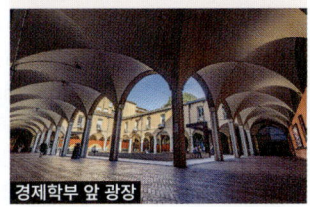
경제학부 앞 광장

Option 07 창을 열면 베네치아가 보여요!
운하의 창
Finestrella di Via Piella

볼로냐 구시가지 안의 유일한 운하 전망 포인트. 비아 피엘라(Via Piella)에 있는 작은 창문을 통해 '리틀 베네치아'라고 불리는 몰리네 운하(Canale delle Moline) 풍경을 내려다볼 수 있다. 운하라고는 해도 개천 수준으로 흐릿하게 남아있는 탓에 베네치아와 비교하기에는 민망하지만 양옆의 집들이 컬러풀하게 배치돼 있어서 사진은 제법 그럴싸하게 나온다. 언제 가더라도 대기 줄이 길게 이어지니 최단 시간에 찍을 수 있도록 미리 구도를 잡아 놓는 게 팁이다.

📍 F8XW+C3 볼로냐
ADD Via Piella, 16　**OPEN** 24시간
PRICE 무료　**WALK** 마조레 광장·두 개의 탑에서 각각 도보 8분

Option 08
하늘빛 포르티코 끝에서 만나는 도시의 파노라마
산 루카 성모 성당
Santuario della Madonna di San Luca

볼로냐 남서쪽 구아르디아 언덕(Colle della Guardia) 꼭대기에 솟은 아름다운 바로크 양식의 성당. 사라고차 문(Porta Saragozza)에서 시작되는 지붕 달린 회랑길, ❶ 포르티코 산 루카(Portico di San Luca)를 따라 3.8km, 666개의 아치를 지나면 정상에 닿는다. 1674년 착공해 약 100년 뒤 완성된 이 회랑은 순례자들을 비와 햇볕에서 보호하기 위해 만들어졌으며, 세계에서 가장 긴 회랑으로 2021년 유네스코 세계유산에 등재됐다. 666은 기독교에서 불길한 수로 알려졌으나 언덕을 뱀처럼 감아 오르는 회랑을 상징적으로 '악을 짓밟고 오르는 길'로 해석한다. 경사가 가파르지만 점차 멀어지는 도시 풍경이 그 수고를 보상해준다. 1757년 완공된 성당 내부는 고요하고 장엄하며, 돔 전망대에서는 붉은 지붕의 도시와 에밀리아로마냐 평야가 360°로 펼쳐진다.

성당 주변에는 무료 주차장이 마련돼 있어 렌터카 여행자가 특히 방문하기 좋은 곳이다. 단, 폭이 좁은 왕복 2차선 도로라 운전이 쉽지 않다. 혼잡할 때는 도보나 산 루카 익스프레스로 오르는 편이 수월하다.

MORE
산 루카 익스프레스
San Luca Express

볼로냐 도심과 산 루카 성당을 연결하는 관광열차. 마조레 광장 근처에서 출발해 산 프란체스코 광장, 포르타 사라고차, 멜론첼로 아치 등을 지나 언덕을 오른다. 차창 밖으로 포르티코 산 루카의 회랑길과 볼로냐 시내가 한눈에 펼쳐지며, 영어를 포함한 다국어 오디오 가이드가 제공된다. 평소에는 관광열차로 운행하지만 정비 기간에는 오픈탑 미니버스로 대체된다. 왕복 노선으로, 성당 앞에서 하차 후 일정 시간 머문 뒤 다음 열차로 복귀할 수 있다. 마조레 광장에서 성당까지 편도 25~30분 소요.

PRICE 13€(왕복)
WEB cityredbus.com/en/san-luca-express/

📍 F8R6+2C 볼로냐(포르티코 산 루카 시작 지점)
F7PF+5W 볼로냐, F7GV+VP 볼로냐(성당 인근 무료 주차장)
ADD Via di San Luca, 36
OPEN 성당 07:00~19:00(3~10월 ~19:30)/**돔 전망대**(San Luca Sky Experience) 10:00(일요일 12:00)~13:30, 14:30~18:00
PRICE 성당 무료/돔 전망대 5€
WALK 마조레 광장에서 도보+등산 1시간 30분
BUS 포르티코 산 루카 입구: 시내 중심 또는 중앙역에서 14·20·38·58·94·D번 버스 이용, 멜론첼로(Meloncello)·마냐니(Magnani)·빌라 스파다(Villa Spada) 정류장 하차 후 도보 2~5분/
성당 앞: 포르티코 산 루카 입구 근처 멜론첼로(Meloncello)·빌라 스파다(Villa Spada) 정류장에서 58번 버스 환승, 바실리카 산 루카(Basilica di San Luca) 정류장 하차 후 도보 2분. 단, 58번은 시즌·시간대 제한 운행이므로 탑승 전 볼로냐 대중교통사 'Tper' 앱이나 홈페이지에서 최신 시간표를 반드시 확인한다.
WEB santuariodisanluca.it

Eating & Drinking

BOLOGNA 볼로냐

이 가격에 이런 퀄리티의 햄이라니?
살루미 & 치즈 모둠 (Taglière Royale di Salumi e Formaggi, 25€)

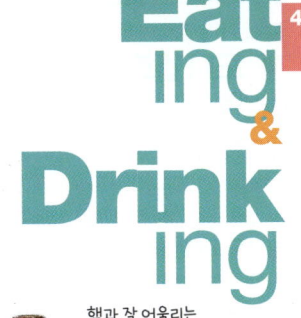

햄과 잘 어울리는 사르데냐산 맥주 이크누사
(Ichnusa, 4€)

마트에서 파는 햄은 잊어라
● 살루메리아 시모니 라보라토리오
Salumeria Simoni Laboratorio

햄과 치즈의 본고장 볼로냐에서도 첫손에 꼽히는 탈리에레(Taglière, 살루미 & 치즈 모둠) 절대 강자. 이탈리아 음식 이야기만 나오면 사진첩을 뒤져 보게 되는 마성의 가게다. '볼로냐 소시지'라는 별명을 가진 이 지역 특산품 모르타델라 햄부터 옆 동네 파르마의 특산 햄인 프로슈토, 파르미자노 레자노 치즈, 페코리노 치즈, 지방이 콕콕 박힌 살라미까지 나무 도마를 빈틈없이 채운 에밀리아로마냐산 햄과 치즈의 향연이 펼쳐진다. 달콤하고 톡 쏘는 발사믹 식초를 뿌린 치즈에 올리브유 절임 버섯, 따뜻한 빵까지 바구니 한가득 곁들여지니 식사로도 손색없다. 짭짤했다가, 달콤했다가, 쫀득했다가, 부드러웠다가! 와인 1잔이 2잔, 3잔으로 늘어나는 인생 안주를 만날 수 있는 곳. 야외 테이블에선 옛 생선가게 거리 분위기를 즐길 수 있고 실내 테이블에선 햄 써는 모습을 보는 재미가 있다.

스프리츠 볼로녜제
(Spritz Bolognese, 6€)

📍 F8VV+FP 볼로냐
ADD Via Pescherie Vecchie, 3b
OPEN 11:00~23:00
MENU 햄 치즈 플레이트 10€~
WALK 마조레 광장에서 도보 2분
WEB salumeriasimoni.it

빵에 새겨진 모양은 다산의 상징인 보리지(Star-Flower)

MORE
국화빵에 끼워서 냠냠

따끈따끈한 티겔리네(Tigelline, 3€~) 빵을 반으로 갈라 햄과 치즈를 쏙쏙 끼우거나 얹어 먹으면 볼로냐 스타일! 부드럽고 소박한 맛이라 모든 종류의 살루미와 잘 어울린다. 전용 팬에다가 앞뒤로 뒤집어가며 납작하게 굽는 모습이 영락없이 국화빵이다.

디스 이즈 볼로녜세!
도나텔로
Donatello

5겹 라사녜. 입맛에 따라 파르미자노 치즈 가루를 솔솔~

씹을수록 고소한 이 집의 라구 알라 볼로녜세(Ragu alla Bolognese: 볼로냐식 고기 소스)를 맛보면 '이게 바로 볼로냐의 맛이구나' 하고 고개가 끄덕여진다. 토마토와 고기의 감칠맛을 최대치로 끌어 올린 걸쭉한 라구소스는 직접 밀어 만든 두툼한 면발의 탈랴텔레(Tagliatelle al Ragù, 14€)에 비벼 먹는 게 정석이다. 라구를 듬뿍 넣고 살짝 그을린 치즈를 더한 라사녜(14€)도 훌륭한 선택. 우아하고 클래식한 인테리어와 나이 지긋한 웨이터들의 관록있는 서비스도 돋보인다.

탈랴텔레 알 라구

📍 F8XV+MV 볼로냐
ADD Via Augusto Righi, 8
OPEN 12:00~14:30·19:00~22:00 (일 ~14:30)
CLOSE 화요일
MENU 전채 9~14€, 파스타 14~16€, 메인 요리 18~70€, 자릿세 3€/1인
WALK 운하의 창에서 도보 1분
WEB ristorantedonatello.it

볼로냐산 감자를 곁들인 송아지 커틀릿. 발효 치즈와 고소한 튀김이 맥주를 부른다.

감각적인 애피타이저 한 입!

소박하지만은 않은 볼로녜세
라르침볼도
Ristorante l'Arcimboldo

품질 좋은 식재료와 정성 가득한 레시피, 섬세한 플레이팅으로 보통의 볼로냐 식당보다 한 단계 업그레이드된 요리를 선보이는 식당. 볼로녜세 파스타에 비해 잘 알려지지 않은 전통 요리 코톨레타 알라 볼로녜세(Cotoletta alla Bolognese, 28€)는 송아지 커틀릿 사이사이에 바삭하게 튀긴 볼로냐산 감자를 넣어 식감을 살렸는데, 그 위에 올리는 프로슈토와 치즈 소스도 질펀하지 않고 멋스럽다. 깐깐한 주인장을 닮아 직원들도 평균 이상으로 빠르게 움직인다.

📍 G82V+45 볼로냐
ADD Via Galliera, 34/E
OPEN 12:30~14:30·19:30~21:30
CLOSE 월요일
MENU 전채 17~26€, 파스타 16~25€, 메인 요리 20~29€, 자릿세 4€/1인
WEB ristorantelarcimboldo.it

토르텔리니 인 브로도

오깬 감자로 탄수화물 보충! 오소부코

가격 좋고 맛 좋은, 수제 파스타 천국
◉ 스폴랴 리나
Sfoglia Rina

도나텔로가 농후한 라구소스로 승부한다면 이곳은 부드럽고 쫀득한 면발이 자랑이다. 오픈 키친을 통해 볼로냐식 수제 파스타 제조 과정을 볼 수 있으며, 맛본 면을 직접 구매할 수도 있다. 현지 단골이 추천하는 메뉴는 토르텔리니와 토르텔로니. 특히 팔팔 끓인 육수에 고기·치즈·달걀·잎채소를 넣은 토르텔리니 인 브로도(Tortellini in Brodo, 14€)는 따뜻한 국물이 반가운 메뉴로, 육수는 다소 담백하지만 짭조름한 토르텔리니가 더해지면 간이 절묘하게 맞는다.

◉ F8VW+7G 볼로냐
ADD Via Castiglione, 5/b
OPEN 09:00~21:00
MENU 파스타 11~15€, 음료 3.50€~, 자릿세 없음
WALK 마조레 광장에서 도보 5분
WEB sfogliarina.it

탈랴텔레 알 라구

직선적이고 투박한 현지인 입맛
◉ 트라토리아 달 비아사노트
Trattoria dal Biassanot

예능 프로그램 <셰프끼리>에 등장하며 유명해진 식당. 볼로냐에서의 첫 식사라면 토르텔리니·라사녜·탈랴텔레로 구성된 볼로냐 파스타 삼총사(Tris Bologna: Tortellini, Lasagne, Tagliatelle, 20€)가 제격이다. 파스타가 지겹다면 송아지 뼈찜 오소부코(Ossobuco di Vitello con Purè, 18€)를 추천한다. 밀가루를 묻혀 구운 송아지 정강이뼈를 약불에 푹 고아 골수 향이 진하게 배어 있고, 포크로 찍으면 살이 뼈에서 부드럽게 분리된다. 서비스는 다소 투박하지만 맛은 정직하다.

◉ F8XW+C3 볼로냐
ADD Via Piella, 16
OPEN 12:00~14:15, 19:00~22:15
CLOSE 일요일
MENU 전채 6~33€, 파스타 14.50~20€, 메인 요리 12~40€, 자릿세 3€/인
WALK 운하의 창에서 도보 1분
WEB dalbiassanot.it

토르텔리니

MORE
한 끗 차이! 토르텔로니 vs 토르텔리니
밀가루 피로 속을 감싼 파스타로, 크기에 따라 구분된다. 손가락 한 마디 크기의 작은 것이 토르텔리니, 좀 더 큰 것이 토르텔로니. 라비올리의 일종으로 속에는 고기·치즈 외에도 포르치니 버섯, 호두, 아마레토 쿠키 등 향이 강한 재료가 들어가므로 주문 전 확인하는 것이 좋다.

녹인 버터와 세이지 잎으로 맛을 낸 토르텔로니
(Tortelloni Burro e Salvia, 13€)

한 손에 들고 먹기 좋은 피아디나

프로세코(4€/1잔). 포장해온 피아디나로 저녁까지 한 번에 해결!

'모로코 커피'라는 뜻의 카페 마로키노

볼로냐 풍미로 꽉 찬 납작 빵
🟠 라 피아데이나
Piadineria la Piadeina

볼로냐 술꾼들이 오픈런하는 곳
🟠 오스테리아 델 솔레
Osteria del Sole

초콜릿 커피 한잔하고 가세요
🟠 카페 테르치
Caffè Terzi Bologna

길거리 간식이나 술안주로 먹기 좋은 피아디나(Piadina) 전문점. 피아디나는 라드를 넣어 부드러워진 밀가루 반죽을 납작하게 구워서 특산 햄과 치즈를 채운 빵이다. 재료 조합에 따라 맛이 크게 바뀌며, 초보자용 모르타델라(Mortadella), 중급자용 살라메(Salame), 숙련자용 프로슈토 생햄(Prosciutto Crudo) 등 다양한 옵션이 있다. 혼자서 식당에서 햄 & 치즈 전채 주문이 부담스러웠다면 색다른 햄과 치즈에 과감하게 도전해보자. 각자 입맛대로 자체 조합도 가능!

📍 F8VW+M4 볼로냐
ADD Via Calzolerie, 1c
OPEN 11:00~22:00(금·토요일 ~23:00, 일요일 22:30)
MENU 피아디나 6.20~8.10€
WALK 두 개의 탑에서 도보 1분
WEB facebook.com/piadineria.la.piadeina

'술 마시지 않는 자는 들어오지도 말라'는 경고문이 호기심을 자극하는 주점. 1465년 문을 연 이래 많은 단골 좌파 지식인들이 체포된 역사의 현장이자 세대를 초월한 만남의 장소다. 매장에서 안주를 팔지 않는 것은 햄과 치즈가 널린 옛 생선가게 거리에 자리한 덕이랄까, 긴 테이블에 합석한 손님들은 각자 가져온 안주 봉투를 주섬주섬 펼치기에 바쁘다. 리얼 100% 현지 체험에 흥겨울 수도, 당황할 수도 있는 곳. 안쪽 정원에도 테이블이 있고 붐빌 땐 가게 앞 골목까지 사교의 장이 열린다.

📍 F8VV+HP 볼로냐
ADD Vicolo Ranocchi, 1/d
OPEN 11:00~21:30(일요일 12:00~16:00)
MENU 와인 3€/1잔~, 맥주 3.50€~, 칵테일 5€~
WALK 마조레 광장에서 도보 2분
WEB osteriadelsole.it

볼로냐의 아침을 깨우는 에스프레소 전문 바. 추천 커피는 구시가지의 유대인 지구 안에 자리한다. 원두를 약하게 볶아 산미와 고소함을 살린 카페 마키아토. 담백한 라테 마키아토와 카푸치노도 볼로냐 대학생들이 즐겨 찾는 단골 메뉴다. 달고 진한 커피를 좋아한다면 카페 마로키노(Caffè Marocchino, 4€)를 추천한다. 잔 안에 코코아가루를 듬뿍 뿌리고 우유 거품과 에스프레소를 채운 뒤 그 위에 다시 코코아가루와 초콜릿을 대패질하듯 갈아 올린 이 음료는 달콤함의 정점이다.

📍 F8WW+46 볼로냐
ADD Via Guglielmo Oberdan, 10d
OPEN 08:00~18:00
MENU 에스프레소 1.50€~, 카푸치노 2€~
WALK 두 개의 탑에서 도보 2분
WEB caffeterzi.it

길에서 대기하다 서서 먹는 테이크아웃 전문점

시그니처 커피, 크레미노

돌체 엠마 &
진하지만 텁텁하지 않고
개운한 피스타치오

새콤달콤한 과육이 씹히는
복숭아 & 진한 초콜릿

딸기 & 포르치치

레몬 크림 &
피스타치오 젤라토

뉴욕타임스가 반한 No.1 젤라토
🟠 라 소르베테리아 카스틸리오네
La Sorbetteria Castiglione

'볼로냐에서 제일 맛없는 젤라토도 다른 도시의 최고보다 낫다'라고 할 만큼 젤라토에 자부심이 강한 이 도시의 No.1 젤라테리아. 크림 계열이든 과일 계열이든 모두 맛있지만 특히 부드러우면서도 쫀쫀하게 밀도가 높은 크림 젤라토가 특기다. 시그니처 메뉴인 돌체 엠마(Dolce Emma)는 리코타 크림 베이스에 꿀에 절인 무화과가 듬뿍 들었는데, 쌉쌀하고 상큼한 레몬껍질 향이 스치고 나면 노란 크림의 부드러움만 남는다.

📍 F8QX+46 볼로냐
ADD Via Castiglione, 44d
OPEN 12:00~23:00, 시즌에 따라 유동적
MENU 젤라토 컵 4€~
WALK 마조레 광장에서 도보 13분
WEB lasorbetteria.it

폭신폭신, 사르르 녹는 젤라토
🟠 크레메리아 카부르
Cremeria Cavour

구름처럼 가벼운 질감의 젤라토 맛집. 카부르 광장 옆에 자리해 접근성이 좋고 시원한 에어컨이 나오는 널찍한 매장도 매력적이다. 공기를 충분히 섞어 폭신하고 부드럽게 만드는 젤라토가 특징이며, 진한 초콜릿으로도 유명하다. 향긋한 럼이 들어간 초콜릿 젤라토(Cioccolato e Rhum)와 튀긴 쌀의 바삭한 식감이 더해진 화이트초콜릿 젤라토(I Portici)가 인기. 복숭아, 딸기, 자몽, 멜론 등 제철 과일의 신선한 맛을 살린 젤라토는 기분 좋은 달콤함 그 자체다.

📍 F8RV+FM 볼로냐
ADD Piazza Cavour, 1d
OPEN 12:00~23:30/월요일 휴무
MENU 젤라토 콘 3.50€~
WALK 마조레 광장에서 도보 5분
WEB cremeriacavour.it

5초만에 혀끝에서 순삭!
🟠 크레메리아 산토 스테파노
Cremeria Santo Stefano

타임지가 '세계에서 가장 맛있는 젤라토'라고 극찬한 이후 여행자들의 성지가 된 젤라테리아. 튀르키예산 보스포러스 소금을 더해 은은한 짠맛이 감도는 피스타치오 젤라토(Pistacchio Salato del Bosforo)와 레몬 껍질 향이 고급스러운 레몬 크림 젤라토(Crema con Scorze di Limone)가 대표 메뉴다. 특별한 맛을 원한다면 한 달에 한 번 바뀌는 '이달의 젤라토(Gusto del Mese)'도 추천. 입안에서 사라지는 순간이 아쉬울 만큼 맛있지만 양이 다소 적게 느껴질 수 있다.

📍 F9Q2+7V 볼로냐
ADD Via Santo Stefano, 70c
OPEN 12:00~22:30
CLOSE 월·화요일
MENU 젤라토 콘 3.50€~
WALK 마조레 광장에서 도보 14분

MILANO
밀라노
(영어명 : 밀란 MILAN)

밀라노의 키워드는 단연 '패션'이다. 세계적인 패션쇼인 밀라노 패션 위크가 열리는 이곳은 패션을 사랑하는 이들에게 꿈의 도시다.

하지만 밀라노의 자랑은 패션뿐만이 아니다. 이탈리아 역사와 전통, 문화를 대표하는 도시 중 하나인 밀라노는 소설 〈다빈치 코드〉로 더 유명해진 '최후의 만찬'의 원작이 있는 곳이자, AC 밀란과 인터밀란 등 한 개도 갖기 힘든 세계적인 축구팀을 양손에 쥐고 있다.

천천히 시간을 갖고 들여다 볼수록 점점 더 빠져드는 매력 부자, 밀라노에서 이탈리아 여행의 또 다른 즐거움에 빠져보자.

★
트렌이탈리아
WEB trenitalia.com

이탈로
WEB italotreno.it

밀라노 가기

이탈리아의 주요 도시는 물론 유럽 각국을 오가는 교통편이 잘 발달해 있다. 우리나라 항공사도 밀라노행 직항 및 경유편을 운항한다. 유럽 내 노선은 저비용 항공의 이용이 활발하다.

★
초고속 열차, 이탈로 italo

페라리가 투자해 '명품 초고속 열차'로 불리는 이탈로는 밀라노에서 볼로냐, 피렌체, 로마, 나폴리 등 이탈리아 남북 주요 도시와 베네치아를 연결하는 민영철도회사다. 최신 시설과 무료 Wi-Fi 등의 서비스를 제공하고 티켓 예매 방법도 간편하다. 이탈로 홈페이지에서 공개하는 프로모션 코드도 적극 활용해 보자. 날짜별·좌석 등급별로 대폭 할인한 티켓을 한정 판매한다.

1. 기차

밀라노 중앙역은 이탈리아의 관문 역할을 한다. 로마와 베네치아, 피렌체 등 이탈리아의 주요 도시는 물론, 파리와 취리히, 제네바, 뮌헨 등 유럽 주요 도시를 오가는 기차들로 붐빈다. 기차역은 지하철 M2·M3선의 첸트럴레역(Centrale FS)과 연결되며, 밀라노 관광의 중심지인 두오모까지 지하철로 4정거장이다.

◆ 밀라노 중앙역 Stazione di Milano Centrale(Milano C.le)

밀라노 도심에서 가장 크고 가장 많은 기차가 발착하는 밀라노 중앙역은 기차역 자체가 하나의 예술작품처럼 우아하다. 중앙역의 플랫폼은 2층에 있어 중심가로 가려면 일단 1층으로 내려와야 한다. 현지 상황에 따라 플랫폼 입구에 설치한 차단문에서 검표하거나 출입 방향을 통제하기도 한다. 이때에는 '출구(USCITA-EXIT)'라고 표시된 문을 찾아 나간다. Gate B와 D를 통과해서 나가면 지상 1층으로 내려가는 계단과 에스컬레이터가 있으며, 1층과 2층 사이에 중간층이 있어서 에스컬레이터를 갈아타며 내려가야 한다. 1층(G층) 중앙홀의 안쪽에는 매표소와 자동판매기, 수하물 보관소, 카페 등이 있다.

지하철역으로 가려면 'Metro' 또는 빨간색 바탕의 'M'자 표시를 따라 건물 앞 아케이드로 나간 뒤 에스컬레이터를 타고 내려간다. 공항버스 정류장과 택시 승차장은 건물의 양옆 바깥쪽에 있다. 말펜사 공항행은 역을 등지고 오른쪽 출구로, 리나테 공항행과 오리오 알 세리오 공항행은 왼쪽 출구로 나간다. 승차권은 정류장으로 가는 길에 있는 매표소나 버스 앞에 서 있는 직원에게 구매한다.

밀라노 중앙역. '밀라노 첸트랄레'라고 부른다.

차단문이 설치된 플랫폼 입구

하루 약 600대의 열차가 운행하는 플랫폼

지하철역으로 내려가는 에스컬레이터

바리
Bari(C.le)

Zoom in 밀라노 중앙역

❶ 트렌이탈리아 매표소
각종 예약 및 발권 업무를 처리할 수 있다. 간단한 업무는 매표소 안팎과 플랫폼 주위에 있는 자동판매기를 이용하자.
OPEN 06:05~21:30
WALK 중앙역의 지상 층(Piano Terra)인 1층 중앙홀의 안쪽

❷ 이탈로 매표소
이탈로 열차의 예약과 발권 업무를 처리할 수 있다. 매표소 안팎과 플랫폼 주위에도 자동판매기가 많이 설치돼 있다.
OPEN 06:05~20:30(토·일요일 06:35~)
WALK 트렌이탈리아 매표소를 바라보고 바로 왼쪽

❸ 수하물 보관소 Kibag-Kipoint
언제나 줄이 길다. 기차 시간에 빠듯하게 움직이면 낭패를 볼 수 있으니 주의.
OPEN 07:00~21:00
PRICE 6€/4시간, 4시간 초과 시 1€/1시간, 12시간 초과 시 0.50€/1시간
WALK 트렌이탈리아 매표소를 바라보고 오른쪽, 'Deposito bagagli'라고 쓰인 이정표를 따라간다.

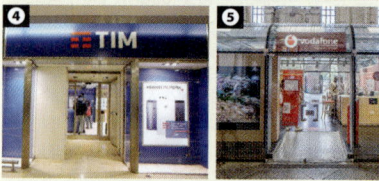

❹ 팀 Tim
OPEN 08:00~20:00
WALK 트렌이탈리아 매표소 맞은편

❺ 보다폰 Vodafone
OPEN 08:00~20:00
WALK 기차가 출발·도착하는 플랫폼에서 한 층 내려가 택시 정류장으로 나가는 길목에 있다.

❻ 키코 Kiko
밀라노에서 탄생한 메이크업 전문 브랜드 키코가 중앙역에도 입점해 있다. 출발 직전의 마지막 쇼핑 찬스를 놓치지 말자.
OPEN 07:00~21:00
WALK 트렌이탈리아 매표소를 바라보고 바로 오른쪽

마르게리타 피자

❼ 스폰티니 Spontini
밀라노 명물 피체리아 스폰티니의 중앙역 지점. 도우가 빵처럼 두툼해 1조각만으로도 한 끼가 해결된다. 토마토소스에 모차렐라 치즈를 듬뿍 올린 마르게리타 피자와 여기에 짭조름한 멸치젓 엔초비까지 더한 스폰티니 1953은 불멸의 클래식.
OPEN 08:00~23:00
WALK 기차가 출발·도착하는 2층(Piano Binari)에서 플랫폼을 등지고 제일 오른쪽 끝, 3번 플랫폼 앞에 있다.

화장실은 2층의 21번 플랫폼 옆 통로에 있다. 1.20€, 06:00~24:00

2. 항공

밀라노행 경유 노선이 늘면서 로마 대신 밀라노로 입국하는 여행자도 많아졌다. 인천공항에서 출발하는 국제선은 밀라노 말펜사공항(MXP)에 도착하며, 직항편은 약 14시간, 경유편은 15시간 이상 소요된다. 대한항공은 밀라노 직항 노선을 주 4회 운항하고 2026년 3월 31일부터 아시아나항공도 주 3회 운항한다. 저비용 항공사 이지젯(EasyJet)은 말펜사공항(MXP)과 리나테공항(LIN)을, 라이언에어(Ryanair)는 오리오알세리오공항(BGY)을 주로 이용하므로 도착 공항을 반드시 확인하자.

◆ 밀라노 말펜사 공항 Aeroporto di Milano-Malpensa(MXP)

밀라노의 대표 공항으로, 시내에서 북서쪽으로 50km 떨어져 있다. 제1터미널(T1)은 주로 국제선 항공이, 제2터미널(T2)은 주로 저비용 항공이 이용한다. 시내에서 공항까지 버스를 타고 갈 경우 제2터미널을 지나 종점인 제1터미널에서 내린다.

말펜사 공항
WEB milanomalpensa-airport.com

밀라노 말펜사 공항

▶ 밀라노 말펜사 공항에서 시내까지

밀라노 중앙역까지 공항버스를 가장 많이 이용한다. 제1터미널 도착층에서 '버스(BUS)' 표지판을 따라 4번 출구로 나가면 중앙차로에 공항버스 정류장이 있다. 정류장에 나와 있는 직원이나 운전기사에게 요금을 결제(신용·체크카드 가능)한다.

택시
STOP 8번 출구 앞
PRICE 말펜사 공항-밀라노 114€
말펜사 공항-리나테 공항 128€
(양 방향 정액제, 카드 결제 가능)

✚ 밀라노 중앙역행 공항버스 운행 정보(T1 기준)

요금	편도 10€/버스회사에 따라 조금씩 다름
소요 시간	50분~
운행 시간	05:00~다음날 02:40/20~45분 간격/버스회사에 따라 조금씩 다름/항공기 운항 상황과 시즌에 따라 유동적

공항버스 정류장. 제1터미널 4번 출구로 나가면 정면에 보인다.

말펜사 익스프레스 매표소와 자동판매기

★ **말펜사 익스프레스**
WEB malpensaexpress.it

★ **자동판매기 이용은 신용카드로!**
매표소가 문을 닫았을 때는 자동판매기를 이용해야 한다. 자동판매기에 따라서 현금 결제를 할 수 없거나 잔돈이 부족할 때가 있으니 신용카드를 준비해 가는 것이 좋다.

▶ **밀라노 말펜사 공항에서 시내까지**

공항철도 말펜사 익스프레스(Malpensa Express)를 이용하면 교통 체증 없이 빠르게 시내로 이동할 수 있다. 제1터미널 지하 1층 또는 제2터미널 도착층에서 기차 모양의 표지판을 따라가면 운영사 트레노르드(Trenord)의 매표소와 자동판매기가 있다. 트레노르드 승차권은 전자칩 내장형으로, 전용 단말기에 터치해 개찰한 뒤 한 층 내려가면 플랫폼이 나온다. 컨택리스 신용·체크카드로도 탑승 가능하다.

말펜사 익스프레스는 2개 노선이 있다. '밀라노 첸트랄레(Milano Centrale)'행은 밀라노 포르타가리발디역을 거쳐 중앙역으로 가고, '밀라노 카도르나(Milano Cadorna)'행은 관광지와 가깝지만 주변 숙소가 적은 편이다.

전자칩 내장형 기차표는 녹색 단말기에 터치해서 개찰한다.

말펜사 익스프레스

캐리어는 좌석 위쪽 선반에

+ **말펜사 익스프레스 운행 정보(T1 기준)**

출발역	말펜사 공항 제1터미널역(Malpensa Aeroporto, Terminal 1)	
요금	편도 15€, 왕복 25€	
도착역	밀라노 중앙역(가리발디역 경유)	카도르나역
소요 시간	54분	37분
운행 시간	05:37~22:37/30분 간격	04:20~다음날 01:50/30분 간격

충전해서 재사용 가능한 트레노르드 기차표

▶ **시내에서 밀라노 말펜사 공항까지**

밀라노 중앙역에서 출발하는 공항버스 정류장은 역을 등지고 오른쪽 출구로 나가면 건물 밖에 있다. 승차권은 정류장에 나와 있는 직원이나 운전기사에게 구매한다. 카드 결제 가능.

말펜사 익스프레스는 밀라노 중앙역 1~2번 플랫폼(카도르나역은 1번 플랫폼)에서 출발한다. 기차표는 매표소와 트레노르드·트렌이탈리아의 자동판매기에서 구매한다.

+ **밀라노 중앙역 출발 말펜사 공항행 공항버스 & 말펜사 익스프레스 운행 정보**

구분	공항버스	말펜사 익스프레스
요금	편도 10€, 왕복 16€	편도 15€, 왕복 25€
소요 시간	50분~	50분~
운행 시간	03:20~24:50/20~30분 간격	05:25~23:25/30분 간격

*카도르나역 → 제1터미널 04:57~23:27 운행

공항버스는 'Terminal Bus' 표지판을 따라간다.

말펜사 공항행 버스 정류장

정류장에서 티켓을 구매할 수 있다.

트레노르드 자동판매기

중앙역 제일 안쪽에 있는 1~2번 플랫폼. 이동 거리가 꽤 길다.

말펜사 익스프레스 내부

◆ 밀라노 리나테 공항 Aeroporto di Milano-Linate(LIN)

말펜사 공항과 함께 밀라노의 관문 역할을 하는 주요 공항으로, 밀라노 시내에서 동쪽으로 7km 떨어져 있다. 국내선과 중·단거리 유럽 노선이 주로 취항하며, 영국항공, 루프트한자, 이지젯 등 유럽 기반의 항공사가 이용한다. 특히 ITA(구 알이탈리아) 항공의 이용비중이 높은 편. 말펜사와 리나테 모두 취항하는 항공사가 많으니 예약할 때 공항 코드를 확인하자.

★ 리나테 공항
WEB milanolinate-air port. com

▶ 공항에서 시내까지, 시내에서 공항까지

리나테 아에로포르토(Linate Aeroporto)역에서 지하철 M4선을 타면 M1선 환승역인 산 바빌라(San Babila)역까지 12분, M2선 환승역인 산 암브로조(San Ambrogio)역까지 18분, 명품가 몬테나폴레오네 거리의 산 바빌라(San Babila)역까지 12분 소요된다. 요금은 1회권(Mi1-Mi3 구역) 2.20€(환승 포함). 도착 홀에서 메트로 표지판을 따라 10분쯤 걸어가면 실외로 나가지 않고 바로 지하철역에 갈 수 있다. 개찰구 반대쪽에 자동판매기가 있으며(신용카드 사용 가능), 킨택리스 카드는 승이처 시 개찰구의 전용 단말기에 터치한다. 공항버스는 중앙역까지 편도 7€~, 약 25분 소요된다.

밀라노 중앙역에 대기 중인 리니데행 공항버스

◆ 베르가모-오리오 알 세리오 공항(카라바조 공항)
Aeroporto di Bergamo-Orio al Serio(BGY)

라이언에어 등 저비용 항공사가 주로 이용하는 공항. 밀라노 중앙역에서 버스로 1시간 거리에 있다. 카라바조 공항(Aeroporto Il Caravaggio)이라고도 부른다.

★ 베르가모-오리오 알 세리오 공항
WEB milanbergamoairport.it

▶ 공항에서 시내까지, 시내에서 공항까지

베르가모-오리오 알 세리오 공항(줄여서 베르가모 공항)과 밀라노 중앙역을 공항버스가 연결한다. 밀라노 중앙역의 공항버스 정류장은 역을 등지고 왼쪽 출구로 나가면 택시 승차장 뒤쪽에 있다. 승차권은 정류장에 나와 있는 직원이나 운전기사에게 산다.

베르가모 공항

✚ 베르가모 공항 공항버스 운행 정보

요금	편도 10~12€	소요 시간	1시간~
운행 시간	베르가모 공항 → 밀라노 중앙역	05:30~다음날 01:30/30분 간격	
	밀라노 중앙역 → 베르가모 공항	04:00~24:00/30분 간격	

*항공기 운항 상황과 시즌에 따라 자주 변동된다.

카라바조행 공항버스

★ 공항버스 이용 정보

공항버스는 거의 매달 운행 시간이 바뀔 정도로 변동이 크니 새벽이나 심야에 이용하려면 버스회사의 홈페이지에서 운행 여부를 확인하는 것이 필수다. 홈페이지에서 예약하면 약간의 할인 혜택도 받을 수 있다. 현장에서도 정류장에 나와 있는 직원이나 운전기사에게 쉽게 구매할 수 있다(신용카드로 결제 가능).

말펜사 공항	리나테 공항	베르가모 공항
에어포트 버스 익스프레스 WEB airportbusexpress.it	에어포트 버스 익스프레스 WEB airportbusexpress.it	에어포트 버스 익스프레스 WEB airportbusexpress.it
말펜사 셔틀 WEB malpensashuttle.it	리나테 셔틀 WEB milano-aeroporti.it/linate-shuttle/	오리오 셔틀 WEB orioshuttle.com
테라비전 WEB terravision.eu		테라비전 WEB terravision.eu

밀라노 중앙역에서 공항행 버스를 탈 땐 비행기 표시가 있는 안내판을 따라간다.

★
밀라노 시내 교통 정보
WEB atm.it

> 지하철을 이용할 때는 노선 번호와 진행 방향의 종점명이 적힌 표지판을 따라간다.

밀라노 시내 교통

밀라노는 이탈리아에서 지하철이 가장 잘 발달한 도시다. 버스와 트램도 운행하지만 5개 지하철 노선이 주요 명소와 근교를 촘촘히 연결해 대부분의 여행자가 지하철을 이용한다. 컨택리스 카드를 교통카드처럼 바로 사용할 수 있으며, 이용 횟수와 관계없이 24시간 누적 요금이 최대 7.60€(1일권 요금)로 제한돼 부담 없이 대중교통을 이용할 수 있다.

1. 지하철 Metro

M1~M5의 5개 노선이 밀라노 주요 명소를 연결한다. 중간에 분기되는 구간이 많아 주의가 필요하며, 환승할 때는 갈아탈 노선 색깔로 표시된 안내 표지를 따라가면 된다.

승차권은 지하철과 버스, 트램에서 공통으로 사용할 수 있다. 요금 체계는 시내 중심에서 교외까지 9개 구역(Mi1~Mi9)으로 구분되며, 대부분 관광지는 기본요금 구간인 3구역(Mi1~Mi3) 안에 있어 신경 쓰지 않고 다녀도 된다. 지하철은 M2 노선의 일부 구간(Cernusco S.N.~Gessate)을 제외한 M1·M3·M4·M5 전 구간이 기본요금에 해당한다.

여행자가 주로 이용하는 승차권은 1회권(2.20€)과 1일권(7.60€)이다. 1회권은 개찰 후 90분 동안 지하철·버스·트램 환승이 가능하며, 1일권은 개찰 후 24시간 동안 이용할 수 있다. 승차권은 지하철 매표소, 자동판매기, 전용 앱(ATM Milano)에서 구매할 수 있으며, 앱 이용 시 QR코드를 전용 단말기에 인식시킨다. 컨택리스 카드는 승하차 시 개찰구의 전용 단말기에 터치한다.

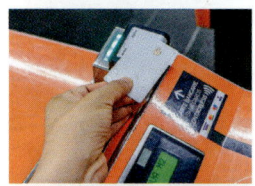

★
주의! 개찰 오류도 벌금 부과!
컨택리스 카드 사용 시 기계 고장이나 결제 오류 등 이유를 불문하고 제대로 개찰하지 않으면 검표원이 벌금을 부과한다. 잉크 부족 같은 종이 승차권의 개찰기 고장도 마찬가지! 시스템 오류라도 마땅히 증명할 방법이 없으니 주의하자.

지하철 개찰기

✤ 밀라노 지하철 운행 정보

노선	서쪽 종점	동쪽 종점	여행자들에게 유용한 역
M1	Rho/Bisceglie	Sesto 1° Maggio FS	Duomo(두오모), Cairoli(스포르체스코 성), Cadorna FN(최후의 만찬)
M2	Assago/P. Za Abbiategrasso	Cologno Nord/Gessate	Centrale FS(중앙역), Garibaldi FS(포르타 가리발디역/코르소 코모), Cadorna FN(최후의 만찬), P.ta Genova FS(나빌리 지구)
M3	Comasima	S. Donato	Centrale FS(중앙역), Duomo(두오모), Montenapoleone(몬테나폴레오네 거리)
M4	San Cristoforo	Linate Aeroporto	Linate Aeroporto(밀라노 리나테 공항), San Babila(몬테나폴레오네 거리)
M5	San Siro	Bignami	Garibaldi FS(코르소 코모), San Siro(산 시로 축구 경기장)

*운행 시간 06:00~24:00(노선에 따라 조금씩 다름)

➕ 밀라노 대중교통 기본요금

종류	이탈리아어 표기	요금	유효시간
1회권	Biglietto Ordinario Mi1-Mi3	2.20€	개찰 후 90분
1일권	Biglietto Giornaliero	7.60€	개찰 후 24시간
3일권	Biglietto 3 Giorni	15.50€	개찰 후 3일째 막차까지
10회권	Carnet 10 Biglietti(1명만 사용 가능)	19.50€	1회당 개찰 후 90분

*컨택리스 카드 사용 시 성인 1회권 요금이 적용되며, 24시간 요금 총액이 1일권 요금을 넘지 않도록 자동 계산하여 청구됨

밀라노 교통 앱 'ATM Milano'

정식 매표소

주요 역의 자동판매기 앞은 줄이 꽤 길다.

'Biglietti' 표시가 있는 가게에서도 승차권을 구매할 수 있다.

Ⓜ 밀라노 지하철 노선도

2. 버스 & 트램 Autobus & Tram

'ATM'이라고 쓴 표지판이 있는 버스 정류장에서 이용할 수 있다. 정류장마다 노선도가 있지만 도로 사정이 복잡하고 안내 방송이 없기 때문에 지하철을 이용하는 것이 편리하다. 승차권은 지하철과 공용이며, 지하철 매표소, 자동판매기, 전용 앱 등에서 구매하거나 컨택리스 카드를 사용한다. 버스나 트램에 오르면 승차권 형태에 따라 전용 개찰기를 이용하며, 유효시간 안에 환승하더라도 탈 때마다 개찰한다. 컨택리스 카드 사용 시 121·130·140·165·166·327번을 타거나 밀라노 외곽(Mi3 구역 밖)으로 이동한다면 내릴 때에도 전용 단말기에 카드를 터치한다. 유효하지 않은 승차권 소지 시 무임승차로 간주돼 벌금(50€)을 낼 수 있다.

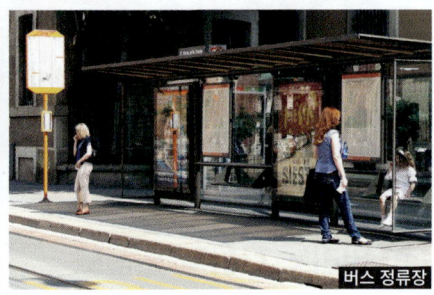

버스 정류장

우리나라에서는 볼 수 없는 트램(노면전차). 신형과 구형이 같이 운행한다.

이탈리아의 공유 자전거. BikeMe, Lime, RideMovi 등 다양한 회사에서 운영한다.

3. 택시 Taxi

중앙역, 두오모 광장에 있는 택시 승차장을 이용하거나 전화로 부를 수 있다. 호텔 프런트에 부탁하면 택시를 불러주기도 한다. 미터기로 요금을 매기며, 말펜사 공항-밀라노 시내 구간은 114€의 정액제로 운행한다. '프리 나우(Free Now)', '우버 블랙(Uber Black)' 같은 차량호출 앱도 이용할 수 있는데, 호출 대기시간이 긴 편이다. 중앙역의 택시 승차장은 역을 등지고 왼쪽 끝 출입구로 나가면 있다. 중앙역의 메인 승차장인 만큼 대기하는 택시도 많다. 말펜사 공항행 버스 정류장이 있는 오른쪽 끝 출입구에도 택시 승차장이 있는데, 규모는 작다.

✚ 밀라노 택시 요금

기본요금	평일 4.10€, 휴일 6.60€, 야간(21:00~다음날 06:00) 7.90€
주행요금	1km 당 1.32~1.98€(시속 50km 이상일 때는 2.25€/km)
고정 요금	말펜사 공항-밀라노 시내 114€, 말펜사 공항-밀라노 전시장(Rho) 94€, 말펜사 공항-리나테 공항 128€, 리나테 공항-밀라노 전시장(Rho) 68€, 베르가모-오리오 알 세리오(카라바조 공항)-밀라노 시내 128€

★ 길거리 흡연 금지!

2025년 1월부터 밀라노시는 거리를 포함한 모든 공공장소에서의 흡연을 금지했다. 이를 어기면 40~240€의 과태료가 부과된다. 단, 전자담배는 제외되며, 다른 사람과 10m 이상 거리를 유지할 수 있는 고립된 공간은 예외다.

중앙역의 메인 택시 승차장

밀라노 실용 정보

여행 관련 주요 편의시설은 밀라노 중앙역과 두오모 부근에 밀집해 있다. 숙소가 밀라노 중앙역 근처에 있다면 먼저 체크인한 뒤 역 근처에서 필요한 것을 준비하고 두오모까지 지하철로 이동하자.

① 밀라노 인포포인트 InfoPoint : 관광 안내소

밀라노 관광청 공인 안내소로, 두오모 근처에 위치해 찾아가기 쉽다.

 F57R+8J 밀라노　MAP ⑩-D
ADD Piazza del Duomo 14　**TEL** (02)8845 5555
OPEN 10:00~18:00(토·일요일·공휴일 ~14:00)　**CLOSE** 1월 1일, 12월 25일
WALK 두오모 정문에서 도보 1분
WEB yesmilano.it

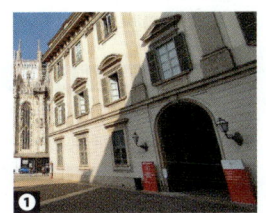

② 밀란 비지터 센터 Milan Visitor Center : 관광 안내소

시티 투어와 아웃렛행 셔틀버스 등을 예약할 수 있다.

 F59M+G7 밀라노　MAP ⑩-A
ADD Largo Cairoli 18(스포르체스코 성 근처)
OPEN 09:00~18:30　**CLOSE** 1월 1일, 5월 1일, 12월 25일
METRO M1선 카이롤리(Cairoli)역 밖으로 나오면 동쪽에 보인다.
WEB zaniviaggi.com

③ 사포리 & 딘토르니 코나드 Sapori & Dintorni Conad : 슈퍼마켓

중앙역 지하에 있는 대형 슈퍼마켓으로, 365일 문을 연다. 마비스 치약과 포켓 커피 등 다양한 상품이 있으며, 포장 음식도 판매한다. 식사할 수 있는 공간도 있다.

 F6P3+9P 밀라노　MAP ⑧
OPEN 07:00~21:00
WALK 매표소가 있는 지상 층에서 지하(-1층, Piano Interrato)로 내려가면 오른쪽 끝에 있다.

④ 팜 Pam : 슈퍼마켓

중앙역 근처의 슈퍼마켓. 규모는 크지 않지만 간편 식품을 다양하게 갖추고 있어서 인근 숙소에 머물 때 유용하다.

 F6M5+C6 밀라노　MAP ⑧
ADD Via Luigi Settembrini, 46
OPEN 08:00~22:00(일요일 09:00~)
WALK 중앙역을 등지고 왼쪽 출구로 나가 도보 4분

⑤ 카르푸 익스프레스 Carrefour Express : 슈퍼마켓

스포르체스코 성 근처, 카도르나역 앞 광장 바로 건너편에 있다. 규모는 작지만 밤늦게까지 문을 연다.

 F59G+38 밀라노　MAP ⑩-A
ADD Piazzale Luigi Cadorna, 13
OPEN 07:00~24:00(일요일 08:00~)
WALK 카도르나역 정문으로 나가면 역 앞 광장의 길 건너편에 있다.

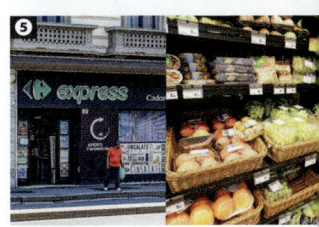

DAY PLANS

밀라노에 하루만 머물 계획이라면 섹션 A를 선택하자. 두오모 광장을 중심으로 돌아보면 3~4시간이면 충분하다. 일정에 여유가 있다면 '최후의 만찬'이 있는 산타 마리아 델레 그라치에 성당을 비롯해 다양한 박물관을 방문하는 것도 좋다. 미술품에 관심이 없다면 산시로축구장이나 명품 아웃렛을 둘러보거나 근교 도시로 짧은 소풍을 떠나는 것도 추천한다. 근교 도시 옵션 A 코모 호수, B 베로나, C 시르미오네, D 베르가모는 각각 하루 일정이 필요하다. 밀라노의 박물관·미술관 중 일부는 매월 첫째 일요일 종일 또는 매월 첫째·셋째 화요일 오후 14:00부터 무료입장일을 운영한다. 비수기라면 이 시기에 맞춰 방문하는 것도 좋지만 성수기에는 혼잡하므로 피하는 편이 낫다.

알찬 일정을 위해 준비해두세요

섹션 A 오페라 관람을 원하는 여행자는 홈페이지에서 예약해두자. 산타 마리아 델레 그라치에 성당과 브레라 미술관은 일정이 정해졌다면 예약 필수! 두오모(특히 테라스)는 예약 필수는 아니지만 시간대별 입장객 수를 제한하므로 온라인으로 예약하고 가는 것이 좋다.

Tip. 섹션 A를 하루 안에 전부 소화하려면 1일 승차권을 구매하거나 컨택리스 카드로 결제하자.

01 세계적으로 손꼽히는 아름다운 역
밀라노 중앙역
Stazione di Milano Centrale

로마의 테르미니역(Termini)과 마찬가지로 밀라노 여행의 출발점이 되는 곳이다. 지하철 M2선과 M3선이 교차하며, 지하철역 이름은 'Centrale FS'로 표기된다. M3선을 타고 4정거장을 이동하면 두오모에 닿는다.

유럽 주요 기차 노선의 허브 중 하나인 밀라노 중앙역은 1864년 처음 운영을 시작했다. 당시 역사는 현재의 레푸블리카 광장(Piazza della Repubblica) 자리에 있었다. 1906년 새 역사를 짓기 위한 공모전이 열렸으나 당선작이 없어 1912년 열린 두 번째 공모에서 울리세 스타키니(Ulisse Stacchini)의 설계가 채택되어 공사가 시작됐다. 그러나 경제 위기로 공사는 지연됐고 무솔리니 정권은 이를 국력 과시의 수단으로 삼아 애초 계획보다 훨씬 거대하고 화려한 역으로 완성했다.

1931년 준공된 밀라노 중앙역은 총면적 6만6500㎡, 길이 340m, 정면 길이 200m, 높이 72m, 24개의 플랫폼을 갖추고 하루 33만 명이 이용하는 거대한 역으로 재탄생했다. 특정한 건축 양식으로 규정하기 어렵지만 프랭크 로이드 라이트가 밀라노를 방문했을 때 '세계에서 가장 아름다운 역'이라 평가했다는 일화가 전해진다.

2006년부터 1억 유로를 투입해 최신 설비를 갖춘 현대적 역사로 리모델링을 시작했으며, 이 중 2000만 유로는 예술적 가치 향상에 사용돼 주목을 받았다. 공사 완료 후에는 현대적 시설과 다양한 편의시설을 두루 갖춰 이용이 더욱 편리해졌다.

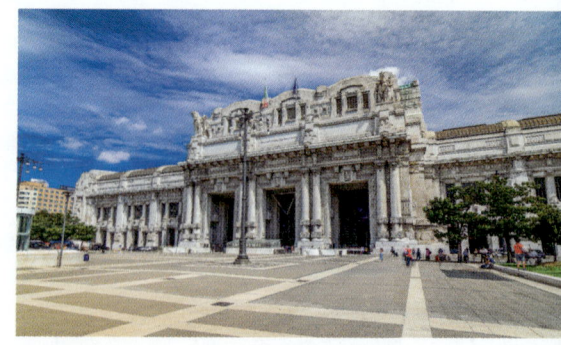

🇬 밀라노 첸트랄레역 Ⓜ MAP ❽
METRO M2·3선 첸트랄레(Centrale FS)역

02 두오모(밀라노 대성당)
이탈리아 고딕 양식의 결정체
Duomo di Milano

고딕 양식으로 지은 가톨릭 성당 중 세계에서 가장 큰 규모다. 하늘을 향해 솟은 135개의 첨탑과 3159개의 조각상, 세로로 길게 뻗은 첨두 아치, 화려한 스테인드글라스 등 고딕 양식의 특징을 고루 갖춘 두오모는 밀라노를 상징한다.
1387년 착공해 약 500년에 걸쳐 완공한 이 성당은 밀라노의 역사 그 자체라 할 수 있다. 건축을 지시한 밀라노의 군주 잔 갈레아초 비스콘티를 비롯해 레오나르도 다빈치의 후원자였던 루도비코 스포르차 공작, 르네상스 시대 건축가 도나토 브라만테, 추기경이자 후에 성인으로 추앙받은 카를로 보로메오, 자신의 이탈리아 황제 대관식을 위해 완공을 재촉한 나폴레옹 등 수많은 종교인과 정치인, 예술인이 성당 건축에 관여했다.
두오모의 고딕 양식은 영국과 프랑스에서 발전한 건축 양식이다. 당시에는 혁신적이었지만 르네상스 건축이 전성기를 누리던 이탈리아에서는 세련되지 못하다고 평가받았다. '고딕'이라는 명칭은 16세기 르네상스 시대 미술사학자 조르조 바사리가 사용한 멸칭에서 비롯됐다. 르네상스 학자들은 로마를 약탈한 고트족을 야만족으로 여겼고 이 건축 양식을 그들과 연관지었다. 그러나 실제로 고트족과 고딕 건축 사이에는 아무런 관련이 없으며, 이는 르네상스인들의 오해에서 비롯된 것이다. 그만큼 오늘날 이탈리아에서 고딕 건축을 보기 드물기 때문에 밀라노 두오모의 가치는 더욱 돋보인다.

비토리오 에마누엘레 2세 동상

시원하게 뚫려 있어 이탈리아의 성당 중 가장 넓은 느낌이다.

두오모 테라스에서 내려다본 두오모 광장. 해가 지기 전에 올라 노을을 감상하는 것 추천!

중앙 제단

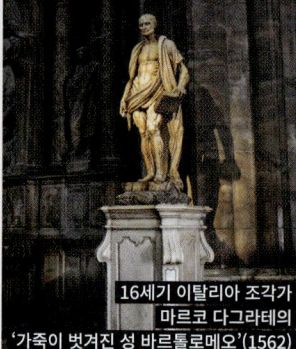
16세기 이탈리아 조각가 마르코 다그라테의 '가죽이 벗겨진 성 바르톨로메오'(1562)

ⓖ 밀라노 대성당 MAP ⑩-D
ADD Piazza del Duomo
OPEN 두오모·테라스(지붕)·지하 유적 09:00~19:00(테라스는 날씨에 따라 부분 또는 전체 폐장)/마지막 입장 18:10/박물관 10:00~18:00
CLOSE 12월 25일(그 외 행사에 따라 단축 운영)/박물관 매주 수요일
METRO M1·3선 두오모(Duomo)역 하차 후 'Duomo' 표지판을 따라간다.
WEB duomomilano.it | 예약 ticket.duomomilano.it

복장 및 반입 제한 규정
성당 안은 무릎이 드러나는 짧은 치마나 반바지, 민소매 등의 차림으로는 입장할 수 없다. 큰 짐과 액체·음식류도 반입할 수 없으니 주의하자.

입장권 종류
두오모 입장권은 테라스(지붕), 두오모 박물관, 지하 유적 등을 묶어 판매해 요금이 다소 비싼 편이다. 테라스 포함권은 계단(250개)을 오르냐, 리프트(엘리베이터)를 이용하냐에 따라 가격이 다르다. 리프트권은 다시 일반권과 패스트트랙으로 구분된다. 패스트트랙은 입장 시각을 지정해 줄을 서지 않고 바로 입장할 수 있어 성수기나 주말에 특히 유용하다. 단, 리프트로 올라가도 내려올 때는 계단을 이용해야 한다.

★ **예약 방법 & 매표소 위치**
두오모와 부대시설은 시간대별 입장 인원을 제한하기 때문에 입장권이 조기 마감될 수 있다. 홈페이지에서 입장 시각을 지정해 예약하고 가는 것이 좋으며, 어린이나 유아도 보호자와 함께 반드시 예약해야 한다. 성수기나 주말에는 방문객이 많아 테라스에 오르려면 여유 있게 도착하는 것이 좋다. 현장 구매 시에는 두오모 정문 오른쪽 건물의 매표소나 그 왼쪽에 있는 자동판매기(신용·체크카드 전용)를 이용한다.

입장권 종류	요금 / 주요 포함 항목	유효기간
패스트트랙 패스	리프트 패스트트랙 32€ / 두오모, 테라스, 박물관, 지하 유적, 산 고타르도 성당	2일
콤보 리프트, 콤보 계단	리프트 26€, 계단 22€ / 두오모, 테라스, 박물관, 산 고타르도 성당	2일
테라스	리프트 18€(6~9월 목요일 야간개장 20€), 리프트 패스트트랙 28€, 계단 16€ / 테라스	1회
컬쳐 패스	15€ / 두오모, 박물관, 지하 유적, 산 고타르도 성당	2일
두오모+박물관	10€ / 두오모, 박물관, 산 고타르도 성당	2일
콤보 계단+암브로시아나	계단 36€ / 두오모, 테라스, 박물관, 지하 유적, 암브로시아나 미술관, 산 고타르도 성당	3일
두오모(수요일만 가능)	8€ / 두오모	1회

*6~18세는 할인되며, 5세 이하는 무료. 단, 보호자가 예약할 경우 어린이도 예약 필수 / 유효기간 내 각 명소 1회씩만 입장 가능

Zoom In & Out
두오모

❶ 성당 중앙의 청동 문
성당 정면에 있는 5개의 청동 문은 19~20세기에 제작한 것으로, 각종 부조 패널로 장식돼 있다. 그중 중앙의 청동 문은 루도비코 폴랴기(Ludovico Pogliaghi)의 1906년 작품이다. 작품 속 '예수 태형' 부조가 행운을 가져다준다는 소문 때문에 사람들이 한 번씩 만져보아 닳아서 반지르르하다.

❷ 성당 내부

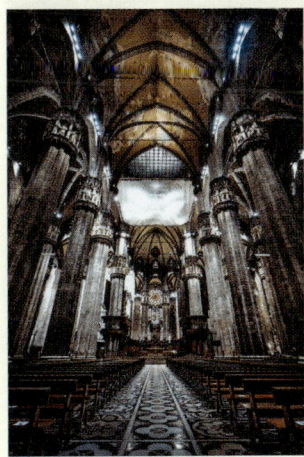

52개의 기둥으로 5등분된 거대한 십자가 구조의 성당 안은 시원하게 뚫려 있어 더욱 장대해 보인다. 가운데 복도의 가장 높은 부분은 약 45m(18층 아파트 높이)이며 현재까지 완성한 고딕 양식 성당 중 가장 높다. 육중한 건축물 무게를 지탱하는 벽면을 스테인드글라스로 장식한 것은 고딕 건축의 전형적인 모습이다.
성당 안쪽 중앙 문 밑의 계단을 통해 내려가면 성당 유적이 나온다. 두오모 광장 끝까지 이어지는 이 거대한 유적의 역사는 무려 4세기경까지 거슬러 올라간다.

❸ 두오모 박물관 Museo del Duomo
두오모를 바라보고 오른쪽 건물(Palazzo Reale)에 박물관이 있다. 두오모와 따로 떨어져 있어 그냥 지나치는 사람이 많지만 여유가 있다면 잊지 말고 들러보자. 성당을 장식하던 진품 조각상을 만나볼 수 있다.

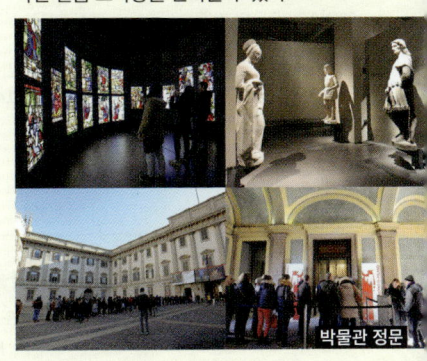

박물관 정문

❹ 지붕 위 테라스 Terrazze
돔이 없는 대신 고딕 양식 테라스에 오를 수 있다. 버팀벽, 작은 첨탑 등 고딕 양식 건축물의 각종 요소를 가까이에서 볼 수 있어 살아 있는 야외 전시장이라고도 한다. 성당 정면을 바라보고 왼쪽으로 돌면 테라스로 올라갈 수 있는 계단 입구와 엘리베이터 입구가 차례로 나온다. 총 254개의 계단을 타고 올라가는 길은 힘들지만 첨탑 사이로 보이는 밀라노의 전경은 고생한 보람을 느낄 만큼 인상적이다.

살아 있는 야외 고딕 양식 전시장이라 불리는 두오모의 지붕 위 테라스

> ★
> **두오모 지붕 감상 포인트**
> 두오모 바로 옆, 리나센테(Rinascente) 백화점 7층(우리나라의 8층)에는 두오모 지붕이 예쁘게 보이는 테라스 바와 레스토랑들이 있다. 음료값은 비싼 편이지만 전망을 즐기려는 사람들로 종일 붐빈다. 한 바퀴 둘러보고 전망이 맘에 드는 곳에 자리를 잡자.

Option **03** 예술과 두오모 사이

노베첸토 미술관
Museo del Novecento

두오모 바로 옆 아렌가리오 궁전(Palazzo dell'Arengario)에 2010년 개관해 20세기(Novecento) 이탈리아 작품을 중심으로 브라크, 칸딘스키, 파울 클레, 레제, 마티스, 몬드리안, 피카소 등 거장의 작품 약 300점을 전시한다. 20세기 초 밀라노를 중심으로 시작된 예술 운동인 미래파(Futurismo)의 대표 작가이자 자신의 대변을 통조림으로 판매한 것으로 유명한 조르조 모란디의 작품들, 바람에 옷깃이 휘날리는 형태들을 이어 붙여 속도감을 표현한 움베르토 보초니의 조각 '공간에서 연속하는 독특한 형태'(1913), 노동자 계급의 각성을 그린 주세페 펠리차 다 볼페도의 5.45m 길이의 대작 ❶ '제4계급'(1902)은 꼭 볼 것. 미술관을 관통하는 나선형 경사로와 ❷ 두오모가 보이는 전망도 일품이다.

❶

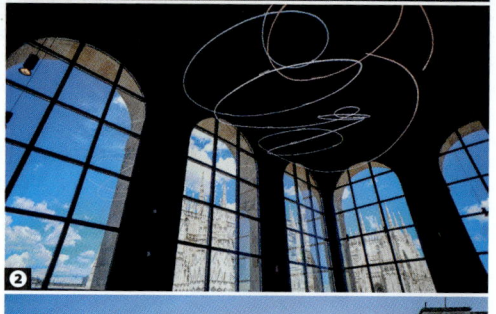
❷

ⓖ F57R+93 밀라노 **Ⓜ** MAP ❿-D
ADD Piazza del Duomo, 8
OPEN 10:00~19:30(목요일 ~22:30)/폐장 1시간 전까지 입장
CLOSE 월요일, 1월 1일, 5월 1일, 12월 25일
PRICE 5€, 대학생·65세 이상 3€, 17세 이하 무료(특별전 포함)/예약 권장(입장 시각 지정)/매월 첫째·셋째 화요일 14:00 이후 & 매월 첫째 일요일(온라인 예매 불가) 무료입장
WALK 두오모 정면을 바라보고 오른쪽
WEB museodelnovecento.org

두오모 광장에 쌍둥이처럼 나란히 있는 두 건물 중 왼쪽이 노베첸토 미술관이다.

MORE
유행과 패션을 한 곳에 모아둔 곳, 몬테나폴레오네 거리

파리, 런던, 뉴욕과 더불어 세계 4대 패션의 도시라 불리는 밀라노. 명품 거리 역시 이탈리아에서 가장 큰 규모를 자랑한다. 대표적인 거리로는 몬테나폴레오네 거리(Via Montenapoleone), 산탄드레아 거리(Via Sant'Andrea), 스피가 거리(Via della Spiga)가 있다. 그중 몬테나폴레오네 거리는 2024년 뉴욕의 5번가를 누르고 세계에서 가장 비싼 쇼핑 거리에 이름을 올렸다. 3곳 모두 두오모와 가깝고 서로 연결돼 있어 거리를 활보하는 패션 피플들의 스트리트 룩과 개성 넘치는 매장 디스플레이를 구경할 겸 들르기 좋다.

ⓖ F5PR+65 밀라노 **Ⓜ** MAP ❿-B
ADD Via Monte Napoleone, Via Sant'Andrea, Via della Spiga
WALK 두오모에서 도보 10분/브레라 미술관에서 도보 7분
METRO M3선 몬테나폴레오네(Montenapoleone)역, M1·4선 산 바빌라(San Babila)역 하차

몬테나폴레오네 거리 입구 쪽에 자리한 산 바빌라 성당

천장의 유리 돔

황소 모자이크

04 비토리오 에마누엘레 2세 갈레리아
판타스틱! 감성 쇼핑 아케이드
Galleria Vittorio Emanuele II

1865~77년까지 건축가 주세페 멩고니가 설계·건축한 아케이드형 쇼핑센터. 유리 돔으로 덮인 높은 천장이 공간을 압도한다. 내부에는 프라다 본점을 비롯해 루이비통, 구찌 등 명품 브랜드 매장이 들어서 있으며, 서점과 아트 갤러리, 맥도날드, 레스토랑, 카페도 있다. 중앙 십자로 바닥의 로물루스와 레무스를 품은 암늑대·백합·빨간 십자가·황소 모자이크는 각각 로마, 피렌체, 밀라노, 토리노를 상징한다. 특히 토리노의 문장인 황소 모자이크의 고환 부분을 오른발 뒤꿈치로 밟고 세 바퀴를 돌면 행운이 찾아온다는 속설이 있어 이 문장을 밟고 도는 사람들을 쉽게 볼 수 있다. 벽면에는 유럽, 아시아, 아프리카, 아메리카를 상징하는 4대륙의 벽화가 그려져 있다.

🄶 밀라노 에마누엘레 2세 갤러리아 Ⓜ MAP ⑩-D
ADD Piazza del Duomo
WALK 두오모 정면을 바라보고 왼쪽

MORE
프라다 Prada
아케이드 안 중앙 십자로에 있는 프라다 본점은 프라다의 인기를 증명하듯 아케이드의 입점 매장 중 가장 붐빈다. 본점답게 우리나라는 물론 유럽에서도 쉽게 찾아볼 수 없는 실험적인 소재와 디자인의 가방과 잡화가 많다.

MORE
리나센테 백화점 Rinascente Milano
이탈리아에서 가장 큰 백화점. 우리나라와 비슷한 구조로, 여성복, 남성복은 물론 화장품과 인테리어용품까지 다양하게 취급한다. 7층 푸드 홀의 두오모 뷰 바와 레스토랑, 식품관이 여행자들에게 인기가 높다. 백화점 홈페이지에서 회원가입 후 방문하면 4~10% 할인 혜택이 제공된다.

🄶 F57R+XP 밀라노 Ⓜ MAP ⑩-D
ADD Piazza del Duomo
OPEN 10:00~22:00
푸드홀 09:00~24:00(일요일 10:00~)
WALK 두오모 정면을 바라보고 왼쪽에 있다.
WEB rinascente.it/en/store-milano

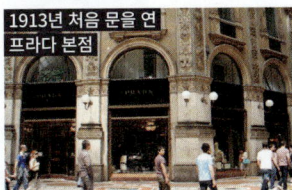
1913년 처음 문을 연 프라다 본점

3층 박스석에서 바라본 무대

특별전도 자주 열린다.
사진은 세계적인 소프라노
마리아 칼라스의 무대복

05 카리스마 넘치는 감동의 오페라
스칼라 극장
Teatro alla Scala

성악 전공자들에게 '꿈의 무대'로 불리는 유럽 최고의 오페라 극장이다. 베르디와 푸치니 등 세계적인 오페라 작곡가들의 작품이 초연된 곳으로, 이탈리아의 거장 지휘자 토스카니니가 음악 감독으로 재직하기도 했다. 1989년 이곳에서 데뷔한 정명훈은 이후 라 스칼라와 꾸준히 인연을 이어왔으며, 2027년부터 2030년까지 라 스칼라 극장 역사상 최초의 아시아인 음악 감독으로 취임할 예정이다. 세계적인 명성에 걸맞게 관람 매너가 엄격하기로도 유명하다. 공연이 시작된 후에는 객석에 입장할 수 없고, 앙코르를 요청할 수 없으며, 모자는 반드시 클로크룸에 맡겨야 한다. 까다롭고 냉정한 오페라 애호가들이 많아 관중의 야유에 공연을 중단하고 무대를 떠난 성악가도 적지 않다. 스칼라 극장의 명성을 확인하기 위해서는 공연을 직접 관람하는 것이 가장 좋겠지만 일정상 힘들다면 ❶ 박물관(Museo Teatro Alla Scala)을 방문해 보자. 스칼라 극장을 빛낸 음악가들에 관련된 다양한 전시품을 만날 수 있다. 리허설이나 행사가 없을 때는 3층 박스석에서 극장을 내려다보는 것도 가능하다.

스칼라 극장 앞 공원에 있는 레오나르도 다빈치의 조각상

★ 스칼라 극장에서 공연 관람하기
공연 예매는 홈페이지에서 가능하며, 매표소(Biglietteria)는 정문을 바라보고 건물 왼쪽에 있다. 드레스 코드는 매우 엄격해 남성은 재킷과 넥타이를, 여성은 우아한 원피스나 드레스를 착용해야 한다. 입석 관람객 또한 단정한 복장을 갖춰야 한다. 관람석은 6층까지 있으며, 3층 이상은 공연용 망원경을 준비하면 좋다. 오페라 시즌은 밀라노의 수호성인 축일인 성 암브로시오의 날(12월 7일)부터 시작되며, 이외 시기에는 발레와 콘서트, 다양한 문화 행사가 열린다.

ⓖ 스칼라좌 밀라노　**Ⓜ MAP 10-D**
ADD Via Filodrammatici, 2
OPEN 박물관 09:30~17:30/폐장 30분 전까지 입장
CLOSE 1월 1일, 부활절, 5월 1일, 8월 15일, 12월 7·25·26일, 12월 24·31일(오후)
PRICE 박물관 12€, 11세 이하 무료/패스트트랙 3€ 추가
WALK 두오모 광장에서 두오모를 등지고 오른쪽 비토리오 에마누엘레 2세 갈레리아를 통과해 왼쪽으로 도보 1분
WEB teatroallascala.org｜museoscala.org(박물관)

Option 06 원작보다 값진 라파엘로의 스케치
암브로시아나 미술관
Pinacoteca Ambrosiana

Option 07 '미알못'도 재미난 박물관
폴디 페촐리 박물관
Museo Poldi Pezzoli

브레라 미술관, 폴디 페촐리 박물관과 함께 밀라노 3대 미술관으로 꼽힌다. 17세기 초, 추기경 페데리코 보로메오(Federico Borromeo)가 자신의 회화·조각·소묘 컬렉션을 암브로시아나 도서관에 기증하며 설립했다. 14세기부터 19세기 초반까지의 다양한 작품을 소장하고 있으며, 완성작뿐 아니라 밑그림 단계의 스케치까지 함께 전시하는 것이 특징이다. 주요 작품으로는 ❶ 레오나르도 다빈치의 '음악가의 초상', 그의 제자 암브로조 데 프레디스의 '젊은 여인의 초상', 다빈치가 남긴 1,119매의 스케치 모음집 '코덱스 아틀란티쿠스(Codex Atlanticus)', ❷ 라파엘로의 '아테네 학당'(바티칸 박물관 소장) 습작 등이 있다. 이밖에도 카라바조의 '과일 바구니', 보티첼리의 '파빌리온의 마돈나(Madonna del Padiglione)'(1493)가 대표작이다. 보로메오가 수집한 3만 권의 필사본을 보관한 도서관에서는 <일리아드> 필사본과 <신곡> 초판본을 볼 수 있다. 두오모도 방문할 예정이라면 통합 입장권을 구매하는 것이 경제적이다(p474 참고).

Ⓖ F57P+98 밀라노 Ⓜ MAP ⑩-D
ADD Piazza Pio XI, 2
OPEN 10:00~18:00(매표소는 ~17:30) **CLOSE** 수요일
PRICE 17€(특별전 진행 시 요금 추가), 5세 이하 무료/예약비 1.50€
WALK 두오모 광장에서 도보 5분
WEB ambrosiana.eu

폴디 페촐리 가문의 수집품을 전시한 19세기 박물관. 그림과 조각뿐 아니라 보석, 카펫, 나침반, 갑옷, 무기 등 수집품의 종류가 다양하고 방대해 미술에 큰 관심이 없어도 남녀노소 누구나 즐길 수 있는 볼거리가 많다. 회화와 조각 등 주요 소장품은 2층에, 페르시아 카펫과 중세 서적, 중세 갑옷과 무기는 1층에 전시돼 있다.
가장 인기 있는 소장품은 ❶ 피에로 델 폴라이우올로의 '젊은 여인의 초상화'(1470~1475)로, 맑은 하늘을 배경으로 한 귀부인의 옆모습이 정교한 머리장식과 진주, 벨벳 슬리브로 우아하게 표현돼 '밀라노의 모나리자'라 불린다. 그밖에 루카스 크라나흐(Lucas Cranach)의 '마르틴 루터 부부의 초상화', 보티첼리의 '십자가에서 내림'과 '성모자', 조반니 벨리니, 만테냐, 필리포 리피, 피에로 델라 프란체스카 등 이탈리아 중·북부 거장들의 수준 높은 작품도 다수 소장돼 있다.

Ⓖ F59R+CM 밀라노 Ⓜ MAP ⑩-B
ADD Via Alessandro Manzoni, 12
OPEN 10:00~18:00
CLOSE 1월 1일, 12월 25일
PRICE 15€, 11~18세·26세 이하 학생 10€, 10세 이하 무료/예약비 1.50€
WALK 스칼라 극장에서 도보 5분
WEB museopoldipezzoli.it

나폴레옹을 묘사한 카노바의 청동상 (1809). 미술 대학 안뜰에 있다.

브레라 미술 대학 건물 입구로 들어가자.

2층 브레라 미술관 입구

미술 대학 안뜰

★ 무료입장일도 예약 필수!

브레라 미술관은 혼잡을 줄이기 위해 온라인에서 15분 단위로 입장 시각을 지정해 예약받는다. 예약 가능 날짜와 시간, 인원수를 선택하고 회원가입 후 결제하면 예약이 완료된다. 주의할 점은 무료 오픈하는 매월 첫째 일요일에도 반드시 예약해야 한다는 것! 영어 홈페이지에서 예약이 되지 않을 경우 이탈리아어 홈페이지를 이용하면 된다.

조반니와 젠틸레 벨리니 형제의 '알렉산드리아에서 설교하는 성 마르코'(1504~1507). 가로 770cm, 세로 347cm의 대작이다.

08 밀라노를 대표하는 미술관
브레라 미술관 Pinacoteca di Brera

피렌체에 우피치 미술관이 있다면, 밀라노에는 브레라 미술관이 있다. 르네상스 시대부터 18세기까지 밀라노를 중심으로 활동한 화가들의 작품이 주로 전시돼 있고 스페인 출신 피카소와 미래주의의 창시자로 꼽히는 움베르토 보초니 등 근대 화가들의 작품도 있어 미술에 익숙하지 않은 이들도 흥미롭게 감상할 수 있다. 놓치지 말아야 할 작품은 만테냐의 '죽은 그리스도'. 작가가 발끝에서 내려다본 시점으로 원근감을 극대화해 예수의 발과 손의 못 자국, 힘이 빠진 표정을 사실적으로 표현했다. 예수를 전지전능한 신이 아닌 처연한 인간의 모습으로 그려 보는 이로 하여금 숙연한 감정을 불러일으킨다. 이 밖에도 ❶ 라파엘로의 '성 처녀의 결혼'(1504), ❷ 카라바조의 '엠마오에서의 저녁 식사'(1605~1606), 보초니의 '아케이드에서의 싸움', 피카소의 '황소의 머리'(1942) 등이 대표작이다.
건물 전체가 미술관이 아니어서 입구를 찾기 쉽지 않은데, 브레라 미술 대학 2층에 위치하니 표지판을 따라가면 된다.

📍 F5CQ+Q4 밀라노 Ⓜ MAP ⑩-B
ADD Via Brera, 28
OPEN 08:30~19:15(18:00까지 입장, 매월 셋째 목요일 ~22:20(21:00까지 입장, 겨울철 일부 기간 제외))
CLOSE 월요일, 12월 25일
PRICE 15€, 17세 이하 무료, 화·수요일 70세 이상 7.50€,
매월 **첫째 일요일** 상설전 무료입장/예약 필수(무료입장객 포함)
WALK 스칼라 극장에서 도보 8분. 정문으로 들어가 중정을 통과한 후 2층으로 올라간다.
WEB pinacotecabrera.org
예약 brerabooking.org

Zoom In & Out
브레라 미술관

❶ **안드레아 만테냐의 '죽은 그리스도'**(1483)
르네상스 시대 인체 단축 투시법을 가장 극적으로 구현한 대표작으로, 만테냐의 최고 걸작으로 꼽힌다.

❷ **조반니 벨리니의 '피에타'**(1460)
작품 가운데에 '부어 오른 눈에서 비애가 솟구칠 때, 벨리니의 그림도 눈물을 흘리리'라는 서명이 새겨져 있다.

❸ **움베르토 보초니의 '아케이드에서의 싸움'**(1910)
이탈리아 조각가이자 화가로, '미래파 선언'에 참가해 과거의 전통에서 벗어나 기계 문명과 폭력·감각적 세계를 표현했다.

❹ **틴토레토의 '성 마르코의 유해 발견'**(1562~1566)
인공적인 빛과 그림자, 과장된 원근법을 사용해 극적이고 순간의 강렬한 감정을 표현했다.

❺ **카를로 크리벨리의 '마돈나 델라 칸델레타'**(1488~1490)
베네치아파 특유의 화풍인 화려한 장식과 섬세한 세부 묘사를 구사한 르네상스 시대의 화가로, 제단화와 성 모자상을 즐겨 그렸다.

❻ **아마데오 모딜리아니의 '모이세 키슬링의 초상'**(1915)
모딜리아니의 초상화. 아프리카 조각에 대한 그의 관심이 나타나 있다.

❼ **라파엘로의 '성 처녀의 결혼'**(1504)
우르비노 근처의 산 프란체스코 성당을 위해 제작된 제단 장식화. 다각형의 사원이 원근법에 따라 축소되어 화면이 깊고 넓게 느껴진다. 원형의 신전 위에 작가의 이름이 쓰여 있다.

❽ **프란체스코 하이에츠의 '키스'**(1859)
이탈리아 19세기 회화의 최고 걸작으로 평가받는 작품. 통일 운동(리소르지멘토)의 정신을 상징하며, 조국에 대한 사랑과 신생 이탈리아에 대한 희망을 담았다.

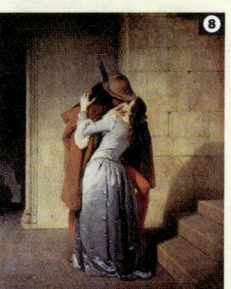

★ '최후의 만찬' 관람 예약하기
작품 보존을 위해 한 번에 40명씩 15분간 볼 수 있다. 공식 홈페이지에서 3개월 단위로 예약 창이 열리는데, 오픈과 동시에 3개월분 예약이 빠르게 마감된다 (5~7월 입장권: 3월 오픈, 8~10월 입장권: 6월 오픈, 11~1월 입장권: 9월 오픈, 2~4월 입장권: 12월 오픈). 예약 오픈 일정은 유동적이니 홈페이지의 공지사항을 수시로 체크하자.

■ **추가 티켓 예약**
현지 시각 기준 매주 수요일 정오에 그다음 주 분량의 추가 티켓을 일부 오픈하며, 빠르게 매진된다.

■ **무료입장 예약**
매월 첫째 일요일 무료입장도 예약 필수. 현지 시각 기준 이전 수요일 정오부터 예약할 수 있다.

■ **입장 방법**
예약 시간 30분 전까지 매표소에 도착해 이메일로 받은 예약 확인증(영수증)과 여권을 제시한 후 티켓을 받는다. 예약한 시간에 조금이라도 늦으면 제한 관람의 특성상 입장 불가! 방문일 변경이나 환불도 안 된다. 부피가 큰 짐은 매표소 사물함에 보관하고 입장한다.

WEB 예약 cenacolovinciano.org
cenacolovinciano.vivaticket.it

성당 정문을 등지고 30m 앞 오른쪽에 매표소가 있다.

'최후의 만찬' 관람객은 성당 왼쪽에 있는 노란색 건물로 입장한다.

09 산타 마리아 델레 그라치에 성당
레오나르도 다빈치의 '최후의 만찬'
Chiesa di Santa Maria delle Grazie

15세기 르네상스 양식으로 지은 성당. 댄 브라운의 소설 <다빈치 코드>로 다시 전 세계의 주목을 받은 레오나르도 다빈치의 '최후의 만찬(L'Ultima Cena)'이 부속 수도원 식당에 있다. '최후의 만찬'은 예수가 12제자 중 한 명이 자신을 배반할 것이라 말하는 순간('요한복음' 13장 21절)을 그린 작품으로, 제자들의 심리와 성격을 섬세하게 묘사한 걸작으로 평가받는다.

이 벽화가 그려진 곳은 수도사들의 식당 벽면으로, 실제 식당과 이어지는 듯한 완벽한 원근법, 실물 크기의 인물, 사실적인 묘사가 돋보인다. 전통적인 프레스코화 대신 역청·석고·매스틱으로 밀봉층을 만든 뒤 템페라 기법으로 채색했는데, 불규칙한 작업 일정과 잦은 수정을 위해 택한 방식이었지만 보존에는 취약했다. 1978년부터 1999년까지 긴 복원 작업 끝에 재공개됐다.

'최후의 만찬'을 관람한 뒤에는 성당 내부도 둘러보자. 벽면의 기하학적 문양과 현대적인 회화 장식이 조화를 이루며, 산 피에트로 대성당 재건을 맡았던 브라만테가 설계한 작은 회랑과 정원도 볼 수 있다.

ⓖ 마리아 델레 그라치에 성당 Ⓜ MAP ⑩-C
ADD Piazza Santa Maria delle Grazie, 2
OPEN 최후의 만찬 08:15~18:45(일요일 14:00~)/예약 필수(무료입장객 포함), 성당 07:00~13:00·15:00~19:30(일요일·공휴일 07:30~12:30·15:00~21:00)
CLOSE 최후의 만찬 월요일, 1월 1일, 5월 1일, 12월 25일
PRICE 성당 무료
최후의 만찬 입장권 15€(17세 이하 무료), 입장권+영어 또는 이탈리아어 가이드 투어 25€, 입장권+가이드 투어+워크숍 31€/예약비 2€/
매월 첫째 일요일 무료입장
METRO M1·2선 카도르나(Cadorna)역에서 'Via G. Carducci' 쪽 출구로 나가 도보 8분

Zoom In & Out
최후의 만찬

★ '최후의 만찬'과 예수의 12제자

'최후의 만찬'은 예수가 12제자(또는 12사도) 중 한 명의 배반을 알리는 순간을 그린 작품이다. 서양 회화에 자주 등장하는 12제자를 한 사람씩 짚어두면 다른 회화나 조각을 감상할 때 큰 도움이 된다.

❶ **바르톨로메오(바돌로매)** 예수의 말에 놀라 두 팔로 테이블을 짚은 채 예수를 바라보고 있다. 산 채로 피부가 벗겨진 채 십자가에서 순교했기 때문에 다른 작품에서는 벗겨낸 살가죽이나 칼을 들고 있는 모습으로 그려진다.

❷ **작은 야고보** 한쪽 팔을 유다의 어깨에 올리고 있다. 예수와 외모가 가장 닮았으며, 12제자 중 기도를 가장 많이 한 제자다. 방망이에 맞아 순교했기 때문에 다른 작품에서는 한 손에 복음서를, 다른 손에 곤봉이나 방망이를 들고 있다.

❸ **안드레아(안드레)** 놀란 듯 양손을 펼쳐 들고 있다. 베드로의 친동생으로 성실하고 신중한 성격을 지녔다. 긴 수염과 외투, 맨발로 그려지며, 'X'자형 십자가에서 순교해 다른 작품에서는 'X'자형 십자가를 든 모습으로 표현된다.

❹ **유다** 예수를 배반한 유다는 배신의 대가로 받은 은화 주머니를 움켜쥔 채 혼자 몸을 앞으로 숙이고 있다. 숙인 얼굴에는 짙은 그림자가 드리워져 있다. 그는 적 앞에서 입맞춤으로 예수를 가리켰지만 이후 자책감에 자살했다. 상징물은 은화 주머니다. 다빈치는 예수와 유다의 모델을 찾는 데 고심했는데, 성당에서 기도하는 청년을 보고 예수의 모델로 삼고 훗날 술에 취한 남자를 보고 유다의 모델로 삼았는데, 알고 보니 같은 인물이었다는 우화가 전해진다.

❺ **베드로** 예수 이후 첫 번째 성당의 수장이 되는 인물. 한 손에 칼을 들고 있으며, 유다를 밀쳐내고 요한에게 다가가 누가 배반할 것인지 예수께 여쭙자고 한다. 다른 작품에서는 천국의 열쇠를 쥐거나 거꾸로 십자가에 매달린 모습으로 묘사된다.

❻ **요한** <요한계시록(묵시록)>의 저자이자 예수의 사랑을 가장 많이 받은 제자. 어두운 유다의 얼굴과 달리 밝게 그려져 있다. 복음서에 따르면 곧 예수에게 "주님, 그가 누구입니까?"라고 묻게 된다. 다른 작품에서는 수염이 없는 얼굴로 독수리와 함께 복음서를 집필하는 모습으로 등장한다.

❼ **토마스(도마)** 예수의 부활을 의심해 창에 찔린 옆구리에 손가락을 넣어 확인한 제자. 집게손가락을 세워 위를 가리키는 동작은 '의심'을 상징한다. 다른 작품에서는 목공의 직각자나 책, 칼, 창, 돌 등을 들고 있다.

❽ **큰 야고보** 성 요한의 형으로, 두 팔을 벌리며 놀란 표정을 짓고 있다. 12제자 중 최초로 순교한 인물로 참수당했기 때문에 다른 작품에서는 긴 칼과 책을 든 모습으로, 또는 지팡이·자루·모자를 지닌 순례자의 모습으로 묘사된다.

❾ **필립보(빌립)** 자신의 결백을 증명하듯 예수를 바라보고 있다. 바르톨로메오를 예수께 인도한 제자로, 십자가와 용이 상징물이다.

❿ **마태오(마태)** 믿기 어려운 듯 뒤돌아 시몬에게 묻고 있다. 4대 복음서의 저자 중 한 명으로, 다른 작품에서는 책과 칼, 또는 도끼창을 들고 있는 모습으로 그려진다.

⓫ **타대오(다대오)** 시몬과 비슷한 자세로 묘사돼 있다. 도끼에 목이 잘려 순교했기 때문에 도끼가 그의 상징물이다.

⓬ **시몬** 믿기 어려운 상황 속에서도 냉정을 유지하려는 모습이다. 페르시아에서 타대오와 함께 톱에 잘려 순교했으며, 다른 작품에서는 톱을 들거나 유다와 함께 있는 모습으로 그려진다.

10 근대식 성채의 재발견
스포르체스코 성
Castello Sforzesco

15세기 밀라노의 영주 프란체스코 스포르차의 명으로 세워진 성채로, 근대 성곽의 모범이라 할 만큼 웅장하고 아름답다. 레오나르도 다빈치가 프레스코화를 그리고 브라만테가 벽화를 남기는 등 르네상스 시대의 거장들이 참여했으며, 다빈치는 성의 방어 시설 설계에도 관여했다. 두꺼운 성벽에서는 세월의 흔적이 묻어나고 정원에는 잔디밭과 작은 호수가 어우러져 고즈넉한 분위기를 자아낸다.

❶ 성내 박물관들은 모두 통합권 1장으로 관람할 수 있다. 특히 피에타 론다니니 예술관(Museo Pietà Rondanini)에는 미켈란젤로가 생의 마지막까지 손을 놓지 않았던 ❷ '론다니니의 피에타'(1552~1564)가 소장돼 있다. 그가 세상을 떠나기 엿새 전까지 작업한 이 작품은 미완이지만 그의 예술 세계를 집약한 걸작으로 평가받는다.

⑥ 스포르체스코 성 Ⓜ MAP ❿-A
ADD Piazza Castello
OPEN 성 07:00~19:30, **박물관** 10:00~17:30/16:30까지 티켓 구매, 17:00까지 입장
CLOSE 월요일(박물관만), 1월 1일, 부활절, 12월 25일
PRICE 공원 무료, **박물관** 5€/매월 첫째·셋째 화요일 14:00 이후 무료입장
METRO M1선 카이롤리(Cairoli)역 하차 후 Via Camperio 방향으로 나가면 입구가 보인다.

브랑카 탑에서 내려다본 밀라노 시내

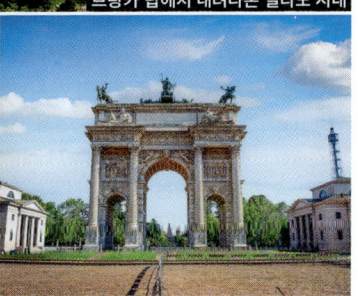

밀라노 최내 공원인 셈피오네 공원에 둘러싸여 있다.

1807년 나폴레옹이 착공한 평화의 문(Arco della Pace). 셈피오네 공원 북쪽 끝에 있다.

Option 11

이탈리아 최초의 디자인 전문 박물관

밀라노 트리엔날레
Triennale di Milano

이탈리아 디자인의 중심지로, 스포르체스코 성 뒤편 셈피오네 공원(Parco Sempione)에 자리한 아르테 궁전(Palazzo dell'Arte)에 있다. 1923년 몬차(Monza)에서 시작된 비엔날레가 1933년 이곳으로 옮겨오면서 3년마다 열리는 트리엔날레로 발전했다. 현재는 가구, 건축, 미술, 공예, 도시계획 등 이탈리아 디자인의 역사와 트렌드를 소개하는 전시와 공연이 상시 열리는 디자인 전문 박물관으로 운영된다. 1973년 국제 박람회 때 제작된 조형물 등을 전시한 잔카를로 데 카를로 정원(Giardino Giancarlo de Carlo)도 함께 볼 수 있다. 매년 4월 세계 최대 규모의 디자인·가구 박람회인 밀라노 디자인 위크 기간에는 특별전이 열린다.

◎ F5CF+VC 밀라노 Ⓜ MAP ⑩-A
ADD Viale Emilio Alemagna, 6
OPEN 전시실 10:30~20:00/정원은 여름철에만 오픈
CLOSE 월요일
PRICE 23€, 29세 이하·66세 이상 15.50€, 학생 10.50€, 5세 이하 무료/매표소에서 구매 시 2€ 추가/모든 전시 포함
WALK 스포르체스코 성에서 도보 7분
METRO M1·2선 카도르나(Cadorna)역 하차 후 도보 8분
WEB triennale.org

◆ 두오모 테라스에서도 볼 수 없는 전망, 브랑카 탑 Torre Branca

1933년 트리엔날레 전시를 위해 건축가 조 폰티(Giò Ponti)가 설계해 단 2개월 만에 완성한 높이 108.6m의 철제 탑이다. 밑변이 6m, 꼭대기 폭이 4.45m에 불과한 가늘고 길쭉한 구조가 특징이다. 5인승 전망 엘리베이터를 타면 약 6~7분 동안 밀라노 전경이 한눈에 펼쳐진다. 토요일 밤에는 야간개장으로 두오모의 지붕과 도심의 불빛이 어우러진 장관을 감상할 수 있다.

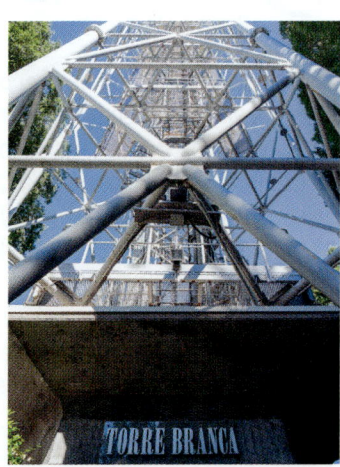

◎ F5FF+95 밀라노 Ⓜ MAP ⑩-A
ADD Viale Luigi Camoens, 2
OPEN 10:30~12:30·15:00~18:30
(토요일 10:30~14:00·14:30~19:00·20:30~24:00, 일요일 10:30~14:00·14:30~19:30)
CLOSE 5~9월 월요일, 10~4월 월·화·목·금요일
PRICE 6€
WALK 트리엔날레 디 밀라노에서 도보 3분
WEB museobranca.it/torre-branca

Option **12**

가리발디 신도시의 밀라노 핫플

가에 아울렌티 광장
Piazza Gae Aulenti

전통을 우선시하는 이탈리아에 '첨단 도시'란 새로운 이미지를 가져다준 주역. 광장 주변의 개성 있는 맛집과 상점들이 트렌드세터들의 발길을 모은다. 광장 이름은 파리 오르세 미술관을 혁명적으로 변화시킨 건축가 가에 아울렌티의 이름을 딴 것으로, 아르헨티나 건축가 세자르 펠리(César Pelli)가 설계했다. 이탈리아에서 제일 높은 건축물인 ❶ 유니크레딧 타워(높이 231m) 등 유려한 곡선미를 뽐내는 초고층 건물들이 둘러싼 광장은 다목적 공간인 ❷ IBM 스튜디오와 함께 각종 미디어와 행사의 배경이 되면서 현대 밀라노의 상징이 됐다. 광장 가운데에 자리한 3개의 분수는 점심에는 인근 직장인들의 휴식처, 여름에는 더위를 식히는 아이들의 놀이터 역할을 톡톡히 한다. 패션 위크나 크리스마스 같은 행사 기간에는 화려한 장식물들이 설치돼 분위기를 돋운다.

◉ F5MQ+CQ 밀라노 M MAP ❾
ADD Piazza Gae Aulenti, 1785
METRO M2·5선 가리발디(Garibaldi FS)역에서 도보 4분

❶ 유니크레딧 타워(UniCredit Tower)

❷ 나무와 콘크리트의 이색적인 조화, IBM 스튜디오

Option **13**

CG 아님 주의!

보스코 베르티칼레
Bosco Verticale

'세워진(Verticale) 숲(Bosco)'이라는 뜻의 이름을 가진 밀라노의 새로운 랜드마크. 800그루의 나무와 4500~5000그루의 관목, 1만1000~1만5000포기의 식물을 심어 마치 도심 속 숲처럼 보인다. 2014년 완공 이후 '세계에서 가장 아름답고 혁신적인 초고층 건물'로 평가받으며 각종 건축상을 휩쓸었다.

◉ F5PR+76 밀라노 M MAP ❾
ADD Via Gaetano de Castillia, 11
METRO M2·5선 가리발디(Garibaldi FS)역에서 도보 4분, 가에 아울렌티 광장에서 도보 5분

Option 14 밀라노의 성수동
코르소 코모
Corso Como

광장에서 남쪽의 가리발디 문(Porta Garibaldi)까지 이어지는 넓은 보행자 전용 거리 코르소 코모는 안목 높은 밀라노 사람들의 취향을 저격한 핫플레이스다. 세련된 가게들이 포진한 포르타 가리발디 지역의 중심지로, 옆 동네 포르타 누오바 지역과 함께 젊은이와 예술인의 사랑을 듬뿍 받는다.

📍 F5JP+HV 밀라노　Ⓜ MAP ❾
ADD Corso Como
METRO M2·5선 가리발디(Garibaldi FS)역에서 도보 2분
WALK 가에 아울렌티 광장에서 도보 4분

◆ **편집숍의 시조새, 10 코르소 코모** 10 Corso Como
1991년 전 패션 잡지 편집장 카를라 소차니 갤러리, 서점, 패션 매장을 결합해 설립한 세계 최초의 콘셉트 스토어. 식물원이나 미술관을 연상시키는 여유로운 공간에 개성적인 디자인 제품들이 진열돼 있다. 밀라노에서도 손꼽히는 독창적인 컬렉션으로, 디자인 전공자라면 영감이 쏟아질 만큼 볼거리가 많다. 단, 에코백 하나에도 '0'이 하나 더 붙을 만큼 가격대가 높은 편이다. 실컷 구경한 뒤엔 시중의 2배는 되는 가격표가 붙은 카페 메뉴가 오히려 착하게 느껴진다.

가게명은 '코르소 코모 거리 10번지'라는 뜻이다.

📍 F5JQ+Q2 밀라노　Ⓜ MAP ❾
ADD Corso Como, 10
OPEN 10:30~19:30, 카페 08:00~24:00(금·토요일 ~다음날 01:00)
WEB 10corsocomo.com

MORE
명품 브랜드의 명품 전시관

■ **프라다 재단** Fondazione Prada
프라다 재단의 방대한 소장품을 전시하고자 2015년 설립한 복합 문화 공간이다. 2000년 프리츠커상 수상자인 렘 콜하스가 옛 양조장 부지에 9층 건물을 짓고 탑(Torre)이라고 이름 붙였다. 탑 내부에서 작품을 선보이는 예술가들도 톱 클래스다. 데미안 허스트, 제프 쿤스, 카르스텐 휠러를 비롯해 루이스 부르주아, 장 뤽 고다르의 작품이 상설 전시 중이고, 독특한 비주얼로 소문난 바 루체(Luce)는 <그랜드 부다페스트 호텔>을 만든 웨스 앤더슨 감독이 디자인했다.

📍 C6V4+Q4 밀라노
ADD Largo Isarco, 2
OPEN 10:00~19:00
CLOSE 화요일
PRICE 미술관+비토리오 에마누엘레 2세 갈레리아 전망대 통합권 15€, 25세 이하 학생 12€, 17세 이하 무료
METRO M3선 TIBB역에서 도보 12분
WEB fondazioneprada.org

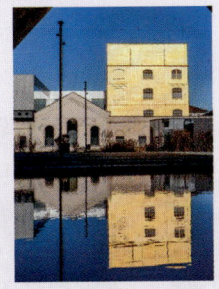

■ **아르마니 실로스** Armani Silos
2015년 조르지오 아르마니 론칭 40주년 기념으로 문을 연 총 4층, 4500㎡ 규모의 전시관. 나빌리오 그란데 지구와 가까워 함께 들르기 좋다. 1950년대에 지어진 곡물 창고를 개조한 전시 공간은 아르마니가 오래 전부터 추구해온 전통의 감각과 심플함이 잘 어우러져 있다는 평을 받는다. 상설 전시장에서는 지난 50년간 아르마니 영감의 원천이 된 역사적 콜렉션을 선보이며, 아르마니의 브랜드 철학을 담은 사진, 영상, 건축, 그래픽 특별전이 열린다.

📍 F527+MX 밀라노
ADD Via Bergognone, 40
OPEN 11:00~19:00(금요일 ~18:00)
PRICE 12€, 학생 6€(목요일 제외), 학생이 아닌 6~25세 8.40€/매월 첫째 일요일 무료입장(예약 불가)
CLOSE 월·화요일, 전시물 교체 시 (홈페이지 확인)
METRO M2선 포르타 제노바(P.TA Genova FS)역에서 도보 12분
WEB armanisilos.com

❷ 시인 알다 메리니에게 헌정된 알다 메리니 다리. 난간에 사랑의 자물쇠가 걸려 있다.

Option 15 밀라노 데이트 코스의 정석

나빌리오 그란데(대운하)/나빌리 지구
Naviglio Grande/I Navigli

이탈리아 특유의 식전주 문화 아페리티보를 밀라노 스타일로 체험할 수 있는 지역. 주말이면 운하로 향하는 길목마다 사람이 미어지는 밀라노 최고의 데이트 코스이자 가족 나들이 명소다. '대운하'라는 뜻의 이름이 쑥스러울 만큼 아담한 물길이지만 이래 봬도 중세 시대엔 바다도 강도 닿지 않는 밀라노가 물자와 병력 이동을 위해 야심 차게 기획한 인공운하였다. 밀라노 두오모를 화려하게 장식한 대리석과 석재들 역시 이 운하를 통해 실어 날랐을 정도. 지금은 운하 양옆으로 늘어선 낭만적인 분위기의 바들이 현대인을 유혹하고 있는데, '운하 지구'라는 뜻을 지닌 나빌리오 그란데와 ❶ 나빌리오 파베제(Naviglio Pavese)가 만나는 부채꼴 모양의 나빌리 지구가 아페리티보의 성지다. 특히 나빌리오 그란데의 첫 번째 다리인 ❷ 알다 메리니 다리(Ponte Alda Merini) 주변이 핵심. 달콤쌉쌀한 식전주로 감정을 돋운 다음 다리에 자물쇠를 걸면 밀라노식 사랑이 완성된다.

📍 F52F+JG 밀라노(알다 메리니 다리)
ADD Ripa di Porta Ticinese, 37
OPEN 24시간
METRO M2선 포르타 제노바(P.TA Genova FS)역에서 도보 6분

MORE
중세 최대의 운하 프로젝트

나빌리오 그란데는 12세기 말 스위스 티치노 강에서 밀라노까지 물길을 잇기 위해 착공된 대규모 운하로, 약 50km에 이르는 중세 최대의 토목 사업이었다. 1258년 밀라노에 도달했으며, 1272년 전 구간 항해가 가능해졌다. 두오모 건축에 쓰인 대리석을 운반하는 등 상업과 물류의 핵심 통로로 활용됐고, 15세기 말에는 레오나르도 다빈치가 참여해 이중 수문 시스템을 설계했다. 제2차 세계대전 중에는 파괴된 철도와 도로를 대신하는 수송로로 주목받았으나 전후 철도의 발달과 위생 문제로 복개되며 기능을 잃었다. 최근에는 '스위스에서 바다로' 프로젝트를 통해 베네치아까지 잇는 장거리 수로 복원 사업이 추진되고 있다.

SPECIAL PAGE

테마파크 같은 아웃렛

세라발레 디자이너 아웃렛
Serravalle Designer Outlets(McArthurGlen)

피렌체의 '더몰'을 이미 다녀와서 새로운 아웃렛을 찾는 여행자에게 인기 있는 아웃렛. 전 세계 26개 아웃렛을 보유하고 있는 맥아더글렌 그룹이 운영한다. 명품 브랜드 수는 적지만 신진 디자이너 브랜드를 비롯해 젊은 여성이 선호하는 캐주얼 브랜드와 노티카, 휴고 보스 등 남성이 선호하는 브랜드까지 다양하게 입점해 있다. 의류뿐만 아니라 신발·선글라스 등 패션 잡화와 화장품·식기 등 생활용품까지 빠짐없이 갖춰놓은 복합 매장이다. 유럽 최대 규모의 아웃렛인 만큼 브랜드와 제품 종류 면에서 다른 아웃렛을 압도한다. 또한, 평소에는 20~50%, 7월 중순~8월 중순과 크리스마스 시기를 즈음해서 다음 해 1월 중순까지 한 달 동안은 50~80%의 할인율을 자랑한다. 입구의 고객 센터에서 10% 할인 쿠폰을 챙겨가면 일부 매장에서 추가 할인 혜택도 받을 수 있다.

대표 브랜드 구찌, 프라다, 버버리, 셀린느, 돌체앤가바나, 펜디, 불가리, 에트로, 미우미우, 폴로 랄프로렌, 베르사체, 아르마니, 코치, 몽클레어, 생로랑, 디젤, 발리, 만다리나 덕 등

★ **택스 프리를 확인하자!**
브랜드 매장마다 택스 프리 가능 여부가 다르므로 매장 입구에 택스 프리 마크가 붙어 있는지 확인하자. 한 매장에서 70.01€ 이상 물건을 구매했을 때 택스 프리 신청이 가능하며, 귀국할 때 10~14%에 달하는 세금을 돌려받을 수 있으니 꼭 기억하자. 택스 리펀 창구 대신 글로벌 블루 셀프서비스 키오스크를 이용하면 대행사 수수료를 좀 더 절약할 수 있다.

Ⓖ PRPP+FG Serravalle Scrivia
ADD Via della Moda, 1
OPEN 10:00~20:00
CLOSE 1월 1일, 부활절, 12월 25·26일
TRAIN 트렌이탈리아 홈페이지·앱에서 밀라노 중앙역 출발, 세라발레 디자이너 아웃렛 도착으로 검색해 기차와 버스를 연계한 승차권을 구매할 수 있다. 소요 시간은 2~3시간. 단, 08:30 밀라노 중앙역 출발편 외에는 시간과 비용 면에서 비효율적이다. 요금은 편도 12€~.
WEB mcarthurglen.com/it/outlets/it/designer-outlet-serravalle

---

■ **MORE**
투어버스로 편하게 왕복하기!

밀라노 시내에서 세라발레 디자이너 아웃렛까지 환승 없이 편하게 투어버스를 이용할 수 있다. 왕복 요금은 25€로, 대중교통을 이용하는 것과 비슷하다. 승차권을 구매할 때 밀라노 시내와 아웃렛 출발 시각을 각각 지정해야 하는데, 시즌에 따라 스케줄이 변경될 수 있으니 각 버스회사 홈페이지에서 시간표와 정류장 위치를 확인하고 일정에 맞는 것을 선택하자. 아웃렛까지 소요 시간은 약 1시간 30분이다.

■ **자니 비아지 Zani Viaggi 버스**
밀란 비지터 센터 또는 홈페이지에서 예약한다.
WEB zaniviaggi.it

❶ 밀라노 중앙역 근처 정류장 Ⓖ F6M3+Q2F 밀라노
위치 Piazza Duca d'Aosta(중앙역 앞 도로 건너편)
운행 시간 중앙역 출발: 09:00부터 1일 약 4회
세라발레 출발: 16:15부터 1일 약 4회(시즌·요일마다 다름)

❷ 스포르체스코 성 근처 정류장 Ⓖ F59M+F6X 밀라노
위치 Largo Cairoli 18(밀란 비지터 센터)
운행 시간 밀란 비지터 센터 출발: 09:30부터 1일 약 4회
세라발레 출발: 16:15부터 1일 약 4회

■ **프리게리오 비아지 Frigerio Viaggi 버스**
홈페이지에서 예약한다.
WEB frigerioilgruppo.com

❶ 밀라노 중앙역 근처 정류장 Ⓖ F6P2+GV 밀라노
위치 Piazza IV Novembre(Hotel Excelsior Gallia 옆)
운행 시간 중앙역 출발: 10:00, 11:30
세라발레 출발: 18:30, 20:30

❷ 브레라 미술관 근처 정류장 Ⓖ F5FQ+6F3 밀라노
위치 Via Fatebenefratelli, 4(브레라 미술관에서 도보 3분)
운행 시간 브레라 미술관 근처 출발: 10:20, 11:50
세라발레 출발: 18:30, 20:30

Eating & Drinking

파파델라 치아

코톨레타 알라 밀라네세.
레몬만 뿌려 먹는 게 밀라노 스타일

웨이터 할아버지가
추천하는 홈메이드
밀푀유(7€)

뼈째 튀겨 먹는 리얼 비프커틀릿

● 달라 치아
Dalla Zia

송아지 갈비 부위를 뼈째 튀긴 압도적인 비주얼, 밀라노 대표 요리, 코톨레타 알라 밀라네세(Cotoletta alla Milanese, 23€) 맛집이다. 이름부터 '밀라노식'인 이 요리는 비프커틀릿과 비슷한 맛이면서도 식감이 다른데, '밀-계-빵'이라는 튀김 원칙 대신 밑간을 한 고기에 바로 달걀물을 입히고 빵가루를 눌려 입히며, 식용유가 아닌 정제 버터에 튀겨낸다. 또 다른 추천 메뉴는 넓적한 면이 눅진한 소스를 잔뜩 머금은 파파델라 치아(Pappadella "Zia", 14€). 브리 치즈의 고소함과 신선한 새우, 토마토의 감칠맛이 일품! 같이 나오는 '진짜' 파르메자노 치즈는 꿈꿈한 발효 향이 강해서 취향에 따라 뿌려 먹는다. 나이 지긋한 웨이터들의 노련한 서비스와 아늑한 인테리어도 편안한 식사 분위기를 만드는 일등 공신이다.

📍 F5MX+36 밀라노　Ⓜ MAP ❽
ADD Via Gustavo Fara, 12
OPEN 12:00~14:30·19:00~22:30 (금·토요일 ~23:00)
MENU 전채 6~15€, 제1요리 12~16€, 제2요리 18~100€, 물 3€~, 자릿세 3€/1인
METRO 중앙역에서 도보 10분

MORE 코톨레타 vs 비너 슈니첼

비너 슈니첼

우리에겐 돈까스로 익숙한 고기요리 코톨레타는 최소 1134년까지 거슬러 올라가는 이탈리아 전통 요리다. 밀라노의 성 암브로조 교회의 연회에서 탄생했다는 설이 제일 유력. 비엔나의 비너 슈니첼(Wiener Schnitzel)과도 자주 비교되는데, 코톨레타는 뼈가 붙은 부위를 버터에 튀기고 슈니첼은 뼈가 없는 부위를 라드(돼지기름)에 튀긴다.

초콜릿·과일·견과류 등을 넣은 디저트용 판체로티(Panzerotti Dolci)도 인기!

피스타치오 크림을 넣은 브리오슈 (Brioche con Pistachio, 2.80€)

더위를 날려 버리는 극강의 상큼함, 레몬 젤라토

이것은 피자인가, 만두인가!
🍴 판체로티 루이니
Panzerotti Luini

1949년에 창업한 판체로티 전문점. 밀라노 유학파에게는 오랜 추억의 장소로 여겨진다. 남부 풀리아 지방의 전통 음식인 판체로티는 도우 속에 각종 재료를 넣고 바삭하게 튀겨낸 만두 모양 피자. 고향의 할아버지에게 전수받은 풀리아 레시피를 밀라노에 선보이면서 선풍적인 인기를 끌었다. 대표 메뉴는 토마토, 모차렐라 치즈, 햄 등 짭짤한 재료를 넣고 튀긴 판체로티 프리티(Panzerotti Fritti)로, 재료명이 영어로도 적혀 있으니 진열장을 살펴보고 고르자.

📍 F58R+8J 밀라노　🅜 MAP ⑩-D
ADD Via Santa Radegonda, 16
OPEN 10:00~20:00
CLOSE 일요일(크리스마스는 오픈), 8월 중 휴가
MENU 판체로티 3.20€~/1개
WALK 두오모에서 도보 2분
WEB luini.it

로컬들의 달콤한 아침 식사
🍴 로비다
Bar Pasticceria Rovida

할머니와 딸, 손녀 3대가 함께 운영하는 가족 카페. 단골들 사이에 섞여 향긋한 커피와 갓 구운 빵으로 이탈리아식 아침 식사를 즐길 수 있다. 인기 비결은 고소하고 진한 홈메이드 견과류 크림. 특히 달콤한 피스타치오 크림이 가득한 피스타치오 크루아상은 조금만 늦어도 품절된다. 푹신한 브리오슈에도 초콜릿이나 피스타치오 크림을 넣어 맛을 더했다. 자릿세 없이 앉을 수 있는 테이블이 넉넉해 여유롭게 아침을 즐기기 좋다.

📍 F6M5+C5 밀라노　🅜 MAP ⑧
ADD Via Domenico Scarlatti, 21
OPEN 07:00~20:00(토요일 07:30~, 일요일 07:30~13:30)
CLOSE 월요일
MENU 커피 1.70€~, 브리오슈 2€~
WALK 밀라노 중앙역을 등지고 제일 왼쪽 출구로 나가 도보 3분
WEB pasticceriarovida.it

젤라토를 사랑해준 마니아를 위해
🍴 파토 콘 아모레
Gelato Fatto con Amore

진지한 표정으로 젤라토를 고르는 아저씨들이 포진한 젤라토 맛집. 주변에 상권도 명소도 없지만 젤라토 마니아들의 두터운 지지 덕분에 성업 중이다. 친절한 주인아저씨가 훌륭한 재료들로 최고의 젤라토를 만들어내는데, 가게 이름도 '사랑으로 만든다'는 뜻. 카카오 원두에 진심인 주인의 원픽은 진하디진한 초콜릿 풍미의 엑스트라 오로(Extra Oro)이고 고소한 피스타치오나 달콤함이 퍼지는 망고는 누구에게라도 권할 수 있는 맛이다. 생강 향이 가득한 진저 크림도 색다른 조합이다.

📍 F58G+CX 밀라노　🅜 MAP ⑩-C
ADD Corso Magenta, 30
OPEN 12:00~22:00
CLOSE 월요일
MENU 젤라토 2스쿱 3.50€, 3스쿱 4.20€
WALK 산타 마리아 델라 그라치에 성당에서 도보 10분

판체로티 프리티

프로슈토와 치즈를 넣은 크루아상 샌드위치(4.50€)

달콤함이 뿜뿜, 망고 젤라토

사케라토(Caffè Shakerato, 7€)

입구 쪽 바에 서서 마실 수도 있다.

명품 거리에선 명품 베이커리를
코바
Pasticceria Cova

스칼라 극장 옆에 처음 문을 연 1817년 이후 명품거리 한복판으로 자리를 옮긴 1950년대까지 유럽 상류층의 아지트 역할을 해온 카페다. 헤밍웨이의 <무기여 잘 있거라>에서 주인공이 연인 캐서린에게 줄 초콜릿을 사는 곳으로 등장한 밀라노 베이커리의 대명사. 바에서 마시는 가격은 여느 카페와 다르지 않지만 비싸더라도 테이블에 앉아 커피 한 잔과 함께 디저트로 품격 있는 서비스를 즐기길 추천한다. 시그니처 메뉴는 커스터드 크림에 휘핑크림, 베리를 올린 이탈리아식 파르페 코파 코바(Coppa cova)와 클래식한 티라미수다.

 F59W+75 밀라노　MAP ⑩-B
ADD Via Monte Napoleone, 8
OPEN 08:00~20:00(토요일 08:30~, 일요일 09:30~19:30)
CLOSE 8월 중순 약 10일간
MENU 커피 5~10€(테이블 기준), 코파 코바 14€, 티라미수14€, 하이티 세트(15:00부터) 45~75€
WALK 스칼라 극장에서 도보 8분

이탈리아에 최초로 입성한 스타벅스
스타벅스 리저브 로스터리
Starbucks Reserve Roastery

에스프레소의 본고장 이탈리아에 최초로 문을 연 스타벅스. 두오모 근처 코르두시오 광장(Piazza Cordusio)의 옛 우체국 건물을 그대로 살린 고풍스러운 외관, 원두를 자동으로 옮겨서 볶는 거대한 로스팅 장치가 설치된 700평 규모의 화려한 내부, 궁전 정원 같은 야외 테이블 등이 화제가 되면서 인기 관광지가 됐다. 전통을 고수하는 이탈리아 사람들을 공략하기 위해 프라푸치노와 블렌디드 음료는 판매하지 않는 대신 스프리츠 같은 이탈리아 고유의 칵테일을 비롯해 페이스트리, 피자 등도 선보이며, 눈앞에서 로스팅 과정을 볼 수 있다. 매장 혼잡도를 낮추기 위해 입구에서 줄을 서서 대기하다가 나오는 인원만큼 입장한다.

쌉쌀한 오렌지 껍질 향이 스며든 콜드브루 아란치아 로사(7.25€)

찬반 격론에 휩싸였던 실험적인 커피, 올리브유를 넣은 콜드브루(6.25€~)

F57P+XF 밀라노　MAP ⑩-D
ADD Piazza Cordusio, 3
OPEN 07:30~22:00
MENU 올레아토 6.25€, 카페 젤라토 쉐이크 10.50€, 스프리츠 12€, 에스프레소 마티니 14€
WALK 두오모 정문에서 도보 4분
WEB starbucksreserve.com

기차 여행자에게 반가운 푸드코트
🟠 메르카토 첸트랄레 밀라노
Mercato Centrale Milano

밀라노 중앙역의 서쪽 출구 안쪽 1~2층에 길게 조성된 식당가. 높은 천장, 개방형 주방, 블랙 앤 우드의 시크한 인테리어로 '기차역 푸드코트'라는 고정 관념에서 벗어났다. 30여 곳의 점포에서 커피와 베이커리, 샌드위치, 디저트, 딤섬, 피자, 스테이크, 파스타, 수플리, 와인 등 다양한 먹거리를 판매해 이른 아침이나 늦은 저녁에 기차역을 이용할 때 식사 장소로 좋다. 기차역 식당가임에도 서비스와 요리 수준이 높은 편이다. 화장실 무료.

📍 F6P3+MC 밀라노 🅼 MAP ❽
ADD Via Giovanni Battista Sammartini, 2, Milano
OPEN 06:30~23:00(목~토 ~24:00)　**WALK** 밀라노 중앙역 1(G)층　**WEB** mercatocentrale.it

이탈리아인의 요리 자부심 끝판왕
🟠 이탈리
Eataly

현지인과 여행자 모두가 즐겨 찾는 이탈리아식 레스토랑 겸 식료품점. 백화점처럼 화려한 건물 안에 들어서면 이탈리아 요리 레시피 북과 프로슈토가 주렁주렁 매달린 천장, 커다란 와인 오크통이 반겨준다. 가장 큰 매력은 파스타면과 모차렐라 치즈 등 이탈리아 본고장의 다양한 식재료를 구매하고 이를 활용한 요리를 현장에서 맛볼 수 있다는 것. 예쁘게 포장된 선물용 가공식품도 많아서 구경하는 재미도 쏠쏠하다.

📍 F5JQ+65 밀라노 🅼 MAP ❾
ADD Piazza Venticinque Aprile, 10
OPEN 08:00~23:00
WALK 가리발디 기차역에서 도보 5분
WEB eataly.net

운하 구경, 사람 구경
🟠 방코
Banco

운하를 오가는 사람들을 구경하며 느긋하게 한잔하기 좋은 칵테일 바. 밀라노 최고의 명당이어서 가격이 비싼데도 운하를 마주하는 테이블은 비워지기가 무섭게 채워진다. 식사보다는 가벼운 음료로 분위기만 느껴보고 싶은 이들에게 권하는 곳. 큼직한 잔에 채워주는 이탈리아식 칵테일 아페롤 스프리츠를 현지인처럼 즐겨도 좋고 부드러운 거품에 탄산이 좋아 아페리티보로 제격인 모레티(Moretti) 생맥주를 즐겨도 좋다.

📍 F52C+GP 밀라노
ADD Alzaia Naviglio Grande, 46
OPEN 15:00~다음날 01:00　**CLOSE** 일요일
MENU 스프리츠 10€, 맥주 7€~
METRO M2선 포르타 제노바(P.TA Genova FS)역에서 도보 8분

감자칩+올리브+과자 구성의 간단한 안주 포함!

SPECIAL PAGE

AC 밀란과 인터밀란의 홈 경기장
산 시로·주세페 메아차 축구 경기장
Stadio San Siro-Giuseppe Meazza

이탈리아 프로축구 리그 세리에A(Serie A). 밀라노에는 세리에A를 대표하는 두 팀, 인터밀란(Inter Milan)과 AC밀란(AC Milan)의 홈 경기장이 있다. 약 7만5000명을 수용할 수 있으며, 두 팀이 공동으로 사용한다. 경기장은 밀라노시 소유이기 때문에 밀라노를 연고지로 하는 두 구단이 같은 곳을 홈으로 쓰는 것이다.

라이벌 팀이 같은 구장을 공유한다는 점도 흥미롭지만 부르는 이름이 다르다는 점도 특징이다. AC밀란은 산시로(San Siro)라 부르고, 인터밀란은 구단의 레전드 이름을 따 주세페 메아차(Giuseppe Meazza)라고 부른다. 두 명칭 모두 공식 이름이다.

라이벌인 두 팀이 맞붙는 '밀라노 더비'가 있는 날이면 제3차 세계대전을 방불케 하는, 이탈리아인이 온몸으로 표현하는 축구 사랑을 느낄 수 있다. 주세페 메아차는 1930년대 인터밀란에서 활약하며 365경기에서 242골을 넣었고, 1934년과 1938년 월드컵에서 이탈리아를 연속 우승으로 이끌었다.

🇬 산시로 경기장
ADD Via dei Piccolomini, 5
METRO M5선 산 시로 스타디오(San Siro Stadio)역 하차 후 도보 5분
TRAM 두오모 광장에서 산 시로 스타디오(San Siro Stadio)행 16번을 타고 종점 하차 후 도보 1분
WEB AC 밀란 acmilan.com
　　　 인터밀란 inter.it

경기장 투어

가이드를 동반해 경기장 내부와 박물관을 관람할 수 있다. 박물관 내에는 AC 밀란과 인터밀란의 역대 기록과 사진, 선수들의 유니폼 등 다양한 볼거리가 있다. 경기장 8번 게이트로 입장한다.

OPEN 09:30~18:00(11~3월 17:00)/경기 당일, 특별 행사 부정기 휴무
PRICE 투어+박물관 35€, 6~14세·65세 이상 26€, 5세 이하 무료
WEB sansirostadium.com

경기 관람 시 주의할 점

❶ 입장권을 살 때는 물론 입장할 때도 여권이 필요하다. 입장 시 경찰이 입장권에 적은 이름과 여권을 확인한다.
❷ 서포터즈의 응원석(골대 뒤쪽)은 삼간다.
❸ 소지품 검사를 한다. 페트병을 비롯해 무기가 될 만한 물건은 반입할 수 없다.
❹ 홈팀 경기장에서 원정 팀 응원 금지! 흥분한 응원단이 과격한 돌발 행동을 할 수 있다.

2022년, AC 밀란의 11년 만의 리그 우승 당시 두오모 광장에 모인 서포터즈

입장권 구매

AC 밀란 vs 인터밀란, 유벤투스, AS 로마와 같은 빅팀과의 경기는 불가능에 가깝지만 나머지 팀과의 경기는 당일 경기장에서도 살 수 있다. 밀라노 일정이 여유롭다면 호텔 리셉션에 입장권 판매처를 문의해서 구한다. 가격은 14~385€로 천차만별! 30~50€ 정도면 그럭저럭 OK다.

관중이 가득 들어 찬 산 시로 경기장

MORE
'해축' 팬들이 이곳을 좋아합니다. 풋볼 팀 Football Team

AC 밀란, 인터밀란 등 세계적인 축구 클럽팀의 굿즈 판매점. 오리지널 유니폼은 물론 축구공, 축구화 등 축구용품과 열쇠고리나 시계, 컵 등 액세서리로 가득 찬 매장은 세계 각지에서 몰려든 축구 마니아로 북적인다. 여행자들이 제일 많이 찾는 제품은 응원하는 선수의 등 번호와 이름을 새긴 유니폼 종류다.

 F57V+P5 밀라노 **MAP** ⑩-D
ADD Piazza del Duomo, 20
OPEN 11:00~19:00(토·일요일 10:00~, 월요일 14:00~)
WALK 두오모 뒤쪽, 엘리베이터 타는 곳 맞은편에 있다.
WEB footballteam.it

01
LOMBARDIA

코모 호수
LAGO DI COMO
(영어명 : LAKE COMO)

이탈리아에서 가르다 호수, 마조레 호수에 이어 세 번째로 큰 호수로, 북이탈리아를 대표하는 휴양지다. 유럽인들에게 오랫동안 사랑받아온 이곳은 맑은 공기와 고요한 수면, 때묻지 않은 자연이 어우러진 청량한 아름다움을 간직하고 있다. 밀라노에서 잠시 벗어나 한나절의 여유를 즐기기에 더없이 좋은 곳으로, 호수를 따라 펼쳐지는 풍경은 도시의 번잡함을 잊게 할 만큼 평화롭다.

코모 호수 가기

여행자 대부분은 밀라노에서 당일로 다녀오거나 스위스나 돌로미티에서 밀라노로 향하는 길에 들른다. 호수 주변에는 코모(Como), 바레나(Varenna), 레코(Lecco) 3곳에 기차역이 있다.
이 중 밀라노에서 가장 가깝고 도시 규모가 큰 코모는 숙박·교통·식사 선택지가 다양해 거점으로 삼기 좋다. 유람선으로 바레나나 벨라조까지 다녀오기도 편해 여행자들이 가장 많이 찾는 곳이다. 역에서 내려 바로 이어지는 카부르 광장을 중심으로 호숫가를 따라 1~2시간 산책할 수 있고, 브루나테행 등산열차를 타면 반나절, 유람선을 이용하면 호수 일주에 하루가 소요된다.
바레나는 기차역·선착장 접근성이 뛰어나고 '러버스 워크'라 불리는 호숫가 산책로와 베치오 성 전망이 장점이다. 레코는 밀라노 중앙역에서 직통 열차가 잦아 이동이 수월하고 도심 편의시설이 잘 갖춰져 있으며, 주변 산행(피아니 데르나)과 동부 호숫가 드라이브의 출발지로 적합하다.

1. 기차

- **밀라노 중앙역** 코모 산 조반니역, 바레나-에시노역, 레코역으로 향하는 트렌이탈리아의 레조날레(R)와 에우로시티(EC) 열차가 출발한다. 직행 열차의 운행 간격이 일정하지 않으니 시간표를 미리 확인하는 것이 좋다.
- **포르타 가리발디역** 트렌이탈리아와 공동 운영하는 트레노르드(Trenord)의 레조날레(R)가 코모 산 조반니역과 레코역까지 운행한다. 중앙역~코모 산 조반니역보다 한산하고 플랫폼 이동이 간단해 이용이 편하다.
- **밀라노 카도르나역** 코모 호숫가 바로 앞의 코모 라고역(Como Lago)까지 트레노르드의 레조날레(R)가 30분 간격으로 운행한다. 소요 시간은 중앙역보다 조금 더 걸리지만 도착 후 바로 유람선 선착장으로 이동할 수 있어 편리하다. 위의 두 역보다 접근성이 좋아 현지인들이 자주 이용하는 노선이다.

밀라노 카도르나역

밀라노 포르타 가리발디역

◆ 코모 산 조반니역 Stazione di Como San Giovanni

코모에서 가장 큰 역이지만 규모는 아담하다. 매표소가 닫혀 있거나 자동판매기가 작동하지 않을 경우 매표소를 등지고 오른쪽에 있는 코모 카페(05:30~20:00)에서 승차권을 구매할 수 있다. 다만 거스름돈 계산이나 열차 시간 안내가 정확하지 않은 경우가 있으니 반드시 재확인하자. 역에서 카부르 광장과 유람선 승선장까지는 도보 10분 소요.

밀라노 중앙역 Milano(C.le)
↓
기차 40분~,
5.20~16€(R·EC)
05:43~22:43/
15분~1시간 간격 (직행 기준)

또는

밀라노 포르타 가리발디역
Milano Porta Garibaldi
↓
기차 1시간, 5.20€(R)
05:49~23:09/30분 간격

↓

코모 산 조반니
Como S. Giovanni

밀라노 카도르나
Milano Cadorna
↓
기차 1시간, 5.20€(R)
05:43~22:43/
30분 간격(직행 기준)

↓

코모 라고
Como Lago

밀라노 중앙역 Milano(C.le)
↓
기차 1시간 5분,
7~8€(R)
07:20~20:20 /1시간 간격

↓

바레나-에시노
Varenna-Esino

밀라노 중앙역 Milano(C.le)
↓
기차 45~50분, 5.20€(R)
06:43~21:09/
30분~1시간 간격

또는

밀라노 포르타 가리발디역
Milano Porta Garibaldi
↓
기차 50분, 5.20€(R)
07:10~21:40/1시간 간격

↓

레코
Lecco

코모 라고역

트렌이탈리아
WEB trenitalia.com

트레노르드
WEB trenord.it

코모 호수 운항
WEB navigazionelaghi.it

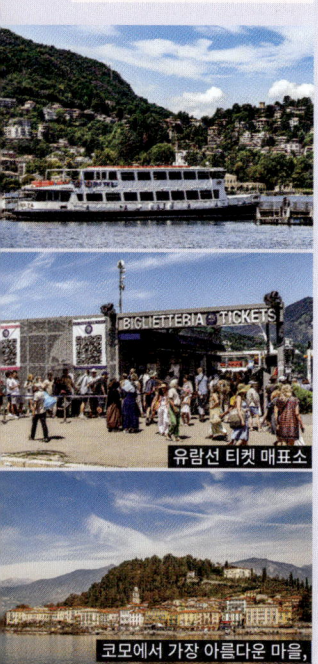

유람선 티켓 매표소

코모에서 가장 아름다운 마을, 벨라조

◆ 코모 라고역 Stazione di Como Lago
기차에서 내려 플랫폼 끝 출구로 나가면 바로 맞은편에 호수가 있다. 유람선 승선장과 카부르 광장까지 도보 3분 거리라 당일 여행자에게 가장 편리한 역이다.

◆ 바렌나-에시노역 Stazione di Varenna-Esino
역에서 나서면 바로 호수 방향으로 이어진다. 도보 5분 거리에 페리터미널이 있어 벨라조나 메나조로 곧바로 이동할 수 있다. 조용한 분위기와 아름다운 호숫가 전망 덕분에 숙박 거점으로도 인기가 높다.

◆ 레코역 Stazione di Lecco
코모 호수의 남동쪽 끝에 있으며, 역 앞에서 바로 호숫가 산책로가 이어진다. 절벽과 호수가 어우러진 고요한 풍경이 매력적이다.

2. 유람선

바쁜 여행자들은 대부분 코모만 보고 돌아가지만 그보다 북쪽 마을들까지 가야 코모 호수의 진짜 매력을 느낄 수 있다. 코모 호수는 너비 약 4km, 길이 약 47km의 'ㅅ'자 형태로, 호숫가 40여 개 마을을 유람선이 연결한다. 운항사는 코모 호수 운항(Navigazione Lago di Como)이며, 1일 무제한 이용권은 23.30€(4~12세 21€)다.

유람선은 코모를 기점으로 가장 많은 편이 운항하지만 중심은 벨라조다. 코모 남쪽에서 장거리 유람선을 타고 벨라조로 이동한 뒤 바렌나·메나조·렌노 중 한 곳을 오가거나, 벨라조~바렌나~메나조~렌노를 잇는 순환 노선을 이용하는 것이 효율적이다.

코모~벨라조 구간은 여름 성수기 기준 하루 8~12회 운항하며, '골든 트라이앵글'로 불리는 바렌나·벨라조·메나조 구역은 유람선 연결이 특히 편리하다. 운항 형태는 3가지로, 주요 항구만 정박하는 쾌속선(Rapido), 모든 마을을 경유하는 완행선(Battello), 벨라조·바렌나·메나조를 잇는 차량·보행자 겸용 페리(Traghetto)가 있다.

✦ 구간별 유람선 운항 정보

구간	소요 시간	요금(편도)
코모 → 벨라조	쾌속선 약 1시간	10.40€
	완행선 2시간~2시간 35분	8.90€
벨라조 ↔ 메나조	15분	4.60€
벨라조 ↔ 바렌나	20~40분	4.60€
바렌나 ↔ 메나조	13~22분	4.60€
벨라조 ↔ 렌노	20~30분	4.60€

3. 렌터카

코모 호수는 렌터카로 둘러보기 좋은 구간이 많지만 도로가 좁고 주차 공간이 제한적이어서 이동 계획이 중요하다. 드라이브를 즐기려면 코모 시내에서 출발해 서쪽 호숫가를 따라 렌노와 트레메치나를 거쳐 가는 코스가 이상적이다. 골든 트라이앵글(바렌나·벨라조·메나조) 지역은 주차 여건이 가장 좋은 메나조에 차를 두고 페리로 두 마을을 오가면 운전 부담 없이 핵심 지역을 여유롭게 둘러볼 수 있다.

OPTION A
코모 호수

밀라노 → 기차 40분~1시간 → 코모 산 조반니역 또는 코모 라고역 → 도보 3~10분 → ① 카부르 광장 → 도보 5분 → ② 호수 길 [Option ③ 등산열차 타고 브루나테산에 오르기 → Option ④ 코모 두오모] → 도보 5분 → 유람선 승선장 → 페리 1시간 → ⑤ 벨라조 → 페리 20분 → ⑥바렌나 → 기차 1시간 10분 → 밀라노 중앙역

LAGO DI COMO 코모 호수

코모 호수

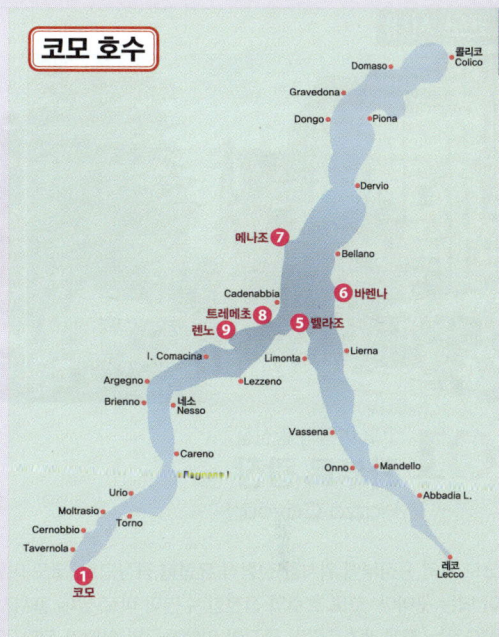

- Colico 콜리코
- Domaso
- Gravedona
- Dongo
- Piona
- Dervio
- 메나조 ⑦
- Cadenabbia
- Bellano
- 바렌나 ⑥
- 트레메초 ⑧
- 벨라조 ⑤
- 렌노 ⑨
- I. Comacina
- Limonta
- Lierna
- Argegno
- 네소 Nesso
- Lezzeno
- Brienno
- Vassena
- Careno
- Onno
- Mandello
- Urio
- Moltrasio
- Abbadia L.
- Cernobbio
- Torno
- Tavernola
- ① 코모
- 레코 Lecco

코모

- Villa Orfanello
- Via Per Cernobbio
- 코모 호수 Lago di Como
- 빌라 올모
- V.S. Cantoni
- Passeggiata V. Museo Civico
- Piazzetta Primo Mojana
- Via Villa Olmo
- S. Giorgio
- Breggia
- Via Borgo Vico
- Via Nino Bixio
- Via Imbonati
- Maggiolini
- Piazzale Santa Teresa
- Viale Fratelli Rosselli
- V.F. Recchi
- V.F. Cavallotti
- V.A. Sant'elia
- 코모 산 조반니역 COMO S. GIOVANNI
- V.V. Monteroda
- Via Santa
- Via Borgo Vico
- Masia
- V. Giuseppe Sinigaglia
- V. Giancarlo Puecher
- V. Mafalda di Savoia
- V.G. Manzoni
- L. Lario Trento
- 유람선 승선장
- ① 카부르 광장
- L. Lario Trieste ②
- 호수 길
- 볼티아노 신전
- Piazzetta de Orchi
- P.za Matteotti
- P.G.
- 코모 라고역 Como Lago
- V.A. Manzoni
- V.T. Gallio & Alpi
- P. San Rocchetto
- V.V. Bareli
- V. Reg.
- P.za Volta
- Alessandro Volta
- Ballarini
- V. Cinque Giornate
- V.G. Garibaldi
- V. Indipendenza
- 이탈리아 거리
- S. Fedele
- V.V. Bertinelli
- Municipio
- V. Maurizio Monti
- Via Enrico Pessina
- Via del Partigiani
- V.S. Monti
- Giovanni Bertacchi
- V. Crispi
- V. Martino Anzi
- V. Santo Garovaglio
- V. Giuseppe Ferrari
- V. Tommaso
- V. Dante
- Via Per
- V. Nazario Sauro
- Peristera
- Gonetta Alli
- Battisti
- V. Luigi
- Zezio
- Via Ai Piani
- Via Parco Nidrino
- Via Ai Piani
- Via Parco Nidrino
- Via Funicolare
- Via Roma
- 푸니콜라레 승차장
- Santa Petrera
- Piazza Funicolare
- 푸니콜라레 매표소
- P.A. de Gasperi
- Villa Maria
- V. Coloniola
- Stoppani
- Via Prudenziana
- Piazza Amendola
- ③ 푸니콜라레 코모 브루나테
- V.F. Maurizio Volta
- V. Alessandro Volta
- V. Belvedere Padisiella
- Largo Mario Radice
- V. Francesco
- S. Donato
- ④ 코모 두오모

200m

499

코모 시내

볼리아노 신전에서 바라본 카부르 광장과 항구 풍경

01 코모 여행의 중심점
카부르 광장
Piazza Cavour

코모 시의 중심부에 위치한 전형적 유럽형 광장으로, 코모 여행의 출발점이 되는 곳이다. 코모 호수의 잔잔한 수면이 바로 앞에 펼쳐지고 광장 주변으로는 카페·레스토랑이 줄지어 여행자들의 쉼터가 된다. 유람선 승선장과 인접해 배를 타기 전후로 머무르기 좋으며, 저녁이면 노을빛이 호수를 붉게 물들인다.

📍 R37J+65 코모
WALK 코모 산 조반니역에서 도보 10분/ 유람선 승선장에서 도보 1분

02 호숫가 산책로
호수 길
Lungo Lario Trieste

코모 호수를 따라 조성한 산책로. 호수를 바라본 채 오른쪽으로 걸어가면 푸니콜라레 승차장이 있고 왼쪽으로 걸어가면 화학전지를 발명한 코모 출신 물리학자 알레산드로 볼타를 기리는 전시관(Tempio Voltiano)과 빌라 올모(Villa Olmo)가 있다. 산책로를 따라 걸어보고 싶은 마음이 생긴다면 20여 분 거리에 있는 ❶ 빌라 올모(Villa Olmo)까지 가보자. 18세기에 지은 별장인데, 별장 자체도 예쁘지만 이곳에서 바라보는 코모 호수의 경관도 아름답다.

ADD Lungo Lario Trieste
WALK 카부르 광장과 호수 사이에 있는 대로가 룽고 라리오 트리에스테(Lungo Lario Trieste)다.

볼리아노 신전. 전압의 단위인 '볼트'의 기원이 된 알레산드로 볼타를 기념하는 박물관이다.

Option

03 푸니콜라레 코모 브루나테
알프스의 테라스
Funicolare Como Brunate

Option

04 코모 두오모
다양한 양식이 혼합된 건축물
Duomo di Como

코모 호수의 아름다움을 제대로 느낄 수 있는 또 하나의 방법. 가스페리 광장(Piazza de Gasperi)에서 출발하는 등산열차, 푸니콜라레(Funicolare)를 타고 브루나테산 정상으로 올라가자. 약 7분이면 정상에 도착하는데, 왜 이곳을 '알프스의 테라스'라고 하는지 그 이유를 온몸으로 느낄 수 있다. 1894년부터 운행을 시작한 푸니콜라레는 탑승 정원이 80여 명에 불과하다. 성수기와 주말에는 대기 시간이 길어 1시간 넘게 줄을 서기도 하니 가능한 평일에 방문하자.

끊임없는 개축을 거치며 로마네스크·고딕·르네상스·바로크 양식이 모두 혼합된 독특한 건축물이다. 정면에는 코모 출신의 대(大) 플리니우스와 그의 조카 소(小) 플리니우스의 조각상이 세워져 있으며, 내부에는 금빛 장식의 돔과 ❶ 고딕 양식의 스테인드글라스가 빛을 채운다. 마을 규모에 비해 두오모의 외관과 내부가 다소 화려해 이질적으로 느껴질 수도 있다.

두오모 앞 광장에서 이어지는 길은 코모의 중심 상업가인 비토리오 에마누엘레 2세 거리(Via Vittorio Emanuele Ⅱ)로, 이국적인 분위기의 카페와 식당이 늘어선 인디펜덴차 거리(Via Indipendenza)와 교차한다. 인디펜덴차 거리를 따라 천천히 걷다 마음에 드는 카페에 들러 커피 한잔 마시면 보물을 찾은 듯한 기분이 든다.

📍 R39M+34 코모
ADD Piazza Alcide de Gasperi, 4
OPEN 06:00~22:30(여름철 ~24:00)/15~30분 간격 운행, 겨울철에는 보수공사로 운행하지 않거나 단축 운행
PRICE 왕복 7.20€, 편도 4.80€ (12세 이하 왕복 3.90€, 편도 2.40€)
WALK 카부르 광장에서 도보 10분
WEB funicolarecomo.it

📍 R36M+M7 코모
ADD Piazza di Duomo
OPEN 10:30~17:30(토요일 10:45~16:30, 일요일 13:00~16:30)
PRICE 무료(약간의 헌금)
WALK 카부르 광장에서 호수 반대편 길을 따라 도보 2분

코모 호수 주변 마을

스파르티벤토 전망대

05 호수의 진주
벨라조 Bellagio

코모 호수가 'ㅅ'자로 갈라지는 곳에 자리해 호수 전역을 내려다보는 절경으로 유명하다. 언덕을 따라 다채로운 건물과 부티크, 카페가 층층이 이어지며 여유로운 분위기를 만든다. 코모 호수 유람선의 허브로, 코모 마을은 물론이고 바레나·메나조 등 호수 중부의 마을들과 연결된다. 최고의 포인트는 세 갈래 호수와 알프스 산맥이 한눈에 펼쳐지는 스파르티벤토 전망대(Punta Spartivento). 하루 종일 무료 개방되며, 일몰 무렵 풍경이 가장 아름답다.

⦿ X7P5+8X Bellagio(선착장)

스파르티벤토 전망대
WALK 유람선 선착장에서 도보 15분(차량 진입 불가)
WEB explorelakecomo.com/go/la-punta-spartivento

06 호수 위의 그림엽서
바레나 Varenna

알록달록한 집들이 호숫가를 따라 늘어서 있고 구불구불한 골목과 돌계단이 이어지는 사랑스러운 마을. 호수 위를 걷는 듯한 연인의 산책로(Passeggiata degli Innamorati)가 이곳의 하이라이트다. 마을 위 언덕의 베치오 성(Castello di Vezio)에서는 코모 호수와 바레나 전경이 한눈에 펼쳐지며, 맑은 날 진행되는 맹금류 비행 시연(팔코네리아)으로도 유명하다. 호숫가를 따라 길게 뻗은 빌라 모나스테로(Villa Monastero) 정원에서는 수목과 꽃, 호수가 어우러진 평화로운 풍경을 감상할 수 있다. 밀라노 중앙역에서 직통 기차로 연결되고 벨라조·메나조까지 페리로 20분 이내 이동이 가능하다.

⦿ 277M+H4 Varenna(선착장)

베치오 성
ADD Via Castello, 23828
OPEN 3·10월 10:00~17:00
(토·일요일 ~18:00, 6~8월은 1시간 연장, 그 외 기간은 1시간 단축 운영)
CLOSE 11월 우천 시, 12~2월
PRICE 7.70€, 6~17세·66세 이상 4.40€, 5세 이하 무료
WALK 선착장에서 도보 30분
WEB castellodivezio.it

빌라 모나스테로
ADD Viale Giovanni Polvani, 4
OPEN 6~8월 09:30~20:00, 그 외 기간은 단축 운영
CLOSE 12월 25일
PRICE 전체 박물관 및 식물원 13€, 15~25세 7€, 14세 이하 무료
WALK 선착장에서 도보 10분
WEB www.villamonastero.eu

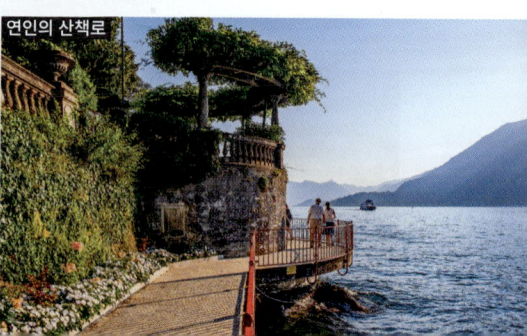
연인의 산책로

Option 07 여유로운 리비에라의 오후
메나조 Menaggio

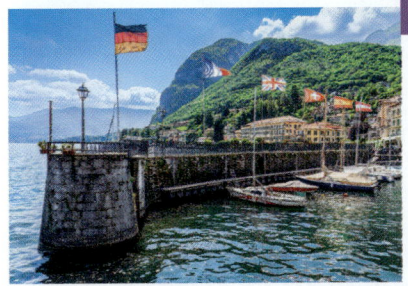

호수 서안의 대표 거점으로, 벨라조·바렌나를 잇는 교통 요지다. 호숫가 산책로와 카페 거리, 산타 마르타 광장이 어우러져 여유로운 분위기를 자아낸다. 중심가 근처에 주차 공간이 넉넉해 드라이브 여행자에게도 인기다.

 22017 Menaggio(선착장)

Option 08 귀족의 휴양지
트레메초 Tremezzo

코모 호수에서 가장 낭만적인 구간으로, 빌라 카를로타(Villa Carlotta)가 상징처럼 자리한다. 이곳에는 길이 약 33m의 대리석 부조 <알렉산더 대왕의 바빌론 입성>을 비롯해 카노바와 토르발센의 조각 등 신고전주의 예술품이 전시돼 있다. 정원은 사계절 꽃이 만발해 호수의 풍경과 어우러진다. 메나조에서 트레메초를 거쳐 남쪽으로 이어지는 길은 호수와 산이 겹치는 절경으로 '코모 최고의 뷰 포인트'로 꼽힌다.

 X6MG+44(트레메초 선착장)

빌라 카를로타
ADD Via Statale, 5605　OPEN 10:00~19:00(10월 말~3월 중순은 단축 운영)
PRICE 15€, 65세 이상 13€, 19~25세 10€, 6~18세 6€
WALK 트레메초 유람선 선착장에서 도보 8분/빌라 카를로타 선착장 바로 앞
WEB villacarlotta.it

Option 09 영화 속의 호수 풍경
렌노 Lenno

영화 <스타워즈: 에피소드 2>의 애너킨과 파드메의 결혼식 장면과 <007 카지노 로열>에서 제임스 본드가 요트를 타고 들어오는 장면이 촬영된 빌라 델 발비아넬로(Villa del Balbianello)가 있는 고요한 마을. 절벽 위에 세워진 저택은 호수와 정원이 맞닿은 풍경으로 세계적인 명성을 얻었다. 정원 산책로에서는 영화 속 장면처럼 호수를 배경으로 사진을 남길 수 있다.

 X58P+QX(선착장)

빌라 델 발비아넬로
ADD 22016 Tremezzina
OPEN 10:30~16:00(계절에 따라 다름)　CLOSE 월·수요일
PRICE 14€, 25세 이하 학생·6~18세 11€/온라인 예약 필수
WALK 선착장에서 도보 30분(주차 불가)

02
VENETO

베로나
VERONA

'어느 거리에서나 말버로의 민요가 들려오고 여기저기서 덜시머와 바이올린 소리도 들린다. … (중략) … 감정으로 충만한 베로나식 생활은 가난한 삶에도 부드러운 분위기를 드리워준다.'

-<괴테의 이탈리아 기행>(푸른숲)의 '베로나'(9월 17일자) 중

베로나 가기

이탈리아뿐만 아니라 국제선 열차의 중간 정차역으로, 피렌체, 밀라노, 베네치아 어디서든 기차로 쉽게 다녀올 수 있다. 이들 도시 간에 이동할 때 잠깐 둘러보고 싶어 하는 여행자가 많지만 베로나는 생각보다 규모가 큰 도시이므로 시간을 넉넉히 잡고 여행 계획을 세워야 한다.

기차

밀라노에서 베로나 포르타 누오바역까지 10분~1시간 간격으로 열차가 운행한다. 트레노르드(Trenord)의 완행열차 레조날레는 운행 횟수가 적은 편. 이탈로(Italo) 고속열차를 일찍 예매하면 비슷한 요금으로 더 빠르고 편리하게 이동할 수 있다.
피렌체에서는 산타 마리아 노벨라역에서 트렌이탈리아(Trenitalia)의 프레체(Frecciarossa, FR)나 이탈로(Italo)를 이용하면 가장 빠르고 편하다. 베로나행 직행 노선은 하루 약 13회 운행하므로 저렴한 프로모션 요금으로 미리 예매해 두는 것이 좋다.

◆ **베로나 포르타 누오바역** Stazione di Verona Porta Nuova

시내에서 조금 떨어진 곳에 있다. 역 밖으로 나가면 정면에 버스 정류장이 있고 택시 승차장은 역 정문을 등지고 서서 오른쪽 입구에 있다.

언제나 사람들로 붐비는 베로나 포르타 누오바역

▶ **베로나 포르타 누오바역에서 브라 광장까지**

포르타 누오바역에서 베로나 여행의 중심인 브라 광장까지 가려면 산 미켈레(San Michele)·미촐레(Mizzole)·몰리니(Molini)행 11·12·13번 시내버스를 이용한다. 요금은 1.50€(버스 기사에게 구매 시 2€), 소요 시간은 6~8분이다. 택시 요금은 10~12€. 걸어간다면 20분 정도 걸린다.

포르타 누오바 성문

브라 광장의 입구인 브라 문

밀라노 중앙역 Milano(C.le)
↓
기차 1시간 15분~2시간, 12.75~22€(R·FR·EC·italo)
06:25~22:25/ 10분~1시간 간격

피렌체 Firenze(S.M.N)
↓
기차 1시간 30분~, 17.90~47€(FR·italo)
08:36~21:05/1일 13회

베네치아 Venezia(S.L)
↓
기차 1시간 10분~ 10~17€(R·FR·italo)
06:04~21:10/ 5분~50분 간격

베로나 포르타 누오바 Verona Porta Nuova

*FR-Freccia(고속열차)
 EC-Euro City(국제 급행열차)
 R-Regionale(완행열차)
 italo(이탈로 고속열차)

*시즌·요일에 따라 운행 시간이 유동적이니 홈페이지에서 미리 확인하자.

★ **트렌이탈리아**
WEB trenitalia.com

이탈로
WEB italotreno.it

★ **수하물 보관소** Kibag·Kipoint
OPEN 08:00~20:00
PRICE 6€/4시간, 4시간 초과 시 1€/1시간, 12시간 초과 시 0.50€/1시간
WALK 기차역 중앙홀의 트렌이탈리아 매표소를 바라보고 오른쪽 끝 출구 옆에 있다.

● **관광 안내소** IAT Verona-Palazzo Barbieri

베로나 관광청에서 운영하는 공식 안내소. 베로나 카드를 구매할 수 있다.

⊙ CXQV+6H 베로나
ADD Palazzo Barbieri-Via Leoncino, 61
OPEN 월~토요일 09:00~18:00(11~2월 ~17:00, 7·8월 ~19:00), 일요일·공휴일 10:00~17:00(11~2월 ~16:00, 7·8월 ~18:00)/12월 25일·1월 1일 휴무/오페라 축제 기간에는 유동적
WALK 브라 광장에 있는 바르비에리 궁전(시청) 건물 오른쪽 코너
WEB visitverona.it

● **팜 Pam** : 슈퍼마켓

브라 광장과 가까운 대형 체인 슈퍼마켓.

⊙ CXQR+56 베로나
ADD Via dei Mutilati, 3
OPEN 08:00~21:00(일요일 09:00~13:30·16:00~20:00)
WALK 브라 광장에서 도보 3분

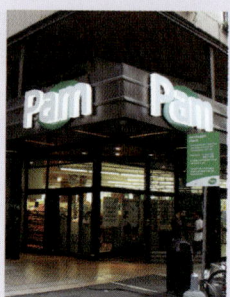

★
베로나 카드 Verona Card
베로나 시내 교통과 아레나(원형 극장), 줄리엣의 집(예약 필수)을 포함한 20개 명소를 무료로 이용할 수 있으며, 그 외 명소 입장권과 오페라 축제 공연 티켓을 할인받을 수 있다. 아레나, 줄리엣의 집, 줄리엣의 무덤 등 4곳 이상 관람할 예정이라면 구매할 만하다.

PRICE 24시간 27€, 48시간 32€
WEB museiverona.com
줄리엣의 집 예약 verona.midaticket.it

★
오페라 관람 시 알아둘 점
- 의자가 설치된 플래티넘~2등석은 스마트 캐주얼 이상 복장을 권장하며, 반바지·탱크톱(여성)·슬리퍼(남성)는 출입이 제한된다.
- 계단석(베르디석~6등석)은 오래 앉아 있기 불편하므로 입구에서 일회용 방석을 구매하면 좋다.
- 무대 좌우에 영어 자막이 제공된다.
- 악천후 시 주최 측은 최대 150분까지 대기할 수 있으며, 공연 시작 후에는 환불되지 않는다. 단, 1막 종료 전 중단되면 다른 공연을 50% 할인된 요금으로 예약할 수 있다.

★
오페라 축제 기간 중 베로나 기차역에서 하룻밤 보내기
오페라 공연은 새벽 1시 무렵에 끝난다. 축제 기간에는 숙소가 부족하고 요금도 비싸기 때문에 많은 여행자가 기차역에서 하룻밤을 보낸다. 베로나역은 규모가 크고 비교적 깨끗하며, 축제 기간에는 사람이 많아 안전한 편이다. 단, 새벽에는 기온이 낮으니 겉옷이나 담요를 준비하자. 아레나 극장 앞 카페 중에는 새벽 3시까지 영업하는 곳도 있다.

★
베로나 숙소 정보
베로나는 규모에 비해 숙소 사정이 좋지 않다. 고급 호텔이 많고 저가 숙소도 다른 도시보다 비싼 편이라 하루 일정으로 밀라노나 베네치아에서 다녀오는 여행자가 많다. 오페라 축제 기간에는 숙박 수요가 급증하므로 축제 시작 최소 6개월 전에 예약해야 한다. 저렴한 숙소부터 순식간에 마감된다.

강 건너 산 피에트라 성에서 바라본 베로나 풍경

SPECIAL PAGE

Arena di Verona Opera Festival
베로나 오페라 축제

매년 여름, 아레나 원형경기장에서 오페라가 상연되면 베로나라는 작은 도시는 오페라의 열기로 후끈 달아오른다. 전 세계 수많은 사람이 단지 여름 오페라를 감상하기 위해 이 도시를 찾고 주변의 다른 도시를 여행하던 사람들도 일정을 바꿔 몰려드는 등 베로나는 매년 흥겨운 잔치가 펼쳐진다.

★ **베로나 오페라 예매처**
TEL (045)800 5151
WEB arena.it

기간 6월 중순~9월 초

첫 작품 베르디 탄생 100주년을 기념하여 1913년 아레나에서 맨 처음 무대에 오른 오페라는 <아이다>였다. 그 뒤로 100년 넘게 마리아 칼라스, 플라시도 도밍고, 루치아노 파바로티, 호세 카레라스 등 세계적인 성악가들이 성대한 오페라를 공연해 왔으며, 항상 세계인의 사랑을 받고 있다.

기간 베로나의 오페라 축제는 매년 6월 중순부터 9월 초까지 열린다. 월·화요일에는 공연이 없고 수요일에도 쉬는 때가 많다.

상연작 2026년에는 <나부코>, <아이다>, <라 트라비아타>, <투란도트>, <라 보엠> 이 장기 공연으로 무대에 오르고 발레와 연주회도 단기 공연으로 진행된다. 특히 <아이다>는 포다의 미래적인 '디 크리스탈로' 연출과 제피렐리의 전통적 연출로 2가지 버전을 즐길 수 있다.

요금 가장 저렴한 번호 없는 계단석(6등석)은 평일 30€대면 구매할 수 있다. 가장 비싼 플래티넘석은 270~330€ 정도며, 세계적인 성악가가 출연하는 갈라(Gala) 공연은 티켓을 구하기도 힘들다.

*Poltrona 이하 등급의 좌석은 66세 이상·29세 이하 할인됨(약 25%)

예매 좋은 좌석에서 공연을 보려면 몇 개월 전 예약이 필수다. 반면 가장 저렴한 좌석은 공연 당일 현장 구매도 가능하지만 예약자와 현장 구매자의 입장 순서가 달라 가능하면 미리 예약하는 것이 좋다. 공연은 21:00에 시작하며, 온라인 예매자는 19:00경부터, 현장 구매자는 20:00 이후 입장한다. 유명 배우 출연일에는 매진과 혼잡이 잦으니 주의하자.

예매는 아레나 공식 홈페이지에서 가능하다. 공연 날짜와 좌석, 티켓 수를 선택한 뒤 로그인해 신용카드·주소·연락처·이메일을 입력하면 된다. 예매 후 이메일로 받은 티켓을 출력해가거나 브라 광장 티켓 오피스에서 스마트폰 화면을 제시해 입장권으로 교환한다.

■ Poltronissima 플래티넘
■ 1등석 베르디
■ Poltronissima 골드
■ 2등석 푸치니
■ Poltronissima 실버
■ 3등석 로시니
■ Poltronissima
■ Poltrona
■ 4~5등석(번호 있는 계단석)
■ 5등석(번호 있는 계단석)
■ 6등석(번호 있는 계단석)

무대
정면 1등석 입구

*시즌과 공연에 조금씩 따라 다름

여행자가 아레나에서 가장 많이 보는 오페라 Best 3

❶ <아이다 Aida> 슬프고도 아름다운 사랑

작곡 베르디(1871년, 전 4막)

대표곡 제1막 '청아한 아이다, 이기고 돌아오라', 제2막 '개선 행진곡', 제3막 '오! 나의 조국이여', 제4막 '이 땅이여 안녕'

줄거리 에티오피아 공주 아이다와 이집트 장군 라다메스의 이루어질 수 없는 사랑 이야기.
아이다는 궁전을 나왔다가 이집트 군사들에게 사로잡힌다. 이집트로 끌려간 아이다는 자신이 공주라는 신분을 숨긴 덕분에 죽지 않고 이집트 공주 암네리스의 시종이 된다. 외로웠던 아이다는 적국의 장군이자 암네리스의 짝사랑 상대인 라다메스에게 조금씩 의지하게 되고 서로 사랑하는 사이가 된다. 아이다의 신분을 몰랐던 라다메스는 에티오피아를 멸망시켰고 아이다의 아버지인 에티오피아의 왕을 노예로 잡아왔다. 괴로워하던 아이다는 아버지의 명으로 라다메스를 이용해 아버지의 탈출을 돕는다. 결국 모든 사실이 들통나고 라다메스는 아이다와 그녀의 아버지를 탈출시킨 뒤 암네리스에게 사로잡힌다. 라다메스는 암네리스와 결혼하면 모든 죄를 용서받을 수 있었지만 사랑을 지키기 위해 이를 거절하고 돌무덤에 갇혀 죽게 되는 벌을 받는다. 혼자 쓸쓸히 돌무덤으로 들어가던 라다메스. 그러나 그곳에는 아이다가 기다리고 있었고 두 사람은 함께 죽음을 맞이한다.

❷ <카르멘 Carmen> 열정적인 사랑 그리고 어리석은 결말

작곡 비제(1875년, 전 4막)

대표곡 제1막 '하바네라', 제2막 '집시의 노래', '투우사의 노래', '꽃노래', 제3막 '미카엘라의 아리아', 제4막 '카르멘과 호세의 2중창'

줄거리 정열적인 집시 여인 카르멘과 순진하고 고지식한 군인 돈 호세의 비극적인 사랑 이야기.
돈 호세는 사랑하는 카르멘을 위해 그녀가 지은 죄를 대신해서 감옥 생활을 하고 그녀와의 사랑을 방해하는 상관을 죽이기까지 한다. 결국 카르멘과 돈 호세는 산속으로 들어가 도피 생활을 하지만 그 생활은 오래가지 못한다. 돈 호세는 떠돌이 생활에 적응할 수 없었고 카르멘은 그런 돈 호세에게 싫증을 내고 투우사 에스카밀리오를 사랑하게 된다. 돈 호세는 카르멘의 마음이 변한 것을 알고 함께 미국으로 가서 새로운 생활을 시작하자고 그녀를 설득한다. 하지만 그녀가 끝내 거부하자, 화가 나서 그만 그녀를 죽이고 만다.

❸ <토스카 Tosca> 사랑, 질투, 증오 그리고 죽음…. 모든 것이 '허무'다.

작곡 푸치니(1900년, 전 3막)

대표곡 제1막 '오묘한 조화', 제2막 '노래에 살고 사랑에 살고', 제3막 '별은 빛나건만'

줄거리 오페라 가수 토스카와 화가 카바라토시의 사랑, 그리고 로마 총독 스카르피아의 질투를 그린 이야기.
토스카와 카바라토시는 서로 사랑하는 사이였고 욕심 많은 총독은 그녀를 탐내며 둘 사이를 이간질한다. 그러던 어느 날 카바라토시가 정치적인 이유로 사형을 선고 받게 되자, 총독은 그녀에게 자신과 함께 하룻밤을 보내면 연인을 살려주겠다는 제안을 한다. 그녀가 어쩔 수 없이 제안을 받아들이는 척 하자, 총독은 카바라토시를 향한 총에서 총알을 빼내라는 명령을 내린다. 토스카는 그녀를 범하려는 총독을 죽이고 카바라토시에게 달려가지만 그는 끝내 사형당하고 만다. 총독은 애초에 그를 살릴 생각이 없었던 것이다. 연인의 죽음을 보고 오열하던 토스카는 경찰들이 몰려오자 총독을 저주하며 절벽 아래로 몸을 던진다.

01 브라 광장 Piazza di Brà
아름다운 중세 유럽의 광장

포르타 누오바 성문을 지나 10분 정도 걷다 보면 시계가 있는 성문이 보인다. 그 성문을 지나면 새로운 세계에 온 것 같은 착각이 들 정도로 멋진 모습의 브라 광장이 나온다. 어느 도시의 광장과 비교해봐도 전혀 손색없는 베로나의 명소다. 넓은 광장 중앙에 우뚝 선 아레나에서 오페라가 열리면 광장에는 발 디딜 틈 없이 많은 사람으로 북적인다. 광장을 따라 카페가 늘어서 있고 평소에는 광장 곳곳에서 거리의 예술가들이 연주하는 노랫소리와 갖가지 공연이 열리는 소박한 모습이지만 오페라 축제가 시작되면 어느 도시보다 화려한 모습으로 바뀐다.

ⓖ CXQV+C8 베로나
ADD Piazza Bra
BUS 베로나 포르타 누오바역에서 11·12·13번 버스를 타고 7분
WALK 포르타 누오바역에서 도보 20분

오페라 축제 기간이면 브라 광장을 비롯한 베로나 곳곳에 조형물이 설치된다.

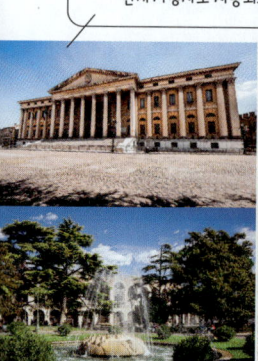
1848년 주세페 바르비에리가 설계한 바르비에리 궁전(Giuseppe Barbieri). 현재 시청사로 사용되고 있다.

이탈리아의 통일을 이룩한 이탈리아 초대 국왕 비토리오 에마누엘레 2세의 동상

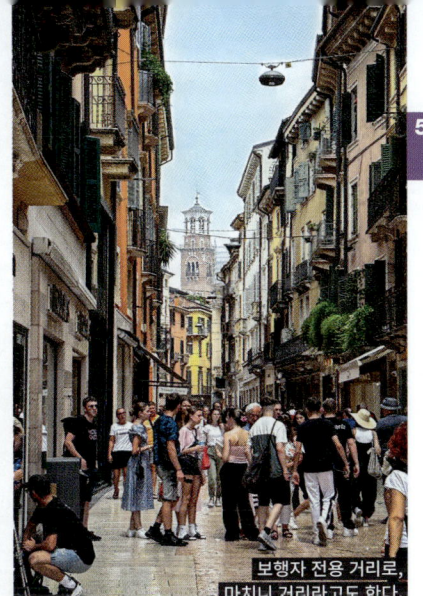

02 아레나
2000년 전에 지은 원형 극장
Arena di Verona

Option 03 주세페 마치니 거리
베로나의 명품 쇼핑가
Via Giuseppe Mazzini

서기 30년에 지은 원형경기장. 로마시대 '아레나'에서는 로마의 콜로세움처럼 검투사 경기나 맹수 시합이 열렸다. 경기 도중 검투사나 맹수가 흘린 피로 바닥이 붉게 물들고 냄새가 고약해지면 로마인은 바닥에 모래를 깔고 경기가 끝날 때마다 새 모래로 교체해 경기장의 청결을 유지했다. 그래서 라틴어로 '모래'를 뜻하는 아레나는 '모래를 깔아놓은 경기장'이라는 의미도 담고 있다.

베로나의 아레나는 로마의 콜로세움보다 약 40년 먼저 세워졌다고 하기에는 믿기지 않을 만큼 보존 상태가 좋다. 더욱 놀라운 사실은 매년 6월 중순부터 9월 초까지 이곳에서 열리는 '베로나 오페라 축제' 기간에 확인할 수 있다. 작은 소리조차 극장의 구석 사리까지 전달되도록 지어 지금도 음향 설비 없이 오페라가 공연된다는 점. 고대 로마인의 뛰어난 기술과 지혜를 새삼 느낄 수 있다.

브라 광장에서 에르베 광장까지 약 450m 이어지는 베로나의 대표 쇼핑 거리. 14세기에 두 광장을 연결하기 위해 처음 설계됐으며, 1907년에는 19세기 이탈리아 독립과 통일의 영웅 주세페 마치니를 기념해 현재의 이름이 붙었다. 루이비통, 구찌, 막스마라 등 명품 브랜드부터 캐주얼 의류와 패션 잡화까지 다양한 매장이 들어서 있다. 기념품을 산다면 줄리엣의 집 내 상점이 좋다. 자수 제품, 휴대폰 스트랩, 열쇠고리, 볼펜 등 생활용품의 디자인이 세련되고 가격대도 다양해 선물용으로 적당하다.

ⓖ CXQV+RF 베로나
WALK 브라 광장 북쪽, 아레나 왼쪽에서 시작하는 거리

ⓖ 베로나 아레나
ADD Piazza Bra
OPEN 09:00~15:00(시즌마다 변경, 홈페이지 참고)
CLOSE 월요일(시즌마다 변경, 홈페이지 참고), 1월 1일, 12월 25일
PRICE 12€, 18~25세 학생 3€, 17세 이하 무료, 11~3월 첫째 일요일 1€/ 베로나 카드
WALK 브라 광장 가운데 있다.
WEB 공연 정보 및 예매 arena.it
경기장 입장 verona.midaticket.it

오전에는 기념품과 먹거리가 가득한 시장이 열린다.

04 줄리엣의 집
로미오가 사랑의 세레나데를 부른 곳
Casa di Giulietta

05 에르베 광장
약초 시장이 있던 광장
Piazza Erbe

셰익스피어의 작품 <로미오와 줄리엣>에서 로미오가 줄리엣에게 사랑을 고백하던 발코니가 있는 곳으로 유명하다. 그러나 이곳이 실제로 줄리엣의 가문인 캐퓰렛이 살던 집이었다는 증거는 없다. 1905년 베로나 시가 건물을 경매로 사들여 '줄리엣의 집'으로 지정한 것이다.

고딕 양식의 ❶ 줄리엣의 발코니는 1930년대에 새로 추가된 것으로, 문학적 상징을 현실로 재현한 셈이다. 마당 한가운데에는 줄리엣의 동상이 서 있는데, 동상의 가슴을 만지면 사랑이 이루어진다는 전설 때문에 반질반질하게 닳아 있다. 방문객이라면 한 번쯤 사진으로 추억을 남겨 보자. 영화 <레터스 투 줄리엣>처럼 집 안에서 사랑의 편지를 남기면 줄리엣 클럽의 자원봉사자들이 직접 답장을 보내준다.

로마시대부터 이어져온 베로나의 중심 광장으로, 지금도 카페와 상점, 보석 가게 등이 즐비해 늘 사람들로 붐빈다. '에르베'는 '약초'라는 뜻으로, 과거 약초 시장이 열리던 것에서 이름이 비롯됐다. 매일 오전 열리는 시장에서는 과일, 음료, 꽃, 기념품 등 여행자들의 눈길을 끄는 물건들을 판다. 광장 중앙의 ❶ '베로나의 마돈나' 분수는 로마시대 목욕탕에서 쓰이던 붉은 대리석 수조를 재활용한 것으로, 분수 위 동상은 서기 380년경 제작된 로마 조각상이다. 한쪽 끝에 서 있는 ❷ '날개 달린 사자상(Leone Marciano)'은 베네치아의 수호성인 산 마르코를 상징하며, 한때 베로나가 베네치아의 지배를 받았던 흔적을 보여준다. 광장 오른쪽 코르타 문(Arco della Corta)을 통과하면 시뇨리 광장으로 이어진다.

🄖 줄리엣의 집 베로나
ADD Via Cappello, 23
OPEN 09:00~19:00/폐장 30분 전까지 입장
CLOSE 10~5월 월요일
PRICE 12€, 18~25세 학생 3€, 17세 이하 무료
베로나 카드 소지자 예약 필수 / 베로나 카드
WALK 브라 광장에서 도보 7분
WEB 예매 verona.midaticket.it

줄리엣 동상

🄖 에르베 광장 베로나
ADD Piazza Erbe
WALK 아레나에서 도보 7분/줄리엣의 집에서 도보 1분

❷ 마페이 궁전 앞 날개 달린 사자상

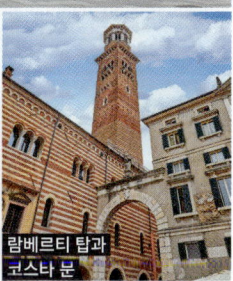

❶ 단테 탄생 600주년을 기념해 1865년에 세웠다.

람베르티 탑과 코스타 문

이탈리아 시인 베르토 바르바라니 (Berto Barbarani, 1872~1945년)의 동상

MORE
마페이 궁전 카사 박물관
Palazzo Maffei Casa Museo

그리스 신화 속 6명의 신을 형상화한 조각상이 지붕 위에서 에르베 광장을 내려다보는 17세기 바로크 양식의 마페이 궁전을 활용한 하우스 뮤지엄이다. 피카소, 데 키리코, 마그리트, 폰타나, 부리, 만초니, 모딜리아니 등 20세기 거장과 현대 예술가들의 수준 높은 작품을 비롯해 고대부터 현대에 이르기까지 4000년 이상의 역사를 아우르는 700여 점의 예술품이 여러 방에 나뉘어 전시돼 있다.

📍 **CXVW+FP 베로나**
ADD Piazza Erbe, 38
OPEN 10:00~18:00
CLOSE 화요일, 12월 24·25일
PRICE 15€, 13~26세 학생 7€, 6~12세 4.50€/테라스 5€/ 베로나 카드 7€
WALK 에르베 광장 북쪽 끝에 있다.
WEB palazzomaffeiverona.com

06
베로나의 안방 역할을 하는 작은 광장
시뇨리 광장 Piazza dei Signori

에르베 광장과 문 하나를 두고 이어진 아담한 크기의 광장. 밝고 활기찬 에르베 광장과 달리 차분하고 평온한 분위기가 감돈다. 광장 중앙에는 베로나의 대표적 가문인 스칼라가의 건물과 피렌체에서 추방된 뒤 이들의 보호를 받았던 ❶단테의 동상이 서 있다.

광장 안으로 들어서면 오른쪽에 1172년 람베르티 가문이 지은 시청사가 있으며, 그 안에는 높이 84m의 람베르티탑(Torre dei Lamberti)이 있다. 이곳에 오르면 베로나 시내가 한눈에 내려다보여 오래 기억에 남을 사진을 남기기 좋다. 겉보기에는 높지 않지만 오르는 데 시간이 제법 걸리므로 여름철에는 리프트(엘리베이터, 1€ 추가)를 이용하는 것이 좋다.

시청사와 아치를 사이에 두고 나란히 선 건물은 '군주의 저택'이라는 뜻의 카피타노 궁전(Palazzo del Capitano)으로, 시청사보다 조금 늦은 14세기에 완공됐다. 단테의 동상을 사이에 두고 카피타노 궁전과 마주한 회랑 건물 콘실료의 로자(Loggia del Consiglio)는 공식 회담과 의식, 축제가 열리던 장소였다. 이처럼 시뇨리 광장은 여러 면에서 피렌체의 시뇨리아 광장을 떠올리게 한다.

📍 **시뇨리 광장 베로나**
ADD Piazza dei Signori
OPEN 람베르티 탑 10:00~18:00 (토·일요일 11:00~19:00)
PRICE 람베르티 탑 6€, 14~30세 학생·8~14세 4.50€, 7세 이하 무료/성수기 예약 권장/
베로나 카드
WALK 에르베 광장에서 코스타 문 (Arco della Corta)으로 들어가면 시뇨리 광장이다.

람베르티 탑에서 바라본 베로나 시내. 에르베 광장이 한눈에 들어온다.

07 산타 아나스타시아 성당
피사넬로의 대표작을 소장한 곳
Basilica di Santa Anastasia

1290년에 지어진 성당으로, 이탈리아에서는 드문 고딕 양식이다. 입구 양옆 기둥 위에는 ❶ 성수반을 등에 지고 힘겹게 하늘을 올려다보는 조각상이 시선을 끈다. 중앙 제단 오른쪽 펠레그리니 예배당(Cappella Pellegrini) 벽면을 장식한 ❷ 피사넬로의 '성 조르조와 공주'(1430) 프레스코화는 이곳의 대표작이다. 화려한 색채와 서정적인 세부 묘사, 금빛 장식 등 당시 유행한 국제 고딕 회화의 특징을 잘 보여 미술사적으로도 가치가 높다. 원근법을 따르지 않아 비현실적으로 보이지만 오히려 몽환적인 분위기가 매력적이다.
성 조르조(San Giorgio)는 3~4세기경 용에게 제물로 바쳐질 공주를 구하고 마을 사람들을 기독교로 개종시켰다는 전설 속 인물로, 이후 박해로 참수형을 당한 뒤 성인으로 추앙받았다. 조지 또는 게오르그(George)로도 불리며, 칼이나 창으로 용을 찌르는 모습으로 묘사된다.

📍 CXWX+3V 베로나
ADD Piazza Santa Anastasia
OPEN 09:30~18:30
(토요일 ~18:00, 일요일·공휴일 13:00~18:00)
PRICE 4€/ 베로나 카드
WALK 시뇨리 광장에서 도보 3분
WEB chieseverona.it

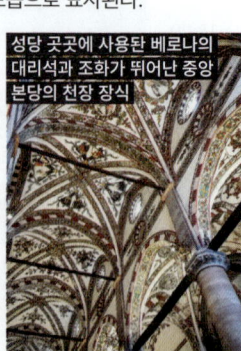

성당 곳곳에 사용된 베로나의 대리석과 조화가 뛰어난 중앙 본당의 천장 장식

08 베로나 두오모
티치아노의 제단화가 있는 곳
Duomo di Verona(Cattedrale di Santa Maria Matricolare)

1139년 착공한 베로나의 두오모는 다른 도시의 두오모에 비해 규모는 크지 않지만 교통과 상업의 중심지였던 도시의 대표 성당답게 내부 장식이 화려하다. 안으로 들어서면 왼쪽 첫 번째 예배당에 ❶ 티치아노의 '성모 마리아의 승천' 제단화가 있다. 1535년 작품으로, 보존 상태도 양호하다. ❷ 중앙 제단 돔을 장식한 프레스코화도 주목할 만하다. 인물과 배경의 묘사가 입체적으로 표현돼 실제처럼 느껴질 정도로 생생하다. 성모 마리아의 승천을 주제로 토르비도가 그린 프레스코화 역시 인물과 조각상이 공중에 매달린 듯한 역동적인 구성을 보여준다.

📍 CXWW+RM 베로나
ADD Piazza Duomo, 21
OPEN 11:00~17:30(토요일 ~15:30, 일요일·공휴일 13:30~17:30)
PRICE 4€/ 베로나 카드
WALK 산타 아나스타시아 성당에서 두오모 거리(Via Duomo)로 도보 5분

다리 건너 보이는
산 피에트라 성과 푸니콜라레

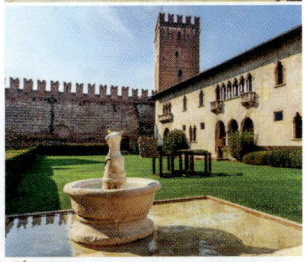

09 아디제 강의 운치
피에트라 다리
Ponte Pietra

Option
10 줄리엣의 비극적 최후
줄리엣의 무덤
Tomba di Giulietta

Option
11 아디제 강과 어우러진 절경
카스텔베키오
Museo di Castelvecchio

기원전 100년경 완성된 베로나에서 가장 오래된 다리. 현재의 모습은 제2차 세계대전 당시 독일군이 폭파한 뒤 강에 흩어진 잔해를 수습해 복원한 것이다. 해 질 무렵 강 건너 산 피에트로 성(Castel San Pietro)과 다리 아래로 흐르는 아디제 강을 바라보면 떠나온 집이 그리워질 만큼 서정적인 풍경이 펼쳐진다.

제2차 세계대전으로 운행이 중단된 뒤 73년 만인 2017년에 재개된 등산열차 푸니콜라레를 타거나 긴 계단 길을 오르면 산 피에트로 성 앞 전망대(무료)에서 아디제 강과 베로나 시내 전경이 한눈에 들어온다. 아디제 강변에는 기원전 1세기에 세운 로마 극장(Teatro Romano)도 남아 있다.

G 피에트라 다리 베로나
WALK 두오모에서 도보 2분
푸니콜라레 Funicolare
OPEN 10:00~21:00(11~3월 ~17:00)
PRICE 편도 2€, 왕복 3€
WALK 피에트라 다리 건너 도보 1분

'줄리엣의 집'과 마찬가지로 허구를 바탕으로 조성된 공간이다. 카풀레티(캐풀렛) 가문의 무덤이 있었던 것으로 추정되는 장소로, 현재는 줄리엣을 위한 작은 박물관으로 꾸며져 있다. 13~14세기 당시 이탈리아는 신성로마제국 황제를 지지한 기벨린 파와 교황을 지지한 겔프 당의 대립으로 분열돼 있었다. <로미오와 줄리엣>은 바로 이 시기를 배경으로 하며, 실제 베로나에 존재했던 카풀레티 가문이 줄리엣 집안의 모델이 되었다고 전해진다. 좁은 공간에 텅 빈 석관 하나만 놓여 있어 작품에 특별한 애정이 없다면 굳이 시간을 들여 찾아갈 필요는 없다.

G CXMX+F3 베로나
ADD Via Luigi da Porto, 5
OPEN 10:00~18:00/폐장 30분 전까지 입장
CLOSE 월요일
PRICE 6€, 18~25세 2€, 17세 이하 무료, 11~3월 첫째 일요일 1€ /
WALK 브라 광장에서 도보 10분

아디제 강변에 세워진 베키오 성(카스텔베키오)은 13~14세기 베로나를 지배한 스칼리제리 가문의 칸그란데 2세가 축성한 요새로, 현재는 박물관으로 사용되고 있다. 전시품 대부분이 르네상스 이전의 회화이며, 지방 소도시답지 않게 수준이 높고 작품 수도 많다. 티에폴로, 조르조네 등의 작품을 비롯해 14세기 보석, 칸그란데의 검 등 고대 무기와 갑옷도 전시돼 있다. 베키오 성의 진정한 매력은 아디제 강과 어우러진 시원한 풍경에 있다. 성 내부를 관람하지 않더라도 강 건너편에서 바라보는 전경만으로도 충분히 인상적이다.

G CXQQ+V4 베로나
ADD Corso Castelvecchio, 2
OPEN 10:00~18:00(겨울철 ~16:30)
CLOSE 월요일
PRICE 박물관 9€, 18~25세 2€, 17세 이하 무료, 11~3월 첫째 일요일 1€ /
WALK 브라 광장에서 도보 4분
WEB museodicastelvecchio.comune.verona.it

Eat ing & Drink ing

랍스터 링귀니

통통하게 살이 오른 랍스터 파스타
🔴 리스토란테 나스트로 아추로
Ristorante Nastro Azzurro

아레나 주변 번화가에서 합리적인 가격으로 완성도 높은 이탈리아 식사를 즐길 수 있는 레스토랑이다. 골목길의 테라스 좌석은 분위기가 낭만적이지만 여름철에는 더우므로 예약 시 실내 테이블을 요청하는 것이 좋다. 하얀 테이블보가 깔린 실내는 단정하고 우아해 특별한 식사 자리에 잘 어울린다. 대표 메뉴는 신선한 바닷가재를 올린 랍스터 링귀니(Linguine all'Astice, 28€)로, 짜지 않고 담백한 맛 덕분에 한국인 여행자에게도 인기가 높다. 트러플 뇨키(17€), 리코타와 새우를 곁들인 생선 라비올리(17€)도 추천할 만하다. 직원들이 메뉴를 자세히 설명해줘 주문 과정부터 즐겁다. 구글 예약 가능.

성수기에는 예약 필수!

📍 CXQR+QX 베로나
ADD Vicolo Listone, 4, Verona
OPEN 12:00~23:00
MENU 전채 12~19.50€, 파스타 12~28€, 메인 요리 17~60€, 피자 8~13€, 자릿세 2€/1인
WALK 브라 광장에서 도보 1분
WEB ristorantenastroazzurro.it

Since 1969, 베로나에서 가장 맛있는 커피
🔴 카페 보르사리
Caffè Borsari

1969년 '투비노(Tubino)'라는 이름으로 문을 열어 '베로나의 타차도로'라 불릴 만큼 유명한 카페다. 해외 유명 여행서와 잡지에도 여러 차례 소개됐다. 작은 실내는 하루 종일 손님들로 붐비지만 그 불편함을 감수할 만큼 커피 맛이 뛰어나다. 가장 인기 있는 조합은 진하고 풍성한 카푸치노와 갓 구운 피스타치오 코르네토. 투비노 상표권은 캐나다 프랜차이즈에 넘겨갔으나 2006년 새로 단 '보르사리'라는 간판을 제외하면 예전의 분위기와 맛이 그대로 남아 있다.

📍 CXVW+67 베로나
ADD Corso Porta Borsari, 15D
OPEN 07:30~19:00(일요일 08:00~)
MENU 커피 1.30€~, 코르네토 1.50€~
WALK 에르베 광장에서 도보 3분

03

LOMBARDIA

시르미오네

SIRMIONE

이탈리아에서 가장 큰 가르다 호수(Lago di Garda)의 남쪽, 세로로 가늘고 길게 뻗은 반도 끝에 자리한 아름다운 중세 마을이다. 일찌감치 시르미오네의 매력을 알아본 로마시대의 서정시인 카툴루스가 남긴 시구를 따라 괴테, 릴케, 제임스 조이스, 바이런 같은 문호들이 줄지어 방문한 곳이자, 세기의 오페라 가수 마리아 칼라스도 평생을 두고 그리워한 이탈리아 최고의 온천 휴양지. 별빛이 부서지는 호수를 바라보며 따뜻한 온천에 몸을 담그면 비로소 시르미오네의 진면목이 펼쳐진다.

시르미오네 가기

베로나 서쪽, 드넓은 가르다 호수 위에 자리한 시르미오네는 기차로 데센차노 델 가르다역까지 간 뒤 버스나 페리로 갈아타고 간다. 베로나에서는 직행버스도 운행하며, 밀라노나 베로나에서 당일치기 여행도 가능하다.

1. 기차

시르미오네에서 가장 가까운 기차역은 데센차노 델 가르다(Desenzano del Garda, 줄여서 데센차노)로, 여기서 버스나 페리로 갈아타야 한다. 데센차노역은 밀라노와 베네치아를 잇는 주요 노선의 중간역으로, 운행 편수가 많은 편이다.

베네치아에서 갈 때는 이탈로 추천!

- **밀라노** 중앙역에서 고속열차(FR·Italo) 또는 트레노르드 레조날레(R)를 이용한다. 거리가 짧아 여행자들은 요금이 고속열차의 절반 수준이면서 매시간 운행하는 레조날레를 주로 이용한다. 이탈로는 프로모션 할인 혜택이 크지만 하루 3편뿐이라 시간 맞추기가 쉽지 않다.
- **베네치아** 밀라노 방향 고속열차를 이용한다. 저렴한 레조날레(R)는 하루 1편만 운행하므로 고속열차를 미리 예매해 프로모션 요금으로 이용하는 것이 좋다. 이탈로는 트렌이탈리아보다 요금이 저렴하고 할인 폭이 크지만 하루 3편만 운행한다.
- **베로나** 레조날레(R)가 약 1시간 간격으로 운행하며, 고정 요금(4.70€)이라 별도 예약이 필요 없다. 짧은 거리라 소요 시간은 비슷하지만 고속열차 할인 기간에는 레조날레와 요금이 거의 같아질 때도 있다.

◆ 데센차노 델 가르다역(데센차노역)
Stazione di Desenzano del Garda

매표소와 관광 안내소, 카페 정도만 갖춘 작은 역. 역 안에 관광 안내소가 있어 시르미오네행 페리 정보와 인근 지역 관광 정보 등을 문의할 수 있다.

▶ **데센차노 델 가르다역에서 시르미오네까지: LN026번 버스**

데센차노역 정문으로 나와 오른쪽 길 건너편에 있는 정류장에서 베로나행 LN026번 버스를 탄다. 승차권은 스마트폰 앱(Arriva MyPay)이나 역 안 카페에서 구매한다. 2.20€(기사에게 구매 시 3.70€). 파셀로 광장(Largo Faselo, Centro) 정류장에서 내려 바로 앞에 보이는 성벽 아래 문으로 들어가면 바로 시르미오네 여행이 시작된다.

밀라노 Milano(C.le)
↓
기차 50분~1시간 25분, 10~26€(FR·R·italo) 06:25~22:25/1일 29회

베네치아 Venezia(S.L)
↓
기차 1시간 35분~2시간 5분, 13~24€(FR·italo·R) 05:39~20:10/1일 15회

베로나 Verona(P.N)
↓
기차 19~26분, 4.70~15€(FR·R·italo) 05:43~22:49/5~40분 간격

데센차노 델 가르다역
Desenzano del Garda
↓
버스 25분(직행 기준), 2.20€~ 06:10~19:05, 40분~1시간 간격(일요일·공휴일 06:35~19:05, 1시간~1시간 30분 간격) 또는
페리 13~22분, 편도 3€~ 왕복 4~9월 08:00~18:05/1일 16~18회, 3·10월 08:50~17:05/5~11회 (시즌에 따라 변동)

시르미오네
Sirmione

베로나 Verona(P.N)
↓
버스 직행 1시간 30분, 4.20€~ 07:10~20:00/30분~1시간 간격(일요일·공휴일 단축 운행, 1시간~1시간 30분 간격)

시르미오네 파셀로 광장
Sirmione-Largo Faselo, Centro

*FR-Freccia(고속열차) R-Regionale(완행열차) italo(이탈로 고속열차)

*운행 시간은 시즌·요일에 따라 유동적이니 미리 확인하시길 바랍니다.

▶ 데센차노 항구에서 시르미오네까지: 페리

3월~11월 초(매년 다름)에는 데센차노 항구에서 시르미오네로 향하는 페리가 운항한다. 역에서 항구까지는 다소 걷지만 시르미오네 마을 중심의 선착장에 바로 닿고 도중의 호수 풍경도 아름다워 불편함보다 매력이 크다. 데센차노역 정문을 등지고 곧게 뻗은 카부르 거리(Viale Cavour)를 따라 1km 정도 걸으면 항구가 나온다. 거리는 조금 있지만 완만한 내리막길이라 크게 부담이 없다. 반대로 돌아올 때는 오르막길이라 다소 힘들 수 있다. 요금은 편도 3€.

시내 중심부의 길 끝에서 항구로 가는 지름길(Via Gen A Papa). 건물 아래에 통로가 있다.

2. 버스

베로나에서는 브레시아(Brescia)행 LN026번 버스를 타고 시르미오네 마을 입구(Sirmione-Largo Fasolo, Centro)까지 바로 갈 수 있다(4~9월에는 셔틀버스로 환승). 여행자들이 이용하기 좋은 정류장은 베로나 포르타 누오바역 앞 B-3번 정류장 및 브라 광장 인근 포르타 누오바 대로(Corso Porta Nuova)의 정류장이다. 단, 교통 사정으로 연착이나 정류장 변경이 잦으므로 기점이자 매표소가 있는 포르타 누오바역 앞 정류장에서 탑승하는 것을 추천한다. 승차권은 스마트폰 앱(Arriva MyPay)으로 구매 시 4.20€, 기사에게 직접 구매 시 5.70€다.

★ LN026번 버스
WEB brescia.arriva.it/en

버스 앱 'Arriva MyPay'. 버스 탑승 전 티켓을 활성화한 후 버스 안 개찰기에 QR코드를 스캔한다.

★ LN026번 버스, 행선지 꼭 확인!

LN026번 버스는 차량 외부에 노선 번호가 표시되지 않은 경우도 있고 양방향으로 운행하므로 반드시 행선지를 확인하고 탑승해야 한다. 데센차노역에서 시르미오네로 갈 때는 베로나행, 베로나에서 시르미오네로 가거나 시르미오네에서 데센차노역으로 갈 때는 브레시아(Brescia)행을 이용한다. 탑승 전 기사에게 한 번 더 확인하자.

데센차노역 앞 버스 정류장. 'VERONA'행 버스를 탄다.

MORE
4~9월에는 셔틀버스로 갈아타고 간다!

셔틀버스 노선도

- 시르미오네 구시가
- Centro Storico ④
- Parcheggio Monte Baldo ⑤
- Via XXV Aprile ⑥ ③ Via XXV Aprile
- Porto Galeazzi ⑦ ② Porto Galeazzi
- Porto Sirmione 2 ⑧
- Via Salvo D'Acquisto ⑨
- Via Roma ⑩ (환승) ① Piazzale Campielo (환승)
- 콜롬바레 마을 Colombare

성수기인 4~9월(매년 다름)에는 LN026번 버스가 시르미오네 반도 입구의 콜롬바레(Colombare) 마을 캄피엘로 광장(Piazza Campielo)까지만 운행하므로 셔틀버스(Shuttle Sirmione)로 갈아타야 한다. 운전기사가 환승 방법을 안내하므로 어렵지 않다. 돌아올 때는 구시가 입구의 4번 정류장(Centro Storico)에서 셔틀버스를 타고 10번 정류장(Via Roma)에서 LN026번으로 갈아탄다.

셔틀버스 운행 정보
요금 LN026번 버스 승차권으로 무료 환승,
셔틀버스만 이용 시 2€(기사에게 구매 시 3.70€, 컨택리스 카드 사용 가능)
운행 4월 초~9월 초 06:00~다음날 01:00/15~20분 간격
WEB brescia.arriva.it/en/shuttlebus-sirmione/

'SHUTTLE SIRMIONE'라고 표시된 버스를 확인하고 탑승한다.

데센차노 페리 매표소 & 선착장.
성수기에는 대기 줄이 길다.

시르미오네 페리 선착장.
주변 풍경도 아름답다.

● **데센차노 페리 선착장** Porto di Desenzano
가르다 호수를 따라 이어지는 항구 산책로에 페리 선착장과 매표소가 있다. 매표소 앞에 붙어 있는 운항 시간표를 확인 후 탑승하자. 요금이 비싼 유람선이나 패스를 권유하는 직원은 무시할 것. 페리 안에서도 티켓을 구매할 수 있는데, 정상 요금보다 약 2€ 비싸지만 시간이 촉박하거나 매표소가 닫혔을 때 유용하다.

● **시르미오네 페리 선착장** Imbarcadero di Sirmione
시르미오네의 페리 선착장은 마을의 중심인 조수에 카르두치 광장(Piazza Giosuè Carducci)에 있어 배에서 내리면 곧바로 시르미오네 여행이 시작된다. 매표소는 선착장을 등지고 오른쪽에 있다.

● **관광 안내소**
Informazioni Turistiche-IAT
시르미오네 지도나 간단한 여행 정보를 무료로 얻을 수 있다. 관광 안내소 왼쪽에 공중화장실(0.50€)이 있다.
ADD Viale Guglielmo Marconi, 8
OPEN 성수기 10:00~17:00(시즌에 따라 유동적)
WALK 시르미오네 마을 입구의 버스 정류장에서 성 방향으로 가면 왼쪽에 있다. 도보 1분

OPTION
C
시르미오네

마을 입구의 버스 정류장 → 도보 3분 → ① 스칼리제로 성 → 도보 1분 → ② 시르미오네 구시가 → 도보 4분 → ③ 시르미오네 온천장 → 도보 10분 → ④ 카툴루스 유적

❶ 성벽으로 둘러싸인 도크. 통행로와 망루 외에 특별한 시설은 없다.

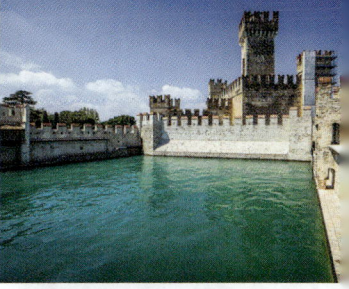

01 시르미오네의 절대적인 아름다움
스칼리제로 성 Castello Scaligero

호수 위에 떠 있는 듯한 성채의 풍경으로 '가르다 호수의 보석'이라 불리는 곳이다. 이탈리아에서 가장 잘 보존된 성 중 하나로, 14세기 후반 베로나의 영주 스칼라 가문이 건설해 '로카 스칼리제라(Rocca Scaligera)' 또는 '카스텔로 스칼리제로'라 부른다. 성벽 주변에는 깊은 해자를 파 두어 도개교만 올리면 성 전체가 물로 둘러싸이게 설계됐다. 여기에 ❶ 도크(Dock)를 감싸는 높은 성벽이 더해져 완벽한 방어 체계를 갖추었다.

매표소와 지붕이 있는 문을 지나면 3개의 탑과 성벽으로 둘러싸인 중정으로 이어진다. 오른쪽 성벽 아래에는 포로를 가두던 감옥이 남아 있으며, 그 맞은편 탑에는 ❷ 성벽 위로 오르는 계단이 설치돼 있다. 계단을 따라 오르면 ❸ 흉벽을 한 바퀴 돌며 가르다 호수의 아름다운 전경을 감상할 수 있다. 과거 베로나 함대가 사용하던 도크를 관람하려면 별도의 입장권이 필요하며, 토·일요일 지정된 시간에 관리인과 함께 입장해 호수에 가장 가까운 망루 위까지 오를 수 있다.

📍 FJR5+W9 시르미오네
ADD Piazza Castello, 34
OPEN 08:30~19:15/폐장 45분 까지 입장   **CLOSE** 월요일
PRICE 8€, 17세 이하 무료/
도크 입장(토요일 10:30·11:30·15:30·16:00 & 일요일 10:30·11:30) 2€ 추가
WALK 파셀로 광장(Largo Faselo, Centro) 정류장 또는 셔틀버스 1번 정류장(Piazza Campielo)에 내리자마자 보이는 성벽 아래의 문으로 들어가면 오른쪽에 입구가 있다. 도보 3분

MORE
폭풍이 치면 나타나는 유령

옛날, 연인 아리체와 행복하게 살던 에벤가르도는 폭풍우 치던 어느 밤, 길을 잃은 펠트레의 후작 엘라베르토를 따뜻하게 맞아주었다. 그러나 아리체의 아름다움에 매혹된 엘라베르토는 그녀의 침실에 몰래 숨어 들어가 폭행을 시도했고, 이에 저항하던 아리체를 결국 찔러 죽이고 만다. 분노한 에벤가르도는 엘라베르토를 살해한 뒤 아리체를 따라 자결했다. 그날 이후 폭풍이 몰아치는 밤이면 사랑하는 이를 지키지 못한 한을 품은 에벤가르도의 영혼이 아리체를 찾아 성 안을 떠돈다고 전해진다.

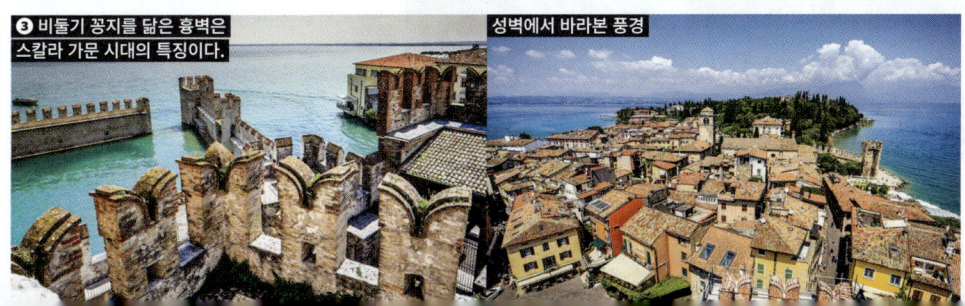

❸ 비둘기 꽁지를 닮은 흉벽은 스칼라 가문 시대의 특징이다.

성벽에서 바라본 풍경

① 구시가로 들어가는 다리. 마을로 가는 유일한 통로다.

① 구시가 안에서는 거주자 차량만 다닐 수 있어 한산하다.

02 시인이 사랑한 중세 마을
시르미오네 구시가 Centro Storico

육지와의 유일한 연결고리인 짤막한 다리를 건너면 중세 모습을 고스란히 간직한 구시가가 모습을 드러낸다. 구시가 탐방은 스칼리제로 성 바로 앞에서 이어지는 마을의 중심 거리 ❶ 비토리오 에마누엘레 거리(Via Vittorio Emanuele)에서 시작해보자. 거리를 따라가다가 처음 나오는 왼쪽 골목으로 들어서면 ❷ 조수에 카르두치 광장(Piazza Giosuè Carducci)이 나온다. 광장에는 마을을 대표하는 맛집과 술집이 모여 있고 가르다 호수의 마을들을 연결하는 페리가 정박한다.

광장 구경을 마치고 다시 비토리오 에마누엘레 거리를 따라가면 건물 아래 아치 통로와 담쟁이가 우거진 예쁜 집들을 지나 마을 끝까지 갈 수 있다. 스칼리제로 성에서 거리 끝까지는 걸어서 5분 정도 걸리지만 거리 곳곳에 발길을 붙잡는 볼거리가 많아 실제로는 이보다 더 오래 걸린다.

⊙ FJV4+2X 시르미오네
ADD Piazza Flaminia, 8
WALK 스칼리제로 성에서 도보 1분

반도의 보석, 시르미오네

"푸른 시르미오(네)가 맑은 호수에서 미소 짓네, 반도들의 꽃이여.
Ecco: la verde Sirmio nel lucido lago sorride, fiore de le penisole"

1906년 이탈리아인 최초로 노벨문학상을 수상한 국민 시인 조수에 카르두치(Giosue Carducci)가 묘사한 시르미오네다. 그의 찬사에 대한 감사의 의미인지, 시르미오네의 중심 광장에는 '조수에 카르두치'라는 이름이 붙어 있다.

선베드가 놓인 야외 마사지 풀

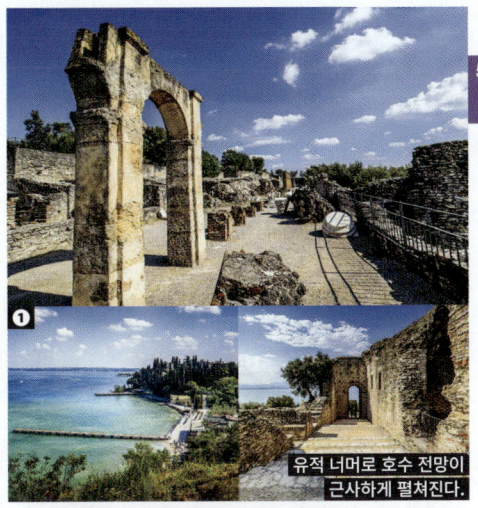
유적 너머로 호수 전망이 근사하게 펼쳐진다.

03 따끈따끈 온천에서 힐링 타임
시르미오네 온천장
Aquaria Thermal Spa (Terme di Sirmione)

시르미오네 호수 바닥에서 솟아나는 온천수에는 유황 성분이 함유돼 있어 호흡기 질환, 류머티즘, 피부 질환 등에 효과가 있는 것으로 알려졌다. 1889년 베네치아 출신 잠수부 프로코피오가 호수 바닥 약 20m 지점에서 온천수의 분출 위치를 정확히 찾아내면서 본격적인 스파 호텔과 온천장이 세워지기 시작했다. 이후 합리적인 가격으로 온천을 즐길 수 있는 대중 온천장도 여럿 문을 열었다. 시설에는 온천수를 이용한 실내·야외 마사지 풀과 사우나 등이 마련돼 있으며, 특히 선베드와 테라스가 있는 야외 마사지 풀이 가장 인기 있다.

◉ FJW3+3P 시르미오네
ADD Piazza Don A. Piatti, 1
OPEN 09:00~22:00(금·토요일 ~24:00)
PRICE 2시간 25€~, 5시간 44€~, 1일권 86€(토·일요일·공휴일 제외)/예약 필수
WALK 비토리오 에마누엘레 거리(Via Vittorio Emanuele)를 따라 북쪽 끝까지 가면 나오는 공원 왼쪽에 있다. 도보 5분
WEB termedisirmione.com

> **MORE**
> **온천장 이용 팁**
> 수영 모자와 타월은 기본요금에 포함되며, 일부 입장권에는 목욕 가운도 제공된다. 수영복과 슬리퍼는 필수지만 대여하지 않으니 지참해야 한다. 사우나에서는 타월을 깔고 앉고, 금속 제품은 변색될 수 있으니 미리 빼두자.

04 키스를 부르는 풍경
카툴루스 유적
Grotte di Catullo

로마시대의 서정시인 카툴루스 가문의 별장 등이 있던 기원전 1세기경의 유적이다. 2000년 전 사람들이 남긴 오래된 흔적과 변함없이 아름다운 자연 경관이 극적인 대비를 이룬다. 오늘날에는 영화 <콜 미 바이 유어 네임>의 촬영지로 더 많이 알려졌다. 높은 입장료에 비해 볼거리는 많지 않지만 반도 끝에 위치한 덕에 전망이 매우 뛰어나다. 호수가 워낙 거대해서 얼핏 바다로 보이는 호숫가 북쪽의 자메이카 해변(Jamaica Beach)과 유적 남쪽의 ❶ 금발의 리도 해변(Spiaggia Lido delle Bionde) 풍경을 놓치지 말자. 돌아올 땐 금발의 리도 해변부터 구시가까지 연결된 호반 산책로를 따라 여유로운 산책을 즐겨보자.

◉ GJ24+HJ 시르미오네
ADD Piazzale Orti Manara, 4
OPEN 08:30~19:30(일요일 14:00~)/폐장 50분 전까지 입장
CLOSE 월요일, 1월 1일, 12월 25일
PRICE 10€, 17세 이하 무료
WALK 구시가에서 도보 15분/온천장 매표소에서 도보 10분

해변에서 구시가로 올라가는 계단 중간에 있는 '키스 플리즈' 표지판!

온천장에서 꼬마기차 타고 3분!

04
LOMBARDIA

베르가모
BERGAMO

이탈리아 북부 롬바르디아의 언덕 도시 베르가모는 과거와 현재가 맞닿은 듯한 두 개의 얼굴을 지녔다. 19세기 말부터 오르내리는 푸니쿨라가 중세 성곽도시 치타 알타(Città Alta)와 현대적 신도시 치타 바싸(Città Bassa)를 잇는다. 언덕 위 성벽 안으로 들어서면 베네치아 공화국 시대의 우아한 건축물이 황금빛 석양에 물들며 고요한 시간의 깊이를 드러낸다. 오래된 돌길 사이로 일상이 흐르는, 살아 있는 중세의 도시다.

베르가모 가기

베르가모는 밀라노에서 1시간 남짓 거리에 있어 당일치기 여행지로 각광받는다. 밀라노 중앙역에서 출발하는 트레노르드(Trenord) 지역 열차가 하루 20여 차례 운행한다. 베르가모 시내에서는 ATB 버스와 푸니쿨라, 트램 등을 같은 승차권으로 이용할 수 있다.

밀라노 중앙역 Milano(C.le)
↓
기차 48분~, 6.10€(R) 05:25(토·일요일 05:05)/ 1일 19회
베르가모 Bergamo

*R-Regionale(완행열차)

기차

베르가모까지는 밀라노에서 지방 여객철도 트레노르드를 이용하는 것이 가장 편리하다. 승차권은 트렌이탈리아 및 트레노르드 자동판매기, 모바일 앱 'Trenord'에서 구매할 수 있다(왕복권도 구매 가능). 지역 열차의 특성상 승차권에는 날짜와 구간만 표시되므로 역 내 전광판에서 플랫폼과 출발 시간을 확인 후 탑승한다. 승차 전 개찰은 필수! 개찰기 고장 시에는 역 안내문에 따라 승차권에 역명, 날짜, 시간을 수기로 적는다.

★ **트렌이탈리아**
WEB trenitalia.com

트레노르드
WEB trenord.it

트레노르드 지역 열차 / 베르가모역

기차 탑승 전 개찰 필수!

◆ 베르가모역 Stazione Ferroviaria di Bergamo

치타 바싸 중심부에 위치한 베르가모 여행의 출발점. 역 안에는 매표소와 자동판매기, 바/카페, 편의점이 갖춰져 있다. 짐 보관소는 역 왼쪽 별도 건물에 있다. 역 앞 광장에는 관광안내소와 다양한 레스토랑, 편의시설이 모여 있다.

▶ 베르가모역에서 치타 알타Città Alta까지

기차역 앞 버스 정류장(Papa Giovanni Fermata 2)에서 1번 또는 3번 버스를 타고 푸니쿨라 하부역에서 내려 푸니쿨라로 올라간다. 1회권(1구간)을 구매하면 버스·트램은 물론 푸니쿨라까지 75분간 자유롭게 환승할 수 있다. 요금은 1회권 1.70€, 10회권 14.50€, 24시간권 4.90€다.

베르가모의 버스·트램·푸니쿨라는 모두 교통카드(AtBip)로 탑승할 수 있다. 역 매표소나 정류장 자동판매기에서 구매해 탑승 시 개찰기에 터치하면 된다. '삐' 소리가 나면 정상 처리된 것이며, 충전도 가능하다. 컨택리스 카드도 같은 방식으로 사용할 수 있으나 일부 개찰기에서는 오류가 발생할 수 있다. 푸니쿨라 하부역까지 걸어가면 약 20분, 산책하듯 걷기 좋다.

★ **베르가모 시내 대중교통**
WEB atb.bergamo.it

푸니쿨라 하부역

19세기 말부터 운행 중인 푸니쿨라

매표소와 자동판매기

OPTION D 베르가모

베르가모역 → 버스 5분 →
❶ 베르가모 푸니쿨라 → 푸니쿨라 2분+도보 3분 →
❷ 베키아 광장 & 종탑 → 도보 6분 → ❸ 베르가모 두오모 → 도보 1분 → ❹ 산타 마리아 마조레 성당
[Option ❺ 콜레오니 예배당 → Option ❻ 산 비질리오 전망대 → Option ❼ 베르가모 성채 & 평화의 공원]

MORE
치타 알타로 가는 길에, 치타 바싸 Città Bassa

기차역에서 푸니쿨라 하부역으로 가는 길에 평지 시가지인 치타 바싸도 구경할 만하다. 베르가모 출신 작곡가의 이름을 딴 도니체티 극장(Teatro Donizetti) 오페라하우스와 바로크 양식 교회들이 거리를 장식한다. 아카데미아 카라라 미술관(Accademia Carrara Museum)에서는 라파엘로와 티치아노 등 토스카나 르네상스의 대표작을 감상할 수 있다. 쇼핑 중심가 비아 벤티 세템브레(Via XX Settembre, Ⓜ MMV8+5CP)와 인근 프라텔리 로카텔리 공원(Parco Fratelli Locatelli)에서는 베르가모의 일상적인 풍경이 이어진다.

아카데미아 카라라 미술관
Ⓜ PM3G+M8 베르가모
ADD Piazza Giacomo Carrara, 82
OPEN 10:00~19:00
CLOSE 화요일
PRICE 10€/온라인 예약 수수료 1.50€
WEB lacarrara.it

01 베르가모 푸니쿨라
수직으로 오르는 시간여행
Funicolare Bergamo

02 베키아 광장 & 종탑
유네스코가 인정한 중세의 심장
Piazza Vecchia & Campanone

120년 세월을 품은 베르가모의 푸니쿨라는 단순한 교통수단이 아닌 시간을 오르는 여정이다. 평지의 치타 바사에서 언덕 위 중세 도시 치타 알타까지 85m 높이를 천천히 오르며, 창밖으로 스며드는 풍경이 여행의 첫 설렘을 전한다. 1887년 증기기관으로 시작해 1917년 2량 시스템으로 개보수된 목재 캐빈은 지금도 옛 정취를 고스란히 간직하고 있다. 상부역에 도착하면 메르카토 광장(Piazza Mercato delle Scarpe)을 기점으로 구시가지의 골목과 광장이 이어지며 진짜 베르가모 여행이 시작된다. 출발에 앞서 플랫폼에 잠시 서서 발아래 펼쳐지는 치타 바사의 전경을 바라보면 도시의 시간과 풍경이 한눈에 담긴다.

📍 **PM28+93 베르가모**
ADD Emanuele II, 64
OPEN 07:03~01:21(일요일·공휴일 07:39~00:12)/ 하부역 기준
PRICE 1회권 1.70€(75분 유효한 통합 교통권, 케이블카·버스·트램 이용 및 환승 가능)
BUS 베르가모 역 앞에서 1·3번 5분

유네스코가 인정한 베네치아 성벽 안쪽, 치타 알타의 심장부에 자리한 베키아 광장은 중세 베르가모의 웅장함을 고스란히 간직한 곳이다. 북쪽의 르네상스풍 ❶ 누오보 궁전(Palazzo Nuovo), 남쪽의 중세 궁전 ❷ 라지오네 궁전(Palazzo della Ragione), 그리고 중앙의 콘타리니 분수(Fontana Contarini)가 만들어내는 조화는 건축가 르 코르뷔지에가 "돌 하나도 움직이면 안 된다"고 극찬할 만큼 완벽하다.
광장 남동쪽에 우뚝 선 종탑 ❸ 캄파노네는 12~13세기 귀족 수아르디 가문의 저택에서 출발해 감옥과 시청사를 거쳐 오늘에 이른 높이 52.8m의 시계탑이다. 230여 개 계단을 오르거나 엘리베이터로 오르면 베르가모 전경이 한눈에 펼쳐진다. 매일 22:00, 100번의 종소리로 옛 성문 폐문을 알리던 전통을 350년 넘게 오늘까지 이어오고 있다.

📍 **PM37+M5J 베르가모**
ADD Piazza Vecchia
OPEN 종탑 10:00~18:00
(토·일요일 ~19:00)
CLOSE 월요일
PRICE 종탑 8€, 18~26세 6€, 11~17세 2€, 10세 이하 무료
WALK 푸니쿨라 상부역에서 도보 3분
WEB museodellestorie.bergamo.it

03 베르가모 수호성인의 안식처
베르가모 두오모
Duomo di Bergamo
(Cattedrale di Sant'Alessandro Martire)

5세기 후반 예배당이 세워진 뒤 8세기에 본격적인 성당이 들어섰다. 현재의 두오모는 17~19세기에 걸쳐 재건된 것으로, 절제된 외관과 달리 내부는 바로크와 르네상스 미술의 정수를 보여준다. 베르가모의 수호성인 성 알렉산드로의 유골이 안치돼 있으며, 발굴을 통해 초기 그리스도교 교회와 모자이크 유적이 발견됐다.

1829년에 완공된 돔은 성당의 백미로, 구리 지붕 위에 카를로 브로지가 조각한 금빛 성 알렉산드로 상이 빛난다. 내부로 들어서면 대리석 제단과 프레스코화가 어우러진 웅장한 공간이 펼쳐지며, 오늘날에도 미사와 문화행사가 열리는 신앙의 상징이다.

❶ 두오모 앞 광장은 중세부터 종교와 정치의 중심지로, 좁은 공간과 주변 건축물의 웅장함이 대비를 이루며 특별한 분위기를 자아낸다. 한쪽에는 위엄 있는 대성당이, 맞은편에는 14세기 세례당이 자리하며, 그 옆으로는 롬바르디아에서 가장 아름다운 예배당으로 꼽히는 콜레오니 예배당과 산타 마리아 마조레 성당의 정문이 나란히 이어져 베르가모 최고의 포토존을 완성한다.

📍 PM37+94 베르가모
ADD Piazza Duomo Bergamo Alta
OPEN 07:30~12:30, 15:00~18:30 (토·일요일 07:00~19:00)
PRICE 무료
WALK 푸니쿨라 상부역에서 도보 5분
WEB cattedraledibergamo.it

> **MORE** 빛의 각도를 따라, 해시계 읽기
>
> 두오모 앞 라지오네 궁전(Palazzo della Ragione)의 아케이드 아래에는 1798년 천문학자 조반니 알브리치가 설치한 해시계(Meridiana)가 있다. 정오가 되면 아치 아래 바닥에 한 점의 빛이 떨어지며 시간을 알려주는데, 표면에는 달력과 위도·경도, 계절 변화까지 새겨져 있어 과거 베르가모 시민들이 시간을 측정하던 과학 유산으로 남아 있다.

❶ 베키아 광장의 종탑, 캄파노네에서 내려다본 두오모 광장

콜레오니의 석관 위에 설치된 금도금 목조 기마상

04 흑사병을 이긴 기도
산타 마리아 마조레 성당
Basilica di Santa Maria Maggiore

1133년 흑사병과 기근에서 벗어나기를 기원하며 착공한 로마네스크 양식의 바실리카. 이후 수세기에 걸친 증축과 개보수를 거치며 고딕과 바로크 요소가 더해져 지금의 다채로운 형태로 완성됐다.
성당 내부는 그야말로 예술의 보고다. 정교한 수공예 인타르시아 목상과 화려한 바로크 프레스코화, 그리고 베르가모가 낳은 위대한 음악가 ❶ 도니제티의 무덤이 자리해 있다. 거대한 파이프 오르간에서 흘러나오는 음악은 성당의 웅장함을 더하며, 귀족들의 후원 아래 설립된 시립 음악학교가 이 전통을 이어가고 있다.

📍 PM37+G3 베르가모
ADD Piazza Duomo, 1
OPEN 10:30~18:00
(일요일 09:00~10:30·13:30~18:00)
PRICE 5€, 14~25세·70세이상 2€, 13세 이하 무료
WALK 베르가모 두오모에서 도보 1분

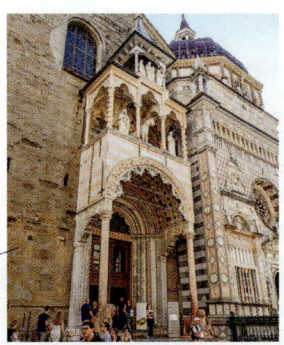

붉은 베로나산 대리석 사자상이 지키는 북쪽문. 여행자 출입구로 사용된다.

Option 05 용병 대장의 야망
콜레오니 예배당
Cappella Colleoni

15세기 베네치아 공화국의 전설적 용병장 바르톨로메오 콜레오니가 자신의 이름을 영원히 남기기 위해 세운 영묘이자 르네상스 건축의 백미로 꼽히는 곳. 산타 마리아 마조레 성당 옆면에 붙여 지어졌으며, 정면과 측면을 장식한 흰색과 붉은 대리석의 기하학적 무늬가 단숨에 시선을 사로잡는다. 외벽과 울타리 곳곳에는 ❶ 콜레오니 가문의 상징인 3개의 고환 문장이 새겨져 있는데, 행운의 부적으로 여겨져 지금도 많은 이들이 손을 얹고 소원을 빈다. 내부에는 금빛 기마상과 돔 천장을 가득 채운 티에폴로의 프레스코화가 용병 대장의 야망만큼이나 찬란하게 빛난다. 내부 촬영 금지.

📍 베르가모 콜레오니 예배당
ADD Piazza Duomo, 5
OPEN 09:00~12:30, 14:00~18:00
PRICE 5€
WALK 산타 마리아 마조레 성당 옆

Option 06 치타 알타보다 한층 높이
산 비질리오 전망대
Belvedere S.Vigilio

베르가모에서 가장 탁 트인 조망을 즐길 수 있는 장소로, 산 비질리오 푸니쿨라(Funicolare S. Vigilio)를 타고 단숨에 오른다. 산트알레산드로 문 근처에서 출발해 3분 만에 630m 구간을 오르며, 창밖으로 치타알타와 롬바르디아 평야가 시원하게 펼쳐진다. 맑은 날엔 멀리 알프스까지 조망된다. 상부역 주변은 현지인들의 산책 명소이자 트레킹 코스로, 중세 요새의 흔적이 남아 있다. 전망대에 서면 치타 알타와 광활한 평원이 한눈에 들어온다.

산 비질리오 푸니쿨라역
📍 PM44+HX 베르가모
ADD Largo di Porta S. Alessandro
OPEN 10:15~00:30(일·공휴일 09:00~23:15)/ 하부역 기준/약 15분 간격 운행
PRICE 1회 1.70€(대중교통 요금 적용)
WALK 베키아 광장에서 도보 8분

Option 07 평화와 풍경의 상징이 된 전쟁의 언덕
베르가모 성채 & 평화의 공원
Rocca di Bergamo & Parco della Pace

산트에우페미아 언덕에 세워진 14세기 군사 요새는 1331년 존 룩셈부르크가 착공해 비스콘티 가문, 베네치아 공화국, 이탈리아 통일기를 거치며 권력의 상징으로 군림했다. 지금은 평화로운 공원과 19세기 역사 박물관(Museo dell'Ottocento)으로 탈바꿈했다. 성곽을 따라 난 산책길과 원형 탑, 옛 포대가 개방돼 있으며, 전망대에서는 베르가모 시내와 롬바르디아 평야, 멀리 알프스와 밀라노까지 이어지는 360° 파노라마가 펼쳐진다.

📍 PM38+MJ 베르가모
ADD Piazzale Brigata Legnano, 16
OPEN 공원 08:00~21:00(계절에 따라 변동), 박물관 11:00~18:00
CLOSE 박물관 월요일
PRICE 공원 무료/박물관 5€, 18-26세 3€, 17세 이하 무료
WALK 베키아 광장에서 도보 8분
WEB museodellestorie.bergamo.it/luogo/rocca-di-bergamo

큼직한 부라타 치즈가 올라간 피자

Eating & Drinking

BERGAMO 베르가모

'세상에서 제일 푸짐한' 조각피자를 소개합니다.

🟠 일 포르나이오
Il Fornaio(Pizza al taglio)

치타알타 골목 안 작은 가게 하나에 늘 긴 줄이 늘어서 있다. 이유는 단순하다. 무게로 파는 피자 알 탈리오(Pizza al Taglio)의 명소이기 때문이다. 진열장에는 부라타 치즈가 살짝 녹아내린 피자, 루콜라와 프로슈토가 어우러진 피자 등 유혹적인 조각들이 끝없이 이어진다. 한 조각에 약 5€로 저렴하진 않지만 한입 베어 물면 납득이 간다. 번호표를 받은 뒤 순서를 기다려 원하는 피자를 고르며, 점심시간에는 현지인들까지 몰려들어 혼잡하니 이른 시간대 방문이 좋다.

📍 PM37+R3 베르가모
ADD Via Bartolomeo Colleoni, 3
OPEN 07:00~20:00
PRICE 1조각 3~7€(20€/1Kg)
WALK 푸니쿨라 상부 역에서 도보 5분

진열대에서 직접 보고 고른다.
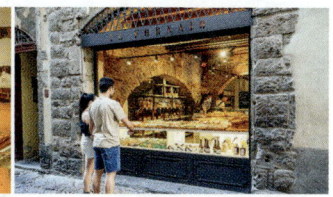

베르가모 치타 알타, 달콤한 전통의 정점
🟠 네시 제과점
Nessi Bergamo Alta

1946년부터 베르가모 전통 디저트 폴렌타 에 오제이(Polenta e Osei)의 명성을 이어온 제과점이다. 폴렌타 에 오제이는 1910년 제과업자 아마데오 알레시오가 옥수수죽(폴렌타)과 새고기 요리(오제이)에서 영감을 얻어 만든 케이크로, 둥근 스펀지에 초콜릿·버터·헤이즐넛 크림을 층층이 쌓고 럼 향을 더한 뒤 노란 마지팬으로 감싼 형태다. 돔 위의 초콜릿 새는 베르가모의 상징으로 자리 잡았다. 네시는 이 전통 레시피를 이어오며 달콤함과 향긋함이 조화된 풍미로 여행자들의 발길을 붙잡는다. 자릿세 없이 커피와 함께 즐기거나 원하는 크기로 포장해갈 수 있어 쉬어가기에도, 기념품으로 사가기에도 좋다.

📍 PM38+82 베르가모
ADD Via Gombito, 34
OPEN 09:00~21:00(토~22:00)
PRICE 미니케이크 4.50€~
WALK 푸니쿨라 상부 역에서 도보 1분

VENEZIA

베네치아
(영어명 : 베니스 VENICE)

베네치아는 '물의 도시'로 불리는 아름다운 항구 도시다. 베네치아의 역사는 4~6세기경 게르만족과 훈족을 피해 이주해온 피난민이 더 이상 도망갈 곳이 없자 갯벌에 수백만 개의 말뚝과 돌을 박아 섬을 만들면서 시작됐다. 그 후 이 지역에 정착한 피난민은 수세기에 걸쳐 땅을 넓히고 그 사이에 바닷길과 다리를 만들어 오늘날의 모습을 완성했다.

바다와 맞닿은 베네치아는 지리적 이점을 이용한 동서 무역으로 10세기 무렵부터 큰 부를 쌓을 수 있었고 부유해진 베네치아의 귀족은 성당과 궁전을 짓고 예술가를 후원해 산 마르코 대성당의 황금빛 모자이크와 '황금의 제단(Pala d'Oro)', 색채의 마술사 티치아노의 '성모 승천', 전 세계에서 가장 큰 유화 틴토레토의 '천국' 같은 걸작이 탄생했다.

★ 트렌이탈리아
WEB trenitalia.com

이탈로
WEB italotreno.it

실수로 베네치아 메스트레 Venezia-Mestre 역에 내렸다면!

베네치아 내륙에 있는 메스트레역에서 내렸다고 당황하지 말자. 다시 기차를 타고 종점인 산타 루치아역까지 이동하면 된다. 메스트레역에서는 산타 루치아역행 기차가 4~30분 간격으로 출발한다. 소요 시간은 약 10분. 반대로 메스트레역이 목적지라면 생각보다 정차 시간이 길지 않으니 미리 준비하고 있어야 한다.

★ 예약 필수! 베네치아 본섬 입장료

베네치아에 숙박하지 않고 성수기 지정일과 시간(4~7월 금~일요일·공휴일 08:30~16:00)에 본섬을 방문하는 여행자는 입장을 예약해야 한다. 요금은 방문 4일 전까지 예약 시 1인당 5€, 3일 이내 예약 시 10€다.

입장료 면제 대상
- 베네치아 시내 숙박객(메스트레 지역 포함)
- 14세 미만
- 인근 섬만 방문 시(무라노, 부라노, 리도 등)

본섬 방문 전 아래 홈페이지에서 입장료 면제 신청을 완료하고 현지에서는 발급된 QR코드를 제시해야 입장할 수 있다. 미등록자는 과태료가 부과되므로 사전 등록은 필수다.

WEB cda.ve.it/en/(예약)

베네치아 가기

국내선은 물론 다양한 국제선 열차가 유럽의 주요 도시와 베네치아를 연결한다. 고속열차가 보편화되면서 밀라노에서 2시간, 로마에서 3시간 정도면 닿을 수 있는 일일생활권이 되었다. 덕분에 로마나 밀라노 공항으로 입국하자마자 바로 베네치아로 이동해 관광을 시작하는 여행자도 많다.

1. 기차

베네치아에는 '베네치아(Venezia)'라는 이름이 들어간 역이 5개나 있다. 그중 여행자들이 자주 이용하는 역은 산타 루치아(Santa Lucia)역과 메스트레(Mestre)역이다. 일반적으로 베네치아역이라고 하면 종착역인 산타 루치아역을 말한다.

◆ 베네치아 산타 루치아역 Stazione di Venezia Santa Lucia

베네치아 본섬에 있는 기차역. 역 안에는 수하물 보관소, 식당과 카페 등의 편의시설을 잘 갖추고 있다. 역 밖으로 나가면 관광 안내소와 바포레토(Vaporetto, 수상 버스) 승선장이 있다. 역 앞 바포레토 승선장 이름은 '페로비아(Ferrovia)'로 표기한다.

산타 루치아역

기차역 밖의 바포레토 매표소

산타 루치아역 바로 앞, 페로비아 승선장

❶ 관광 안내소 Venezia IAT

베네치아 운송회사 ACTV(AVM 관리)가 운영하는 관광 안내소로, 로마 광장에도 동일한 안내소가 있다. 우니카 교통 티켓을 판매하며, 여행 정보와 투어 예약 서비스 등을 제공한다. 기차역 옆에 위치해 붐비므로 우니카에서 발행하는 교통 티켓이나 각종 패스는 창구가 많은 기차역 밖의 바포레토 매표소에서 구매하는 것이 훨씬 빠르다.

역 밖의 관광 안내소 왼쪽에 짐 보관소가 있다.

OPEN 07:10~21:00
WALK 산타 루치아역 지점: 역에서 나와 바로 왼쪽 코너 / 로마 광장 지점: 역에서 나와 오른쪽으로 가서 다리를 건너 오른쪽. 도보 5분

❷ 수하물 보관소 Kibag-Kipoint

당일치기 여행자의 필수 코스(1번 플랫폼 옆)지만 서비스 불만이 잦다. 역 밖의 관광 안내소 바로 옆에도 사설 짐 보관소(1개 5~8€/09:00~23:00)가 있으니 참고하자.

OPEN 07:00~21:00 **PRICE** 6€/4시간, 4시간 초과 시 1€/1시간, 12시간 초과 시 0.50€/1시간

2. 항공

★ 마르코 폴로 공항	
WEB veneziaairport.it	

마르코 폴로 공항 안의
대중교통 매표소 © atvo.it

★ 수상 버스 알릴라구나	
WEB alilaguna.it	
택시	
WEB radiotaxivenezia.com	

현재 우리나라에서 베네치아로 가는 직항편은 없다. 효율적인 여행 일정을 짜려면 직항이 아니더라도 이탈리아 반도의 중심인 로마와 북부의 베네치아를 각각 인·아웃 도시로 설정하는 것도 좋다.

저비용 항공사인 이지젯·라이언에어와 유럽 각국의 일반 항공사도 베네치아를 오간다. 대부분 항공사가 마르코 폴로 공항(VCE)를 이용하며, 라이언에어는 트레비소 공항(TSF)을 주로 이용한다. 소요 시간은 나폴리(NAP)에서 1시간 15분~, 파리(CDG/OLY)에서 1시간 35분~.

▶ 베네치아 마르코 폴로 공항
Aeroporto di Venezia Marco Polo(VCE)

베네치아 본섬에서 북서쪽으로 약 13km 떨어져 있다. 국제공항이라기에는 아담한 규모로, 1층 입국장 안의 대중교통 매표소(Public Transport Tickets Office)에서 시내로 가는 공항버스(ATVO)와 수상 버스(Alilaguna) 티켓을 구매할 수 있다.

© veniceairport.it

ATVO 공항버스

로마 광장의 바포레토
매표소와 관광 안내소

▶ 마르코 폴로 공항에서 시내까지

로마 광장(Piazzale Roma)행 공항버스(ATVO·35번 버스)를 이용한다. 버스 정류장은 입국장 출구 앞에 있다. 티켓은 공항 안의 매표소나 버스 정류장에 있는 자동판매기에서 구매한다. 버스를 탈 때는 베네치아 직행(Venezia Diretta)인지 확인한 후 이용한다. 소요 시간은 20분~.

공항을 오가는 알릴라구나(Alilaguna) 수상 버스는 리도나 무라노 등 주변의 작은 섬으로 직접 갈 때 유용하다. 요금은 리도행 편도 18€, 무라노행 편도 10€(큰 캐리어 1개+소형 기내 반입 수하물 1개 포함). 소요 시간은 무라노까지 약 30분, 리도까지 약 1시간. 택시는 40€(최대 4인+짐 4개) 정액제로 운행한다.

로마 광장은 베네치아 육상 교통수단의 종점으로, 여기서부터는 수상 버스인 바포레토를 이용해야 한다. 바포레토는 로마 광장 앞의 피아찰레 로마(Piazzale Roma) 승선장에서 탈 수 있다. 광장과 연결된 코스티투치오네 다리(Ponte della Costituzione)를 건너면 산타 루치아역과 페로비아(Ferrovia) 승선장으로 바로 이어진다.

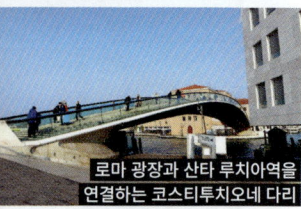
로마 광장과 산타 루치아역을
연결하는 코스티투치오네 다리

로마 광장 앞의
바포레토 승선장

✚ 마르코폴로 공항-로마 광장 공항버스 운행 정보

요금	편도 10€, 왕복 18€
운행 시간	공항→로마 광장 06:00~다음날 01:10/30~50분 간격 로마 광장→공항 04:20~00:40/30분~1시간 20분 간격(시즌에 따라 단축 운행)
홈페이지	atvo.it

▶ 시내에서 마르코 폴로 공항까지

시내에서 공항으로 갈 때 역시 비싸고 시간이 오래 걸리는 수상 버스보다는 로마 광장에서 출발하는 공항버스(ATVO)를 타고 간다. 산타 루치아역에서 코스티투치오네 다리를 건너면 정면에 버스 정류장이 있다. ATVO 매표소는 광장 서쪽의 길 건너편에 있으며, 버스 앞에 매표원이 나와 있을 때도 있다. 04:20부터 24:40까지 30분~1시간 20분 간격(시즌에 따라 단축 운행)으로 운행하며, 요금은 공항 출발편과 같다.

★
ATVO
WEB atvo.it

★
트레비소 공항
WEB trevisoairport.it

◆ 베네치아 트레비소 공항 Aeroporto di Venezia Treviso A. Canova(TSF)

카노바 공항이라고도 하며, 주로 저비용 항공이 이용한다. 입국장을 나가면 로마 광장으로 가는 공항버스(ATVO) 정류장이 바로 보인다.

✚ 트레비소 공항 공항버스(351번) 운행 정보

요금	편도 12€, 왕복 22€
소요 시간	1시간 10분~
운행 시간	트레비소 공항 ➡ 로마 광장 07:45~22:20/45분~2시간 간격 로마 광장 ➡ 트레비소 공항 04:30~18:30/30분~1시간 간격

*운행 시간은 요일·시즌에 따라 다름

로마 광장의 ATVO 공항버스 매표소

매표소 앞 자동판매기에서도 구매할 수 있다.

규모가 작은 트레비소 공항 ©atvo.it

로마 광장의 공항버스 정류장

★
버스 터미널이 트론케토 섬이라면!

일부 장거리 버스는 로마 광장이 아닌 트론케토(Tronchetto) 섬의 버스 터미널을 이용한다. 트론케토 섬에서 로마 광장까지는 모노레일 '피플무버(People Mover)'를 타고 이동한다. 요금은 1회권 1.50€(75분 내 버스·트램 환승 가능). 또는 버스 터미널과 도보 3분 거리인 트론케토 승선장에서 바포레토 2번선을 타고 로마 광장, 산 마르코 광장, 리알토, 페로비아(산타 루치아역) 등에서 내린다.

★
이탈리아에서 5번째 규모!
노벤타 디 피아베 디자이너 아웃렛(노벤타 아웃렛) Noventa di Piave Designer Outlet

베네치아 본섬에서 북동쪽으로 약 42km(버스 기준) 떨어진 피아베 강 유역에 위치한 아웃렛. 프라다, 구찌, 돌체앤가바나, 보테가 베네타, 펜디, 버버리, 폴로 랄프로렌, 나이키 등 160여 개의 명품 브랜드와 중고가 브랜드들이 골고루 입점해 있다. 피렌체 더 몰이나 밀라노 세라발레 디자이너 아웃렛보다 인기는 덜하지만 덕분에 더 여유로운 쇼핑을 즐길 수 있다. 붐비는 아웃렛에서는 매진되기 일쑤인 인기 색상과 사이즈의 제품을 득템할 확률이 높다는 것도 장점. 아웃렛까지는 로마 광장, 메스트레 기차역, 마르코 폴로 국제공항 등에서 ATVO 셔틀버스를 이용해 갈 수 있다. 로마 광장에서 아웃렛까지 요금은 편도 5.10€/왕복 9.20€, 소요 시간은 약 1시간 30분이다.

ⓖ MGCP+H5 베네치아
ADD Via Marco Polo 1
OPEN 10:00~20:00
BUS ATVO 셔틀버스: 로마 광장 출발 08:00~18:20, 하루 7~11회/아웃렛 출발 10:30~19:40, 하루 6~11회/요일·시즌에 따라 변동
WEB mcarthurglen.com/ko/ (셔틀버스 예약 가능)

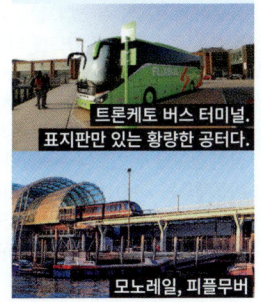
트론케토 버스 터미널. 표지판만 있는 황량한 공터다.

모노레일, 피플무버

★
베네치아 교통정보
ACTV(AVM)
WEB actv.avmspa.it
베네치아 우니카
WEB veneziaunica.it

베네치아 시내 교통

'물의 도시'라는 명성답게 본섬에는 버스나 지하철 등 지상으로 다니는 대중교통수단이 없다. 대신 바포레토로 대표되는 여러 수상 교통수단이 있는데, 일반적인 지상 교통수단보다 요금이 훨씬 더 비싸다. 따라서 미리 계획을 세우고 동선에 맞는 교통권(p542)을 구매하는 것이 중요하다. 거리가 먼 곳은 바포레토를 이용하고 가까운 곳은 걸어서 돌아보자.

★
현지인이 우선!
현지인이 많이 이용하는 승선장에는 '베네치아인 우대 개찰구(Priority Veneziaunica)'가 따로 있다. 여행자는 통과 불가! 바포레토가 도착하면 이 개찰구를 통과해 대기한 사람 먼저 탑승한다. 연간 2천만 명이 넘는 관광객에게 점점 밀려나는 6만여 현지인을 위한 조치다.

현지인 전용 분홍색 개찰구

1. 바포레토(수상 버스) Vaporetto

가장 저렴하고 대표적인 대중교통수단이지만 1회 이용 요금이 무려 9.50€다. 보통 여름 시즌(4~10월)과 겨울 시즌(11~3월)으로 나누어 노선과 운행 시간을 크게 변경한다. 그 외 조수가 상승(주로 가을·겨울철)하거나 날씨가 좋지 않을 때도 운항을 중단하거나 우회 운항하니 현지에서 확인 후 이용한다.

20개 이상의 노선이 운항하는데, 여행자들이 가장 많이 이용하는 노선은 공항버스가 정차하는 로마 광장 승선장에서 시작해 산타 루치아역 앞 페로비아 승선장, 리알토 다리, 아카데미아 미술관, 산 마르코 광장을 거쳐 리도 섬까지 연결하는 1번선이다. 로마 광장에서 종점인 리도까지 1시간 정도 소요된다.

바포레토 이용 시 짐은 일정 크기 3개(가로+세로+높이 150cm 미만 1개+120cm 미만 2개)까지만 허용되며, 초과 시 짐 1개당 1회권 금액을 내야 한다. 요금은 p542 참고.

바포레토 1번선

★
컨택리스 카드 사용 가능!
베네치아에서도 컨택리스 카드를 교통카드처럼 사용할 수 있다. 탑승 시 컨택리스 전용 단말기에 카드를 터치하며, 바포레토를 제외한 교통수단은 하차 시에도 반드시 터치해야 한다. 하차 시 터치하지 않으면 교외 구간 기준 최대 요금이 청구될 수 있으니 주의하자.
바포레토는 24시간당 요금 상한액이 1인당 25€다. 동일한 카드 1장으로 최대 5명까지 결제할 수 있으며, 60초 이내에 연속 터치해야 한다.

+ **1번선 운항 정보** (여름 시즌 기준)

운항 시간	05:01~23:55(로마 광장 승선장 출발 기준)/ 12~20분 간격 운항
여행자들에게 유용한 승선장	**Piazzale Roma** 로마 광장(공항버스, 주차장) **Ferrovia** 산타 루치아 기차역 **Rialto Mercato** 또는 **Rialto** 리알토 다리 **Accademia** 아카데미아 미술관 **S. Marco Vallaresso** 산 마르코 광장 **S. Marco-S. Zaccaria** 두칼레 궁전 **Lido(S.M.E.)** 리도 섬

+ **그밖에 주요 바포레토 노선**

2번선	산 마르코(S. Marco-S. Zaccaria "B") → 산 조르조 섬 → 주데카 섬 → 트론케토 → 로마 광장-페로비아* → 리알토* → 아카데미아* → 산 마르코(Giardinetti)* *는 시간대에 따라 운항이 제외되는 구간임
2/번선	로마 광장 ⇌ 페로비아 ⇌ 리알토
6번선	로마 광장 ⇌ 리도(급행)
12번선	폰타멘테 노베 ⇌ 무라노 ⇌ 부라노
14번선	산 마르코(San Zaccaria "A") ⇌ 리도 ⇌ 부라노 (푼타 사비오니행은 부라노 안 감)

*주요 승선장만 대략적으로 표시함/모든 노선은 양방향으로 운항
*비엔날레·카니발·영화제 등의 기간 및 시즌에 따라 운항 시간·노선·종점 유동적

#CHECK
바포레토를 이용하자!

❶ 승선권을 구매하자.

바포레토 승선장 주변에 있는 매표소나 ACTV 자동판매기, 스마트폰 앱(AVM Venezia), ACTV·베네치아 우니카 홈페이지를 통해 구매한다. 컨택리스 카드도 사용 가능. 이용자가 적은 승선장 주변에는 매표소가 없거나 운영시간이 짧으니 매표소나 자동판매기가 보일 때 미리 승선권을 구매해두자.

❶ 산타 루치아역 앞 페로비아 승선장에 있는 매표소

자동판매기가 설치된 승선장도 있다(영어 지원).

❷ 바포레토 승선장을 찾아가자.

로마 광장, 페로비아(산타 루치아역), 리알토, 산 마르코 등 규모가 큰 승선장은 노선과 방향에 따라 승선장이 여러 개로 나뉜다. 승선장 이름은 알파벳 A, B, C 등으로 표기하며, 거리가 100m가량 떨어진 곳도 있다. 승선장 입구마다 승선장 이름과 바포레토 번호가 적혀 있다.

❷ 운하를 따라 노란색 바포레토 승선장이 떠 있다.

노선 번호와 방향에 따라 승선장이 다르다.

❸ 노선도를 확인하자.

승선장 앞에서 노선도를 확인하자. 노선별로 지나가는 승선장 이름, 운항 시간 등이 표시돼 있다.

❸ 바포레토 노선별 목적지와 도착 시각을 안내하는 전광판

❹ 승선권을 터치하자.

우리나라의 교통카드와 마찬가지로 승선장 입구의 단말기에 승선권이나 컨택리스 카드를 터치하면 자동으로 인식한다. 앱을 통해 구매했다면 승선하기 전에 활성화한다. 배 안에서 승무원이 수시로 승선권을 검사하니 주의할 것. 승선권에는 따로 개시 시각이 기록되지 않기 때문에 언제 처음 사용했는지를 잘 기억해두고 유효시간을 넘기지 않도록 주의한다.

❹ 하단의 컨택리스 마크 부분에 승선권을 터치하면 기계음과 함께 초록색 불이 들어오고 개찰구가 열린다.

배 안에서 승선권을 검사하는 승무원

구형 개찰기는 원형판에 터치한다.

❺ 바포레토에 오르자.

바포레토가 도착하면 내리는 사람이 모두 나온 후에 바포레토에 오른다. 승선장마다 많은 사람이 타고 내리니 통로를 막지 않도록 노란색 안전선 뒤에 서도록 한다.

❻ 바포레토에서 내리자.

승무원이 큰 소리로 승선장 이름을 외치니 잘 듣도록 한다. 배에 따라 안내 방송이 나오는 경우도 있다.

❺ 승객이 다 내릴 때까지 노란색 안전선 뒤에서 대기한다. 바포레토에 오르면 난간이나 뱃문 근처는 피해서 자리를 잡는다.

베네치아 수상 택시
베니스 워터 택시
WEB venicewatertaxi.it

콘소르치오 모토스카피
WEB motoscafivenezia.it

2. 수상 택시 Taxi Acquei

수상 택시는 바포레토보다 빠르고 편리하지만 요금이 비싼 것이 단점이다. 단, 목적지에 따라 정액제로 운항하며, 최대 10명까지 승선할 수 있으므로 일행이 많다면 이용할 만하다. 수상 택시 승선장은 산타 루치아역, 산 마르코 광장 등 주요 명소 부근에 있으며, 승선장 앞에 'Taxi'라고 쓴 표지판이 있다.
회사에 따라 요금과 승선장 위치가 조금씩 다르며, 홈페이지에서 종종 할인 프로모션도 진행한다. 그밖에 다양한 투어 프로그램도 운영한다.

수상 택시에도 교통 규칙이 있다?

육지도 아닌 수상에서 교통 규칙이 있다는 것이 낯설지만 좁은 운하에서 교통 규칙은 필수다. 수상 택시는 고속으로 달리면서 물결이 출렁거리게 해 다른 배들을 흔들리게 하거나 운하에 인접한 건물에 피해를 주면 안 되는 등의 교통 규칙을 준수해야 한다. 운하 내에서는 저속 운항을 하던 수상 택시들이 넓은 바다에만 들어서면 속도를 내는 건 바로 이런 이유 때문이다.

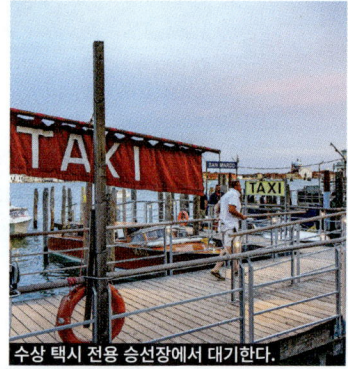
수상 택시 전용 승선장에서 대기한다.

베네치아에서 가장 빠른 교통수단

✚ 수상 택시 요금

기본요금 (4인)	산타 루치아역~산 마르코 광장(시티 센터) 80€~, 마르코 폴로 공항~산 마르코 광장 150€~/1인당 짐 1개 무료
추가 요금	1인당 10€(최대 10명까지 가능), 짐 추가 5€/1개, 심야 할증(22:00~07:00) 15~20€, 교통 혼잡 구간 20€

3. 트라게토 Traghetto

곤돌라와 비슷하게 생겼으며, 운하를 건널 때만 이용하는 교통수단이다. 최대 탑승 인원은 15명으로, 'Traghetto'라고 쓴 승선장에서 이용할 수 있다. 1회권은 구간에 따라 2~2.50€를 현금으로 내며, 큰 짐은 갖고 탈 수 없다. 대운하에서는 산 토마(S. Toma)를 비롯한 7곳의 승선장만 운영하는데, 멀리 다리를 건너 돌아가는 대신 이용하면 꽤 유용하다. 일요일에 쉬거나 날씨와 시즌에 따라 운항하지 않는 때가 많으니 이용하려면 안내문을 잘 확인한다.

곤돌라 대신 트라게토

비싼 요금 때문에 곤돌라를 타지 못한다면 트라게토를 이용해보자. 운하 양쪽을 연결해주는 교통수단인 트라게토는 곤돌라와 비슷하게 생겨 여행자들에게는 곤돌라 못지않게 인기가 높다. 트라게토를 탈 때는 반드시 서서 탔다는 베네치아 사람들의 오랜 전통과는 달리, 현재는 여행자들의 안전을 위해 모두 앉도록 지시한다. 운하를 가로지르기 때문에 출렁임이 심하니 이동 중에는 움직임을 자제하자.

트라게토 승선장

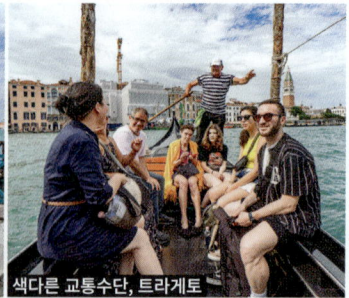
색다른 교통수단, 트라게토

#CHECK
꼭 알아두어야 할 베네치아의 거리 이름

이탈리아에서는 거리를 '비아(Via)'나 '코르소(Corso)', 광장을 '피아차(Piazza)'라고 하는데, 베네치아에서는 자신들만의 독특한 이름으로 표현한다. 또 여행자가 많이 사용하는 구글 맵스와 표기가 다른 곳이 많다. 단어의 스펠링이 비슷하면 눈치껏 찾으면 되지만 전혀 다른 곳도 있으므로 'Per San Marco(산 마르코 광장 방향)' 등 주요 명소를 안내하는 표지판이나 현재 위치를 중심으로 길을 찾는 것이 좋다.

❶ **캄포 Campo** 산 마르코 광장 이외의 광장을 일컫는 말이다. 참고로, 산 마르코 광장은 'Piazza San Marco'로 표기한다.

❷ **캄피엘로 Campiello** 산 마르코 소광장(Piazzetta San Marco) 이외의 작은 광장을 일컫는 말이디.

❸ **칼레 Calle** 일반적인 거리를 뜻하는 말. '비아(Via)'를 대신한다.

❹ **살리자다 Salizada** '칼레(Calle)'보다 넓은 거리를 뜻한다.

❺ **라모 Ramo·칼레타 Caletta** '칼레(Calle)'보다 좁은 거리.

❻ **폰다멘타 Fondamenta** 작은 운하를 따라 난 거리를 뜻한다.

❼ **리오 테라 Rio Terà** 매립지를 메워 만든 거리를 뜻한다.

❽ **폰테 Ponte** 다리. 이 단어는 다른 도시와 다르지 않다.

❾ **리오 Rio** 섬과 섬 사이를 흐르는 작은 물길. 도시의 물이 고여 썩지 않도록 바닷물의 흐름을 유지하는 중요한 역할을 한다.

❿ **카날 Canal** 운하 또는 대운하. 도시 가운데를 가르는 큰 물길을 말한다.

⓫ **리바 Riva** 대운하를 따라 난 거리를 일컫는다.

⓬ **소토 포르테고 Sotto Portego** 건물 아래로 난 터널 같은 길이다.

❶ 산 폴로 광장

❷ 콜롬비나 소광장

❸ 세콘다 데이 사오네리 거리

❹ 피오 X 거리

❺ 콜롬비나 거리

❻ 폰테 스토르토 거리

❼ 리오 테라

❽ 산 폴로 다리

★
베네치아에서 길 찾기
바포레토 요금이 비싼 베네치아에서는 많이 걷게 되는데, 되도록 큰 길로만 다니는 것이 좋다. 골목들이 거미줄처럼 얽혀 있어 길을 잃기 쉽고 막다른 길이 많기 때문이다. 다행히 베네치아의 큰길은 모두 산 마르코 광장, 리알토 다리와 연결돼 있고 어느 골목이든 표지판 안내가 잘돼 있다. 산 마크로 광장 쪽으로 들어갈 때는 'Per S. Marco', 리알토 다리 쪽으로 빠져나올 때는 'Per Rialto' 표지판을 따라가자.

#CHECK

베네치아 우니카 교통권 & 할인 패스

베네치아에는 다른 도시에서는 보기 드물 정도로 많은 종류의 할인 패스가 있다. 흔히 볼 수 있는 교통권은 물론 미술관과 박물관, 심지어 성당 입장료까지 하나로 묶어 마치 홈쇼핑에서 '1+1' 행사를 하듯 판매해 역시 '상인의 도시 베네치아는 다르긴 다르구나'라는 생각이 절로 들게 된다.

종류가 많다 보니 고민되겠지만 결론적으로 일반 여행자는 바포레토 승선이 가능한 교통권만 구매하면 된다. 걷는 것에 자신이 있다면 그마저 구매하지 않아도 된다. 반대로 미술에 관심이 많거나 눈여겨봐 둔 박물관이 있다면 다음의 카드별 상세 설명을 보고 자신에게 맞는 것을 고르자. 단, 혜택에 너무 욕심을 내 필요 이상으로 지출하고 후회하는 경우가 많으니 조금 부족한 듯 선택하는 것이 좋다. 각종 교통권과 할인 패스는 베네치아 대중교통회사 ACTV의 전자 발권 시스템인 베네치아 우니카(Venezia Unica)에서 발행하며, 우니카 홈페이지와 전용 앱(AVM)에서도 구매할 수 있다.

★ **베네치아 우니카**
WEB veneziaunica.it

바포레토 승선권

❖ **베네치아 교통권**

바포레토는 물론 시내버스와 트램 같은 지상 대중교통을 이용할 수 있는 교통권, 마르코 폴로 공항을 연결하는 공항버스나 수상 버스 이용권, 로마 광장 주차권 등 그 종류가 다양하다. 유효기간이 길수록 할인율이 높으니 머무르는 기간만큼의 정기권을 구매하는 것이 경제적이다. 반나절 산 마르코 광장과 주요 명소만 돌아볼 계획이라면 구매하지 않아도 되지만 조금 많이 걷는 것은 각오해야 한다. 우니카 홈페이지에서 구매할 경우 'Purchase the City pass' 클릭 후 'PUBLIC TRANSPORT IN VENICE'의 'ACTV-TIME-LIMITED TICKETS'에서 'Offer details'를 눌러 원하는 교통권을 선택·구매하면 된다.

➕ **베네치아 대표 교통권 요금**(5세 이하 무료)

종류	원어 표기	요금	유효시간	이용 범위
1회권	ACTV Biglietto Ordinario 75'	9.50€	개시 후 75분(환승 가능)	바포레토, 시내버스, 트램, 피플무버/공항 제외
1일권	ACTV - Biglietto 1 giorno Venezia Daily Pass	25€	개시 후 24시간	1회권 이용 범위+베네치아 지역 내 완행열차(R/RV)
2일권	ACTV - Biglietto 2 giorni	35€	개시 후 48시간	1회권과 동일
3일권	ACTV - Biglietto 3 giorni	45€	개시 후 72시간	1회권과 동일
롤링 베니스 +3일권	ACTV trasporto pubblico 3 giorni + Rolling Venice	롤링베니스 6€+ 3일권 27€	롤링 베니스 카드는 1년, 3일권은 개시 후 72시간	1회권과 동일

* 16번선, 19번선, 카지노선, 공항-시내 노선, 아리아구나(Alilaguna) 수상 버스 이용 불가
* 1~3일권 구매 시 공항버스 이용권 추가 가능(편도 7€/왕복 13€ 추가)
* 베네치아 본토(메스트레 포함, 공항·카지노 제외)와 리도 섬 내를 운행하는 시내버스·트램·피플무버 1회권 요금은 1.50€

★
롤링 베니스(롤링 베니스 카드) Rolling Venice

6~29세 여행자를 대상으로 관광지, 교통권, 식당, 숙소 등에서 할인 혜택을 제공하는 제도다. 가입비는 6€이며, 바포레토 3일권을 특별 할인가(45€→27€)로 구매할 수 있다. 가입비를 더해도 2일권 정상가보다 저렴하다.
두칼레 궁전, 시계탑, 페기 구겐하임 미술관, 산 로코 대신도 회당 등 주요 명소뿐 아니라 롤링 베니스 가맹점(식당·카페·호텔·상점 등)에서도 할인을 받을 수 있다. 승선장 매표소, 우니카 티켓 오피스, 우니카 홈페이지에서 구매 가능하며(여권 지참 필수), 매표소에서 구매 시 바포레토 3일권과 함께 영수증이 발급된다. 카드 오류 시 영수증이 필요하므로 반드시 보관할 것. 유효기간은 발행일로부터 1년이다.

❖ **베네치아 시립 박물관 패스** Fondazione Musei Civici di Venezia

산 마르코 광장의 박물관 4곳(두칼레 궁전·코레르 박물관·고고학 박물관·국립 마르차나 도서관)에 입장할 수 있는 산 마르코 광장 박물관 패스와 여기에 카 레초니코·유리 박물관(무라노 섬)·레이스 박물관(부라노 섬) 등까지 총 12곳에 입장할 수 있는 박물관 패스가 대표적이다. 우니카 홈페이지의 'MUSEUMS-CHURCHES-SYNAGOGUES'에서 선택한다.

✚ **베네치아 시립 박물관 인기 패스와 요금**

종류	영어 표기	요금
박물관 패스	Museum Pass	40€(25세 이하 학생·65세 이상·롤링 베니스 소지자 22€)
산 마르코 광장 박물관 패스	St. Mark's Square Museums	30€(25세 이하 학생·65세 이상·롤링 베니스 소지자 15€)

*유효기간 내 한 번씩만 입장 가능/5세 이하 무료
*산 마르코 광장 박물관 패스를 방문 30일 이전에 visitmuve.it(두칼레 궁전 선택)에서 구매하면 5€(25세 이하 학생·롤링 베니스 소지자·65세 이상 2€) 할인받을 수 있다.

시립 박물관 패스 구매 시 고려할 점

❶ 두칼레 궁전은 패스 종류와 상관없이 패스를 살 때 지정한 날짜에만 입장할 수 있으며, 변경은 안 된다.
❷ 여행자가 많이 찾는 산 마르코 광장의 종탑, 페기 구겐하임 미술관, 아카데미아 미술관 등은 제외돼 있다.
❸ 여행자의 필수 방문 코스인 산 조르조 마조레 성당, 산타 마리아 델라 살루테 성당 등은 입장료를 받지 않는다.

❖ **베니스 시티 패스 VENICE City Pass**

시내 박물관과 성당, 투어를 다양하게 결합한 패스다. 우니카 티켓 오피스나 관광 안내소, 우니카 홈페이지('CITY PASS BEST DEALS'에서 선택)에서 구매할 수 있다.

✚ **베니스 시티 패스 종류와 요금**

종류	영어 표기	요금	이용 범위
산 마르코 시티 패스	San Marco City Pass	38.90€, (6~29세·65세 이상 23.90€)	산 마르코 광장의 박물관 4곳과 성당 3곳
산 마르코 시티 패스+페니체	San Marco City Pass+Fenice	49.90€, (6~29세·65세 이상 31.90€)	산 마르코 시티 패스 혜택에 라 페니체 극장 오디오가이드 투어 추가
올 베니스	All Venice	52.90€, (6~29세·65세 이상 31.90€)	두칼레 궁전을 포함해 박물관 12곳과 성당 16곳
올 베니스+페니체	All Venice+Fenice	63.90€, (6~29세·65세 이상 39.90€)	올 베니스 혜택에 라 페니체 극장 오디오가이드 투어 추가

*유효기간 내 한 번씩만 입장 가능(두칼레 궁전은 패스를 살 때 지정한 날짜에만 입장)/5세 이하 무료

★ 베네치아 우니카 홈페이지 이용 방법

❶ 홈페이지(veneziaunica.it)에 접속해 메인 페이지를 영어로 전환한다.
❷ 'Purchase the City pass' 클릭 후 오른쪽 'MY CARD' 아래의 '+ ADD CARD'를 눌러 이름과 성을 입력하고 'Create Card'를 눌러 카드를 만든다.
❸ 왼쪽의 각종 패스와 교통권 목록에서 원하는 할인 패스나 교통권을 선택해 신용카드로 결제한다.
❹ 이메일로 받은 바우처를 출력 또는 스마트폰에 저장한다.
❺ 현지 ACTV 자동판매기에 바우처의 PNR 예약 코드를 입력 또는 QR코스를 스캔하거나 매표소에 바우처를 제시하고 실물 티켓으로 교환한다.
❻ 대중교통을 이용할 때는 티켓을 전용 단말기에 터치한다. 박물관이나 성당 등에서는 입구에서 티켓을 제시하고 입장하면 된다.
❼ 베네치아 우니카는 홈페이지를 통해 시즌별 다양한 할인 이벤트를 진행하니 잘 살펴보자.

베네치아 실용 정보

베네치아 여행의 도우미라 할 수 있는 관광 안내소는 산타 루치아역 근처와 산 마르코 광장에 있다. 산타 루치아역에서 리알토 다리까지 이어지는 큰길에는 여러 곳의 슈퍼마켓이 있다.

❶ 산 마르코 광장 관광 안내소 Venezia Unica IAT Piazza San Marco : 관광 안내소

유료 지도 판매 및 투어 예약 서비스 등을 제공하며, 롤링 베니스 카드나 시티 패스도 판매한다. 가이드 투어 상담이 주 업무이므로 일반적인 여행 정보는 간략하게만 제공한다.

ADD Piazza San Marco, 71B **OPEN** 09:00~19:00 **CLOSE** 1월 1일, 12월 25일
WALK 산 마르코 광장에서 산 마르코 대성당을 등지고 정면 끝까지 걸어가면 광장을 빠져나가는 왼쪽 출구에 있다. 도보 2분
WEB veneziaunica.it

❷ 쿱 Coop : 슈퍼마켓

구시가에서 제일 크고 찾기 쉬운 슈퍼마켓. 조리 식품과 베이커리류도 판매한다.

ADD Via Cannaregio, Calle S. Felice, 3660 **OPEN** 08:00~21:00
VAPORETTO 1번선 카 도로(Ca' d'Oro) 승선장에서 도보 3분

❸ 테아트로 이탈리아(데스파) Teatro Italia(Despar) : 슈퍼마켓

신고딕 및 아르누보 양식의 극장 건물을 그대로 사용해 '이탈리아에서 가장 아름다운 슈퍼마켓'으로 불리는 곳. 필요한 생필품을 구매하는 김에 천장의 프레스코화와 아르누보 장식 등 20세기 초반의 베네치아 건축 양식을 구경하는 재미가 있다.

ADD Campiello de L'Anconeta, 1944
OPEN 08:30~19:30/일요일 휴무
WALK 산타 루치아역에서 도보 10분. 안코네타 다리(Ponte Anconeta)를 건너기 직전 왼쪽

❹ 팀 Tim : 통신사 대리점

ADD Ruga degli Spezier, 385 **OPEN** 09:30~13:00·15:00~19:30, 일요일 휴무
VAPORETTO 1번선 리알토 메르카토(Rialto Mercato) 승선장에서 도보 1분
WEB tim.it

★
베네치아 숙박비 절약 팁

베네치아의 호텔은 규모가 작고 요금이 비싼 편이다. 특히 카니발 기간과 여름 성수기에는 바가지에 가까운 수준이다. 이럴 땐 베네치아 북서쪽 내륙에 있는 메스트레(Mestre) 지역에 숙소를 잡고 버스나 기차를 이용해 다니는 것이 경제적이다. 단, 본섬의 유일한 버스 정류장인 로마 광장은 막차 시각이 가까워지면 많은 사람이 정류장으로 한꺼번에 몰려와 만차가 되는 경우가 빈번하니 되도록 일찍 여행을 마치고 숙소로 돌아가는 것이 좋다. 렌터카 여행자 역시 내륙에 있는 주차장 무료 호텔에 숙소를 정하는 것이 효율적이다.
메스트레 지역과 본섬의 로마 광장·산타 루치아역을 연결하는 버스·기차(R·RV) 요금은 1.50€다.

★
베네치아 여행의 불청객, 모기

베네치아의 물가만큼이나 악명 높은 것은 바로 모기다. 날씨가 더워지는 4월부터 더위가 한풀 꺾이는 10월까지 종횡무진 베네치아를 누비고 다니며 여행자를 괴롭힌다. 숙소마다 방충망과 모기향을 준비해뒀지만 모기를 쫓는 데는 역부족이다. 특별한 대비책이 없기 때문에 그냥 참거나 별도의 방지책을 준비해 가는 것이 좋다. 번거롭더라도 피부에 바르는 모기퇴치제나 모기 스프레이와 물파스, 연고를 꼭 챙겨 가자.

SPECIAL PAGE

물의 도시 베네치아의 상징
곤돌라

'흔들리다'라는 뜻의 곤돌라는 물의 도시 베네치아를 대표하는 전통 교통수단으로, 전성기였던 16~18세기에는 약 8000~1만 척이 운행될 정도로 성행했다. 현재는 약 400척만 남았지만 여전히 여행자들에게 '베네치아의 낭만'을 상징하는 존재다.

❶ 손으로 깎아 만든 곤돌라

곤돌라는 길이 11m, 무게 350kg으로, 8종의 나무를 사용해 280개의 부품을 수작업으로 조립해 만든다. 배의 앞뒤 장식을 제외한 모든 부분이 나무이며, 한 척을 완성하는 데 500~600시간, 수개월의 시간이 소요된다.

베네치아의 상징, 곤돌라. 최대 5명까지 승선할 수 있다.

❷ 곤돌라의 사공, 곤돌리에르

곤돌라를 모는 사공을 곤돌리에르(Gondolier)라 한다. 곤돌리에르가 되려면 6개월간 약 400시간의 훈련과 도제 과정을 거친 뒤 베네치아 역사·명소·외국어·조정 기술 등을 평가하는 자격시험을 통과해야 한다. 까다로운 자격 요건은 곤돌리에르가 단순한 사공이 아닌 '문화 전도사'로서의 자부심과 안정된 수입이 보장되기 때문이다. 단, 과거에는 손님 유치를 위해 노래를 부르는 곤돌리에르가 많았지만 현재는 필수가 아니며, 노래를 원한다면 별도의 세레나데 투어를 예약해야 한다.

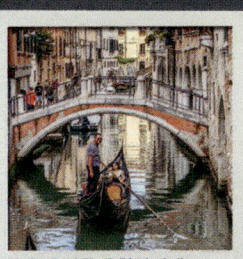

좁은 운하를 운항하기에 제격인 곤돌라

❸ 곤돌라의 화려한 변신
'베네치아 전통 곤돌라 경주(Regata Storica di Venezia al Canal Grande)'

과거 귀족들은 곤돌라를 화려하게 장식해 부를 과시했으나 과도한 경쟁이 이어지자 1562년 베네치아 의회가 모든 곤돌라를 검은색으로 통일하는 법령을 제정했다. 오늘날까지 베네치아의 곤돌라는 모두 검은색이다.
검은 곤돌라가 유일하게 색을 입는 날은 매년 9월 첫째 일요일. 산 마르코 만과 대운하에서 열리는 전통 경주 '레가타 스토리카' 때다. 오후 15:30 퍼레이드에서는 15세기 복장을 한 인물들이 각양각색의 장식 곤돌라를 타고 행진하며, 이어 16:00부터 본격적인 경주가 펼쳐진다. 별도의 예약이나 요금은 없지만 행사 기간에는 숙박비가 오르고 숙소 잡기가 어려워진다.

매년 9월 첫째 일요일에 열리는 곤돌라 경주 대회

✚ 곤돌라 요금

주간(08:00~19:00)	기본 30분 80€
야간(19:00~다음날 08:00)	기본 30분 100€

* 최대 승선 인원은 5명이다. 정액제로 운영하므로 사람이 많을수록 1인당 부담하는 요금이 적어진다.
* 승선 시간은 보통 25~30분 정도이며, 해가 완전히 진 뒤에는 생각보다 분위기가 별로라 추천하지 않는다.

DAY PLANS

베네치아는 117개의 섬, 177개의 크고 작은 운하, 400여 개의 다리로 이루어져 있다. 따라서 웬만큼 정보를 갖추지 못하고 여행을 하면 알맹이를 빠트리기 일쑤다. 또한 매번 바포레토를 타고 기차역과 산 마르코 광장을 오가기 번거롭고 요금도 비싸므로 일정 계획을 잘 세워야 한다. 섹션 A는 리알토 다리와 산 마르코 광장 등 베네치아의 대표적인 명소를 돌아보는 일정이다. 산 조르조 마조레 성당을 포기한다면 도보로만 이동할 수 있으며, 6~8시간 소요된다. 섹션 B는 일정이 여유롭고 미술을 좋아하는 여행자를 위한 추천 코스다. 미술관을 모두 둘러보려면 하루가 족히 소요된다. 그림에 관심이 없다면 무라노나 리도 등 근교 섬으로 떠나보자.

★ 베네치아에선 아무데나 앉으면 벌금!

연간 2천만 명이라는 엄청난 수의 관광객을 수용하느라 몸살을 앓던 베네치아가 지속 가능한 관광도시로 거듭나기 위해 강력한 벌금제도를 도입했다. '#Enjoy Respect Venezia' 티셔츠를 입은 순찰대가 수시로 감시 중이며, 아래 내용을 어길 시 최소 50€에서 최대 7000€까지 어마어마한 벌금을 내야 하니 꼭 숙지하자.

- 산 마르코 광장 등 지정되지 않은 곳에서 음식물 섭취 금지
- 관광 명소에서 지정되지 않은 곳에 앉지 말기
- 비둘기나 갈매기에게 먹이 주지 않기
- 좁은 길은 우측통행, 다리에서 멈춰 서지 않기
- 운하에 발을 담그거나 수영이나 다이빙하지 않기
- 벌거벗거나 수영복을 입은 채로 다니지 않기
- 자전거를 타거나 끄는 행위 금지
- 낙서, 노상 방뇨, 쓰레기 투척, 캠핑 금지
- 다리에 채우는 기념 자물쇠 금지
- 불법 노점상에게 짝퉁 상품 구매 금지(최고의 벌금 부과)

알찬 일정을 위해 준비해두세요

섹션 A 바포레토 승선을 포함한 교통권(1일권)을 구매하자. 승선권 유효시간 안에 산 조르조 마조레 성당과 무라노 & 부라노를 다녀오는 일정을 잡으면 효율적이다.

베네치아 옵션 A 리도 섬에서 해수욕을 즐기려면 비치 용품을 준비해 가자.

베네치아 옵션 B 돌로미티까지 렌터카로 간다면 메스트레역이나 마르코 폴로 공항에서 픽업하는 것이 편하다.

Section A p552
산 마르코 광장 주변

① 산타 루치아역
↓ 도보 30분 또는
  V 1번선 리알토 승선장
② 리알토 다리
↓ 도보 10분
③ 산 마르코 광장
④ 산 마르코 대성당
Option ⑤ 코레르 박물관
↓ 도보 1분
⑥ 두칼레 궁전
Option ⑦ 라 페니체 극장
↓ V 2번선 산 조르조 승선장
Option ⑧ 산 조르조 마조레 성당

Section B p568
미술관 투어

① 산타 루치아역
↓ V 1번선 살루테 승선장
⑨ 산타 마리아 델라 살루테 성당
↓ 도보 5분
⑩ 페기 구겐하임 미술관
↓ 도보 5분
⑪ 아카데미아 다리
↓ 도보 1분
⑫ 아카데미아 미술관
Option ⑬ 카 레초니코
↓ V 1번선 산 토마 승선장 하선 후 도보 3분
Option ⑭ 산 로코 대신도 회당
↓ 도보 1분
⑮ 산타 마리아 글로리오사 데이 프라리 성당
Option ⑯ 산타 마리아 아순타 데타 이 제수이티 성당

Venezia Option A p588
무라노 & 부라노 & 리도

본섬
↓ V 12번선 약 45분 소요
① 부라노
↓ V 12번선 약 35분 소요
② 무라노
↓ V 4.1번선, 4.2번선, 12번선 약 20분 소요
본섬 폰다멘테 노베 승선장
↓ V 5.1번선, 5.2번선 약 30분 소요
③ 리도

Venezia Option B p596
돌로미티

본섬 로마 광장 또는 메스트레역
↓ 버스 2시간 30분~3시간 40분 소요
코르티나 담페초 또는 도비아코

베네치아 광역도

베네치아 마르코 폴로 공항 Venezia Marco Polo
토르첼로 섬 Torcello
베네치아 메스트레역 Venezia Mestre
부라노 섬 Burano
무라노 섬 Murano
산테라스모 섬 Sant'Erasmo
베네치아 산타 루치아역 Venezia Santa Lucia
칸나레조 Cannaregio
산타 크로체 Santa Croce
산 폴로 San Polo
카스텔로 Castello
도르소두로 Dorsoduro
산 마르코 San Marco
주데카 섬 Giudecca
리도 섬 Lido

0 2km

SPECIAL PAGE

자박자박
베네치아 걷기 여행

베네치아 산타 루치아역에서 산 마르코 광장까지 이르는 길은 여행 중 한 번쯤은 꼭 걷게 된다. 다리, 성당, 광장 등 주요 명소는 물론, 슈퍼마켓, 식당, 카페, 기념품점 등 여행자가 가고 싶은 모든 곳이 있기 때문이다. 산타 루치아역을 등지고 왼쪽으로 'Per Rialto' 표지판을 따라 30분 정도 걸어간 후 리알토 다리부터는 'Per S. Marco' 표지판을 따라가면 된다. 도중에 갈림길도 많고 다리도 몇 번 건너야 하지만 표지판 안내가 잘돼 있어 베네치아를 처음 찾는 사람도 쉽게 찾아갈 수 있다.

❿ 산 마르코 광장

❶ **산타 마리아 디 나자레스 성당** Chiesa di Santa Maria di Nazareth

베네치아에서 유일하게 카라라(Carrara) 대리석으로 파사드(성당 앞면)을 장식한 건축물. 카라라 대리석은 대리석 중에서 가장 품질이 뛰어나다는 평가를 받는다. 미켈란젤로, 베르니니 같은 조각가도 이 대리석을 즐겨 사용했다.

❶ 성당을 바라보고 오른쪽!

❷ **리스타 디 스파냐 거리** Rio Terà Lista di Spagna

2~3성급 호텔과 식당들이 모여 있는 거리. 산타 루치아역에서 가까워 언제나 많은 여행자로 북적인다.

❸ **산 제레미아 성당** Chiesa di San Geremia

로마네스크 양식의 종탑이 유난히 돋보이는 성당이다. 11세기에 처음 세워졌으며, 현재의 건물은 1753년에 재건됐다. 내부에는 성녀 루치아의 유해가 안치되어 있으며, 그녀에게 기도하면 눈 질환이 치유된다는 전설이 전해진다.

❸ 산 제레미아 성당 앞 모처럼 넓은 광장이 펼쳐진다.

❷ 짐이 무거운 여행자는 이 거리에 호텔을 잡으면 좋다. 단, 다른 곳에 있는 호텔보다 숙박료가 비싸다.

❹ **니콜로 파스콸리고 다리** Ponte Nicolò Pasqualigo

산 제레미아 성당 앞 광장 동쪽 끝의 오른쪽 좁은 골목으로 들어간 후 굴리에 다리(Ponte delle Guglie)를 건너 계속 간다. 통신사 팀이 있는 사거리에서 오른쪽 피스토르 거리(Calle del Pistor)를 따라간다. 여기까지 오는 중에 있는 다리들에서 바라보는 소운하의 풍경이 기대 이상으로 아름답다.

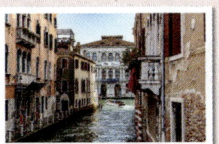
❹ 니콜로 파스콸리고 다리 위에서 바라본 운하 풍경

❺ 노바 거리의 맥도날드. 패스트푸드점이라기보다 카페 같다.

❺ **노바 거리** Strada Nova

베네치아에서 가장 번화한 곳. 각종 숍, 기념품점, 화장품 숍, 맥도날드, 젤라테리아가 모여 있다.

❻ **산티 아포스톨리 성당** Chiesa di Santi Apostoli

흙갈색의 작은 성당. 18세기에 세운 종탑이 거리의 이정표 역할을 한다.

❼ **산 조반니 그리소스토모 거리** Salizada San Giovanni Grisostomo

유리 공예점, 가면 공예점 등 다양한 기념품 상점이 모여 있으며, 의류 브랜드점과 화장품 가게, 식료품 가게, 버거킹이 들어서 있다.

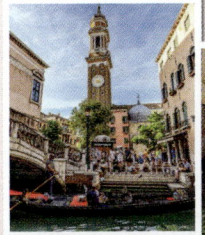
❻ 성당 앞 운하에 곤돌라 선착장이 있다.

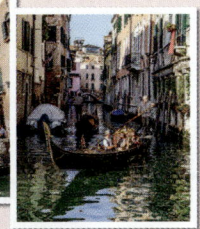
❼ 산 조반니 그리소스토모 거리 입구의 운하

❽ **리알토 다리** Ponte de Rialto

베네치아를 대표하는 다리로, 수많은 광고와 영화의 배경지로 등장했다. 여기서부터는 'Per S. Marco' 표지판을 따라가자.

❾ **메르체리아 오롤로조 거리** Merceria Orologio

베네치아의 대표적인 쇼핑가. 도보로 10분 정도 소요되는 짧은 거리지만 쇼핑을 즐기는 여행자는 지나가는 데 1~2시간이 걸리기도 한다.

❽ 다리 위에는 언제나 전 세계에서 모여든 여행자들로 북적인다.

❾ 유명 브랜드 상점이 늘어서있다.

❿ **산 마르코 광장** Piazza San Marco

나폴레옹이 "유럽에서 가장 아름다운 응접실"이라 칭한 곳. 베네치아의 중심이라고 할 수 있을 만큼 수많은 사람과 흥겨운 음악 소리가 넓은 광장을 채우고 있다. 비둘기가 유난히 많으니 조심하자.

SPECIAL PAGE

구불구불
대운하 물결 따라 유람

도시 한가운데를 S자 형태로 흐르는 대운하(Canal Grande)는 산타 루치아역에서 리알토 다리를 거쳐 산 마르코 광장까지 이어진다. 길이 3.8km, 너비 30~90m, 평균 깊이 5m의 운하를 따라 바포레토나 곤돌라를 타고 이동하면 과거 귀족들이 세운 화려한 궁전과 건축물이 양옆으로 늘어선 베네치아의 대표 풍경을 감상할 수 있다.

대운하를 따라 이동하려면 산타 루치아역 앞 승선장에서 산 마르코 광장행 바포레토 1번선을 타면 된다. 운하 양쪽의 건축물을 모두 보려면 앞좌석이나 뒷좌석에 자리 잡는 것이 좋으며, 성수기에는 경쟁이 치열하므로 출발 선착장인 로마 광장에서 탑승하는 것을 추천한다.

*방향은 산타 루치아역에서 산 마르코 광장행 바포레토 탑승 기준

❶ 산 시메오네 피콜로 성당
Chiesa di San Simeone Piccolo
산타 루치아역 맞은편에 있는 성당. 로마 판테온의 영향을 받은 커다란 돔(둥근 지붕)이 특징이다. 건물의 크기가 작다 보니 상대적으로 돔이 더 커 보인다.

❷ 스칼치 다리 Ponte degli Scalzi
산타 루치아역에서 가장 가까운 다리. 주변에 숙소가 많아 밤늦게까지 야경을 즐기려는 여행자들로 북적인다.

❸ 좌 산타 마리아 디 나자레스 성당
Chiesa di Santa Maria di Nazareth

맨발의 가르멜 수도회(Carmelitani Scalzi)의 성당으로, '스칼치(Scalzi) 성당'이라 불린다. 이 수도회는 맨발로 걷는 엄격한 규율을 따르며, 기도·절식·침묵을 중시한다. 16세기 스페인의 성녀 테레사가 개혁한 수도회에 속한 교회로, 기적을 체험하고 증언한 수도사를 다수 배출해 가톨릭 신비주의 사상의 발전에 큰 영향을 미쳤다.

❹ 좌 산 제레미아 에 루치아 성당 Chiesa di San Geremia e Lucia
아름다운 돔과 종탑이 있는 성당. 미국 인상주의 화가 존 싱어 사전트가 이 성당의 모습을 담은 풍경화를 그려 더 유명해졌다.

존 싱어 사전트의
'산 제레미아 성당의 종탑과 라비아 궁전'(1913)

❺ 우 터키 상인 본부 Fondaco dei Turchi
13세기에 지은 건축물로, 17세기부터 터키 상인 본부로 이용됐다. 반복된 아치 모양의 장식으로 대운하에서 화려한 건축물 중 하나로 꼽힌다. 양쪽의 두 탑은 19세기에 덧붙인 것이다.

❻ 우 산 스타에 성당 Chiesa di San Stae
화려한 바로크 양식의 건축물. 성당 정면의 대리석 장식이 볼만하다. 내부에는 티에폴로를 비롯한 18세기 베네치아 출신 화가들의 그림을 소장하고 있다. 요즘은 각종 공연과 연주회가 개최된다.

❼ 우 카 페사로 Ca' Pesaro
페사로 가문이 지은 궁전. 지금은 국립 현대미술관과 동양 박물관으로 이용되고 있다. 국립 현대미술관은 클림트, 칸딘스키와 같은 대표적인 현대 화가의 작품을 소장하고 있다.

❽ 좌 카 도로 Ca' d'Oro
'황금의 집'이라는 뜻으로, 15세기 건립 당시 외벽을 금박으로 장식해 베네치아에서 가장 화려한 건축물로 꼽혔다. 지금은 금빛 장식이 사라졌지만 여전히 고딕 양식의 정교한 조각과 섬세한 아치 장식이 아름답게 남아 있다.

❾ 우 어시장 Pescheria
오전에 가면 아드리아해에서 잡은 신선한 해산물을 구경할 수 있다. p567

❿ 리알토 다리 p554

⓫ 좌 카 포스카리 Ca' Foscari
15세기에 지은 고딕 양식 건축물. 지금은 베네치아 대학의 본관으로 이용된다.

⓬ 우 아카데미아 미술관 p570
⓭ 우 페기 구겐하임 미술관 p570
⓮ 좌 산타 마리아 델라 살루테 성당 p569
⓯ 우 산 조르조 마조레 성당 p565
⓰ 좌 두칼레 궁전 p561

스칼치 다리(Ponte degli Scalzi) 위에서 바라본 산타 루치아역과 산타 마리아 디 나자레스 성당

01 헛둘셋! 베네치아 여행의 출발점
베네치아 산타 루치아역
Stazione Venezia Santa Lucia

베네치아 여행의 출발점이자, 빼어난 경치를 자랑하는 역. 산타 루치아 성당이 있던 자리에 현대식 건물로 지어진 데서 이름이 유래했다. 역 앞에 있는 운하는 물의 도시 베네치아를 대표하는 대운하 카날 그란데(Canal Grande)다. 역 밖으로 나오면 바로 5개의 바포레토 승선장과 수상 택시가 보이며, 밤에는 야간열차를 기다리는 배낭여행자들로 북새통을 이룬다. 맞은편에는 대운하를 가로지르는 4개의 다리 중 하나인 ❶ 스칼치 다리(Ponte degli Scalzi)가 보인다. 역을 등지고 섰을 때 왼쪽의 ❷ 리스타 디 스파냐 거리(Rio Terà Lista di Spagna)는 다양한 숙소와 편의시설이 몰려 있는 여행지의 집합소다. 이 길로 들어서 30분 정도 걸어가면 산 마르코 광장이 나온다.

🅖 베네치아 산타 루치아역　Ⓜ MAP ⑫-A
ADD Stazione di Santa Lucia
VAPORETTO 1번·2번·4.1번·4.2번·5.1번·5.2번·N번선 페로비아(Ferrovia) 승선장 하선

❷ 전 세계에서 몰려든 여행자들로 하루 종일 북새통을 이루는 리스타 디 스파냐 거리

❶ 역 앞의 스칼치 다리

02 리알토 다리 Ponte di Rialto
어느 각도에서 바라봐도 예쁨 ♡

베네치아에서 빼놓을 수 없는 대표 명소. 다리 자체의 아름다움뿐 아니라 주변 풍경과 어우러져 만들어내는 이국적인 분위기 덕분에 영화와 CF의 단골 배경으로 등장한다. 최초의 리알토 다리는 12세기경 나무 부교로 건설됐으며, 통행량이 늘자 도개교로 교체돼 16세기까지 사용됐다. 이후 재건을 위한 공개 입찰에는 미켈란젤로, 산소비노, 팔라디오 등 당대 거장들이 참여했지만 최종적으로 안토니오 다 폰테(Antonio da Ponte)가 선정돼 약 25만 두카트(약 875kg의 순금 상당)를 들여 1591년에 대리석 다리를 완성했다. 1854년 아카데미아 다리가 세워지기 전까지는 대운하를 잇는 유일한 다리였다.

길이 48m, 너비 22m의 우아한 아치형 다리 위와 주변에는 기념품, 귀금속, 가죽 제품 등을 파는 상점이 늘어서 언제나 여행객들로 붐빈다. 다리 위에서 바포레토 승선장을 기준으로 왼쪽은 산 마르코 광장, 오른쪽은 어시장 방향이며, 다리 아래에서 어시장으로 이어지는 길가에는 가면, 곤돌라 모형, 유리공예품 등을 파는 노점이 줄지어 있다. 소매치기가 많으니 주의가 필요하다.

ⓖ 리알토 다리 Ⓜ MAP ⑫-D
VAPORETTO 1번·2/번·2번선 리알토(Rialto) 승선장 하선

리알토 다리 위 양쪽과 주변에 기념품 상점이 늘어서 있다.

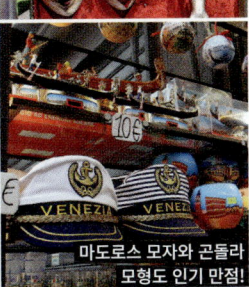

마도로스 모자와 곤돌라 모형도 인기 만점!

VENEZIA 산 마르코 광장 주변

★ **베네치아 최고의 포토 스폿!**
베네치아를 사진으로 남기고 싶다면 리알토 다리를 배경으로 찍어보자. 바포레토의 맨 앞이나 뒷자리에 앉아서 사진을 찍으면 더욱 멋진 결과물을 얻을 수 있다. 리알토 다리에서 바라보는 야경도 잊지말고 남겨보자.

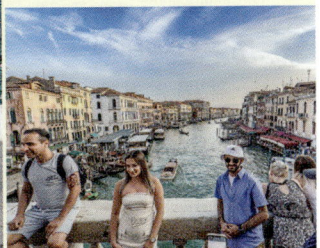

03 산 마르코 광장
베네치아인들의 휴식 모먼트
Piazza San Marco

베네치아 사람들이 가장 아끼는 광장이다. 다른 광장과 구분하기 위해 오직 산 마르코 광장에만 '피아차(Piazza)'라는 명칭을 허락할 정도로 이곳에 대한 애정이 남다르다.

바포레토에서 내려 베네치아의 관문인 ❶ 2개의 거대한 화강암 기둥(Columns of San Marco and San Teodoro)을 지나 두칼레 궁전을 오른쪽에 끼고 산 마르코 소광장(Piazetta San Marco)을 통과하면 긴 종탑과 함께 산 마르코 광장이 시야에 펼쳐진다. 해상 무역 공화국으로 전성기를 누리던 시절에는 행진과 축제, 각종 의식이 이곳에서 열렸으며, 행사일이 아닌 날에도 두칼레 궁전 앞 선착장을 통해 드나드는 외국인과 상인으로 광장이 늘 붐볐다.

나폴레옹이 "유럽에서 가장 아름다운 응접실"이라 극찬한 것처럼, 광장을 둘러싼 대리석 회랑과 산 마르코 대성당이 어우러진 풍경은 마치 화려한 야외 연회장을 보는 듯하다. 광장 주변에는 300년이 넘은 찻집과 살롱, 레스토랑, 기념품 상점이 즐비해 둘러보는 것만으로도 시간이 모자란다. 이른 아침이나 늦은 저녁에는 노을빛에 물드는 산 마르코 광장의 황홀한 풍경도 꼭 감상해보자.

G 산마르코 광장 **M** MAP ⓭-B
WALK 리알토 다리에서 'Per S. Marco' 표지판을 따라 도보 10분
VAPORETTO 1번·2번선 산 마르코 승선장 하선 후 도보 3분/1번·2번·4.1번·4.2번·5.1번·5.2번선 산 마르코-산 자카리아(S. Marco-S. Zaccaria) 승선장 하선 후 도보 3분

MORE
행정 관청, 프로쿠라티에 Procuratie

산 마르코 광장을 'ㄷ'자 모양으로 감싸고 있는 3개의 행정 관청으로, 수많은 아치로 장식돼 있다. 시계탑과 이어진 북쪽은 구 행정 관청(Procuratie Vecchie), 남쪽은 신 행정 관청(Procuratie Nuove), 서쪽은 알라 나폴레오니카(Ala Napleonica, 나폴레옹관)라고 한다.

종탑에서 내려다본 산 마르코 광장

산 마르코 광장의 야경

❶ 13세기 초 십자군이 동로마에서 약탈한 화강암 기둥 위에 산 마르코를 상징하는 사자상과 산 테오도로 상이 서 있다.

Zoom In & Out
산 마르코 광장

❶ 시계탑 Torre dell'Orologio

산 마르코 광장 북쪽에 위치한 15세기 후반 르네상스 건축물. 시계탑 꼭대기에는 2개의 청동상이 매시 정각마다 종을 쳐 시각을 알리며, 청동의 짙은 색 때문에 '무어인(Moors)'이라 불린다.

눈여겨볼 부분은 성 마르코를 상징하는 날개 달린 사자상과, 태양을 상징하는 시침이 24시간 눈금을 가리키는 대형 시계다. 시계 내부에서는 달이 지구를 중심으로 회전하며 위상을 표시하고 황도 12궁이 함께 새겨져 있다. 정오와 자정에는 직전 11시간 동안 울린 132회의 타종이 재현된다. 가이드 투어를 통해 내부를 관람할 수 있으며, 꼭대기에 오르면 산 마르코 광장이 한눈에 내려다보인다. 영어 투어는 하루 1~3회 진행되고, 회당 정원은 12명으로 제한돼 홈페이지 사진 예매가 필요하다. 시계탑 입장권으로 코레르 박물관(Museo Correr), 고고학 박물관(Museo Archeologico Nazionale), 국립 마르차나 도서관(Biblioteca Nazionale Marciana)도 함께 입장할 수 있다.

OPEN 가이드 투어로만 입장(영어 투어 월요일 11:00·14:00, 화·수요일 12:00·14:00, 목요일 12:00, 금요일 11:00·14:00·16:00, 토요일 14:00·16:00, 일요일 11:00)
CLOSE 1월 1일, 12월 25일, 그 외 부정기 휴일은 홈페이지에서 확인
PRICE 14€, 15~25세 학생·6~14세·롤링 베니스 카드·산 마르코 광장 박물관 패스·박물관 패스 소지자 11€/**예약 필수**/6세 이상만 입장 가능
WALK 산 마르코 대성당 정면을 바라보고 왼쪽에 있다.
WEB torreorologio.visitmuve.it

❷ 종탑 Campanile

등대 역할을 겸하는 높이 99m의 탑. 10세기에 세워진 원래의 종탑을 허물고 1514년에 다시 지었으나, 1902년 수리 중 붕괴되어 1912년에 재건됐다. 입장료가 다소 비싸지만 정상에 오르면 그만한 가치가 있다. 산 마르코 광장은 물론 베네치아 전역이 시야에 들어오고 맑은 날에는 멀리 알프스 산맥까지 보일 만큼 전망이 탁월하다. 전망대는 매표소에서 입장권을 구매한 뒤 엘리베이터로 올라가며, 입장 인원이 제한돼 성수기에는 대기 시간이 길다. 산 마르코 대성당 예약 홈페이지에서 미리 예매하면 줄을 서지 않고 입장할 수 있다.

OPEN 09:30~21:15(가을·겨울 ~19:15, 악천후 시 입장 제한, 1월 중순 약 2주간 보수 휴관)
PRICE 15€, 10~18세·25세이하 학생·65세이상 7.50€, 9세 이하 무료
WEB basilicasanmarco.skiperformance.com

04 산 마르코 대성당 Basilica di San Marco
성 마르코의 유해가 이곳에

❶ 대성당 내부의 황금 돔

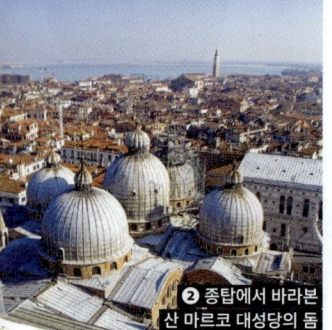

❷ 종탑에서 바라본 산 마르코 대성당의 돔

❸ 10세기부터 약 400년에 걸쳐 역대 도제(총독)들이 치장했던

마르코(마가) 복음의 저자 성 마르코의 유해가 안치된 성당으로, 9세기경 베네치아 상인들이 이집트 알렉산드리아의 한 성당에서 유해를 몰래 가져와 이곳에 모셨다고 전해진다. 이후 성 마르코는 베네치아의 수호성인이 되었다. 유해는 성당 안 정면에서 오른쪽, 교황만 예배를 집전할 수 있는 발다키노 옆에 있다.

산 마르코 대성당은 829년경 공사를 시작해 3차례 재건축을 거쳐 1071년에 완성된, 이탈리아를 대표하는 비잔틴 양식 건축물이다. 비잔틴 양식을 기본으로 하면서도 로마네스크와 고딕 요소가 더해져 시대별 예술 양식의 조화를 보여준다. 성당 안으로 들어서면 비잔틴 양식의 특징인 ❶ 황금빛 모자이크가 천장과 내부 전체를 장식하며 약 8000㎡ 이상을 덮고 있다. 내부는 그리스 십자가 모양의 평면 구조로, 중앙 돔을 중심으로 십자가의 네 팔 부분마다 돔이 하나씩 있어 ❷ 총 5개의 돔이 조화를 이루는 독특한 형태다.

성당 안의 ❸ '황금의 제단(Pala d'Oro)'은 황금판 위에 에메랄드, 진주, 자수정, 루비 등 수천 개의 보석으로 장식돼 있으며, 가까이서 보려면 추가 요금을 내야 한다. 내부는 촬영이 금지되고, 노출이 있는 복장이나 슬리퍼 차림은 입장할 수 없다. 입장권은 온라인 전용이며, 시간 지정 예약이 필수다.

ⓖ 산마르코 대성당　ⓜ MAP ⑬-B
ADD Piazza San Marco
OPEN 09:30~17:15(일요일·공휴일 14:00~/로자 데이 카발리 박물관은 09:30~)/폐장 30분 전까지 입장/행사 및 보수공사 등으로 입장이 제한될 수 있다.
PRICE 성당 10€, 성당+황금의 제단 20€, 성당+황금의 제단+박물관 30€/ 10~18세·25세 이하 학생·65세 이상 50% 할인, 9세 이하 무료/**예약 필수**
WALK 산 마르코 광장 안
WEB www.basilicasanmarco.it ｜ 예약 basilicasanmarco.skiperformance.com

Zoom In & Out
산 마르코 대성당

❖ **산 마르코 대성당 정면을 장식한 모자이크의 내용**

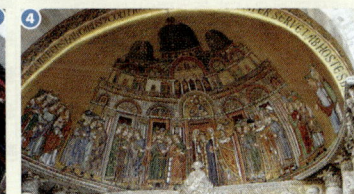

❶ 돼지고기 냄새에 코를 막고 고개를 돌리는 이슬람 세관원들
❷ 성 마르코의 유해를 싣고 지중해를 건너는 배
❸ 황금색 복장의 도제가 두 팔을 벌려 성인의 유해를 맞이하는 장면
❹ 성 마르코의 유해가 산 마르코 대성당에 안치되는 순간

MORE
우여곡절 끝에 산 마르코 대성당에 도착한 성 마르코의 유해

이집트 알렉산드리아에서 선교 활동을 하다 순교한 성 마르코는 그곳의 성당에 묻혀 있었다. 9세기(828년)경, 이슬람 칼리프가 궁전을 짓기 위해 무덤을 훼손하려 하자 베네치아 상인 부오노 다 말라모코와 루스티코 다 토르첼로가 유해를 베네치아로 옮기기로 결심했다.

운반 과정은 위험하고 비밀스러웠다. 두 상인은 세관의 눈을 피하기 위해 성 마르코의 유해를 돼지고기와 양배추 잎으로 덮어 숨겼다. 이슬람교도들이 돼지고기를 혐오한다는 점을 이용한 영리한 방법이었다. 출항 전 성당에는 강한 향기가 퍼졌지만 사람들은 눈치채지 못했고, 항해 중에는 성 마르코가 꿈에 나타나 폭풍을 경고해 선박이 난파를 피했다는 전설도 전해진다.

유해가 베네치아에 도착하자 도제 주스티니아노 파르티치아코가 궁전에 안치했다. 이후 도제의 부인이 유해를 모실 성당의 건립을 지시하면서 산 마르코 대성당의 역사가 시작됐다.

성 마르코 유해 발굴 과정을 그린 틴토레토의 '성 마르코의 유해 발견' (1566, 밀라노, 브레라 미술관)

입구 상단의 성 마르코 조각상과 날개 달린 황금 사자상

❖ **산 마르코 대성당의 천장 모자이크와 제작 연도**

■ **아트리움 Atrio**
① 천지창조(13~15세기)
② 최후의 심판(13세기)
③ 아브라함(13세기)
④~⑥ 요셉(13세기)
⑦ 모세(13세기)

■ **성당 안**
⑧ 계시록
⑨ 성령 강림과 사도의 순교(13세기)
⑩ 예수의 승천(13세기)
⑪ 예수와 예언자(12~13세기). 성가대석은 복음사가 중 1명인 성 마르코의 일대기로 장식돼 있다(13세기)
⑫ 복음서 저자 성 요한의 일생(13세기 초)
⑬ 성 레오나르도, 성 니콜라스, 블레즈, 클레멘트, 레오나르드(13세기)

■ **첸 예배당 Capella Zen**
⑭ 성 마르코의 이야기(13~15세기)

■ **세례당 Battistero**
⑮ 보좌 위에 앉은 예수와 9명의 천사(14세기)
⑯ 개종자에게 세례를 주는 사도와 예언자(14세기)
⑰ 헤롯의 축제, 춤추는 살로메(14세기)

■ **마스콜리 예배당 Capella dei Mascoli**
⑱ 성모 마리아의 일생

■ **성 이시도로 예배당 Capella di San Isidoro**
⑲ 성 이시도로의 일생

■ **성구실 Sacrestia**
⑳ 예언자와 사도들

❖ **로자 데이 카발리 박물관**
Museo e Loggia dei Cavalli

황금의 제단을 본 뒤에는 2층에 있는 박물관도 들러보자. 성당 입장권과는 별도 요금이지만 천장의 모자이크를 가까이에서 감상할 수 있고 산 마르코 대성당의 또 다른 명물인 청동 말을 볼 수 있다.
이 청동 말은 온화한 눈빛과 역동적인 움직임을 생생하게 표현한 고대(2~3세기) 걸작으로, 1204년 콘스탄티노플을 약탈할 때 빼앗아와 성당 파사드에 설치했다. 1797년 나폴레옹이 이탈리아를 침략했을 때 프랑스로 가져가 파리의 카루젤 개선문 위에 올려두었다가 1815년에 반환되면서 더욱 유명해졌다.

> ★
> **성당에 입장하기 전 짐부터 해결하자!**
> 산 마르코 대성당은 백팩이나 캐리어, 큰 숄더백을 가지고 입장할 수 없다. 큰 짐이 있다면 수하물 보관소에 짐을 맡긴 후 줄을 서야 한다. 구글맵에서 'san marco luggage storage'라 검색한 후 평점이 높은 가까운 곳을 이용하자.

박물관에 소장된 청동 말 진품

Option
05 코레르 박물관
산 마르코 광장의 시립 미술관
Museo Correr

나폴레옹 통치기(1806~1814년)에 지어진 알라 나폴레오니카(나폴레옹관) 2~3층에 자리한 시립 미술관이다. 나폴레옹관과 신 행정 관청(Procuratie Nuove)에 걸쳐 있으며, 베네치아의 역사와 예술을 보여주는 다양한 컬렉션을 소장하고 있다.

2층에는 옛 베네치아의 지도, 동전, 갑옷, 고문서 등이 전시돼 14~18세기 베네치아의 문화와 역사를 살펴볼 수 있다. 3층 회화실에는 ❶ 벨리니의 '도제 조반니 모체니고의 초상화'(1479년경)와 '피에타'(1460년경), ❷ 카르파초(Carpaccio)의 '베네치아의 두 여인'(1495년경), ❸ '빨간 모자를 쓴 젊은이의 초상'(1493년경) 등 베네치아 출신 화가들의 작품이 전시돼 있다.

'베네치아의 두 여인'은 한때 노출이 심한 복장 때문에 '두 명의 매춘부'로 불렸으나, 1944년 상단 부분 '석호에서의 사냥'이 게티 미술관에서 발견되면서 재해석됐다. 현재는 남편들이 베네치아 석호에서 사냥하는 동안 지루함을 달래는 귀부인들의 모습으로 여겨진다.

ⓖ 코레르 박물관 Ⓜ MAP ⑬-B
ADD Piazza San Marco, 52
OPEN 10:00~18:00(11~3월 ~17:00)/폐장 1시간 전까지 입장
CLOSE 1월 1일, 12월 25일
PRICE 코레르 박물관+고고학 박물관+국립 마르차나 도서관 14€, 15~25세 학생·6~14세·65세 이상·롤링 베니스 카드 소지자 11€, 5세 이하 무료
WALK 산 마르코 광장을 사이에 두고 산 마르코 대성당 맞은편에 있다.
WEB correr.visitmuve.it

06 두칼레 궁전
베네치아 최고 통치자의 궁전
Palazzo Ducale

베네치아 공화국의 최고 통치자였던 도제(Doge)의 공식 관저로 사용된 곳으로, 영어로는 '도제의 궁(Doge's Palace)'이라 불린다. 1340년 공화국 대평의회 회의실로 짓기 시작해 시청과 법정, 도제의 관저로 차례로 확장되었으나 1577년 화재로 원래의 모습은 대부분 소실됐다. 이후 재건축 과정에서 르네상스 양식을 도입했고 소실된 작품들은 16세기 베네치아 거장들의 작품으로 대체됐다. 도제는 명목상 최고 통치자였지만 입법부와 사법부가 별도로 존재해 권한은 제한적이었다. 그럼에도 도제의 궁전은 왕궁에 버금가는 화려함을 자랑했다. 흰색 아케이드와 정교한 조각 기둥머리, 붉은 분홍빛 대리석과 흰색 이스트리아 대리석을 교차시킨 외관은 베네치아 공화국의 부와 영광을 상징한다. 1923년부터 박물관으로 개방되었고, 제대로 둘러보려면 2시간은 족히 걸린다.

ⓖ 두칼레 궁전 Ⓜ MAP ⑬-B
ADD Piazza San Marco, 1
OPEN 09:00~19:00(11~3월 ~18:00)/폐장 1시간 전까지 입장/폐장 30분 전부터 퇴장 시작
CLOSE 1월 1일, 12월 25일
PRICE 산 마르코 광장 박물관 패스(두칼레 궁전+코레르 박물관+고고학 박물관+국립 마르차나 도서관) 30€, 15~25세 학생·6~14세·65세 이상·롤링 베니스 카드 소지자 15€, 5세 이하 무료/방문 30일 이전 예매 시 5€(15~25세 학생·6~14세·65세 이상·롤링 베니스 카드 소지자는 2€) 할인
WALK 산 마르코 대성당 정면을 바라보고 오른쪽에 있는 건물이다. 입구는 대운하 방향에 있다.
WEB visitmuve.it

Zoom In & Out
두칼레 궁전

바포레토를 타고 궁전 앞 산 마르코-산 자카리아(S. Marco-S. Zaccaria) 승선장에 내려 맨 처음 눈에 들어오는 남쪽의 모습이 두칼레 궁전에서 가장 오래된 부분이다. 반복적인 아치와 회랑이 베네치아 고딕 양식의 간결미를 잘 보여 준다.

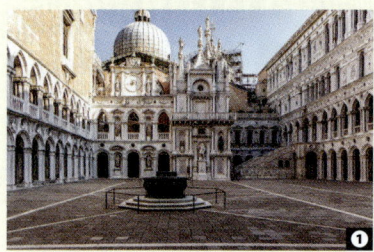

❶ 안뜰 Cortile

삼면이 회랑으로 둘러싸인 안뜰. 1층 회랑의 기둥은 아치 모양으로, 2층 회랑의 기둥은 첨두 아치 모양으로 건축됐다. 두칼레 궁전 관람을 시작하는 곳으로, 입구에 서서 오른쪽 건물의 2층으로 올라가면 된다.

과거 산 자카리아(San Zaccaria) 수녀원의 정원이었기 때문에 브롤료(Broglio, 식물원)라고도 하는 이곳은 공직자, 평의원, 정부 관료가 담소를 나누던 곳이었다. 불법 거래도 빈번했는데, 이탈리아에서 부정직한 거래를 '브롤료'라고 하는 것도 여기서 유래했다.

❷ 거인의 계단

안뜰 정면에서 본 모습

마르스와 넵튠

❷ 거인의 계단 Scala dei Giganti

입구를 지나 안뜰로 들어서면 정면에 보인다. 계단 위의 거인상은 전쟁의 신 마르스와 바다의 신 넵튠으로, 베네치아 공화국이 육지와 해상을 모두 지배했음을 상징한다. 가운데 아치 위의 사자상은 국가의 수호성인 성 마르코를 의미한다. 이 계단은 도제의 장엄한 취임식이 거행되던 공간이었다.

안뜰과 연결되는 카르타 문(Porta della Carta). 프란체스코 포스카리 도제가 1438년에 추가한 것이다. 지금은 출구로 이용되고 있다.

★ 도제 Doge란?

라틴어 '둑스(Dux)'에서 유래한 말로, 영어 '듀크(Duke)'와 같은 어원을 지닌다. 726년부터 1797년까지 이어진 베네치아 공화국의 최고 통치자였으며, 다른 나라의 군주와 달리 권한이 제한된 상태에서 협의회를 통해 나라를 운영했다. 귀족 계층에서 선출되어 종신직으로 재임했다.

❸ '사자의 입'은 악한 일이나 사람을 비유한다.

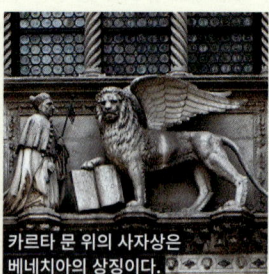
카르타 문 위의 사자상은 베네치아의 상징이다.

❸ 사자의 입 Bocca del Leone

2층 회랑 안에 있는 사자 모양의 조각상. 중세에 다른 사람의 죄를 익명으로 고발하는 투고함으로 이용됐다.

④ 황금의 계단 Scala d'Oro

2층 회랑에서 궁전 안으로 이어지는 계단. 금빛으로 장식한 천장이 화려하다 못해 사치스럽게 느껴진다. 문 왼쪽 위에는 헤라클레스, 오른쪽 위에는 아틀라스의 조각상이 있다. 계단을 오르면 표지판이 있는데, 'Appartmento del Doge' 라고 표시한 방향으로 걸어가자.

④ 황금의 계단 천장

황금의 계단을 장식하고 있는 헤라클레스와 아틀라스의 조각상

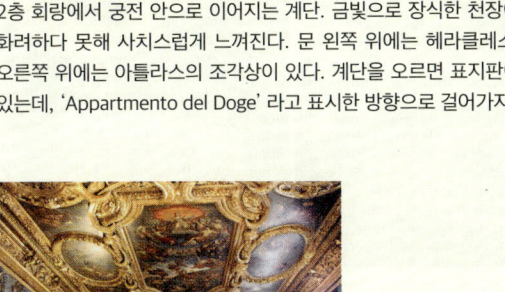

⑤ 10인 평의원실

⑤ 10인 위원회실 Sala del Consiglio dei Dieci

공공의 영역을 감시하기 위해 대평의회에서 선발한 귀족 10명으로 구성된 10인 위원회의 방으로, 궁전 내에서 오가는 모든 문서를 검열했다고 한다.

⑥ 대의원 회의실 Sala del Maggiore Consiglio

일종의 국회의원 회의실로, 귀족 남성은 25세가 되면 이곳에서 투표권을 행사할 수 있었다. 원래 이 공간의 벽화를 맡기로 했던 베로네세가 1588년에 사망하면서 틴토레토가 1588~1594년에 대작 '천국(Paradiso)'을 완성했다. 크기 22.6×9.1m에 달하는 이 작품은 세계에서 가장 큰 캔버스 유화로, 대의원 회의실 한쪽 벽을 가득 채운다. 약 500여 명의 천사가 정교하게 묘사되어 있어 압도적인 스케일을 자랑한다.

⑥ 대의원 회의실

틴토레토의 '천국'(1594) 국가의 모든 문제를 종교적으로 해결하고자 하는 열망이 담겨 있다.

⑦ 감옥과 고문실 Sala dei Inquisitori

궁전 내부에서 'Sale Istituzionali Armeria Prigioni'라고 쓴 표지판을 따라가면 입법부, 감옥과 고문실, 무기고가 나온다. 이곳에 있는 감옥은 죄수가 재판을 받기 전에 임시로 머물던 곳으로, 유죄를 선고받은 죄수는 탄식의 다리를 지나 두칼레 궁전 옆에 있는 감옥으로 가야 했다.

⑦ 감옥과 고문실

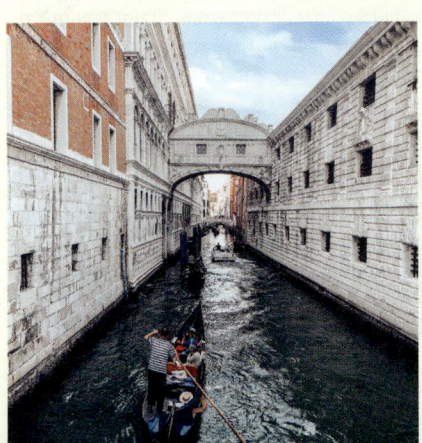

⑧ 탄식의 다리 Ponte dei Sospiri

두칼레 궁전과 그 옆 감옥을 잇는 다리로, 재판에서 유죄를 선고받은 죄수가 감옥으로 향할 때 건너던 통로다. 다리 안쪽에는 작은 창문이 있는데, 죄수가 그 너머로 보이는 바깥 풍경을 마지막으로 바라보며 한숨을 내쉬었다고 해 '탄식의 다리'라는 이름이 붙었다. 전설적인 바람둥이로 알려진 베네치아 출신의 카사노바 역시 '신성모독죄'로 유죄 판결을 받고 이 다리를 건넜다고 전해진다.

Option 07 베르디의 <라 트라비아타>가 초연된 곳
라 페니체 극장
Teatro La Fenice

이탈리아에서 가장 권위 있는 오페라하우스 중 하나. 베르디의 <리골레토>(1851), <라 트라비아타>(1853), 스트라빈스키의 <난봉꾼의 행각>(1951) 등 수많은 명작이 초연된 곳이다. 또한 무명이던 마리아 칼라스를 세계적인 프리마돈나로 만든 무대로도 유명하다. 상주 악단인 라 페니체 오케스트라는 정명훈과의 인연으로 잘 알려져 있으며, 그는 라 페니체 평생음악상을 수상하고 2018년부터 3년 연속 신년음악회를 지휘했다.

'불사조(La Fenice)'라는 이름처럼 극장은 1792년 개관 이후 여러 차례 화재를 겪고도 그때마다 되살아났다. 가장 최근 화재는 1996년에 발생했으며, 이후 건축가 알도 로시의 설계로 "원래 있던 곳에, 원래 모습 그대로" 복원돼 2003년 12월 재개관했다. 2004년 11월에는 1853년 초연작 <라 트라비아타>로 다시 막을 올렸다. 오디오가이드 투어로 내부를 관람할 수 있으며, 나폴레옹 방문을 위해 1807년 만든 로열박스에 오르거나 운이 좋으면 리허설을 볼 수도 있다.

ⓖ 페니체 극장 **Ⓜ MAP ⑬-B**
ADD Campo S. Fantin, 1965
OPEN 오디오가이드투어 09:30~18:00/매일 다름, 홈페이지(festfenice.com/orari)에서 확인
PRICE 오페라 20~320€/**오디오가이드투어** 12€, 7~26세 학생 7€, 65세 이상 9€, 6세 이하 무료/온라인 예약 수수료 10%
WALK 산 마르코 광장에서 도보 5분
WEB teatrolafenice.it | festfenice.com

MORE
비발디의 고향에서 그의 음악을! 산 비달 성당 Chiesa di San Vidal

1987년 창단 이후 35년이 넘도록 매일 저녁 <사계>를 비롯한 비발디의 유명 레파토리를 연주해 명성을 얻은 인터프레티 베네치아니(Interpreti Veneziani)가 활동하는 바로 그 성당이다. 천 년이 넘는 역사를 간직한 성당에서 아름다운 예술 작품에 둘러싸여 베네치아 출신의 거장 비발디의 음악을 감상하는 것은 흔치 않은 감흥을 선사한다. 특히 악기의 음과 연주자의 열정적인 움직임 하나하나까지 생생하게 전달되는 소극장 스타일의 공연은 훌륭한 음향 시설까지 갖춰져 더 감동적이다. 티켓은 홈페이지나 매표소에서 예매할 수 있다. 선착순 입장이고 자유석만 있으므로 좋은 자리를 선점하려면 일찍 도착하는 것이 좋다. 공연 시간은 약 1시간 30분. 비발디 외의 바로크 음악이 레파토리에 들어가는 경우도 있다. 한국어 팸플릿도 있다.

ⓖ 베니스 산 비달 성당 **Ⓜ MAP ⑬-C**
ADD Campo S. Vidal, 2862
OPEN 4월~10월 말 21:00, 10월 말~3월 20:30
PRICE 32€, 25세 이하 학생·65세 이상 26€
WALK 아카데미아 다리에서 도보 1분/산 마르코 광장에서 도보 10분
WEB interpretiveneziani.com

Option 08 산 조르조 마조레 성당
영원히 간직하고픈 인생 석양
Chiesa di San Giorgio Maggiore

두칼레 궁전 맞은편 산 조르조 마조레 섬에 있는 성당. 982년 베네딕트회 수도사들이 이 섬에 정착한 뒤 이탈리아 베네딕트회 수도원의 중심이 되었고, 1109년에는 콘스탄티노플에서 기독교 최초의 순교자 성 스테파노의 유물을 옮겨오며 베네치아 성탄절 행사에서 가장 중요한 장소로 자리 잡았다.

성당은 르네상스 건축 거장 팔라디오가 멀리서도 잘 보이도록 설계해 1610년에 완공했다. 내부에는 틴토레토의 ❶ '최후의 만찬'(1592~1594), '만나의 기적', '예수의 매장' 등 걸작이 전시돼 있어 작은 미술관을 연상시킨다. 특히 매너리즘 미술의 대표작으로 꼽히는 '최후의 만찬'은 예수가 십자가에 못 박히기 전날 성찬례를 시작하는 장면을 그린 작품으로, 사선 구도와 극적인 명암 대비(키아로스쿠로)를 통해 예수의 수난을 암시한다. 레오나르도 다빈치의 '최후의 만찬'과 비교해보면 흥미롭다.

성당보다 더 유명한 전망 명소인 ❷ 종탑 입구는 중앙 제단을 바라보고 왼쪽 문으로 나가 통로 끝에서 찾을 수 있다. 매표소로 가기 전 오른쪽 문으로 들어가면 '최후의 만찬'을 가까이서 감상할 수 있는 중앙 제단 뒤쪽 공간으로 이어진다.

MORE
매너리즘의 유래

현상 유지에 급급한 자세를 가리켜 '매너리즘에 빠졌다'라고 한다. 매너리즘(Mannerism)은 본래 르네상스 시대 이후 바로크 시대가 도래하기까지, 즉 16세기 후반의 서양 미술을 가리키는 말이다. 이 시기의 화가들은 새로운 기법을 시도하기보다는 르네상스 화풍을 모방하면서 약간의 기교를 더해 불안정한 구도와 인체의 변형, 명암의 강렬한 대비 등으로 극적인 상황을 표현하는 데 주력했다.

현실에 안주한 매너리즘은 18세기 무렵부터 혹독한 비난을 받게 됐는데, "르네상스 화가들의 그림 솜씨에 미치지 못했고 바로크 미술과 같은 새로운 양식을 창조해내지도 못했다"고 평가받았다. 당시 미술비평가들은 매너리즘을 '천박한' 혹은 '한물간' 미술이라 매도했고, 이때부터 '매너리즘'은 '현실에 안주하는'이란 의미로 사용됐다. 그러나 20세기에 들어서는 '독특하게 변형된 르네상스 후기 양식'으로 재조명받고 있다.

관련 작품
파르미자니노의 '긴 목의 마돈나'(1540, 피렌체, 우피치 미술관)

🄖 **산 조르조 마조레 성당** Ⓜ MAP ⓭-D
ADD Isola di San Giorgio Maggiore
OPEN 09:00~19:00
PRICE 성당 무료, 종탑(엘리베이터) 8€/현금만 가능
VAPORETTO 2번선 산 조르조(S. Giorgio) 승선장에서 하선

산 마르코 광장의 종탑에서 바라본 산 조르조 마조레 성당

❷ 운하 너머 산 마르코 광장을 바라 볼 수 있는 귀한 전망 포인트!

SPECIAL PAGE
전통 수공예품부터 명품까지 싹 다 모인
베네치아 쇼핑 포인트

❖ **베네치아산 레이스 제품**

베네치아 근교에서 만든 레이스 & 실크 제품은 기념품으로 인기가 높다. 실크 제품으로는 넥타이·스카프 등이 있는데, 원단이 좋고 디자인도 고급스럽다. 레이스 제품은 손으로 짠 부분이 얼마나 되느냐에 따라 가격이 달라진다. 100% 기계로 만든 것, 모서리 부분만 손으로 짠 것, 100% 손으로 짠 것 순서로 비싸지는데, 특히 부라노에서 만든 것은 더 비싸다.

❖ **화려한 베네치아의 가면**

화려함의 극치인 베네치아 가면을 판매하는 숍이 곳곳에 있다. 베네치아의 가면은 흙을 빚어 틀을 만든 후 양털이 섞인 질긴 종이를 덧발라 그 위에 장식을 하는데, 장식이 얼마나 화려한가에 따라 가격이 결정된다. 가게마다 가격이 천차만별이니 여러 곳을 돌아본 후 구매하는게 좋다.

❖ **라르가 마치니 거리** Calle Larga Mazzini~
메르체리아 오롤로조 Merceria Orologio

리알토 다리 남쪽에서 산 마르코 광장까지 이어지는 길은 베네치아를 대표하는 쇼핑 거리다. 막스마라, 빅토리아 시크릿, 훌라, 오이쇼, 스와로브스키 등 유명 브랜드점과 베네치아 가면과 유리, 레이스 제품 등 전통 공예품 상점이 모여 있다. 공예품 가격은 부라노 섬이나 무라노 섬의 상점보다는 비싸고 산 마르코 광장 안의 상점보다는 저렴한 편이다.

Ⓖ 라르가 마치니 거리:
C8PP+W6C 베니스
메르체리아 오롤로조:
C8MQ+VHH 베니스
Ⓜ MAP ⑬-B

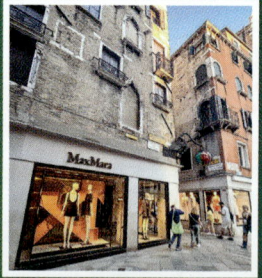

❖ **벤티두에 마르초 대로** Calle Larga XXII Marzo

구찌, 페라가모, 샤넬 등 고급 브랜드점이 늘어선 베네치아 최고의 명품 쇼핑 거리다. 1848년 3월 22일 베네치아가 오스트리아 제국으로부터 독립한 것을 기념해 벤티두에 마르초(XXII Marzo, 3월 22일)라는 이름을 붙였고 1881년 산 모이세 교구 성당(Chiesa Parrocchiale di San Moise) 앞의 오래된 건물들을 철거하면서 지금의 넓은 대로(Calle Larga)가 됐다. 150m 남짓한 짧은 거리지만 탁 트인 시야에 걷는 내내 속 시원해진다.

Ⓖ C8MM+5XJ 베니스
Ⓜ MAP ⑬-D
WALK 산 마르코 광장에서 도보 3분

라 보테가 데이 마스카레리

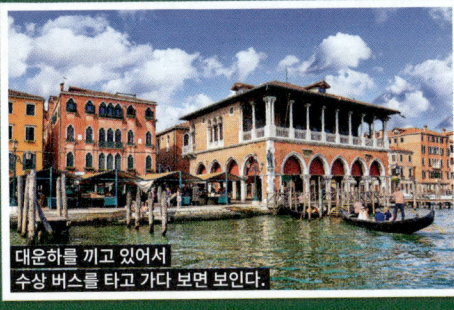
대운하를 끼고 있어서 수상 버스를 타고 가다 보면 보인다.

❖ **산 자코모 디 리알토 광장**
　Campo San Giacomo di Rialto

리알토 다리를 서쪽으로 건너 조금만 가면 오른쪽에 나오는 널따란 광장. 중세 이래 상인들이 함께 모여 경제적 이해를 도모하던 구심점이었다. 광장 바로 옆에는 베네치아에서 제일 오래된 성당인 산 자코모 성당(Chiesa di San Giacomo di Rialto)이 있다. 성당은 베네치아에 사람들이 거주하기 시작한 5세기경부터 역사에 등장했으며, 광장 주변으로는 대규모 상업 지역이 형성돼 있다. 리알토 다리 건너 광장으로 이어지는 거리 양옆으로 기념품점이 늘어섰는데, 그중 영화 <아이즈 와이드 셧>의 마스크를 제작한 가면 공방 '라 보테가 데이 마스카레리'가 가장 유명하다.

Ⓖ **C8QP+F3** 베니스　Ⓜ MAP ⑫-D
WALK 리알토 다리에서 도보 1분

라 보테가 데이 마스카레리 La Bottega dei Mascareri
Ⓖ **C8QP+95** 베니스　Ⓜ MAP ⑫-D
ADD San Polo 80, 30125
WALK 리알토 다리에서 도보 1분
OPEN 09:00~18:00
WEB mascarer.com

❖ **어시장 & 리알토 시장**
　Campo della Pescaria & Mercato di Rialto

약 700년 동안 베네치아 사람들의 식탁을 책임져온 리알토 지역의 명물 시장. 현재의 어시장 건물은 1907년에 완공된 네오고딕 양식의 로지아(Loggia, 한쪽이 트인 회랑)이며, 옆에는 청과물 시장이 자리해 이 일대를 통틀어 리알토 시장이라 부른다. 과거에는 수산물 도소매업과 도살장이 함께 운영되던 대규모 시장이었으나 지금은 각종 식자재 노점과 바, 레스토랑이 들어서 활기찬 분위기를 이룬다. 일찍 문을 닫으니 가장 활기찬 분위기를 즐기려면 아침 일찍 방문하는 것이 좋다.

어시장 정면 왼쪽에는 어부였던 성 베드로의 청동상이 있다.

Ⓖ **C8QM+XJ8** 베니스　Ⓜ MAP ⑫-D
ADD Campo de la Pescaria
OPEN 07:30~12:00(청과물 시장 ~15:00)
CLOSE 어시장 일·월요일, 청과물 시장 일요일
VAPORETTO 1번선 리알토 메르카토(Rialto Mercato) 승선장에서 도보 1분
WALK 산 자코모 디 리알토 광장에서 도보 2분

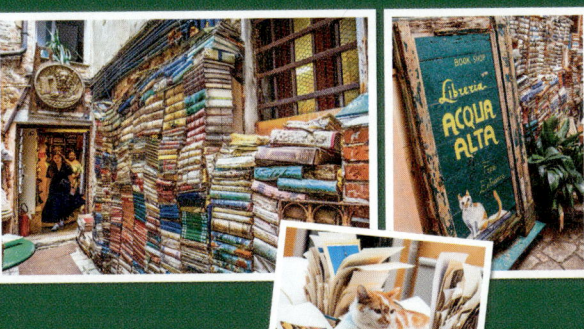

❖ **아쿠아 알타 서점** Libreria Acqua Alta

'세상에서 가장 아름다운 서점' 중 하나로 꼽히는 곳으로, 2002년에 문을 열었다. 시대를 가리지 않은 다양한 중고서적과 신간을 판매하며, 고양이 엽서나 마그넷 등 아기자기한 굿즈도 많다. 서점 안에 곤돌라·카누·욕조를 놓고 책을 진열한 독특한 인테리어는 주기적으로 찾아오는 만조(아쿠아 알타) 때 책이 잠기지 않도록 하기 위한 아이디어다. 침수된 책을 쌓아 만든 테라스 전망대는 운하와 서점의 전경을 함께 담을 수 있는 인기 포토 스폿이다. 서점 안에는 여러 마리의 길고양이가 함께 지내며 특유의 여유로운 분위기를 완성한다. 오전에 방문하면 한결 조용하게 둘러볼 수 있다.

Ⓖ **C8QR+5W** 베니스　Ⓜ MAP ⑪
ADD C. Longa Santa Maria Formosa, 5176b
OPEN 09:00~19:10
WALK 산 마르코 광장에서 도보 8분/리알토 다리에서 도보 10분
WEB libreriacqualta.it

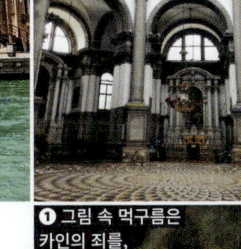

소용돌이 모양의 받침대를 딛고 서 있는 조각이 매우 아름답다.

빈틈없이 꾸민 성당 내부

❶ 그림 속 먹구름은 카인의 죄를, 번개는 죄의 대가를 암시한다.

❷

09 산타 마리아 델라 살루테 성당
티치아노의 '카인과 아벨'
Basilica di Santa Maria della Salute

대운하의 끝자락에 있는 바로크 양식의 성당으로, 당대 최고의 건축가 발다사레 롱게나가 설계했다. 정면을 장식한 정교한 대리석 조각상과 웅장한 스케일 덕에 베네치아에서 가장 아름다운 건축물 중 하나로 꼽힌다. 이름에 건강을 의미하는 '살루테(Salute)'라는 단어가 들어 있는 것이 독특한데, 이는 1630년 흑사병이 물러난 것을 기념하기 위해 성당을 지었기 때문이다.

티치아노의 작품들을 소장하고 있는 내부 성물실(Sacrestia)도 놓칠 수 없다. 제단을 바라보고 왼쪽 입구로 들어가면 천장화 '다비드와 골리앗', '이삭의 희생', '카인과 아벨'이 이어진다. 그중 티치아노의 명작으로 손꼽히는 ❶ '카인과 아벨'(1544)은 하느님이 아벨을 더 사랑한다고 느낀 카인이 질투에 눈이 멀어 동생 아벨을 살해하는 순간을 담고 있다. 그밖에 ❷ 틴토레토의 '가나의 혼인(Le Nozze di Cana)'(1561) 등 40여 점의 작품이 벽을 따라 전시돼 있다.

산타 마리아 델라 살루테 성당은 동쪽에서 산 마르코를 향해 들어오는 바포레토를 타고 서서히 물 위로 떠오르는 성당의 모습을 바라볼 때 가장 아름다우니 일정을 짤 때 참고하자.

ⓖ 산타 마리아 델라 살루테 성당 ⓜ MAP ⑬-D
ADD Dorsoduro, 1
OPEN 성당 09:00~17:30
성물실 10:00~12:00·14:00~17:00/종교 행사 시 입장 제한
CLOSE 성물실 월요일
PRICE 성당 무료, 성물실 6€, 돔 8€, 갤러리+성물실 10€
VAPORETTO 1번선 살루테(Salute) 승선장 하선 후 바로
WEB basilicasalutevenezia.it

★
발다사레 롱게나 Baldassare Longhena(1598~1682년)

베네치아 바로크 건축가로, 산타 마리아 델라 살루테 성당을 장식하는 작품을 만드는 데 일생의 대부분을 바쳤다. 웅장한 규모와 극적인 구조, 풍부한 질감으로 대표되는 표면 건축 표현이 특징이다.

10 페기 구겐하임 미술관
현대미술 거장들의 작품 전시장
Collezione Peggy Guggenheim

미술에 관심이 없어도 한 번쯤 들어봤을 이름, 페기 구겐하임. 알래스카 금광 사업으로 큰 부를 쌓은 미국 구겐하임 가문의 후손으로, 막대한 유산을 상속받아 탁월한 안목의 '전설적 컬렉터'로 명성을 얻었다. 1949년 베네치아에 정착한 그녀는 집 일부와 개인 컬렉션을 일반에 공개했으며, 사후에는 구겐하임 재단이 이를 관리해 1980년부터 미술관으로 운영하고 있다.

그녀가 평소 후원하며 친분을 쌓은 폴록·에른스트·피카소·샤갈·달리·몬드리안 등의 걸작을 감상할 수 있다. 뉴욕·빌바오·아부다비의 구겐하임 미술관보다 규모는 작지만 소박한 매력과 대운하를 바라보는 조각 정원이 인상적이다.

ⓖ 페기 구겐하임 컬렉션 Ⓜ MAP ⑬-C
ADD Dorsoduro, 701~704
OPEN 10:00~18:00/폐장 1시간 전까지 입장
CLOSE 화요일, 12월 25일
PRICE 16€, 10~26세 학생 9€, 9세 이하 무료/롤링 베니스 카드 소지자 현장 구매 시 9€/온라인 예약비 1€(어린이는 무료)
VAPORETTO 1번선 살루테(Salute) 승선장에서 도보 5분
WEB guggenheim-venice.it

페기 구겐하임 미술관의 포토 포인트 조각상

입구가 작아서 지나치기 쉽다.

11 아카데미아 다리
대운하를 한눈에!
Ponte dell' Accademia

대운하를 가로지르는 4개의 다리 중 하나. 운하 주변을 감상할 수 있는 전망 포인트로 유명하다. 다리 위에서 보면 수상 버스와 택시, 곤돌라가 대운하를 오가는 풍광이 한 폭의 그림처럼 펼쳐진다. 1854년 철제다리로 지어졌다가 증기선 통행을 위해 돌다리로 바뀌게 됐는데, 공사 도중 석재가 도착하지 않아 1933년 37일 만에 임시로 만든 투박한 목조다리가 현재까지 사용되고 있다.

ⓖ 베니스 아카데미아 다리 Ⓜ MAP ⑬-C
WALK 페기 구겐하임 미술관에서 도보 5분
VAPORETTO 1번·2번선 아카데미아(Accademia) 승선장 하선

다리 위에서 바라본 대운하 풍경

천장부터 벽 구석구석까지 작품으로 가득하다.

미술관 입구

12 베네치아를 대표하는 미술관
아카데미아 미술관
Galleria dell'Accademia

14~18세기 베네치아파 회화 중 가장 뛰어난 작품들을 감상할 수 있는 곳이다. 과거 학교와 성당, 수도원 등이 들어섰던 3채의 건물을 나폴레옹이 통합해 순수 예술 학교를 들여놓으면서 지금의 아카데미아가 만들어졌다. 소장품은 나폴레옹이 베네치아에 있는 수백 개의 성당, 수도원, 종교 단체를 해산시키고 빼앗은 것으로, 여기에 베네치아 귀족들이 자신들의 소장품을 기증하면서 더욱더 방대한 컬렉션을 갖추게 됐다. 대표적인 소장품으로 만테냐의 '성 조르조'(1460)와 티치아노의 마지막 그림인 '피에타'(1576)를 꼽을 수 있지만 대표작 위주의 감상보다는 베네치아 화풍의 전체적인 특징과 흐름을 눈여겨보자. 미술관 관람은 2층에서 시작되며, 그림은 연대순으로 전시돼 있다. 각 방 입구에는 영어 팸플릿이 있으니 참고하자. 가방은 매표소 오른쪽에 있는 코인라커에 맡기고 입장한다.

ⓖ 아카데미아 미술관 베니스 Ⓜ MAP ⓭-C
ADD Campo della Carita, 1050
OPEN 09:00~19:00(월요일 ~14:00)/폐장 1시간 전까지 입장
CLOSE 1월 1일, 12월 25일
PRICE 15€, 17세 이하 무료, 26~35세 금요일 17:15 이후 입장 시 10€/특별전 진행 시 요금 추가
WALK 아카데미아 다리 바로 앞
WEB gallerieaccademia.it

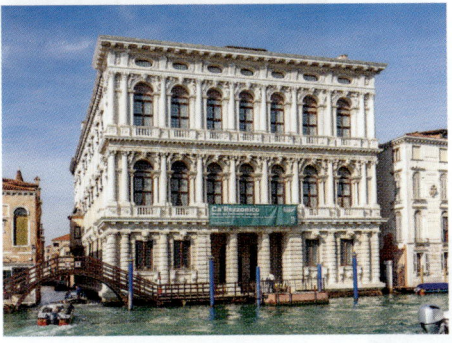

Option 13 18세기 베네치아 귀족의 일상
카 레초니코
Ca' Rezzonico

교황 클레멘스 13세를 배출한 베네치아 귀족 레초니코 가문의 소장품을 비롯해 티에폴로의 프레스코화, 화려한 로코코풍의 가구, 장식품 등 18세기 베네치아 귀족의 일상을 엿볼 수 있는 곳이다. 유려한 곡선의 황금 장식과 무라노 유리로 만든 샹들리에, 눈속임 회화 기법을 사용해 3차원 입체처럼 보이는 천장 프레스코화로 장식한 조르조 마사리의 연회장이 화려하고 아름답다. 그뿐 아니라 베네치아 일상의 모습을 잘 표현한 풍속화가 롱기(Longhi), 베네치아 곳곳을 마치 사진 찍듯 매우 정교하게 묘사한 풍경화의 대가 카날레토(Canaletto) 등 다른 곳에서는 쉽게 볼 수 없는 18세기 베네치아 거장들의 작품을 만날 수 있다. 꼭대기 층에는 18세기 중반부터 20세기 초까지 실제 운영했던 약국을 그대로 옮겨 놓았다.

ⓖ C8MG+CP 베니스 Ⓜ MAP ⓭-A
ADD Sestiere Dorsoduro, 3136
OPEN 10:00~18:00(11~3월 ~17:00)/폐장 1시간 전까지 입장
CLOSE 화요일(3월 4일은 제외)
PRICE 10€, 5~25세 학생·4~14세·65세 이상·롤링 베니스 카드 소지자 7.50€, 5세 이하 무료
VAPORETTO 1번선 카 레초니코(Ca' Rezzonico) 승선장 하선
WALK 아카데미아 미술관에서 도보 7분
WEB carezzonico.visitmuve.it

Zoom In & Out
아카데미아 미술관

15세기 베네치아에서는 '베네치아 화파'라는 새로운 화풍이 형성됐다. 베네치아 사람들은 동부 지중해 무역으로 동방이나 북유럽의 문화를 손쉽게 접할 수 있었는데, 이러한 요소가 14세기 피렌체에서 처음 발생한 르네상스와 융합해 독특한 미술 양식으로 나타난 것이다. 베네치아의 화가들은 화려하고 관능적인 색채를 즐겨 사용하고 사물의 윤곽선을 희미하게 처리해 색채가 부드럽게 퍼지는 효과를 연출했다. 따라서 베네치아 화파의 그림을 제대로 보려면 작품이 무엇을 묘사했는지 자세히 살피기 전에 한 발짝 떨어져서 전체적인 분위기를 살피는 것이 좋다.

'산 조베의 제단화'

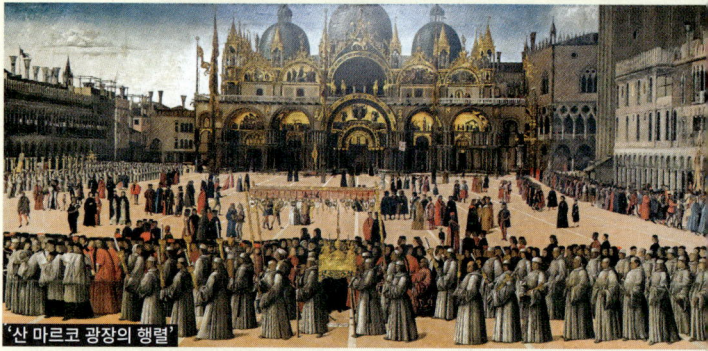
'산 마르코 광장의 행렬'

● **젠틸레 벨리니** Gentile Bellini(1429~1507년)
장엄한 행진 의식을 담은 스펙터클한 그림을 많이 남겼다. 조반니 벨리니의 형이다.

● **조반니 벨리니** Giovanni Bellini(1430~1516년)
선과 윤곽을 없애고 오로지 색과 빛의 조화만으로 표현함으로써 베네치아파 특유의 화풍을 만들어내는 데 가장 큰 업적을 남겼다.

'폭풍우'

● **틴토레토** Tintoretto
(1518~1594년)
작업실에 '미켈란젤로의 소묘와 티치아노의 채색'이라는 문구를 걸어두고 이를 평생 지향했다. 티치아노의 영향을 받았지만 한층 과감한 붓 터치와 임파스토(물감을 두껍게 바르는 기법)를 발전시켜 독자적인 화풍을 완성했다.

'성 마르코의 유해 이동'

● **조르조네** Giorgione(1477~1510년)
처음으로 경치 자체를 등장인물과 대등한 위치에 올려놓았다.

'레위가의 향연'

● **베로네세 Veronese**(1528~1588년)

후기 르네상스 시대를 대표하는 화가. 티치아노, 틴토레토와 함께 베네치아파의 거장으로 손꼽힌다. 값비싼 옷감, 보석 등의 빛나는 색채를 탁월하게 묘사함으로써 색을 통해 그림의 전체 구도에 놀랄 만한 효과를 주는 방법을 개발해냈다. 종교화에 개, 구경꾼 등 풍속적인 요소를 포함시켜 이단 혐의를 받기도 했다.

'성전에서 마리아의 봉헌'

'성 조르조'

● **안드레아 만테냐**
Andrea Mantegna(1431~1506년)

인체에 원근법을 최초로 적용한 화가로, 이탈리아 북부의 르네상스를 이끌었다. 밀라노 브레라 미술관(p480)에 소장된 '죽은 그리스도'가 유명하다.

● **티치아노 베첼리오** Tiziano Vecellio(1488~1576년)

색채를 다루는 솜씨가 미켈란젤로의 자유자재로운 소묘 솜씨에 비견될 만큼 뛰어나다고 평가받는다. 전통적인 구도의 법칙을 무시하고 색채의 힘만으로 전체의 전경을 조화롭게 만드는 데 천부적인 재능이 있었다. 후기 작품에서는 엷은 색채로 대상의 윤곽을 흐릿하게 처리했는데, 이때 붓 대신 손가락을 사용하기도 했다고 전해진다.

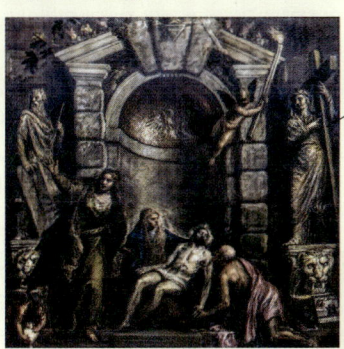

티치아노의 마지막 그림 '피에타'. 예수의 매장을 돕는 니고데모(오른쪽)는 화가의 자화상이다.

● **티에폴로** Giovanni Battista Tiepolo(1696~1770년)

치장 벽토 작업과 대형 프레스코 기술이 뛰어났다. 어떤 궁전이나 수도원의 내부도 연극 무대처럼 화려하게 변화시켰다.

'십자가와 성 헬레나의 고양'

계단도 온통 틴토레토의 그림으로 치장돼 있다.

왼쪽이 산 로코 대신도 회당, 오른쪽은 산 로코 성당이다.

황금빛 장식이 아름다운 2층 슈페리오레 방

Option
14 산 로코 대신도 회당
틴토레토의 예술혼과 마주하다
Scuola Grande di San Rocco

G C8PG+M5 베니스
M MAP ⑬-A & ⑫-C
ADD Campo S. Rocco, 3052
OPEN 09:30~17:30/폐장 30분 전까지 입장
CLOSE 1월 1일, 12월 25일
PRICE 12€, 25세 이하·65세 이상·롤링 베니스 카드 소지자 10€, 17세 이하(보호자 1인 동반 시) 무료
VAPORETTO 1번·2번선 산 토마(S. Tomà) 승선장에서 도보 3분
WEB scuolagrandesanrocco.it

틴토레토가 1564년부터 24년 동안 자신의 모든 역량을 쏟아부어 작품을 완성한 곳이다. 질투 많은 스승의 작업실에서 쫓겨났지만 스승 티치아노의 살아있는 듯한 색감을 재현하려 애썼고 미켈란젤로의 정밀한 묘사를 따라 하기 위해 부단히 노력했던 틴토레토. 그는 미켈란젤로가 '천지창조'를 완성한 것처럼 일생을 바쳐 작품 활동에 매달렸으나 신은 그에게 천부적인 재능을 허락하지 않았고 세간의 평은 냉정했다. 그래서인지 이곳의 작품들을 마주하면 자신의 한계를 극복하려 했던 그에게 연민이 느껴진다.

3개의 홀 벽면과 천장에 그린 60여 점의 그림은 예수와 성모 마리아의 일생을 담고 있다. 대표작으로는 ❶ '십자가에 못 박힘', '목자의 경배', ❷ '수태고지'(1583~1587) 등이 있다. 전체 제작 기간이 긴 만큼 화가의 작품 세계가 변하는 과정을 직접 눈으로 확인할 수 있는데, 초기에는 사실적인 묘사와 차분한 구성이 주를 이루지만 뒤로 갈수록 과장되고 불안정한 매너리즘의 색채가 짙어진다.

알베르고의 방 한쪽 벽 전체를 차지한 틴토레토의 '십자가에 못 박힘'(1565)

★ 스쿠올라란?
스쿠올라(Scuola)는 평신도가 중심이 된 종교 공동체로, 회원들이 자선 활동에 시간과 돈을 바치던 곳이다. 과거 베네치아에는 200여 개의 스쿠올라가 있었다. 이들은 막대한 부를 바탕으로 유명 예술가들을 불러 스쿠올라를 꾸미기도 했다.

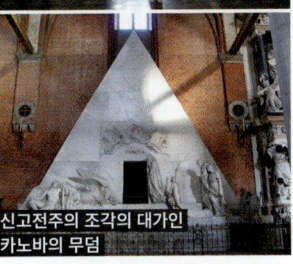

신고전주의 조각의 대가인 카노바의 무덤

15 산타 마리아 글로리오사 데이 프라리 성당
티치아노의 걸작 '성모 승천'
Basilica di Santa Maria Gloriosa dei Frari

성 프란체스코가 교단을 창립한 직후인 1222년, 프란체스코회 탁발 수도사들이 베네치아에 도착해 세운 성당이다. 도제 야코포 티에폴로가 토지를 기증하면서 성당과 수도원이 세워졌고, 이후 여러 차례 확장 공사를 거쳐 15세기 중반에 지금의 모습을 갖췄다. 소박한 외관과 달리 내부는 성인 조각상과 스테인드글라스로 화려하게 꾸며져 있으며, 색채의 마술사로 불리는 티치아노의 대표작 ❶ '성모 승천'(1518)을 소장하고 있다.

'성모 승천'은 성모 마리아가 생을 마치고 하늘로 오르는 장면을 그린 작품으로, 강렬한 색채와 생동감 있는 인물 묘사가 특징이다. 미술비평가 로도비코 돌체는 "미켈란젤로의 위대함과 경이로움, 라파엘로의 즐거움과 우아함, 그리고 자연의 진정한 색채가 있다"고 극찬했다.

해 질 무렵 중앙 제단 뒤쪽의 정교한 문양 창문으로 햇살이 스며들면 성당 안은 황금빛으로 물든다. 중앙 제단 오른쪽 벽에는 베네치아의 강력한 도제 프란체스코 포스카리의 무덤이 있으며, 귀족 가문과 종교 지도자들이 기증한 예술품이 다수 남아 있어 당시 프란체스코회 수도사들의 높은 위상을 보여준다.

성당의 작은 창문으로 들어오는 자연 채광에 의존하는 이 그림은 해 질 무렵에 보는 것이 가장 아름답다.

ⓖ 글로리오사 데이 프라리 Ⓜ MAP ⑬-A & ⑫-C
ADD San Polo, 3072
OPEN 09:00~18:00(일요일 13:00~, 여름철 평일 ~19:30)/폐장 30분 전까지 입장
PRICE 5€, 29세 이하 학생 2€, 11세 이하 무료
WALK 산 로코 대신도 회당에서 도보 1분
VAPORETTO 1번·2번선 산 토마(S. Tomà) 승선장에서 도보 3분
WEB basilicadeifrari.it

성당 주변 풍경

❶ 티치아노의 '성 라우렌티우스의 순교'
❷ 틴토레토의 '성모 승천'

Option
16 산타 마리아 아순타 데타 이 제수이티 성당
Chiesa di Santa Maria Assunta detta I Gesuiti

티치아노의 '성 라우렌티우스의 순교'

색채의 마술사로 불리는 티치아노의 기량을 잘 보여주는 작품 ❶ '성 라우렌티우스의 순교'(1559)가 있는 곳이다. 성 라우렌티우스는 뜨거운 석쇠 위에서 고문을 당하며 순교했는데, 그 와중에도 황제에게 "보아라, 한쪽은 잘 구워졌으니 다른 쪽도 구워서 먹어라!"라고 외친 일화로 유명하다. 이 작품은 무자비한 고문 속에서도 끝까지 당당했던 성인의 모습을 강렬하게 묘사한다. 어두운 밤을 배경으로 한 화면은 검은색이 지배적이지만 아래에서 타오르는 불빛과 위에서 내려오는 빛의 대비를 통해 검은색을 다루는 티치아노의 탁월한 화법을 실감할 수 있다.

티치아노의 작품을 감상한 뒤에는 성경의 장면들로 화려하게 장식된 천장도 놓치지 말자. 중앙 제단 왼쪽에는 틴토레토의 ❷ '성모 승천'(1555)이 있다. 무라노·부라노섬으로 향하는 배가 드나드는 폰다멘테 노베(F.te Nove) 승선장 근처에 있어 두 섬을 함께 둘러보는 일정으로 방문하기 좋다.

ⓖ C8VQ+8M 베니스   Ⓜ MAP ⓫
ADD Salizada de la Spechiera, 4877
OPEN 10:30~13:00·14:00~18:30(금~일요일 10:00~13:00·15:00~19:00)
CLOSE 미사 중, 상황에 따라 공지 없이 휴무
PRICE 1€(내부 보수 공사 진행 중)
VAPORETTO 4.1번·4.2번·5.1번·5.2번선 폰다멘테 노베(F.te Nove)에서 하선

화려한 성당 내부

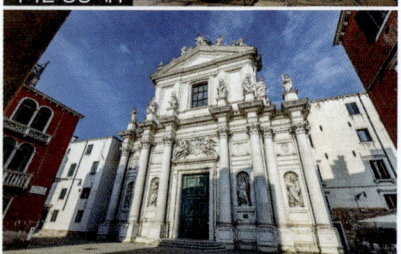

성 라우렌티우스(225~258년)
성 라우렌티우스(Laurentius, 현대 이탈리아어로 Lorenzo)는 교황 식스토 2세가 임명한 부제(Archdeacon)로, 258년 발레리안 황제의 박해 때 교황과 6명의 동료 부제와 함께 처형되었다. 가난한 이들에게 교회의 재산을 나눠주는 일을 맡았기 때문에 미술 작품에서는 종종 석쇠나 자선품을 들고 있는 모습으로 묘사된다.

Eating & Drinking

VENEZIA 미술관 투어

말린 토마토+프로슈토, 고추+살라미는 맛없없 조합!

염장 대구 스프레드를 듬뿍 올린 치케티
(Baccala con Aglio)

바다 향 가득한 미니 갑오징어 구이
(Seppioline, 3.50€/1개)

치케티에 무르익는 와인 타임

● 알라르코
All'Arco

베네치아의 일상을 느낄 수 있는 치케티(Cicchetti) 바. 어시장에서 일하는 상인들이 와인 한 잔과 함께 가벼운 한 끼를 때우는 사랑방 같은 곳이다. 전 세계 음식 다큐의 성지일 만큼 유명한데도 현지 색을 잃지 않는 것이 매력이다. 그날 들어온 식재료에 따라 다채롭게 바뀌는 치케티는 한입 베어 무는 순간 눈이 번쩍 뜨일 만큼 감칠맛이 폭발하고 드라이한 스파클링 와인인 프로세코와도 찰떡궁합이다. 처마 아래 내놓은 간이 테이블 몇 개가 전부라 서서 먹는 수고를 감내해야 하지만 한 손엔 프로세코, 한 손엔 치케티를 들고 도란도란 이야기를 나누는 현지인들의 기분 좋은 일상 속으로 풍덩 빠져볼 수 있다.

G C8QM+HJ 베니스　M MAP ⑫-D
ADD San Polo, 436
OPEN 10:00~14:30
CLOSE 수요일
MENU 치케티 3~4€/개, 와인 3~6€/잔, 프로세코 3€/잔
VAPORETTO 리알토 다리에서 도보 3분

마넷 & 솔티드 캐러멜을 섞은 땅콩, 2가지 맛 젤라토

줄 서서 먹는 달콤 상큼 젤라토
◉ 젤라테리아 갈로네토
Gelateria Gallonetto

'단짠단짠'함이 폭발한다!
◉ 수소
Suso

고품질의 신선한 젤라토를 푸짐하게 맛볼 수 있는 가게. 산 마르코 광장 뒷골목에서 긴 줄이 늘어선 젤라테리아를 발견했다면 묻지도 따지지도 말고 대기 줄에 합류해보자. 제철 재료에 따라 그날그날 만드는 젤라토가 다르지만 고소하면서도 달콤 짭짤한 캐러멜이 잔뜩 씹히는 솔티드 캐러멜 젤라토(Caramello Salato)는 영원한 베스트셀러. 달콤한 과육을 품은 망고 젤라토(Mango Alfonso)나 무더위를 상큼하게 날려주는 패션프루트 젤라토도 인기. 직원들의 대응이 빠르고 친절한 것도 장점.

베네치아 사람들이 입을 모아 최고로 꼽는 젤라토 가게. 조금 더 비싼 스페셜리티 종류는 독특한 재료 조합에 그야말로 눈이 번쩍 뜨이는 맛. '단짠'의 진수를 보여주는 마넷(Manet)이 이 집의 시그니처로 짭짤한 소금이 씹히는 피스타치오와 달콤한 헤이즐넛 초콜릿의 조합이 환상적이다. 리코타 젤라토에 상큼한 레몬 크림과 초콜릿 크럼블을 더한 미모사(Mimosa)도 독특한 조합으로 사랑받는다. 인기에 힘입어 메인 도로에도 분점을 냈다.

ⓖ C8PQ+VP 베니스 Ⓜ MAP ⑬-B
ADD Salizada S. Lio, 5727
OPEN 10:30~23:00(금·토요일 ~23:30)/겨울철 단축 운영
MENU 젤라토 1스쿱 2€, 2스쿱 3.50€, 3스쿱 4.50€
WALK 리알토 다리·산마르코 광장에서 각각 도보 5분

ⓖ 수소 젤라또 I 분점 C8QP+HV 베니스 Ⓜ MAP ⑫-D
ADD Sotoportego de la Bissa, 5453
OPEN 09:45~23:00(금·토요일 ~23:30)/겨울철 단축 운영
MENU 젤라토 1스쿱 2.50~3€
VAPORETTO Rialto 승선장에서 도보 3분
WEB suso.gelatoteca.it

솔티드 캐러멜+패션프루트(3.50€)

본점

분점

'민초파'를 위한 300년 전통 카페
카페 플로리안
Caffè Florian

산 마르코 광장이 채 완공되기도 전인 1720년에 문을 열고 300여 년간 광장의 역사를 함께한 카페. 괴테, 골도니, 바이런 등 유럽의 문호들이 즐겨 찾았던 곳이자, 카사노바가 선수 기질을 유감없이 발휘한 곳이다. 대표 메뉴는 창업 초반부터 이어온 레시피로 만든 핫초코. 살짝 씁쌀하면서 진한 카카오 맛이 일품이다. 카사노바의 이름을 딴 카사노바 핫초코(Cioccolata Casanova, 17€)는 민트와 초콜릿 쉐이빙을 얹은 민트 초콜릿 음료로, 상쾌하고 달콤한 맛이 무척 조화롭다. 일반 카페에 비하면 가격이 만만치 않지만 대체 불가능한 역사성과 격조 있는 분위기를 만끽하는 값이라고 생각하자.

카페 플로리안 MAP ⑫-B
ADD Piazza San Marco, 57
OPEN 09:00~23:00
MENU 커피 7~21€, 핫초코 14~17€
*야외에 앉으면 별도의 연주비와 자릿세(1인당 7€)가 추가된다.
WALK 산 마르코 광장 안에 있다.
WEB caffeflorian.com

모두를 위한 선물, 광장의 라이브 음악

해 질 무렵 산마르코 광장을 가득 채우는 라이브 음악은 베네치아 여행을 특별하게 만들어준다. 라이브 연주비가 포함된 음료를 주문해 제대로 기분을 내봐도 좋지만 광장의 아케이드를 천천히 거닐며 귀동냥으로 들어도 분위기 만점이다.
카페 플로리안과 함께 광장의 라이브를 이끄는 양대 산맥은 광장 건너편의 카페 콰드리(Caffè Quadri)다. 19세기 베네치아를 점령한 오스트리아인들이 즐겨 갔던 카페란 이유로 베네치아 토박이들은 반대편 카페 플로리안만 노골적으로 선호한 과거가 있지만 오늘날은 라이브 연주 시간을 조정해가며 제법 사이좋게 지낸다.

회랑 안쪽 카페 플로리안 입구

카페 플로리안 실내

해산물 모듬 튀김
(Fritto Misto)
12€~

바사삭, 튀김과 옥수수죽
🔸 아쿠아 에 마이스
Acqua e Mais

베네치아의 전통 길거리 음식을 맛볼 수 있는 테이크아웃 전문점. '물과 옥수수'라는 이름 그대로 옥수숫가루를 끓여 만든 폴렌타(Polenta)를 선보인다. 폴렌타는 저렴하면서도 포만감이 큰 덕분에 과거 부두 노동자들의 단골 점심 메뉴였다. 지금은 걸쭉한 옥수수죽 대신 바삭하게 튀긴 폴렌타 프리타(Poleta Fritta)를 해산물 튀김과 곁들여 작은 고깔(12€)이나 종이 상자(15€)에 담아준다. 다진 고기나 연어, 참치를 둥글둥글 뭉쳐 튀긴 폴페테(Polpette, 2.30€~/1개)나 해산물 꼬치구이(4€~/1개)도 인기. 폴페테 역시 남은 식재료로 만들던 서민 음식이다.

사르데 인 사오르(Sarde in Saor).
튀긴 청어리를 새콤한 양파절임과 버무린
베네토 전통 음식으로, 튀김의 느끼함을 잡아준다.

📍 C8PJ+WG 베니스　Ⓜ MAP ⑫-D
ADD Campiello dei Meloni, 1411-1412
OPEN 09:30~20:00
MENU 해산물 모듬 튀김 12€, 해산물·야채 꼬치구이 3.50~4€/1개
VAPORETTO 1번·2번·2/번선 Rialto 승선장에서 도보 8분

폴페테

여유로운 이탈리아식 디저트 타임
🔸 파스티체리아 리오 마린
Pasticceria Rio Marin

익숙한 번화가에서 한발 비켜 조용히 현지 분위기를 만끽할 수 있는 디저트 가게. 산타루치아역에서 스칼치 다리(Ponte degli Scalzi)를 건너 도보 5분 거리에 있다. 친절한 직원들의 응대 속에 야외 테이블에 앉아 커피와 티라미수를 즐기다 보면, 운하를 따라 펼쳐지는 풍경이 한 폭의 그림처럼 평화롭다. 이탈리아 여행 중 여러 곳의 티라미수를 맛봤다면 이곳의 특별 메뉴인 복숭아 티라미수(Dolce della Casa)도 추천한다.

📍 C8QF+RX 베네치아　Ⓜ MAP ⑫-C
ADD Fondamenta Rio Marin, 784, Venezia
OPEN 07:30~19:00　**CLOSE** 수요일
MENU 디저트 2.80€~
WALK 산타루치아역에서 도보 7분

티라미수
(2.80€)

선주문 후계산 시스템. 진열대 앞에 서서 먹는다.

선물용으로 좋은 이탈리아 유명 가게의 사탕을 엄선했다.

망설이면 품절 각! 베네치아 일등 티라미수

🟠 이 트레 메르칸티
I Tre Mercanti

가게 이름 그대로 '3명의 상인'이 합심해 제대로 된 티라미수를 선보이는 곳. '그때그때 만들어 판다'는 소신이 있어서 원하는 맛의 티라미수가 나올 동안 다소 기다려야 하고 품절도 빠르지만 에스프레소에 적신 쿠키와 달콤한 크림을 켜켜이 쌓아가면서 수백 개의 티라미수를 만드는 과정을 지켜보는 일이 꿀잼이다. 친근한 피스타치오 맛부터 살구, 감초, 스프리츠 맛까지 신제품을 줄기차게 만들어내는데, 코코아파우더를 소복하게 뿌린 클래식 티라미수는 언제나, 모두의 원픽!

ⓖ 이 트레 메르칸티 **Ⓜ MAP ⑬-B**
ADD Calle al Ponte de la Guerra, 5364
OPEN 11:00~18:30(금~일요일 ~19:30)
MENU 티라미수 4.90€~
WALK 산마르코 광장에서 도보 3분
WEB itremercanti.it

달콤한 페이스트리로, 본 죠르노 베네치아!

🟠 파스티체리아 토놀로
Pasticceria Tonolo

베네치아 사람들이 입을 모아 첫손에 꼽는 빵집. 커스터드든 자바이오네(달걀 노른자로 만든 크림소스)든 크림 종류로 명성을 떨치는 곳답게 보기만 해도 달콤함이 꿀처럼 뚝뚝 떨어지는 페이스트리가 진열장에 가득하다. 유서 깊은 동네 맛집이라 오랜 단골과 관광객 사이에 온도 차가 있긴 하지만 페이스트리만큼은 기가 막히게 잘 만든다. 씹으면 바사삭, 속은 달콤한 피스타치오 크림으로 채운 크루아상은 인기 조식 메뉴. 여기에 카푸치노 한 잔을 곁들이면 베네치아의 아침이 근사하게 시작된다.

ⓖ C8PG+93 베네치아 **Ⓜ MAP ⑫-C & ⑬-A**
ADD Calle S. Pantalon, 3764
OPEN 07:30~19:00(일요일 ~13:00)
CLOSE 월요일
MENU 페이스트리 1.60€~, 커피 1.30~2.20€
WALK 산타 마리아 글로리오사 데이 프라리 성당에서 도보 1분
WEB pasticceria-tonolo-venezia.business.site

해산물 튀김 & 스프리츠

제철 해산물을 사용하는 샐러드

맛 좋은 해산물에 티라미수 한 사발
🍊 폰티니
Trattoria Bar Pontini

한국인에게 인기인 해산물 식당. 1코스와 2코스 모두 생선 요리로 구성돼 있고 베네치아 전통 메뉴 섹션은 대구 요리가 주를 이루는 등 메뉴 구성이 독특하다. 새우와 오징어를 넣은 해산물 튀김(Friturra Mista, 18.50€)은 바삭한 튀김옷과 신선한 해산물이 일품으로, 맥주와 잘 어울린다. 푸짐한 해산물 파스타(Spaghetti allo Scoglio, 19€)도 추천. 디저트로는 국사발에 가득 담겨 나오는 2인용 티라미수(8.50€)를 꼭 먹어야 한다. 예약이 불가능하니 피크타임은 살짝 비켜 가는 것이 좋다. 점심 식사는 11시 30분부터 주문 가능하고 아침에는 샌드위치를 판매한다.

🌐 C8VG+J4 베네치아 Ⓜ MAP ⑫-A
ADD Cannaregio, 1268, Venezia
OPEN 07:30~22:30(일요일 10:00~)
CLOSE 월요일
MENU 전채 11€~, 파스타 8€~
WALK 산타 루치아역에서 도보 8분

베네치안 해산물 러버의 단골집
🍊 라 란테르나
La Lanterna da Gas

관광객이 드문 곳에 자리해 여유롭고 친절한 현지인 단골 식당. 홍합과 새우, 미니가재 등 제철 해산물로 만든 베네치아 전통 스타일 스파게티(Spaghetti La Lanterna, 23€)가 대표 메뉴다. 바닥에 깔린 소스에 잘 묻혀 먹으면 해산물 수프처럼 진한 풍미가 우러나고 프로세코를 한잔 곁들이면 해산물 요리 맛이 업그레이드! 현지인 추천 메뉴는 그때그때 바뀌는 해산물 모둠 전채(29€).

🌐 C8PF+CG 베네치아 Ⓜ MAP ⑫-C
ADD Campiello Mosca, 22
OPEN 12:00~22:30
MENU 전채 16~29€, 파스타 16~29€, 메인 요리 19~31€, 해산물 모둠 구이 90€, 자릿세 2€/1인
WALK 산타 마리아 글로리오사 데이 프라리 성당에서 도보 4분

파스타에 랍스터가 통째로
🟠 리오 노보
Rio Novo

운하 바로 옆 야외 테라스에 앉아 랍스터를 올린 파스타로 호사를 부릴 수 있는 식당. 이탈리아 전통 스타일보다는 조금 더 달큼하게 관광객 입맛에 맞춘 음식을 선보여 호평받는다. 압도적인 비주얼과 감칠맛을 자랑하는 시그니처 메뉴는 큼직한 랍스터 반 마리를 올린 해산물 탈랴텔레(Tagliatelle All'astice con Frutti di Mare, 30€). 익숙한 맛의 로제소스에 오징어와 조개도 듬뿍 들어가서 한국인 여행자의 만족도가 높다. 야들야들한 오징어튀김(Calamari Fritti con Salsa 'Rio Novo', 18€)을 소스에 푹 찍어서 맥주에 곁들어도 금상첨화. 무엇보다 이 집 음식의 최고 양념은 트레 폰티(Tre Ponti) 다리를 바라보는 테라스인데, 자리 확보 경쟁이 치열하니 서둘러 선점해야 한다. 실내 좌석은 대부분 비어 있다.

📍 C8PC+J2 베니스   Ⓜ MAP ⑫-C
ADD SFondamenta, C. de ca' Bernardo, 30135
OPEN 11:00~22:00
MENU 전채 10~21€, 파스타 12~30€, 메인 요리 18~50€, 봉사료 12%,
WALK 산타 루치아역에서 도보 10분, 산타 마리아 글로리오사 데이 프라리 성당에서 도보 10분
WEB rionovoseafood.com

해산물을 곁들인 랍스터 탈랴텔레. 큼직한 집게다리는 망치로 깨서 먹는다.

운하 전망 테이블이 늘어선 본섬 최고의 관광식당 스폿

특제 소스를 곁들인 오징어튀김은 미니 사이즈라 더 부드럽다.

치케티의 단짝, 스프리츠
🟠 오스테리아 알 스퀘로
Osteria al Squero

외국인 여행자들도 편안하게 어울릴 수 있는 아늑한 분위기의 치케티 바. 엄선된 재료로 만든 치케티는 우리 입맛에도 잘 맞는다. 치케티와 더불어 꼭 맛봐야 할 것은 깜짝 놀랄 만큼 저렴한 칵테일 스프리츠(Spritz). 쌉쌀한 아페롤과 상큼한 프로세코 스파클링 와인이 어우러진 달콤 쌉쌀한 맛이 특징이다.

📍 C8JG+2F 베니스   Ⓜ MAP ⑬-C
ADD Dorsoduro, 943
OPEN 10:00~20:30(토요일 ~15:00)
CLOSE 일요일
MENU 치케티 2~3€/1개, 프로세코 3€~/1잔
WALK 아카데미아 미술관에서 도보 3분
WEB osteriaalsquero.wordpress.com

큼직한 올리브가 들어간 스프리츠(3.50€)

가게 앞 바로 운하. 은근 명당자리다.

'단짠 쌉쌀'한 반칙 조합
🟠 아다지오
Adagio

베네치아 본섬에서 제일 예쁜 동네, 산타 마리아 글로리오사 데이 프라리 성당 주변 골목의 낭만적인 분위기를 만끽할 수 있는 치케티 바. 바람 솔솔 불어오는 야외 테이블에 앉아 치케티에 칵테일 한 잔을 곁들이면 세상만사가 평화롭다. 브리 치즈에 블루베리잼, 살라미에 사워크림 같은 극강의 조합을 찾아내는 치케티는 가격도 합리적! 베네치아 젊은이들의 핫플레이스답게 스프리츠 종류도 많아 달콤쌉쌀한 아페롤부터 허브 향 가득한 치나르(Cynar)까지 취향에 따라 골라 마실 수 있다. 여기에 베네치아의 명물 칵테일 벨리니까지 원조 가게인 해리스 바의 4분의 1 가격으로 마실 수 있으니 이 어찌 행복하지 않겠는가.

달콤한 벨리니(6€),
리몬첼로 스프리츠(5€)

🟢 C8PG+HG 베네치아
Ⓜ MAP ⑫-C & ⑬-A
ADD Calle Stretta Lipoli, 3027
OPEN 07:30~23:00
CLOSE 일요일
MENU 치케티 2~2.50€/1개,, 스프리츠 4~5€, 커피 1.40€~
WALK 산타 마리아 글로리오사 데이 프라리 성당에서 도보 1분

오랜 전통의 치케티 바
🟠 칸티네 델 비노 쟈 스키아비
Cantine del Vino già Schiavi

베네치아 특유의 치케티 문화를 생생하게 체험할 수 있는 올드 바. 소금에 절인 대구(Baccala)를 올린 치케티가 유명하지만 절인 생선에 익숙하지 않다면 새우나 문어, 생선 알, 연성 치즈 등으로 만든 치케티를 선택하자. 로비올라 치즈와 철갑상어알을 올린 치케티(Robiola e Uova di Storione)도 좋고 달걀·트러플·버섯 치케티(Eggs, Troufles & Mushrooms)도 무난한 선택이다. 해산물을 올린 치케티에는 화이트 스파클링 와인인 프로세코가 잘 어울린다. 플라스틱 잔에 담아주는 와인과 함께 테이크아웃해서 가게 앞 운하를 바라보며 즐겨보자. 단, 달려드는 갈매기 주의!

프로세코 한 잔에 치케티 서너 개면 완벽!

서서 먹는 테이블이 전부. 와인마다 잔술과 병술의 가격이 붙어 있다.

🟢 C8JG+9M 베니스 Ⓜ MAP ⑬-C
ADD Fondamenta Nani, 992
OPEN 08:30~14:00·16:00~20:30
CLOSE 일요일
MENU 치케티 1.60€~/1개,
와인 1.50€~/1잔
WALK 아카데미아 미술관에서 도보 2분
WEB cantinaschiavi.com

베네치아 최저가 아페리티보
🟠 바카레토 다 렐레
Bacareto da Lele

베네치아식 식전주 문화인 아페리티보를 확실하게 체험할 수 있는 곳. 1968년부터 노동자와 대학생의 아지트였던 베네치아 바카로(Bacaro, 와인을 파는 선술집)의 대명사다. 건물 귀퉁이에 자리 잡은 가게는 발 디딜 틈 없이 북적이는데, 입구(Entrata)와 출구(Uscita) 중 입구 쪽으로 줄을 선다. 작은 빵에 햄과 치즈, 토마토나 버섯 올리브유 절임 등을 끼운 각종 샌드위치는 매진되면 끝. 오후에는 종이 접시에 담은 초간단 햄 치즈 플레이트에 와인을 홀짝이는 사람들이 운하 계단과 광장까지 가득하다.

🄖 C8QC+2G 베네치아 Ⓜ MAP ⑫-C
ADD Fondamenta dei Tolentini, 183
OPEN 06:00~20:00(토요일 ~14:00)
CLOSE 일요일
MENU 와인 1.20€/1잔~,
미니 샌드위치 1.30€~
WALK 산타 루치아역에서 도보 9분, 산타 마리아 글로리오사 데이 프라리 성당에서 도보 8분

옴브라(Ombra; '작은 잔'을 뜻하는 베네치아 방언)에 담아주는 와인(1.20€~), 튼실한 안줏거리가 돼주는 초간단 햄 & 치즈 플레이트

MORE
우리 동네에도 이런 와인 가게가 있다면!

이탈리아 출신 방송인 알베르토 몬디가 TV에서 소개해 유명해진 와인 가게. 세월의 흔적이 고스란히 느껴지는 낡고 비좁은 가게로, 본섬의 메인 도로에 있어서 오가며 들르기 쉽다. 커다란 와인 통에 호스를 연결해 따라 주는 베네치아 전통 스타일. 단, 와인 품종이나 가격이 명확하게 표시돼 있지 않아서 외국인 여행자에게는 구매 방법이 까다로울 수 있다.

나베 데 오로 Nave de Oro
🄖 C8VH+G2 베네치아 Ⓜ MAP ⑫-A
ADD Cannaregio, 1370
OPEN 08:00~13:00·16:30~19:30
CLOSE 일요일
MENU 와인 2€~/1L
WALK 산타 루치아역에서 도보 9분

SPECIAL PAGE

Festival di Venezia
베네치아의 축제

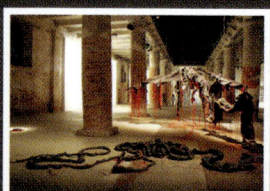

❶ 베니스 비엔날레 Esposizione Internazionale di Arte della Biennale di Venezia
현대미술계의 올림픽

전 세계 현대미술 축제 중 가장 권위 있는 행사로 꼽히는 베니스 비엔날레는 1895년 처음 시작돼 2년마다 열린다. 2021년부터 미술 비엔날레는 짝수 해, 건축 비엔날레는 홀수 해에 개최되며, 4~5월 개막해 11월 말까지 이어진다. 주요 전시장은 비엔날레 공원(Giardini Biennale)과 아르세날레(Arsenale) 2곳으로, 입장권 1장으로 모두 관람할 수 있다. 비엔날레 공원에서는 각국의 국가관이, 아르세날레에서는 본전시(국제전)와 특별전이 열린다. 입장권은 현장 매표소와 공식 홈페이지에서 구매 가능하다. 관람 시간은 비엔날레 공원 약 4~5시간, 아르세날레 약 3~4시간 정도로 잡는 것이 좋다. 국가관은 각국이 독립적으로 전시를 구성하는 형태로 진행되며, 2024년에는 88개국이 참여했다. 한국 작가 중에는 미술가이자 영화감독 임흥순이 2015년 본전시 영상 〈위로공단〉으로 한국인 최초 은사자상을 받았다.

OPEN 비엔날레 기간 화~일요일 11:00~19:00(10~11월 10:00~18:00)
CLOSE 월요일(4월 22일, 6월 17일, 7월 22일, 9월 2·30일, 11월 18일 제외)
PRICE 1일 30€, 25세 이하 16€
VAPORETTO 1번·10번선을 타고 자르디니 또는 4.2번·5.2번·6번선을 타고 자르디니 비엔날레(Giardini Biennale) 하선/1번·4.2번선을 타고 아르세날레(Arsenale) 하선 후 도보 3분
WEB labiennale.org(ARTE 메뉴 선택)

❷ 베네치아 국제 영화제 Mostra Internazionale D'Arte Cinematografica
세계 3대 국제 영화제

1935년부터 시작된 국제 영화제. 매년 8월 마지막 주부터 9월 첫째 주까지 리도 섬에 있는 팔라초 델 치네마(Palazzo del Cinema)를 비롯해 섬 곳곳에 있는 상영관에서 예선을 통과한 각국의 영화가 상영된다. 간혹 야간 무료 상영을 개최하기도 하니 홈페이지를 유심히 살펴보자. 입장권은 홈페이지를 통해 온라인으로만 구매할 수 있다. 일별 프로그램은 보통 8월 중순 경에 오픈하며, 일정 공개 후에 티켓 판매를 시작한다.

영화 상영 외에도 각국의 배우·감독·프로듀서 등이 참가하는 기자회견, 시상식 등 다채로운 행사가 열린다. 시상식에서는 상영작 중 최우수 작품을 선정해 황금사자상을 수여하고 여우주연상, 남우주연상 등 부문별로 시상을 한다. 우리나라는 1987년 임권택 감독의 〈씨받이〉로 강수연이 최우수 여우주연상을 수상한 이래 2002년 이창동 감독이 〈오아시스〉로 감독상, 문소리가 신인 여배우상을 수상했고 2004년 〈빈집〉으로 감독상을 수상한 김기덕 감독이 2012년 〈피에타〉로 황금사자상의 영예를 안았다. 2021년엔 봉준호 감독이 한국인 최초로 심사위원장으로 위촉되면서 화제가 됐다.

PRICE 장소에 따라 8~50€
VAPORETTO 1번·5.1번·5.2번·6번·10번·14번·20번선을 타고 리도(Lido) 하선 후 도보 20분
WEB labiennale.org(Cinema 메뉴)

> **MORE**
> **베네치아의 예술제**
>
> 잘 알려진 비엔날레, 영화제 외에도 건축, 음악, 춤 등을 주제로 다양한 시상식과 축제가 이어진다. 비엔날레 홈페이지에서 개최 기간을 알아보고 여행 일정과 맞다면 즐겨보자.

© labiennale.org

❸ 베네치아 카니발 Carnevale di Venezia 베네치아 가면 축제

재의 수요일(Ash Wednesday) 전 열흘가량 열리는 가면 축제다. 12세기에 시작된 것으로 추정되며, 보통 2월 초에서 3월 사이에 열리는데, 베네치아 사람들은 이 축제를 위해 1년을 기다린다는 말이 있을 만큼 도시 전체가 화려한 가면을 쓴 사람들로 넘친다. 수백 명의 메이크업 아티스트가 여행자의 얼굴에 분장을 해주고 거리 곳곳에 베네치아 전통 과자를 파는 노점상이 여행자를 유혹한다. 다른 영화제나 축제처럼 지정된 개최 장소가 있는 것은 아니며, 베네치아 도시 구석구석에서 퍼레이드와 공연을 펼친다. 행사 개최지나 이벤트 정보 등은 카니발 공식 홈페이지에서 확인할 수 있다.

WEB carnevale.venezia.it

> 피에트로 롱기의 '코뿔소'.
> 카니발에서 코뿔소를 구경하는
> 18세기 사람들의 모습을 그렸다.

MORE
가면을 쓰는 풍습의 유래

가면을 쓰는 풍습은 중세 시절, 서민과 귀족이 신분을 숨기고 자유롭게 어울리기 위해 시작됐다. 카니발 기간에는 모든 시민이 가면을 쓰고 동등하게 축제에 참여했으며, 1년 내내 가면을 쓰고 다니는 이가 있을 만큼 인기가 높았다.
가장 널리 알려진 가면은 '페스트(흑사병) 의사'와 '바우타(Bauta)'다. '바우타'는 카사노바가 즐겨 착용해 '카사노바 가면'으로도 불리며, 돌출된 턱 부분 덕분에 가면을 벗지 않고도 말하고 먹을 수 있어 익명성을 유지할 수 있었다. 새 부리처럼 길게 돌출된 '페스트 의사' 가면은 17세기 프랑스 의사 샤를 드 로름이 페스트 환자를 치료할 때 사용한 것이 시초다. 당시 의사들은 주둥이 안에 향신료를 채우면 악취를 막아 병을 예방할 수 있다고 믿었다.

재의 수요일 개최일 계산법

매년 부활절을 기준으로 46일 전에 해당하는 날이다. 부활절은 춘분 이후 첫 보름 다음에 오는 첫 번째 일요일로, 보통 3월 말에서 4월 말 사이에 놓인다. 따라서 재의 수요일은 보통 2월 초에서 3월 말이 된다.

카사노바의 복장 '바우타'

페스트 의사 가면

01
VENEZIA

부라노
무라노
리도

BURANO
MURANO
LIDO

알록달록 무지개색 주택들과 레이스 장식품으로 유명한 부라노, 세계 최고로 꼽히는 베네치아 유리의 생산지인 무라노, 고급 해변 휴양지이자 베니스 영화제 개최지인 리도는 베네치아의 숨은 보석이다. 운하와 도시 풍경이 아름답게 조화를 이룬 것이 본섬의 매력이라면 이들 섬은 작은 바닷마을만이 가질 수 있는 낭만과 사랑스러움을 한껏 보여준다. 3곳 모두 본섬에서 바포레토로 30~50분이면 갈 수 있다.

부라노·무라노·리도 가기

부라노는 본섬에서 바포레토로 약 45분 거리에 있으며, 부라노행 바포레토는 대부분 본섬 북쪽에 있는 폰다멘테 노베(Fondamente Nove, 줄여서 F.te Nove) 승선장에서 출발한다. 무라노까지 가는 바포레토는 기차역 앞의 페로비아(Ferrovia) 승선장 또는 폰다멘테 노베 승선장에서 출발하며, 리도까지 가는 바포레토는 출발 지점과 이용 노선에 따라 소요 시간이 크게 차이 난다.

*바포레토는 시즌과 요일에 따라 운항이 유동적이고 노선이 자주 변경된다. 현지 도착 후 반드시 확인하고 이용한다.

1. 부라노

- **폰다멘테 노베** A번 승선장에서 12번선이 출발한다.
- **산타 루치아역** 페로비아 D번 승선장에서 4.2번·5.2번선을 타고 각각 폰다멘테 노베 B번과 D번 승선장에 도착 후 내린 곳에서 바다를 바라보고 왼쪽 다리를 건너면 폰다멘테 노베 A번 승선장이 나온다.
- **산 마르코 광장** 광장 근처 산 마르코-산 자카리아(S. Marco-S. Zaccaria) A번 승선장에서 14번선이 간다. 단, 운항 편수가 적은 편이니 시간표를 미리 확인하자.
- **무라노** 무라노 파로(Faro) 승선장에서 12번선을 탄다.

본섬 북쪽의 교통중심지, 폰다멘테 노베 승선장

폰다멘테 노베 승선장 주변 풍경

새로 단장해 깔끔해진 부라노 승선장

노선과 목적지마다 승선장이 다르니 전광판을 체크하자.

MORE
부라노·무라노 식당 정보

부라노 발다사레 갈루피 거리(Via Baldassarre Galuppi)의 식당은 대부분 이른바 '관광지 식당'이다. 잠시 들렀다 가는 뜨내기 손님을 상대로 영업하기 때문에 호객 행위에 열심이지만 음식에 대한 정성은 부족한 편이다. 부라노에 관광객이 급증하면서 서비스와 가격에 대한 불만도 느는 중. 특히 현금만 받는 식당이 많으니 참고하자.

무라노 폰다멘타 데이 베트라이(F.ta dei Vetrai) 산책로에는 유리 공예점만큼이나 많은 식당이 모여 있다. 음식 맛은 베네치아 본섬과 비슷하지만 운하를 바라보는 야외 테이블의 정취가 좋다.

페로비아 Ferrovia
(산타 루치아역 앞)
↓
바포레토 4.2번·5.2번선, 25분
↓
폰다멘테 노베 F.te Nove
↓
바포레토 12번선, 45분

산 마르코-산 자카리아
S. Marco-S. Zaccaria
(산 마르코 광장)
↓
바포레토 14번선, 약 1시간 10분
↓
부라노 Burano

페로비아 Ferrovia
↓
바포레토 4.2번선, 25~40분
↓
폰다멘테 노베 F.te Nove
↓
바포레토 12번·13번·4.1번·4.2번선, 10~15분
↓
부라노 Burano
↓
바포레토 12번선, 30분
↓
무라노 Murano/Colonna/Faro/Venier

로마 광장 P.le Roma
↓
바포레토 6번선, 30분

페로비아 Ferrovia
↓
바포레토 5.1번·5.2번선, 45~55분

산 마르코-산 자카리아
S. Marco-S. Zaccaria
↓
바포레토 14번선, 15분
↓
리도 Lido S.M.E.

무라노에서 리도까지 한 번에 가기

공항 수상 버스를 운영하는 여행사 알릴라구나(Alilaguna)의 B선(블루라인)을 타면 무라노와 리도를 한 번에 오갈 수 있다. 무라노 콜론나 C번 승선장에서 리도 산타 마리아 엘리자베타 승선장까지 30분 간격으로 운항하며, 소요 시간은 30분, 요금은 10€. ACTV 베네치아 우니카 교통권은 사용할 수 없으니 주의한다. 알릴라구나 24시간권(40€)·48시간권(60€)·72시간권(80€)을 구매하면 공항과 본섬, 주데카섬까지 무제한 여행할 수 있다. 단, ACTV보다 운항 편수가 적어서(약 30분 간격) 대기 시간이 길 수 있다.

WEB alilaguna.it

2. 무라노

무라노 섬에는 운하를 따라 여러 개의 승선장이 있다. 노선에 따라 정박하는 순서와 내리는 승선장이 다르니 주의한다. 유리 박물관과 가장 가까운 승선장은 무세오(Museo) 승선장이며, 베이에르(Venier)·콜론나(Colonna)·파로(Faro) 승선장에서도 걸어갈 만하다. 본섬에서 무라노로 향하는 바포레토는 산타 루치아역 앞의 페로비아 승선장과 본섬 북쪽의 폰다멘테 노베 승선장 등에서 출발한다. 갈 때 올 때 경로가 다른 노선도 있으니 돌아올 땐 목적지에 따라 빨리 가는 노선으로 골라서 타자.

- **산타 루치아역** 페로비아 D번 승선장에서 완행 4.2번선으로 약 40분(베니에르 도착) 소요된다.
- **폰다멘테 노베** A번 승선장에서 12번선으로 약 10분(파로 도착), B번 승선장에서 13번선으로 약 10분(파로 도착), 4.1번선으로 약 15분(무세오 도착), 4.2번선으로 약 15분(베니에르 도착), A번 승선장에서 12번선으로 약 10분(파로 도착) 소요된다.
- **산 마르코 광장** 4~10월 경 산 마르코-산 자카리아(S. Marco-S. Zaccaria) D번 승선장에서 7번선이 운항한다.
- **부라노** C번 승선장에서 12번선을 타면 30분(파로 도착) 소요된다.

파로 승선장.
'파로(Faro)'는 등대라는 뜻이다.

유리 박물관과 가까운
무라노 무세오 승선장

리도행 해변 왕복권

바포레토 1~3일권을 사지 않고 리도 섬만 다녀올 예정이라면 리도행 14번선 바포레토를 왕복으로 이용할 수 있는 '해변 왕복권(Biglietto Navigazione Andata e Ritorno Spiagge, 16€)'을 구매한다. 산 자카리아-리도 산타 마리아 엘리자베타(Lido S.M.E.)-푼타 사비오니(Punta Sabbioni) 구간을 오가는 14번·15번선과 리도 섬 내 버스(11번 제외)를 24시간 이용할 수 있다.

3. 리도

- **산타 루치아역** 페로비아 C번 승선장에서 5.1번선, D번 승선장에서 5.2번선을 타고 리도 산타 마리아 엘리자베타(Lido S.M.E.) 승선장에서 내린다. 소요 시간은 45~55분. 페로비아 승선장 기준 갈 때는 본섬 주위를 반시계 방향으로 도는 5.1번선이, 돌아올 때는 시계 방향으로 도는 5.2번선이 조금 더 빠르다.
- **로마 광장(P.le Roma)** B번 승선장에서 6번선이 산타 마리아 엘리자베타 승선장까지 간다. 약 30분 소요.
- **무라노·부라노** 폰다멘테 노베 D번 승선장에서 5.2번선으로 갈아타고 가는 방법이 가장 빠르다. 산타 마리아 엘리자베타 승선장까지 약 25분 소요.
- **산 마르코 광장** 산 마르코-산 자카리아(S. Marco-S. Zaccaria) A번 승선장에서 14번선을 이용한다. 산타 마리아 엘리자베타 승선장까지 약 15분 소요.

페로비아 C번 승선장

바포레토에서 바라본
리도 산타 마리아 엘리자베타 승선장

OPTION A
부라노·무라노·리도

부라노

무라노

리도

01 부라노 Burano

이토록 '인스타그래머블'한 마을이라니

베네치아 본섬에서 한참 떨어진 곳에 자리한 어촌 마을. 남자들은 어업을 하고 여자들은 레이스 수공업으로 생계를 이어왔다. 어부들이 안개 속에서 집을 찾기 위해 색을 칠했다는 속설이 있지만 실제로는 레이스 산업이 번성하던 시기에 시작된 풍습이다. 지금도 정부의 허가를 받아 지정된 색상만 사용할 수 있다.

좁은 수로를 따라 알록달록한 집들이 늘어선 평화로운 풍경 덕분에 해마다 전 세계 관광객이 몰린다. 섬 규모는 그다지 크지 않아 2~3시간이면 구석구석 모두 돌아볼 수 있다. 섬은 크지 않아 2~3시간이면 둘러볼 수 있지만 온 마을이 야외 스튜디오처럼 아름다워 사진을 찍다 보면 시간이 금세 지나간다. 최소 반나절은 여유 있게 잡는 것이 좋다.

WALK 바포레토에서 하선 후 도보 6분

◆ 레이스 박물관 Museo del Merletto

16~17세기 부라노 레이스는 유럽 왕실과 귀족이 탐낼 만큼 명성을 누렸다. 그러나 18세기 들어 유행이 바뀌고 경제가 쇠퇴하면서 섬의 영광도 서서히 빛을 잃었다. 사라져가던 전통을 되살리기 위해 1872년 레이스 학교가 세워졌고, 약 100년간 명맥을 이어오다 1978년 박물관으로 다시 태어났다. 박물관에는 500년에 걸친 베네치아 레이스의 역사가 고스란히 담겨 있다. 왕실 복장을 장식했던 화려한 레이스부터 일상용품에 쓰인 정교한 문양까지, 시대와 지역에 따라 달라지는 레이스의 매력을 한눈에 볼 수 있다. 섬세한 손끝에서 태어난 예술 작품의 아름다움을 느껴볼 만한 곳이다.

레이스 짜는 모습도 볼 수 있다.

ⓖ 레이스 박물관
ADD Piazza Baldassarre Galuppi, 187
OPEN 10:00~16:00/폐장 30분 전까지 입장
CLOSE 월요일, 1월 1일, 5월 1일, 12월 25일
PRICE 레이스 박물관 5€, 6~14세·25세 이하 학생·롤링 베니스 소지자 3.50€/레이스 박물관+무라노 유리 박물관 통합권 12€, 6~14세·25세 이하 학생·롤링 베니스 소지자 8€/5세 이하 무료/온라인 예약시 1€
WALK 발다사레 갈루피 광장(Piazza Baldassarre Galuppi)의 성당 맞은편에 있다.
WEB museomerletto.visitmuve.it

무라노 파로 승선장이 있는 섬 북쪽의 산토 스테파노 광장. 시계탑 앞에서 대형 유리 작품이 종종 전시된다.

02 무라노 Murano
베네치아 유리의 역사가 한눈에

1291년 베네치아 정부는 화재 위험을 이유로 본섬의 유리 공장을 모두 무라노로 옮겼다. 당시 대부분의 건물이 목조였기 때문이다. 그러나 진짜 목적은 첨단 유리 기술이 외부로 유출되는 것을 막기 위해서였다. 장인들은 허가 없이 섬을 떠날 수 없었고, 비법을 누설하면 사형에 처해졌다.

그 대신 그들은 귀족에 버금가는 특권을 누렸다. 칼을 찰 수 있었고, 법적 면책 특권이 있었으며, 딸들은 베네치아의 명문가와 혼인할 수 있었다. 15세기에는 안젤로 바로비에르가 투명 유리 '크리스탈로'를 개발하면서 무라노 유리가 전성기를 맞았다.

섬 남쪽의 무라노 콜론나 승선장에서 북동쪽으로 이어지는 운하길 ❶ 폰다멘타 데이 베트라이(Fondamenta dei Vetrai)에는 유리 공예품점이 줄지어 있다. 베네치아 본섬에서는 보기 힘든 다채로운 디자인이 가득하지만 생산지라고 해서 가격이 특별히 저렴한 것은 아니다.

운하길 끝에서 다리를 건너 오른쪽으로 조금 더 가면 유리 박물관과 작은 성당 ❷ 산타 마리아 에 도나토 성당(Basilica dei S.S. Maria e Donato)이 있다. 12세기 제작된 후진부의 황금빛 모자이크에는 ❸ '기도하는 성모 마리아'가 묘사돼 있으며, 로열 블루 옷에 붉은 신발을 신은 모습은 산 마르코 대성당의 '황금의 제단'과 함께 베네치아 비잔틴 양식을 대표한다.

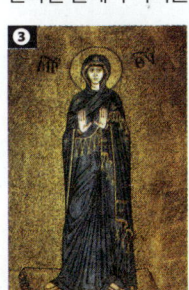

WALK 유리 박물관까지 무세오(Museo) 승선장에서 도보 2분/베니에르(Venier) 승선장에서 도보 8분/콜론나(Colonna) 승선장에서 도보 15분/파로(Faro) 승선장에서 도보 10분

MORE
유리 박물관 Museo del Vetro

베네치아 유리의 역사를 한눈에 볼 수 있는 곳. 기원전 3세기 로마시대 유물부터 20세기 현대 작품까지, 세계에서 가장 완벽한 무라노 유리 컬렉션 중 하나를 자랑한다. 중세 유리 공예품은 물론 바로비에르 & 토소 같은 명가의 작품도 전시돼 있다. 관람을 마친 뒤에는 1층 정원에서 형형색색의 유리 조형물과 현대 유리 예술 작품을 감상할 수 있다.

ADD Fondamenta Marco Giustinan, 8
OPEN 10:00~18:00(11월~3월 ~17:00)/폐장 1시간 전까지 입장
CLOSE 1월 1일, 5월 1일, 12월 25일
PRICE 10€, 6~14세·25세 이하 학생·롤링 베니스 소지자 7.50€/레이스 박물관+무라노 유리 박물관 통합권 12€, 6~14세·25세 이하 학생·롤링 베니스 소지자 8€/온라인 예약비 1€

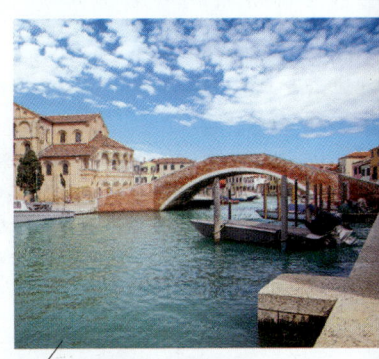

운하를 가로지르는 다리는 사진 찍기 좋은 포인트다.

SPECIAL PAGE
흔치 않은 기회!

유리 공방 견학하기

한때 300곳이 넘던 무라노의 유리 공장은 현재 약 30곳만 남았다. 60여 개의 가마가 섬 인구의 10분의 1 이상에게 일자리를 제공하며, 대부분이 가족이 운영하는 소규모 공방이다. 마에스트로(거장)는 몇 명의 조수와 함께 1150℃가 넘는 고온에서 녹인 유리를 파이프로 불어넣고 가위와 집게로 순식간에 형태를 빚어낸다. 빠르고 정확한 손놀림에 절로 감탄이 나온다. 견학은 대부분 무료지만 상점을 겸하는 경우가 많아 다소 눈치가 보일 수 있으나 반드시 구매해야 하는 것은 아니다.

본인의 이름을 걸고 작품 활동을 하는 장인의 지위에 오르기 위해서는 15년 이상 소요된다.

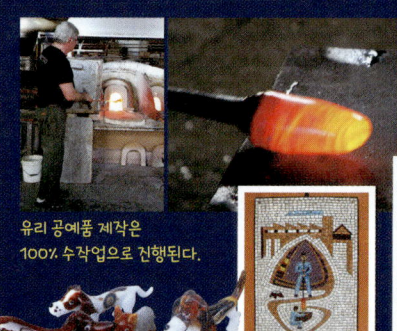

유리 공예품 제작은 100% 수작업으로 진행된다.

❖ 마체가 유리 공방 Vetreria Mazzega Srl

1946년에 설립된 전통 공방. 무라노에서도 예술성과 기술력이 뛰어난 곳으로 손꼽힌다. 샹들리에, 거울, 유리잔 세트, 마셀로(Massello) 조각품 등 최고급 유리 제품을 제작한다. 1층에서는 목걸이·액세서리 등 소품을, 2층에서는 고급 유리 공예품과 샹들리에를 판매한다. 1층은 자유롭게 둘러볼 수 있지만 2층은 직원에게 안내를 요청해야 입장할 수 있다.

G F942+7V 베니스
ADD Fondamenta da Mula, 147
OPEN 09:00~17:30
WALK 콜론나(Colonna) 승선장에서 도보 8분
WEB mazzega.it

목걸이, 귀고리 등 작은 액세서리(15€~)

피카소의 작품을 유리로 표현했다 (1만 5000€~).

❖ 아즈 베트리 유리 공방 AZ Vetri srl

관광지에서 조금 벗어나 있는 작은 공방. 규모는 작지만 부담 없이 둘러볼 수 있어 좋다. 유리 공예품 제작 시연을 무료로 볼 수 있고 컵이나 장신구 같은 소품들을 합리적인 가격대에 구매할 수 있다.

G F952+66 베니스
ADD Fondamenta Venier, 38
OPEN 09:00~17:00
WALK 유리 박물관 입구에서 오른쪽으로 운하를 따라 도보 8분, 오른쪽에 있다.
WEB azvetrimurano.com

03 리도 Lido

베네치아의 푸른 바닷물에 풍덩~

세계에서 가장 오래된 영화제이자 5대 국제 영화제 중 하나인 베네치아 국제영화제가 열리는 섬. 남북으로 길게 뻗은 지형 덕분에 본섬보다 도로가 넓고 시내버스도 운행한다. 평소에는 조용하고 한적하지만 영화제 기간에는 전 세계 영화인과 관람객으로 붐비며 축제의 열기로 가득 찬다. 이 시기에는 특별 배편도 운항한다.
리도 해수욕장(Spiaggia di Lido)은 베네치아 시민들이 즐겨 찾는 휴식처로, 완만한 수심 덕분에 아이들과 함께하기에도 안전하다. 카프리 섬처럼 푸른 바다를 기대하면 다소 실망할 수 있으나 여유롭게 반나절을 보내기 좋다.
가장 인기 있는 유료 해변은 블루문 비치로, 산타 마리아 엘리자베타 정류장과 가까워 접근성이 뛰어나며 파라솔, 선베드, 탈의실, 락커, 레스토랑, 바 등 편의시설이 잘 갖춰져 있다. 성수기에는 좋은 자리를 원한다면 며칠 전 온라인 예약이 필요하다. 산 니콜로와 알베로니 같은 무료 해변도 있으나 샤워 시설이 없고 관리가 잘 되지 않는다. 비수기나 날씨가 흐린 날에는 섬 전체가 한산하고 쓸쓸한 분위기를 띤다.

OPEN 3~9월 09:30~19:00
PRICE 해수욕 입장 무료, 블루문 비치 기준 파라솔+선베드 2개 35€~(시즌과 위치에 따라 다름)/해변마다 조금씩 다름
WALK 엘리자베타(Lido S.M.E.) 승선장에서 도보 10분 **WEB** veneziaspiagge.it

파라솔+선베드는 바닷가 1열이 최고가! 14:00 이후 빈 자리를 할인가로 이용할 수 있다.

바포레토를 타고 가면 보이는 섬 풍경. 긴 섬 모양이 마치 수평선 위에 맺힌 신기루 같다.

오두막(Capanne)은 주간~시즌 단위로 대여할 수 있다.

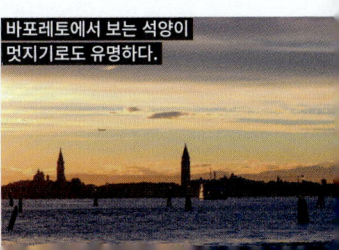

바포레토에서 보는 석양이 멋지기로도 유명하다.

02
ALPI

돌로미티

DOLOMITI

(영어·라딘어명: Dolomites,
독일어명: Dolomiten)

신비로운 알프스의 숨은 보석, 돌로미티. 알프스에서 가장 경이로운 자연 풍광을 자랑하는 이곳은 유럽인들에게 오래전부터 사랑받아온 여행지다. 굽이굽이 이어지는 기암절벽과 비현실적으로 아름다운 호수는 돌로미티를 찾아 가는 여정의 피로를 순식간에 잊게 해준다. 스위스보다 풍성한 음식과 여유로운 분위기 속에서 알프스의 장관을 만끽해보자.

*라딘어(Ladin): 이탈리아 측 알프스 산악지역에서 사용하는 언어

돌로미티 가기

동서로 약 120km에 이르는 돌로미티는 렌터카 여행이 가장 효율적이지만 동선을 잘 짜면 대중교통만으로도 충분히 둘러볼 수 있다. 동부는 베네치아에서 버스로, 서부는 로마·피렌체·볼로냐·밀라노·베로나에서 기차로 접근 가능하며, 동부 지역은 당일치기 투어 상품도 다양하다.

1. 렌터카

보통 베네치아에서 차를 인수해 서쪽으로 이동 후 밀라노에서 반납하거나, 반대 방향으로 이동하는 루트를 선택한다. 핵심 관광지는 서쪽 오르티세이에서 동쪽 트레 치메까지 약 85km 구간에 집중돼 있으며, 운전 시간은 약 3~4시간. 단, 돌로미티의 매력을 온전히 느끼려면 최소 2박 이상 머무는 것이 좋다.

여름 성수기에는 주차난과 도로 정체가 심하므로 숙소나 외곽에 차를 두고 버스를 이용하는 편이 효율적이다. 특히 일부 주차장과 도로는 사전 온라인 예약 차량만 입장 가능하므로 반드시 미리 예약해야 한다.

유료 도로는 서쪽의 A22번(모데나-베로나-볼차노-브레네로), 동쪽의 A27번(베네치아-벨루노), 트레 치메 인근 약 7km 구간 정도이며, 주요 관광지 주차장은 대부분 유료다. 주차 정산기는 카드 결제가 가능하지만 고장에 대비해 소액 현금을 준비해두면 안전하다.

★
예약 필수 주차장 & 도로

■ 브라이에스 호수 Lago di Braies

7월 10일~9월 10일 09:30~16:00(변동 가능)에는 온라인으로 주차장을 예약한 차량만 진입 가능하다. 주차장은 P1~P4, 숫자가 클수록 호수와 가깝고 요금이 비싸다. 자세한 정보는 p607 참고.

WEB prags.bz/en | 주차장 예약 pragsparking.com/en

■ 파소 셀라 Passo Sella/Sellajoch

7~8월 매주 수요일 09:00~16:00(매년 변동), 파소 셀라(p614) 약 11km 구간은 예약 차량만 통행 가능하다. 'OPENMOVE' 앱에서 날짜와 시간을 지정해 1시간 통행증을 발급받아야 하며, 일일 수량 제한으로 조기 마감될 수 있다. 셀라론다 자전거의 날(2026년 6월 6일/9월 12일)에는 전 구간 차량 통행 금지.

📍 GQJH+WM 볼차노(북쪽 시작점), FQWQ+92W Canazei(남쪽 시작점)

■ 트레 치메 앞 약 7km 구간

온라인 예약 차량만 통행 가능하다. 홈페이지 회원 등록 후 출입일 기준 30일 전부터 예약하며, 입·출차는 번호판 인식으로 자동 확인된다. 요금 40€.

WEB pass.auronzo.info/frontoffice

*동계올림픽 대비로 통행 제한 도로가 늘 수 있으니 출발 전 'OPENMOVE' 앱으로 최신 정보 확인 필수

베네치아 Venezia
(로마 광장 P.le Roma)
↓
렌터카 160km, 2시간 30분
↓
코르티나 담페초
Cortina d'Ampezzo

밀라노 Milano
(밀라노 중앙역)
↓
렌터카 300km, 3시간 20분
↓
베로나 Verona
(베로나 포르타 누오바역)
↓
렌터카 155km, 1시간 40분
↓
볼차노
Bolzano/Bozen

★
돌로미티 교통정보

남티롤 지역
WEB verkehr.provinz.bz.it

베네토주
WEB venetostrade.it/myportal/VSSPA/

★
돌로미티 드라이빙 팁

평균 고도 2000m의 산악지대로, 자동차 경주로 같은 헤어핀 커브 구간이 많다. 가드레일도 없이 낭떠러지 옆을 달리는 도로는 긴장감을 주는 요소. 급커브와 터널, 이탈리아인들의 거친 운전 습관과 급차로 변경에 유의한다.

주의 ❶ 오토바이나 자전거 여행자가 많은 지역이다. 완전히 지나칠 때까지 조심하자.

주의 ❷ 고도의 숙련자가 아니라면 수동 변속 차량 말고 자동 변속 차량을 빌리자.

주의 ❸ 11월 15일~4월 15일에는 도로교통법에 따라 스노체인 또는 윈터타이어 장착이 필수다.

★
코르티나 익스프레스
WEB cortinaexpress.it

돌로미티버스
WEB dolomitibus.it

플릭스버스
WEB flixbus.it

베네치아 공항버스(ATVO)
WEB atvo.it/en-venice-airport.html

2. 버스

이탈리아 주요 도시와 돌로미티를 가장 빠르게 연결하는 교통수단은 베네치아에서 코르티나 담페초와 도비아코로 향하는 직행버스다. 코르티나 담페초는 트레 치메, 미수리나 호수, 친퀘 토리, 라가주오이 등 주요 명소와 가깝고 교통이 편리하다. 도비아코는 브라이에스 호수·미수리나 호수·트레 치메를 잇는 로컬 버스의 거점으로, 브라이에스 호수행 노선은 반드시 이곳을 경유한다. 코르티나 익스프레스(Cortina Express), 돌로미티버스(DolomitiBus) 72번, 베네치아 공항버스(ATVO), 플릭스버스(FlixBus)가 운행하며, 승차권은 각 사 홈페이지·앱 또는 정류장 인근 매표소에서 구매한다.

코르티나 담페초 버스 터미널

*버스 정보는 현지 상황에 따라 수시로 바뀌므로 이용 전 반드시 확인한다.

- 자동차 2시간(100km) / 기차+버스+기차 2시간 20분
- 자동차 2시간(81km) / 기차+버스+버스 2시간 30분
- 자동차 2시간(92km)

산타 막달레나 성당 Chiesa di Santa Maddalena
— 자동차 1시간(33km) —

세체다 Seceda
— 도보 7분 —

오르티세이 Ortisei/St. Ulrich/Urtijëi
- 자동차 1시간 10분(44km)
- 기차+버스 1시간 10분~
- 자동차 1시간 30분(47km) / 버스+버스 3시간

알페 디 시우시 Alpe di Siusi/Seiser Alm — 도보 5분

사스 포르도이-돌로미티 테라스 Sass Pordoi-La Terrazza delle Dolomiti
- 자동차 1시간 10분(30km)

파소 셀라 Passo Sella/Sellajoch (포르첼라 델 사소룽고 리프트)
- 자동차 55분(17km)
- 자동차 35분(13km)
- 자동차 35분(13km)
- 자동차 30분(12km)

카레차 호수 Lago di Carezza/Karersee
- 자동차·버스 50분(25km)
- 자동차 50분(24km)

카나제이 Canazei

볼차노 Bolzano/Bozen
- 자동차·버스 1시간(36km)

- 기차 5시간~ / FR·italo 45~68€ / 1일 8회 → **로마** Roma Termini
- 기차 3시간 / FR 30€~ / 1일 1회 → **밀라노** Milano(C.le)
- 기차 1시간 30분~ / FR·R·RV·IC·italo·RJ·REX 10~20€, 1일 38회 → **베로나** Verona(P.N)
- 기차 2시간 30분~ / FR·RV·IC·italo·RJ 15~49€, 1일 17회 → **볼로냐** Bologna C.le
- 기차 3시간 10~40분 / FR·italo 22~62€ / 1일 8회 → **피렌체** Firenze(S.M.N)

3. 기차

로마·피렌체·밀라노·볼로냐·베로나·베네치아에서 볼차노까지는 고속열차(FR·Italo)로 바로 이동할 수 있다. 볼로냐·베로나에서는 완행(R)과 급행(IC)도 운행하며, 뮌헨·인스부르크에서 베네치아를 오가는 독일(DB)·오스트리아(ÖBB) 열차(REX·EC·RJ) 역시 볼차노를 경유한다(트렌이탈리아에서 예약 가능). 볼차노는 돌로미티 최대 도시로 로컬버스 연결이 편리하지만 주요 명소까지는 이동 시간이 다소 길다.

볼차노역

★ **트렌이탈리아**
WEB trenitalia.com

고속열차 이탈로
WEB italotreno.it

* FR·italo·RJ(고속열차) /
IC·EC·REX(급행열차) /
R·RV(완행열차)
* 운행 시간은 시즌·요일에 따라 유동적

도비아코 Dobbiaco/Toblach

- 브라이에스 호수 Lago di Braies/Pragser Wildsee — 자동차·버스 30분(19km)
- 자동차·버스 50분(31km)
- 자동차·버스 30분(16km) — 미수리나 호수 Lago di Misurina
- 자동차·버스 35분(15km)
- 자동차·버스 25분(7.5km)
- 자동차·버스 50분(26km)

*자동차 소요 시간은 산악지대임을 고려해 넉넉하게 계산함

- 라가주오이 Lagazuoi
- 자동차·버스 5분(4km)
- 친퀘 토리 Cinque Torri(5 Torri)
- 자동차·버스 35분(17km)
- 자동차·버스 30분(14km)
- 자동차 40분(17km)
- 파소 자우 Passo Giau
- 자동차 40분(17km)

코르티나 담페초 Cortina d'Ampezzo

- 트레 치메 디 라바레도 Tre Cime di Lavaredo
- 자동차 3시간 10분(180km)
- 자동차 2시간 30분(150km)

| 기차 3시간 RJ·EC 21€~ 1일 1~2회 | 버스 3시간 15€, 1일 2회 | 버스 2시간 10~20분 12~26€ 1일 5~6회 | 버스 2시간 30분~3시간 13~26€ 1일 7회 | 플릭스버스 3시간 40분 16~23€ 1일 1회 |

- 베네치아 산타루치아역 Venezia(S.L)
- 베네치아 로마 광장 Venezia-Piazzale Roma
- 마르코 폴로 공항 Aeroporto Marco Polo
- 베네치아 메스트레역 Venezia Mestre(Stazione FS)

돌로미티 내에서 이동하기

동쪽의 코르티나 담페초·도비아코, 서쪽의 오르티세이·볼차노 등 중간의 거점 마을들을 베이스캠프로 삼고 로컬 버스 또는 렌터카로 여행하자. 이런 마을들에서는 유명 산악 전망대와 호수까지 가까워 장거리 트래킹에 대한 부담을 줄일 수 있다.

> ★ **트렌이탈리아**
> WEB trenitalia.com
>
> **남티롤교통**
> WEB suedtirolmobil.info

1. 로컬 버스

돌로미티 곳곳을 로컬 버스가 촘촘하게 연결하지만 여름 성수기에만 운행하거나 탑승 전 예약 필수인 노선도 있으니 잘 확인하자. 승차권은 정류장 근처의 매표소와 티켓 자동판매기(1회권/1일권), 각 버스회사의 스마트폰 앱과 홈페이지, 운전기사(1회권), 기차역 안의 자동판매기·타바키·신문판매소 등에서 구매할 수 있다. 모바일·디지털 티켓은 탑승 전 티켓을 활성화(Attiva)해 전용 단말기에 QR코드를 스캔하거나 운전기사에게 보여준다(티켓의 종류에 따라 다름). 6~13세는 할인, 5세 이하는 무료.

✚ 주요 버스 노선

번호	노선	소요 시간	편도 요금	운행 시간
50	미수리나 호수(Misurina Genzianella)~트레 치메(아우론조 산장)	25분	2.30€(돌로미티버스)	6월 초~10월 초/15분~1시간 간격
51	코르티나 담페초~미수리나 호수(Misurina Genzianella)	35분	2.90€(돌로미티버스)	6월 초~9월 말/1~4시간 간격
52	코르티나 담페초~친퀘 토리(기사에게 요청 시 정차)~파소 팔차레고(라가주오이)	35분	2.90€(돌로미티버스)	6월 초~9월 말/1~2시간 간격
180	볼차노~카레차 호수	약 50분	6€(남티롤교통)	연중무휴/30분~1시간 간격
350	볼차노~오르티세이	약 1시간	7.50€(남티롤교통)	연중무휴/30분~1시간 간격
442	도비아코 버스 터미널~브라이에스 호수	약 30분	10€(남티롤교통) *7월 10일~9월 10일 예약 필수 WEB prags.bz/en	연중무휴/30분~1시간 간격
444	도비아코 버스 터미널~도비아코역~트레 치메(아우론조 산장)	약 50분	16€(왕복 22€, 남티롤교통) *여름 성수기 온라인 예약 필수 WEB drei-zinnen.bz/it/ticket	5월 말~10월 중순/30분~1시간 간격
445	❶ 도비아코 버스 터미널~도비아코역~코르티나 담페초 ❷ 도비아코 버스 터미널~도비아코역~미수리나 호수(Genzianella)	❶ 50분 ❷ 약 30분	❶ 6.50€(남티롤교통) ❷ 5.50€(남티롤교통)	❶ 연중무휴/1일 6회 ❷ 5월 말~10월 중순 1일 3회
465	파소 팔차레고(라가주오이 케이블카)~파소 가르데나~코르바라(Corvara)	약 45분	7€(남티롤교통)	6월 중순~10월 중순/15분~1시간 간격
473	코르바라~파소 가르데나~오르티세이	약 1시간 35분	10€(남티롤교통)	6월 중순~9월 중순/1일 2회
471	오르티세이~파소 셀라(사소룽고)~파소 포르도이(돌로미티 테라스)	약 1시간 30분	10.50€(남티롤교통)	5월 말~10월 중순/1일 4회

*노선 및 운행 정보는 현지 사정에 따라 수시로 변경되므로 위 표는 참고용으로만 활용하고, 여행 출발 전 구글맵이나 해당 버스 회사 공식 홈페이지에서 최신 정보를 반드시 확인할 것

★ 돌로미티버스 Dolomitibus

베네토주 중심으로 운영되는 돌로미티 동남부 버스회사로, 코르티나 담페초·아우론조·아라바 등 주요 관광지를 연결한다. 노선 번호는 1~2자리수와 900번대 번호를 주로 사용한다. 요금은 1.70€~(버스에서 구매 시 2.40€~).

WEB dolomitibus.it
APP DolomitiBus

남티롤교통 Südtirolmobil

남티롤(알토아디제)을 중심으로 트렌티노·베네토 일부까지 아우르는 돌로미티 대부분 지역을 운행한다. 버스는 주로 100~500번대 번호를 사용하며, 요금은 2€~.

WEB suedtirolmobil.info
suedtirolmobil.info/en/#/ (경로 및 요금 검색)
APP altoadigemobilita

볼차노 버스 터미널 Autostazione di Bolzano

오르티세이, 카레차 호수 등 돌로미티 서쪽 명소로 향하는 버스의 기·종점이다. 각종 승차권과 교통권을 구매할 수 있는 인포포인트도 있다. 볼차노 기차역에서 나와 오른쪽으로 약 200m 정도 걸으면 도착한다. 볼차노 기차역 앞 정류장(Stazione di Bolzano)에서도 많은 버스가 정차하니 헷갈리지 않도록 주의.

◎ F9X6+68 볼차노

2. 기차

돌로미티의 동쪽과 서쪽을 잇는 가장 일반적인 교통수단이다. 포르테차(Fortezza/ Franzensfeste)역에서 한 번 갈아타면 도비아코와 볼차노 사이를 약 2시간에 이동할 수 있다. 단, 2026년 1월 말까지 선로 현대화 공사로 브루니코(Brunico/Bruneck)~브레사노네(Bressanone/Brixen) 구간은 대체 버스(B400 노선)가 운행 중이다.

승차권은 트렌이탈리아 홈페이지·앱이나 역 매표소에서 구매할 수 있으며, 남티롤교통의 모빌카드도 사용 가능하다. 열차는 30분 간격으로 운행하며 총 소요 시간은 약 2시간 20분, 요금은 20.50~24€(공사 기간 중 브루니코~브레사노네 구간 대체 버스 포함).

도비아코역

★ 택시 투어

로컬 버스가 단축 운행하는 비수기나 일행이 여럿일 때 유용하다. 코르티나 담페초에서 친퀘 토리·라가주오이(파소 팔차레고)·파소 자우까지 각각 편도 90€ 정도에 최대 8인이 다녀올 수 있다. 홈페이지, 전화, 이메일로 예약 가능. 참고로 일반 택시는 지정된 승차장에서 탑승한다(호출 시스템 없음).

■ **TaxiCortinaSci**
ADD Via Salieto, 10/b, Cortina d'Ampezzo
WEB taxicortinasci.com

3. 리프트

돌로미티 전역에는 약 140개의 리프트(케이블카·곤돌라·체어리프트 등)가 설치돼 있어 산악 전망대까지 편하게 이동할 수 있다. 1회권 요금이 비싸므로 리프트를 자주 이용할 예정이라면 교통 패스(p602) 구매를 추천한다. 대부분의 리프트는 여름과 스키 시즌에만 운행하며, 운행 시간은 08:00~09:00 시작, 16:30~18:00 종료. 막차 시각에 유의해야 한다.

2026년 동계올림픽·패럴림픽 기간에는 코르티나 담페초 지역 일부 리프트가 경기 운영으로 휴무 예정이므로 방문 전 최신 운영 정보를 반드시 확인한다.

라가주오이 케이블카

#CHECK
돌로미티 교통 패스 총정리

교통비가 비싼 돌로미티에서는 교통 패스 활용이 핵심이다. 특히 리프트 중심 여행이라면 '슈퍼서머 카드', 숙소 포함형 여행이라면 '게스트 패스', 대중교통 중심 여행이라면 '모빌카드'가 가장 실용적이다. 시즌과 지역에 따라 이용 조건이 달라지므로 출발 전 공식 홈페이지에서 최신 정보를 확인하자.

돌로미티 슈퍼서머/슈퍼스키
WEB dolomitisuperski.com

❶ 리프트 무제한 이용권, 돌로미티 슈퍼서머 카드 / 슈퍼스키 패스

돌로미티 전역 약 140개의 리프트(케이블카·곤돌라·체어리프트)를 유효기간 내 무제한 이용할 수 있는 통합 패스다. 하루 2~3회만 타도 본전이며, 여러 리프트를 한 장으로 탈 수 있어 대기 시간을 줄일 수 있다.

공식 홈페이지 또는 'My Dolomiti' 앱에서 QR코드를 발급받아 현지 픽업 박스(Pick-up Box)나 제휴 숙소에서 실물 카드로 교환하며, 현장 매표소에서도 구매 가능하다. 청소년과 어린이는 요금이 할인되며, 어린이는 성인 1명 동반 시 무료인 경우가 많다.

➕ **돌로미티 슈퍼서머 카드**
여름 시즌(6월 중순~9월 중순) 전 지역 리프트를 무제한 이용할 수 있다. 1일권과 '4일 중 3일', '7일 중 5일' 같은 선택형이 있으며, 일정에 맞춰 조합하기 좋다. 판매는 매년 5월 중순경 시작된다.

➕ **돌로미티 슈퍼스키 패스**
겨울 시즌(11월 말~4월 초) 스키장 공용 패스로, 1일권·멀티데이·시즌권 등으로 구분된다. 여러 스키장을 즐기면 전 지역용, 한 리조트 중심이면 싱글 리조트권이 효율적이다. 성수기(12월 말~1월 초, 2월 초~3월 중순)와 비수기 요금이 다르다. 판매는 11월경 시작된다.

남티롤 게스트 패스
WEB suedtirol.info
*홈페이지 접속 후 왼쪽 메뉴에서 Südtirol Guest Pass 클릭

■ 제외 노선
442번(7월 10일~9월 10일 한정)·439·440·444번 버스, 야간버스, 장거리 기차, 국경을 넘는 구간의 로컬 기차, 일부 계절 셔틀 등

❷ 숙박 시 무료 제공되는 대중교통 패스, 남티롤 게스트 패스 Südtirol Guest Pass

남티롤 지역 관광협회에 등록된 숙소를 예약하면 받을 수 있는 대중교통 무료 승차권. 숙소 예약 시 이메일로 미리 받거나 체크인 시 제공 받는다. 남티롤교통(Südtirol Mobil)이 운영하는 로컬 버스, 기차, 하이킹버스, 일부 케이블카 이용이 가능하며, 숙박 첫날 00:00부터 출발일 23:59까지 유효하다. 일부 노선은 제외되지만 마을 간 이동에는 유용하다. 지역에 따라 다양한 이름으로 제공되며, 박물관 무료입장이나 케이블카 할인 혜택이 포함된 것도 있다. 숙소 예약 전, 해당 숙소가 게스트 패스 제공 대상인지 확인하자.

❸ 남티롤 전역 대중교통 무제한 이용권, 모빌카드 Mobilcard

남티롤 전역의 대중교통을 무제한 이용할 수 있는 유료 교통 패스다. 버스, 기차, 트램, 일부 케이블카를 이용할 수 있으며, 남티롤 게스트 패스와 이용 범위는 동일하다. 스마트폰 앱(altoadigemobilita)이나 매표소, 관광안내소에서 구매 가능하다.

❹ 기타 패스

벨루노 지역 로컬 버스를 이용할 수 있는 게스트 카드(Guest Card, 여권 지참 필수), 코르티나 담페초의 주요 리프트를 포함한 코르티나 버티컬 패스(Cortina Vertical Pass), 포인트를 차감해 여러 지역 리프트를 여럿이 함께 이용할 수 있는 밸류 카드(Points Value Card)가 대표적이다.

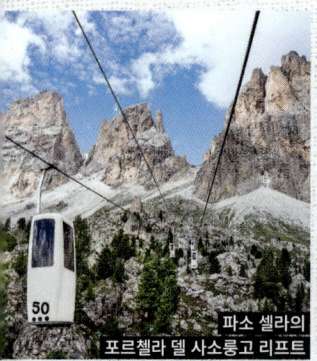

파소 셀라ьа·포르첼라 델 사소룽고 리프트

#CHECK
알고 가자! 돌로미티

❶ 돌로미티는 어떤 곳인가요?

오스트리아와 맞닿은 알프스 동쪽 끝자락에 자리한 산악 지대로, 해발 3000m가 넘는 봉우리가 18개나 솟아 있다. 서울시의 2배가 넘는 14만ha 규모의 광대한 지역에 가파른 절벽과 협곡이 이어지며, 도로와 철도가 잘 발달해 세계에서 가장 접근성이 좋은 산악 경관으로 꼽힌다. 뾰족한 봉우리와 암벽, 그 아래로 펼쳐진 초원의 색감 대비가 인상적이다.

돌로미티 특유의 옅은 회백색 바위는 '백운암'이라 불리는 돌로마이트(Dolomite) 광석 때문이다. 절벽 중에는 높이 1500m에 이르는 것도 있으며, 1791년 프랑스 지질학자 데오다 그라테 드 돌로미외(Déodat Gratet de Dolomieu)가 발견해 그의 이름을 따 'Dolomites (돌로미티)'라 불리게 됐다.

❷ 언제 가면 좋을까요?

돌로미티의 성수기는 여름과 겨울 스키 시즌이다. 가장 풍경이 아름다운 시기는 리프트가 운행하는 6월 중순~9월 중순으로, 트래킹과 드라이브 모두 즐기기 좋다. 단, 6월 초·중순은 눈이 완전히 녹지 않아 길이 미끄럽고 산사태 위험이 있으니 주의해야 한다. 9월 말 이후에는 리프트와 산장이 문을 닫지만 한적한 여행을 원한다면 오히려 좋다. 산 아래 마을도 해발이 높아 한여름에도 낮 기온이 25℃를 넘기 힘들고 밤에는 10℃ 안팎까지 떨어진다. 여름에도 겉옷은 필수이며, 날씨가 궂으면 낮에도 10℃ 이하로 내려가므로 경량 패딩을 준비하는 것이 좋다. 주요 트래킹 코스는 해발 1000~2500m 구간에 있어 고산병 걱정은 없다.

6월 중순~7월 초에 야생화 꽃이 만발하는 알페 디 시우시

❸ 구글맵에 장소명이 왜 2개씩 적혀 있죠?

돌로미티 지역에서 인구가 가장 많은 알토아디제(Alto Adige) 지방은 독일어를 사용하는 오스트리아 영토였지만 1차 세계대전 이후 전쟁 배상금으로 이탈리아에 양도되었다. 이후 당시 주민들이 사용하던 독일어가 자연스럽게 공식 언어에 포함되었다. 알프스 산간에서 사용하던 라딘어(Ladin)를 쓰는 사람도 많아 독일어와 이탈리아어 외에 라딘어 표기도 곳곳에서 볼 수 있다.

★ 민박 vs 호텔 vs 산장

돌로미티는 맛집 중심의 여행지가 아니어서 취사 시설이 있는 현지인 민박(주로 '아파트먼트'로 표기)의 인기가 높다. 조식·석식을 제공하는 호텔은 짧은 일정의 여행자에게 편하다. 돌로미티의 자연을 온전히 느끼고 싶다면 라가주오이 산장(p611)이나 로카텔리 산장(p608) 같은 산장을 추천한다. 대부분 6~9월에만 운영하며, 인기 산장은 최소 6개월 전 예약이 필요하다.

❹ 숙소는 어디에 정하는 게 좋나요?

돌로미티는 지역이 넓어 한곳에서 모든 명소를 효율적으로 둘러보기 어렵다. 가고 싶은 명소를 중심으로 거점 마을을 정해 숙소를 예약하는 것이 좋다. 코르티나 담페초나 오르티세이처럼 명소와 가깝고 편의시설이 잘 갖춰진 마을은 숙박비가 비싸므로 주변의 작은 마을에 머물며 렌터카나 게스트 패스를 이용하는 편이 경제적이다.

로카텔리 산장

DAY PLANS

트래킹을 만끽하려면 한 달도 짧겠지만 여행자들은 대개 마을당 1~2박 정도 묵으며 주변 명소를 둘러본다. 단기간 머물 수 있는 숙소를 구하기 매우 어려운 지역이므로 성수기에는 예약 가능한 숙소를 위주로 일정을 짜는 것이 좋다. 평소에 등산을 즐긴다면 트레 치메·라가주오이·친퀘 토리를, 가벼운 산책을 즐기려면 세체다·알페 디 시우시나 호수를 중심으로 코스를 정한다.

산 5 + 호수 3 3박 4일 렌터카 풀코스

1일

베네치아에서 렌터카 픽업
↓ 자동차 2시간 30분
① 코르티나 담페초
(점심 식사)
↓ 자동차 1시간 10분
③ 브라이에스 호수
↓ (도비아코) 자동차 30분
↓ (코르티나 담페초) 1시간 10분
② 도비아코 또는
① 코르티나 담페초
(1박)

2일

② 도비아코 또는
① 코르티나 담페초
↓ 자동차 1시간
④ 트레 치메 디 라바레도
*09:00 전까지 도착
↓ 자동차 25분
⑤ 미수리나 호수
Option ⑥ 파소 자우
Option ⑦ 친퀘 토리
↓ 자동차 1시간 15분
⑧ 라가주오이
↓ 자동차 1시간 30분
⑨ 오르티세이(1박)

3일

⑨ 오르티세이
⑩ 세체다
↓ 자동차 5분
⑪ 알페 디 시우시
Option ⑫ 산타 막달레나 성당
↓
⑨ 오르티세이(2박)

4일

⑨ 오르티세이
Option ⑬ 파소 셀라
↓ 자동차 1시간 30분
⑭ 사스 포르도이- 돌로미티 테라스
Option ⑮ 카나제이
↓ 자동차 1시간 20분
⑯ 카레차 호수
↓
베로나 또는
시르미오네 또는
밀라노(렌터카 반납)

산 4 + 호수 3
2박 3일 렌터카+버스 코스

1일
- 베네치아에서 렌터카 픽업
- ↓ 자동차 3시간 10분
- ② 도비아코
- ↓ 버스 50분
- ④ 트레 치메 디 라바레도
- ↓ 버스 50분
- ② 도비아코(1박)

2일
- ② 도비아코
- ↓ 자동차 30분
- ③ 브라이에스 호수
- Option ⑫ 산타 막달레나 성당
- ↓ 자동차 2시간
- ⑪ 알페 디 시우시
- ↓
- ⑨ 오르티세이(1박)

3일
- ⑨ 오르티세이
- ⑩ 세체다
- Option ⑬ 파소 셀라
- ↓ 자동차 1시간 30분
- ⑭ 사스 포르도이-돌로미티 테라스
- ↓ 자동차 1시간 20분
- ⑯ 카레차 호수
- ↓
- 베로나 또는 시르미오네 또는 밀라노(렌터카 반납)

산 3 + 호수 2
2박 3일 뚜벅이 코스

1일
- 베네치아 오전 출발
- ↓ 버스 3시간 40분
- ② 도비아코(숙소에 짐 맡기기)
- ↓ 버스 50분
- ④ 트레 치메 디 라바레도
- ↓ 버스 50분
- ② 도비아코(1박)

2일
- ② 도비아코
- ↓ 버스 30분
- ③ 브라이에스 호수
- ↓ 버스 30분
- ② 도비아코
- Option ⑫ 산타 막달레나 성당
- ↓ 기차+버스+기차 2시간 20분
- ⑰ 볼차노
- ↓ 버스 50분
- ⑯ 카레차 호수
- ↓ 버스 50분
- ⑰ 볼차노(1박)

＊카레차 호수 대신 산타 막달레나 성당을 방문할 경우 브레사노네(Bressanone)에서 1박

3일
- ⑰ 볼차노
- ↓ 버스 1시간
- ⑨ 오르티세이
- ↓ 도보 8분
- ⑩ 세체다
- ↓ 도보 15분
- ⑪ 알페 디 시우시
- ↓ 버스 1시간
- ⑰ 볼차노
- ↓ 기차
- 베로나 또는 밀라노

산 4 + 호수 2
3박 4일 뚜벅이 코스

1일
- 베네치아 아침 일찍 출발
- ↓ 버스 3시간
- ① 코르티나 담페초(환승)
- ↓ 버스 40분
- ② 도비아코(숙소에 짐 맡기기)
- ↓ 버스 50분
- ④ 트레 치메 디 라바레도
- ↓ 버스 50분
- ② 도비아코
- ↓ 버스 30분
- ③ 브라이에스 호수
- ↓ 버스 30분
- ② 도비아코(1박)

2일
- ② 도비아코
- ↓ 버스 40분
- ① 코르티나 담페초(환승)
- Option ⑦ 친퀘 토리
- ↓ 버스 35분(여름철만 운행)
- ⑧ 라가주오이
- ↓ 버스 3시간(여름철만 운행)
- ⑨ 오르티세이(1박)

3일
- ⑨ 오르티세이
- ⑩ 세체다
- ↓ 도보 15분
- ⑪ 알페 디 시우시
- ↓ 버스 1시간
- ⑰ 볼차노(1박)

4일
- ⑰ 볼차노
- ↓ 버스 50분
- ⑯ 카레차 호수
- ↓ 버스 50분
- ⑰ 볼차노
- ↓ 기차
- 베로나 또는 밀라노

❶ 높이 65.8m의 종탑이 상징인 성 필리포와 자코모 대성당

01 돌로미티의 동쪽 관문
코르티나 담페초 Cortina d'Ampezzo

트레 치메, 미수리나 호수, 라가주오이 등으로 이동하기 쉬운 돌로미티 동쪽의 거점 마을(1224m). 줄여서 '코르티나'라고도 부른다. 1956년에 이어 2026년에도 동계올림픽을 개최하는 겨울 스포츠 중심지로, 스키 시즌에는 6만여 명의 관광객이 찾는다. 중심가인 ❶ 코르소 이탈리아(Corso Italia)에 성 필리포와 자코모 대성당(Basilica dei Santi Filippo e Giacomo), 관광 안내소, 대형 슈퍼마켓이 입점한 쇼핑몰 라 쿠페라티바(La Cooperativa di Cortina), 미술관 등 볼거리와 편의시설이 모여 있다. 병풍처럼 마을을 감싸는 뒷산 크리스탈로(3221m)와 팔로리아(2352m) 사이 고개(Passo Tre Croci)를 넘으면 미수리나 호수와 트레 치메로 갈 수 있다.

코르티나 담페초 관광 안내소 IAT Cortina d'Ampezzo(Info Point)
📍 G4QP+4G 코르티나담페초 🅼 MAP ⑭-D
ADD Corso Italia, 81
OPEN 09:00~13:00·15:00~19:00(일요일 09:00~13:00)
WALK 코르티나 버스 터미널에서 도보 5분/로마 광장(Piazza Roma) 바로 앞
WEB cortina.dolomiti.org

★ 코르티나 담페초의 버스 정류장

■ **코르티나 버스 터미널** Cortina Autostazione
메인 버스 터미널. 동계올림픽을 앞두고 공사 중이라 마을 북쪽, 빙상 경기장 바로 앞의 올림픽 경기장(Stadio Olimpico) 정류장을 임시로 사용 중이다. 매표소와 교통 안내소는 정상 운영한다.
📍 G4QQ+M5 코르티나담페초 🅼 MAP ⑭-D

■ **로마 광장** Piazza Roma
마을의 중심인 성 필리포와 자코모 대성당 바로 옆, 관광 안내소 앞에 있다. 돌로미티버스의 로컬 버스가 주로 이용하는 정류장이기도 하다.
📍 G4QP+49 코르티나담페초 🅼 MAP ⑭-D

MORE
팔로리아 케이블카 Faloria S.p.A.

1956년 동계올림픽 당시 스키슬로프가 있었던 팔로리아산행 케이블카다. 팔로리아 산장(Rifugio Faloria, 2120m)에서 커피 한잔과 함께 조용히 대자연과 마주하고 야생화가 만발하는 초록빛 들판에서 트래킹을 즐길 수 있다.

팔로리아 산장

🚠 케이블카역: 팔로리아 케이블카
📍 주차장: G4QQ+HX(임시 주차장)
🅼 MAP ⑭-D
ADD Via Ria de Zeto, 10
OPEN 2025년 12월 재개장 예정
PRICE 왕복 27€(7~15세 20€)/주차비 임시 주차장 무료(정식 주차장은 공사 중)
WALK 코르티나 버스 터미널에서 도보 3분
WEB faloriacristallo.it

토파나-프레치아 넬 시엘로 케이블카
Funivia Tofana-Freccia nel Cielo

돌로미티에서 3번째로 높은 토파나 디 메초(3244m)로 오르는 루트. 정상의 테라스에서 절경을 감상한 뒤 콜 드루시에로 내려와 1.75km 산책을 추천한다.

경로: 코르티나 담페초 ↔ 콜 드루시에(Col Drusciè) ↔ 라 발레스(Ra Valles) ↔ 치마 토파나(Cima Tofana)

📍 G4WJ+8H 🅼 MAP ⑭-D
ADD Via dello Stadio, 12
OPEN 6월 중순~9월 말 09:00~16:50, 12월 초~4월 08:15~16:30
PRICE 2026년 동계올림픽 기간(1월 27일~3월 16일) 중 운행 중단/여름 치마 토파나 왕복 40€(7~14세 20€)
WALK 코르티나 버스 터미널에서 도보 15분
WEB freccianelcielo.com

02 도비아코
돌로미티 동부 여행의 양대산맥
Dobbiaco/Toblach

코르티나 담페초와 함께 돌로미티 동부 지역의 현관 역할을 하는 마을(1256m). 주요 명소까지 버스로 직행하고 숙박비도 코르티나 담페초보다 저렴하다. 마을 중심부에 있는 터미널(Autostazione/Busbahnhof)에서 442번(브라이에스행)·444번(트레치메행)·445번(코르티나 담페초행) 버스가 출발한다. 기차역(Stazione/Bahnhof)은 버스 터미널 남쪽 약 1km 거리에 있으며, 오스트리아 리엔츠(Lienz)발 직행열차·트렌이탈리아·남티롤교통 시스템이 교차하는 주요 거점이다. 역 앞에 444번·445번 버스 정류장도 있어 444번으로 트레 치메에 갈 땐 이곳에서 타는 편이 더 낫다. 베네치아발 플릭스버스도 이곳에 도착하며, 대형 공영주차장도 있다.

도비아코 관광 안내소 Tourist Info Dobbiaco
- P6HF+9H 도비아코 | MAP ⓮-B
- **ADD** Via Dolomiti, 3
- **OPEN** 09:00~13:00, 14:00~17:00(일·공휴일 휴무)
- **WALK** 도비아코 버스 터미널·기차역에서 각각 도보 8분
- **WEB** drei-zinnen.info/de/toblach.html

★
트레 치메 파노라마 포인트
Vista Panoramica Tre Cime Lavaredo

트레 치메의 북쪽 면을 막힘없이 감상하는 뷰포인트. 제1차 세계대전 당시 치열한 전장이었던 피아나산(Mt Piana)도 보인다. 코르티나 담페초·미수리나 호수·트레 치메에서 도비아코로 가는 길에 있다.

- J6QM+W5 도비아코 | MAP ⓮-B
- **CAR** 도비아코역 10km, 미수리나 호수 9km, 트레 치메 16km, 코르티나 버스 터미널 21km

03 브라이에스 호수
산과 호수가 빚은 대자연의 파노라마
Lago di Braies/Pragser Wildsee

돌로미티 3대 호수 중 하나. 해발 1496m에 있는 에메랄드빛 호수와 바위산 크로다 델 베코(2810m)가 환상적이다. 호수 주변의 완만한 산책길(4km)은 1시간 30분 정도면 다녀올 수 있는데, 특히 호수 서쪽(입장 시 오른쪽)은 휠체어나 유아차로도 갈 수 있을 만큼 산책로가 평탄하다. 보트하우스에서 배를 대여하면 노를 저으면서 그림 같은 풍경을 조망할 수 있다.

★ **돌로미티 3대 호수**: 브라이에스 호수, 미수리나 호수, 카레차 호수

- 호수 입구: M3XM+2G Prags | 주차장(P3): P32P+F3 Prags
- MAP ⓮-B
- **OPEN** 5월 중순~10월 말 또는 11월 초(매년 다름) 24시간/보트 대여 6월 초~9월 말 09:30~18:00/성수기 연장 가능, 그 외 기간은 단축 운영(매년 다름, 악천후에는 휴무)
- **PRICE** 입장 무료/보트(5인승) 대여 45분 55€(현장 예약만 가능)/
주차비 P4(호수까지 200m): 3시간 15€, 추가 30분당 1€, 24시간 20€/P3(호수까지 300m): 24시간 18€(현금만 가능)/
P2(호수까지 500m)·P1(호수까지 5.5km): 24시간 7€
*17:00~다음날 06:00은 할인됨(할인 적용 시간은 매년 다름)
- **CAR** 도비아코역에서 16km(7월 10일~9월 10일 09:30~16:00 주차장 이용 시 온라인 예약 필수)
- **BUS** 도비아코 버스 터미널에서 442번 이용(7월 10일~9월 10일 예약 필수)
- **WEB** prags.bz/en | 442번 버스 예약 prags.bz/en | 주차장 예약 pragsparking.com

라바레도 산장에서 바라본
트레 치메의 측면 모습

치마 피콜로 (Cima Piccola) 2857m
치마 그란데 (Cima Grande) 2999m
치마 오베스트 (Cima Ovest) 2973m

로카텔리 산장에서 마주한 트레 치메의 정면

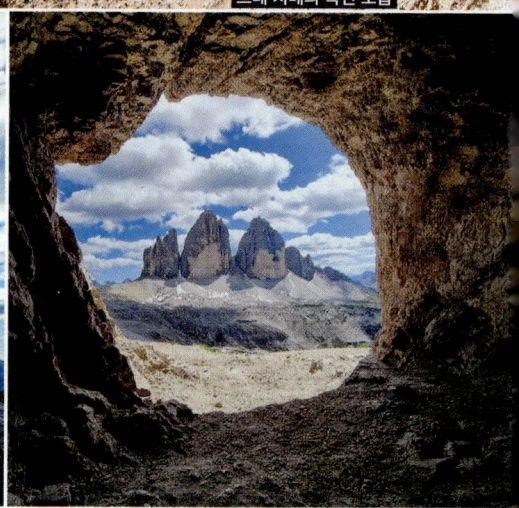

04 돌로미티 No.1 트래킹 코스
트레 치메 디 라바레도
Tre Cime di Lavaredo/Drei Zinnen

'트레 치메'로 불리는 돌로미티의 상징이자 하이라이트. 치마 피콜로(2857m), 치마 오베스트(2973m), 치마 그란데(2999m) 3개(Tre)의 거대한 바위 봉우리(Cime)는 암벽 등반가들의 성지다. 압도적인 위용을 뽐내는 세 봉우리 주변을 빙 돌며 트레 치메를 가까이서 볼 수 있는 최고의 트래킹 코스. 트래킹 시작 지점인 아우론조 산장 앞까지 버스나 자동차로 갈 수 있는 것도 매력이다. 단, 눈이 내리기 시작하면 도로가 폐쇄되며, 개통 시기는 눈 상태와 기온에 따라 매년 다르다. 버스 정보는 p600 참고.

ⓖ 주차장 & 버스 정류장: J76V+RM 벨루노 | 요금소: H7XC+W2 벨루노
ⓜ MAP ⑭-B
OPEN 5월 말 또는 6월 초~10월 말 또는 11월 초(매년 다름)
WEB 여행 정보 tre-cime.info

★ 로카텔리 산장 Rifugio Locatelli/Drei Zinnen Hütte

트레 치메에서 제일가는 명소. 호수와 작은 성당, 우뚝 솟은 세 봉우리를 호위하듯 감싼 바위 무리를 360°로 감상할 수 있다. 매년 초 산장 예약이 개시되면 빠르게 매진되니 예약을 서두르자. 산장 뒤쪽에는 제1차 세계대전 당시 오스트리아-이탈리아 산악전쟁의 흔적인 동굴(Grotta delle Tre Cime)이 남아있으며, 동굴 입구가 만들어 낸 틀 안에 세 봉우리가 들어간 인생샷을 남길 수 있다. 산장에서 왕복 20~25분 소요.

ⓖ 산장: 볼차노 로카텔리 산장
동굴: J8Q5+7P Sesto | ⓜ MAP ⑭-B
OPEN 6월 말~9월 말
WEB dreizinnenhuette.com

트레 치메 트래킹 코스

시작·종료 지점 아우론조 산장 ㅣ **길이** 약 10.6km ㅣ **고도차** 340~425m ㅣ
소요 시간 4~5시간 ㅣ **난이도** 중·하

렌터카와 버스의 종착지인 ❶ **아우론조 산장**(Rifugio Auronzo)에서 시작해 ❷ **라바레도 산장**(Rifugio Lavaredo), ❸ **로카텔리 산장** ❹ **랑갈름 산장**(Malga Langalm)을 거쳐 ❶ **아우론조 산장**으로 돌아오는 순환 코스. 일부 구간은 바위 지대이거나 경사가 가팔라 주의해야 한다. 105번 길은 난이도가 있는 편이므로 등산 초보자는 로카텔리 산장에서 왔던 길(101번 길)로 되돌아가는 것도 좋다.

로카텔리 산장(2405m)
세 봉우리가 정면으로 보이는 유일한 장소다.

105번 길
경사길과 평평한 길
약 1시간 20분(3.6km)

101번 길
경사길
약 1시간(2.2km)

라바레도 산장(2344m)
세 봉우리 측면의 모습을 감상할 수 있다.

랑갈름 산장(2283m)

105번 길
완만한 오르막길
약 50분(2.6km)

101번 길
가장 쉬운 평평한 길
약 50분(2.2km)

아우론조 산장(2333m)
세 봉우리가 한눈에 들어오고 멀리 미수리나 호수까지 보인다.

MORE
렌터카 여행자를 위한 팁

❶ 주차장이 있는 아우론조 산장까지 약 7km 구간은 유료 도로로, 통행료는 40€(캠핑카는 60€, 12시간 유효)이며 주차비가 포함돼 있다. 온라인 예약 필수(p597 참고).

❷ 여름 성수기에는 차량 수백 대가 이어지는 교통대란이 벌어진다. 오전 9시(휴일은 오전 8시) 전까지 도착할 수 없다면 버스를 이용하자. 버스는 경찰의 선도하에 역주행하므로 제시간에 도착한다.

❸ 버스로 갈아탄다면 미수리나 호수 주변의 주차장은 피하는 것이 좋다. 특히 젠차넬라(Genzianella) 정류장 옆의 주차장은 혼잡해서 시간 낭비가 심하고 주차비도 비싸다.

❹ 10월 말경부터 아침저녁으로 차량 통행을 제한하기 시작해 눈이 오면 완전히 폐쇄한다.

아우론조 산장 바로 아래 주차장

05 돌로미티의 진주
미수리나 호수
Lago di Misurina

트레 치메(2999m), 카디니(2839m), 소라피스(3205m) 등 빼어난 고산들에 둘러싸인 호수(1754m). 건너편의 노란색 요양병원을 배경으로 하는 반영샷 포인트로 유명하다. 주변에 유료 주차장과 레스토랑이 많고 호수 둘레길을 가볍게 산책하는 트래킹 코스(약 1시간 소요, 2.6km)도 잘 마련돼 있다. 코르티나 담페초에서 도비아코로 갈 때 들르기 좋다.

ⓖ 알베르고 정류장 근처의 주차장: H7M3+J9 벨루노
젠차넬라 정류장 근처의 주차장: H7Q4+9R 벨루노 Ⓜ **MAP** ⑭-D
OPEN 24시간
PRICE 무료(주차비 별도)

Option 06 파소 자우 Passo Giau
돌로미티 드라이브 코스의 정점

돌로미티의 심장부이자 바이커들의 성지, 천상의 정원 같은 고갯길이다. 총 30km의 도로는 꽤 스릴 넘치는 급커브로 이루어졌다. 정상(2236m)에 오르면 탁 트인 전망과 구불구불한 도로가 한눈에 들어오고 정상 주변에는 무료 주차장과 호텔, 레스토랑이 있다. 단, 주변 명소와 연결이 쉽지 않고 일부러 돌아가야 하는 곳이라 시간이 빠듯한 여행자에게는 추천하지 않는다.

★ **파소**(Passo, 영어로 Pass): '큰 산을 넘어가는 고갯길', 즉 령(嶺)을 뜻한다.

 정상 주변 무료 주차장: F3J3+X9 벨루노 Ⓜ MAP ⑭-D

Option 07 친퀘 토리 Cinque Torri(5 Torri)
신이 만든 '다섯 개의 탑'

깎아지른 듯한 5개의 거대한 바위 봉우리 군락이 기기묘묘해서 '신이 만든 조각품'이라 불린다. 암벽 등반 명소로도 유명한데, 까마득히 높은 곳에 클라이머들이 매달린 모습이 마치 미니어처 같다. 체어리프트 상부역 앞의 스코이아톨리 산장(Rifugio Scoiattoli, 2255m)에서 1904년 문을 연 친퀘 토리 산장(Rifugio 5 Torri, 2137m)까지 트래킹 코스는 왕복 1시간(1.9km)이 걸리고 가파르지 않다. 친퀘 토리 산장까지 차로 이동 시 양방 1차선 도로인 데다 성수기에는 진입 제약이 있어 추천하지 않는다.

Ⓖ 주차장 & 체어리프트 하부역: G29Q+H5 코르티나담페초
Ⓜ MAP ⑭-D

친퀘 토리 체어리프트 Seggiovia Cinque Torri
OPEN 6월 초~10월 초·12월 중순~4월 초 09:00~17:00(겨울철 ~16:30)
CLOSE 악천후 시 휴무　**PRICE** 왕복 25~27€
BUS 52번 Cinque Torri 하차(운전기사에게 요청)/p600 참고
WEB 5torri.it

■ **파소 팔차레고** Passo Falzarego

코르티나 담페초와 라가주오이를 잇는 고갯길로, 라가주오이(2835m), 친퀘 토리(2361m), 토파네(3343m), 누볼라우(2575m) 등 고봉들이 이어지는 대표 드라이브 코스다. 가장 높은 지점은 해발 2117m. 제1차 세계대전 당시의 격전지로, 당시 이탈리아군이 만든 터널길과 폭격으로 파괴된 건물을 그대로 활용한 전쟁 박물관 등이 있어 '살아 있는 전쟁 박물관'이라 불린다. 박물관 관람객은 주차비 무료.

■ **그란데 구에라 박물관** Museo della Grande Guerra
Ⓖ GXHR+4H 코르티나담페초
OPEN 6월 중순~9월 말 10:00~12:30·14:00~16:30
PRICE 10€(11~20세 학생 8€, 6~10세 5€)
CAR 라가주오이 케이블카 주차장에서 3분(1.6km)
WEB cortinamuseoguerra.it

그란데 구에라 박물관

1964년 개통한 25인승 케이블카를 타고 오르면 바로 라가주오이 산장이다.

08 라가주오이 Lagazuoi
세상에서 가장 아름다운 산장이 있는 바로 그곳

돌로미티 최고의 파노라마 뷰가 펼쳐지는 ❶ 라가주오이 산장(Rifugio Lagazuoi, 2752m)이 있는 곳이다. 이곳 산장에서의 하룻밤은 산악인들의 로망. 숙박 대신 테라스 바에서 전망만 즐기다 가는 사람도 많다. 산장에서 시작하는 트래킹 코스가 다양한데, ❷ 라가주오이 피콜로산 정상(2778m)까지의 코스는 왕복 1시간(편도 1.3km) 정도면 쉽게 다녀올 수 있다. 정상에 서면 제1차 세계대전의 희생자들을 기리는 나무 십자가와 함께 돌로미티 최고봉 마르몰라다(3343m) 빙하를 비롯한 웅장한 산군이 한눈에 들어온다. 파소 팔차레고의 라가주오이 케이블카 하부역(2015m) 앞에 주차하고 케이블카로 이동한다.

라가주오이 케이블카 Funivia Lagazuoi
📍 G295+MC 코르티나담페초(주차장과 공통) Ⓜ MAP ⓮-D
OPEN 6월 초~10월 중순·12월 말~4월 초 09:00~17:00
(7월 초~8월 말 ~17:30, 겨울철 ~16:30)/15분 간격 운행
PRICE 왕복 26.50€(8월은 30€)/
BUS 52번·465번 Passo Falzarego/Falzaregopass 하차
(여름철만 운행)/p600 참고
WEB lagazuoi.it

라가주오이 산장 Rifugio Lagazuoi
📍 G2H5+36 코르티나담페초 Ⓜ MAP ⓮-D
OPEN 6~10월
WEB rifugiolagazuoi.com

★ **파소 가르데나** Passo Gardena/Grödnerjoch

파소 팔차레고의 서쪽, 웅장한 바위산 사소룽고(3181m)를 배경으로 펼쳐진 들꽃 평원이 아름다운 고갯길이다. 17개의 헤어핀 코스가 있는 15km의 고갯길은 주차 공간이 적고(도로변 주차 금지) 라이더들이 즐겨 찾는 곳이라 운전 시 각별한 주의가 필요하다. 고갯길 중간쯤 파르케조 산장(Parcheggio Rifugio, 2123m)에 잠시 멈춰 주변 풍광을 구경하고 가도 좋다.

📍 파르케조 산장 주차장: GRX5+VC 볼차노

09 서쪽 거점 마을
오르티세이 Ortisei/Urtijëi

세체다, 알페 디 시우시로 바로 갈 수 있어 여행자들이 가장 선호하는 거점 마을(1236m). 양파 모양 돔이 올려진 ❶ 성 울리코 성당(Chiesa San Ulrico)과 르네상스 양식의 성 안토니오 성당(Chiesetta di Sant'Antonio) 사이의 레치아 거리(Strada Rezia)는 돌로미티에서 가장 아름다운 쇼핑가이자 보행자 전용 도로다. 성 안토니오 성당 옆, 산 안토니오 광장(Piazza S. Antonio/Antoniusplatz)은 주변 마을을 연결하는 로컬 버스가 집결한다. 광장에서 세체다 케이블카 하부역까지 길이 295m의 보행자 터널 라 쿠르타(La Curta)를 통해 에스컬레이터와 무빙워크로 편하게 이동한다.

★ 오르티세이의 독일어명은 'St. Ulrich', 라딘어명은 'Urtijëi'다.

오르티세이 관광 안내소
Associazione Turistica Ortisei
Ⓖ HMFC+XF 볼차노 Ⓜ MAP ⓮-C
ADD Strada Rezia, 1
OPEN 08:30~12:30·14:00~18:30(일요일 09:00~, 겨울철 단축 운영)
WALK 성 안토니오 광장에서 도보 5분
WEB valgardena.it/it/ortisei/

❶ 오르티세이의 상징인 성 울리코 성당의 양파 모양 돔

10 돌로미티의 또 하나의 지상낙원
세체다 Seceda

트레 치메와는 또 다른 매력을 지닌 돌로미티의 하이라이트. 비스듬히 깎인 채 솟아오른 봉우리와 푸른 초원이 별세계 같아서 '악마가 사랑한 풍경'이라 불린다. 곤돌라(6~8인승 캐빈형)와 케이블카로 정상까지 갈 수 있고 넓은 초원을 감상하며 편안히 트래킹할 수 있어 '돌로미티의 지상낙원'으로도 불린다. 오르티세이 마을 북쪽(1245m)에서 곤돌라를 타고 중간 지점(Furnes, 1730m)에서 케이블카로 환승, 세체다에 내려 10분만 걸어가면 전망대(2500m)다. 십자가 뒤로 주변 산들이 경쟁하듯 하늘을 찌르고 맑은 날에는 오스트리아에서 가장 높은 산인 그로스글로크너(Grossglockner, 3798m)도 보인다. 주차장이 작은 편이라 성수기에는 아침 일찍 가야 한다.

세체다 리프트 Funivie Seceda
Ⓖ 케이블카 하부역 & 주차장: HMGF+HW 볼차노 Ⓜ MAP ⓮-A
ADD Str. Val d'Anna, 2
OPEN 5월 말~11월 초·12월 초~4월 초 08:30~17:30
(7월 초~8월 말 ~18:00, 10월 중순~11월 초 ~17:00)
PRICE 왕복 52€(8~15세 26€)
WALK 오르티세이 마을의 산 안토니오 광장에서 라 쿠르타를 통해 도보 7분
WEB seceda.it

11 유럽에서 가장 큰 알프스
알페 디 시우시 Alpe di Siusi/Seiser Alm

오르티세이 마을 남쪽, 해발 1680~2350m 사이에 자리한 유럽에서 가장 넓은 고산 목초지. 무려 축구장 8000개 크기인 57km²에 달한다. 초여름(6월 중순~7월 초)이면 야생화로 가득한 초원을 장엄한 바위산들이 둘러싼 모습이 경이롭다. 400km 이상의 트래킹 코스가 있지만 오르티세이-알페 디 시우시 케이블카 상부역인 몽쉑 레스토랑(Almgasthof Mont Seuc, 2028m)에서 출발해 반시계방향으로 돌면서 아들러 산장(Adler Lodge Alpe, 1868m)의 반환점을 돌아 출발지로 돌아오는 2시간(4.7km) 순환 코스만으로도 충분히 매력적. 아들러 산장 근처, 손네 호텔(Sporthotel Sonne) 옆에서 알 솔레(Al Sole) 체어리프트를 타고 몽쉑 레스토랑으로 바로 올라갈 수도 있다.

오르티세이-알페 디 시우시 케이블카 Funivia Ortisei-Alpe di Siusi/Mont Sëuc
Ⓖ 케이블카 하부역 & 주차장: HMFC+7J 볼차노 Ⓜ MAP ⓮-C
ADD Via Setil, 9 Ortisei
OPEN 케이블카 5월 중순~11월 초·12월 초~4월 초 08:30~17:00 6월 중순~9월 말 ~18:00, 2월 중순~4월초 ~17:30)/**알 솔레 체어리프트** 6월 중순~10월 중순·12월 중순~2월 중순 09:00~12:30·13:30~17:00
PRICE 케이블카 왕복 39€(8~14세 27.30€)/
알 솔레 체어리프트 편도 10€(8~14세 7€), 왕복 15€(8~14세 10.50€)
WALK 오르티세이 마을의 산 안토니오 광장에서 도보 5분
WEB funiviaortisei.eu

Option
12 산타 막달레나 성당
돌로미티의 숨은 보석
Chiesa di Santa Maddalena

Option
13 파소 셀라
첩첩산중 고갯길
Passo Sella/Sellajoch

소박한 흰색 성당이 신이 빚은 듯한 웅장한 바위산과 매혹적으로 어우러진다. 이 덕에 돌로미티에서 가장 깊은 푸네스 계곡(Val di Funes)에 있는 인구 370명의 작은 마을, 산타 막달레나는 '유럽의 아름다운 마을 30선'에 꼽혔다. 단, 차에서 내려 성당이 가장 아름답게 보이는 포토 포인트까지는 도보 30분 이상 걸리며, 돌로미티의 타지역에서 이곳까지 가는 길도 다소 험하고 주변 경관도 평범하니 마음의 여유를 갖고 방문하자. 근처에 출사 명소인 ❶ 산 조반니 성당(Chiesetta di San Giovanni)이 있다.

Ⓖ 성당: JPV9+VQ 볼차노   Ⓜ MAP ⑭-A
마을 공영주차장(유료): JPR8+H4 볼차노
포토 포인트: JPX8+2G 볼차노
산 조반니 성당 포토 포인트: JPPC+MV 볼차노

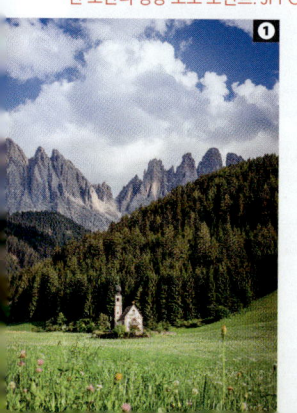

❶ BUS 브레사노네(Bressanone/Brixen)역에서 남티롤버스 330번(1시간 간격 운행, 5€)을 타고 약 35분 후 St. Magdalena, Filler 하차. 정류장에서 성당까지 도보 약 20분, 포토 포인트까지 도보 약 30분 소요/
볼차노역에서 총 1시간 10~45분 소요, 도비아코역에서 총 2시간 30분 소요

돌로미티에서 가장 높은 고갯길(2244m). 3000m 이상의 봉우리들로 이루어진 동쪽의 셀라(Sella) 산군과 서쪽의 사소룽고(Sassolungo) 산군 중앙부를 남북으로 관통한다. 파소 셀라 중간에는 '관(Coffin) 리프트'라고 불리는 ❶ '서서 가는 2인용 리프트'가 있다. 길이 1522m, 높이 493m 구간을 10분간 이동해 사소룽고의 해발 2685m 지점(Forcella del Sassolungo)까지 간다. 일반인용 트래킹 코스는 없지만 리프트에서 보는 경치가 백미라 곧바로 내려가도 아쉽지 않다. 2명이 점프해 올라타면 직원이 문을 닫아준다. 여름 성수기 통행 제한 정보는 p597 참고.

포르첼라 델 사소룽고 리프트
Telecabine Gondelbahn Forcella del Sassolungo
Ⓖ GQ54+H9 볼차노   Ⓜ MAP ⑭-C
OPEN 6월 중순~10월 중순 08:15~17:00
PRICE 왕복 35€(17세 이하 24.50€)/
WEB sassolungo.bz

14 사스 포르도이-돌로미티 테라스
넋을 잃고 바라보는 절경
Sass Pordoi- La Terrazza delle Dolomiti

볼차노와 코르티나 담페초를 연결하는 돌로미티 가도(Strada delle Dolomiti) 중심에 위치한 전망 포인트다. 남쪽의 돌로미티 최고봉 마르몰라다산 빙하, 북쪽의 셀라 산군 최고봉 피츠 보에, 서쪽의 사소룽고, 동쪽의 토파네가 보이는 360° 전망은 돌로미티의 산악 전망대들 가운데 단연 으뜸이다. 포르도이 고갯길, ❶ 파소 포르도이(Passo Pordoi, 2239m)에서 케이블카를 타면 약 700m 직벽을 거의 수직으로 올라가 4분 만에 셀라 산군의 봉우리 중 하나인 사스 포르도이(2950m)에 도착한다. 케이블카역과 연결된 마리아 산장(Rifugio Maria) 밖이 바로 돌로미티 테라스다. 방문 전 웹캠으로 날씨를 꼭 확인하고 오르자.

사스 포르도이 케이블카 Funivia Sass Pordoi
- 케이블카 하부역: FRQ6+8F Canazei
- 주차장: FRQ6+65 Canazei | MAP ⑭-C
- **OPEN** 5월 말~1월 초 09:00~17:00(10월 중순 이후 ~16:30), 12월 말~4월 초 09:00~16:30
- **PRICE** 여름 왕복 30€(18세 이하 18€)/겨울 왕복 28€(18세 이하 17€)
- **WEB** sasspordoi.it | 웹캠: fassa.com/en

Option

15 카나제이
동계 스포츠의 성지
Canazei

동쪽의 마르몰라다, 북쪽의 셀라, 북서쪽의 사소 룽고 등 여러 산으로 둘러싸인 인구 약 1900명의 작은 마을(1450m). 카레차 호수, 파소 셀라, 파소 포르도이(돌로미티 테라스) 등과 가까워 돌로미티 남부를 렌터카로 여행할 때 거점으로 삼기 좋다. 산악 스키의 F1 경기로 불리는 셀라론다(SellaRonda) 스키 마라톤의 중심지 중 하나로, 총 210개의 리프트와 케이블카, 곤돌라로 연결되는 460km의 스키 슬로프가 지난다.

카나제이 관광 안내소
Ufficio Turistico Informazioni Canazei
Ⓖ FQGC+QG Canazei Ⓜ MAP ⓮-C
ADD Piazza G. Marconi, 5
OPEN 08:00~12:30·15:00~18:30(비수기엔 단축 운영)
WEB fassa.com

16 카레차 호수
요정이 사는 무지갯빛 호수
Lago di Carezza/Karersee

물에 비친 라테마르산(2846m)이 환상적인 호수(1534m). 돌로미티뿐 아니라 알프스 전역을 통틀어 가장 그림 같은 풍경이다. 수많은 사진작가가 찾아오는 포토 포인트지만 시시각각 물색이 달라지는 신비로운 분위기는 눈으로 봐야 제격이다. 정오 무렵에는 반영을 보기 힘드니 이른 아침이나 3시 이후 방문을 추천. 늙은 마법사가 호수 요정의 마음을 얻으려고 무지개를 펼쳐 보였으나, 뜻을 이루지 못하자 무지개를 산산이 조각내 호수에 흩뿌렸다는 전설이 있다. 보는 시간과 각도에 따라 물색이 바뀌는 것도 이 때문이라고. 호반 산책로 일주는 30분 정도 걸린다.

Ⓖ 호수: CH5G+Q5 볼차노
주차장: CH6G+P5 볼차노 Ⓜ MAP ⓮-C
OPEN 24시간
PRICE 무료
BUS 볼차노 버스 터미널에서 180번 이용/p600 참고
WEB eggental.com

주차장과 호수 사이를 지하 통로를 이용해 안전하게 이동할 수 있다.

★ QC 테르메 돌로미티 QC Terme Dolomiti

카레차 호수와 카나제이 마을 사이에 있는 알프스 뷰 노천 온천. QC 테르메는 로마, 밀라노 등 주요 도시뿐 아니라 해외에도 진출한 이탈리아 스파 브랜드로, 이곳에는 돌로미티의 고봉들이 눈앞에 펼쳐지는 탁 트인 노천탕과 사우나실, 한증막, 냉탕 등이 있다. 아페리티보, 슬리퍼, 샤워가운, 수건 등을 기본 제공하며, 수영복은 각자 준비해야 한다(래시가드 착용 불가).

Ⓖ CMFQ+W4 트렌티노 Ⓜ MAP ⓮-C
ADD Str. di Bagnes, 21, Pozza di Fassa TN
OPEN 09:00~22:00(금·토요일 ~23:00)
PRICE 입장권 44€~(입장 시각 및 이용 시간에 따라 다름)/**점심 뷔페** 34€/임산부·12세 이하 스파 이용 불가
CAR 카레차 호수에서 15km/카나제이에서 10km
WEB qcterme.com(예약 가능)

17 볼차노 Bolzano/Bozen

뚜벅이 여행자들의 서부 거점 도시

독일어를 사용하는 알토아디제(남티롤) 지방의 주도로, 티롤 지방색이 뚜렷하다. 기차역에서 도보 3분 거리인 ❶ 발티 광장(Piazza Walther/Waltherplatz)에는 모자이크 타일 지붕과 뾰족한 첨탑이 돋보이는 고딕 양식의 ❷ 두오모(Duomo di Bolzano, 15세기)가 있다. 볼차노를 둘러싼 언덕이 모두 포도밭일 정도로 남티롤산 와인은 명성이 높은데, 두오모 안에 포도밭 노동자들의 모습이 새겨진 '와인문(Leitacher Törl)'이 있으니 잘 찾아보자. 11월 초~1월 초에는 광장에서 크리스마스 마켓이 성대하게 열린다.

볼차노 관광 안내소 Infopoint Bolzano
📍 F9X4+Q2 볼차노
ADD Piazza del Grano/Kornplatz 11
OPEN 09:00~18:00(비수기 단축 운영)
(크리스마스 마켓 기간의 일요일 09:00~13:00·14:00~17:00)
CLOSE 일요일(크리스마스 마켓 기간 제외)
WALK 볼차노역에서 도보 8분/발터 광장에서 도보 1분
WEB bolzano-bozen.it

❷

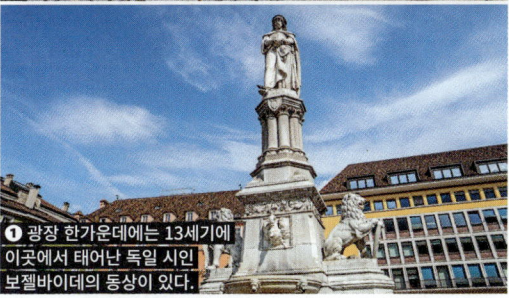
❶ 광장 한가운데에는 13세기에 이곳에서 태어난 독일 시인 보젤바이데의 동상이 있다.

BARI
바리

반도의 동해안에 위치해 이탈리아와 발칸 반도를 잇는 해상 교통로이자, 풀리아(Puglia)주의 예쁜 소도시들로 향하는 거점이 되는 항구도시 바리. 기원전 181년부터 켜켜이 역사를 쌓아온 구시가와 1900년대의 풍요로움을 간직한 신시가를 동시에 품은 이곳은 잠시 스치듯 지나가기엔 아쉬움이 남는다.
시원한 바닷바람이 불어오는 야자수 그늘에서, 유난히 수다스럽고 웃음 많은 바리 사람들의 '달콤한 인생(La Dolce Vita)'을 즐겨보자.

바리 가기

바리는 이탈리아 주요 도시와 항공, 기차, 버스 등 다양한 교통편으로 연결되는 이탈리아 동남부 지역 교통의 요지다. 대부분의 교통수단이 바리 중앙역을 중심으로 출발·도착하므로 이곳을 거점으로 삼아 시내 어디든 편리하게 이동할 수 있다. 크로아티아와 그리스를 오가는 야간 페리도 바리에서 취항한다.

★ 트렌이탈리아
WEB trenitalia.com

FSE(바리~알베로벨로)
WEB fseonline.it

FAL(바리~마테라)
WEB ferrovieappulolucane.it

1. 기차

트렌이탈리아와 고속철도 이탈로, 바리 공항을 오가는 바리 북부 지역 철도 FNB(Ferrovie del Nord Barese), 알베로벨로를 잇는 남동부 지역 철도 FSE(Ferrovie del Sud Est), 마테라를 연결하는 지역 철도 FAL(Ferrovie Appulo Lucane)이 바리를 연결한다. 역명은 다 같은 '바리 첸트랄레'지만 FNB와 FAL 기차역은 다른 건물을 사용하므로 주의해야 한다. 다만 두 역은 서로 가까워 도보로 쉽게 이동할 수 있다.

로마, 밀라노, 피렌체, 베네치아 등 주요 도시에서는 고속열차(FR·Italo)가 바리 중앙역까지 운행한다. 장거리 노선이라 운행 횟수가 적고 요금이 높은 편이므로 일정이 확정되면 프로모션 할인 티켓을 서둘러 예매하는 것이 좋다. 원하는 출발 시간이 없다면 로마나 볼로냐 환승 노선도 고려해볼 만하다. 로마와 밀라노에서는 야간열차(IC Notte)를 이용하면 효율적으로 이동할 수 있다.

레체 구간은 고속열차(FR)뿐 아니라 레조날레(R·RV) 완행열차도 자주 다니며, 바리~레체 구간은 고속열차의 슈퍼 이코노미 요금이 레조날레와 큰 차이가 없다.

★ 나폴리에서는 버스로 이동하자!

나폴리에서 바리까지는 기차보다 버스가 시간과 비용 모두 효율적이다. 이타부스(Itabus), 플릭스(Flixbus), 마리노(Marino) 등 주요 버스가 운행하며, 나폴리 중앙역 남쪽의 메트로파크 버스 터미널(Metropark Napoli Centrale)에서 출발해 바리 중앙역 뒤쪽에 도착한다. 나폴리~바리 구간 직행 고속열차는 현재 공사 중으로, 2027년 개통 예정이다.

◆ 트렌이탈리아 바리 중앙역 Stazione di Bari Centrale

규모가 크고 이용객이 많은 바리의 교통 중심지다. 기차표는 1층 중앙 로비의 트렌이탈리아 매표소나 자동판매기에서 구매할 수 있다. 플랫폼은 지하에 있으며, '1~5 Ovest' 플랫폼은 1번 플랫폼의 서쪽 끝에 별도로 마련돼 있다. 역 안에는 카페와 스낵바가 있고 화장실과 수하물 보관소는 1번 플랫폼 방향 왼쪽 끝(동쪽)에 있다.

★ 레조날레 기차표는 타바키에서 구매하자!

바리 중앙역은 인근 소도시로 향하는 여행자들로 늘 붐벼 매표소와 자동판매기 앞에 긴 줄이 생긴다. 레조날레 기차표는 역 안의 타바키에서도 구매할 수 있는데, 폴리냐노 아 마레처럼 인기 노선의 표는 미리 영수증 형태로 출력해 팔기 때문에 줄이 금세 줄어든다.

트렌이탈리아 바리 중앙역

매표소

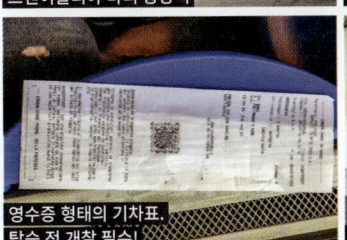
영수증 형태의 기차표, 탑승 전 개찰 필수!

수하물 보관소

★ 수하물 보관소 Kipoint
OPEN 08:00~20:00
PRICE 6€/4시간, 4시간 초과 시 1€/1시간, 12시간 초과 시 0.50€/1시간

2. 항공

로마나 밀라노 등 국내선 노선을 이용하면 바리-카롤 보이티와 공항까지 1시간~1시간 30분 소요된다. 국내선뿐 아니라 프라하, 런던, 바르셀로나 등 유럽 주요 도시를 잇는 국제선도 바리 공항을 연결한다.

◆ 바리-카롤 보이티와 공항
Aeroporto Internazionale di Bari-Karol Wojtyla(BRI)

바리 시내 중심에서 서쪽으로 약 9km 떨어져 있다. 폴란드 출신인 교황 요한 바오로 2세의 본명을 따라 명명한 공항으로, 밀라노와 로마발 항공 노선이 가장 많고 ITA(구 알이탈리아)항공과 라이언에어가 두 도시를 활발하게 잇는다. 이지젯은 밀라노와 베네치아를, 볼로테아(Volotea)는 베네치아와 베로나를 각각 바리와 연결하는 정기 노선을 운항한다.

▶ 공항에서 시내까지

바리 공항에서 시내까지는 지역 철도와 공항버스를 이용한다. 바리 북부 지역 철도(Ferrovie del Nord Barese, FNB) FM2·FR2선이 바리 공항의 아에로포르토역(Aeroporto)과 바리 중앙역(Bari Centrale)을 연결한다. 기차표는 역 안 매표소나 자동판매기에서 구매한다. 공항버스(Tempesta)는 공항 건물 밖으로 나와 기차역 입구 오른쪽에 보이는 버스 정류장에서 탑승하며, 바리 중앙역이 있는 알도 모로 광장(Piazza Aldo Moro)까지 운항한다. 승차권은 기사에게 구매한다.

◆ 바리 북부 지역 철도 바리 중앙역
Stazione di Bari Centrale(Ferrovie del Nord Barese)

바리 공항을 연결하는 기차가 드나드는 역으로, 트렌이탈리아 바리 중앙역 정문을 등지고 왼쪽 두 번째 건물이다. 플랫폼은 지하에 있으며, 전광판에서 노선과 탑승 위치를 확인한 후 탑승한다.

3. 페리

바리 항구(Porto di Bari)는 크로아티아나 그리스에서 이탈리아로 들어오는 주요 관문이다. 크로아티아의 두브로브니크 항구나 그리스의 파트라스 항구 등에서 저녁에 출발하는 야간 페리를 타면 아침에 바리 항구에 도착한다. 바리 항구에서 구시가 중심까지는 도보 10~15분 거리다. 바리 중앙역까지는 여객선 터미널 앞 버스 정류장(Stazione Marittima)에서 시내버스 50번(요금 1€)을 타고 중앙역 앞 알도 모로 광장(Bari Centrale B)에서 내린다.

바리 항구의 여객선 터미널 (Car Ferry Terminal)

★ **바리-카롤 보이티와 공항**
(Aeroporto K.W.로도 표기)
WEB aeroportidipuglia.it

★ **공항→시내 바리 북부 지역 철도(FNB) 운행 정보**
요금 5.30€
소요 시간 19~21분
운행 시간 05:01~23:23/ 30분~1시간 간격
WEB ferrovienordbarese.it

공항버스 운행 정보
요금 5€
소요 시간 30분
운행 시간 07:30~24:10/ 50~1시간 15분 간격
WEB autoservizitempesta.it
예약 biglietteria.cotrap.it/#/ricerca
('Tutte le aziende di trasporto'에서 'Tempesta Autoservizi' 선택)

지하 화장실. 기차표를 스캔한 뒤 무료로 이용할 수 있다.

★ **바리 시내 버스**
WEB amtab.it/en

★ **수퍼패스트 페리**
WEB croatiaferries.com/jadrolinija

여객선 터미널 앞의 버스 정류장

SECTION A

바리

바리 중앙역 → 도보 12분 →
① 바리 신시가 & 바리 구시가
→ 도보 5분 → ② 바리 옛 항구
→ 도보 10분 → ③ 산 니콜라
성당 → 도보 7분 → ④ 아르코
바소

★ 좁은 골목 산책 에티켓

풀리아(Puglia) 지방을 여행하다 보면 레이스 천을 드리운 문을 유난히 자주 만나게 된다. 바람은 통하게 하고 지나가는 사람의 시선을 가리기 위함이니 함부로 기웃거리지 않는 게 여행자의 에티켓이다.

중앙역 앞 알도 모로 광장

① 약 500m에 걸친 보행자전용 도로에 명품숍이 늘어서 있다.

③

① ②

01 위풍당당 야자수 거리와 오래된 골목 산책
바리 신시가 & 구시가
Bari Nuova & Bari Vecchia

Option
02 역사는 사라져도 낭만은 남아서
바리 옛 항구
Porto Vecchio di Bari

바리의 시가지는 구시가 '바리 베키아'와 신시가 '바리 누오바'로 나뉜다. 신시가는 1800년대 초에 조성돼 클래식한 정취가 묻어난다. 중앙역에서 일직선으로 이어지는 바리 최대의 쇼핑가 ① 스파라노 거리(Via Sparano da Bari), 바리의 중심 대로인 비토리오 에마누엘레 대로(Corso Vittorio Emanuele), 이탈리아 4대 극장 중 하나인 ② 페트루첼리 극장(Teatro Petruzzelli)이 있는 카부르 대로(Corso Cavour)가 신시가의 주요 도로다.

해안가에 자리한 구시가는 바리에서 가장 걷기 좋은 명소다. 메르칸틸레 광장(Piazza Mercantile)을 시작으로 ③ 필료리 거리(Strada Filioli) 등 구불구불한 골목을 따라 걷다 보면 고풍스러운 성당과 저택, 아늑한 카페와 광장이 차례로 모습을 드러낸다. 12세기에 재건한 대성당(Basilica Cattedrale Metropolitana di San Sabino)에 이르면 구시가의 주요 골목은 거의 다 돌아본 셈이다.

ⓖ 신시가: 4VF9+8RV 바리, 구시가: 4VHC+53Q 바리
WALK 신시가: 중앙역 앞 알도 모로 광장(Piazza Aldo Moro)에서 정면에 보인다. / 구시가: 중앙역에서 도보 12분

바리의 옛 항구는 항해술이 미비하던 시절 지중해를 오가던 배들이 머물던 곳으로, 부르봉 왕가의 페르디난도 2세가 19세기 후반 도심 북쪽에 신항을 건설하기 전까지 오랫동안 도시의 관문 역할을 했다.

항구 한가운데에는 바다 위에 떠 있는 듯 우아한 자태의 ① 마르게리타 극장(Teatro Margherita)이 있다. 바다에 기둥을 세워 토대를 만든 건물로, 삼면이 바다에 둘러싸여 멋진 포토존으로 꼽힌다. 마르게리타 극장 북쪽에는 산탄토니오 부두(Molo Sant'Antonio)가, 남쪽에는 산 니콜라 부두(Molo S. Nicola)가 앞바다를 감싸듯 자리하며, 산탄토니오 부두 뒤쪽에는 옛 모습 그대로 남아 있는 ② 산탄토니오 요새(Fortino di Sant'Antonio)가 여행자를 맞이한다.

ⓖ 4VGF+76 바리
ADD Teatro Margherita, Piazza IV Novembre
WALK 비토리오 에마누엘레 대로의 동쪽 끝에 있는 마르게리타 극장 양옆에 있는 항구. 바리 중앙역에서 도보 15분

MORE
바리 동쪽 해안도로 산책

산탄토니오 요새를 감싸고 이어지는 아우구스토 해안도로(Lungomare Imperatore Augusto)는 이탈리아에서도 손꼽히는 긴 해안산책로다. 성벽과 방파제 사이로 조성한 길이 3km가량 이어진다. 성벽 곳곳에 난 여러 개의 아치문을 통해 해안과 구시가를 넘나들 수 있다.

②

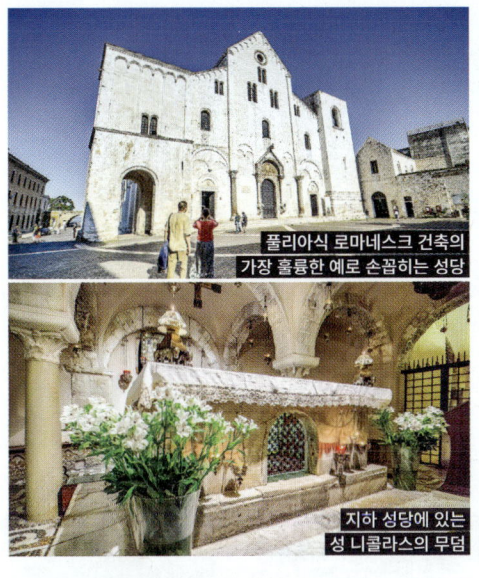

풀리아식 로마네스크 건축의 가장 훌륭한 예로 손꼽히는 성당

지하 성당에 있는 성 니콜라스의 무덤

동네의 중심 광장인 라르고 알비코카(Largo Albicocca)

03 산타클로스의 성지
산 니콜라 성당
Basilica San Nicola

04 한 땀 한 땀 파스타 뽑는 골목
아르코 바소
Arco Basso

산타클로스의 유래로 알려진 성 니콜라스의 유해를 모신 성당이다. 튀르키예(터키)에서 태어난 성 니콜라스는 막대한 유산을 자선에 쓰며 수많은 선행을 베풀어 수호성인으로 추앙받았다. 특히 뱃사람들의 수호성인으로 여겨져 1087년 바리의 선원들이 그의 유해를 이곳으로 옮겨와 안치했다. 성자의 유해를 정성껏 모시기 위해 1000여 년에 걸쳐 성당을 건축했으며, 완공 이후 성 니콜라스를 참배하려는 순례자들의 발길이 항구에서 성당까지 이어졌다고 전해진다.

ⓖ 4VJC+43 바리
ADD Largo Abate Elia, 13
OPEN 06:30~20:30(일요일 ~22:30)
PRICE 무료
WALK 바리 옛 항구에서 도보 10분

성당 앞 광장에 세워진 성 니콜라스 동상. 동상 옆 아치(Arco Angioino)를 지나면 성인의 축복을 받는다고 전해진다.

사람 냄새가 풀풀 나는 정겨운 골목. 집집마다 좌판을 내놓고 할머니부터 손녀딸까지 모여 앉아 바리의 특산 파스타인 오레키에테(Orecchiette alla Barese)를 만드는 골목으로 유명하다. 스베보 성 입구를 등지고 마을을 바라봤을 때 보이는 2개의 아치 중 더 낮은 아치와 연결되는 골목이 아르코 바소다. 짧은 골목이지만 동네 맛집도 많이 모여 있다.

ⓖ 4VG8+XR 바리
WALK 산 니콜라 성당에서 도보 7분

MORE
바리의 명물 파스타, 오레키에테 Orecchiette

이탈리아어로 '작은 귀'를 뜻하는 오레키에테는 작게 자른 반죽을 손가락으로 눌러 밀어 만든 귀 모양의 파스타다. 생면일수록 가운데가 얇고 오목하게 패여 소스를 잘 머금으며, 바리에서는 순무잎(Cime di Rapa)을 볶아 만든 소스를 곁들이는 것이 전통 방식이다. 풀리아 전역에서 순무잎 소스를 활용한 다양한 오레키에테 요리를 맛볼 수 있다.

01
PUGLIA

폴리냐노 아 마레

POLIGNANO
A MARE

절벽 틈새로 찰랑거리는 에메랄드빛 해변 사진 한 장으로 전 세계 여행자를 불러 모으는 휴양 도시. 절벽 위 요새처럼 올려진 구시가의 새하얀 집들과 그 아래 펼쳐진 투명한 바다로 '아드리아해의 진주'라는 별명을 가진 곳. 걷다가 여기저기 불쑥 나타나는 절벽 끝 아찔한 전망 테라스에서, 폴리냐노 아 마레의 사랑스러운 풍광을 두 눈 가득 담아보자.

폴리냐노 아 마레 가기

바리에서 동남쪽으로 약 30km, 트렌이탈리아의 레조날레 기차로 30분 거리에 있다. 레체와 오스투니에서는 직행과 환승 노선이 모두 있으니 확인 후 이용하자. 모노폴리(Monopoli)에서 갈아타는 경우가 많다.

바리 Bari(C.le)
↓
기차 23~43분, 3€(R) 05:02~23:02/ 30분~1시간 40분 간격

레체 Lecce(C.le)
↓
기차 1시간 10분~1시간 24분, 10.30~12.90€(R·RV·IC) 05:00~21:17/1일 8회

폴리냐노 아 마레 Polignano a Mare

* R-Regionale(완행열차)
RV-Regionale Veloce(완행열차)
IC-InterCity(급행열차)
* 시즌에 따라 운행 시간이 다르니 홈페이지에서 미리 확인하자.

기차

바리에서 레조날레(R) 열차가 수시로 출발하며, 성수기에는 늘 여행객으로 붐비는 인기 노선이다. 레체와 오스투니에서는 직행편과 모노폴리(Monopoli) 환승편을 모두 이용할 수 있는데, 요금은 같지만 환승편이 약 20분 더 걸린다.

◆ 폴리냐노 아 마레역 Stazione di Polignano a Mare

매표소와 수하물 보관소가 없는 작은 역이다. 자동판매기에서 표를 살 수 있지만 동전이나 신용카드만 결제 가능한 경우가 많으니 바리에서 출발할 때 왕복권을 구매해두자. 레조날레 기차표는 날짜만 지정되고 출발 시각과 좌석은 자유 선택이며, 탑승 전 플랫폼의 개찰기에 넣어 각인해야 한다. 각 플랫폼은 지하통로로 연결된다.

폴리냐노 아 마레역

폴리냐노 아 마레행 레조날레 기차 내부

시내 중심 광장인 알도 모로 광장. 방향을 잡는 이정표 역할을 해준다.

▶ 폴리냐노 아 마레역에서 구시가 가기

여행자들의 주요 목적지인 라마 모나킬레 해변은 역에서 도보 10분 거리다. 역 정문을 나와 정면 도로(Viale delle Rimembranze)를 따라 약 400m 직진하면 시내 중심 알도 모로 광장(Piazza Aldo Moro)에 닿는다. 광장을 끼고 좌회전해 250m가량 더 직진하면 구시가 입구인 후작의 문과 라마 모나킬레 다리가 차례로 나타난다.

> **트렌이탈리아**
> **WEB** trenitalia.com

● 인포포인트 Info-Point turistico

시내 지도와 여행 정보를 얻을 수 있다. 관광 안내소 건물 뒤로 돌아가면 유료 화장실이 나오는데, 해변에는 공중화장실이나 탈의실이 따로 없어 해수욕을 즐길 여행자에게 아주 유용하다. 단, 샤워 시설은 없고 성수기에는 줄이 긴 편이다.

G X6V9+XC Polignano a Mare
ADD Via Martiri di Dogali, 2
OPEN 화·수요일 09:30~13:30·17:00~19:00, 목요일 18:00~20:00, 금·토요일 19:00~21:00, 일요일 20:00~22:00
CLOSE 월요일
WALK 알도 모로 광장에서 서쪽으로 1블록 떨어진 경찰서 건물 안에 있다. 도보 2분

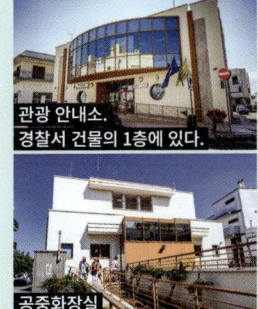
관광 안내소. 경찰서 건물의 1층에 있다.
공중화장실

OPTION A

폴리냐노 아 마레

폴리냐노 아 마레 기차역 → 도보 10분 → ① 라마 모나킬레 해변 → 도보 5분 → ② 폴리냐노 아 마레 구시가

★ 도메니코 모두뇨

모두뇨 해안도로 절벽으로 내려가는 계단 입구에는 바다를 배경으로 두 팔을 벌린 채 하늘로 날아오르는 듯한 동상이 서 있다. 주인공은 이 마을 출신의 싱어송라이터 도메니코 모두뇨(Domenico Modugno). 그가 부른 <볼라레(Volare)>는 비영어권 노래로는 최초로 빌보드 싱글 차트 1위에 오른 명곡이다.

❶ 다리 위가 포토 포인트!

반들반들한 자갈로 이루어진 해변. 비치 레스토랑에서 선베드를 빌릴 수 있다.

01 어머, 여긴 가야 해!
라마 모나킬레 해변
Lama Monachile

폴리냐노 아 마레에 온 여행자들이 가장 먼저 찾는 해변. 세계 최고의 다이버들이 모인다는 '레드불 클리프 다이빙' 대회가 열리는 절벽 다이빙 명소다.
❶ 라마 모나킬레 다리(Ponte di Lama Monachile) 위에 서면 아찔한 절벽과 그 틈새로 찰랑거리는 에메랄드빛 투명한 바다를 한눈에 내려다볼 수 있다. 해변으로 내려가고 싶다면 다리의 동쪽 끝에 있는 계단 출입구로 간다. 계단을 내려가 다리 뒤쪽의 로마시대 돌다리(Ponte Romano)를 건너면 해변까지 길이 이어진다. 공공해변이라 누구나 이용할 수 있지만 자갈 해변이라 매트가 없으면 불편하다. 라마 모나킬레 해변을 내려다보며 평평한 바위에서 선탠하려면 ❷ 모두뇨 해안도로 절벽(Scogliera del Lungomare Modugno)으로 가자.

📍 X6W9+H7 Polignano a Mare
WALK 폴리냐노 아 마레역에서 도보 10분
WEB redbull.com/int-en/tags/cliff-diving(레드불 클리프 다이빙)

02 사뿐사뿐 절벽 마을 산책
폴리냐노 아 마레 구시가
Centro storico di Polignano a Mare

라마 모나킬레 다리 바로 동쪽, ❶ 후작의 문(Arco Marchesale)을 지나면 절벽 위에 사뿐히 올라앉은 듯한 구시가가 펼쳐진다. 16세기에 세워진 이 문은 1780년까지 폴리냐노 아 마레 구시가로 들어가는 유일한 통로였다. 구시가의 중심에는 새하얀 건물들로 둘러싸여 더욱 환히 빛나는 ❷ 비토리오 에마누엘레 2세 광장(Piazza Vittorio Emanuele II)이 있다. 광장 북쪽의 커다란 시계가 달린 옛 대학(Palazzo dell'Orologio) 때문에 '시계의 광장(Piazza dell'Orologio)'이라 불리기도 한다. 광장 양옆으로 뻗은 ❸ 뒷골목에는 각설탕처럼 포개진 새하얀 집들과 초록빛 창문, 알록달록한 화분이 어우러져 풀리아에서 가장 로맨틱한 마을의 정취를 전한다.

📍 X6W9+GJ Polignano a Mare
WALK 라마 모나킬레 다리에서 도보 2분

❷ 바람을 맞으며 휴식하기 좋다.

계단에 짤막한 시구가 적혀 있다.

SPECIAL PAGE

놓칠 수 없다!
전망 테라스 Best 4

내 집 앞 계단이 이웃집 앞마당이 되는 정겨운 동네. 구시가의 구불구불한 골목에는 아드리아해가 한눈에 펼쳐지는 훌륭한 전망 테라스들이 숨어 있다.

Best 1
■ **비스타 마레 테라스**
Terrazza Vista Mare

라마 모나킬레 다리 반대 방향에서 라마 모나킬레 해변을 감상할 수 있다. 레드불 클리프 다이빙 대회의 점프대도 이 테라스 옆에 설치된다.

↓
전망대를 등지고 왼쪽 골목으로 들어가 종이 달린 흰색 성당 건물 왼쪽으로 간다. 도보 1분
↓

Best 2
■ **산토 스테파노 테라스**
Terrazza Santo Stefano

라마 모나킬레 해변은 보이지 않지만 대신 전망대 양쪽으로 근사한 해안 절벽의 풍경이 펼쳐진다.

↓
다시 골목으로 나와 왼쪽으로 도보 1분
↓

■ 라 발코나타 레스토랑
Ristorante La Balconata 전망대

구불구불 이어지는 해안 절벽의 풍경은 여기가 최고! 유난히 시원한 바람이 불어오는 포인트다. 레스토랑 테이블이 온통 점령하고 있지만 전망 테라스는 누구나 이용할 수 있는 공공장소다.

↓

전망대를 등지고 나와 좌회전, 마을 광장을 지나 150m 정도 직진하다 사거리에서 좌회전, 왼쪽 첫 번째 골목으로 들어가 끝까지 간다. 도보 3분

↓

■ 그로타 팔라체세 전망대 Grotta Palazzese

'동굴 레스토랑'을 운영하는 그로타 팔라체세 호텔 옆에 마련된 전망대다. 테라스도 작고 풍경도 평범하지만 동굴 레스토랑을 이용하지 않는 여행자들이 호기심에 이곳을 찾는다.

MORE
동굴 레스토랑 Il Ristorante Grotta Palazzese

'동굴 궁전'이란 뜻의 그로타 팔라체세(Grotta Palazzese) 호텔에 딸린 폴리냐노 아 마레의 명물 레스토랑. 바다 전망은 다른 곳과 비슷하지만 레스토랑 안에서만 볼 수 있는 바다와 동굴이 어우러진 풍경으로 유명해졌다. 단, 드레스 코드가 있는 파인 다이닝치고는 음식의 가성비가 상당히 떨어진다는 평가가 많으니 비싼 가격은 온전히 풍경을 감상하는 값이라 생각하자. 홈페이지에서 방문 시간을 선택해 예약할 수 있지만 절벽 쪽 테이블은 지정할 수 없다.

⊙ X6WC+9C Polignano a mare
ADD Via Narciso, 59
OPEN 3월 중순~11월 초 여름 시즌에만 영업
MENU 코스 요리 180~225€/1인
WALK 그로타 팔라체세 전망대 바로 옆에 호텔 출입구가 있다.
WEB grottapalazzese.it

Eating & Drinking

최고 인기 메뉴, 해산물 튀김

문어튀김 파니니

넓고 감각적인 분위기의 인테리어

오동통한 문어튀김이 한 입 가득!
◉ 페스카리아
Pescaria

생선·새우 타르타르와 굽거나 튀긴 각종 해산물 요리까지, 멋진 바다에 딱 어울리는 해산물 패스트푸드 체인이다. 자릿세 없이 저렴한 가격과 푸짐한 양 또한 인기의 비결이다.

큼직한 빵 안에 300g짜리 문어튀김을 통째로 넣은 파니니(Panini Polpo Frito, 12€)가 이 집의 시그니처 메뉴다. 좀 더 담백한 맛을 원하면 연어 타르타르나 살짝 데친 새우를 넣은 파니니를 추천. 요리로는 해산물 튀김(Friturra Mista, 14€)이 인기다. 계산하고 테이블에 앉으면 영수증 번호를 부르면서 음식을 서빙하는데, 이탈리아어라 놓치기 쉬우니 귀를 기울이자.

ⓖ X6V9+VQ Polignano a Mare
ADD Piazza Aldo Moro, 6/8
OPEN 11:00~22:30(금·토요일 ~23:30)
MENU 해산물 파니니 10~15.50€,
해산물 튀김 8~14€,
해산물 샐러드 11~14€, 음료 3€~
WALK 후작의 문에서 도보 2분
WEB pescaria.it

시원한 칵테일(12€, 무알코올은 8€)

커피 한 잔 값에 이런 전망이라니
◉ 아쿠아마레아
Aquamarea

비스타 마레 테라스 전망대 바로 앞, 라마 모나킬레 해변이 한눈에 내려다보이는 명당에 자리 잡은 전망 카페다. 같은 이름의 호텔에 딸린 카페로, 커피 맛은 평범하니 차가운 커피나 얼음을 가득 넣은 칵테일 종류를 추천한다. 커피나 술 한 잔 값으로 편하게 앉아서 근사한 전망도 보고 화장실도 이용할 수 있으니 가성비는 최고다.

ⓖ X6W9+PG Polignano a Mare
ADD Via Porto, 28/10
OPEN 10:00~22:30(커피 서비스 ~16:30)
MENU 커피 2.60~4.80€, 크로아상+홈메이드 잼 3€,
와인 7.50€/1잔, 스프리츠 10.50€, 서비스 요금 10%
WALK 비토리오 에마누엘레 2세 광장에서 도보 2분
WEB aquamarea.it

차갑게 만든 샤케라토(4€)

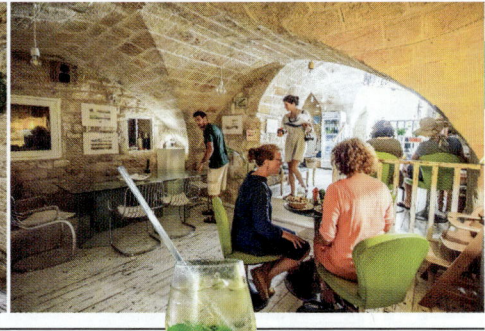

달콤산뜻한 칵테일, 휴고

뜨거운 한낮, 땀 부자들의 오아시스
칵투스
Cactus

한낮의 열기를 식혀주는 오아시스 같은 공간. 햇볕을 피해 반지하에 자리한 이곳에서 시원한 칵테일을 마시고 있노라면 더위가 순식간에 사라진다. 말린 토마토와 브리 치즈, 올리브유에 절인 가지와 민트를 올린 브루스케타(Bruschetta)는 가벼운 안주로 제격이다.
추천 메뉴는 식전주로 사랑받는 쌉쌀한 스프리츠(Spritz)와 모히토처럼 상큼한 휴고(Hugo). 휴고는 이탈리아 북부 볼차노 지방에서 탄생한 칵테일로, 프로세코 스파클링 와인에 엘더플라워 시럽과 민트를 더해 향긋한 풍미를 완성한다.

X6W9+GV Polignano a Mare
ADD Via S. Benedetto, 37
OPEN 10:30~다음날 02:30
(금~일요일 11:00~다음날 03:00)
MENU 칵테일 7~10€, 브루스케타 5~6€
WALK 비토리오 에마누엘레 2세 광장에서 도보 1분
WEB cactuspolignanoamare.business.site

상큼 달달 요거트 아이스크림
조야 칸티 디 스타조네
Joya Canti di Stagione

꾸덕꾸덕한 젤라토가 살짝 물릴 때쯤, 상큼한 요거트 아이스크림으로 미각을 깨워보자. 한참을 들여다봐야 할 만큼 재미있는 조합으로 가득한 메뉴 중에서 취향대로 맛을 고르고 크기를 선택하면 된다.
새콤달콤한 모히토 아이스크림은 바카디 럼에 레몬과 애플민트를 섞은 오리지널 칵테일 레시피를 그대로 재현해 인기다. 부드럽고 쫄깃하게 구운 크레페에 딸기를 얹은 크레페도 별미. 가게 앞 테이블에 앉아 먹고 갈 수 있으며, 자릿세는 1€.

요거트 아이스크림으로 느껴보는 모히토 칵테일 맛!

슈거 파우더를 솔솔 뿌린 딸기 크레페

X6W9+9J Polignano a Mare
ADD Piazza Vittorio Emanuele II
OPEN 09:15~22:00(금~일요일 ~23:30)
CLOSE 겨울철 부정기 휴무
MENU 요거트 아이스크림 5€, 크레페 4€~, 스무디 4.50€~, 팬케이크 5€~
WALK 후작의 문을 통과해 약 50m 가면 오른쪽 첫 번째 골목 안에 있다.

02
PUGLIA

알베로벨로

ALBEROBELLO

돌로 쌓은 둥근 벽에 석회를 바른 후 잿빛 돌을 얼기설기 쌓아 올린 지붕. 스머프가 살고 있을 것 같은 독특한 집들이 옹기종기 모인 마을이다. 영주의 뜻대로 집을 헐었다 지었다 해야 했던 서러운 세월을 반복하다 터득한 기술이 유네스코 세계문화유산으로 지정된 것은 역사의 아이러니. 게다가 둥근 천장 꼭대기에 구멍을 낸 구조는 유난히도 덥고 건조한 이 지역 기후에 딱 맞아떨어졌다.

알베로벨로 가기

알베로벨로는 바리에서 당일치기로 다녀오기 좋은 여행지다. 직행버스와 직행열차를 비롯해 버스+기차, 버스+버스 등 다양한 환승 노선이 있다. 직행편만 확인하려면 FSE 홈페이지에서 출발지를 '바리 전체(Tutte Le Stazioni)'로 설정하고 '환승 제외(Senza Cambi)' 옵션을 선택해 검색하면 된다.

1. FSE 직행버스

바리에서 알베로벨로까지 남동부 지역 철도 FSE(Ferrovie Sud Est)에서 직행버스를 운행한다. 시즌에 따라 출발 시각과 운행 간격이 바뀌는데, 여름철 성수기에는 월~토요일 1일 11~12회, 겨울철 비수기에는 1일 8~9회 운행하며, 일요일·공휴일에는 1일 2회만 운행한다. 출발 정류장과 노선에 따라 소요 시간이 크게 다르고 요일과 시즌별로 운행 일정이 자주 바뀌므로 탑승 전 FSE 공식 홈페이지에서 확인하는 것이 좋다.

바리에서 가는 버스는 물론 오후에 알베로벨로에서 돌아오는 교통편 역시 여행자가 많이 몰린다. 자리 경쟁이 치열하니 정류장에 여유 있게 도착해 탑승에 유리한 자리를 선점하자. 사람이 많이 몰릴 땐 기차 또는 버스 환승편으로 돌아오는 것도 각오하는 게 좋다.

승차권은 바리 버스 터미널 내 매표소와 자동판매기, 트렌이탈리아·FSE 홈페이지, 또는 정류장 인근의 FSE 자동판매기와 지정 판매소에서 구매할 수 있다.

◆ 바리 버스 터미널 Terminal Bus Bari

FSE 직행버스는 바리 중앙역 뒤쪽에 있는 바리 버스 터미널에서 출발한다. 중앙역 앞 광장에서 역 뒤쪽에 있는 주세페 카프루치 거리(Via Giuseppe Capruzzi)를 연결하는 지하통로나 역 내부 플랫폼을 연결하는 지하통로를 따라가 '주세페 카프루치 거리 출구(Uscita Via Giuseppe Capruzzi)'로 나가면 된다. 이 터미널은 2025년 9월 새로 문을 열어 현재도 운영 체계가 변동 중이다. 알베로벨로행 FSE 버스는 주로 5~7번 플랫폼에서 출발하며, 직행편과 환승편이 함께 있으니 탑승 전 반드시 확인하자.

◆ 우니타 디탈리아 정류장 Viale Unità d'Italia 15~17

일부 FSE 직행버스가 경유하는 정류장으로, 중앙역에서 남쪽으로 약 500m 떨어져 있다. 인근에는 FSE 매표소(Largo Ignazio Ciaia 24)와 자동판매기가 있다. 다만 비지정 좌석제라 성수기에는 이용이 쉽지 않다. 버스는 매표소를 등지고 왼쪽 대로(Viale Unità d'Italia, 15~17)에서 탑승한다.

FSE 매표소와 자동판매기

★ 악명 높은 알베로벨로행 FSE 버스

좌석 지정 제도가 없는 FSE 버스는 인원 제한 없이 예약을 받기 때문에 표가 있어도 자리가 없으면 다음 버스를 기다려야 한다. 성수기엔 1~2시간 대기가 흔하고 "곧 온다"는 직원 말이 지켜지지 않는 경우도 많다. 돌아올 때는 정류장이 수시로 바뀌고 줄도 없어 버스가 도착하면 승객들이 한꺼번에 몰려든다. 앞 정류장에서 만석이면 그냥 지나치기도 한다. 기사에게 표를 살 수 없고 매표소도 자주 닫혀 있으니 반드시 왕복 승차권(Andata e Ritorno)을 미리 사두자.

바리 Bari
↓
직행버스
1시간 5분~1시간 50분,
5.10€(FSE 직행버스)
월~토요일 08:00~19:40/
1일 11~12회(비수기 8~9회),
일요일·공휴일 08:00·14:30
/1일 2회

바리 Bari
↓
직행열차
1시간 41분~1시간 46분,
6.20€(FSE 직행열차)
월~토요일 10:05/1일 1회
일 08:44~19:40/1일 5회

바리 Bari
↓
기차 또는 버스
↓
푸티냐노 Putignano(변동 가능)
↓
버스 또는 기차
1시간 55분~
(환승 노선에 따라 상이)
5.10~6.50€
월~토요일 1일 16회
일요일 3회

↓↓↓
알베로벨로 Alberobello

*FSE-Ferrovie Sud Est(남동부 지역 철도)
*시즌에 따라 운행 시간이 다르니 홈페이지에서 미리 확인하자.

★ 남동부 지역 철도 FSE
WEB fseonline.it

알베로벨로역의 매표소

◆ **알베로벨로 FSE 버스 정류장** Alberobello(FSE)

알베로벨로역 앞 광장에 정류장이 있다. 정류장이 워낙 자주 바뀌는 데다 명확한 안내판도 설치돼 있지 않으니 버스에서 내리기 전 기사에게 정류장 위치를 물어보자. 버스 승차권은 알베로벨로 기차역의 매표소에서 살 수 있지만 사정에 따라 문을 닫을 때가 많다. FSE 홈페이지나 트렌이탈리아 앱을 이용해 구매하는 것이 확실하다.

2. FSE 기차

FSE 기차

평일이나 토요일에는 바리에서 알베로벨로까지 직행열차가 하루 1편 뿐이라 남동부 지역 철도 FSE를 타고 푸티냐노(Putignano)역까지 간 뒤 알베로벨로행 기차나 버스로 갈아타야 한다. 푸티냐노역 바로 앞에 FSE 버스 정류장이 있어 환승은 어렵지 않다. 단, 공사·운영 사정에 따라 기차 구간을 버스로, 버스 구간을 기차로 바꾸거나 전 구간을 버스로 대체하는 등 변동이 잦으니 출발 전 FSE 홈페이지에서 확인하자. <u>일요일·공휴일에는 직행열차가 하루 5회 운행한다.</u>

기차표는 역 매표소·자동판매기, 트렌이탈리아·FSE 홈페이지, 버스 정류장 인근 FSE 자동판매기·지정 판매소에서 구매할 수 있다. 변수가 많으니 승차권을 구매할 때 환승 여부와 소요 시간을 꼼꼼히 확인한다.

FSE 기차 내부

환승역인 푸티냐노역

푸티냐노역 앞의 FSE 버스 정류장. 기차역을 등지고 오른쪽에 있다.

▶ **FSE 바리 중앙역** Stazione FSE Bari Centrale

남동부 지역 철도 FSE는 트렌이탈리아 바리 중앙역의 남쪽 플랫폼을 사용한다. 정식 입구는 중앙역 뒤쪽, 소렌티노 광장 건너편(Ⓖ 4V89+VW 바리)에 있으며, 트렌이탈리아 바리 중앙역 앞의 광장과 주세페 카프루치 거리를 연결하는 지하통로와도 연결된다. 또는 트렌이탈리아 바리 중앙역의 정문으로 들어가 오른쪽이나 왼쪽의 지하통로로 내려간 후 플랫폼 연결통로의 끝에서 계단을 올라가도 된다. 'Ferrovie Sud Est(FSE)' 표지판을 따라가는 게 제일 확실하며, 찾기 힘들 땐 역무원에게 문의하자.

FSE 바리 중앙역 플랫폼

탑승 전 티켓 개찰 필수!

'Ferrovie Sud Est(FSE)' 표지판을 따라간다.

FSE 승차권. 트렌이탈리아에서 발권한 승차권도 사용할 수 있다.

◆ 알베로벨로역 Stazione di Alberobello

매표소와 화장실 정도만 갖춘 작은 역으로, 알베로벨로 시내 북동쪽에 있다. 시청(Municipio Comune di Alberobello)이 있는 포폴로 광장(Piazza del Popolo)까지는 약 500m 거리. 역 정문을 등지고 섰을 때 정면에 보이는 두 갈래 길 중 왼쪽 길(Via Giuseppe Mazzini)을 따라 계속 직진하면 포폴로 광장이 나온다. 도보 약 5분 소요.

알베로벨로역

시내 중심인 시청 앞 포폴로 광장

알베로벨로역 → 도보 10분 → ❶ 트룰리 마을 → 도보 8분 → ❷ 성 코스마와 성 다미아노 형제 성당 → 도보 2분 → ❸ 트룰로 소브라노

OPTION B

알베로벨로

① 1000여 채의 트룰로가 있는 몬티 지구의 풍경

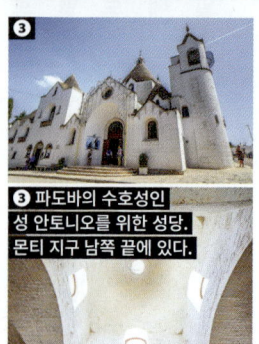
❸ 파도바의 수호성인 성 안토니오를 위한 성당. 몬티 지구 남쪽 끝에 있다.

01 트롤이 툭 튀어나올 것만 같네
트룰리 마을 Città dei Trulli

고깔 모양 지붕을 얹은 하얀 돌집들로 유명한, 유네스코 세계문화유산 마을. 석회암 돌을 동심원 형태로 쌓고 납작한 잿빛 돌로 덮어 방수를 완성하는 전통 주택 양식을 '트룰로(Trullo)'(복수형 트룰리Trulli)라 부른다. 선사시대부터 이어진 건축 기술이 현대까지 전해지고 지금도 실제 거주지가 남아 있다는 점이 특별하다.

세계문화유산으로 지정된 트룰리 구역은 2곳이다. 가장 유명한 곳은 1000여 채의 트룰로가 모여 있는 ❶ 몬티 지구(Rione Monti). 중심의 ❷ 몬테 산 미켈레 거리(Via Monte S. Michele)는 계단식 보행자 전용길로, 트룰로를 개조한 기념품 상점이 늘어서 있다. 이 거리와 이어지는 몬테 페르티카 거리(Via Monte Pertica)를 따라가면 트룰로 형태의 ❸ 산탄토니오 성당(Chiesa di Sant'Antonio da Padova)에 닿는다.

두 번째 구역은 포폴로 광장 남동쪽의 ❹ 아이아 피콜라 지구(Rione Aia Piccola). 400여 채의 트룰로가 있지만 ❺ 지역 박물관(Museo del Territorio) 외에는 대부분 개인 주거용 사유지라 몬티 지구만큼 볼거리가 많진 않다.

📍 Q6JP+VV 알베로벨로
ADD Via Monte S. Michele
WALK 포폴로 광장(Piazza del Popolo)에서 도보 3분

트룰로의 구조를 보여주는 모형. 그 외 별다른 볼거리는 없다.

❷ 몬테 산 미켈레 거리

트룰리의 유래, 그 진실은?

알베로벨로에서 돌을 쌓아 집을 짓는 전통은 15~16세기경 세금 제도와 관련이 있다는 설이 있다. 당시 나폴리 왕국은 영구 거주지에 세금을 부과했는데, 영주들이 이를 피하려고 회반죽 없이 돌만 쌓아 쉽게 해체·재건할 수 있는 주택을 짓게 했다는 것이다. 이렇게 탄생한 트룰로는 필요할 때 빠르게 허물고 다시 세울 수 있었다. 이러한 사정은 1797년 페르디난드 4세가 알베로벨로를 왕의 직속 도시로 승격할 때까지 이어졌다고 전해진다.

다만 이 유래에 대해서는 역사학자들 사이에서도 의견이 엇갈린다. 세금 회피용이 아니라 이 지역의 기후와 풍토, 석회암 지형에 맞춘 전통적 건축 양식이었다는 견해도 있다.

MORE
알베로벨로 전망 포인트

몬티 지구가 가장 잘 보이는 전망 포인트는 포폴로 광장 남쪽의 산타 루치아 분수를 지나면 바로 나오는 산타 루치아 전망대(Belvedere Santa Lucia, Map p637)다. 그 옆에 있는 빌라 코무날레 공원에도 전망대(Villa Comunale Belvedere, Map p637)가 있는데, 나무에 풍경이 살짝 가려진다.

산타 루치아 전망대에서 본 풍경

빌라 코무날레 전망대에서 본 풍경

해시계와 일반 시계가 나란히 달린 종탑

현관 위의 창문 양옆으로 난 구멍은 유사시 총구를 내미는 구멍으로 사용됐다.
침실 | 주방

02 알베로벨로의 랜드마크
성 코스마와 성 다미아노 형제 성당
Chiesa dei Santi Medici Cosma e Damiano

알베로벨로에서 태어나 당대 최고의 건축가로 활약한 안토니오 쿠리가 1885년에 설계한 작품이다. 그리스·로마 시대 신전을 본떠 신고전주의 양식으로 설계했으며, 기둥과 조각 장식이 조화를 이룬다. 알베로벨로의 잿빛 트룰리가 만든 낮은 스카이라인 위로 솟은 성당의 종탑은 마을 어디에서나 눈에 띄는 랜드마크다.
성당은 알베로벨로의 수호성인 성 코스마와 성 다미아노 형제의 유골을 성물로 모시고 있다. 의사와 약사의 수호성인이자 메디치가와 예수회의 수호성인으로도 알려진 두 형제는 성당의 그림과 조각상에서 ❶ 의료기기를 든 모습으로 묘사돼 있다. 매년 9월 26일에는 두 성인을 기리는 축일 행사가 열린다.

📍 Q6PP+J7 알베로벨로
ADD Piazza Antonio Curri, 14
OPEN 06:45~21:00(시즌별로 유동적)
WALK 포폴로 광장에서 도보 4분

18세기에 만든 두 성인의 나무 조각상. 중앙 제단 왼쪽에 있다.

03 트룰로의 일상 속으로!
트룰로 소브라노
Trullo Sovrano

'최고의 트룰로'라는 이름을 얻은 이곳은 영주의 규제를 따르지 않고 회반죽을 사용해 지은 첫 번째 트룰로이자, 알베로벨로에서 유일한 2층 트룰로다. 사제 카탈도 페르타가 18세기에 지었다고 알려졌으며, 1785년부터는 알베로벨로의 수호성인 성 코스마와 성 다미아노의 성물을 보관하기도 했다.
12개의 고깔 지붕 아래 침실과 식당, 주방, 안뜰 등 당시 주거 형태가 복원돼 있다. 전시 공간은 크지 않지만 당시의 일상을 설명하는 영어 안내문이 곳곳에 붙어 있어 흥미롭다. 안뜰에는 풀리아 지역 와인을 시음하고 구매할 수 있는 공간도 마련돼 있다.

📍 Q6PP+X4 알베로벨로
ADD Piazza Sacramento
OPEN 10:00~12:45, 15:30~18:30(11~3월 ~18:00)
PRICE 2.50€
WALK 성 코스마와 성 다미아노 형제 성당에서 도보 1분
WEB trullosovrano.eu

안뜰

03
BASILICATA

마테라
MATERA

수천 년 역사의 동굴집들로 대표되는 마테라는 요즘 이탈리에서 가장 핫한 관광 도시. 한때는 가난과 질병에 시달리던 떠돌이들의 소굴이 되어 '단테의 지옥'이라 불리던 곳이었지만 1990년대 초부터 추진된 도시재생사업과 주민들의 노력 끝에 1993년 유네스코 세계문화유산으로 지정됐고 2019년에는 유럽 문화 수도로 당당히 선정되기에 이르렀다.
하루 이틀 정도의 짧은 여행으로는 너무나 아쉽다는 여행자들의 후기가 속출하는 도시, 마테라의 매력 속으로 성큼 다가가 보자.

마테라 가기

마테라는 바리에서 다녀오는 게 가장 편하다. 21세기 들어 관광도시로 주목받으면서 이탈리아 주요 도시에서 출발하는 장거리 버스가 늘고 있다.

1. 지역 철도 FAL(Ferrovie Appulo Lucane)

바리에서 마테라까지는 지역 철도 아풀로 루카네 철도(FAL)을 이용하는 것이 가장 편하다. FAL은 국철인 트렌이탈리아와 다른 기차역을 사용한다. 트렌이탈리아역 정문으로 나와 왼쪽 끝에 보이는 FAL역(Bari Centrale FAL)으로 가자. 매표소는 1층에 있고, 플랫폼은 2층에 있다. 개찰구에서 탑승권의 QR코드를 스캔하고 플랫폼으로 들어간다.

마테라행 기차는 대부분 그라비나(Gravina)까지만 운행하며, 그 직전 역인 알타무라(Altamura)역에서 환승해야 한다. 전광판에서 '그라비나-마테라'행인지 확인 후 탑승하자. 현지 사정에 따라 일부 구간이 버스로 대체 운행되기도 하는데, 이 경우 역무원의 안내에 따라 정류장 위치를 확인하면 된다.

하차 시에는 반드시 '마테라 중앙역(Matera Centrale)'을 확인하자. 'Matera' 이름이 들어간 역이 여럿이므로 다른 역에 잘못 내리면 교통편이 불편해 시간을 허비할 수 있다.

FAL 바리 중앙역. 건물 2층에 플랫폼이 있다.

◆ 마테라 중앙역 Stazione di Matera Centrale

마테오티 광장(Piazza G. Matteotti) 옆에 있는 현대적인 역사. 플랫폼 외에 특별한 시설이 없으므로 승차권은 자동판매기에서 구매한다. 시내 중심인 비토리오 베네토 광장(Piazza Vittorio Veneto)까지 도보 6분 거리로, 빨간색 옛 기차역을 등지고 정면의 돈 조반니 민초니 거리(Via Don Giovanni Minzoni)를 따라 쭉 내려가면 길 끝 왼쪽에 광장이 있다.

마테라 중앙역 | 옛 기차역이 있는 마테오티 광장. 마테라 교통의 중심지다.

바리 Bari(C.le FAL)
↓
기차 1시간 25분~2시간 35분, 6€(FAL), 월~토요일 04:14~21:22/1일 16회(1회 환승)
또는
버스 1시간 25분~2시간, 5.90€(FAL), 월~토요일 06:25~19:05/1일 9회, 일 08:00~21:05/1일 7회

로마 Roma(TE.)
↓
기차+버스
5시간 25분, 39.80€~(FR+Freccialink 또는 Italo+Italobus) 09:41·12:00·18:30/1일 3회

피렌체 Firenze(S.M.N)
↓
기차+버스
7시간 7분, 61.80€~(FR+Freccialink) 10:14/1일 1회

밀라노 Milano(C.le)
↓
기차+버스
9시간 10분~, 77.80€~(FR+Freccialink 또는 Italo+Italobus) 06:15·08:10·14:40/1일 3회

나폴리 Napoli(C.le)
↓
기차+버스
4시간 5분~, 29.80€~(FR+Freccialink) 13:30/1일 1회
↓
마테라 중앙역 Matera(C.le)

*italo-고속열차
*시즌에 따라 운행 시간이 다르니 홈페이지에서 미리 확인하자.

★ **일요일·공휴일 바리 출발 여행자는 주의!**

일요일·공휴일에는 FAL 기차를 운행하지 않는 대신 FAL 버스가 마테라까지 간다. 단, 정류장이 수시로 변경되니 현지에서 직원에게 확인 후 이용하자. 자세한 내용은 FAL 홈페이지(ferrovieappulolucane.it)에서 확인할 수 있다.

2. 기차 + 연계버스

로마, 피렌체, 밀라노, 나폴리 등에서 갈 때는 트렌이탈리아 고속열차(FR)+연계버스 (Freccia-link) 세트 승차권을 이용한다. 마테라에는 고속열차가 운행하지 않아 살레르노(Salerno)역에서 연계버스로 갈아타야 한다. 로마·밀라노 출발 시에는 나폴리 또는 살레르노에서 환승하는 이탈로+연계버스 조합도 가능하다.

살레르노의 트렌이탈리아 연계버스 정류장은 역을 등지고 바로 오른쪽 앞에 있다. 갈아타는 과정이 어렵지 않고 이동 중 창밖으로 펼쳐지는 풍경이 아름다워 지루할 틈이 없다.

세트 승차권은 트렌이탈리아와 이탈로 홈페이지·매표소·자동판매기에서 기차표와 동일한 방법으로 구매하며, 예약을 서두르면 저렴한 프로모션 할인 티켓을 구할 수도 있다. 단, 살레르노-마테라 구간의 연계버스만 따로 예약할 수는 없다.

★ **지역 철도 FAL**
WEB ferrovieappulolucane.it

이탈로
WEB italotreno.it

트렌이탈리아
WEB trenitalia.com

트렌이탈리아 연계버스(Frecciolink). 승객 수에 따라 대형버스와 미니버스를 유동적으로 운행한다.

트렌이탈리아 연계버스 환승역인 살레르노역

살레르노의 트렌이탈리아 연계버스 정류장

◆ **마테오티 광장의 버스 정류장** Fermata Bus Piazza G. Matteotti

바리 공항행 풀리아에어버스-마로치(Pugliairbus-Marozzi)와 트렌이탈리아 연계버스는 마테라 옛 기차역 뒤쪽(현 마테라 중앙역 옆)에 정차한다. 버스회사나 매표소는 없고 벤치 몇 개만 있는 작은 주차장 같은 곳이다. 구시가까지는 옛 기차역 정문을 등지고 정면의 돈 조반니 민초니 거리(Via Don Giovanni Minzoni)를 따라 약 6분 걸으면 된다.

마테오티 광장의 버스 정류장

★ **장거리 직행버스 이용 시 주의사항**

로마, 밀라노, 피렌체, 나폴리, 살레르노 등 주요 도시에서 출발하는 마테라행 장거리 버스 노선이 꾸준히 늘고 있다. 단, 나폴리를 제외하면 대부분 출발 정류장이 중앙역과 멀리 떨어져 있으므로 각 버스회사 홈페이지에서 반드시 정류장 위치를 확인하자.

마테라 도착 정류장은 돈 스투르초 거리(Via Don L. Sturzo)에 있으며, 길 건너편 정류장에서 9번 버스를 타면 마테오티 광장까지 약 10분 걸린다. 조금 떨어진 나치오날레 거리(Via Nazionale 95)에서는 6A번 버스를 타고 사씨 지구 중심가로 이동할 수도 있다. 루카나 거리(Via Lucana)의 보스케토(Boschetto) 또는 프로빈차(Provincia) 정류장에서 하차. 요금 1.50€, 배차 간격 1시간.

마리노 Marino
로마·나폴리·밀라노·피렌체 출발
WEB marinobus.it

이타부스 Itabus
로마·피렌체·나폴리 출발
WEB itabus.it

미콜리스 Miccolis
나폴리·레체 출발
WEB busmiccolis.it

플릭스버스 Flixbus
로마·밀라노·나폴리·살레르노·바리 출발
WEB flixbus.it

★ **나폴리·살레르노~마테라 버스 운행 정보**

■ **나폴리 → 마테라**
버스회사 이타부스, 미콜리스, 마리노
소요 시간 3시간 25분~4시간 45분
요금 11~42€
운행 시간 02:15~19:50/ 버스회사별 1일 2~3회

■ **살레르노 → 마테라**
버스회사 미콜리스, 이타부스
소요 시간 2시간 55분~3시간 30분
요금 12~27€
운행 시간 07:10·15:40·20:55

마테라의 슈퍼마켓

동굴 주거지 사씨 지구에서는 슈퍼마켓을 찾기 어렵다. 마테라 중앙역과 비토리오 베네토 광장을 잇는 페르시오 거리 중간에 있는 슈퍼마켓(Market F.lli Sacco)에서 미리 물과 음료 등을 준비해두자.

ⓖ MJ84+H2 마테라
ADD Via Ascanio Persio, 36
OPEN 08:00~14:00·17:00~21:00
CLOSE 일요일

바리 공항에서 마테라 가기

바리 공항에서 마테오티 광장 버스 정류장까지 공항버스(Pugliairbus-Marozzi)가 운행한다. 공항 도착 로비에서 'STAZIONE FERROVIARIA(기차역)' 표지판을 따라 밖으로 나가면 기차역 입구 오른쪽에 버스 정류장이 있다. 티켓은 기사에게 직접 사거나 회사 홈페이지(marozzivt.it)에서 예매할 수 있다. 바리에서 마테라까지 기차가 운행하지 않을 경우 바리 공항으로 이동해 마테라행 공항버스를 타는 방법도 유용하다.

요금	3.40~5€(구매처와 출발 시각에 따라 다름)
소요 시간	1시간 15분
운행 시간	바리 공항 → 마테라 09:15~24:30/1일 7회
	마테라 → 바리 공항 04:55~23:00/1일 7회

*일부 버스회사는 시내 외곽에 위치한 정류장(Via Don L.Sturzo)을 이용한다.

MORE
숙소, 어디에 정할까?

마테라에서는 사씨 지구의 돌집을 개조한 숙소가 특히 인기다. 독특한 분위기를 즐길 수 있지만 끝없이 이어지는 계단 때문에 캐리어를 끌고 오르내리기 어렵고 숙소까지 길을 찾는 것도 쉽지 않다. 반면 구시가 중심가의 숙소는 접근이 편리하고 사씨 지구에서도 멀지 않으니 이동 편의성과 분위기 중 어느 쪽을 중시할지 잘 따져 결정하자.

마테라역 → 도보 6분 → ❶ 마테라 구시가(비토리오 베네토 광장) → 도보 1분 → [Option ❷ 팔롬바로 룽고 지하저수조] → 도보 7분 → ❸ 대성당 → 도보 8분 → ❹ 카사 그로타 → 도보 8분 → [Option ❺ 국립 마테라 박물관–리돌라 본부]

마테라 사씨 지구 Sassi di Matera

마테라의 바위산 동굴 주거지는 '암석'을 뜻하는 '사씨(Sassi, 단수형 사쏘 Sasso)'라 부른다. 선사시대부터 형성된 이곳은 이탈리아에서 가장 오래된 인간 정착지 중 하나로, 수천 년 동안 사람들이 살아온 공간이다. 사씨 지구는 북쪽의 사쏘 바리사노(Sasso Barisano)와 남쪽의 사쏘 카베오소(Sasso Caveoso)로 나뉘며, 두 계곡 사이 언덕 꼭대기에는 대성당과 귀족 저택이 자리한 중심 요새 치비타(Civita) 지역이 있다.

SPECIAL PAGE

유네스코 세계문화유산
사씨 지구의 전망 포인트

깊은 협곡과 어우러진 해발 400m 고지대의 자연경관, 구석기시대에 형성된 인류 최초의 마을을 만나보자.
마테라에 찾아온 걸 절대 후회하지 않게 해줄 최고의 전망 포인트를 소개한다.
사진보다 눈으로 직접 바라봐야 압도적인 비주얼이 주는 감동을 생생하게 느낄 수 있다.

■ **조반니 파스콜리 광장 전망대**
Belvedere di Piazza Giovanni Pascoli

구시가의 번화가인 조반니 파스콜리 광장(Piazza Giovanni Pascoli)에 마련된 전망대. 사쏘 카베오소 지구의 오래된 집들이 내려다보인다. 지나다니는 사람이 많은 거리라 야경을 즐기기에도 안전한 편이다.

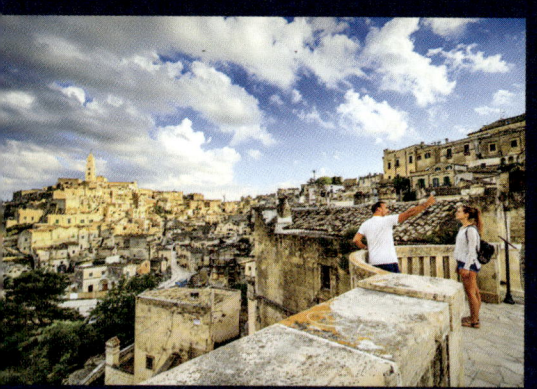

■ **산타고스티노 수도원 옆 전망대**
Monastero di Sant'Agostino 옆 전망대

마테라의 북쪽 끝에 있어 마을 전체의 풍경을 한눈에 볼 수 있다는 것이 장점이다. 높이 솟은 대성당의 종탑 주변으로 펼쳐진 마을 풍경을 사진 한 장에 모두 담을 수 있다. 마을 대표 사진도 주로 이곳에서 탄생한다.

■ **대성당 광장 전망대**

마테라에서 가장 높은 지점에 자리한 전망대. 사쏘 바리사노 지구가 한눈에 내려다보인다. 해 질 무렵이면 황금빛으로 물드는 석양을 볼 수 있어 인기지만 아쉽게도 역광이라 인물 사진은 실루엣이나 백라이트 효과로 담을 수 있다. 광장 남쪽 두오모 거리(Via Duomo)를 따라 약 50m 내려가면 역광을 피할 수 있는 포토 포인트가 있다.

■ 비토리오 베네토 광장 전망대
Belvedere Luigi Guerricchio

비토리오 베네토 광장(Piazza Vittorio Veneto)의 동쪽, 마테라 구시가에서 가장 가깝고 예쁜 전망대다. 사쏘 바리사노 지구가 내려다보이며, 멀리 대성당이 자리한 동쪽 언덕으로 물드는 해질 무렵 노을빛이 아름답다.

■ 산타 루치아 & 아가타 수도원
Convento di Santa Lucia e Agata alla Civita 옆 전망대

마을 동쪽에 있는 협곡과 그 건너편의 오래된 동굴집, 동굴 성당 등을 볼 수 있다.

■ 산 피에트로 성당 Chiesa di San Pietro Caveoso 앞 전망대

정면으로는 협곡 건너편 풍경이, 왼쪽으로는 대성당이 있는 치비타(Città) 지역의 모습이 보이고 전망대 뒤쪽으로는 사쏘 카베오소까지 한 번에 둘러볼 수 있어 인기다. 바로 뒤에 보이는 동굴 성당(Chiesa Rupestre di Santa Maria di Idris)에도 꼭 올라가 볼 것. 특히 석양 때면 최고의 인기 전망대답게 사람들로 가득하다.

■ 산타 루치아 네크로폴리스
Necropoli di Santa Lucia alle Malve(Cimitero Barbarico)

암반을 파서 만든 산타 루치아 성당(Chiesa di Santa Lucia alle Malve)에 딸린 고대 공동묘지다. 얼핏 보면 평범한 바위 같지만 전망대 바닥에 오래된 무덤의 흔적이 흐릿하게 남아있다. 협곡 풍경을 감상하기에도 좋고 전망대로 가는 길에 보이는 옛 마을의 분위기도 독특해서 들러볼 만하다.

MORE
그림 속을 거니는 듯 예쁜 거리 Best 3

❶ 다도치오 거리
Via d'Addozio

사쏘 바리사노와 사쏘 카베오소를 연결하는 핵심 거리. 산타고스티노 수도원에서 내려오는 길을 따라 내내 멋진 풍경이 펼쳐진다.

❷ 마돈나 델레 비르투 거리
Via Madonna delle Virtù

사씨 지구의 북동쪽 외곽을 따라 난 산책로. 길 한쪽에서는 협곡의 풍경을, 다른 한쪽에서는 언덕 바깥쪽에 자리 잡은 오래된 동굴집의 모습을 볼 수 있다.

❸ 브루노 부오치 거리
Via Bruno Buozzi

사쏘 카베오소의 중심 거리. 좌우로 동굴집들을 가까이에서 볼 수 있고 동굴집을 개조한 분위기 좋은 식당 등 즐길 거리가 많다.

❶ 동네 어르신부터 꼬마들까지 모두 만날 수 있는 마테라의 중심 광장

2019년 복원한 옛 시립 영화관 건물

01 마테라 구시가 Centro Storico di Matera
사씨 지구를 내려다보는 중세도시

마테라 여행의 시작은 중세 분위기가 물씬 풍기는 구시가부터다. 반질반질한 돌길과 석조 건축물로 이루어진 구시가는 10여 년간의 복원과 재개발을 거쳐 바실리카타주의 중심 도시로서의 위용을 되찾았다.

마테라 구시가의 중심은 아침저녁으로 사람들이 모여드는 ❶ 비토리오 베네토 광장(Piazza Vittorio Veneto)이다. 광장 북동쪽 코너의 산 도메니코 성당 앞에서 ❷ 산 비아조 거리(Via San Biagio)를 따라가면 13세기 풀리아식 로마네스크 건축의 표본으로 불리는 ❸ 산 조반니 성당(Chiesa di San Giovanni Battista)과 만난다.

대성당으로 이어지는 ❹ 두오모 거리(Via Duomo) 주변도 영화 같은 풍경이 펼쳐진다. 현지인과 관광객이 한데 어우러진 세딜레 광장(Piazza del Sedile)과 광장에 잔뜩 모인 야외 레스토랑들은 저녁마다 흥겨운 분위기다.

마테라 구시가의 전성기였던 18세기 근세 풍경은 서쪽에 남아있다. 18세기의 대표 건축물인 ❺ 산 프란체스코 성당(Chiesa di San Francesco d'Assisi)에서부터 길 끝 광장까지 이어지는 ❻ 도메니코 리돌라 거리(Via Domenico Ridola)가 구시가 산책의 마침표를 찍는다.

도메니코 리돌라 거리의 시작점인 푸르가토리오 예배당(Chiesa del Purgatorio). 연옥의 교회라는 뜻이다.

📍 MJ84+QF 마테라(비토리오 베네토 광장)
WALK 마테라 중앙역에서 도보 6분

❹ ❺ 이탈리아 은행 건물로 사용되다 신자들의 모금으로 복원했다. ❻

Option 02 팔롬바로 룽고 지하저수조
광장 아래 숨겨진 19세기 물탱크

Palombaro Lungo

비토리오 베네토 광장 아래에 있는 커다란 지하 저수조. 물 부족에 시달리던 마테라에서 빗물을 모으기 위해 19세기에 설계되어 1882년 완공됐다. 입구에서는 작아 보여도 5천 톤의 물을 저장할 수 있을 정도로 거대하다. 현재는 물이 있던 공간 위에 철제 워크웨이를 설치해 물 위를 걸으며 관람할 수 있다. 시간대별로 인원을 제한해 가이드와 함께 입장하므로 티켓은 미리 구매해야 한다(관람 약 15분 소요).

📍 MJ84+QJ 마테라
ADD Piazza Vittorio Veneto
OPEN 10:00~13:30, 15:00~18:30(비수기에는 오후 시간 단축 운영)
PRICE 3€
WALK 비토리오 베네토 광장(Piazza Vittorio Veneto) 지하에 있다. 광장 중앙의 계단을 내려가면 매표소가 있다.

계단을 따라 광장 아래로 내려간다.

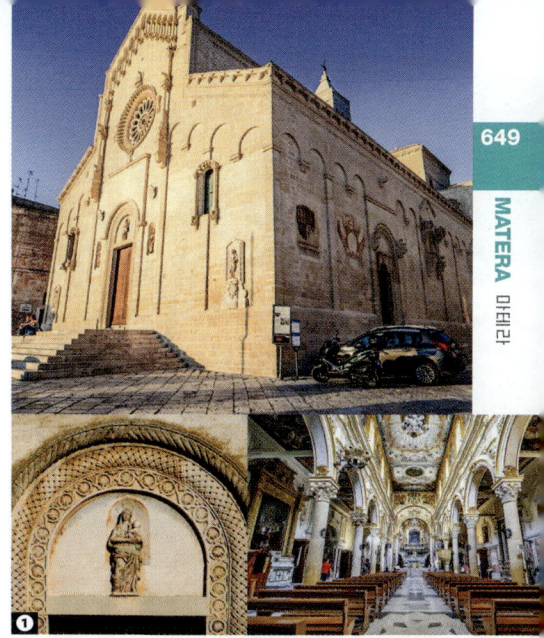

03 대성당
마테라의 수호성인 성모를 모신

Cattedrale di Maria Santissima della Bruna e Sant'Eustachio

마테라의 가장 높은 요새 지대인 치비타(Civita)에 자리한 대성당. 성당을 중심으로 귀족 저택들이 방어막처럼 둘러서 있다. 13세기에 풀리아식 로마네스크 양식으로 건축됐으며, 정문 위에는 수레를 타고 마테라에 나타났다가 조각상만 남기고 사라졌다는 전설 속 ❶ 성모 마리아 상이 있다. 대성당 중앙 제단 왼쪽에서는 교황 바오로 2세가 방문해 무릎을 꿇고 기도한 것으로 유명한 성모의 프레스코화(Affresco della Madonna della Bruna, 1270년, 타란토의 리날도 作)를 볼 수 있다.

대성당은 17~18세기에 금빛 치장벽토와 대리석 조각 등으로 화려하게 재건되며 바로크 양식으로 탈바꿈했고, 1985년 복원 작업 중 13세기 프레스코화 ❷ '최후의 심판(Giudizio Universale)'이 발견됐다.

📍 MJ86+PC 마테라
ADD Piazza Duomo
OPEN 09:00~18:30(일요일 09:00~10:30·12:30~18:30)/ 종교행사 시 입장 제한
PRICE 3.50€
(박물관 입장료 포함)
WALK 비토리오 베네토 광장에서 도보 6분. 여행자는 남쪽 파사드 출입문 이용

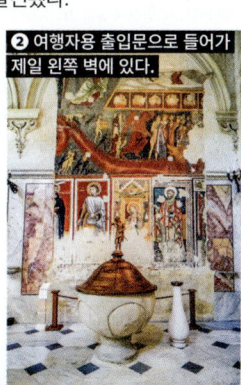

❷ 여행자용 출입문으로 들어가 제일 왼쪽 벽에 있다.

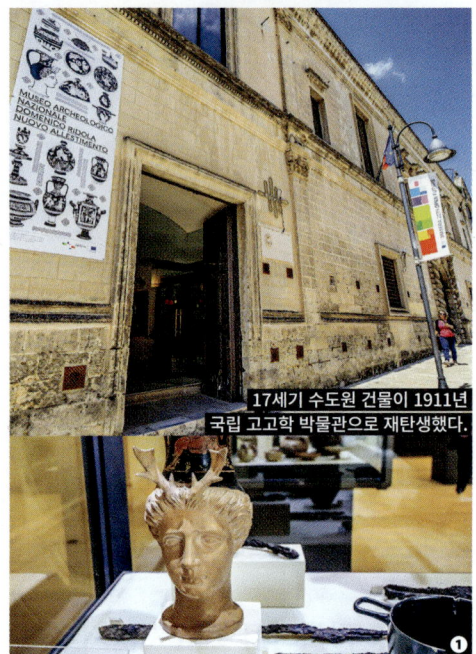

17세기 수도원 건물이 1911년 국립 고고학 박물관으로 재탄생했다.

04 카사 그로타
18세기 동굴집 사람들의 일상 탐구
Casa Grotta nei Sassi

18세기부터 20세기 중반까지 실제 사람이 살던 동굴을 복원해 마테라 농부의 일상을 재현해 놓은 곳이다. 침실과 부엌, 마구간 등으로 나뉜 내부는 바깥에서 본 것보다 꽤 넓다. 옥수수잎과 양모를 섞어 만든 침대 매트리스, 밤에는 매트리스를 깔아 아기 침대로 사용하던 서랍, 난로, 빵 도장 등 당시의 생활상을 엿볼 수 있다. 동굴집을 나오면 오른쪽으로 얼음 창고(Neviera)와 천연 동굴, ❶ 동굴 성당이 이어진다.

📍 MJ76+GW 마테라
ADD Vico Solitario, 11
OPEN 09:30~18:00(토·일요일 ~19:00)
PRICE 5€, 대학생·65세 3€, 11~18세 2€, 10세 이하 무료
WALK 대성당에서 도보 10분

마테라의 전환점이 된 레지스탕스 문학의 걸작
반(反)파시즘 활동에 가담했다가 1935~1936년 남부 이탈리아 시골 마을에 유배된 카를로 레비(Carlo Levi)는 그 체험을 바탕으로 1944년 <그리스도는 에볼리에 머물렀다>를 집필해 마테라 주민들의 열악한 삶을 고발했다. 수도, 전기, 하수 시설조차 없는 생활 환경이 사회적 이슈로 떠오르며 1952년 약 1만7000명의 주민을 현대적인 거주지로 강제 이주시킨 특별법이 제정됐다.

Option
05 국립 마테라 박물관 -리돌라 본부
진귀한 고대 그리스의 암포라
Museo Nazionale di Matera – Sede Ridola

의사이자 고고학자, 상원의원이었던 도메니코 리돌라가 자신의 고고학 수집품을 모두 국가에 기증하면서 1991년에 설립된 박물관이다. 그의 이름은 그 관대함에 대한 보답처럼 구시가의 가장 아름다운 거리명으로 남아 오늘날까지 전해진다.

주요 소장품은 선사 시대와 고대 그리스 유물로, 특히 지중해 연안에서 사용된 항아리 '암포라(Amphora)' 컬렉션이 유명하다. 암포라는 포도, 올리브유, 와인, 곡물, 생선 등 농산물의 운송과 저장에 쓰였으나 ❶ 제례나 의식에 사용된 암포라는 화려한 장식으로 예술적 가치가 높다.

📍 MJ75+HP 마테라
ADD Via Domenico Ridola, 24
OPEN 박물관 전시실 보수 공사로 임시 휴관 중
PRICE 10€
WALK 비토리오 베네토 광장(Piazza Vittorio Veneto)에서 도보 5분

Eating & Drinking

651 MATERA 마테라

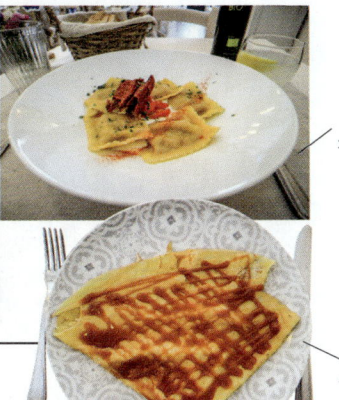

말려서 튀긴 고추, 페페로네 크루스코로 포인트를 준 파스타

솔리드버터 카라멜 크레페

시골에서 만난 고급 프렌치 요리
⦿ 부로 살라토
Burro Salato

제철 식재료 등 지역 특산물을 사용해 시즌마다 선보이는 파스타가 매력 만점인 프렌치-이탈리안 퓨전 레스토랑이다. 마테라가 속한 바실리카타주 특산품인 말린 고추(Peperone Crusco)도 다양하게 쓰이는데, 소금에 절인 리코타 치즈와 꿀만 뿌려 내오는 과감한 전채부터 튀긴 베이컨과 고추를 올린 리소토까지, 바싹 말려 달콤해진 고추튀김의 진미를 만날 수 있다. 디저트로는 정통 프랑스 스타일의 솔리드버터 카라멜 크레페(Crêpe al Caramello al Burro Salato, 6€) 추천. 유럽풍 '단짠'의 진수를 맛볼 수 있다. 먼지 한톨 없이 깨끗한 화장실과 눈치 빠른 직원의 서비스는 기분 좋은 덤이다.

ⓖ MJ75+X4 마테라
ADD Via Rocco Scotellaro, 7
OPEN 12:30~14:00·19:30~21:30
CLOSE 수요일
MENU 전채 12~18€, 파스타·리소 18~24€, 메인 요리 18~32€, 갈레트 12~16€, 크레페 6~11€, 자릿세 3€/1인
WALK 산 프란체스코 광장에서 도보 2분

민트 우유 & 스트라차텔라 젤라토

젤라토 장인의 달콤한 실험실
⦿ 이 비치 델리 안젤리
I Vizi degli Angeli

젤라토에 관해 둘째가라면 서러울 만큼 진지한 주인장의 젤라테리아. 뚜껑을 모두 덮어 놓아 맛을 고르기 어려운데, 이는 사르르 녹아 내리는 가벼운 질감을 내기 위해 최적의 보관온도를 유지하기 위함이다. 상쾌한 민트와 어우러진 우유 맛이 은근히 중독성 있는 라테 에 멘타(Latte e Menta), 무더위도 날려버릴 깔끔한 맛이 일품인 파인애플 & 생강(Anana e Zinzero)이 추천 메뉴다.

파인애플 & 생강 젤라토

ⓖ MJ75+CR 마테라
ADD Via Domenico Ridola, 36
OPEN 12:00~23:00(토·일 ~24:00)/
비수기 단축 운영
CLOSE 수요일
MENU 젤라토 2가지 맛 3€~, 타르투 5€~
WALK 산 프란체스코 광장에서 도보 3분

★ 사씨 모양의 마테라 전통 빵,
파네 티피코 디 마테라
Pane Tipico di Matera

동굴집에 살던 사람들이 공동 오븐에서 구워낸 커다란 빵이다. 듀럼밀 세몰리나와 포도·무화과로 만든 천연 효모를 사용해 점토 항아리에서 장시간 발효시킨다. 겉은 단단하지만 속은 촉촉하고 사워도우처럼 풍미가 깊으며, 일주일 이상 신선함이 유지된다. 마을의 빵집에서 1kg부터 10kg까지 다양한 크기로 판매한다.

04
PUGLIA

레체
LECCE

17세기에 레체는 '남부의 피렌체', '바로크의 장미'라 불리며 전성기를 누렸다. 한때 '레체 바로크'라는 용어를 탄생시킬 만큼 화려했던 건축물들은 이제 본래의 색을 잃어버렸지만 추억이 아스라이 남은 옛 골목과 낡고 빛바랜 건축물들은 여전히 레체를 빛내주는 보석이다. 밤이 되면 반짝이는 불빛에 둘러싸이는 레체의 야경도 놓치면 아쉬운 풍경이다.

레체 가기

부츠 모양 이탈리아 반도의 뒷굽에 해당하는 살렌토(Salento) 반도의 중심 도시, 레체는 공항이 없는 대신 로마, 밀라노, 베네치아 등 주요 도시에서 고속열차로 연결된다. 특히 밀라노나 로마에서 출발하는 레체행 야간열차는 매우 유용한 교통수단이다.

기차

- **로마·밀라노·베네치아** 고속열차가 1일 2~7회 운행한다. 장거리 노선인 만큼 이동시간이 만만치 않고 요금이 비싸므로 최대한 서둘러 할인율이 높은 프로모션 티켓을 예약해두자.
  인터시티 야간열차(ICnotte)를 이용하면 좀 더 효율적인 일정을 짤 수 있다. 밀라노에서는 야간열차가 매일 출발하는 반면, 로마 출발편은 시즌에 따라 주 1회 정도만 드물게 운행하니 홈페이지에서 미리 확인하자. 베네치아에서는 볼로냐로 가서 야간열차로 환승한다.
- **피렌체·나폴리** 피렌체 출발 직행열차가 하루 1대(FR 08:14, 7시간 35분 소요)뿐이라 로마나 볼로냐에서 갈아타는 환승편을 주로 이용한다. 나폴리에서는 기차보다는 중앙역 남쪽에서 출발해 레체의 시티 터미널로 도착하는 플릭스·이타부스·마리노·미콜리스 등의 버스를 이용하는 게 더 편리하다.
- **바리** 고속열차가 운행하며, 레조날레(R·RV) 기차도 자주 다닌다. 예약 시점에 따라 고속열차의 슈퍼 이코노미 요금이 레조날레보다 더 저렴할 때도 있다.

고속열차 내부

고속열차에는 1인석도 있다.

★
레체행 야간열차(ICnotte) 쿠셋 요금(Economy 기준)
- 로마-레체 4인실 쿠셋 59.90~87.50€
- 밀라노-레체 4인실 쿠셋 60.90~107.20€

주요 기차 & 버스 회사

트렌이탈리아
WEB trenitalia.com

플릭스 버스
WEB flixbus.it

마리노 버스
WEB marinobus.it

미콜리스 버스
WEB busmiccolis.it/en/

로마 Roma(TE.)
↓
기차 5시간 45분~, 44.90~87€(FR)
10:00·17:58/1일 4회
또는
야간열차 8시간 20분, 38.90€~(ICnotte)
금요일 23:56/주 1회

밀라노 Milano(C.le)
↓
기차 8시간 20분~12시간 50분, 48.90~119€(FR·IC)
05:25·14:35/1일 7회
또는
야간열차 11시간 40분~, 39.90€~(ICnotte)
21:15·21:50/1일 2회

베네치아 Venezia(S.L)
↓
기차 9시간 5분~, 68.90~114€(FR)
06:52·14:52/1일 2회

나폴리 Terminal Bus Metropark(Staz.FS)
↓
버스 5시간 30분~8시간, 7€~(Itabus·Flix·Miccolis·Marino),
06:15~다음날 02:20/1일 14회

바리 Bari(C.le)
↓
기차 1시간 25분~ 12.80~22.50€(FR·IC·R·RV)
05:02~23:02/15분~1시간

↓↓↓↓↓

레체 Lecce

*FR(Freccia)-고속열차 / IC(Inter City)-급행열차 / ICnotte-야간열차

*시즌에 따라 운행 시간이 다르니 홈페이지에서 미리 확인하자.

★
레체 성당 인포포인트
LeccEcclesiae Info Point

레체 성당 통합권(LeccEcclesiae)을 판매하는 매표소 겸 안내소.

📍 9529+VC 레체
ADD Piazza del Duomo, 2
OPEN 09:00~21:00(10~3월 ~18:00)
WALK 두오모 광장(Piazza del Duomo)의 세미나리오 궁전 1층
WEB chieselecce.it

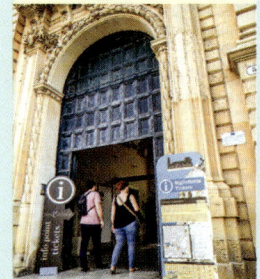

★
레체에서 유심 또는 로밍은 필수!

구시가에 있는 숙소는 대부분 오래된 건물을 개조한 B&B다. 이들은 대개 프런트 데스크가 따로 없고 영어로 대화하기 힘든 곳이 많아 메일이나 문자로 소통해야 한다. 체크인·체크아웃 시간을 미리 확인하고 약속을 잡는 등 현지에서 연락할 일이 종종 있으므로 레체에서는 스마트폰을 현지 통화나 데이터 사용이 가능한 상태로 준비해두자.

★
레체 시내 버스
WEB sgmlecce.it

◆ 레체역 Stazione di Lecce(Stazione Centrale FS di Lecce)

매표소와 자동판매기, 화장실, 카페 정도의 기본적인 시설만 갖춘 작은 역이다. 레체는 인근 지역 여행의 거점 역할을 하는 도시라 성수기에는 매표소의 대기 시간이 긴 편이다. 레체에서 기차를 탈 땐 조금 여유 있게 역에 도착하는 것이 좋다. 레체역은 조금 외딴 곳에 있으므로 나 홀로 여행자는 늦은 밤이나 컴컴한 새벽에 출발·도착하는 기차는 피하는 것이 좋다.

레체역

트렌이탈리아 자동판매기

역 안 카페 겸 매점. 여러 가지 빵도 판매한다.

1번 플랫폼 끝에 위치한 화장실(1€)

▶ 레체역에서 시내까지

역에서 시내 중심인 산토론초 광장(Piazza Sant'Oronzo)까지 도보로 15분 정도 걸린다. 버스를 타도 시간이 비슷하게 걸리므로 걸어가는 게 낫다.

기차역을 등지고 정면에 보이는 길(Viale O. Quarta)을 따라 10분 정도 가면 길 끝에 대성당(Cattedrale di Santa Maria Assunta)이 나온다. 대성당 뒤쪽(오른쪽)으로 가서 식당이 모여 있는 골목(Via degli Ammirati)으로 바로 우회전 후 작은 공원 앞에서 좌회전해 2분 정도 가면 레체의 중심, 산토론초 광장이다.

대성당 옆 종탑을 표지물 삼아 걸어간다.

산토론초 광장

OPTION D

레체

레체역 → 도보 15분 → ① 산토론초 광장 & 로마 원형극장 → 도보 5분 → ② 두오모 광장 → 도보 1분 → 성모승천 대성당 → 도보 1분 → 세미나리오 궁전 → 도보 7분 → 산타 크로체 성당 → 도보 5분 → 산타 키아라 성당 → 도보 2분 → 산 마테오 성당

01 시공을 넘나드는 기분!
산토론초 광장 & 로마 원형극장
Piazza Sant'Oronzo & Anfiteatro romano

2000년 전 ❶ 로마 원형극장이 발아래로 내려다보이는 광장이다. 로마 시대에는 약 2만 명의 관중이 모여 함성을 질렀던 장소였고, 지금은 레체 시민들이 밤낮으로 모여드는 생활의 중심지다. 세월이 흐르며 원형극장의 절반가량이 새로운 건물에 묻혀 지금은 반원형으로만 남았다.

광장의 이름은 레체의 수호성인 산토론초(Sant'Oronzo, 성 오론치오)의 이름에서 유래했다. 바오로의 제자가 설득해 개종하고, 레체의 초대 주교가 되었으며, 도끼에 맞아 순교했다. 1656년 레체에 퍼진 흑사병을 기적으로 치유했다는 전설로 오늘날까지 도시의 수호성인으로 추앙받는다.

📍 953F+72 레체
ADD Piazza Sant'Oronzo
WALK 레체역에서 도보 15분

원형극장의 북쪽에 서 있는
성 오론치오의 조각 기둥

❶ 별도의 입장료 없이 광장에서 볼 수 있다.

MORE
레체 성당 통합권

레체의 화려한 바로크 양식 성당을 관람하려면 레체 성당 인포포인트(p654)에서 티켓을 구매해야 한다. '레체 성당 통합권(LeccEcclesiae)'을 구매하면 레체 대성당과 크립트, 세미나리오 궁전과 교구 미술관(MuDAS), 산타 크로체·산 마테오·산타 키아라 성당 등 주요 5대 건축물에 입장할 수 있다. 여기에 대성당 종탑 전망대까지 포함한 '레체 풀 패스(Ticket Completo)'도 있다. 각 명소 입구에서 티켓의 바코드를 스캔해 입장한다.

OPEN 09:00~21:00(10~3월 ~18:00)/폐장 15분 전까지 입장/종교행사 시 입장 제한
PRICE 성당 통합권 11 €(12~17세 5 €), 풀 패스 21 €(12~17세 13 €), 11세 이하 무료/15일간 각 성당과 대성당 종탑 전망대 1회 입장
WEB chieselecce.it

02 두오모 광장
Piazza del Duomo

17세기 레체 바로크의 아름다움

이탈리아에서도 아름답기로 손꼽히는 광장. 좁은 골목을 통해 광장 입구로 들어서면 짧은 탄성이 터져 나올 정도로 매혹적이다. 17세기 레체 바로크 양식의 절정을 보이는 화려한 건물들이 광장의 4면을 가두고 있는 모습이 압도적이다. 광장 입구에서 봤을 때 정면은 ❶ 성모승천 대성당(Cattedrale di Santa Maria Assunta), 왼쪽은 살렌토 반도에서 제일 높은 72m 높이의 ❷ 종탑(Campanile), 그리고 오른쪽은 신학교인 세미나리오 궁전(Palazzo del Seminario)이다.

📍 9529+PM 레체
ADD Piazza del Duomo
PRICE 대성당 7€, 종탑 12€/성당 통합권 11€, 레체 풀패스(종탑 포함) 21€
WALK 산토론초 광장의 서쪽으로 이어지는 비토리오 에마누엘레 2세 거리(Via Vittorio Emanuele II)를 따라 도보 3분

❶ 화려하게 장식된 대성당의 측면 파사드

주교관(Episcopio). 레체 대주교의 거주지다.

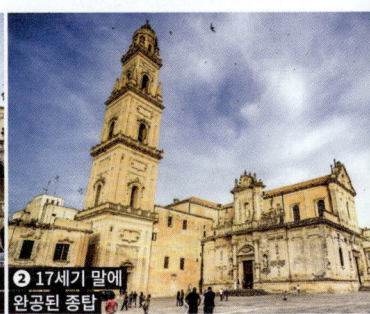

❷ 17세기 말에 완공된 종탑

MORE
밤마다 깨어나는 레체의 핫 플레이스

레체의 밤거리를 걸어보지 않았다면 레체의 절반은 놓친 것이다. 낮에는 쇠락한 옛 도시의 모습을 하고 있지만 어둠이 내려앉으면 마법에 걸린 듯 반짝이는 불빛으로 되살아난다. 나폴리 문에서 두오모 광장까지 현지인들의 먹자골목이 이어지고, 두오모 광장에서 루디에 문까지는 아페리티보 칵테일을 즐기는 사람들로 빼곡하다. 대성당 뒤에서 산타 키아라 성당으로 이어지는 좁은 뒷골목(Via degli Ammirati)과 산타 키아라 성당 앞 광장도 저녁만 되면 활기를 띠는 밤의 메카다.

SPECIAL PAGE

레체의 진수를 맛보는
레체 바로크 건축기행 BEST 5

레체의 구시가 구석구석에는 화려했던 전성기의 흔적들이 건축물로 남아있다.
일명 레체 바로크 양식(Barocco Leccese)을 살펴볼 수 있는 대표 건축물 5곳을 소개한다

❶ 성모승천 대성당 Cattedrale di Santa Maria Assunta

레체 바로크 양식을 대표한 레체 출신 건축가 주세페 짐발로(Giuseppe Zimbalo)의 대표작이다. '성 오론치오의 기적'이라 불리는 흑사병 치유를 기념해 1659년 바로크 양식으로 재건했다. 대성당 옆의 종탑과 산토론초 광장의 조각 기둥 또한 그의 작품이다. 광장에 들어서는 방문객이 평범한 벽을 마주하지 않도록 측면 파사드를 정면보다 더 화려하게 장식했다.

WALK 두오모 광장 남쪽

> ★
> **레체 바로크의 비밀, 레치주**
>
> 레체에서 마치 밀가루 반죽으로 빚은 듯 섬세한 바로크 조각이 발달했던 건 이 지역의 석회석 '피에트라 레체제(Pietra Leccese)' 덕분이었다. 아주 부드럽고 다루기 쉬운 돌로, 살렌토 사투리로는 레치주라고 불린다.

대성당의 정문 파사드. 측면보다 수수하다.

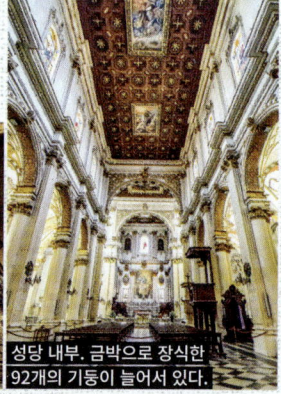

성당 내부. 금박으로 장식한 92개의 기둥이 늘어서 있다.

❷ 세미나리오 궁전 Palazzo del Seminario

레체 귀족들의 기부로 1709년에 완공한 신학교다. 산타 이레네 상이 세워진 바로크 양식의 우물이 있는 안뜰이 특히 아름답다. 건물 일부는 교구 미술관(MuDAS)으로 사용되며, 회화·조각·은제품·전례복 등 교구 소장 유물을 전시한다.

WALK 두오모 광장 서쪽

아름다운 장식의 우물이 있는 신학교 중정

교구 미술관

파피에 마셰(지점토)로 만든 '홀로페르네스의 머리를 들고 있는 유디트'. 라파엘레 카레타의 작품이다.

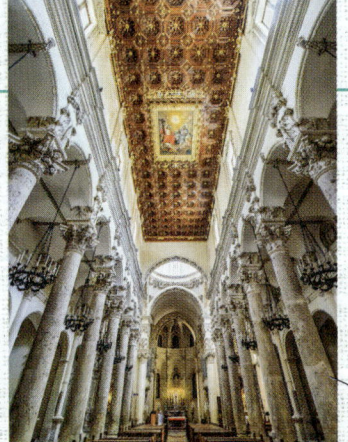

❸ 산타 크로체 성당 Basilica di Santa Croce

레체 바로크를 대표하는 성당의 정면 파사드를 비롯해 입이 떡 벌어질 만큼 화려하고 세밀한 조각으로 가득하다. 1549년부터 약 150년간 3명의 건축가가 바통을 이어받아 완성했다. 성당을 채운 조각들은 용과 그리핀 같은 상상 속 동물부터 인물, 동물, 열매, 식물까지 매우 다양하다.

ADD Via Umberto I, 1
WALK 산토론초 광장에서 도보 2분

› 성당 내부의 화려한 대리석 기둥

❹ 산타 키아라 성당 Chiesa di Santa Chiara

15세기 성당이 레체의 대표 건축가 주세페 치노(Giuseppe Cino)의 손을 거쳐 1691년 레체 바로크 양식의 걸작으로 재탄생했다. 양쪽에 성자상을 모신 팔각형의 대칭구조와 화려한 성자상 주변 조각 장식 모두 전형적인 레체 바로크 양식의 특징이다. 독특한 질감의 천장은 1738년에 '파피에 마세(Papier-mâché)'로 장식했다. 파피에 마세는 물에 젖으면 무르지만 마르면 아주 단단해지는 지점토의 일종으로, 레체의 전통 공예품에 자주 사용되는 재료다.

ADD Piazzetta Vittorio Emanuele II
WALK 산토론초 광장에서 도보 3분

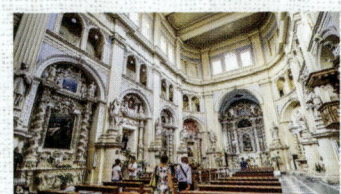

› 파피에 마세로 마감한 천장. 가운데 황금 성배가 새겨져 있다.

❺ 산 마테오 성당 Chiesa di San Matteo

입체적으로 둥글게 솟은 정면부터 예사롭지 않은 성당이다. 아래층은 볼록하게, 위층은 오목하게 처리된 독특한 파사드 구조가 돋보인다. 위대한 바로크 건축가 보로미니의 조카 지오반니 안드레아 라르두치가 설계했으며, 보로미니가 로마에서 지은 산 카를로 알레 콰트로 폰타네 성당에서 영감을 받았다. 산 마테오의 나무조각상이 놓인 중앙 제단이 이 성당의 하이라이트다.

ADD Via dei Perroni, 29
WALK 구시가 남동쪽 입구인 산 비아조 문(Porta San Biagio)에서 도보 2분
BUS M1번·R6번·R7번·R11번 포르타 산 비아조(Porta San Biagio) 하차

■ 구시가의 입구, 3개의 문

❶ 나폴리 문 Porta Napoli

구시가 북쪽 관문이다. 1548년 신성로마제국의 카를 5세(스페인의 카를로스 1세)가 레체에 방어용 성곽을 건설한 것을 기념해 세운 것으로 당시에는 개선문(Arco di Trionfo)이라고 불렸다. 문 앞의 광장(Piazzetta Arco di Trionfo)은 시민의 휴식과 만남의 장소다.

❷ 루디에 문 Porta Rudiae

구시가 서쪽 관문으로 레체에서 가장 오래된 문이다. 1703년에 재건된 바로크 양식 문 위에 우뚝 선 성 오론치오가 도시로 들어오는 사람들을 축복하고 있다. 좌우로는 산타 이레네와 산 도메니코가 서 있다.

❸ 산 비아조 문 Porta San Biagio

구시가 남동쪽 관문. 중세에 있던 문을 대체해 1774년 바로크 양식으로 지었다.

■ 구시가 대표 거리

❶ 주세페 팔미에리 거리 Via Giuseppe Palmieri

나폴리 문에서 두오모 광장까지 이어지는 길. 현지인의 왕래가 잦은 거리라 단골 장사하는 레스토랑과 술집이 많다.

❷ 주세페 리베르티니 거리 Via Giuseppe Libertini

루디에 문에서 두오모 광장까지 이어지는 레체의 대표 거리. 루디에 문 바로 옆의 옛 시장을 포함해 오래전부터 상가로 번성했다. 와인을 파는 술집 겸 식당이 많고 벼룩시장도 자주 열린다.

❸ 비토리오 에마누엘레 2세 거리 Via Vittorio Emanuele II

두오모 광장과 산토론초 광장을 잇는 길. 두 개 명소를 오가는 여행자의 주요 길목으로 기념품 가게와 레스토랑이 들어서 있다.

Eat ing & Drink ing

현지인들의 초이스, 보타르가&조개 스파게티.
바닥의 오일까지 잘 섞어야 간이 딱 맞는다.

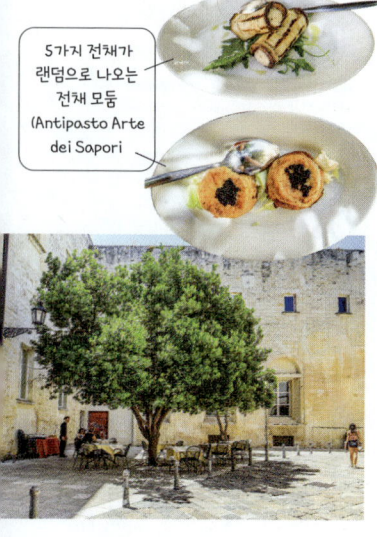

5가지 전채가 랜덤으로 나오는 전채 모둠 (Antipasto Arte dei Sapori)

아름드리 나무 그늘에서 쉬어가요
🟠 아르테 데이 사포리
Arte dei Sapori

바람이 솔솔 부는 나무 그늘 아래에서 느긋하게 식사를 즐길 수 있는 곳. 중심가에서 한 골목만 벗어나도 놀라울 만큼 한적하고 평화롭다. 이 지역의 가정식을 맛보고 싶다면 풀리아산 치즈 카초리코타를 듬뿍 넣은 풀리아식 마케론치니 파스타(Maccheroncini con Melanzane)를 추천한다. 메뉴 선택이 망설여진다면 홍합과 랍스터로 감칠맛을 더한 해산물 파스타가 무난하다. 풀리아 사람들이 즐겨 먹는 보타르가(말린 숭어 알)와 조개 스파게티(Spaghetti con Bottarga di Muggine e Vongole)는 짭조름하고 진한 바다 향이 일품이다.

📍 9539+7V 레체
ADD Via Alami, 3
OPEN 19:30~24:00
MENU 전채 12~30€, 파스타 10~25€, 메인 요리 16~100€, 디저트 7€~, 자릿세 2€/1인
WALK 산토론초 광장에서 도보 3분
WEB artedeisapori.com

가지와 토마토, 카초리코타로 맛을 낸 마케론치니 파스타

숭덩숭덩 잘라주는 조각 피자
🟠 일 피치코토
Il Pizzicotto

저녁마다 가게 앞 골목이 북새통을 이루는 레체 최고의 피체리아다. 간판의 가위 모형처럼 큼직한 가위로 원하는 피자를 원하는 만큼 잘라주며, 무게당 가격으로 계산한다. 손님이 워낙 많아 줄이 길지만 테이크아웃이라 금방 줄어든다. 현지인들은 이탈리아식 햄과 소시지를 선호하나, 우리 입맛에는 가지, 호박, 양파 같은 채소 토핑이 잘 맞는다. 특히 트러플크림을 곁들인 감자 피자(Crema di Tartufo e Patate, 19.36€/1kg)는 고기 토핑도 부럽지 않은 맛이다.

📍 952C+Q9 레체
ADD Via degli Ammirati, 14/D
OPEN 12:00~16:00·19:00~다음날 01:00(토요일 ~02:00)
MENU 피자 9.90~19.90€/1kg(자른 무게만큼 계산)
WALK 산타 키아라 성당 정문에서 도보 1분
WEB ilpizzicotto.eu

보통 8~10가지 종류를 돌아가며 준비한다.

가게 앞에 음식을 먹을 수 있는 벤치가 놓여 있다.

파스티초토

큼직한 무화과 절임이 든 젤라토

달콤함이 한 가득, 레체 명물 파스티초토

🟠 나탈레
Natale

한번 발을 들이면 빠져나올 수 없는 마성의 디저트 가게. 제과·제빵부터 초콜릿, 젤라토까지, 레체에서 손꼽히는 전통 디저트 명가. 할머니의 자부심을 담은 파스티초토는 바삭하고 기름진 쇼트 브레드 안을 꽉 채운 바닐라향 커스터드 크림이 압권이다. 오븐에서 방금 나온 따뜻한 파스티초토를 맛보면 엄지손가락이 절로 올라갈 것! 시칠리아 전통 방식으로 주문 즉시 리코타 크림을 채워주는 칸놀로는 겉은 바삭하고 속은 달콤하다. 부드러운 생크림이 듬뿍 들어간 마리토초 역시 놓치기 아까운 디저트다.

🌐 953F+89 레체
ADD Via Salvatore Trinchese, 7
OPEN 09:30~23:00(토요일 ~24:00)/
비수기 단축 운영
MENU 파스티초토 2.20€~,
프루토네 2.50€~,
젤라토 콘 3~6€, 그라니타 3.50€,
마리토초·칸놀로 3.50€
WALK 산토론초 광장에서 도보 1분
WEB natalepasticceria.it

새콤한 레몬 그라니타 (3.50€)

아몬드 크림과 마르멜로 & 배 잼이 든 프루토네 (Fruttone, 2.50€)

무화과 절임이 젤라토에 쏘옥~

🟠 센시 젤라테리아
Sensi Gelateria Artigianale

두오모 광장 근처에서 제일 맛있는 젤라테리아다. 살렌토 지역에서 즐겨 먹는 아몬드 무화과 절임을 넣은 젤라토(Mandorle e Fichi Caramellati)는 기분 좋은 당 충전에 제격. 말린 무화과에 구운 아몬드를 채워 구운 뒤 설탕과 초콜릿, 럼에 재워 만드는데, 끈적하고 진한 달콤함이 밴 맛이 일품이다. 무화과를 좋아하지 않는다면 꿀과 호두를 넣은 요거트 젤라토(Yogurt Miele e Noci)를 추천한다.

🌐 9529+XM 레체
ADD Via Vittorio Emanuele II, 5/17
OPEN 06:00~다음날 03:00/
비수기 단축 운영
CLOSE 겨울철 부정기 휴무
MENU 젤라토 컵 3~5€
WALK 두오모 광장에서 도보 1분

SECRET CITY

이탈리아의 산토리니
오스투니 Ostuni

'이탈리아의 산토리니'라 불리는 남부의 인기 도시. 제2차 포에니 전쟁 이후 그리스인들이 석회를 덧발라 도시를 재건한 덕에 그리스를 닮은 백색 도시(Città Bianca)가 탄생했다. 막다른 골목과 계단이 이어지는 구시가는 새하얀 건물 사이로 기분 좋은 설렘이 가득한 오스투니의 하이라이트다. 미로 같은 골목길을 걷다 보면 짙푸른 올리브나무숲 너머로 파랗게 반짝이는 아드리아해가 모습을 드러낸다. 지도를 접고 정처 없이 거닐기 좋은 도시다.

■ 오스투니 가기

레체와 바리 사이에 있는 작은 도시 오스투니까지는 두 도시에서 트렌이탈리아 기차가 운행한다. 저렴하고 예약이 필요 없는 레조날레(R·RV)가 자주 다녀 부담이 적다. 인터시티(IC)는 약 10분 더 빠르지만 요금이 비싸다. 성수기에는 당일치기 여행자가 많아 레체와 바리역 매표소나 자동판매기 앞에 긴 줄이 생긴다. 입석 운영하는 레조날레는 좌석 확보가 어려울 수 있으니 기차역에 여유 있게 도착해 플랫폼에서 미리 대기하는 것이 좋다.

오스투니역(Stazione di Ostuni)은 매표소와 자동판매기만 있는 작은 역이다. 매표소가 닫혀 있을 때는 자동판매기나 트렌이탈리아 앱, 역 안 카페에서 기차표를 구매한다. 카페에서는 버스 승차권도 판매한다. 오스투니 시내 버스 정류장 근처에는 매표소가 없으므로 이곳에서 미리 버스 승차권 2장을 구매해두자.

기차 운행 정보

레체 → 오스투니 40~51분 소요, 6.80~11€(R·RV·IC), 05:00~21:17/ 30분~1시간 20분 간격

바리 → 오스투니 45분~1시간 소요, 6.80~11€(R·RV·IC), 05:02~23:02/ 30분~2시간 간격

*IC-Inter City(급행열차) / R·RV-Regionale·Regionale Veloce(완행열차)
*시즌에 따라 운행 시간이 다르니 홈페이지에서 미리 확인하자.

오스투니역

★ 정류장 시간표는 참고만!
정류장에 부착된 시간표는 기점 기준이며, 배차 시간이 일정하지 않다. 표시된 시간보다 20~30분 정도 더 기다릴 수 있다. 시간표의 'RITORNO DA STAZIONE'는 기차역 출발, 'ANDATA DA OSTUNI'는 오스투니 출발을 뜻한다. 평일(FERIALI)과 일요일·공휴일(FESTIVI)의 운행 시간이 다르므로 반드시 구분해 확인하자. 휴일에는 운행 간격이 더 길어지니 여유를 두고 이동하자.

▶ 오스투니역에서 구시가 언덕 가기
'Ostuni-Stazione'라고 적힌 버스를 타고 약 15~20분 후 '첸트로'에서 하차한다. 정류장은 기차역 정문 바로 앞에 있다. 탑승 시 기사에게 첸트로(Centro, 구시가)행인지 다시 한번 확인하자. 요금은 편도 1.10€(기사에게 구매 시 2€)이며, 개찰기에 승차권을 넣어 개찰한다. 정류장에서 구시가의 관문인 리베르타 광장(Piazza della Libertà)까지는 도보 4분 정도 걸린다.

돌아갈 때는 테넨테 스페키아 거리(Via Tenente Specchia)의 정류장에서 기차역행 버스를 탄다. 리베르타 광장에는 시청, 약국, 상점 등이 모여 있고 여행자가 즐겨 찾는 구시가는 언덕 위쪽에 있다.

★ 화장실은 어디에?
리베르타 광장 지하에 공중화장실이 있다. 시청을 등지고 왼쪽 길을 건너 데리스 아래쪽에 보이는 넓은 계단을 내려간 뒤 오른쪽으로 뒤돌면 화장실 입구가 있다(0.50€). 구시가 골목과 산책로 근처에서는 화장실을 찾기 힘드니 미리 해결하고 가자.

광장 바닥에서 발굴한 유적터도 볼 수 있다.

'이탈리아의 산토리니'라고 불리는 비탈레 거리의 풍경

오스투니 시청

구시가 순환 산책로를 따라 성벽 주위를 반 바퀴 돌며 멋진 경관을 감상할 수 있다.

❖ 리베르타 광장 Piazza della Libertà

오스투니의 심장부로, 구시가와 신시가 사이에 위치한 삼각형 모양의 광장이다. 언제나 활기로 가득해 마을의 응접실이라 불리는 곳. 그늘 아래 야외 테이블이 줄지어 있고 낮은 계단엔 현지인과 여행자가 함께 앉아 담소를 나눈다.

광장 서쪽의 시계탑 건물은 14세기 산 프란체스코 수도원을 개조한 오스투니 시청(Comune di Ostuni)이다. 오른쪽에는 수도원의 일부였던 산 프란체스코 성당(Chiesa di San Francesco d'Assisi)이 남아 있다. 1304년 건립 후 지진으로 붕괴돼 18세기에 재건됐으며, 청동 문에는 성 프란체스코의 일생이 부조로 새겨져 있다. 요금 무료.

📍 PHJH+V7 Ostuni
WALK 오스투니 버스 정류장에서 도보 4분

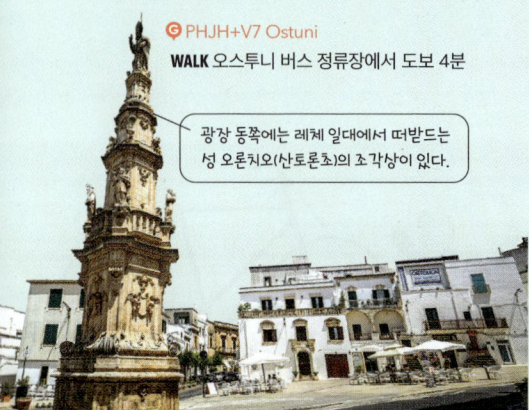
광장 동쪽에는 레체 일대에서 떠받드는 성 오론치오(산토론초)의 조각상이 있다.

❖ 오스투니 구시가 Centro Storico di Ostuni

리베르타 광장에서 카테드랄레 거리(Via Cattedrale)를 따라 언덕을 오르면 온 마을이 눈부신 흰빛으로 물든 오스투니의 풍경이 펼쳐진다. 매년 석회로 덧칠한 벽마다 알록달록한 꽃이 피어나 그림처럼 아름답다. 기원전 1세기 그리스인들이 '아스투 네온(새로운 도시)'이라 부르며 세운 그리스 마을의 풍습이 지금까지 이어져 온다.

오스테리아 델 템포 페르소(p667)가 있는 비탈레 거리(Via Gaetano Tanzarella Vitale)는 오스투니에서 가장 그리스를 닮은 골목으로, 사진 명소로 손꼽힌다. 올리브나무 숲 너머 아드리아해가 반짝이는 구시가 순환 산책로(Viale Oronzo Quaranta)도 놓치지 말자. 북쪽 끝 산타 마리아 델라 스텔라 예배당 옆 계단을 내려가면 바로 닿는다.

📍 PHMH+P6 Ostuni
ADD Via Cattedrale & Via Gaetano Tanzarella Vitale
WALK 리베르타 광장의 시청을 등지고 왼쪽 언덕길(Via Cattedrale)을 따라 올라간다.

❖ 산타 마리아 아순타 대성당
Duomo di Santa Maria Assunta

모래빛 석회암으로 지은 대성당이 흰 집들 사이에서 포근하게 빛난다. 13세기 로마네스크 양식으로 세워졌으나 15세기 지진 후 고딕 양식으로 복구되며 지금의 모습이 완성됐다. 장미창과 정교한 조각 장식, 화려한 목제 제단과 천장화가 조화를 이룬다. 대성당 앞의 스콥파 아치(Arco Scoppa)가 운치를 더한다.

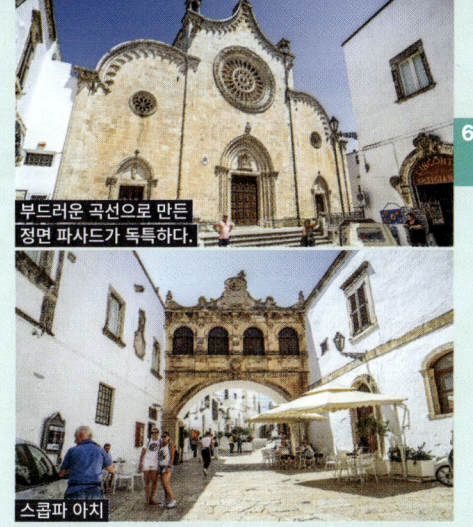
부드러운 곡선으로 만든 정면 파사드가 독특하다.

스콥파 아치

📍 **PHMH+MG Ostuni**
ADD Largo Arcid Teodoro Trinchera, 29
OPEN 10:00~12:00·15:00~18:00
PRICE 무료
WALK 리베르타 광장의 시청에서 도보 4분

❖ 남부 무르자 고대 문명 박물관
Museo di Civiltà Preclassiche della Murgia Meridionale

대성당으로 오르기 전, 로코코풍 파사드가 눈길을 끄는 산 비토 마르티레 성당(San Vito Martire)은 현재 박물관으로 사용된다. 무르자(Murgia) 지역은 이탈리아 반도에서 인류가 가장 먼저 정착한 곳으로, 이곳에서 발굴된 선사시대 유물이 전시돼 있다. 본격적인 전시실은 중앙 제단의 오른쪽으로 연결되는 별도 공간에 있으며, 대표 유물은 구석기 시대(약 2만8000년 전) 임신 8개월 여성의 유골이다. 복원된 얼굴 영상과 무덤 재현 디오라마, 당시의 생활상을 사실적으로 보여주는 전시 구성이 인상적이다.

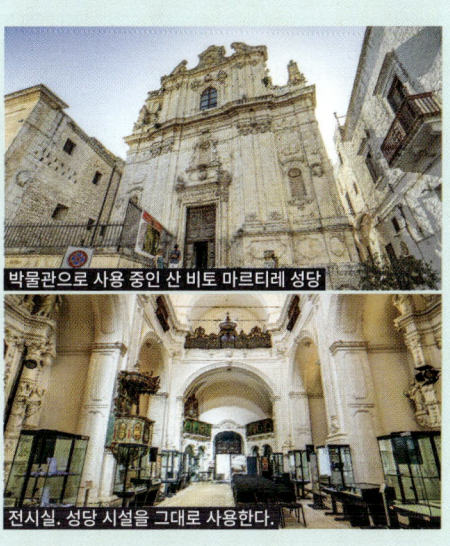
박물관으로 사용 중인 산 비토 마르티레 성당

전시실. 성당 시설을 그대로 사용한다.

📍 **PHMH+RM Ostuni**
ADD Via Cattedrale, 15   **OPEN** 내부 수리 공사로 휴관
PRICE 5€, 대학생(학생증 제시)·65세 이상 3€, 5세 이하 무료
WALK 리베르타 광장의 시청에서 도보 3분
WEB ostunimuseo.it

MORE
입안에서 살살 녹는 흑돼지 갈비, 오스테리아 델 템포 페르소 Osteria del Tempo Perso

오스투니를 대표하는 레스토랑. 가장 아름다운 뒷골목에 자리해 찾아가는 길부터 즐겁다. 새하얀 외관과 달리 내부는 석굴처럼 아늑하고 세련된 분위기다. 대표 메뉴는 달콤짭짤한 꿀소스에 조리한 흑돼지 갈비(Black Pork Rib with Honey Cream, 20€)로, 부드러운 비계의 풍미가 깊다. 조금 가벼운 요리를 원한다면 파바빈(잠두) 퓌레를 곁들인 문어 요리를 추천한다. 물과 와인은 기본으로 주문하는 분위기다.

얇게 썬 카사바 칩을 곁들인 포크 립

📍 **PHMH+RQ Ostuni**
ADD Via Gaetano Tanzarella Vitale, 47
OPEN 12:30~14:30·19:30~22:30(월요일 17:30~24:00)
CLOSE 비수기 월요일/겨울철 부정기 휴무
MENU 전채 12~25€, 파스타 14~24€, 메인 요리 20~28€, 자릿세 5€/1인, 테라스 자리는 서비스 요금 15% 추가
WALK 대성당에서 도보 2분
WEB osteriadeltempoperso.com

가

가에 아울렌티 광장	486
고고학 유적지	391
곤돌라	045,545
공화국 광장(로마)	238
교황궁	209
국립 고고학 박물관	279
국립 고전 미술관(바르베리니 궁전)	239
국립 마테라 박물관-리돌라 본부	650
그란 카페 감브리누스	287
그로타 팔라체세 전망대	631
글래디에이터의 길	425

나

나보나 광장	215
나빌리 지구	488
나빌리오 그란데(대운하)	488
나탈레	663
나폴리	273
난니니 콘카도로	415
남부 무르자 고대 문명 박물관	667
네르보네	379
네시 제과점	531
넵튠 동상	447
노바 거리	549
노베첸토 미술관	476
노빌리 타루기 궁전	426
누오보 궁전	185
누오보 성	282
니노 앤 프렌즈	323
니콜로 파스콸리고 다리	549

다

다 마리아	322
다도치오 거리	647
다비드	354
단테의 집	369
달라 치아	490
달로스테	377
대공의 성모	371
대전차 경기장	187
더몰	386
델로보 성	284
도나텔로	454
도리아 팜필리 미술관	181
도미틸라 카타콤베	213
도비아코	607
돌로미티	596
돌로미티 테라스	615
돌치 마지에	438
동굴 레스토랑	631
두 개의 탑	450
두오모 광장(레체)	657
두오모 광장(피사)	396
두오모 오페라 박물관(시에나)	411
두오모 오페라 박물관(피렌체)	352
두칼레 궁전	561
디자이너 아웃렛 카스텔로마노	227

라

라 란테르나	582
라 로마나	245
라 발코나타 레스토랑	631
라 보이테	381
라 부티크 델 리몬첼로	224
라 소르베테리아 카스틸리오네	457
라 스폴랴텔라 마리	287
라 젤라티에라	384
라 카사 델 카페 타차도로	232
라 칸티나차 델 포폴로	308
라 페니체 극장	564
라 프레체몰리나	188
라 프로슈테리아	381
라 프리마베라	362
라 피아 첸테나리아	438
라 피아데이나	456
라가주오이	611
라르침볼도	454
라마 모나킬레 해변	629
라벨로	324
라벨로 두오모	327
라오콘 군상	197
라우렌치아나 도서관	345
라이프	228
라키	309
라파엘로	219,355
라파엘로의 방	198
람베르티 탑	513
레골리	246
레몬그라스	211
레오나르도 다빈치	355
레오나르도 익스프레스	143
레이스 박물관	592
레체	652
레푸블리카 광장(피렌체)	369
렌노	503
로마	138
로마 국립 박물관	237
로마 원형극장(레체)	656
로마 패스	158
로비다	491
로자 데이 란치	367
로자 데이 카발리 박물관	560
로카 마조레	270
로카텔리 산장	608
로피차나 델 젤라토	260
론다니니의 피에타	484
롤링 베니스	542
루이올라 벨라 자연보호구역	427
리나센테 백화점(로마)	225
리나센테 백화점(밀라노)	477
리도	588,595
리모노로-파브리카 리쿼리	306
리베르타 광장	666
리스타 디 스파냐 거리	549
리스토란테 나스트로 아추로	516
리스토란테 데이 로시	377
리스토란테 랍시데	323
리알토 다리	549,554
리알토 시장	567
리오 노보	583
리오마조레	434

마

마나롤라	435
마돈나 데이 몬티 광장(로마)	189
마돈나 델레 비르투 거리	647
마돈나 디 비탈레타 성당	424
마이오 루프탑	232
마이오리	329
마조레 광장(볼로냐)	447
마체가 유리 공방	594
마테라	641
마테라 구시가	648
마테라 대성당	649
마페이 궁전 카사 박물관	513
말타 기사단의 열쇠 구멍	250
메나조	503
메디치 가문	346
메디치 리카르디 궁전	347
메디치가의 예배당	345
메르체리아 오롤로조 거리	549
메르카토 첸트랄레(로마)	244
메르카토 첸트랄레(밀라노)	493
메르카토 첸트랄레(피렌체)	379
모르디 & 바이	252
몬탈치노	422
몬테 솔라로	300
몬테나폴레오네 거리	476
몬테로소	437
몬테풀차노	426
묘지 전망대	320
무라노	588,593
물리니 거리(포시타노)	317
미노리	328
미수리나 호수	609
미켈란젤로	355
미켈란젤로 광장	373
밀라노	458
밀라노 대성당(두오모)	473
밀라노 리나테 공항	465
밀라노 말펜사 공항	463
밀라노 중앙역	461,472
밀라노 트리엔날레	485

바

바게테리아 델 피코	230
바뇨 비뇨니	427

THIS IS
디스이즈이탈리아
ITALIA

카사 에 보테가	317
카스텔베키오	515
카이사르	177
카툴루스 유적	523
카페 몬타누치	260
카페 보르사리	516
카페 질리	383
카페 테르치	456
카페 플로리안	579
카페 피오렐라 토레파치오네	413
카펠레리아 베르타키	415
카프리	294
카피톨리니 미술관	183
칵투스	633
칸티나 쿠치나	230
칸티네 델 비노 쟈 스키아비	584
칼렌디마조	265
칼초 축제	400
캄포 광장(시에나)	406
캄포 데 피오리 시장	224
캄포산토(피사)	398
캄피돌리오 광장	182
케밥 참파	309
코레르 박물관	561
코레알레 디 테라노바 박물관	307
코르닐랴	435
코르소 거리	227
코르소 코모	487
코르티나 담페초	606
코모 두오모	501
코모 호수	496
코무네 광장	269
코바	492
코스탄티노 개선문	171
코스테베 프리지토리아	439
콘도티 거리	226
콘세르바토리 궁전	184
콜로니 예배당	529
콜로세오(콜로세움)	166
콰드리게 테라스	179
콰트로 폰타네 분수	239
쿠오이에리아 피오렌티나	414
크레메리아 산토 스테파노	457
크레메리아 카부르	457
크레타 세네시 전망대	421
키코	462

타

타베르나 디 산 주세페	413
타소 광장	306
탄식의 다리	563
터키 상인 본부	551
테라필레 길	425
테르미니역	165
테스타초	248
토레 그로사	417

토르나부오니 거리	374
토파나-프레치아 넬 시엘로 케이블카	606
투 사이즈	234
트라스테베레	249
트라야누스 기둥	173
트라야누스 시장	173
트라토리아 달 비아사노트	455
트라토리아 델 모로 아론네	260
트라토리아 로베르토	382
트라토리아 자라	378
트라피치노	251
트레 치메 디 라바레도	608
트레 치메 파노라마 포인트	607
트레메초	503
트레비 분수	220
트렌이탈리아	064
트룰로 소브라노	640
트룰리 마을	638
트리니타 데이 몬티 성당	221
트리에스테	189
티에폴로	573
티치아노 베첼리오	573
티투스의 개선문	177
틴토레토	572

파

파니노 디비노	210
파라다이스 라운지 바	317
파소 가르데나	611
파소 셀라	614
파소 자우	610
파소 팔차레고	610
파스티체리아 리오 마린	580
파스티체리아 바르베리니	253
파스티체리아 토놀로	581
파시	247
파올로 앗티 & 필리 파니피초	449
파올리 1827	378
파우노 바	309
파차토네 전망대	411
파토 콘 아모레	491
판디비노	228
판체로티 루이니	491
판테온	218
팔라티나 미술관	371
팔라티노 언덕	171
팔로리아 케이블카	606
팔롬바로 롱고 지하저수조	649
팔리오 축제	401
페기 구겐하임 미술관	570
페르케 노!...	385
페스카리아	632
펠리체	253
포데레 벨베데레	423
포로 로마노	172
포르첼리노 시장	356

포르타 마리나 시푸드	308
포르타 포르테세 벼룩시장	249
포르토피노	440
포르토피노 등대	443
포르토피노 항구	442
포리 임페리알리	173
포시타노	313
포지오 코빌리 농가	427
포폴로 광장(로마)	222
포폴로 문	222
폰티네	582
폴디 페촐리 박물관	479
폴리냐노 아 마레	626
폴리냐노 아 마레 구시가	629
폼페이	288
폼피(본점)	247
푸니콜라레 코모 브루나테	501
푸른 동굴	298
푸블리코 궁전	407
풋볼 팀	495
프라다 재단	487
프레토	415
프로쿠라티에	556
프리지디리움	234
플레비시토 광장	282
피냐의 안뜰	196
피렌체	330
피렌체 두오모	348
피렌체 산타 마리아 노벨라역	333
피렌체 카드	338
피사	393
피사의 사탑	397
피에솔레	388
피에타(바티칸)	205
피에트라 다리	515
피엔차	424
피오 클레멘티노 박물관	196
피오르도 디 푸로레	318
피우미치노 국제공항	141
피체리아 브란디	286
피체리아 스타리타	285
피체리아 케프리스	439
피체리아 펠로네	287
피콜로미니 궁전	425
피티 궁전	370
핀세레	245
핀초 언덕 테라스	222

하

호수 길(코모)	500
홀로페르네스의 목을 베는 유디트	363

숫자, 알파벳

10 코르소 코모	487
500인실	365
QC 테르메 돌로미티	616

색인	페이지
살레르노	329
살루메리아 시모니	449
살루메리아 시모니 라보라토리오	453
살바토레 페라가모 박물관	375
성 바울의 문	250
성 코스마와 성 다미아노 형제 성당	640
성 프란체스코	266
성녀 카테리나의 집	412
성모승천 대성당	658
세금 환급	042
세라발레 디자이너 아웃렛	489
세미나리오 궁전	658
세스티우스의 피라미드	250
세체다	612
센시 젤라테리아	663
셈피오네 공원	485
소렌토	301
수소	578
수플리 로마	251
슈퍼 투스칸	392
스칼라 극장	478
스칼리제로 성	521
스칼치 다리	550
스쿠올라	574
스타벅스 리저브 로스터리	492
스파카나폴리	280
스페인 광장(로마)	221
스포르체스코 성	484
스폰티니	462
스폴랴 리나	455
스피아자 그란데	316
시노피에 박물관	399
시뇨리 광장	513
시뇨리아 광장	366
시르미오네	517
시르미오네 구시가	522
시르미오네 온천장	523
시립 박물관(시에나)	408
시스티나 소성당	199
시에나	402
시에나 두오모	409
신비의 빌라	293
쌍둥이 성당	222

아
아나카프리	297
아다지오	584
아드혹	231
아레나	511
아르마니 실로스	487
아르코 바소	625
아르키진나시오 해부학 극장	449
아르테 데이 사포리	662
아르테카드	279
아말피	318
아말피 두오모	320

아말피 해변	320
아말피 해안	310
아모리니	380
아씨시	264
아우구스토 정원	299
아즈 베트리 유리 공방	594
아카데미아 다리	570
아카데미아 미술관(베네치아)	571
아카데미아 미술관(피렌체)	353
아쿠아 알타 서점	567
아쿠아 에 마이스	580
아쿠아마레아	632
아테네 학당	198
안드레아 만테냐	573
안드레아 판사	322
안티카 드로게리아 1879	414
안티카 살루메리아	229
안티카 포르케테리아 그라니에리 1916	382
안티카 피체리아 디 마테오	286
안티키 사포리 다말피	323
알42 바이 파스타 셰프	189
알라르코	577
알란티코 비나이오	380
알베로벨로	634
알페 디 시우시	612
암브로시아나 미술관	479
어시장	567
에르베 광장	512
에밀리오 그레코 박물관	258
옛 생선가게 거리	449
오르비에토	254
오르비에토 두오모	257
오르티세이	612
오스테리아 델 솔레	456
오스테리아 델 템포 페르소	667
오스테리아 델리 스비타티	413
오스테리아 알 스퀘로	583
오스테리아 파스텔라	376
오스투니	664
오스투니 구시가	666
올드 브릿지	211
왕궁(나폴리)	283
우르비노의 비너스	364
우피치 미술관	359
운하의 창	451
움베르토 1세 갈레리아	283
움베르토 1세 광장	299
유리 박물관	593
의자의 성모	371
이 돌치 디 논나 빈첸차	233
이 비치 델리 안젤리	651
이 사포리 델 움브리아	261
이 트레 메르칸티	581
이탈로	068
이탈리	493
일 포르나이오	531

일 피치코토	662

자
잠보니 거리	451
장미정원	373
재의 수요일	587
제수 누오보 성당	280
제수 성당	181
젠틸레 벨리니	572
젤라테리아 갈로네토	578
젤라테리아 데이 네리	384
젤라테리아 델 테아트로	235
젤라테리아 돈돌리	417
젤라테리아 라 카라이아	385
조반니 벨리니	572
조반니 파스콜리 광장망대	646
조야 칸티 디 스타조네	633
조코 델 폰테 축제	401
조토의 종탑	350
졸리티	235
종탑(베네치아 산 마르코 광장)	557
주세페 마치니 거리	511
줄리엣의 무덤	515
줄리엣의 집	512
지노 에 토토 소르빌로	285
지도의 방	197
지아 로세타	188
지하 도시(오르비에토)	259
진실의 입	186

차
참피노 공항	150
천지창조	200
체타라	329
최후의 만찬	483
최후의 심판	199
치비타 디 바뇨레조	262
치타 거리	414
치타 바싸	526
친퀘 토리	610
친퀘테레	428
친퀘테레 카드	430

카
카 도로	551
카 레초니코	571
카 페사로	551
카 포스카리	551
카나레지오	616
카라바조	217
카라칼라 욕장	187
카레차 호수	616
카르피사	415
카부르 광장(코모)	500
카사 그로타	650
카사 만코	252

바뇨레조	262
바렌나	502
바르디니 정원	371
바르베리니 광장	240
바르베리니 궁전	239
바르젤로 국립 박물관	368
바리	618
바리 신시가 & 구시가	624
바리 옛 항구	624
바베테	231
바카레토 다 렐레	585
바티칸 박물관	192
바티칸시국	190
바포레토(수상 버스)	538
발도르차	418
방코	493
베네치아	532
베네치아 광장	180
베네치아 국제 영화제	586
베네치아 궁전	180
베네치아 마르코 폴로 공항	536
베네치아 산타 루치아역	535,553
베네치아 카니발	587
베네치아 트레비소 공항	537
베니스 비엔날레	586
베로나	504
베로나 두오모	514
베로나 오페라 축제	508
베로네세	573
베르가모	524
베르가모 두오모	528
베르가모 성채 & 평화의 공원	530
베르가모 푸니쿨라	527
베르가모-오리오 알 세리오 공항	465
베르나차	436
베키아 광장 & 종탑	527
베키오 궁전	365
베키오 다리	370
벤키	235
벤티두에 마르초 대로	566
벨라조	502
벨베데레의 토르소	197
보르게세 공원	240
보르게세 미술관	241
보볼리 정원	371
보스코 베르티칼레	486
보테가 베라	261
본치 피자리움	210
볼로냐	444
볼로냐 대학 & 포지 궁전 박물관	451
볼차노	617
부라노	588,592
부로 살라토	651
뷰온 아트 루프탑	383
브라 광장(베로나)	510
브라운 성	443
브라이에스 호수	607
브랑카 탑	485
브레라 미술관	480
브루넬레스키의 돔	349
비너스의 탄생	363
비볼리	385
비스타 마레 테라스	630
비알레 델 벨베데레 테라스	223
비알레티	225
비토리아 광장(소렌토)	307
비토리아 광장(카프리)	300
비토리오 베네토 거리(로마)	240
비토리오 베네토 광장(마테라)	647
비토리오 에마누엘레 2세 갈레리아	477
비토리오 에마누엘레 2세 기념관	180
빌라 루폴로	326
빌라 산 미켈레-악셀 문테 박물관	300
빌라 침브로네	327
빌라 코무날레	307

사

사랑의 길	434
사스 포르도이	615
사씨 지구	646
사이프러스 가로수길	427
산 니콜라 성당	625
산 다미아노 수도원	271
산 도메니코 마조레 성당	281
산 도메니코 성당	412
산 로렌초 성당	344
산 로코 대신도 회당	574
산 루이지 데이 프란체시 성당	217
산 루카 성모 성당	452
산 루피노 성당	270
산 마르코 광장(베네치아)	556
산 마르코 광장(피렌체)	353
산 마르코 대성당	558
산 마르코 박물관	353
산 마테오 성당	659
산 비달 성당	564
산 비아조 성당	426
산 비질리오 전망대	530
산 세베로 예배당	218
산 스타에 성당	551
산 시로·주세페 메아차 축구 경기장	494
산 시메오네 피콜로 성당	550
산 자코모 디 리알토 광장	567
산 제레미아 성당	549
산 제레미아 에 루치아 성당	551
산 조르조 마조레 성당	565
산 조르조 성당	442
산 조반니 그리소스토모 거리	549
산 조반니 세례당	351
산 조반니 인 라테라노 대성당	212
산 지미냐노	416
산 체사레오 거리	306
산 카를로 극장	283
산 카를로 알레 코트로 폰타네 성당	239
산 칼리스토	251
산 퀴리코 도르차	422
산 파트리치오 우물	259
산 페트로니오 성당	448
산 프란체스코 거리 전망대	390
산 프란체스코 디 파올라 성당	283
산 프란체스코 성당	267
산 프란체스코 수도원	391
산 피에트로 광장	203
산 피에트로 대성당	202
산 피에트로 성당(마테라)	647
산 피에트로 인 빈콜리 성당	213
산세베로 예배당	281
산타 루치아 & 아가타 수도원	647
산타 루치아 네크로폴리스	647
산타 루치아 항	284
산타 마리아 글로리오사 데이 프라리 성당	575
산타 마리아 노벨라 성당	343
산타 마리아 노벨라 화장품	225,357
산타 마리아 노벨라역	342
산타 마리아 델 포폴로 성당	223
산타 마리아 델 피오레 성당	348
산타 마리아 델라 비토리아 성당	238
산타 마리아 델라 살루테 성당	569
산타 마리아 델레 그라치에 성당	482
산타 마리아 델리 안젤리 성당(로마)	237
산타 마리아 델리 안젤리 성당(아씨시)	271
산타 마리아 디 나자레스 성당	549,551
산타 마리아 마조레 성당(로마)	212
산타 마리아 마조레 성당(베르가모)	529
산타 마리아 아순타 대성당(오스투니)	667
산타 마리아 아순타 데타 이 제수이티 성당	576
산타 마리아 아순타 성당(포시타노)	316
산타 마리아 인 아라코엘리 성당	183
산타 마리아 인 코스메딘 성당	186
산타 마리아 인 트라스테베레 성당	249
산타 막달레나 성당	614
산타 아나스타시아 성당	514
산타 크로체 성당(레체)	659
산타 크로체 성당(피렌체)	372
산타 키아라 성당(레체)	659
산타 키아라 성당(아씨시)	269
산타 키아라 성당과 수도원	280
산타고스티노 수도원(마테라)	646
산타고스티노 수도원(산 지미냐노)	417
산타녜세 인 아고네 성당	216
산탄젤로 다리	208
산탄젤로 성	208
산테우스타키오 일 카페	233
산토 스테파노 테라스	630
산토론초 광장	656
산티 아포스톨리 성당	549
산티시마 안눈치아타 광장	352
산티시마 안눈치아타 약국	357

THIS IS 디스이즈이탈리아 ITALIA MAP BOOK

이 책의 지도에 사용된 기호

① 관광 명소	Ⓜ 지하철역	⑦ 트램 정류장	✈ 공항	✉ 우체국
Ⓢ 쇼핑 스폿	🚆 기차역	⚓ 항구·선착장	🚕 택시 승차장	✝ 성당
Ⓡ 레스토랑·카페·바	🚌 버스 정류장	Ⓥ 바포레토 승선장	🅿 주차장	🚻 화장실
ⓘ 관광 안내소	🚏 버스 터미널	🚡 케이블카·리프트		

TERRA

베네치아 바포레토 노선도

실용 여행 회화

영어 & 이탈리아어

*'실용 여행 회화'는 본문의 교정 원칙에 따르지 않고 여행자의 편의를 위해 현지어 발음에 가깝게 표기했음을 알려드립니다.

❖ 여행 기본 회화

한국어	영어	이탈리아어
안녕하세요?	Good morning. Hello.	Buon giorno. 본 죠르노. / Ciao. 챠오
안녕하세요? (저녁때)	Good evening.	Buona sera. 부오나 쎄라.
안녕히 가세요. / 또 만나요.	Goodbye. See you again.	Arrivederci. 아리베데르치.
예.	Yes.	Si. 씨.
아니요.	No.	No. 노.
감사합니다.	Thank you.	Grazie. 그라찌에.
괜찮습니다.	You're welcome.	Prego. 쁘레고.
실례합니다.	Excuse me.	Scusi. 스꾸시.
죄송합니다.	I'm sorry.	Mi scusi. 미 스꾸시.
얼마인가요?	How much is it?	Quanto costa? 콴또 꼬스따?
저는 한국 사람입니다.	I am a Korean.	Sono Coreano(a) 쏘노 꼬레아노(나).
제 이름은 OOO입니다.	My name is OOO.	Mi chiamo OOO. 미 끼아모 OOO.
성함이 어떻게 되시나요?	What is your name?	Como si chiama? 꼬모 씨 끼아마?
못 알아듣겠습니다.	I don't understand.	Non capisco. 논 까삐스꼬.
나는 이탈리아어를 못합니다.	I can't speak French.	Non parlo l'italiano. 논 빠를로 리딸리아노.
영어를 할 줄 아세요?	Can you speak English?	Parla inglese? 빠를라 잉글레세?
천천히 말씀해주세요.	Please speak slowly.	Parli piu lentamente per favore. 빠를리 삐우 렌따멘떼 뻬르 파보레.
다시 말씀해주시겠어요?	Could you say again?	Potrebbe ripetere? 뽀뜨렙베 리뻬떼레?
여기에 써주시겠어요?	Please write it down here.	Potrebbe scrivere qui? 뽀뜨렙베 스끄리베레 뀌?
한국어 할 수 있는 사람 없나요?	Is there anyone here who can speak Korean?	C'è qualcuno qui che si può parlare coreano? 체 꽐꾸노 뀌 께 시 뿌오 빠를라레 꼬레아노?
~를 어떻게 하는지 알려주세요.	Please tell me how to~.	Potrebbe indicarmi come~. 뽀뜨렙베 인디까르미 꼬메~.

❖ 레스토랑에서

한국어	영어	이탈리아어
내일 저녁 8시에 저녁 식사 예약하고 싶습니다. 두 사람이고요.	I would like to make a reservation for dinner for two person at 8 p.m. tomorrow.	Vorrei fare una prenotazione per la cena per due persone alle 8 di domain. 보레이 파레 우나 쁘레노따지오네 뻬르 라 체나 뻬르 두에 뻬르소네 알레 오또 디 도마인.
메뉴(판) 주세요.	Please bring me the menu.	Per favore mi porti il menu. 뻬르 파보레 미 뽀르띠 일 메누.
추천 음식이 뭔가요?	What dish do you recommend?	Che cosa mi consiglia? 께 꼬사 미 꼰실랴?
저 사람들이 먹는 걸로 주문하겠어요.	I would like the same food as those people over there.	Vorrei lo stesso cibo, come quelle persone laggiù, per favore. 보레이 로 스떼쏘 치보, 꼬메 꿜레 뻬르소네 라쥬, 뻬르 파보레.
덜 짜게 해주세요.	Please don't make it too salty.	Si prega di meno salato. 씨 프레가 디 메노 살라또.
이 음식에 어울리는 와인을 추천해주세요.	Please recommend a good wine for this meal.	Si prega di consigliarmi un buon vino per questo pasto. 씨 쁘레가 디 꼰실랴르미 운 부온 비노 뻬르 꿰스또 빠스또.
이건 제가 주문한 게 아닌데요.	This is not what I ordered.	Questo non è ciò che ho ordinato. 꿰스또 논 에 치오 께 오 오르디나또.
매우 맛있네요.	It is very delicious.	È molto deliziosa. 에몰또 델리찌오사.
계산해주세요.	Bill, please.	Conto, per favore. 꼰또, 뻬르 파보레.
계산서, 영수증	Bill, Receipt	Fattura 파뚜라, Ricevuta 리체부따

❖ 거리에서

한국어	영어	이탈리아어
이 버스(기차)가 ~로 갑니까?	Is this bus(train) going to ~?	Questo autobus(treno) va a ~? 꿰스또 아우또부스(뜨레노) 바 아 ~?
걸어가면 얼마나 걸리나요?	How long does it take on foot?	Quanto tempo ci vuole a piedi? 꽌또 뗌뽀 치 부올레 아 삐에디?
기차역이 어디인가요?	Where is the train station?	Dove si trova la stazione dei treni? 도베 치 뜨로바 라 스따치오네 데이 뜨레니?
이거 사진 좀 찍어도 될까요?	Can I take a picture of this?	Posso fare una foto di questo? 뽀쏘 파레 우나 포또 디 꿰스또?
제 사진 좀 찍어주시겠어요?	Would you take a picture for me?	Mi faresti una foto? 미 파레스띠 우나 포토?

❖ 여행 기본 단어

● 숫자

1, 2, 3, 4, 5, 6, 7, 8, 9, 10	One, Two, Three, Four, Five, Six, Seven, Eight, Nine, Ten	Uno 우노, Due 두에, Tre 뜨레, Quattro 꽈뜨로, Cinque 친꿰, Sei 세이, Sette 세떼, Otto 오또, Nove 노베, Dieci 디에치
11, 12, 13, 14, 15, 16, 17, 18, 19	Eleven, Twelve, Thirteen, Fourteen, Fifteen, Sixteen, Seventeen, Eighteen, Nineteen	Undici 운디치, Dodici 도디치, Tredici 뜨레디치, Quattordici 꽈또르디치, Quindici 뀐디치, Sedici 세디치, Diciassette 디챠쎄떼, Diciotto 디쵸또, Diciannove 디챤노베
20, 30, 40, 50, 60, 70, 80, 90, 100, 1000	Twenty, Thirty, Forty, Fifty, Sixty, Seventy, Eighty, Ninety, Hundred, Thousand	Venti 벤띠, Trenta 뜨렌따, Quaranta 꽈란따, Cinquanta 친꽌따, Sessanta 세싼따, Settanta 세딴따, Ottanta 오딴따, Novanta 노반따, Cento 첸또, Mille 밀레

● 월

1월, 2월, 3월, 4월, 5월, 6월, 7월, 8월, 9월, 10월, 11월, 12월	January, February, March, April, May, June, July, August, September, October, November, December	Gennaio 제나이오, Febbraio 페브라이오, Marzo 마르쪼, Aprile 아쁘릴레, Maggio 마쬬, Giugno 쥬뇨, Luglio 룰료, Agosto 아고스또, Settembre 세뗌브레, Ottobre 오또브레, Novembre 노벰브레, Dicembre 디쳄브레

● 요일

월요일, 화요일, 수요일, 목요일, 금요일, 토요일, 일요일, 공휴일	Monday, Tuesday, Wednesday, Thursday, Friday, Saturday, Sunday, Holiday	Lunedi 루네디, Martedi 마르떼디, Mercoledi 메르꼴레디, Giovedi 죠베디, Venerdi 베네르디, Sabato 사바또, Domenica 도메니까, Festivo 페스티보

● 시제

아침, 점심, 오후, 저녁	Morning, Noon, Afternoon, Evening	Mattina 마띠나, Mezzogiorno 메조죠르노, Pomeriggio 뽀메리쬬, Sera 세라
오늘, 내일, 어제, 주말	Today, Tomorrow, Yesterday, Weekend	Oggi 오지, Domani 도마니, Ieri 레리, Fine settimana 피네 세띠마나

❖ 기타 사항

요금 / 현금	Fare/ Cash	Tariffa 따리파, Contanti 꼰딴띠
경찰 / 병원	Police / Hospital	Polizia 뽈리찌아 / Ospedale 오스페달레
기차역 / 버스 정류장	Train Station / Bus stop	Stazione 스따치오네 / Fermata dell'autobus 페르마타 델라우토부스
관광 안내소	Tourist Office	Ufficio Turistico 우피쵸 뚜리스띠꼬
우체국 / 엽서	Post office / Post card	Ufficio postale 우피쵸 뽀스딸레 / Carta di Post 까르따 디 뽀스뜨
아이, 청소년, 학생, 성인	Baby, Youth, Student, Adult	Bambino 밤비노, Gioventù 죠벤뚜, Studente 스뚜덴떼, Adulto 아둘또
성, 이름	Name, First name	Nome 노메, Cognome 꼬뇨메
남자, 여자	Male, Female	Maschio 마스끼오, Femmina 펨미나

위급 상황 시 알아두면 유용한 정보

긴급 연락처

응급 전화 대표 번호 112   경찰(Polizia) 113
구급차 118   화재 115

로마 야간 및 휴일 영업 약국

Farmacia della Stazione
ADD Piazza Cinquecento 51   TEL (06)488 0019

Farmacia Internazionale Barberini
ADD Piazza Barberini 49   TEL (06)482 5456

Farmacia Piram
ADD Via Nazionale 228   TEL (06)488 0754

Pharmacia Cola di Rienzo
ADD Via Cola di Rienzo 213   TEL (06)324 3130

응급실 운영 종합병원

산 조반니 병원 San Giovanni Addolorata(로마)
ADD Via dell'Amba Arradam, 8   TEL (06)77051

산토 스피리토 병원 Santo Spirito(로마)
ADD Lungotevere in Sassia, 1   TEL (06)68351

산타 마리아 누오바 병원 Santa Maria Nuova(피렌체)
ADD Piazza Santa Maria Nuova, 1   TEL (055)27581

로레토 마레 병원 Ospedale S. Maria di Loreto Nuovo(나폴리)
ADD Via Amerigo Vespucci, 15   TEL (081)254 2111

파테베네프라텔리 병원 Ospedale Fatebenefratelli(밀라노)
ADD Via Castelfidardo, 14   TEL (02)63631

산 조반니 & 산파올로 병원 Ospedale SS. Giovanni e Paolo(베네치아)
ADD Sestiere Castello, 6777-30122   TEL (041)529 4111

주이탈리아 한국 대사관

ADD Via Barnaba Oriani, 30(Roma)
TEL 대표번호 +39 (06)802 461(근무시간 내)/사건·사고 등 긴급 상황 시, 24시간 +39 (335)185 0499
OPEN 09:30~12:00, 14:00~16:30   CLOSE 토·일요일, 우리나라·이탈리아 공휴일
BUS 테르미니역 앞 500인 광장에서 223번을 타고 산티아고 델 칠레 광장(Piazza Santiago del Cile) 정류장 하차 후 도보 5분
WEB ita.mofa.go.kr

주밀라노 대한민국 총영사관

ADD Piazza Cavour, 3 - 20121 Milano, Italia
TEL 대표번호 +39 (02)2906 2641(근무시간 내)/사건·사고 등 긴급 상황 시, 24시간 +39 (329)751 1936
WEB overseas.mofa.go.kr/it-milano-ko/index.do

외교부 해외안전여행 영사콜센터

유료 연결: 00-82-2-3210-0404(해외 이용 시 권장)
무료 연결①: 00-800-2100-0404/00-800-2100-1304
무료 연결②: 국제자동콜렉트콜(Auto Collect Call) 8007-82503

*해외안전여행·영사콜센터 앱 설치 시 무료
WEB 0404.go.kr

재외국민 119 응급의료상담 서비스

해외여행자, 출장자, 유학생, 재외동포 등 재외국민이 질병·부상 등 응급상황 시 응급의료 상담 및 지도를 받을 수 있도록 하는 119서비스. 우리나라 소방청(중앙119구급상황관리센터)에서 24시간 운영한다.

TEL +82-44-320-0119
WEB nfa.go.kr/nfa/publicrelations/emergencyservice/119Marinemedical/
E-MAIL central119ems@korea.kr

Contents

- 008 **ITALIA OVERVIEW**
- 011 이탈리아 추천 명소 25선
- 024 17가지 유용한 정보와 알짜 여행 팁을 한자리에! FAQ 17
- 046 이탈리아 추천 일정 Best Course 07
- 062 따라만 하면 술술 풀리는 여행 준비 06
- 081 이탈리아 음식 & 쇼핑 탐구일기
- 120 아는 만큼 보인다! 이탈리아 기초 지식 05

- 138 **로마**
- 164 **SECTION A** 콜로세오에서 진실의 입까지
- 190 **SECTION B** 바티칸시국
- 214 **SECTION C** 나보나 광장에서 포폴로 광장까지
- 236 **SECTION D** 테르미니역에서 보르게세 공원까지
- 248 **SECTION E** 트라스테베레에서 테스타초까지
- 254 **OPTION A** 오르비에토
- 262 **SECRET CITY** 치비타 디 바뇨레조
- 264 **OPTION B** 아씨시

- 273 **나폴리**
- 288 **OPTION A** 폼페이
- 294 **OPTION B** 카프리
- 301 **OPTION C** 소렌토
- 310 **OPTION D** 아말피 해안
- 328 **SECRET CITY** 미노리 I 마이오리 I 체타라 I 살레르노

글·사진 전혜진 윤도영 박기남

TERRA